Christoph Türcke

MEHR!

CHRISTOPH
TÜRCKE

Mehr!

PHILOSOPHIE
DES GELDES

C.H.BECK

Sie sammeln und wissen nicht,
wer es kriegen wird.

Psalm 39,7

2. Auflage. 2015

Satz: Janß GmbH, Pfungstadt
Druck und Bindung: Druckerei C.H.Beck, Nördlingen
Umschlaggestaltung: Kunst oder Reklame, München
Gedruckt auf säurefreiem, alterungsbeständigem Papier
(hergestellt aus chlorfrei gebleichtem Zellstoff)
Printed in Germany
ISBN 978 3 406 67457 0

www.beck.de

Inhalt

Einleitung: Fassaden des Geldes

Wenn Herr und Hund gemeinsam alt werden, so geschieht es nicht selten, daß sie einander immer ähnlicher werden: im Gang, in der Art, zu sitzen oder Nahrung aufzunehmen, womöglich gar im Gesichtsausdruck. Nicht zu reden von Ehepaaren. Sie bilden im Laufe der Jahre oft ein ganzes Repertoire gemeinsamer Haltungen, Bewegungen und Redensarten aus; manche entwickeln sogar gemeinsame Krankheiten. Nicht immer aus wachsender Zuneigung. Auch unablässiger Alltagszank kann Paare unzertrennlich machen.

Treuer noch als der treueste Lebensgefährte begleitet moderne Menschen das Geld. Es ist ihnen schlechterdings unentbehrlich. Ständig müssen sie achtgeben, daß sie genug davon haben und vorteilhaft damit umgehen. Die moderne Gesellschaft ist eine große Symbiose von Mensch und Geld. Gewiß keine symmetrische. Dem Geld ist völlig egal, wer es besitzt und ausgibt; den Menschen nicht. Sie hängen am Geld, wirtschaftlich und emotional. Das Geld hingegen hat weder Emotionen noch Wirtschaftsabsichten. Und doch hängt es auch seinerseits an den Menschen – kaum weniger als der Schatten am Licht. Würde die Menschheit durch flächendeckenden Einsatz der Neutronenbombe vertilgt, so wäre auch ihr Geld kein Geld mehr, bloß noch Metall, Papier oder Zahlengeflimmer auf Bildschirmen. Denn Geld ist keineswegs von Natur aus da wie Luft, Wasser, Steine, Pflanzen und Tiere. Erst Menschen haben bestimmte Naturstoffe zu Geld *gemacht*. Das Geld bedarf also des Menschen, um Geld zu sein. Und umgekehrt? Bedarf auch der Mensch des Geldes, um Mensch zu sein? Nun, er braucht zweifellos Geld, um in der bestehenden Gesellschaft zu überleben. Aber macht es ihn nicht eher zum Unmenschen als zum Menschen? Und ist die Gesellschaft nicht längst reich und produktiv genug, daß jeder nach seinen Fähigkeiten und Bedürfnissen leben kann, ohne das zermürbende Trachten nach Geld noch länger fortsetzen zu müssen?

Solche Fragen stellen nicht nur Marxisten, sondern gelegentlich auch Banker, zumal in Zeiten wie dem Jahr 2008, als das Investmenthaus Lehman Brothers zusammenbrach und eine globale Finanzkrise ihren Anfang nahm. Da waren die psychotherapeutischen Behandlungszimmer New Yorks voll mit Leuten, die sich jahrelang sechzig bis siebzig Stunden die Woche um nichts als die Vermehrung eigenen und fremden Geldes gekümmert hatten, nun von Arbeitslosigkeit betroffen oder bedroht waren und sich fragten: Was habe ich eigentlich die ganzen Jahre getan? Was für einen Sinn hat die Jagd nach Geld? «Manche Patienten fühlen sich von den Ereignissen in der Finanzbranche erschüttert, auch wenn sie nicht direkt betroffen sind. ‹Eine Patientin war völlig traumatisiert, als sie am Tag der Insolvenz von Lehman Brothers an der Zentrale vorbeiging und die Mitarbeiter sah, die ihre persönlichen Sachen in Kartons rausgetragen haben. Sie meinte, der Anblick sei ihr so schlimm vorgekommen wie die Terroranschläge am 11. September.›»[1] Als sich die Banken wieder fingen und die Boni wieder flossen, ließ die Erschütterung ebenso nach wie der Therapiebedarf und die Dringlichkeit dieser Fragen. Aber in der nächsten Krise werden sie sich mit neuer Schärfe in alter Grundsätzlichkeit stellen. Sie haben ja nicht aufgehört zu bohren. Das Alltagsgeschäft hat sie lediglich übertönt. Krisen werfen Grundsatzfragen auf. Sie haben philosophisches Potential.

Moderne Finanzkrisen entstehen dadurch, daß der Geldumlauf stockt. Geld ist reichlich da, aber man kommt an es nicht heran. In der Frühzeit der Münzprägung war es genau umgekehrt. Dadurch, daß Münzen in Umlauf kamen, entstand eine Krise. In der Mitte des fünften vorchristlichen Jahrhunderts war sie bereits spürbar. Keine zwei Jahrhunderte war es her, daß Münzen begonnen hatten, sich von Kleinasien aus im antiken Griechenland auszubreiten; in der ganzen übrigen Welt waren sie noch unbekannt. Da läßt der athenische Tragödiendichter Sophokles einen seiner Protagonisten, den Tyrannen Kreon, sagen: «Denn nichts, was Geltung bei den Menschen hat, ersproß / so wie das Geld verderblich. Dies vernichtet selbst / ja Städte; dies treibt Männer weg von Haus und Hof; / dies unterweiset und verkehrt der Sterblichen / gerechte Sinne schnödem Werke nachzugehn; / zeigt' alle Wege böser List den Menschen an, / und lehrte sie jedweder That Ruchlosigkeit.»[2] Es klingt wie eine direkte Fortsetzung und Ausgestaltung dieser Klage, was William Shakespeare zwei Jahrtausende später, unter dem Eindruck der englischen Verhältnisse um 1600, einem Adligen des alten Athen namens

1 Lindner 2008, 12
2 Sophokles, *Antigone*, 291 ff. (Sophokles 1843, 27)

Timon in den Mund legt: «Gold? Kostbar, flimmernd, rotes [yellow] Gold?» «So viel hievon, macht schwarz weiß, häßlich schön; / Schlecht gut, alt jung, feig tapfer, niedrig edel.» «Ja dieser rote [yellow] Sklave löst und bindet / Geweihte Bande [Will knit and break religions]; segnet den Verfluchten; / Er macht den Aussatz lieblich; ehrt den Dieb, / Und gibt ihm Rang, gebeugtes Knie und Einfluß / Im Rat der Senatoren; dieser führt / Der überjähr'gen Witwe Freier zu [...] Verdammt Metall, / Gemeine Hure du der Menschen [...] sichtbare Gottheit, / Die du Unmöglichkeiten eng verbrüderst, / Zum Kuß sie zwingst! Du sprichst in jeder Sprache, / Zu jedem Zweck! o du, der Herzen Prüfstein!»[3]

Shakespeares Timon ist natürlich kein echter Athener, sondern ein ins alte Athen zurückversetzter englischer Lord. Er sieht die verkehrende Macht der Münze nicht bloß, wie Sophokles' Kreon, als unheimlichen Eindringling von außen kommen. Er ist vielmehr selbst tief in sie verstrickt, von ihr gleichermaßen abgestoßen wie angezogen, und wird an ihr buchstäblich irre. Das entspricht der veränderten historischen Situation. Zu Beginn des 17. Jahrhunderts war geprägtes Metall längst keine Neuigkeit mehr, sondern fester Bestandteil des über ganz Europa ausgebreiteten Handelsnetzes. Dennoch war es gleichsam auf dem Sprung in Neuland. Es stand im Begriff, sich neue Kontinente, aber auch neue soziale Sphären zu erschließen und tendenziell alle Mitglieder des Gemeinwesens in seinen Umlauf zu verwickeln. Mit andern Worten: Geld war auf dem besten Wege, ein umfassendes soziales System zu konstituieren. England war führend in dieser Entwicklung. Hier waren mehr als irgend sonst in Europa neben den gewöhnlichen Konsumgütern auch Grund und Boden, Arbeitskräfte, Werkzeuge, Waffen käuflich geworden. Hier häuften sich besonders viele Indizien für den Verdacht, daß für Geld so gut wie alles in der Welt zu haben sei. Daher Shakespeares gegensätzliche Attribute fürs Geld. Es ist Sklave und Hure, weil allen Zwecken dienlich und gefügig, und sichtbare Gottheit, weil alle, denen es dient, wiederum *ihm* dienen. Zudem bringt es zwei Kunststücke fertig, die die Theologie allein dem christlichen Gott vorbehalten hatte: den Ineinanderfall der Gegensätze[4] und das Sprechen in jeder Sprache – das Pfingstwunder.

3 Shakespeare o. J., 167
4 Cf. Cusa 1994 [1440], 88 ff.

Sophokles und Shakespeare stehen an Knotenpunkten der Geldgeschichte, der eine am Beginn des Münzumlaufs, der andere am Beginn des modernen Geldsystems, des Kapitalismus. Ihre Statements verhalten sich zueinander wie Exposé und Ausführung. Der Zeitunterschied von zweitausend Jahren fällt auf den ersten Blick kaum auf. Beide Autoren laborieren an einer ähnlichen Erfahrung. Sie haben selbst miterlebt, wie Geld in nicht-monetäre Räume eindringt, und sind, jeder auf seine Weise, fassungslos, mit welcher Macht es sie umkrempelt. Man hat doch bloß kleine Silber- oder Goldscheiben mit Zeichen versehen und in Umlauf gebracht, und schon wächst ihnen eine ungeheure Anziehungs- und Umwendungskraft zu. Woher diese Kraft? Das wissen sie nicht. Aber ihre Wirkungen benennen sie mit atemberaubender Präzision.

Beiden war die Anziehungs- und Umwendungskraft der Münzen unheimlich. Unheimlich aber ist, wie Sigmund Freud gezeigt hat,[5] alles, was deshalb so beängstigend fremd daherkommt, weil es in bestimmter Hinsicht allzu vertraut ist. Es kommt unversehens von außen, aber es rührt dabei innere Wunschregungen auf, die, wenn sie hochkommen, ein mühsam errungenes seelisches Gleichgewicht gefährden. Unheimliches macht Angst – und fasziniert. Das taten offenbar auch die Münzen. Auch sie kamen gewissermaßen von außen: als Silber- und Goldstücke, die schon von Natur aus eine besondere Ausstrahlung haben. Aber sie reflektierten auch innere Regungen. Ihr edles Metall war ja nicht naturbelassen, sondern in Scheibchenform hübsch handlich zurechtgemacht, und vor allem, es war *geprägt* – durch gewisse ihm eingedrückte Zeichen mit der Potenz belehnt, alle möglichen Gebrauchsgüter sowohl zu repräsentieren wie zu erwerben. In kürzester Zeit hat die Münzprägung eine prägende Wirkung auf diejenigen ausgeübt, die mit Münzen umgingen.[6] Ein tiefsitzender Drang nach der Münzpotenz wurde in ihnen wach. Er mußte nicht erst gelernt werden. Er brach aus wie eine Krankheit, zu der die Neigung längst da war. Neigungen können lange brachliegen, ja über Jahrhunderte und Jahrtausende hinweg vor sich hinglimmen, solange der spezifische Reiz ausbleibt, der aus ihnen brennende Wünsche macht. Kommt aber der Reiz und bricht

5 Cf. Freud 1972 [1919], 241 ff.

6 Das griechische Wort für Prägung ist *charaktēr*. Von «Charakterlosigkeit des Geldes» (Simmel, 1989 [1900], 595) kann keine Rede sein.

der Wunsch aus, dann ist er womöglich nie mehr rückgängig zu machen und zieht das ganze System von Entbehrungen und Befriedigungen, das ihn umgibt, in seine Dynamik hinein. Genau so hat der Drang nach der Münzpotenz gewirkt. Er affizierte das ganze Begehren, Sinnen und Trachten eines Kulturraums und versetzte es in eine unbekannte, keineswegs nur angenehme Unruhe.

Überall, wo Münzen eindrangen, wurde das menschliche Triebleben anders, als es war. Die Münzen selbst sind freilich bloß die äußeren Glanzlichter eines Umschwungs, dessen Innenseite auf die Schliche kommen muß, wer begreifen will, was Geld ist. Davon waren Sophokles und Shakespeare weit entfernt. Sie hatten es darauf auch nicht abgesehen – und haben für die Geldtheorie gleichwohl Entscheidendes geleistet: die unheimliche Anziehungs- und Umwendungskraft, die sie an den Münzen wahrnahmen, mit größter Prägnanz und Sprachkraft skizziert *und darüber gestaunt*. Das Staunen aber ist, wie Platon und Aristoteles so schön gesagt haben, der Anfang der Philosophie.[7] Wer über das Geld nicht staunt, wird es nie begreifen können.

Den Fachleuten fürs Geld, den Ökonomen, ist an solchem Staunen allerdings kaum mehr gelegen. Warum ergründen wollen, was Geld eigentlich sei? Ist dabei je etwas Gescheites herausgekommen? Gewiß, Geld ist Tauschmittel, es bewahrt Wert auf, und es mißt ihn. Das ist ökonomischer Grundkonsens. Aber welcher Art besagter Wert ist, wie er seinerseits meßbar wird und in welchem Maße das Geld selbst an ihm teilhat: bei diesen Fragen beginnt sofort der Dissens. Er entzündet sich am «Wert». Wer kann schon sagen, was das ist? «Werter Freund» war früher eine geläufige Anrede für jemanden, dem man sich sehr verbunden fühlte. Was einem «lieb und wert» ist, erachtet man als unersetzlich. Man möchte es gegen nichts anderes weggeben. Doch wer zahlt, gibt Geld weg. Es ist ihm nicht unersetzlich, aber auch nicht ganz gleichgültig. Er wirft es ja nicht einfach weg. Er will, wenn er sich davon trennt, etwas haben, was die Trennung aufwiegt. Irgendwie also hängt er am Geld. Er hat es emotional besetzt, auch wenn er selbst nicht weiß, warum und wie stark. Er mißt den Wert, den Dinge für ihn haben, durch Geldmengen. Aber das ist kein rein quantitativer Vorgang wie das Messen von Gewichten mit einer Waage oder von Längen mit einem Metermaß. Mit

7 Platon, *Theaitetos*, 155 d; Aristoteles, *Metaphysik*, 982 b

Geldmengen mißt man immer auch Qualitatives. Schon deswegen können sie selbst nicht völlig qualitätslos sein. Diese Verwicklung von Qualitativem und Quantitativen aber: das ist der «Irrgarten des Geldes»[8]. Wer ihn betritt, droht sich darin zu verlieren. Aber muß man ihn überhaupt betreten? Muß ein Biologe wissen, was Leben ist? Können Ökonomen nicht Exzellentes leisten, ohne zu erörtern, was Geld ist – indem sie sich ganz wissenschaftlich dabei bescheiden, wie Geld funktioniert, statt über seine Bedeutung und seinen äußeren und inneren «Wert» zu schwadronieren?

So bequem kommt man nicht davon. Die Bedeutung des Geldes läßt sich von seiner Funktion nicht keimfrei ablösen. Ökonomen sind keine Maschinen, sondern Menschen aus Fleisch und Blut. Sie haben aus subjektiven Neigungen und Vorlieben eine bestimmte Berufswahl getroffen. Wenn es sie brennend interessiert, Geldbewegungen zu analysieren, so offenbar deshalb, weil sie zum Geld ein weitaus innigeres Verhältnis haben als etwa Künstler oder Literaten. Ohne bestimmte Vorannahmen über die Bedeutung und den Wert des Geldes könnte ein Ökonom überhaupt nicht tätig werden. Putzig, wenn ausgerechnet diese Annahmen aus seiner Wissenschaft herausfallen sollen: als sein persönliches Geld-Credo, gewissermaßen seine ökonomische Privatreligion. Hier werden die Fragen «Was ist Geld?» und «Wie funktioniert es?» ähnlich entkoppelt wie Glaube und Wissen im Protestantismus. Hinterrücks hängen sie natürlich weiterhin zusammen. Wer analysiert, wie Geld funktioniert, macht, ob er will oder nicht, auch Aussagen darüber, was Geld für ihn ist. Persönliche Aussagen, gewiß; doch beim Geld sind die persönlichsten zumeist auch die grundsätzlichsten. Einstellungen zum Geld sind Lebenseinstellungen. Im Rahmen einer subjektiven Weltsicht bestimmen sie den Rang des Geldes ganz generell. Sie haben «subjektive Allgemeinheit»[9].

Das aber ist Immanuel Kants Formel für das Geschmacksurteil. Geschmack ist zunächst etwas ganz Subjektives; dem einen gefällt dies, dem andern jenes. Geschmack als ästhetische Urteilskraft hingegen, als Gegenteil von Geschmacklosigkeit, beansprucht mehr. Das, was als schön empfunden wird – Blumen, Sonnenuntergänge, Kunstwerke –, soll dieses Attribut auch verdienen. Das Urteil «schön» soll treffend sein und durchaus allgemeine Zustimmung hervorrufen,

8 Wagemann 1932, 7
9 Kant 1968 [1790], 289

auch wenn sie sich nie herbeiargumentieren läßt, weil «schön» doch immer eine subjektive Empfindung bleibt.

Subjektive Allgemeinheit ist ein hölzernes Eisen, würden strenge Logiker sagen; entweder etwas ist subjektiv, oder es ist allgemein. Doch die Realität fügt sich diesem Raster nicht immer. Gelegentlich hält sie Dinge bereit, die sich benehmen, als wären sie hölzerne Eisen. Kunst und Geld gehören dazu. Deswegen ist Georg Simmel in seiner *Philosophie des Geldes*[10] – die bisweilen der im selben Jahr (1900) erschienenen *Traumdeutung* Freuds als ebenbürtiges Pionierwerk des 20. Jahrhunderts zur Seite gestellt wird – ähnlich vorgegangen wie Kant in seiner Ästhetik. Bewerten, so Simmel, ist zunächst etwas ganz Subjektives: «ein Gefühl», mehr nicht. Aber wer einen Wert fühlt, möchte auch, daß dieser Wert wirklich einer ist. Er soll es verdienen, als wertvoll gefühlt zu werden. Der Wert kann also nicht dabei stehenbleiben, eine subjektive Empfindung zu sein. Er hat den Drang, sich zu objektivieren, und nirgends gelingt ihm das besser als im Tausch. Hier kommt das subjektive Wertgefühl auf den Prüfstand; es muß mit dem von Tauschpartnern übereinkommen. Je mehr Tauschpartner, desto mehr Objektivierung, bis die Tauschgemeinschaft aus den gemeinsam entwickelten Werten schließlich deren «Gipfel und reinsten Ausdruck» hervortreten läßt: das Geld.

Doch wie arglos und konstruktiv hat sich das Geld nach dieser Lesart entwickelt! Was Sophokles und Shakespeare so fassungslos machte, kommt hier gar nicht vor: die unheimliche Anziehungs- und Umwendungskraft, mit der Geld in nicht-monetäre Räume eindrang. Seine Entstehung und Ausbreitung mutet bei Simmel wie ein stetiger Aufklärungsprozeß an, in welchem ein trübes subjektives Gefühl allmählich über sich hinauswuchs und sich zu einem kollektiven Maßstab läuterte. Darüber gerät fast in Vergessenheit, daß auch diesen «reinsten Ausdruck» des Werts noch kräftig die Subjektivität trübt. Geld ist nicht objektiver, sondern lediglich maximal objektivierter Wert. Und Wert selbst? Ein «Urphänomen», sagt Simmel lakonisch. Er lehnt sich dabei an den verehrten Goethe an, der in der Natur die Urphänomene, hinter die niemand zurückkann – etwa Licht, Magnetismus, Schwerkraft –, von ihren Folgeerscheinungen sorgsam zu unterscheiden trachtete. Farben zum

10 Simmel, 1989 [1900]; Zitate in diesem und im nächsten Absatz: 36, 93 und 27

 Beispiel lassen sich aus Licht und seinen Trübungen erklären. Aber wer Licht selbst zu erklären sucht, überhebt sich. Es ist als «ein Unerforschliches anzunehmen». «Das schönste Glück des denkenden Menschen ist, das Erforschliche erforscht zu haben und das Unerforschliche ruhig zu verehren.»[11] So denkt sich Simmel das auch beim Wert. Nur daß der kein Naturphänomen ist. In der Natur gibt es Ursache und Wirkung, Attraktion und Repulsion, Entstehen und Vergehen; aber sie wertet nicht. Das tut allein der Mensch. Nur er lebt zugleich in zwei Dimensionen: im Reich der Natur und im Reich der Werte. Für Simmel sind das Urdimensionen. «So wenig man zu sagen wüßte, was denn das Sein eigentlich sei, so wenig kann man diese Frage dem Wert gegenüber beantworten.» Und so bietet Simmels *Philosophie des Geldes* die erste umfassende Zusammenschau emotionaler, ästhetischer, moralischer und analytischer Aspekte des Wertens, die nur einen Haken hat: daß sie nicht zu erhellen weiß, was ein Wert ist.

Wer das aber nicht vermag, wird das moderne Geldsystem nie transparent machen können. Das war schon ein halbes Jahrhundert vor Simmel die entschiedene Auffassung eines Philosophen, den bereits in jungen Jahren der Verdacht beschlich, die eigentliche Bewährungsprobe der Philosophie sei die Ökonomie. Ihr widmete er denn auch sein ganzes weiteres Leben. Die Rede ist von Karl Marx. Ihm war das Geld nicht minder befremdlich als Sophokles und Shakespeare. Die beiden werden in seinem Hauptwerk denn auch wie Leitsterne für sein großes Vorhaben herbeizitiert, die unheimliche Umwendungskraft des Geldes bis ins Detail zu ergründen.[12] Shakespeares *Timon* war für den jungen Marx geradezu ein Türöffner zur Ökonomie gewesen. «Shakespeare schildert das Wesen des Geldes trefflich», notiert er in seinen ersten ökonomischen Manuskripten. «So groß die Kraft des *Geldes*, so groß ist meine Kraft.» «Ich *bin* häßlich, aber ich kann mir die *schönste* Frau kaufen. Also bin ich nicht *häßlich*.» Ich «bin *lahm*, aber das Geld verschafft mir 24 Füße»; «ich bin ein schlechter, unehrlicher, gewissenloser, geistloser Mensch, aber das Geld ist geehrt, also auch sein Besitzer». Es «ist der *wirkliche Geist* aller Dinge», «die sichtbare Gottheit, die Verwandlung aller menschlichen und natürlichen Eigenschaften in ihr

11 Goethe 1950, 694 f.
12 Marx 1979 [²1872], 146

Gegenteil, die allgemeine Verwechslung und Verkehrung der Dinge». «Es ist das entäußerte *Vermögen* der *Menschheit.*»[13]

Im Geld steht die Welt kopf – wie in der Religion. Mehr noch: Erst vom Geld aus dünkt Marx ganz verständlich zu werden, was Religion ist. «*Opium* des Volks» hat er sie genannt. Die Unterdrückten greifen danach, um ihr Dasein auszuhalten. Staat und Gesellschaft «produzieren die Religion, ein *verkehrtes Weltbewußtsein*, weil sie eine *verkehrte Welt* sind».[14] Aber erst das Geld ist der religiöse Ernstfall. Es ist ein wirklicher Gott, kein bloß eingebildeter wie Zeus oder Jahwe. Es schwebt nicht bloß als imaginärer Überbau über der Gesellschaft, sondern durchdringt ihre ökonomische Basis.

Man darf Marx' Mammutwerk, die *Kritik der politischen Ökonomie*, getrost als eine Fortsetzung der Religionskritik mit ökonomischen Mitteln lesen. Der Religion, dem verkehrten Weltbewußtsein, liegt eine verkehrte Ökonomie zugrunde, in die sich die Menschen bei der alltäglichen Beschaffung ihrer Lebensmittel durch Geld verwickeln. Je mehr Marx allerdings Ökonomie studierte, desto mehr gewann er den Eindruck: Das Geld bewirkt diese Verkehrung nicht; es drückt sie bloß aus. Dem Geld huldigen Menschen lediglich, weil sie der Ware huldigen. Das aber tun sie, weil auf dem Markt die Waren daherkommen, als wäre ihr Wert ihre eigene dingliche Eigenschaft. Davon lassen sich ihre Erzeuger ins Bockshorn jagen. Sie vergessen, daß sie es sind, die die Waren hergestellt und Arbeitsmengen in sie gesteckt haben, durch die sie überhaupt erst austauschbar und marktfähig wurden. Das ist für Marx ungefähr so, wie wenn Naturvölker eine Holzfigur schnitzen, dann ignorieren, daß *sie* die Figur gemacht haben, und höhere Kräfte in sie hineinprojizieren, denen sie zu huldigen beginnen. Diese abergläubische Art von Ignoranz, die man Fetischismus nennt, sah Marx auf dem kapitalistischen Markt wiederkehren. Dort gebärden sich die Waren, die doch bloß Arbeitsprodukte sind, als hätten sie einen Eigenwert. Sie entwickeln eine Eigendynamik, der sie ihre Produzenten unterwerfen.

Zur Blütezeit des Marxismus-Leninismus war «Der Fetischcharakter der Ware»[15] kein sehr beliebtes Lehrstück. Es erinnerte die atheistischen Parteikader an etwas, was mit dem Aufbau des Sozialis-

13 Marx 1974 [1844], 564 f.

14 Marx 1977 [1844], 378

15 Marx 1979 [^{2}1872], 87 und 85

 mus doch eigentlich als erledigt galt: Religion. Und daß auch unter sozialistischen Vorzeichen weiterhin Waren und Geld umliefen, sollte mit Fetischismus schon gar nichts zu tun haben. Während jedoch der Zusammenbruch des Ostblocks auch zentrale Marxsche Prognosen und Hoffnungen begrub, wurde der «Fetischcharakter der Ware» immer aktueller. Nie war er so offensichtlich wie heute, wo eine ganze Reklamemaschinerie rund um die Uhr damit beschäftigt ist, bestimmte Kleidung, Autos, Sprays oder Erfrischungsgetränke als Retter aus der Not, Glücks- und Heilsbringer anzupreisen, wo Kaufhäuser wie Tempel aufgemacht sind, Eingangshallen von Großbanken die Atmosphäre von Kathedralen ausstrahlen – und die Protagonisten dieser Entwicklung sich auch noch damit brüsten: «Die Kirchen sind tot, der Staat zieht sich zurück, die Ideologien haben ihre Macht verloren. Was bleibt, sind die Unternehmen. [...] Sie werden die Sinnstifter der Zukunft sein.»[16]

Doch ist dieser Warenfetischismus überhaupt der von Marx gemeinte? Was *er* so nannte, ist ja, bei Lichte besehen, bloß ein Verselbständigungsvorgang. Gebrauchsgüter kommen auf den Markt und beginnen dort als Waren ein Eigenleben – losgelöst von ihren Produzenten. Aber steht damit die Welt schon kopf? Wie sollen denn Waren ohne Eigenbewegung unter die Leute kommen? Beginnt nicht alles, was man äußert oder aus der Hand gibt, seine eigenen Wege zu gehen? *Habent sua fata libelli* (Bücher haben ihre eigenen Geschicke) heißt ein lateinisches Sprichwort. Das gilt genauso für Kunstwerke, Geschenke, Gedanken und flügge werdende Kinder. Manches, was seine eigenen Wege geht, gerät aus dem Blick; manches verselbständigt sich zugunsten seiner Urheber, manches kehrt sich gegen sie. Verselbständigung ist nicht automatisch Verkehrung, Verkehrung nicht automatisch Fetischisierung. Wird etwa aus der Warenzirkulation dadurch, daß sie sich gegen die Produzenten verselbständigt, irgend mehr als ein ganz profanes Von-Hand-zu-Hand-Gehen von Gebrauchsdingen und Geld? Bekommen die Waren dabei die Aura fetischartiger höherer rettender Kräfte? Werden sie zum «Opium des Volks»? Bei Marx nicht. Das «Geheimnis» der Ware, welches er lüftet, geht über einen profanen Verselbständigungsvorgang kaum hinaus. Gottheit, Faszination, Schauder, Imagination,

16 So Gunter Henn, Chefarchitekt der VW-Stadt in Wolfsburg, zitiert nach Rauterberg 1999, 38

Begehren – all jene Attribute, in denen ihm einst bei Shakespeare die rätselhafte Aura des Geldes begegnet war, sind wie weggeblasen.

Hat Marx die Lösung des Geldrätsels an falscher Stelle gesucht? Sind Wert, Tausch und Arbeit gar nicht die geeigneten Begriffe dafür? Dieser Verdacht hat Gunnar Heinsohn und Otto Steiger umgetrieben. In aller Bescheidenheit traten sie 1996 «mit der Behauptung vor die Öffentlichkeit, daß die Grundelemente des Wirtschaftens bis heute nicht verstanden sind. Eine wissenschaftliche Lehre, die den Namen ökonomische Theorie verdienen würde, gibt es noch nicht. Ihre Grundlegung wird hiermit versucht.» Weil «die Ökonomen sich [...] bis heute auf *Tauschoperationen* als Kern allen Wirtschaftens fixiert haben», «mußten sie in der zum Besitz gehörenden Güter- oder Ressourcensphäre verharren und konnten dabei den immateriellen Ertrag des Eigentums, belastbar und verpfändbar zu sein, nicht erfassen. Diese *Eigentumsprämie* ist es nun, gegen deren Aufgabe im Kreditkontrakt das Wirtschaften mit Zins und Geld konstituiert wird.»[17]

Das ist eine neue Sicht. In der Tat konnte sich die Ökonomie von Aristoteles bis Marx die Geldentstehung nur aus dem Gütertausch erklären: Korn gegen Wein, Horn gegen Fell etc. Das eine Gut wurde als das Zahlungsmittel erachtet, um an das andere zu kommen, und die Münze lediglich als ein allgemeines Äquivalent, das sich mit der Zeit als ein besonders praktisches Zahlungsmittel für alle andern Güter herauskristallisiert hatte. Das ist ein Wirtschaftsmärchen, sagen Heinsohn und Steiger. Geld entsteht, wo Eigentum verpfändet und Zins dafür genommen wird. Zins kommt nicht irgendwann zum Geld hinzu, sondern umgekehrt: Güter, die die Hand wechseln, werden erst dadurch zu Geld, daß ein Zins sich an sie heftet. Geld ist, was ein Eigentümer einem andern schuldet, und Zins ist, was diese Schuld als Schuld kenntlich macht und ihre Höhe definiert. Nicht durch das herrschende «Tauschparadigma» werden Geld und Zins verständlich, sondern nur durch ein «Schuldenparadigma».

Allerdings funktioniert auch Verschuldung nie ohne Tausch. Kein Eigentum läßt sich verpfänden, kein Kredit aufnehmen, ohne daß der Schuldner dem Gläubiger dafür im Gegenzug eine Schuldverschreibung übergibt. Man kann aus dem «Tauschparadigma» nicht einfach aussteigen wie aus einem Auto. Dennoch ist der Ansatz bei

17 Heinsohn/Steiger [7]2010, 15

der Schuld aller Beachtung wert. Sein Hauptfürsprecher ist, daß alte Begriffe für Geld (*gilt* = das Geschuldete, *moneta* = das Gemahnte, *pay* = befrieden) mit großer Regelmäßigkeit auf einen elementaren, aber verschütteten Zusammenhang von Geld und Schuld verweisen. Nicht abwegig der Verdacht, daß sich darin tatsächlich das ungelöste Rätsel des Geldes versteckt. Die Anfänge des Privateigentums sind also unter die Lupe zu nehmen. Für Heinsohn und Steiger heißt das: die griechische Polis des siebten und sechsten vorchristlichen Jahrhunderts. Das ist jene Umbruchszeit, in der sich die Macht der alten Sippenverbände auflöste, weil die Herrscher Grund und Boden des Gemeinwesens an besonders loyale «Hausherren» verteilt hatten, die jeweils auf ihrem Teil, in ihrem «Haus» (*oikos*) unbeschränkte Befehlsgewalt (*oikonomia*) auszuüben befugt waren. In der Tat war die Polis der erste Verbund von «Ökonomen», von denen jeder allein für sein «Haus» verantwortlich war und alle zusammen dem Gemeinwesen zu einer nie gekannten Wirtschaftsleistung verhalfen. Wer aber möchte ernsthaft glauben, daß es vor der Polis kein Privateigentum und kein Wirtschaften gegeben habe?

David Graeber hat in seiner fulminanten Studie *Schulden. Die ersten 5000 Jahre* das «Schuldenparadigma» weit über den Horizont von Heinsohn und Steiger hinausgetrieben. Er verfolgt Schuld und Kredit bis zu den mesopotamischen Tempeln zurück, die von der griechischen Polis zeitlich genauso weit entfernt sind wie die griechische Polis von uns, nämlich rund zweieinhalb Jahrtausende. «Wir wissen nicht genau, wann und wo verzinste Kredite ihren Ursprung haben, denn sie sind offenbar älter als alle schriftlichen Aufzeichnungen. Höchstwahrscheinlich haben Tempelverwalter sie erfunden als Instrument, um den Karawanenhandel zu finanzieren. Dieser Handel war lebenswichtig, weil das äußerst fruchtbare Flusssystem im alten Mesopotamien hohe Erträge an Korn und anderen Nahrungsmitteln [...] ermöglichte, [...] aber praktisch alles andere fehlte. Steine, Holz, Metall und selbst das Silber, das als Geld diente, mussten importiert werden. Von ganz frühen Zeiten an entwickelten die Tempelverwalter darum die Gewohnheit, Waren zu lokalen Händlern zu bringen [...], die damit fortzogen und sie jenseits des Meeres verkauften. Die Zinsen waren nichts anderes als der Anteil der Tempel an den Gewinnen aus diesen Verkäufen.»[18]

18 Graeber 2012, 71

Natürlich löst diese Passage das Rätsel des Geldes nicht; sie setzt vielmehr wie selbstverständlich die Existenz von Geld in Silbergestalt voraus. Aber sie verweist zielsicher auf das Nadelöhr, durch das die Suche nach dem Ursprung von Geld und Zins hindurchmuß: den Tempel. Nur daß Tempel ungleich älter sind als ihre mesopotamischen Großexemplare. Letztere zeugen bereits von einer Hochkultur, und Hochkulturen sind in der Menschheitsgeschichte späte Erscheinungen. «*Schulden. Die ersten 5000 Jahre*» ist ein genialer Buchtitel. Doch der Autor verhandelt die *letzten* fünftausend Jahre Schulden, nicht die ersten. Graeber gehört zu dem wachsenden Kreis derer, die sich um das Geld *vor* der Münze kümmern. Aber sie hören nicht auf, von der Münze aus zu denken. Alles, was ihr als Zahlungsmittel vorausging, Vieh, Leder, Muscheln, ungeprägtes Metall etc., nehmen sie lediglich als ihren Vorhof wahr, und der erscheint ihnen schon riesengroß, wenn er auf zwei bis drei Jahrtausende veranschlagt wird. Doch was, mit Verlaub, sind drei Jahrtausende gemessen an jenen hundertfünfzig bis zweihundert, die der Homo sapiens auf dem Buckel haben dürfte? Peanuts. Die letzten fünftausend Jahre gehören zur Spätzeit der Menschengeschichte. Erst in dieser Spätzeit aber soll das Geld aufgekommen sein? Erst im Vorfeld der mesopotamischen Hochkultur soll eine pfiffige Priester- und Händlerclique die Schuld erfunden haben, während sich die Menschheit all die Jahrtausende zuvor schuld- und schuldenfrei bewegte, ohne irgend Anlässe und Praktiken der Schuldbegleichung, also der Bezahlung zu kennen? Sehr unwahrscheinlich.

In dem hier vorgelegten Buch wird die Geldzeitrechnung der Peanuts verlassen. Damit ändert sich freilich die Gesamtsicht – wie für jemanden, der bemerkt, daß er das Trinkgeld mit der Rechnung verwechselt hat oder die letzte Viertelstunde mit dem ganzen Tag. Geld stellt sich neu dar, wenn man ein Gespür für seine historischen Proportionen bekommt, wenn man zu ahnen beginnt, wie tief es in der Menschheit sitzt, wie sehr schon die Entstehung von Wünschen und Denken mit Bezahlen verbunden war, aber auch wie unterschiedlich die Zahlungsmittel und -formen sind, die sich seit der Menschwerdung entwickelt haben. Der neuzeitliche Geldumlauf ist nur ein winziger Abschnitt einer langen Geschichte. Den meisten Ökonomen erscheint er freilich, als sei er der einzige oder gar der einzig mögliche. Sie verhalten sich zum modernen Geldsystem wie die alten Ägypter zu ihren Pyramiden: als wäre es für die Ewigkeit gemacht, als wäre etwas anderes als eine Wirtschaft, die dank Lohnarbeit und Privatgewinn unablässig wächst, und zwar nicht nur die nächsten fünf, fünfzig oder fünfhundert Jahre, sondern ohne Ende, überhaupt nicht denkbar. Daß es einmal Menschen geben könnte, die genauso auf die Überbleibsel der kapitalistischen Lebensweise blicken wie heutige auf die Ruinen altägyptischer oder mesopotamischer Sakralbauten – den Gedanken lassen sie nicht zu. Er ist ihnen ähnlich unheimlich, wie es Sophokles einst der beginnende Münzumlauf war.

Je weiter man jedoch in die Geldgeschichte zurückblickt, desto episodenhafter nimmt sich der globale Kapitalismus aus, desto absurder der Glaube an seine Unabänderlichkeit. Die Geldzeitrechnung der Peanuts verlassen heißt, die aktuellen Geldbewegungen nicht länger nur aus der Froschperspektive einer gegenwartsbefangenen Fachökonomie betrachten, sondern immer auch als Fernwirkungen einer Vergangenheit, die bis heute nicht ganz vergangen ist und dennoch die Vergänglichkeit des Gegenwärtigen anzeigt. Vergänglichkeit ist oft Anlaß für Trauer und Wehmut. Das bestehende Geldsystem als vergänglich verspüren zu lernen könnte hingegen für jene erdrückende Mehrheit, die unter ihm leidet, enorm beflügelnd sein – eine neue Hoffnung. Ihr Slogan: «Eine andere Welt ist möglich.» Ohne ein Gefühl für Langzeitdimensionen bekommt diese Hoffnung freilich weder Tiefenschärfe noch Nachhaltigkeit. Daher wagt sich dieses Buch zunächst ans Früheste: die Geldentstehung.

Doch wie gelangt man dorthin? Die ersten Zahlungsmittel sind weder durch historische Reportagen noch durch ethnologische Feldforschung dokumentiert, sondern lediglich aus archäologischen Überresten und literarischen Andeutungen erschließbar. Das ist nicht die komfortable, heutzutage gern zum Wissenschaftsstandard erhobene Forschungslage, in der man Zugang zu einer Fülle von Material hat, es durch Beobachtung, Befragung oder experimentelle Anordnungen strukturiert und alles, was sich genügend oft wiederholt, für bewiesen erklärt. Hier muß man vielmehr mit spärlichen Indizien vorliebnehmen und gleichwohl versuchen, daraus haltbare Schlüsse zu ziehen. Das ist keineswegs unmöglich, wenn man dabei sorgsam genug verfährt. Deshalb sind vor Gericht und in der Paläontologie Indizienprozesse völlig legitime Verfahren. Ein Wissenschaftsethos, das solche Verfahren ablehnt, weil Indizien nie Beweise seien, bewegt sich auf dem Niveau des Betrunkenen, der seinen Schlüssel, den er im Dunkeln verlor, unter der Laterne sucht, weil es dort heller ist. Im Kunstlicht der Labore und standardisierten Datenerhebungsverfahren kann die Fülle verfügbarer Details das Entscheidende durchaus unkenntlich machen. Wer erfahren will, wo Geld herkommt und was es ist, muß jedenfalls ins Dunkel der Frühgeschichte eintreten und sich an schwächsten Lichtstrahlen entlang bis in die Altsteinzeit zurücktasten. Mehr als Schattenrisse können sich dabei kaum ergeben. Aber wenn ein Schattenriß auch zahllose Details und Farbabstufungen im Dunkeln läßt – eine signifikante Kontur kann er gleichwohl gewinnen. Die frühesten Schatten des Geldes sind die dunkelsten. Aber nichts verweist deutlicher auf den Herd der Geldentstehung als sie. Man darf sogar sagen: Sie verraten dessen Geheimnis. Das ist schon für sich genommen nicht wenig. Ihre volle Brisanz gewinnen sie freilich erst, wo sie darüber hinaus zweierlei zeigen: wie fern sie dem gegenwärtigen Geldumlauf sind und wie wenig er dennoch ganz aus ihnen herausgetreten ist.

Geld stellt erste und letzte Fragen. Die erste ist die nach der Herkunft seiner unheimlichen Umwendungskraft, die Sophokles, Shakespeare und Marx so beunruhigte. Die letzte ist die nach dem Ende dieser Kraft. Wenn das Geld mit einer Umwendung angefangen hat, muß es dann nicht mit einer Rückwendung enden? Marx dachte sich das so. Das Geld selbst sollte einen Zustand herbeiführen helfen, in dem es nicht mehr nötig, die Gesellschaft vielmehr reich und entspannt genug wäre, um all ihren Mitgliedern ohne Schacher und Übervorteilung zukommen zu lassen, was sie brauchen. Davon sind wir weit entfernt. Dennoch ist der Wunsch nach einer vorbehaltlosen, umweglosen und das heißt immer auch geldlosen Mitmenschlichkeit nicht erloschen. Es gibt dafür einen ganz einfachen Test: Verliebte. Wenn sie wirklich bis über beide Ohren verliebt sind und das Aufgebot beim Standesamt bestellen, wollen sie von einem Ehevertrag, der die Vermögensverhältnisse im Scheidungsfall regelt, nichts wissen. Setzen sie aber einen Ehevertrag auf, sind sie nicht über beide Ohren verliebt. Sie kalkulieren das Ende ihrer Liebe ein. Ob das schon der Keim der Lieblosigkeit ist oder einfach nur vernünftig – wer weiß? Jedenfalls aber gehören Geld und Liebe nicht nur so zusammen, daß Geld Liebesverlangen auf sich zieht und Liebe Geld flüssig macht, sondern auch so, daß Liebe nicht aufhört, die Überflüssigkeit des Geldes zu verlangen. Geld weist über sich hinaus. Deshalb werden alle Details dieses Buches von zwei Grundfragen zusammengehalten: wo das Geld herkommt und ob es sich abschaffen läßt.

I. Genealogie des Geldes

1. Der lange Weg zur Münze

Je geschliffener eine Sprache, desto eleganter kann man sich in ihr ausdrücken. Gelegentlich jedoch schleift jahrhundertelanger Sprachgebrauch bestimmte Wörter über Gebühr ab. Sie beginnen anderen, mit denen sie gar keinen gemeinsamen Wortstamm haben, täuschend ähnlich zu klingen, bis schließlich die Klangähnlichkeit mit Bedeutungsverwandtschaft verwechselt wird. Solche Verwechslungen hat Francis Bacon unter «die Irreführungen des Markts» (*idola fori*) gerechnet. «Markt» war für ihn mehr als nur ein Warenumschlagplatz. Er verstand darunter, ganz im ursprünglichen Wortsinn des lateinischen *forum* oder der griechischen *agora*, den Versammlungsplatz des Volkes, den Ort, wo mindestens ebenso wie Waren auch Worte kursieren, wo mit der Verbreitung der Sprache auch ihre Verflachung stattfindet, wo die Worte «im Sinne des Haufens geprägt» und «die Dinge der gemeinen Fassungskraft»[1] angeglichen werden.

«Irreführungen des Markts» gehören zum Alltag aller höher entwickelten Sprachen. Sie hören auch dann nicht auf, wenn der Markt sich elektronisch herstellt. Nicht immer richten sie nennenswerten Schaden an. Doch wie, wenn ganze Theoriegebäude auf ihnen fußen? Die deutsche Sprache etwa erweckt seit Jahrhunderten hartnäckig den Eindruck, «Geld» und «Gold» hätten denselben Wortstamm. Das stimmt aber nicht. Gold kommt vom gotischen *gilp*, was gelb heißt; Geld ist ein Abkömmling vom angelsächsischen *gilt* und heißt das Geltende, Abzugeltende, Geschuldete, zu Zahlende. Damit waren zunächst nicht private Schulden gemeint, sondern diejenigen, die ein Kollektiv gegenüber der höheren Macht empfand, in deren Schutz es sich wähnte. Das Geschuldete waren Opfer. «Gilde» bedeutet ursprünglich nicht Handwerkszunft, sondern Opfergemeinschaft, und geopfert wurden anfangs lebendige Wesen, nicht gelb schimmernde Metallstücke.

1 Bacon 1974 [1620], 39 f.

Opfer waren längst Routine, ehe sich die Konturen eines profanen Markts mit Münzgeld ausprägten. In seiner bahnbrechenden Studie *Heiliges Geld* hat Bernhard Laum gezeigt, daß selbst Homer, die ergiebigste kulturgeschichtliche Quelle der griechischen Antike, den Markt als fest etablierten Handelsplatz noch nicht kennt. Nur sporadische Tauschgeschäfte kommen bei ihm vor. So treffen am Kampfplatz vor Troja eines Tages «Schiffe, mit Wein beladen», ein. «Dort nun kauften des Weins die hauptumlockten Achaier; / Andere brachten Erz und andere blinkendes Eisen, / Andere dann Stierhäut' und andere lebende Rinder, / Andre Gefangne der Schlacht, und bereiteten lieblichen Festschmaus.»[2] Was hier stattfindet, ist eine Art Gelegenheitsmarkt. Die Händler sind noch keine professionellen Kaufleute, sondern Häuptlinge und Krieger. Zum Tausch motiviert sie vor allem der spontane Wunsch nach einem kräftigen Gelage, kein wohlüberlegtes Vorteilskalkül, und die Güter, die sie gegen Wein zum Tausch bieten – rohes und bearbeitetes Erz, lebendes Großvieh und dessen bearbeitete Haut sowie Kriegsgefangene –, umfassen annähernd das ganze damals gängige Marktrepertoire. Nur Getreide fehlt. Ansonsten gibt Homer eine durchaus glaubwürdige Momentaufnahme vom Gelegenheitsmarkt, zu dessen bevorzugten Orten tatsächlich Schiffslandeplätze und Kriegsschauplätze gehörten, wo Erbeutetes und Erworbenes nach Laune und Gutdünken den Besitzer wechselte, ohne daß eines der Tauschgüter als Tauschmittel anerkannter gewesen wäre als die andern.

Eines beweist dieser Gelegenheitsmarkt allerdings nicht: daß sich auf der Kulturstufe, der er angehört, ein allgemeines Zahlungsmittel und Wertmaß noch gar nicht herauskristallisiert hätte. Homer *kennt* nämlich ein Wertmaß, wie an der berühmten Szene ersichtlich, wo Achill zu Ehren seines gefallenen Freundes Patroklos Wettkämpfe veranstaltet und dazu Kampfpreise bereitstellt: «dreifüßige Kessel, / Becken und Ross' und Mäuler und mächtige Stier aus den Schiffen, / Schöngegürtete Weiber zugleich und blinkendes Eisen». Von einem Kampfpreispaar heißt es da: «Erst dem Sieger ein groß dreifüßig Geschirr auf dem Feuer, / Welches an Wert zwölf Rinder bei sich die Danaer schätzten; / Doch dem Besiegten stellt' er ein blühendes Weib in den Kampfkreis, / Klug in mancherlei Kunst und geschätzt vier Rinder an Werte.»[3]

2 Homer, *Ilias*, VII, 467 ff. (Homer 1976, 126)

3 Homer, *Ilias*, XXIII, 702 ff.

Laum übersetzt streng wörtlich, nämlich «zwölfrinderig» und «vierrinderig».[4] Dadurch wird deutlich: «Rinderig» ist eine stehende Redensart – schon zu Homers Zeit ein lang eingeübter *terminus technicus* des Messens. Andere Stellen, die einen Sklaven als «hundertrinderig» oder «zwanzigrinderig» taxieren oder von einer «zwanzigrinderigen» Sühneleistung handeln,[5] bestätigen das. Schon in der *Ilias* ist das Rind ein altehrwürdiges Wertmaß. Doch wo Gütertausch stattfindet, kommt es nicht vor, und wo es vorkommt, wird nicht getauscht. Ein unlösbarer Widerspruch? Durchaus nicht, sondern ein starkes Indiz dafür, daß der profane Tausch gar nicht die Sphäre ist, in der sich Wertmaße zunächst gebildet haben. Die Wettkämpfe, in denen ein «zwölfrinderiger» Dreifuß und ein «vierrinderiges» Weib zu gewinnen sind, finden im Rahmen einer Totenfeier statt. Zu deren Beginn ist der Leichnam des Patroklos auf einem riesigen Scheiterhaufen, zugedeckt vom Fett frisch geschlachteter Schafe, Rinder, Pferde und flankiert von den Leichnamen getöteter Feinde, verbrannt worden. Dann folgen Wettkämpfe. Die Kampfpreise, die Achill präsentiert, sind überwiegend Opferzubehör. Großtiere sind Opfertiere; Dreifüße und Becken sind Gefäße, worin Opferfleisch zubereitet wird, und Menschen sind, wie die mit Patroklos zusammen verbrannten Feinde zeigen, aus dem Kreis dessen, was dargebracht werden kann, nicht grundsätzlich ausgeschlossen.

Nur innerhalb der Kultsphäre stellt Homer Mutmaßungen dazu an, in welchem Maße Güter füreinander einstehen – einander wert sind. Wie er dazu kommt, einen Dreifuß als «zwölfrinderig», ein «schön gegürtetes Weib» hingegen nur als «vierrinderig» zu taxieren, ist nicht mehr nachvollziehbar, zeigt aber, wie gering Sklavinnen damals geachtet sein konnten. Jedenfalls wird vom Rind aus gemessen, weil das Rinderopfer als das Hauptopfer gilt: das zentrale, maßstäbliche. In allen frühen Hirten- und Bauernkulturen gehörte das gezähmte Rind zum Kostbarsten, und wer opfert, muß vom Kostbarsten geben, denn er will das Kostbarste dafür haben: den Schutz höherer Mächte. Opfern heißt teuer bezahlen. Die Zahlung erfolgt real. Die Gegenleistung hingegen wird lediglich imaginiert. Daß die höhere Macht tatsächlich existiert und den gewünschten Schutz gewährt, ist in höchstem Maße zweifelhaft. Aber unter solch zweifel-

4 Laum 1924, 10
5 Homer, *Ilias*, XXI, 79, sowie Homer, *Odyssee*, I, 431 und XXII, 57

 haften Bedingungen hat Zahlung begonnen, und ob sie sie jemals ganz losgeworden ist, wird sich zeigen. Logik der Zahlung ist Logik des Opfers.

Urzahlung

Über Opfer wundert man sich viel zu wenig. Sind sie nicht absurd? Damit die Natur aufhört, schrecklich zu sein, begehen bestimmte Naturwesen selbst etwas Schreckliches. Sie schlachten andere – in der Hoffnung, dadurch selbst verschont zu bleiben. Aus Spaß tun sie das nicht. Was treibt sie dazu? Offenbar physiologische Notwehr. Deren Funktionsweise ist lange nicht begriffen worden. So recht auf die Schliche kam ihr erst Freud. Gegen Ende des Ersten Weltkriegs stieß er auf etwas, was ihn tief irritierte. Reihenweise waren Kriegstraumatisierte von der Front zurückgekehrt. Viele von ihnen integrierten sich mehr oder weniger gut wieder ins bürgerliche Leben. Doch des Nachts wurden sie ins Kriegsgeschehen zurückversetzt. Sie träumten immer wieder aufs neue vom Trommelfeuer, vom Bombeneinschlag, den neben ihnen zerfetzten Kameraden etc. Warum wiederholten sie die grausigen Ereignisse im Traum, statt sie auf sich beruhen zu lassen? Freud bemerkte alsbald in ihrem scheinbar unsinnigen Verhalten einen neurologischen Sinn. Ihr Nervensystem ist jäh von einem Schock getroffen worden. Fliehen können sie ihn nicht mehr. Daher veranstalten sie so etwas wie nachträgliche Flucht, und zwar nicht weg vom schrecklichen Einschlag, sondern zu ihm hin. Sie «suchen die Reizbewältigung unter Angstentwicklung nachzuholen». Das war eine große Einsicht. Angst und Schrecken sind nicht nur nicht dasselbe, sondern «an der Angst ist etwas, was gegen den Schreck und damit auch gegen die Schreckneurose schützt».[6] Angst bereitet auf Schreckliches vor; sie federt es ab. Und wenn diese Vorbereitung ausgefallen ist, muß eine Nachbereitung stattfinden. Das Schreckliche muß so oft «unter Angstentwicklung» nachvollzogen, nachgespielt werden, bis es seinen Schrecken allmählich verliert. Wiederholung macht Schreckliches vertraut, Unfaßbares faßbar. Neurologisch gesprochen: Sie legt Reizfluchtbahnen an, auf denen das unerträgliche

6 Freud 1975 [1920], 241

Reizübermaß, das den traumatisierten Organismus peinigt, allmählich abgeführt werden kann.

Die insistente Wiederholung des Schrecklichen ist also keineswegs so absurd, wie sie zunächst scheint. Bei Lichte besehen erweist sie sich vielmehr als ein epochaler Wendepunkt in der Naturgeschichte der Nerven, als eine Flucht nach vorn, mit der eine Hominidenspezies, die später Homo sapiens genannt wurde, nichts Geringeres einleitete als die Umkehrung ihrer Triebrichtung. Eine solche Wiederholungs- und Umwendungsleistung ließ sich allerdings nur kollektiv erbringen. Zwar bestanden auch schon altsteinzeitliche Hominidenkollektive aus Individuen, von denen jedes sein eigenes Nervensystem hatte. Aber sie erlebten sich noch nicht als Individuen, genauso wie sich ein Säugling noch nicht als separate organische Einheit erlebt. Daß die mütterliche Brust, an der er saugt, nicht seine ist, wird er erst lernen müssen. Zunächst einmal fühlt er sie als etwas ihm ebenso Zugehöriges wie seine Hände. Ähnlich fühlen sich Lebewesen einander zugehörig, die sich nur im Kollektiv als lebensfähig erleben. Von wilden Tieren, Unwettern und Seuchen wurden zwar stets einzelne aus der Hominidenhorde heimgesucht. *Sie* erlitten den physischen Schmerz, aber der Schrecken durchfuhr das ganze Kollektiv. Deswegen drängte er auch das ganze Kollektiv dazu, das Schreckliche zu wiederholen: noch einmal so über einzelne herzufallen, wie eine äußere Naturgewalt das zuvor getan hatte – spontan, diffus, ungeregelt. Der traumatische Wiederholungszwang ist anfangs nicht mehr gewesen als eine reflexartige kollektive Flucht nach vorn. Die eigentliche Kulturleistung bestand darin, diesen Reflex auf Dauer zu stellen, ihn als kollektive Linderungsmaßnahme zu habitualisieren und so auf menschenspezifische Weise das zu tun, was der Genetiker Jacques Monod «den Zufall konservieren»[7] genannt hat.

Schwer zu sagen, wann das begann. Den Homo sapiens gibt es anatomisch seit mindestens zweihunderttausend Jahren. Aber wie weit er damals die Flucht nach vorn schon gelernt hatte, läßt sich keinem Knochenfund entnehmen. Gut möglich, daß er erst fünfzig- oder siebzigtausend Jahre später darauf verfiel. Der Zeitpunkt ist unsicher, sicher hingegen, daß Rituale nicht fix und fertig vom Himmel fallen. Je älter sie sind, desto ungelenker ihre Anfänge, desto mehr Zeit kostete ihre Ausprägung. Für die Ausbildung des Ur-

7 Monod 1975 [1970], 38 1975, S. 38

rituals, des Opfervollzugs, sind Jahrtausende gewiß die kleinste sinnvolle Rechnungseinheit. Und wie Kinder lernen, ihren Harn- und Stuhldrang zu regulieren, so haben auch altsteinzeitliche Kollektive, wenn auch ganz allmählich und anfangs wahrscheinlich nahezu unmerklich, gelernt, den traumatischen Wiederholungszwang zu steuern, ihm eine feste Form zu geben, ja ihm gleichsam vorzugreifen und ihn eigens hervorzurufen, ehe er sie wie ein epileptischer Anfall überfiel. Damit hob auch menschenspezifisches Gedächtnis an: das Vermögen, Vergangenes wieder gegenwärtig zu machen. Und «wieder gegenwärtig machen» ist auch der genaue Wortsinn des lateinischen *repraesentare*. Repräsentationsbedürfnis ist ursprünglich nicht das Bedürfnis von Würdenträgern und Wichtigtuern, im Rampenlicht zu stehen, sondern eine unbewältigte Vergangenheit wieder gegenwärtig zu machen, um sie loszuwerden. Genau das ist die Urfunktion von Gedächtnis. Der wieder vergegenwärtigte, aus eigenem Impuls wiederholte, gewissermaßen in eigene Regie genommene Naturschrecken hat nämlich nicht mehr die grauenhafte Plötzlichkeit des ursprünglichen, von außen jäh überfallenden. Er repräsentiert ihn nur noch, tritt an seine Stelle, stellt ihn dar. Mit andern Worten: Er wird ihm gleichwertig – zu seinem Äquivalent.

Das ist die Grundbedeutung von Äquivalenz: Unterschiedenes als gleich erachten, gleich werten. Mehr noch: Der durch Wiederholung vergegenwärtigte Schrecken sollte dem ursprünglichen auch in dem Sinne gleich sein, daß er ihn beglich – ihn aus der Welt schaffte. Äquivalenz hat nicht als mathematische Gleichung begonnen, wo auf einer Seite der gleiche Zahlenwert wie auf der andern stehen soll, sondern als verzweifelte Begleichungsarbeit, die Schreckliches durch Schreckliches aus der Welt zu schaffen sucht. Wo etwas beglichen ist, plagt es nicht länger. Das gilt bis heute, für jede Rechnung ebenso wie für jede Gleichung. Nicht von ungefähr spricht man bei letzterer von «Lösung». Das richtige Ergebnis bedeutet auch, daß man das Problem «los» ist. Die Lösung impliziert immer auch Auflösung einer Spannung.

Der Drang, Schreckliches durch Wiederholung loszuwerden, war auch ein Motor der Veränderung. Deren Detailentwicklung ist zwar nicht mehr rekonstruierbar. Dennoch lassen sich gewisse Hauptstadien angeben, die sie durchlaufen haben muß, weil es anders zu Kultur nie hätte kommen können. So blieben die mit traumatischer Erfahrung aufgeladenen Homo-sapiens-Kollektive nicht dabei stehen, wie ein sich entladendes Gewitter über einzelne Stammesgenossen herzufallen. Sie begannen, dieser Entladung eine feste Verlaufsform zu geben, die sie immer gleich zu reproduzieren und so regelrecht aufzuführen lernten. Sie bereiteten sich darauf vor, versetzten sich in einen höheren, ekstatischen Zustand, in welchem die Entladung besser erträglich wurde, entwickelten Verfahren zur Auswahl derer, über die sie dann herfielen, verfielen auf bestimmte Prozeduren ihrer Tötung und auf Umgangsweisen mit ihren sterblichen Überresten. Erst dadurch wurde die Tötung allmählich zu einem Ritual mit Vorspiel und Nachspiel: das an einem besonderen Schauplatz konzentrierte, verdichtete, bewegte, aber faßbare Bild des in der Natur zerstreuten, unfaßbar und diffus zuschlagenden Naturschreckens.

Doch das genügte nicht. Die sich ritualisierende Wiederholung des Schreckens war zwar eine Linderungsmaßnahme, aber sie war selbst schrecklich und verlangte nach Linderung. Und so ruhten die von ihr Betroffenen nicht, bis sie einen weiteren Linderungsweg fanden. Genaugenommen «fanden» sie diesen Weg nicht; sie *er*fanden ihn. Es gab ihn nicht, bevor sie ihn sich bahnten. Man könnte ihn den Seitenweg der Opferritualbildung nennen. Während sich mit der Einübung des traumatischen Wiederholungszwangs die Triebrichtung umgekehrt hatte – hin zum Schrecklichen statt von ihm weg –, begann sich von dieser Flucht nach vorn nun eine Flucht nach innen abzuzweigen: in einen Raum, der eigentlich ein Unding ist, nämlich ohne jede meßbare physische Ausdehnung, und gleichwohl einer, der sich bergend wie eine Zufluchtsstätte auftat: ein imaginärer Raum, der Raum des Imaginären – der Imagination. Später heißt er der mentale Raum.

Das ist der erstaunlichste Raum, den sich je eine Tierart eröffnet hat. Man darf diese Eröffnung getrost die Menschwerdung im engeren Sinne nennen. Wie es Altsteinzeithominiden gelang, in ihn vorzudringen, wie sie es fertigbrachten, äußere Schaubilder des Schreckens in innere unräumliche Bilder zu übersetzen, wird sich vielleicht nie ganz erhellen lassen. Nur zweierlei darf als sicher gelten. Zum einen sind innere Bilder gewiß nicht mit einem Schlag dagewesen. Sie haben von äußeren Wahrnehmungsbildern mühsam abgelöst werden müssen und können für eine jahrtausendelange Anfangszeit schwerlich etwas anderes gewesen sein als schattenhafte unselbständige mentale Wurmfortsätze der Sinneswahrnehmung und von dieser noch gar nicht klar unterschieden – also Halluzinationen. Zum andern sind diese ersten

 Halluzinationen strikt ritualgebunden gewesen – nichts als Ausflüchte und Verflüchtigungen des traumatischen Wiederholungszwangs. In ihnen gewannen die unerträglichen rituellen Zelebrierungen des Schreckens gleichsam einen andern Aggregatzustand; sie zogen sich zu einem imaginären Extrakt zusammen – in verflüchtigte Sinneswahrnehmung. Verflüchtigte innere Wahrnehmungsbilder erleben wir alle bis heute im Traum, der ja nicht stattfindet, um zu stören, vielmehr, wie Freud erkannt hat, als «Wächter des Schlafs» unbewältigten Regungen eine Ausflucht, ein imaginäres Ventil öffnet und etwas höchst Erstaunliches gewährt: halluzinatorische Linderung, Linderung durch Halluzination. Den anfänglichen Inhalt der Halluzination kennen wir nicht, aber man kann ihn sich kaum primitiv genug vorstellen. Er wird weitgehend konturlos und ungreifbar gewesen sein, von jener ebenso diffusen wie zudringlichen Präsenz, die später Spuk oder Alb heißt – ein Schemen, der sich über dem sich feierlich versammelnden Kollektiv wie eine Wolke zusammenzog und ihm mit dem Nachdruck eines kategorischen Imperativs suggerierte: «Schlachtet! Ich verlange es.»

Ein solcher das Kollektiv überwölbender Schemen muß für die rituelle Schlachtung etwas Ähnliches gewesen sein wie später für das Kathedralengewölbe der Schlußstein. Erst durch ihn gewinnt das ganze Gefüge eine stabile, dauerhafte Ausrichtung. So auch beim primären Schemen. Erst durch ihn, die Halluzination einer höheren Macht, wird die Schlachtung zum Opfer. Vorher war sie bloß zwanghafte Wiederholung. Nun bekommt sie einen Adressaten. Die Schlachtung wird zur Darbringung *an ihn*. Sie bekommt ein Wozu, einen Sinn. Sie muß sein, weil eine höhere Macht sie will. Damit ist sie gerechtfertigt – leichter auszuhalten. Die Halluzination der höheren Macht ist der Protagonist des inneren – mentalen – Raums und zunächst sein einziger Inhalt. Ihre Unfähigkeit, zwischen innen und außen zu unterscheiden, ist zunächst nicht etwa ihr Mangel, sondern ihr Kunstgriff. Inneres nach außen kehren schafft Distanz und damit Linderung. Den peinigenden inneren Zwang zur rituellen Schlachtung als von außen kommenden höheren Befehl – später wird man sagen: als Gebot einer Gottheit – zu imaginieren: das lindert den Zwang. Insofern ist die primäre Halluzination auch die Urform der Projektion. Schutzbedürfnis ist ihr Motiv: etwas Inneres wahrnehmen, als wäre es außen, damit es weniger plagt. So hat der Kunstgriff der Halluzination Hominidenkollektiven, die zwanghaft über eigene

Mitglieder herfielen, die Möglichkeit eröffnet, ihr grausiges Tun als etwas wahrzunehmen, was eine höhere Macht von ihnen fordert, was sie dieser Macht schulden – was eine *Schuld* begleicht.

Damit begann, noch tief in der Altsteinzeit, eine neue Epoche, die bis heute andauert. Zunächst einmal hatte die werdende Menschheit eine lange Zeit, womöglich einige zehntausend Jahre, schuldlos verlebt. Aber nicht quallos. Und schuldlose Qual, das heißt Qual, die zu nichts gut ist – die eben hielt sie nicht aus. Mit der Eröffnung des mentalen Raums eröffnete sich nun eine neue Daseinsperspektive: die Begleichung von Schrecken als Begleichung von Schuld. Diese Schuld war zunächst genauso imaginär wie die höhere Macht, die sie reklamierte. Schuld und höhere Macht sind anfangs ungeschieden, ja die höhere Macht ist geradezu dadurch definiert, bestimmte Lebewesen zu ihren Schuldnern zu machen. Das ist einerseits furchtbar, andrerseits ein Privileg. Nur ihre Schuldner können auf ihren Schutz hoffen. Frei nach Freud: An der Schuld ist etwas, was gegen den Schrecken schützt. Schuld begleicht sich einfacher als Schrecken. Die Begleichung von Schuld aber heißt Zahlung. Und die Schuld mochte zunächst noch so imaginär sein; die Zahlung war von Anfang an real.

Intermezzo 1: Der Schuldhasser

Fünf Jahre war der kleine Friedrich alt, als sein «geliebter Vater» starb: der Pastor Karl Ludwig Nietzsche, «den alle, die ihn kannten, mehr zu den ‹Engeln› als zu den ‹Menschen› gerechnet haben»,[8] wie sich der Sohn später in einem Brief an seinen Freund und Kollegen Franz Overbeck zu erinnern glaubt. Ein halbes Jahr nach dem Vater starb, gerade zweijährig, Nietzsches Bruder. In der Nacht zuvor aber hatte Friedrich einen Traum, den er acht Jahre später so notierte: «Ich hörte in der Kirche Orgelton wie beim Begräbnis. Da ich sah, was die Ursache wäre, erhob sich plötzlich ein Grab und mein Vater im Sterbekleid entsteigt demselben. Er eilt in die Kirche und kommt in kurzem mit einem kleinen Kinde im Arm wieder. Der Grabhügel öffnet sich, er steigt hinein und die Decke sinkt wieder auf die Öffnung. Sogleich schweigt der rauschende Orgelschwall, und ich erwache. – Den Tag nach dieser Nacht wird plötzlich Josephchen unwohl, bekommt

8 Janz 1981, 44

 Krämpfe und stirbt in wenigen Stunden. Unser Schmerz war ungeheuer. Mein Traum war vollständig in Erfüllung gegangen.»[9]

Vierzehn war Nietzsche, als er dies seinen ersten autobiographischen Aufzeichnungen anvertraute. Daß er später nie mehr darauf zurückkam, wird schwerlich daran gelegen haben, daß ihm diese Begebenheit zu unbedeutend gewesen wäre. Bekanntlich gibt es Dinge, die *zu* bedeutend sind, als daß man sie noch einmal, und sei es auch nur verbal, wiederholen möchte, und es spricht viel dafür, daß der Traum des sechsjährigen Friedrich zu ihnen gehört hat. Man halte sich nur einmal das hochsensible, für Geistiges überempfängliche Pastorenkind vor Augen, dem ein liebevoller Vater behutsam, aber bestimmt die lutherische Lehre vom väterlichen Gott eingeprägt hat, vor dem wir alle Sünder sind und nur Gnade finden, wenn wir uns ihm im Glauben an die rettende Opfertat seines Sohnes zerknirscht anvertrauen. Nun stirbt dieser Vater, der familiäre Bürge für die göttliche Gnade, nach langer, persönlichkeitsverändernder «Gemüts»krankheit. Der göttliche Vater zeigt sich nicht gesonnen, den irdischen Vater wiederherzustellen. Ein halbes Jahr später stirbt das Brüderchen, und in der Nacht zuvor dieser Traum. Konnte das Kind diesen Ereignisablauf anders erleben denn als eine ihm zugemutete Fügung von höherer Hand? «Unser Schmerz war ungeheuer.» Für Mutter und Schwester mochte das bedeuten: Er war tief und heftig. Für Friedrich selbst bedeutete es mehr: «Dieser Schmerz ist ein Ungeheuer.» Er enthielt nämlich über das Verlustgefühl hinaus, das den Erstgeborenen beim Tod des Bruders schwerlich so heftig angefallen haben dürfte wie beim Tod des Vaters, eine furchtbare Anklage: Dein Traum ist in Erfüllung gegangen; du hast deinen Bruder totgeträumt; du bist schuld. Und mit dieser Anklage war das Kind allein; sei es, daß es noch gar nicht in der Lage war, Worte für sie zu finden, sei es, daß in seiner familiären Umgebung niemand ein Ohr dafür hatte.

Einmal hat der Vierzehnjährige das Ungeheure aufgeschrieben, das ihn seither verfolgte, und dann hat er es in Schweigen gehüllt, offenbar weil er spürte, daß die Anklage zu tief saß, als daß Worte gegen sie aufkämen. Schon dem Halbwüchsigen war zwar klar, daß ein Traum niemanden tötet, und ob sein Traum wirklich einen Todeswunsch gegen den Bruder enthielt, was bei einem Sechsjährigen, der mit geschwisterlicher Eifersucht umgehen lernen muß, etwas ganz Altersgemäßes gewesen wäre, ist gar nicht sicher. Es kann durchaus auch so gewesen sein, daß Friedrich am Vortag Anzeichen kommender Krankheit an seinem Bruder bemerkt hatte, die

9 Janz, 1981, 47

nachts in ihm einen unbewältigten Vorwurf aufrührten. Dann würde das Traumbild vom Vater, der dem Grab entsteigt, um den Bruder zu holen, etwa besagen: Erst kränkst du uns, indem du uns verläßt, und dann machst du auch noch deinen Jüngsten krank. Der Traum wäre Ausdruck des vitalen Entzugs, den der Tod des Vaters für Friedrich darstellte. So oder so: Diesen Traum für den Tod seines Bruders verantwortlich zu machen war absurd. Der Erwachsene wußte das und ist den Stachel, schuld daran zu sein, dennoch nicht losgeworden. So wurde ihm Schuld etwas ganz Furchtbares, was auf infame Weise niederdrückt, ohne daß man etwas dafür kann. Sie als allgemeine Daseinsbedingung anzunehmen, wie es die christliche Erbsündenlehre vorsah: das hat das brave Kind, der Liebling seiner Mutter, der Musterschüler in Schulpforta, der hoffnungsvolle Student der Altphilologie, zwar redlich versucht, aber es ging nicht mehr. Der Erwachsene begann Worte für etwas zu finden, worüber er nicht sprechen konnte: wie Schuld ihn als wehrloses Kind zu Unrecht mit niederziehender, krank machender Gewalt überfallen hatte. Sie nicht auf sich sitzen zu lassen: das hat alle seine intellektuellen Fähigkeiten mobilisiert; das wurde zu seinem Lebenskampf – und ließ ihn zum Meisterdetektiv für «Schuld, schlechtes Gewissen und Verwandtes»[10] werden.

Seine *Genealogie der Moral* enthält denn auch entscheidende Wegweiser zu einer Genealogie des Geldes. Der erste ist die Einsicht, daß der «moralische Hauptbegriff ‹Schuld› seine Herkunft aus dem sehr materiellen Begriff ‹Schulden› genommen hat» (297); daß die «uralte, tiefgewurzelte, vielleicht jetzt nicht mehr ausrottbare [...] Idee einer Äquivalenz von Schaden und Schmerz» suggeriere, «dass jeder Schaden irgend worin sein *Äquivalent* habe und wirklich abgezahlt werden könne, sei es selbst durch einen *Schmerz* des Schädigers» (298). «Preise machen, Werthe abmessen, Äquivalente ausdenken, tauschen – das hat in einem solchen Maasse das allererste Denken des Menschen präoccupirt, dass es in einem gewissen Sinne *das* Denken ist: hier ist die älteste Art Scharfsinn herangezüchtet worden» (306). Der zweite Wegweiser ist die Erkenntnis, daß Schuld eine Umwendungsleistung ist: eine Flucht «nach Innen». Nietzsche beschreibt sie als eine Umkehrung der menschlichen Instinktnatur «gegen den Menschen selbst», als «Kriegserklärung gegen die alten Instinkte, auf denen bis dahin seine Kraft, Lust und Furchtbarkeit beruhte» (322f.), als «Wille zur Selbstpeinigung», als «zurückgetretene Grausamkeit des innerlich ge-

10 So der Titel der zweiten Abhandlung seiner *Genealogie der Moral* (Nietzsche 1988 [1887], 291). Weitere Seitenzahlen im Text.

 machten, in sich selbst zurückgescheuchten Thiermenschen» (331 f.). Das war bahnbrechend – und verrät zugleich einen tiefen blinden Fleck in Nietzsches Spürsinn. Denn es fehlt dieser so beneidenswert anschaulich dargestellten Umwendung nach innen jegliches plausible Motiv. Mehr als einen vage behaupteten Schwund der «alten Instinkte», eine nicht näher erklärte «Erkrankung», angeblich «aus Mangel an äusseren Feinden und Widerständen» (323), hat Nietzsche nicht zu bieten. Diese «furchtbarste Krankheit, die bis jetzt im Menschen gewüthet hat» (333) und doch bloß «wie die Schwangerschaft eine Krankheit ist» (327), ist gekommen wie ein Deus ex machina; man weiß nicht, wie und woher.

Daß es einen äußeren Naturschrecken gegeben haben könnte, *vor dem* die werdende Menschheit in die Innerlichkeit der Schuld floh, kommt überhaupt nicht in Betracht; als ob die menschliche Spezies vor dem Ausbruch der Schuld rundum gesund gewesen wäre, eine königliche Tierart, strotzend vor «Kraft, Lust und Furchtbarkeit», und zwar furchtbar *für andere*, nicht etwa selbst furchtbar gebeutelt. Mit dem realen Überlebenskampf des frühen Homo sapiens, dem es an äußeren Feinden und Widerständen keineswegs mangelte, hat das herzlich wenig zu tun. Nietzsches Schuldherleitung besticht zwar durch enormes Tiefengespür für archaische Umwendungsprozesse, kümmert sich aber weder um altsteinzeitliche Realgeschichte noch um die konstitutive Rolle von Ritual und Kult für die werdende Menschheit. Bei Lichte besehen bietet sie kaum mehr als eine verkappte Verallgemeinerung persönlichster Erfahrungen. *Sich* hat Nietzsche als «in sich zurückgescheucht» kennengelernt, als krank gemacht durch sein eigenes Schuldgefühl, weswegen er die Gesundheit, die er so inständig ersehnt, nicht nur als psychophysische Kraft und Stärke imaginiert, sondern in der Fähigkeit gipfeln läßt, ohne Skrupel zu leben. Die blonden Bestien, die Wikinger, der verschlagene Cesare Borgia, der eroberungssüchtige Napoleon, der generöse Goethe, der monumentale Wagner: sie alle scheinen ihm, wenn auch in ganz unterschiedlichen Dosen, diese Fähigkeit gehabt zu haben. Er sieht in ihnen Kometen der Gesundheit, die vereinzelt aus einer kranken Kultur aufstiegen, Vorboten jener höheren Skrupellosigkeit, als deren vollkommenstes Exemplar ihm seine Phantasiegestalt Zarathustra vorschwebt. Zarathustra ist ein hochsubtiles Gespinst; in den blonden Bestien oder Cesare Borgia hat es widerwärtig brutale Verwandte. Nietzsches Feingefühl für Schuldverhältnisse und seine bisweilen haarsträubend grobe Apotheose der Skrupellosigkeit bedingen einander. Gemeinsam decken sie den Naturschrecken zu.

Das Schrecklichste für Nietzsche ist Schuld. Daß an der Schuld etwas sein könnte, was gegen den Schrecken schützt: diese Aussicht hat ihm die

Art und Weise, wie ihn als Kind die Schuld überfiel, verstellt. Was ihn so überempfindlich und hellsichtig für Schuld machte, machte ihn auch blind für den Naturschrecken. Als höchstes Ziel imaginiert er folglich ein schuldfreies Leben, nicht ein schreckfreies. Als verschwände der Schrecken von selbst, wenn Menschen keine Schuld(en) mehr zu begleichen hätten und nicht mehr von Gewissensbissen und Skrupeln geplagt wären. Dabei liefe ungehemmte Skrupellosigkeit geradewegs auf die entfesselte Wiederkehr des Naturschreckens hinaus. Den aber vermochte Nietzsche nur in zensierter, wildromantisch verklärter Form wahrzunehmen: als Befehlsgewalt «vornehmer» Wesen. Ein solches Wesen zu sein – souverän, erhaben, unberechenbar, großzügig und niemandem etwas schuldig: danach sehnte er sich. Wie es eine Zeit vor der Schuld gab, soll es auch eine danach geben, wo man nicht mehr an Gewissensbissen laboriert und nichts mehr zu begleichen hat. Der Umgang mit Geld würde dann zu einem vornehmen Spiel. «Es sind Zustände der Gesellschaft denkbar, wo nicht verkauft und gekauft wird und wo die Nothwendigkeit dieser Technik allmählich ganz verloren geht: vielleicht, dass dann Einzelne, welche dem Gesetze des allgemeinen Zustandes weniger unterworfen sind, sich dann das Kaufen und Verkaufen wie einen *Luxus der Empfindung* erlauben. Dann erst bekäme der Handel Vornehmheit.»[11] Das aber heißt umgekehrt: Solange Schuld gefühlt wird, bleibt Geld eine bittere Notwendigkeit.

Trauer und Wertschätzung

«Schuld» ist im Laufe der Menschheitsgeschichte mehr und mehr zu einem Moralbegriff geworden. Doch Moral hat als Zahlungsmoral begonnen, Schuld als Opferschuld. Schuldgefühl oder, wie man später sagt, schlechtes Gewissen ist das Gefühl, im Zahlungsverzug zu sein. Und opfernde Kollektive fühlen sich eigentlich immer im Verzug. Sie glauben Schuld abzuzahlen, wenn sie opfern. Und wenn das Opfer ihre Situation nicht spürbar verbessert, müssen sie glauben, daß ihre Zahlung ungenügend war. Sie fühlen sich zur Nachzahlung genötigt. Dabei ist ihre Zahlung eher eine Art Vorschuß, also in wörtlichem Sinne Kredit. Sie begleichen nämlich eine gefühlte Schuld in dem Glauben, daß ihre Zahlung angenommen wird. Als Schuldner sind sie zugleich Gläubiger. Und der Glaube von Gläubigern

11 Nietzsche 1988 [1882], 403

ist nie mehr als eine Hoffnung, auch wenn oft eine gut begründete. Sie hoffen, das Gegebene zurückzubekommen. Meistens erhoffen sie noch mehr: mehr zurückzubekommen, als sie geben. Auch das trifft auf das opfernde Kollektiv zu. Es gibt nur einen Teil von sich, will dafür aber nicht nur teilweise verschont werden, sondern ganz.

Die Primärzahlung des opfernden Kollektivs befindet sich somit von Anfang an in einer Schieflage. Weil es ganz verschont werden will, aber nur einzelne darbringt, kann es seine gefühlte Schuld nie voll begleichen. Es gibt immer zu wenig her. Andrerseits gibt es ungeheuer viel, nämlich Unentbehrliches. Auf keines seiner Glieder kann es verzichten; jedenfalls solange sie einigermaßen gesund sind. Das Zusammenwirken aller ist überlebensnotwendig. Und die Individuen nehmen sich zunächst nicht als separate Einheiten wahr, sondern eher wie Organe eines lebendigen Ganzen. Solange es funktioniert, versteht es sich gewissermaßen von selbst, wie auch ein Organismus seine Organe, solange sie intakt sind, nicht als Besonderheiten empfindet. Er ist durch sie definiert. Zu etwas Besonderem werden sie erst, wenn ihre Absonderung ansteht; sei es, daß sie seinen motorischen und sensorischen Impulsen nicht mehr gehorchen, sei es, daß ihnen die gewaltsame Abtrennung droht. Wo der Organismus spürt, daß er sie entbehren muß, spürt er zugleich ihre Unentbehrlichkeit: entweder als Schmerz oder als Angst. Unentbehrlichkeit verspüren: das tun auch Tiere, nicht nur den Verlust eines Beins oder Auges als Schmerz, sondern auch den Verlust eines Leittiers als Entzug von Sicherheit und Orientierung und somit als Angst. Sie können gelegentlich ein Lebewesen ihrer Umgebung so intensiv vermissen, daß sie die Nahrungsaufnahme verweigern und sich zum Sterben zurückziehen. Nur eines können sie nicht: das Vermißte repräsentieren. Sie können nicht trauern.

Trauer ist etwas Menschenspezifisches. Und sie ist nicht nur ein Gemütszustand, sondern eine Tätigkeit. Nicht von ungefähr nennt Freud «die Reaktion auf den Verlust einer geliebten Person oder einer an ihre Stelle gerückten Abstraktion wie Vaterland, Freiheit, ein Ideal» – Trauer*arbeit*. Sie besteht darin, «alle Libido aus ihren Verknüpfungen mit diesem Objekt abzuziehen. Dagegen erhebt sich ein begreifliches Sträuben – es ist allgemein zu beobachten, daß der Mensch eine Libidoposition nicht gern verläßt [...]. Dies Sträuben kann so intensiv sein, daß eine Abwendung von der Realität und ein Festhalten des Objekts durch eine halluzinatorische Wunschpsychose […] zustande kommt. Das Normale ist, daß der Respekt vor der Realität den Sieg behält», allerdings nur «unter großem Aufwand von Zeit und Besetzungsenergie». «Jede einzelne der Erinnerungen und Erwartungen, in denen die Libido an das Objekt geknüpft war, wird eingestellt, überbesetzt und an ihr die Lösung der Libido vollzogen.»[12]

Trauern ist also ein in sich gegenläufiger Prozeß. Der Verlust der geliebten Person weckt zunächst einmal das Bedürfnis, sie zu repräsentieren: sie in Gefühlen und Gedanken gegenwärtig zu halten, sie gewissermaßen festzuhalten. Dabei wird ihr ein Maß an Zuneigung zuteil, das sie zu Lebzeiten nicht auf sich zu ziehen vermochte. Sie wird «überbesetzt». Solche nachträglich übersteigerte Zuneigung ist Trauer. Sie absorbiert das ganze Aufmerksamkeitspotential der Trauernden und sorgt dafür, daß sie erst einmal für nichts anderes um sich herum Empfänglichkeit haben. Nachträglich gesteigerte Zuneigung ist schmerzlich. Sie entstammt der Verlusterfahrung, ist aber auch ein Bedürfnis. Die Hinterbliebenen brauchen sie, um die Verlusterfahrung zu überstehen. Sie wollen die Trauer. Indem sie sie aber durchleben, spüren sie, daß die Trauer selbst etwas Heilendes hat. Die nachträglich gesteigerte Zuneigung ist nämlich selbst schon der erste Schritt in die Gegenrichtung: hin zum Abbau der Bindung an die geliebte Person. Die ständig wiederholte Erinnerung an sie führt dazu, daß ihr Bild allmählich verblaßt. Nicht, daß es einfach verschwindet. Aber es hört auf, quälend heimzusuchen. Es wird in eine Gedächtnisdimension entrückt, worin es gleichsam über dem Alltag schwebt, ihn wie ein Genius begleitet, aber nicht mehr direkt in ihn eingreift und den Trauernden sozusagen freiläßt, ihm gestattet, sich wieder andern Menschen und Dingen zuzuwenden.

So der Normalverlauf von Trauerarbeit unter Kulturbedingungen. Wie aber, wenn noch gar keine Kultur da ist und die spezifische Art emotionaler Besetzung, die durch Trauerarbeit allmählich von einem geliebten Objekt abgezogen werden könnte, noch gar nicht existiert? Dann ist Trauerarbeit zunächst einmal der Prozeß zu solch emotionaler Besetzung hin – dahin, daß Vermißtes nicht nur als Verlust verspürt, sondern auch repräsentiert wird. Die erste menschheitsgeschichtliche Phase der Trauerarbeit ist das Erlernen der Trauer gewesen. Gelehrt hat sie der Opfervollzug. Er eröffnete der Schreck-

12 Freud 1975 [1917], 197–199

 bearbeitung ein neues Ventil. Genauso wie in Eigenregie wiederholter Naturschrecken grauenhaft ist, aber Grauen lindert, so ist auch Trauer schmerzlich und dennoch schmerzlindernd. An ihr ist, wie an der Angst, etwas, was gegen den Schrecken schützt. Und so ist die Flucht vor dem Schrecken in ihrem menschlichen Anfangsstadium auch Flucht in die Trauer gewesen.

Wenn in einem archaischen Kollektiv der Drang umging, erlittenen Schrecken an einzelnen seiner Glieder zu wiederholen, so fühlte es zugleich heftigen Widerstand dagegen. Es mußte sich buchstäblich zusammennehmen, sich gemeinsam auf den Opfervollzug einstimmen, sich so weit stimulieren und narkotisieren, daß es ihn überhaupt aushielt. Denn es mußte eine Naturhemmung überwinden. Tiere fressen gelegentlich einzelne ihrer Spezies. Aber sie fallen nicht kollektiv über einzelne her. Die Einübung des traumatischen Wiederholungszwangs ist auch die Einübung einer kollektiven Enthemmung gewesen. Das ganze Kollektiv mußte mitmachen. Niemand durfte sich ausnehmen. Daher der Zwang zur Einmütigkeit, der schon der ältesten Schicht überlieferter Opferpraxis angehört.[13] Er war konstitutiv für die kollektive Enthemmung, die gewiß nicht als Befreiungsakt, als Abschüttelung eines Naturjochs erlebt wurde, sondern weit eher als kollektive Selbstdisziplinierung. Das opfernde Kollektiv tat ja nicht nur den Auserwählten etwas an, sondern auch sich selbst. Es trennte ein unentbehrliches Glied seiner selbst von sich ab und vernichtete es. Das war nicht nur für den Betroffenen grauenhaft. Auch auf das Kollektiv ging etwas von diesem Grauen über. Es tötete ihn, und es litt dabei mit ihm. Das ist der Gipfel der Heuchelei, würden wir heute sagen. Jemanden gemeinsam umbringen und dabei vor Mitleid fast vergehen! Unter Hochkulturbedingungen stellt sich das so dar. Aber zu Kulturbeginn war es gerade umgekehrt. Da entzündete sich das Mitleid an denen, die man eigenhändig umbrachte, weil der Zwang, es zu tun, selber ein Leiden war; ein Rettungsimpuls zwar, aber ein grauenhafter. Daher ist die tätige Anteilnahme

13 «Bereits eine oberflächliche Überprüfung ergibt, daß […] in jedem praktizierten Ritual, in jeder Mythenbildung das Thema der *Einmütigkeit* mit auffälliger Häufigkeit in räumlich weit voneinander entfernten Kulturen in so unterschiedlichen Formen und so verschieden gearbeiteten Texten auftaucht, daß unmöglich eine Verbreitung durch Einflußnahme angenommen werden kann.» (Girard 1987 [1972], 149)

am Tod der Auserwählten untrennbar gewesen vom Aufkeimen der leidenden Anteilnahme an ihrem Geschick: der Trauer.

Sie ist das erste spezifisch menschliche Gefühl – entstanden in einem Kontext, der aufgeklärten modernen Menschen nur haarsträubend unmenschlich erscheinen kann. Aber so trübe hat Menschlichkeit angefangen. Trauer hat sich an denen gebildet, die als Opfer auserkoren wurden. Das Kollektiv beglich seine Schuld durch sie. Eigentlich aber waren sie es, die die Schuld durch ihren Tod beglichen. Die andern wurden dadurch verschont. Davon zeugt das Kainszeichen. So wie es in der Bibel in Genesis 4 vorkommt, nämlich als «Zeichen», das ein einsamer Brudermörder von «Gott» empfing, «damit ihn keiner erschlage», ist es völlig unmotiviert. Wer soll ihn denn erschlagen? Es gibt außer ihm doch nur noch Adam und Eva, seine Eltern. Aber als das rituelle Zeichen derer, die das Menschenopfer veranstalten, wird es schlagartig plausibel. Sie ritzen es sich am eigenen Körper ein. Das hebräische Wort «Kain» heißt ursprünglich «Spieß».[14] Die blutige Wunde, die sie sich beibringen, zeigt an, was sie dem Opfer antun und wovon sie selbst dadurch verschont bleiben. Das Verschonungszeichen ist freilich auch ein Schuldzeichen. Es drückt die Schuld aus, die sie der höheren Macht gegenüber fühlen, aber auch diejenige, die ihnen der Geopferte auferlegt. Ihm schulden sie ja ihre Verschonung.

Die höhere Macht, der sie das Opfer schuldig zu sein glauben, ist imaginär. Der Stammesgenosse hingegen, der ihre imaginierte Schuld begleicht, ist real. An ihm findet ihr Schuldgefühl konkreten Halt; an ihm kann es sich dauerhaft festmachen. Denn sie bleiben seine Schuldner – über seinen Tod hinaus. Und so ist seine Auserwählung und Tötung zugleich seine kollektive Besetzung mit Schuldgefühl. Das ist eine emotionale Besetzung, aber keine libidinöse. Weder im engeren noch im weiteren Sinne entstammt sie sexuell grundierten Regungen. Wie der traumatische Wiederholungszwang zwar durchaus triebhaft ist, nach Freud sogar «triebhafter als das von ihm zur Seite geschobene Lustprinzip»,[15] aber gerade deshalb kein erotischer Drang, so auch das zu seiner Linderung entwickelte Schuldgefühl. Es kann sich zwar tief peinigend in erotische

14 Ausführlich hierzu Türcke 2005, 18 ff. Zitierte Bibelstellen: Genesis 4,15; 1. Samuel 21,16

15 Freud 1975 [1920], 233

 Regungen einfressen, aber dort ist nicht, wie Freud glaubte, sein Ursprung. Primär entspringt es der Erfahrung des Verschontwerdens.[16] Jemand ist «für uns gestorben», wie es später im Urchristentum heißt. Will sagen, unser Leben schulden wir ihm, was auch bedeutet: Wir danken es ihm. Das Gefühl der Schuld und des Dankes sind an ihrem Anfang ungeschieden. Die physischen Regungen von Schmerz und Erleichterung, die auch Tiere haben, sind darin zu einem menschenspezifischen Gefühl verschmolzen, das das Schmerzliche zugleich als Erleichterung empfindet, die Erleichterung zugleich als tief schmerzlich. Genau das macht die Trauer aus. Bei Lichte besehen beginnt Trauerarbeit schon dort, wo Trauer aufgebaut wird: mit der Erwählung und Darbringung des Opfers. Schon der Aufbau der Trauer ist Schreckbearbeitung, nicht erst ihr Abbau. Der Begriff der Trauerarbeit reicht weiter, als Freud dachte.[17] Er hat lediglich den Abbau der Trauer darunter verstanden. Der aber hat menschheitsgeschichtlich erst auf dem Höhepunkt des Traueraufbaus beginnen können: im Moment der Tötung des Opfers.

Das Opferritual ist ja mit dem Tötungsakt nicht abrupt zu Ende, sondern es beginnt sein Nachspiel: das Totengedächtnis. Es wird mit den sterblichen Überresten des Geopferten etwas veranstaltet, was daran erinnert, daß er es war, dem die andern ihre Verschonung verdanken. Die ersten Anfänge dieses Totengedächtnisses kennen wir nicht, aber wir wissen, wohin sie sich entwickelt haben: zur Bestattung. Zu der ist es ja nicht so gekommen, daß Hominiden in einem Anfall von Pietät beschlossen, die lieben Angehörigen nunmehr durch einen würdigen Ritus zu verabschieden, statt sie liegenzulassen oder zu verscharren. Bestattung hat als Rücknahme dessen begonnen, was dem Geopferten angetan worden war. Seine auseinandergerissenen und verstreuten Teile werden sorgsam gesammelt und an einem besonderen identifizierbaren Ort behutsam in die Erde ver-

16 Deshalb wurden Überlebende von Konzentrationslagern in der Regel so heftig von Schuldgefühlen umgetrieben, was in ihrer Umgebung auf Unverständnis stieß. Sie «konnten doch nichts dafür».

17 Genau wie bei der «Traumarbeit». Das ist nach Freud die *im* Traum geleistete Arbeit. Es ist dazu aber auch die Arbeit zu rechnen, die *zum* Traum geführt hat: der ungeheuer mühselige Durchbruch zur Imagination, der die werdende Menschheit überhaupt erst zum Träumen befähigte (cf. ausführlich hierzu Türcke, 2008, 60 ff.).

senkt. Die Bestattung vollzieht den Opfergang noch einmal, aber rückwärts, und im Rückwärtsgang – begleicht sie ihn. Anders gesagt: Sie zelebriert seine Umkehrung, stellt sich als sein Gegenstück, sein Äquivalent dar. Der Opfergang erregte die Gemüter bis zum Äußersten. Die Bestattung beruhigt sie, bettet den Geopferten zur Ruhe und leitet so den Abbau der durch den Opfervollzug aufgebauten Trauer ein. Genaugenommen bekommt erst im Zuge dieses Abbaus das an den Geopferten geheftete Schuld- und Dankesgefühl die Qualität einer Besetzung, nämlich der Fortdauer, obwohl das Objekt nicht mehr anwesend ist.

Etwas emotional besetzen heißt, es ins Gedächtnis aufzunehmen. Genau das tut die Bestattung mit dem Geopferten. Sie vergegenwärtigt einen Vermißten. Die Vergegenwärtigung lindert den Schmerz über sein Hinscheiden, aber sie versetzt den Geopferten auch in einen höheren Status, worin ihm das Schuld- und Dankesgefühl ungetrübt und dauerhaft entgegengebracht werden kann. Und auf irgendeine Weise muß der höhere Status sichtbar werden. Emotionale Besetzung kann gar nicht anders, als sich auszudrücken – sich zu manifestieren. Nur kennen wir ihre anfänglichen Manifestationen nicht. Die ältesten greifbaren sind vergleichsweise jung. Sie entstammen dem Neolithikum, etwa dem achten vorchristlichen Jahrtausend, und sind um den Turm von Jericho gefunden worden: übermodellierte Schädel, deren Fleisch durch eine Lehm- und Tonschicht und deren Augen durch Kaurischnecken ersetzt worden sind.[18] So hat man ihnen Dauerhaftigkeit zu geben versucht. Damit ist noch nicht bewiesen, daß es sich um Menschenopfer handelt, obwohl das jugendliche, womöglich noch kindliche Alter, in dem sie bestattet wurden, nicht das damalige Durchschnittsalter gewesen sein kann und die Übermodellierung nicht allgemeiner Brauch, sondern eine Sonderbehandlung war, die nur «Erwählten» zuteil wurde.[19] Aber da das Neolithikum, wie sich noch zeigen wird, die Epoche der Ablösung vom Menschenopfer war, ist nicht ausgeschlossen, daß besagte Schädel nur noch *wie* Opfer bestattet wurden, ohne selbst zuvor rituell getötet worden zu sein. Doch auch dann gilt: Die Übermodellierung von Schädeln ist der offenkundige Niederschlag einer emotionalen Besetzung, die weit

18 Kenyon 1967, 54 ff.

19 Der Menschenopferverdacht hat sich denn auch in neueren Publikationen verdichtet; cf. Schmidt 2006, 36 ff.

 älter ist als die Funde von Jericho und schwerlich woanders als am Menschenopfer eingeübt worden sein kann, auch wenn sie darauf nicht beschränkt blieb, wie die Mumifizierung anderer, viel prominenter gewordener «Erwählter» zeigt: der Pharaonen. Aber zwischen dem Turm von Jericho und den ersten Pyramiden liegen vier weitere Jahrtausende.

Die Psychoanalyse wird sich abgewöhnen müssen, «libidinöse Besetzung» als ebenso tautologisch anzusehen wie «runder Kreis». Emotionale Besetzung ist, menschheitsgeschichtlich gesehen, am Totengedächtnis gelernt worden, nicht am Begehren. Begehren als solches ist viel zu flatterhaft, um sich dauerhaft an Objekte zu binden. Erst wenn ihm die Fähigkeit, Abwesendes zu repräsentieren, nachhilft, kann aus Begehren libidinöse Besetzung werden, während die Dankesschuld, die in der Trauer gefühlt wird, solcher Nachhilfe nicht bedarf. Sie ist schon von sich aus Besetzung, aber sie ist nicht libidinös. Ihr Objekt wird nicht begehrt; es wird geschätzt. Opfern heißt schätzenlernen. Diejenigen, die durch ihren Tod die Schuld der anderen begleichen, sind die schlechterdings Schätzenswerten. Sie emotional zu besetzen: das ist der Anfang der *Wertschätzung*.

Nichts umschreibt sie besser als das altgriechische Wort *timē*. Es bezeichnet ursprünglich die «Schätzung», die man jemandem entgegenbringt. Und wer das Opfer schätzt, schätzt automatisch auch dessen Adressaten. *Timē theon* ist daher eine feste griechische Formel: «das, was den Göttern zusteht». Daher kann *timē* auch «Ehre» heißen, nur daß das keine Eigenschaft ist, die die Götter «haben», sondern die Ehrengabe, auf die sie *Anspruch* haben: das ihnen geschuldete Opfer. Die Ehre der Gottheit ist die Schuld ihrer Gemeinde.[20] Und eine Gottheit ist nie genug geehrt. Man kann sie nicht hoch genug schätzen. Allerdings ist *timē* kein exklusiv kultischer Begriff geblieben. Im profanen zwischenmenschlichen Verkehr mutierte die «Schätzung» zum Schadenersatz, den ein Clan einem andern schuldet; zum Tribut,

20 Ehre und Schuld sind keineswegs gegensätzliche Grundbegriffe, wie es die ethnologische Entgegensetzung von östlichen «Ehrkulturen» (bzw. «Schamkulturen») und westlichen «Schuldkulturen» suggeriert (cf. Benedict 2006). So kommt man den spezifischen Kulturdifferenzen zwischen Osten und Westen nicht bei. Ehre ist ursprünglich «das Geschuldete», *timē* das Wort, das die anfängliche Ununterschiedenheit von Ehre und Schuld anzeigt, sozusagen ihren gemeinsamen archaischen Stamm, aus dem sie in Osten und Westen lediglich auf recht verschiedene Weise hinausgewachsen sind.

den Untergebene den Machthabern zu entrichten haben; schließlich
zu etwas, worüber Machthaber oder Clans verfügen: Kriegsbeute, Besitz, Vermögen. Die aber werden von ihren Besitzern nicht nur hochgeschätzt, sondern werfen auch die Frage auf: *Wie* hoch sind sie zu schätzen? Und damit kommt die zweite Hauptbedeutung von «Schätzung» ins Spiel: die Taxierung. *Timē* heißt in entwickelten Gemeinwesen so viel wie das geschätzte Vermögen – geschätzt durch Steuerbeamten, die die Abgabenhöhe ermitteln.

Bei genauem Hinsehen zeigt sich allerdings, daß in *timē* von Anfang an beides steckte: Hochschätzung *und* Taxierung. Hochschätzung war anfangs sogar Höchstschätzung. Der geschätzte Wert war der unüberbietbare des Menschenlebens, dessen Hingabe die andern verschont. Dennoch war dieser Höchstwert ein relativer, kein absoluter Wert. Er war *etwas* wert: eben das verschonte Kollektiv. Was nicht etwas wert ist, ist nichts wert. Ein absoluter Wert ist ein Unding. Jemanden zum Opfer auswählen hieß immer auch, ihn als tauglich zu taxieren, die Schuld des Kollektivs zu begleichen. Wertschätzung, so könnte man auch sagen, ist ursprünglich Kalkül aus Trauer. Das Kalkül ist dazu da, die Trauer zu mindern, aber die Trauer ermöglicht das Kalkül. Emotionale Besetzung und Taxierung, Qualifizierung und Quantifizierung sind am Anfang der Schätzung ebenso ungeschieden wie Schuldner- und Gläubigerstatus. Die Taxierung ist anfangs freilich an Ungenauigkeit nicht zu übertreffen, die Schuld kaum mehr als ein vage gefühlter Begleichungsdrang. Und weil von dem, was da beglichen werden soll, nämlich traumatischem Erleben, stets mehr vorhanden ist als Begleichungskraft, sind die dargebrachten Opfer nie genug. Es bleibt gegenüber den imaginierten höheren Mächten stets mehr Opferschuld übrig, als sich zahlen läßt. Kann man aber ohnehin nie genug zahlen, dann kann man auch weniger zahlen, als man zahlt. Aus der grauenhaften Erfahrung des «nie genug» ist allmählich die Opferlist entstanden: die Ersetzung der dargebrachten Opfer durch andere, die weniger schmerzen.

Tieropfer als Sakrileg

Voll entfalten konnte sich diese List allerdings erst, als vor etwa vierzehn- bis zwölftausend Jahren in Vorderasien, in dem damals ungemein fruchtbaren Gebiet von der Ostküste des Mittelmeers über das

 Zweistromland bis hinauf zum Schwarzen und zum Kaspischen Meer, sich eine neue Epoche formierte: die Jungsteinzeit, das Neolithikum. Das ist die Zeit, wo man lernte, Steine zu schleifen, sei es, daß man sie als Klingen und Speerspitzen ungleich schärfer machte als zuvor, sei es, daß man sie als Baumaterialien einander anzupassen begann. Das blieb nicht folgenlos für die im «fruchtbaren Halbmond» umherschweifenden Jäger und Sammler, zumal sie zwei weitere epochale Entdeckungen machten. Die eine: Nicht alle Pflanzen, von denen man lebt, muß man sogleich verzehren. Die nahrhaften Körner in bestimmten Gräsern lassen sich, wenn man sie ausstreut, zu einem späteren Zeitpunkt vermehrt genießen. Und gezieltes Ausstreuen kann bestimmte nahrhafte Tiere anlocken. Damit hängt die andere Entdeckung zusammen: Nicht alle Tiere, von deren Fleisch man lebt, muß man jagen. Einige lassen sich zähmen. Das war ein großer Fortschritt in der Naturbeherrschung. Jagdtieren mußte man hinterherziehen. *Sie* bestimmten, wo man sich aufhielt. Mit gezähmten Tieren konnte man umherziehen. Menschen führten sie nach *ihrem* Gutdünken, nutzten ihr Fleisch, Fell und Skelett, wann es *ihnen* paßte, nicht immer dann, wenn es sich gerade ergab. Die Milch der gezähmten Tiere eröffnete ihnen zudem eine neue Nahrungsquelle. Und da sie nun in Gestalt von Vieh – anfangs wahrscheinlich hauptsächlich Ziegen und Schafen, später zunehmend Rindern – einen lebendigen Vorrat an Lebensmitteln mit sich führten, blieb es nicht aus, daß sie die Vorratshaltung allmählich als generelle Kulturtechnik entdeckten und lernten, aus Lehm Gefäße zur Aufbewahrung zu formen. Mit dem Neolithikum beginnt die Hirtenkultur. Sie wäre ohne eine neue soziale Aufmerksamkeit für Gräser und Getreide nicht möglich gewesen. Doch bis daraus eine eigene Agrarkultur hervorging und sich als erste seßhafte Lebensweise von der nomadischen abspaltete, hat es einige Jahrtausende gedauert.

Neue Kulturtechniken bringen auch neue Kulttechniken mit sich. Tiere zähmen bedeutet einerseits Verschonung und Aufschub. Man fällt nicht sogleich über sie her, füttert sie vielmehr an, läßt sie sich vermehren und tötet sie zu einem genehmen Zeitpunkt. Wilde Tiere muß man erlegen, gezähmte kann man schlachten, das heißt nach einem festen Programm töten – nach einem Ritus. Mit andern Worten: Erst gezähmte Tiere kann man opfern, ungezähmte nur jagen. Zähmen ist eine List. Man bringt andere Lebewesen, die rein physisch schneller und stärker sind als man selbst, dennoch unter den eigenen Befehl. Diese List ist im Neolithikum aufs Opfer übergegangen. Die Zähmungstechnik hat vom Menschenopfer erlöst. Wenn die Darbringung von Menschen ohnehin «nie genug» ist, warum sollte man dann nicht an ihrer Stelle Großtiere darbringen? Auch sie sind nie genug, andrerseits sind auch sie unentbehrliches Fleisch und Blut, aber wenigstens nicht eigen Fleisch und Blut. Ihre Hingabe schmerzt weniger, sie versetzt nicht in den spezifischen Zustand der Trauer. Und leistet sie gegenüber der höheren Macht nicht das gleiche wie ein dargebrachter Mensch?

Die erste Gleichsetzung von Verschiedenem ist die von Mensch und Tier. Anders gesagt: Das Tieropfer ist das erste Realäquivalent. Bis es in Betracht kam, also den weitaus größten Teil der Homo-sapiens-Geschichte, ist Äquivalenz nicht mehr gewesen als Begleichungs*drang*. Menschliche Kollektive hatten zwar gelernt, diesen furchtbaren Drang als Schuld gegenüber höheren Mächten zu fühlen. Aber auch deren Gegenleistung war eine bloß gefühlte, die Entsprechung von Menschenopfer und Menschenverschonung vollkommen imaginär. Der gemeinsame Nenner von beiden – «das Gleiche» – existierte lediglich als ebenso diffuser wie inständiger Wunsch. Das Tieropfer hingegen war real. In ihm fand der Wunsch nach Äquivalenz seine erste greifbare Verkörperung. Gleichsetzung von Verschiedenem hat als Ersetzung begonnen. Der Ersatz war eine Notlösung, füllte notdürftig eine Lücke, trat bloß an die Stelle von etwas anderem – und wurde doch so behandelt, als ob er das Ersetzte selbst wäre.

Wir wissen nicht, wann erstmals Tiere anstelle von Menschen geopfert wurden, vor allem aber machen wir uns kaum mehr klar, was für ein Sakrileg das war – ein frontaler Verstoß gegen den kategorischen Imperativ, durch den die höhere Macht geradezu definiert war, seit ihre Imagination sich über dem opfernden Kollektiv aufgespannt hatte: «Du mußt deinesgleichen schlachten, ich verlange es.» Nur zaghaft, unter Furcht und Zittern, kann das Tieropfer begonnen haben. Womöglich hat man es überhaupt erst gewagt, als man etwas so Großes und Kostbares wie das Rind zu zähmen gelernt hatte. Denn auch die Darbringung kostbarster Tiere war Betrug an der höheren Macht. Man gab ihr vorsätzlich weniger, als ihr zustand. Und doch war an den damit verbundenen Angst- und Schuldgefühlen etwas, was vor Schlimmerem schützte, eben dem Grauen des Menschenopfers. Und als die höheren Mächte sich das Tieropfer anscheinend bieten ließen und seine Darbringung das kollektive Ergehen auch über Generationen hinweg nicht signifikant verschlechterte, wurde es mehr und mehr als eine ungeheure Erleichterung spürbar. Es breitete sich relativ schnell, etwa in einem Zeitraum von fünf- bis zehntausend Jahren, nach Europa, Afrika und Asien aus, anfangs in Mischformen mit Menschenopfern, bis es schließlich zum Opfer par excellence avancierte. Seine erleichternde Kraft konnte das Tieropfer allerdings nur dann voll entfalten, wenn sein Vollzug die Erinnerung ans Menschenopfer löschte und als dessen Ersatz, als ein Betrug an den höheren Mächten, nicht mehr kenntlich war.

Das Fachwort für diese Art der Erinnerungslöschung heißt «Verdrängung». Doch aus der Psychoanalyse weiß man: Verdrängung funktioniert nie perfekt. Immer hinterläßt sie Spuren und Reste, und immer droht das Verdrängte in mehr oder weniger entstellter Form wiederzukehren. In diesem Sinne ist das Rind in den vorderasiatisch-mediterranen Hochkulturen zu einem erstrangigen Verdrängungsemblem aufgestiegen. Das Rind ist zwar nicht das erste heilige Tier. Der Schlangenkult etwa ist viel älter. Aber Schlangen wurden nicht geopfert, sie konnten nicht einmal gejagt werden, und gerade das, ihre Unfaßbarkeit und der jähe Schrecken, den ihr plötzliches Auftauchen und Zuschnappen auslöste, hat sie zu einer der ersten Verkörperungen der spukhaften höheren Macht werden lassen. Das Rind ist lediglich das erste *gezähmte* Tier, das einen dauerhaften Heiligkeitsstatus gewann. Im indischen Rigveda hat sich dazu eine aufschlußreiche Erinnerungsspur erhalten: der Mythos von der «Kuhgewinnung». Der Gott Indra (oder sein Abkömmling Trita) bekämpft den dreiköpfigen Visvarupa (den Allgestaltigen), schlägt ihm die drei Köpfe ab und «läßt die Kühe heraus». «Dem Trita», sagt Indra, «brachte ich die Kühe hervor aus der Schlange.» Auch die griechische Mythologie kennt das Motiv der «Kuhgewinnung» aus dem Kraftfeld eines Ungeheuers. «Herakles erschlägt den dreileibigen Geryones und führt seine Rinder fort.»[21]

Der Rinderkult verdrängt buchstäblich den Schlangenkult. Aber die Verdrängung war ein ungeheurer Kampf; zum einen ein innerer gegen die bohrenden Angst- und Schuldgefühle, die sich unweigerlich einstellten, sobald der Schlange das ihr Zustehende vorenthalten wurde; zum andern ein äußerer zwischen den Tollkühnen, die sich gegen die Schlange zu erheben wagten, und denen, die ihr lieber treu

21 Rigveda X, 8, 8 und 48, 2; zitiert nach Oldenberg o.J., 142

bleiben und weiterhin ihresgleichen schlachten wollten.[22] Das kann nicht ohne heftige Auseinandersetzungen abgegangen sein. Und auch wenn wir deren Details nicht kennen, läßt sich eine Hauptlinie durchaus nachzeichnen. Unerträglicher Leidensdruck führte einige, anfangs vielleicht nur wenige, dazu, sich der Ritualordnung der Schlange, die mit der Sozialordnung des Kollektivs so gut wie identisch war, zu widersetzen. Und allmählich, im Laufe von Jahrhunderten, überwanden sie die Ordnung der Schlange und ersetzten sie durch die des Rinds. Sie vollbrachten nichts Geringeres als eine soziale Revolution, und zwar eine auf lange Sicht derart siegreiche, daß es ihr sogar gelang, ihre eigene Vorgeschichte nahezu vollständig vergessen zu machen. Die Redeweise von der «neolithischen Revolution» ist also durchaus wörtlicher zu nehmen als in der Frühgeschichtsforschung üblich, wo sie sich hauptsächlich auf die Einführung neuer Produktions- und Aufbewahrungstechniken beschränkt. Die soziale Revolution des Neolithikums – höchstwahrscheinlich die erste überhaupt – war zudem auch eine erste Form von Konfessionskampf. Die einen hielten weiterhin zur Schlange, die andern verknüpften die höhere Macht mit dem Rind. Da kann es nicht ausgeblieben sein, daß Konflikte in den menschlichen Clans aufbrachen, daß kultische Mischformen entstanden, daß sich aber auch Schlangen- und Rindergläubige voneinander abspalteten, sich mehr oder weniger feindselig gegeneinander formierten und ihre eigenen Kult- und Sozialordnungen entwickelten.[23]

Nicht daß damit überhaupt erst der Polytheismus in die Welt ge-

22 Daß «eine Reihe indischer Volksstämme sich ‹Schlangen› nennen und [...] ihren Ursprung von Schlangen herleiten», ist noch für spätere Zeit bezeugt (Oldenberg o. J., 83).

23 Wenn man vom Neolithikum an rechnet, ist die berühmte Sentenz aus dem *Kommunistischen Manifest* also gar nicht so abwegig: «Die Geschichte aller bisherigen Gesellschaft ist die Geschichte von Klassenkämpfen.» (Marx/Engels 1977 [1848], 462) Nur sind die basalen Kampfeinheiten nicht soziale Klassen im Marxschen Sinne, sondern eher Konfessionseinheiten. Zwar ist die soziale Stellung ein wichtiger Faktor bei der Herausbildung grundsätzlicher Lebenseinstellungen, aber bei weitem nicht der einzige, weshalb die marxistische Theorie ständig unter Rechtfertigungsdruck dafür stand, daß Proletariat und Bourgeoisie, aber auch Bauern und Adel keineswegs immer klassengemäß dachten und fühlten. Klassenkämpfe sind immer auch Konfessionskämpfe. Die Kontrahenten bekennen sich zu unterschiedlichen Gesellschaftsordnungen. Aber nicht alle Konfessionskämpfe sind Klassenkämpfe.

kommen wäre. Dessen Anfänge sind viel älter. Schon die Höhlenmalereien des heutigen Frankreich und Spanien, die der neolithischen Revolution Vorderasiens zum Teil zehn bis zwanzig Jahrtausende vorausliegen, zeigen die höhere Macht in einer Mehrzahl von gewaltigen, für die Menschen lebensentscheidenden Tierarten verkörpert: Mammut, Auerochse, Wisent, Pferd, Steinbock – alle wild, aber wenigstens jagdbar und damit faßbarer, sozusagen geheurer als die Schlange. Vielleicht waren im Gebiet um die Pyrenäen Schlangen nicht so häufig, vielleicht waren sie dort schon besonders früh durch geheurere, besser darstellbare Totemtiere abgelöst worden. So oder so aber tut sich mit dem Kontrast zwischen Schlange und Rind, der sich in Indien so markant artikulierte, eine epochale Differenz auf. Die kultische Parteinahme für ein schlechterdings unzähmbares Tier und die für ein gezähmtes stehen für zwei konträre Lebensweisen. Die Verdrängung der Schlange durchs Rind war eben nicht bloß eine Auswechselung der Opfertiere. Die Schlange wurde ja gar nicht geopfert; *ihr* wurde geopfert. Und was? Daran mag sich der Mythos nicht mehr erinnern. Nur noch die fressenden Köpfe des grauenhaften «Allgestaltigen» lassen es erahnen. Die Schlange erhob Anspruch auf Menschenleben. Ihre Verdrängung durchs Rind war ein epochaler Umschwung. An die Stelle des Tiers, *dem* geopfert wird (nämlich Menschen), tritt das Tier, *das* geopfert wird (*anstelle* von Menschen). Die indische Hochschätzung des Rinds, die so tief sitzt, daß sie bis heute weite Volkskreise davon abhält, das Rind für profane Zwecke zu schlachten, ja sogar es als Last- und Zugtier zu nutzen, ist ein sich selbst nicht mehr durchsichtiges Gerinnsel der Erinnerung daran, was das Rind im Neolithikum für den Menschen getan hat. Es erlöste ihn von dem Zwang, seinesgleichen zu schlachten. Es ist «für ihn gestorben».

Das ist die andere Seite des Ersatzes. Einerseits ist er bloß Lückenbüßer. Andrerseits ist er gar nicht hoch genug zu schätzen. Das Tieropfer verschont ja tatsächlich Menschen, während die Verschonung, die das Menschenopfer bewirken soll, rein imaginär ist. Der Ersatz, den das Rind leistete, überstrahlte und überdeckte das Ersetzte derart, daß er sich an dessen Stelle setzen und es unkenntlich machen konnte. Typischer kann sich Verdrängung nicht vollziehen. Allerdings verlief der Aufstieg des Rinds zum Verdrängungsemblem nicht überall auf gleiche Weise. Im indischen Kulturkreis wurde es zum unantastbaren Tier, bei den pragmatischeren Griechen ernüchterte und generalisierte es sich zum Angelpunkt aller Taxierung. Es wurde derart «geschätzt», daß alle weitere Wertschätzung nunmehr von ihm ausging. Zu schätzen aber gab es zunächst nur Lebewesen oder Dinge, die – beim Opfervollzug – als Rinderersatz in Betracht kamen: vorzugsweise kleineres Vieh und Edelmetall. In welchem Maß sind sie ein Rind wert? So stellt sich vom Neolithikum bis in die antiken mediterranen Hochkulturen hinein die Wertfrage. Noch in der *Ilias* ist ihr exklusiver Ort die Sphäre des Kults. Es sind Kultobjekte und -zubehör, die bei der Totenfeier für Patroklos als «rinderig» taxiert werden. Und das Verdrängungsemblem Rind hat sich in der griechischen Kultur derart flächendeckend über seine Vorgeschichte gebreitet, daß es tatsächlich den Eindruck erwecken konnte, das Urmaß aller Wertschätzung zu sein, das sich selbst nie nach einem andern bemessen hat.

Dieser Eindruck wäre perfekt, gäbe es da nicht die *Hekatombe*, wörtlich «das hundert Rinder Umfassende». Gemeint ist damit einmal mehr – ein Opfer. Homer läßt seine Helden vor Troja weit mehr Hekatomben darbringen, als es dort Rinder gegeben haben kann, das heißt, er nimmt die «Hundert» nur noch als Metapher für «üppig». «Hekatombe» ist zur Chiffre für «Hauptopfer» geworden, und als ein solches hat sie sich zu Homers Zeit in der griechischen Kultpraxis festgesetzt. In Athen heißt später das feierliche Jahreseröffnungsopfer Hekatombe, der Monat, in dem es dargebracht wird, *Hekatombaion*. Dennoch: Ein Maß, das die Hundert im Titel führt, kann kein Urmaß sein. Ein Maß macht nur als Einheit Sinn. Einen Menschen als sechs Ellen lang zu identifizieren ist nur möglich, wenn *eine* Elle sich in seiner Länge sechsmal darstellt. «Rinderig» können Schafe und Ziegen, Dreifüße und Sklavinnen nur sein, wenn *ein* Rind das Maß dabei ist. Das «Hundertrinderopfer» kann sich daher nur nach einer höheren Einheit bemessen haben. Es ist für etwas anderes als Rinder eingetreten, und wofür, läßt sich nach dem bisher Entwickelten zwar mühelos erraten, aber es wird nirgends ausgesprochen. Man muß sich wiederum im indischen Kulturraum umsehen, um einen empirischen Beleg für die in der Hekatombe angewendete Rechenart zu entdecken. Und zwar wurde «in der vedischen Epoche für einen getöteten Mann ein Wergeld von 100 Kühen an seine Verwandten als Entschädigung gezahlt».[24]

24 Zitiert nach Laum, 1924, 63

Auch dieses Maß hat sich erst einspielen müssen. In manchen Gegenden Indiens war zunächst das Pferd bedeutender als das Rind; da galt ein Mensch hundert Pferde und tausend Kühe. Aber diese verschiedenen Rechenweisen haben einen gemeinsamen Nenner. In der griechischen Tradition heißt er *arrheton*: das Unausgesprochene oder Unaussprechliche.[25] Indische Ritualbeschreibungen – sogar aus relativ später Zeit – zeigen gelegentlich hingegen keine Hemmung, ihn tatsächlich zu nennen. So verlangt zum Beispiel eine Vorschrift für die «Erbauung des Feueraltars», «daß fünf Opfertiere – Mensch, Roß, Rind, Schafbock, Ziegenbock – verschiedenen Göttern zu opfern sind; die Rümpfe (außer dem des Ziegenbocks) werden in das Wasser geworfen, aus dem man den Ton des Baus nimmt [...]; die fünf Häupter aber werden später in die unterste Schicht des Gemäuers eingemauert».[26] Und noch jünger ist ein Text aus dem Catapatha Brahmana, der in den fünf verschiedenen Opfern bereits aufeinanderfolgende Kulturstufen erkennt und sie aus gemessener historischer Distanz so schildert: «Die Götter nahmen anfangs den Menschen (purusha) als Opferthier, da wich von ihm der medha (die Opferfähigkeit) und ging in das Roß. Sie nahmen das Roß, da entwich auch diesem der medha, und ging in das Rind. Und so fort vom Rind auf das Schaf, vom Schaf auf die Ziege, von der Ziege in die Erde hinein. Da durchgruben sie diese, suchend; und fanden den medha als Reis und Gerste. Drum so viel Kraft in allen jenen fünf Thieren war, so viel Kraft ist hier in diesem (aus Reis resp. Gerste) bestehenden havis (Opferkuchen), für den nämlich, der also weiß.»[27]

«Opferfähigkeit» ist keine wörtliche Übersetzung von *medha*. Was ein Lebewesen in den Rang eines Opfers erhebt, ist sein gewisses Etwas: seine Ausstrahlung, seine Aura, sein Duft. Eine nahrhafte, duftende Rinderbrühe heißt noch im späteren profanen Sprachgebrauch *medha*. Es ist im engeren wie im weiteren Sinne die «Schmackhaftigkeit» eines Wesens, die es opferfähig macht, weshalb viel dafür spricht, *medha* genau so zu übersetzen. Die Wahl des Opfers ist in buchstäblichem Sinne eine Geschmacksfrage. Die Götter haben den Geschmack am Menschen, den Appetit auf ihn verloren. Daß man sie erfolgreich mit Substituten abgefunden hat, wird nun so dargestellt,

25 Cf. Burkert ²1997

26 Oldenberg o.J., 361

27 Zitiert nach Weber 1983 [1868], 55

als hätten *sie* sich damit abgefunden – ihren Geschmack geändert.
Freilich sind Rinder, Schafe und Ziegen immer noch hochwertige Götterspeise, nämlich die Lebensgrundlage der Hirtenkultur. Aber davon trennte es sich ungleich leichter als von Menschen. Trauerarbeit war hier nur noch in übertragenem Sinne zu leisten. Ein Opferrind wird nicht mehr durch einen kultischen Akt, durch Loswerfen oder ähnliches, erwählt. Es wird einfach ausgesondert. Allerdings muß es «ohne Fehl» sein, ohne Verletzungen oder Vernutzungen. In der Hirtenkultur heißt das: Es darf nicht als Milch- oder Samenspender genutzt worden sein. In der Agrarkultur: Es darf kein Joch getragen, keinen Pflug, keinen Wagen gezogen haben.

Was die Götter konsumieren, muß «ungebraucht» sein – ein Kriterium, das bis heute eine zentrale Rolle im Warenverkehr spielt. Eine gebrauchte Ware anzubieten ist in der Regel eine Kränkung. Auf gebrauchte Hotelbettwäsche wird mit Empörung reagiert, auch wenn die Gebrauchsspuren minimal sind und Gefahr der Krankheitsübertragung gleich null ist. Autos erleiden gerade im ersten Gebrauchsjahr, wo der Verschleiß noch kaum merklich ist, einen rasanten Preisverfall. Freilich gibt es auch Dinge, die erst durch langen Gebrauch teuer werden: Antiquitäten. Aber das sind Ausnahmen, die die Regel bestätigen, und selbst da gibt es Gepflogenheiten der Darbietung. Das Objekt muß säuberlich zurechtgemacht sein. Eine verdreckte Jugendstilkommode oder Stradivari-Geige verkauft sich schlecht. Die Flohmärkte, auf denen sogar Dreckiges chic ist, sind nur noch einmal eine Ausnahme von der Ausnahme, sozusagen eine launenhafte Umwertung des Drecks, aber kein Beweis dafür, daß Waren heute nicht mehr «ohne Fehl» sein müßten.

Geiseltausch

Die Hirtenkultur hat den menschlichen Lebensstandard enorm erhöht: den Hunger drastisch gemildert und vom Menschenopfer erlöst. Aber sie hat damit nicht nur kultisches Konfliktpotential erzeugt, sondern auch ernährungsbedingtes. Wenn menschliche Clans nicht mehr jagend hinter Wildtieren herziehen, sondern gezähmte zu geeigneten Nahrungsplätzen führen, so bleibt nicht aus, daß sie auf diese Plätze Anspruch zu erheben beginnen: Dies ist unsere Weidefläche, nicht eure. Mit der Hirtenkultur beginnt, was sich mit der Agrarkultur noch verschärfen wird: der Kampf um Grund und Boden. Nicht, daß erst im Neolithikum der Krieg erfunden wurde. Aber die Feindseligkeit zwischen menschlichen Kollektiven hat sich signifikant erhöht. Manche der in dieser Epoche neu aufkommenden Schlag-, Stoß- und Wurfgeräte (bestimmte Keulen, Dolche und Kurzspieße) erregen den Verdacht, eigens für den Krieg erfunden zu sein. Und genauso wie man Tiere durch Festbinden zähmt, so kann man durch Festbinden auch Kriegsgefangene machen und den Göttern das Menschenopfer auch noch im Zeitalter seiner Überwindung üppig darbringen: indem man statt eigen Fleisch und Blut eben diese Gefangenen opfert. Davon zeugt der Kriegsbann, ein Ritual, das erst im Neolithikum Platz griff und noch weit bis ins Alte Testament hinaufragt. Es verlangt, alle Kriegsbeute, Mensch und Tier, der höheren Macht zu schlachten, der man den Sieg zu verdanken glaubt. Das Sakrileg Sauls, des ersten König Israels, besteht darin, daß er nach seinem großen Sieg über die Amalekiter den Kriegsbann unvollständig vollstreckt. Er bringt Jahwe, seinem Gott, zwar das ganze besiegte Volk «mit des Schwertes Schärfe» dar, schont aber «was gute Schafe und Rinder und gemästet war, und die Lämmer», worüber Jahwe so unversöhnlich ergrimmt, daß er die Königsherrschaft einem andern überträgt: jenem Hirtensohn David aus Bethlehem,[28] an dessen glänzende Karriere sich später die ganze messianische Erwartung des Juden- und Christentums geknüpft hat.

Das Menschenopfer verschwindet also mit seiner Ablösung durchs Tieropfer nicht einfach. Es transformiert sich einerseits in den Kriegsbann, sublimiert sich andrerseits aber auch in ein Unterpfand des Friedens. Mit der Inanspruchnahme von Weide- und Ackerland wächst ja nicht nur die Feindseligkeit zwischen menschlichen Kollektiven, sondern auch die Notwendigkeit, sich mit andern zu arrangieren. Auch das geschieht rituell: durch feierliche Darbringung von Gaben. Nur daß deren Empfänger keine imaginären höheren Mächte mehr sind, sondern real existierende menschliche Kollektive, andere Clans, die genauso schutzbedürftig sind wie der eigene. Man kann sie friedlich stimmen, indem man ihnen ein Mitglied des eigenen gibt und dafür eines von ihnen nimmt. Man tauscht Geiseln. Zwei Clans signalisieren einander wechselseitige Verschonung. Sie treffen sich an den Rändern ihrer Weide- und Ackergebiete, stellen dort die Geiseln zum Tausch dar und besiegeln ihn durch gemeinsamen Friedens-

28 Cf. 1. Samuel 15 ff. Zitat 15,8 f.

schwur und gemeinsame Tieropfer. Im Hebräischen heißt Bundesschluß wörtlich «einen Bund schneiden»: die Opfertiere längs mittendurch in zwei Hälften zerteilen, wovon in gemeinsamer Zeremonie jeder Clan eine Hälfte seiner Gottheit darbringt und sie damit zum Zeugen des Bundes bestellt. Vielfach muß sich daran der Brauch angeschlossen haben, die beiden Opferhälften zu einer Gasse auseinanderzulegen, die die Bundespartner gemeinsam durchschritten. Die Gasse markiert die Grenze zwischen den Stammesgebieten. Der Bund soll ihre Unversehrtheit ebenso garantieren wie die der wechselseitig gegebenen Geiseln.[29] Dem hebräischen Wort *berit* (Bund) entspricht das griechische *katallage*, das Tausch, Ausgleich, Versöhnung heißt und ebenfalls der kultischen Sphäre entstammt, nicht dem profanen Warentausch.

Opfertiere waren die ersten Realäquivalente des Menschen. Sie wurden ihm gleichgesetzt, aber nicht gegen ihn getauscht; sorgten sie doch gerade dafür, daß *kein* Mensch weggegeben werden mußte. Der erste Realtausch hingegen ist der von Geiseln. Er vollzieht zwar das Menschenopfer, aber nur noch in symbolischer Form. Das Menschenleben wird nur noch verliehen, nicht mehr geschlachtet. Es übernimmt die Funktion eines Pfandes. An die Stelle definitiver Zahlung tritt wechselseitiges Darlehen. Erst wenn der Bund gebrochen wird, verwandelt sich das Darlehen in definitive Zahlung. Dann tötet man die anvertrauten Geiseln ganz unsymbolisch, und es gibt Krieg. Daran zeigt sich umgekehrt die Urfunktion des Darlehens. Es soll den blutigen Ernstfall der Zahlung verhindern. Darauf zielte der Geiseltausch ab. Daß er auch die Exogamie in Gang setzte, war eher eine Nebenwirkung, die sich gewissermaßen naturwüchsig ergab. Wenn Geiseln ins Sozialleben des anderen Stamms integriert wurden, dann wohl oder übel auch in sein Sexualleben. Aber anfangs geschah das gewiß nicht durch rituelle Zuordnung zu festen Ge-

29 Nirgends hat der Bundesgedanke ein solches Gewicht gewonnen wie im alten Israel. «Altes Testament» heißt ja «alter Bund». Doch die archaischen Opferbräuche haben sich dort nur noch andeutungsweise und in entstellter Form erhalten (z. B. Genesis 15,10 und 18; Jeremia 34,18), denn der Bundesgedanke hat hier eine monotheistische Wendung bekommen: Der eine Gott hat aus der Vielzahl der Völker ausgerechnet Israel zum Bundesschluß erwählt. Damit wird der Bund zurückübertragen auf das imaginäre Verhältnis von Menschen zu Gott – und verliert seine entscheidende «irdische» Eigenschaft: die Symmetrie der Bundespartner.

 schlechtspartnern, also durch «Heirat». Eheschließung ist eine relativ späte Spezialform des Bundesschlusses, nicht etwa umgekehrt der Bundesschluß ein Abkömmling von Heiratsgelüsten. Was ursprünglich zum Bund drängte, war Schutzbedürfnis, nicht sexuelles Begehren – und schon gar nicht die Absicht, durch Einheirat in fremde Stämme inzestuöser Degeneration vorzubeugen.[30]

Sehr unwahrscheinlich übrigens, daß der Geiseltausch auf Frauen beschränkt war. Ethnologen erweckten eine Zeitlang diesen Eindruck, weil sie häufig beobachteten, daß verwandtschaftliche Verhältnisse zwischen primitiven Clans durch Frauentausch zustande kamen oder durch Kaufheirat, bei der ein erheblicher Brautpreis fällig war. Schnell waren sie geneigt, solche Bräuche zu Urformen des Tauschs hochzurechnen.[31] Diese Neigung gehört zu den Dauerversuchungen der Ethnologie. Ihr Gründungswunsch war ja, durch Feldforschung statt bloß durch Geschichtsbücher «den Ursprüngen näher zu kommen», auch wenn Emile Durkheim, einer ihrer Gründungsväter, «dem Wort Ursprung wie dem Wort primitiv einen ganz relativen Sinn» geben wollte: «Wir verstehen darunter keinen absoluten Anfang, sondern den einfachsten sozialen Zustand, der jetzt bekannt ist, den Zustand, über den hinaus es uns heute unmöglich ist, weiter vorzudringen.»[32] Dennoch laden die jeweils einfachsten bekannten Zustände stets dazu ein, wahrgenommen zu werden, als wären sie vom unbekannten Ursprung nur unwesentlich entfernt – als wären sie so gut wie der Ursprung. Für diese Suggestion ist die Ethnologie dank ihres Wunsches nach Ursprungsnähe hochanfällig, obwohl sie ja eigentlich weiß, daß die von ihr untersuchten Naturvölker keine Urvölker sind. Sie sind Zeitgenossen. Sie haben nicht weniger Geschichte auf dem Buckel als die sogenannten zivilisierten und sind auf eigenen, aber nicht minder langwierigen Wegen zu ihren besonderen Ritualen, Sitten, Gebräuchen und Institutionen gelangt. Die

30 Das Inzesttabu hat sich erst mit der Verdrängung des Menschenopfers ausgebreitet. Ausführlich hierzu Türcke, 2008, 150 ff.

31 Claude Lévi-Strauss glaubte gar, «im Tausch in all seinen Formen den Ursprung und die regulative Funktion der Verwandtschaft zu finden», und erachtete dabei den Frauentausch als die verwandtschaftsstiftende Urtat, durch die jener im Laufe der Zeit immer üppiger werdende Gabentausch zwischen Clans, der als Potlatsch bekannt geworden ist, überhaupt erst möglich wurde; cf. Lévi-Strauss 1981 [1947], 333 ff.

32 Durkheim 1981 [1912], 26

Geschichte ist in ihnen nicht einfach stehengeblieben; sie hat nur nicht die Richtung genommen und die Dynamik bekommen, die zum Europa der Neuzeit führte. Verhältnisse, in denen Frauen Handelsobjekte und Männer Händler sind, haben gleichwohl schon einen beträchtlichen sozialen Differenzierungsprozeß durchlaufen und sind alles andere als ursprünglich.[33]

Von Brautkaufverhältnissen war das Neolithikum noch weit entfernt. Seine grundstürzenden Neuerungen stärkten zunächst die Stellung der Frauen. Natürlich ist die weibliche Gebärfähigkeit nicht erst im Neolithikum bemerkt worden. In sogenannten «Venusstatuetten», kleinen anthropomorphen Tongebilden mit ausgeprägten weiblichen Geschlechtsmerkmalen, hat sie schon zehn Jahrtausende früher bildliche Darstellung gefunden. Aber die Notwendigkeit, Weide- und Ackerland als Nährboden des ganzen Kollektivs und seines Viehs sorgsam zu hüten und vor feindlichen Übergriffen zu bewahren, ließ auch dem «Nährboden» des menschlichen Gemeinwesens, der gebärenden Frau, einen neuen Status zuteil werden. Man begann, sie als die menschliche Repräsentantin der Erde zu erachten wie umgekehrt die Erde als Urmutter, als Schoß allen Lebens. Erst im Rahmen dieser Analogie konnte sich der Kult der Großen Mutter voll entfalten. Er ist eine Frucht des frühagrarischen Neolithikums, mögen seine Wurzeln auch um einiges älter sein.

In der Erhöhung der Erde zur Großen Mutter drückt sich allerdings auch erhöhte Kampfbereitschaft für Weideflächen und Ackerböden aus. Die Große Mutter ist eine Elementargestalt der Kriegsgottheit. Auch in kultischer Hinsicht ist sie nie nur als Leben bringend, immer auch Leben verschlingend vorgestellt worden, nie nur als Schoß, stets auch als Grab. Und in der Frühzeit des Neolithikums dürfte unter dem von ihr verschlungenen Leben noch vorzugsweise das hernach bestattete verstanden worden sein: das menschliche. Die neolithische Revolution, die zur Emanzipation vom Menschenopfer führte, begann ja erst. An allen überlieferten Großen Müttern der neolithischen

33 Wenn sich die Vorstellung von Frauentausch und Brautkauf als etwas Ursprungsnahem mit Freuds Phantasie vom Urvater verbindet, der alle Frauen der Horde für sich beanspruchte und den Söhnen jeglichen sexuellen Umgang mit ihnen verbot, so daß sie sich ihre Frauen aus anderen Sippen erwerben mußten, ist rasch ein Märchen komponiert, das Sexualverzicht mit Geld assoziiert und den Brautpreis zum Urgeld erklärt. Cf. Kurnitzky 1974, 68 ff.

 Ursprungsgebiete – Anat, Kybele, Ischtar, Aphrodite, Artemis etc. – haften jedenfalls Erinnerungsfetzen des Krieges sowie der Tötung von in Tierfelle gekleideten oder in Tiere verwandelten Menschen, zumeist Männern.[34] Von Hera leiten sich Heros («der Hera Geweihte») und Herakles («der von Hera Berufene») her, was so viel heißt wie der ihr dargebrachte Knabe oder junge Mann. Kurzum, die mütterzentrierten Gesellschaften des Zweistromlandes und östlichen Mittelmeerraums sind *noch* im Zeichen des Menschenopfers und *schon* im Zeichen der neuen Feindseligkeit um Weide- und Ackergebiete entstanden – und alles andere gewesen als ein paradiesähnlicher menschlicher Urzustand, den erst das Patriarchat beendete.[35]

Immerhin aber waren Frauen zu dieser Zeit noch weit davon entfernt, Handelsobjekte von Männern zu sein. Und wenn ein Stamm eine Frau zum Geiseltausch darbot, hatte er ein Problem. Entweder sie war schon Mutter; dann hing ihr bereits Nachwuchs an. Oder sie war noch nicht Mutter; dann war ungewiß, ob und wie viel Nachwuchs sie bringen werde. So oder so aber tauschte man mit einer Frau mehr als nur sie selbst: ein unbestimmtes Plus von Kindern. Männer hingegen waren bloß Erzeuger. Der Erzeuger war stets unsicher und stand den Kindern ungleich ferner als die Gebärerin. Die Kinder waren ihre. Er war vergleichsweise ohne Anhang. Darauf aber kam es beim Geiseltausch an. Hier galt es, Mensch gegen Mensch, Gleich gegen Gleich zu tauschen, und dafür waren die Männer die geeigneteren Kandidaten, weshalb die Geiseln zunächst vor allem aus ihren Reihen gekommen sein dürften. Generell aber wird auf gleiches Geschlecht, gleiches Alter, gleiche Größe und Stabilität geachtet worden sein. Im Geiseltausch gewann Äquivalenz erstmals mathematische Präzision. Man tauschte genau im Verhältnis eins zu eins.

So viel Gleichheit war nötig, um über die Hindernisse der Fremdheit hinwegzukommen. Geisel zu sein war ein sehr ambivalenter Vorzug. Man war zwar erwählt, sein Kollektiv zu schützen. Aber man wurde auch von ihm getrennt und ging als Todeskandidat in die

34 Cf. die erdrückenden Belegstellen bei Burkert 1997, 93 ff., 132 und öfter

35 Das Märchen vom patriarchalen Sündenfall hat im letzten Viertel des 20. Jahrhunderts ein ganzer feministischer Diskurs mit dem Gestus kritischer Wissenschaftlichkeit verbreitet; cf. Borneman 1975; Göttner-Abendroth 1980; Daly 1986.

Fremde. Bis Stämme, die sich voneinander bedroht fühlten, bereit waren, einander Geiseln zu geben, bis sich entsprechende Bundesrituale ausbildeten, mußte ein Selbstüberwindungsprozeß ablaufen, der einige Jahrhunderte, wenn nicht Jahrtausende gedauert haben dürfte. Ohne Appell an höhere Mächte, ohne ihnen Tieropfern zu entrichten, sozusagen Transaktionsgebühren, damit sie als Schutzmächte des Bundes walteten, war man zum Geiseltausch anfangs überhaupt nicht in der Lage. Eine Geisel stellen hieß nämlich ein unentbehrliches Glied vom eigenen Stamm losreißen und weggeben. Die Zumutung des Tauschs bestand darin, etwas Eigenes auf diese schmerzliche Weise zu verlieren und etwas Fremdes anzunehmen, als wäre es das Eigene. Das muß für Kollektive damals ähnlich bitter gewesen sein, wie wenn man heute einer Mutter ihr Kind nimmt, ihr dafür ein gleich großes und schweres gibt und verlangt, sie möge sich damit zufriedengeben; wurde doch eins zu eins getauscht. Tausch ist nie nur eine Rechenoperation. Am wenigsten war das seine historische Urform. Der Schmerz, der entsteht, wenn man etwas Vertrautes, ans Herz Gewachsenes weggeben muß, wird durch keine Gegengabe einfach weggeblasen. Keine Entschädigung annulliert von sich aus den Schaden. Das ist bis heute das Problem des Schmerzensgeldes. Nie kann es den Schmerz wirklich aufwiegen, und dennoch übt es gerade dadurch lindernde Wirkung aus, daß es angenommen wird, *als ob* es ihn aufwöge.

Die beiderseitige Bereitschaft, sich so zu verhalten, als ob das Fremde dem Eigenen gleich wäre: das ist die Bedingung des Geiseltauschs. Einer von denen kann «so gut wie» einer von uns sein: dieser Grundtenor gegenseitiger Wertschätzung bewirkt überhaupt erst, daß Geiseln gegenübergestellt und in prüfendem Vergleich daraufhin «geschätzt» werden, ob ihre Naturbeschaffenheit tatsächlich so ist, daß die eine für die andere genommen werden kann. Die beiden Seiten der Wertschätzung (*timē*) – Hochschätzung und Taxierung – sind auch beim Geiseltausch untrennbar. Platon, so zeigt sich, lag gar nicht falsch mit seiner Auffassung, daß Vergleiche nur dort zustande kommen, wo schon ein Gleiches vorausgesetzt ist. Er irrte lediglich darin, dies Gleiche als etwas an sich Seiendes, ewig in sich ruhendes Ideelles und von der menschlichen Seele schon vor der Geburt Gewußtes vorzustellen.[36] «Das Gleiche» ist weder eine dingliche Be-

36 Cf. Platon, *Phaidon*, 74 a–75 c

 schaffenheit wie Konsistenz, Farbe, Gestalt oder Größe, noch ist es ein eigenes Sein. Es entstammt keiner höheren Sphäre, sondern den Niederungen des Trieblebens: dem Drang, Unerträgliches durch Begleichung aus der Welt zu schaffen. Die «Idee», Verschiedenes gleichzusetzen, entstammt einem sehr elementaren Wunsch nach Verschonung und Frieden. In der platonischen Idee des Gleichen hat dieser Wunsch sich ein metaphysisches Denkmal gesetzt und unkenntlich gemacht. Im Geiseltausch liegt er offen zutage.

Geiseln werden um des lieben Friedens willen getauscht. Sie spielen dabei die Rolle von Schutzgeld und Schmerzensgeld. Ihr nehmt unser Schutzgeld als Schmerzensgeld, wir euer Schutzgeld als Schmerzensgeld, und beide kommen wir darin überein, das Empfangene anzunehmen, als ob es den Verlustschmerz aufwöge. Die wechselseitige Wertschätzung, die in dieser Übereinkunft steckt, ist nicht mehr die ursprüngliche, die sich am Menschenopfer entzündet hatte. Zwar kann man sie immer noch Kalkül aus Trauer nennen, denn ein Kollektiv, das eine Geisel zum Gang ins Ungewisse geleitet, trauert – aber weit weniger als eines, das einen Angehörigen schlachtet. Um so realitätstüchtiger kalkuliert es. Es vergleicht die zum Tausch stehenden Menschen bereits mit ähnlich prüfendem Blick, wie später Waren auf dem profanen Markt verglichen werden. Und es ist bereit, sich seine Trauer durch ein Schmerzensgeld so weit wie möglich dämpfen zu lassen. Es traut der fremden Geisel die Kraft dazu zu. Die Trauer, die am verlorenen Eigenen hängt, geht in ein Zutrauen zu eintretendem Fremden über. Die Wertschätzung tritt in eine neue Phase. Sie wird zum Kalkül aus Wohlwollen. Und wo dies Kalkül aufgeht, mindert es nicht nur die Trauer, sondern steigert auch das Wohlwollen.

Zu den Dogmen der modernen Ökonomie, der marxistischen nicht minder als der «bürgerlichen», gehört die Überzeugung, daß beim Opfer und Bundesschluß allenfalls in übertragenem Sinne von «Geld» die Rede sein kann. Erst wo profane Gebrauchsgüter wie Vieh, Korn, Wein oder Öl gegeneinander feilgeboten werden, glaubt man sich berechtigt, von Waren zu sprechen, der jeweils weggegebenen den Status prämonetären Geldes zuzuerkennen und «echte» Tauschhandlungen zu diagnostizieren, weil es verschiedenartige Dinge sind, die hier den Besitzer wechseln. Tausch, so das Argument, macht nur Sinn, wenn man etwas anderes bekommt, als man gibt, also Felle für Wein oder Vieh für Eisen. Eisen gegen Eisen, Rinder gegen Rinder zu tauschen ist hingegen ökonomisch sinnlos. Also ist auch der Geiseltausch nichts Ökonomisches, kein «echter» Tausch. Die Geld- und Warenterminologie gehört dort gar nicht hin – und erst recht nicht in die Opfersphäre, wo überhaupt kein Tausch stattfindet und statt klarer ökonomischer Regeln obskure religiöse gelten.

Arme Ökonomie, die keine andern Zahlungsverhältnisse kennt als profane, die sich blind gegen ihre eigene Herkunft macht und verkennt, daß es sich gerade umgekehrt verhält: Nicht wo es um einzelne Lebensmittel geht, sondern um Leben und Tod des ganzen Kollektivs, wo nicht ein paar entbehrliche Überschüsse, sondern schlechterdings Unentbehrliches gegeben wird, nämlich ein Einzelleben, das den Fortbestand des Kollektivlebens erhandeln soll, da haben wir es mit dem Ernstfall der Zahlung zu tun. Und daß jahrtausendelang die Gegenleistung für diese ungeheure Zahlung rein fiktiv blieb? Das ändert an der Realität der Zahlung nichts. Eine Zahlung garantiert nie, daß man auch das Erwartete dafür bekommt, wie jeder Arbeitsbericht der «Stiftung Warentest» aufs neue beweist. Zahlung hat haarsträubend unverhältnismäßig und blutig begonnen. Nichtsdestotrotz war das Gezahlte Geld, zumal es ein entscheidendes Kriterium erfüllte: Es wurde vom ganzen Kollektiv als Zahlungsmittel anerkannt. Es war in vollem Sinn des Wortes *Währung*, ja nie wieder ist eine Währung so alternativlos, so monopolistisch, um nicht zu sagen, monotheistisch gewesen wie das Menschenopfer. Erst mit dem Tieropfer kamen verschiedene Währungsoptionen überhaupt in Betracht, und die Konfessionskämpfe zwischen Menschen- und Tieropferstämmen können ebensogut als erste Währungskämpfe erachtet werden. Das Menschenopfer ist also in ganz unmetaphorischem Sinne Geld – das Urgeld, von dem alle späteren Geldformen abstammen. Münzen oder Papier sind späte profane Gestalten des Geldes. Profan aber hat Geld erst mühsam *werden* müssen. Zu glauben, daß es das von Anfang an war, ist ungefähr wie sich einreden, daß Menschen schon erwachsen zur Welt kommen.

Intermezzo 2: Affengeld

Ursprünge sind tückisch. Kaum ist einer dingfest gemacht, drängt sich auch schon die Frage auf: Was war eigentlich davor? So auch beim Urgeld. Hat es nicht seinerseits Vorformen? Muß man nicht noch viel früher ansetzen als bei Menschenopfer und Geiseltausch? Wenn es stimmt, daß Geld ursprünglich Gabe ist, gilt dann nicht auch das Umgekehrte: Wo eine Gabe, da ist auch schon der Keim des Geldes? Und das Geben, so viel steht fest, kommt nicht nur beim Homo sapiens vor. Es läßt sich auch bei Affen beobachten. Man muß freilich genau hinschauen, was hier «Geben» heißt. Es macht einen Unterschied, ob Affen andern etwas überlassen – sei es, daß sie zulassen, daß andere sich etwas von ihrem Futter schnappen, oder daß sie Gegenstände ablegen, die sich andere dann nehmen – oder ob sie andern direkt etwas zustecken. Nur letzteres, also aktives Geben, das sich einem Tier zweifelsfrei als *sein* Tun zurechnen läßt, kann daraufhin untersucht werden, ob es sich mit der Erwartung von Gegengaben verbindet, und wenn ja, mit was für welchen.

Daß Affen schnell lernen, Menschen etwas zu geben, wenn ihnen Futter dafür winkt, ist in zoologischen Gärten vielfach erprobt worden, vornehmlich an Primaten: Schimpansen, Bonobos, Orang-Utans, Gorillas. Man überläßt ihnen etwa kleine Marken aus Metall oder Plastik, und sobald sie damit hantieren, hält man ihnen bittend die offene Hand hin. Legen sie eine Marke hinein, so gibt man ihnen Futter. Wenn das häufig genug geschieht, nehmen es die meisten Versuchstiere bald als Sacheinheit wahr: Marke geben ist gleich Futter bekommen. Oder einfacher: Marke = Futter. Damit nicht genug; viele Versuchstiere gehen bald dazu über, den Wärtern auch ungebeten Marken zu geben. Das heißt, sie erleben nicht nur eine Gleichung; sie beginnen mit ihr zu operieren. Indem sie die eine Seite der Gleichung erfüllen, versuchen sie die andere gleichsam hervorzurufen: Marke geben macht, daß Futter kommt. Manche lernen noch weitere Differenzierungen: Metallmarke = Futter, Plastikmarke ≠ Futter, grün = ja, rot = nein etc. Einige horten sogar die mit Futter assoziierten Marken bis zur nächsten Futterausgabe. All diese Lernerfolge stellen sich jedoch nur im Umgang mit Menschen ein – und unter Versuchsbedingungen, die diese ausgeheckt haben.

Wie aber steht es mit Gaben und Gegengaben unter Artgenossen? Gaben kommen zweifellos vor. Aber auch Gegengaben, die als Entgelt für Gaben, also als verhältnismäßige Tauschhandlungen, gelten könnten? Die bisher beobachtbaren Transfers waren zu selten, sporadisch und vage, als daß sie das beweisen könnten. Deshalb wurde im Leipziger Zoo unlängst ein neuer Versuch unternommen. Man trainierte die Versuchstiere zunächst separat. Jedes bekam drei verschiedene Arten sogenannter «Tokens» in seinen Käfig gelegt. Das waren Plastik- und Metallmarken von verschiedener Form und Farbe; zwölf Stück pro Art. Aber nur für *eine* Markenart gab es Futter; die beiden andern waren «nutzlos» dafür. Sobald das gelernt war, begann der eigentliche Versuch: eine Dreieckskonstellation. Ein Mensch spielte das Spiel «Futter gegen eine bestimmte Marke» nun gleichzeitig mit zwei Artgenossen in nebeneinander befindlichen, durch einen Maschendrahtzaun getrennten Käfigen, und zwar so, daß der eine Affe jeweils das Spiel beim anderen beobachten und eine entscheidende Differenz feststellen konnte: War es bei ihm selbst, also dem Affen A, die Markenart a, die mit Futter belohnt wurde, so war es beim Affen B die Markenart b. Für A waren also b- und c-Marken nutzlos, für B waren es a- und c-Marken. Und die Hauptfrage war: Würden A und B das merken und daraus wechselseitigen Vorteil ziehen? Würde A seine b-Marken B geben und B seine a-Marken A – und so jeder von beiden Nutzloses gegen Nützliches eintauschen?

In dem aufwendigen Experiment gab es nur einmal, zwischen einem männlichen und einem weiblichen Orang-Utan, eine Szene, die in diese Richtung deuten könnte. In der siebten von 120 Versuchseinheiten spielte sich folgendes ab: A (weiblich) gab B (männlich) eine b-Marke, die B beim Wärter gegen eine Banane eintauschte. Danach schob B unter dem Maschendraht hindurch eine a-Marke in A's Käfig, die A nun beim Wärter gegen Futter eintauschte. Dann ergriff B eine b-Marke, die A nahe an den Zaun gelegt hatte, und tauschte dafür Futter ein. In diesem Moment schnappte A sich fünf a-Marken aus B's Käfig außerhalb seines Blickfelds. Später nahm B einen Ast und gab ihn A zusammen mit einer a-Marke. Sobald sie diese Marke gegen Futter eingetauscht hatte, gab sie B zwei b-Marken, die B beim Wärter eintauschte. Der ganze Vorgang dauerte vierzehn Minuten.[37]

Zweifellos hat hier ein wechselseitiges Geben von Marken stattgefunden, die der Geber nicht, der Empfänger aber gut gebrauchen konnte. Aber das aktive Geben war viel zu durchsetzt von wechselseitigem Überlassen und aktivem Entwenden, als daß die Serie der Folgegaben eindeutig den Status von Gegengaben oder gar eines Entgelts für vorangegangene auswiesen. Die Ansätze zu wechselseitigem Geben stabilisierten sich denn auch nicht; sie gingen in folgenden Versuchseinheiten wieder verloren. Geben und Nehmen vollzogen sich eher «spontan oder auf Bittgesten hin wie Handausstrecken oder das Zeigen auf einen bestimmten Token». Die Gesamtuntersuchung erwies die Orang-Utans zwar als die gebefreudigste Spezies, aber auch zuvor war schon bekannt, daß sie signifikant oft bereit sind, etwas von ihrem Futter abzugeben, wenn ihnen der eigene Nachwuchs eine offene Hand oder einen ausgestreckten Arm hinhält. Der Leipziger Versuch zeigt sie auch für die Bittgesten erwachsener Artgenossen empfänglich und fähig, ihre Gebebereitschaft von Futter auf andere Gegenstände

37 Pelé u. a. 2009; Zitat: 381

 wie etwa Marken zu übertragen, aber von einem kalkulierten verhältnismäßigen Tausch bleiben auch die gebefreudigsten Affen weit entfernt, von der Gabe als Äquivalent gar nicht erst zu reden.

Dies Fazit ist um so überzeugender, als in dem Leipziger Versuch Voreingenommenheiten stecken, die eher in die Gegenrichtung weisen. Allein schon der Name «Token». Tokens sind kleine münzähnliche Marken, ursprünglich aus Kupfer oder Messing, die wegen ständigen Mangels an Kleingeld in England seit dem siebzehnten Jahrhundert von nichtstaatlichen Stellen, selbst von privaten Gewerbetreibenden, auch mit Wertangaben versehen, als Notgeld in Umlauf gesetzt und im neunzehnten Jahrhundert wieder verboten wurden. Nennt man nun jene Marken, die man den Affen für das Experiment in den Käfig gibt – kleine Würfel, Spiralen, Dreiecke, Ringe, Winkel aus Metall oder Plastik –, in aller Unbefangenheit «Tokens», so suggeriert man: Geld ist wesentlich Münze; kleine Objekte, die ihr in Aussehen und Handhabbarkeit ähneln, sind ihre nächsten Verwandten; läßt man also die menschenähnlichsten Wesen mit den münzähnlichsten Objekten hantieren, so kommt man dem Ursprung des Geldes am nächsten. Als könnte man Primaten sogleich auf dem Niveau von Münzen und modernem Tausch beibringen, was Geld ist, ohne daß sie irgendeine der spezifischen Wiederholungserfahrungen durchgemacht haben, die sich im Homo sapiens erst im Laufe von Jahrtausenden zu Techniken der Substitution, Repräsentation und Äquivalenz habitualisierten. Auch Kinder, die in abgefederten Hochkulturverhältnissen komfortabel aufwachsen, üben sich in die Äquivalenz erst einmal durch Daumenlutschen, Schmusetücher, Teddybären und Puppen ein, also durch Objekte, die ihnen Entbehrtes wohl oder übel ersetzen, ehe sie mit «Tokens» auch nur irgend etwas anzufangen wissen. Zudem unterstellt die Leipziger Versuchsanordnung, daß Nutzloses wegzugeben und Nützliches dafür zu erlangen das Urmotiv des Tauschs sei, während es ursprünglich doch gerade umgekehrt war: Gegeben wurde das Nützlichste und Kostbarste; Geben war Opfern.

Tönerne Gaben

Profanierung heißt wörtlich Entweihung. Man profaniert einen heiligen Ort, indem man sich unwürdig an ihm verhält, oder ein Ritual, indem man es nicht ordnungsgemäß vollzieht. Profanierung ist jedoch nicht von außen wie ein Sturm über die sakrale Sphäre gekommen und hat sie weggefegt. Sie begann vielmehr innerhalb dieser Sphäre, in kleinen, zaghaften Schritten, mit Um-, Seiten- und Rückwegen, die sich schwerlich noch vollständig rekonstruieren lassen. Dennoch ist ein Grundmuster erkennbar, das sich viele Male wiederholt und variiert hat: Die Profanierung beginnt als Sakrileg und etabliert sich schließlich als kollektiv anerkannte Sitte. Das Tieropfer profaniert das Menschenopfer. Es speist die Götter mit Attrappen ab. Die Hekatombe ist anfangs Frevel und steigt allmählich zur sakralen Haupthandlung auf. Entsprechend profaniert die Opferung kleinerer Tiere die von Großvieh. An die Stelle eines Rindes oder Pferdes x Schafe, y Ziegen, z Gänse treten zu lassen ist jedesmal eine Zurücksetzung göttlicher Ansprüche. Sie hinterläßt Schuldgefühl, und dagegen helfen – Berechnungen. Sich und den Göttern weismachen, daß eine bestimmte Anzahl tadelloser Tiere des kleineren Formats tatsächlich das größere wert sei, ist eine durchaus heuchlerische Form der Wertschätzung des größeren Tiers. Man schätzt es durch Gleichsetzung mit x, y oder z geringeren und entschuldet sich zugleich dafür, daß man es durch geringere ersetzt. Die Wertschätzung ist hier vor allem Abschätzung, Taxierung. Rechnung ist bloß Taxierung in mathematischer Form, faßbar gemacht in Zahlen. Ihr Ursprungsmotiv ist Schuldbegleichung, und je mehr Substitute des Uropfers ins Spiel kommen, je mehr sie einander repräsentieren, variieren, verfremden und überlagern, desto komplizierter werden die Zahlenverhältnisse.

Was für den Menschen als Schlachtopfer gilt, gilt selbstverständlich auch für den Menschen als Geisel. Auch daran hat sich eine ganze Ersatzkultur angeschlossen. Je vertrauter man mit andern Stämmen wurde, desto geringer konnten die Pfänder sein, die man einander stellte, sei es, daß Geiseln nur auf Zeit, sozusagen für ein Praktikum, den Stamm wechselten, daß sich vom Bundesschluß allmählich Eheschließungen abzweigten, daß man einander die bestgenährten Tiere und bestgefertigten Waffen übergab und so jenes Wechselspiel von Gaben und Gegengaben in Gang setzte, dessen Spätstadium die Ethnologen vor ein bis zwei Jahrhunderten in Australien, Polynesien, Afrika und Amerika entdeckten und als «Potlatsch» oder «System der totalen Leistungen» bezeichneten, worin «nicht ausschließlich Güter und Reichtümer» zum Tausch stehen, sondern auch «Höflichkeiten, Festessen, Rituale, Militärdienste, Frauen, Kinder, Tänze, Feste, Märkte».[38]

38 Cf. Mauss 1968 [1950], 22 f. Wenn man dies artifizielle System für ursprünglich hält, ergeben sich daraus abenteuerliche Folgerungen, getreu der scholastischen

 Die Geschichte der Zahlungsmittel ist von Anfang an eine Substitutions- und damit ebenso eine Profanierungs- wie Emanzipationsgeschichte. Aber ihr Ort war zunächst einzig die Sakralsphäre, und sie hatte, bis weit ins Neolithikum hinein und vielenorts auch noch darüber hinaus, eine bestimmte Schamgrenze: Jedes der Zahlungsmittel, durch die menschliches Leben ersetzbar war, mußte selbst lebendig sein. Insofern brach wirklich eine neue Epoche an, als gewagt wurde, Leben nicht mehr nur durch *anderes* Leben, sondern durch etwas *anderes als* Leben zu ersetzen. Was heute das Selbstverständlichste ist, war einst eine Ungeheuerlichkeit: mit leblosem Material zu zahlen, das widerstands- und schmerzlos den Besitzer wechselt. Was für ein Sakrileg, Lebendiges mit Leblosem aufzuwiegen! Den historischen Prozeß, der dies Sakrileg zur Normalität machte, der den Zahlungsmitteln nach und nach buchstäblich das Leben nahm, hat das Lateinische in seiner unübertroffenen lakonischen Präzision zu einem einzigen Wort zusammengezogen: *pecunia*. Man übersetzt es – nicht falsch, aber unspezifisch – mit «Geld». Wörtlich ist es «das Viehmäßige», das Zahlungsmittel, das an die Stelle von Vieh (*pecus*) getreten ist. *Pecunia* steht wie ein Emblem für den großen Übergang von Vieh- zu Metallwährung, der im Raum zwischen der mediterranen Ostküste und Mesopotamien seine Pioniere gehabt haben dürfte, sich in alle Himmelsrichtungen ausbreitete, bei den Römern gewiß erst ein paar Jahrhunderte später einsetzte und überhaupt in verschiedenen Regionen auf unterschiedliche Weise und zu unterschiedlicher Zeit vonstatten ging. Im folgenden ist es weniger um den Reichtum seiner Details als um seine Logik und Tragweite zu tun.

Regel *ex falso quodlibet* (aus Falschem folgt Beliebiges). Georges Bataille etwa erklärte mit Verweis auf den Potlatsch das üppige Schenken, die Verausgabung, die Verschwendung zur menschlichen Urökonomie (Bataille 1975, 9ff.). Karl Polanyi glaubte dem Potlatsch hingegen «Reziprozität und Redistribution» (Polanyi 1978 [1944], 77) als Urprinzipien menschlichen Wirtschaftens entnehmen zu dürfen. Der Tenor ist in beiden Fällen der gleiche: Die Menschheit ist von ihrer ursprünglichen, naturgemäßen Wirtschaftsweise abgeirrt. Nach Bataille hat ihr der Kapitalismus ihre anfängliche, generöse, allein auf Schenken und Ausgeben bedachte Lebensweise mit brutalen Mitteln ausgetrieben. Nach Polanyi hat er ihr das Gleichgewicht von Geben und Nehmen geraubt und den Markt in eine unnatürliche, ständig von Krisen geschüttelte Schieflage versetzt, als er Arbeitskräften und Boden Warenstatus aufnötigte, obwohl sie «in Wirklichkeit keine Ware» (Polanyi 1978 [1944], 307) seien.

Metall ist nicht das erste Material, das kunstvoll geformt wurde. Zunächst einmal erprobte sich menschlicher Gestaltungswille an den haltbaren Überbleibseln wilder Tiere: Horn, Zähnen, Krallen und Knochen. Sie blieben, auch wenn das Tier erlegt war, nachhaltige Denkmale des Tierschreckens, und indem man sie bearbeitete, zerkleinerte und nach eigenem Willen formte, erlegte man das Tier gleichsam noch einmal. Die ersten Schmuckstücke, etwa durchbohrte Reißzähne, an Sehnen zu Halsketten aufgereiht, oder kleine Tierstatuetten aus Elfenbein wie etwa die berühmte Löwin aus Hohlenstein-Stadel, sind Triumphzeichen, Zubehör von Festen, die das Jagdglück, die Überwindung des Tierschreckens, rituell nachzelebrieren und damit zugleich auch für die Zukunft herbeibeschwören. Zu einer Kette gefügte Reißzähne schrecken nicht mehr; ebensowenig ein kleiner Löwe oder ein kleines Mammut aus Elfenbein, das sich in die Hand nehmen läßt. Sie sind «zierlich» geworden, eine Zierde – «schön». Auch das Schöne ist der Umwendung des Schreckens entsprungen und anfangs alles andere als das Objekt ‹interesselosen Wohlgefallens›, welches Kant darin sehen wollte.[39]

Die ersten stehenden Bilder sind Darstellungen, man könnte auch sagen, *Fest*stellungen wilder Tiere – gewissermaßen magische Zähmungsversuche. Als dann im Neolithikum tatsächlich die Zähmung wilder Tiere gelang, wurde etwas Realität, was bildliche Darstellung schon Jahrtausende zuvor herbeigewünscht hatte. Der menschliche Gestaltungsdrang suchte sich nun neue Wege. Warum sollte man Rinder, Schafe, Ziegen etc. eigens in Bilder fassen, wenn man sie doch schon an der Kandare hatte, warum noch Mammuts und Auerochsen abbilden, wenn ihre Erjagung nicht mehr lebensnotwendig war? Natürlich wurden Wild und Jagd nun nicht einfach irrelevant. Ihre bildliche Darstellung hörte keineswegs schlagartig auf. Und doch ist es bezeichnend, daß die großen Zeugnisse der Höhlenmalerei, von Chauvet (ca. 32 Jahrtausende alt) bis Altamira (ca. 12 Jahrtausende), allesamt vorneolithisch sind. Dafür eröffnete das Neolithikum andere Gestaltungsmöglichkeiten. In die Epoche der Tierzähmung fällt nämlich auch die Entdeckung eines «zahmen», leicht formbaren Naturstoffs: Ton. Für die neolithische Frühphase läßt er sich noch nicht nachweisen. Ihre ersten zwei Jahrtausende erachten die Ar-

39 Cf. Kant 1968 [1790], 288 (B 17)

 chäologen mehrheitlich als vorkeramisch. Man spricht vom PPN (*Pre-Pottery-Neolithic*). Aber wenn man einmal gelernt hatte, wilde Tiere durch Zähmung in einen lebendigen, sich selbst vermehrenden Lebensmittelvorrat zu verwandeln, statt sie sogleich zu töten, lag es nahe, die Vorratshaltung auch auf andere Lebensmittel auszudehnen und gewahr zu werden, daß ein bestimmter klebriger Lehm optimale Hilfe dafür bot. Er ließ sich so formen und trocknen (später brennen), daß daraus stabile, wenn auch zerbrechliche Gefäße entstanden, in denen man die Milch(produkte) der gezähmten Tiere ebenso aufbewahren konnte wie Getreidevorräte zu Verzehr und neuer Aussaat. Jedenfalls bestehen die ältesten Keramikfunde aus Schalen und Krügen zum Zweck solcher Lebensmittelaufbewahrung.

Da Ton sich aber extrem leicht formen ließ, ist es nicht lange bei Schalen und Krügen geblieben, und so finden sich an den einschlägigen neolithischen Siedlungsplätzen Anatoliens und des Vorderen Orients bald schon reichlich kleine Tierfiguren – vor allem Rinder – aus Ton. Sie sind relativ plump und fallen weit hinter das Bildniveau der Höhlenmalereien zurück. Doch sie haben ein neues Sujet: *gezähmte* Tiere – Opfertiere. Was aber trieb dazu, die abzubilden? Sie mußten ja nicht mehr festgestellt, gebannt, unschädlich gemacht werden wie wilde Tiere. Allerdings können Bilder auch in dem Sinne etwas darstellen, daß sie es vertreten – ersetzen. Und wenn an zentralen Kultstätten die Opfertiere fleißig in Tonfigürchen nachgebildet wurden, so kann dieser Fleiß von dem frevlerischen Drang, leblose Bilder an die Stelle von lebendigen Tieren treten zu lassen, nicht ganz frei gewesen sein. Gewiß hat man nicht sogleich gewagt, ein ganzes Rind durch eine mickrige Terrakotta zu ersetzen. Aber die Verbindung zwischen beiden war hergestellt. Irgendeine wenn auch noch so geringe Substitutions- und Bekräftigungsfunktion müssen die Tonfiguren auch anfangs schon gehabt haben – als Beigaben zu Hauptgaben. Damit aber widerfuhr dem steinzeitlichen Bildgebrauch eine Umwendung ins Gegenteil, deren Tragweite noch kaum erkannt ist. Die paläolithischen Bilder wilder Tiere hatten höhere Mächte dargestellt, denen Gaben darzubringen waren. Die neolithischen Bilder gezähmter Tiere waren selbst Gaben, die höheren Mächten dargebracht wurden. Das Bild als Opfergabe: das war grundstürzend neu, auch wenn die kleinen tönernen Nachbildungen ihren lebendigen Originalen in Form, Stoff und Größe völlig unangemessen waren. Das müssen auch ihre Hersteller gespürt haben. Jedenfalls gibt es für ernsthafte Bestrebungen, Opfertiere durch Tonbilder voll aufzuwiegen, aus dem Neolithikum keinerlei Belege. Im Rückblick stellen sich die kleinen Terrakotten wie eine ungelenke Vorhut dar, etwa wie Skizzen, zu deren Übertragung in gültige Bilder vorerst noch alles Entscheidende fehlte: sowohl das Know-how als auch das angemessene Material: Metall.

Edelmetall und Gestirne

Metall vermochte zwei Eigenschaften zu vereinen, die von Natur aus geschieden schienen. Es war, wenn man es richtig zu behandeln wußte, ähnlich haltbar wie Stein und ähnlich formbar wie Ton. Und noch etwas: Es hatte Glanz, Ausstrahlung – den Schein der Bedeutung. Wer den Glanz von Himmelskörpern empfindet, kann sich nur schwer dem Eindruck entziehen, daß sie *für ihn* leuchten – ihm etwas bedeuten. Auf brutale Weise geschieht das, wenn der Blitz, gefolgt vom Donnerschlag, aus den Wolken fährt. Wer das in freier Natur erlebt, fühlt sich unwillkürlich als Zielscheibe. Bis heute müssen Kinder erst lernen, daß sie gar nicht persönlich gemeint sind, wenn der Blitz zuckt, und den Altsteinzeitmenschen fehlten die aufgeklärten Zeitgenossen, die ihnen das hätten beibringen können. Der Blitz, wie überhaupt das Gewitter, wirkte furchtbar auf sie, in keinem Verhältnis zu seiner tatsächlichen Schädlichkeit, und die Angst vor der von oben jäh herabzüngelnden Himmelsschlange wird der Angst vor der jäh zuschnappenden Erdschlange kaum nachgestanden haben.[40]

Sonne, Mond und Sterne waren sozusagen das Gegenprogramm zum Blitz: von ungleich milderem Glanz und von einer sachten Bewegung, die bei genauerer Beobachtung einige Halt gebende Regelmäßigkeiten zeigte. So war es unvermeidlich, daß sich der menschliche Tagesablauf in hohem Maße am Lauf der Sonne orientierte und deren jeweilige Zustände bei Auf- und Untergang, bei Ausstrahlung behaglicher Wärme und bedrohlicher Trockenheit als Botschaften wahrgenommen wurden. Aber war es nicht noch wichtiger, in der dunklen, angstbesetzten Phase der Nacht schützende, orientierende Lichtbotschaften zu empfangen? Diesem Wunsch hat vor allem eine Entdeckung entscheidend nachgeholfen: daß ein

40 Zum Verhältnis von Erd- und Himmelsschlange cf. Warburg 1988, 40ff.

 Mondzyklus genauso lange dauert wie ein Menstruationszyklus. Der himmlische Schein der Bedeutung erreichte damit das Niveau der Analogie: Der Mond *entspricht* dem Weiblichen. Wann diese Entsprechung zuerst festgestellt wurde, wissen wir nicht. Im Neolithikum war sie nicht nur längst bekannt; sie gewann zudem den Status einer höheren Rechtfertigung für mütterzentrierte Gesellschaften. Der Mond stellte sich nun als das Licht der Großen Mutter, als ihre himmlische Erscheinung dar, und der neue geschlechtsspezifische Verweisungszusammenhang, der sich damit zwischen Himmel und Erde herstellte, schärfte auch die Aufmerksamkeit für Korrespondenzen zwischen Himmels- und Erdglanz. Barg nicht die Erde feste, glänzende Stoffe, die am Himmel ihre Entsprechung hatten? Leuchtete nicht der Mond silbern, die Sonne golden, die Venus kupfern? So jedenfalls begann man es wahrzunehmen. Bestimmte Metalle muteten nun wie irdische Reflektoren himmlischer Mächte an und gewannen den Status von «Edel»metallen, den sie bis heute haben. Was sie «adelte», war das ihnen ähnlich scheinende Gestirn. «Edelmetall» ist ein astralreligiöser Begriff.

Die Bedeutung des jeweiligen Metalls hing aber auch von seinem Seltenheitsgrad ab. Kupfer etwa enthielt der vorderorientalische Boden so reichlich, daß der Beginn der Metallverarbeitung regelrecht als «Kupferzeit» gilt, deren Zentren die mesopotamischen Stadtkulturen des vierten vorchristlichen Jahrtausends waren. Auch die nächsten beiden großen Kulturstufen des vorderorientalisch-mediterranen Raums pflegt man nach Metallen zu benennen: das zweite vorchristliche Jahrtausend, in welchem sich die Legierung von Kupfer und Zinn durchsetzte, als «Bronzezeit»; das erste vorchristliche Jahrtausend, in welchem es gelang, aus metallhaltigem Gestein dessen härtestes Element herauszuschmelzen, als «Eisenzeit». Was im Vokabular der Historiker hingegen fehlt, sind die Worte «Silberzeit» und «Goldzeit». Ausgerechnet die beiden «edelsten», mit den beiden wichtigsten Gestirnen assoziierten Metalle waren einfach zu rar, um zum Stoff für all die Gebilde und Geräte zu werden, die für Jagd und Krieg, Viehzucht und Ackerbau, Transport und Aufbewahrung inzwischen gebräuchlich geworden waren.

Wohl aber kennt die Mythologie ein «silbernes» und ein «goldenes» Zeitalter. «Golden haben zuerst das Geschlecht hinfälliger Menschen / Todfreie Götter geschaffen [...] / Und die lebten wie Götter und hatten nicht Kummer im Herzen, / Fern von Mühen und frei von Not, nicht drückte das schlimme / Alter auf sie, sondern allzeit behend an Beinen und Armen / Lebten sie freudig in Festen, weitab von allen den Übeln; Starben, als käme der Schlaf über sie [...]» Alsdann kam «das silberne» Geschlecht, «Dem aus Gold an Gestalt nicht gleich und nicht an Gedanken. / [...] eigene Torheit / Brachte das Weh; denn sie hatten nicht Kraft, maßlose Gewalttat / Untereinander zu bannen, und ewige Götter verehren / Mochten sie nicht [...]» und waren doch noch ungleich besser als das, was ihnen folgte: «ein drittes / Andres Geschlecht, aus Erz, dem silbernen nirgendwo gleichend, / [...] die trieben des Ares / Keuchend Geschäft und die Tat der Gewalt [...] / Ehern waren bei ihnen die Waffen, ehern die Häuser, / Ehern ihr Ackergerät: noch gabs kein schwärzliches Eisen.»[41] So stellen sich Hesiod die ersten drei Menschheitsepochen dar, nach einem Muster, das damals weit verbreitet und nicht auf den griechischen Kulturkreis beschränkt war. Das biblische Buch *Daniel* etwa erzählt den berühmten Traum des babylonischen Königs Nebukadnezar, worin ihm ein riesiges Standbild erschien, dessen Haupt «von gediegenem Golde», dessen «Brust und Arme von Silber», «Lenden von Erz», «Schenkel von Eisen», Füße «teils von Eisen, teils von Ton» waren[42] – und deutet diesen Traum als räumliche Verdichtung einer zeitlichen Abfolge von Weltreichen. Das goldene Reich ist das von Nebukadnezar selbst, und dann geht es abwärts.

Die Rangfolge Gold-Silber-Erz ist in der Mitte des ersten vorchristlichen Jahrtausends ein fester, kulturübergreifender Bestandteil mythologischer Weltanschauung. Sie kommt daher, als wäre sie etwas ganz Natürliches. Dabei versteht es sich keineswegs von selbst, daß das Kupfer fehlt und das Gold an erster Stelle steht. Denn zunächst einmal dürfte es der weiblich erscheinende Mondzyklus gewesen sein, der zur Analogiebildung zwischen himmlischen und irdischen Abläufen *und Farben* inspirierte, und erst wenn der Mond als silbern codiert war, fielen die andern beiden Metallfarben anderen Gestirnen zu, wobei die Zuteilung noch deutlich verrät, daß sie von der «Großen Mutter» und ihrem Gestirn aus erfolgt ist: dem Mond. Venus, der Abend- und Morgenstern, das Nachtgestirn an den beiden Schwellen des Tages, wurde, wie der Mond, als eine besondere Hüterin der Nacht empfunden und daher ebenfalls als weiblich; nur war

41 Hesiod, *Erga*, 109–151 (Hesiod 1970, 312 f.)
42 Daniel 2, 31 ff.

 sie weit unscheinbarer, tiefer in die Nacht getaucht, sozusagen dunkler, und dafür stand «kupfern». Die Sonne hingegen, das alles überstrahlende Gestirn des Tages, konnte von seinem Gegenstück aus, dem Mond, schwerlich anders als golden und männlich erscheinen. Dennoch ist die Assoziation von Gold und Sonne nicht einfach bloß ein optischer Befund; sie ist eine kulturelle Entscheidung, nicht anders als die Verbindung von Silber und Mond, Kupfer und Venus. Man hätte auch anders zuordnen können. «Was der Mond rot aufgeht! [...] Wie ein blutig Eisen», heißt es etwa in Georg Büchners *Woyzeck*.[43] Je nach Wetterlage kann er auch kupfern oder golden aufgehen, wie umgekehrt die Sonne gelegentlich ein fahles, silbern anmutendes Licht ausstrahlt, und welche Sterne wann kupfern, silbern oder golden blinken, ist ohnehin schwer auszumachen. Zwar bedurfte es nicht erst der Verbindung von Silber und Mond, um die zwischen Gold und Sonne herzustellen. Doch erst unter der Voraussetzung, daß der Mond weiblich imaginiert wurde, konnte die Sonne als männlich erscheinen, ihre Strahlkraft als Manneskraft, und erst die Verbindung von Sonne und Männlichkeit verschaffte dem Gold jenen Sonderstatus, das Metall der Metalle zu sein, der sich seither durch verschiedenste Gesellschaftsformationen, Weltreiche und Kulturen in verblüffend hohem Maße durchgehalten hat – vom Tempel bis zur Börse.

Das Schema Gold-Silber-Erz ist Zeuge des radikalen Siegs, den das Patriarchat im gesamten Kulturraum der Muttergottheiten spätestens von der frühen Kupferzeit an errungen hat. So ist es schwerlich ein Versehen, daß das Kupfer in diesem Schema fehlt. Es wird gezielt übergangen, als Edelmetall gar nicht mehr wahrgenommen. Anders gesagt: Es wird profaniert, seine Verbindung zur Venus – dem Planeten, der im Osten als Gestirn der Aphrodite, Kypros oder Ischtar hoch im Kurs stand – gekappt, die Erinnerung daran, daß Kupfer einmal mit einer Großen Mutter assoziiert war, gelöscht. Seither ist zweifelhaft, ob es zu den Edelmetallen gehört oder nicht – bis heute. Das Gold hingegen wird nicht nur über das Silber gestellt, nicht nur mit der höchsten, männlich konnotierten himmlischen Macht assoziiert, sondern auch mit Ursprünglichkeit. «Golden» nennt Hesiod die ersten Menschen ja nicht, weil er sie sich als wirklich aus diesem Metall bestehend vorstellt, sondern weil die ersten Menschen auch

43 Büchner 1958 [1837], 172

die besten sein sollen. Nach ihrem Tod «Sind sie Geister genannt, auf Erden wirkende, reine, / Gute, Beschützer vor Bösem, der sterblichen Menschen Bewacher». Sie repräsentieren die göttliche Weltordnung wie das Gold den höchsten himmlischen Leuchtkörper. Das silberne Geschlecht ist dagegen bloß ein verfallenes goldenes, und gemessen daran, wie Hesiod es charakterisiert – töricht, gewalttätig, unwillig, den Göttern zu opfern –, läßt er es am Ende unverhältnismäßig gut wegkommen. «Aber nachdem nun auch dieses Geschlecht die Erde umfangen, / Nennt man diese mit Namen die sterblichen Seligen drunten, / Minderen Rangs, aber dennoch erweist man Ehre auch ihnen.»[44]

Für diese «Ehre» (*timē*) spricht aus Hesiods Sicht – nichts. Er übernimmt sie von einer älteren, mütter- und mondzentrierten Tradition, die auch in der patriarchal organisierten Gesellschaft noch so tief sitzt, daß dem Silber der Rang des Edelmetalls erhalten bleibt, wenn auch eines minderwertigen. Der Vorrang des Goldes ist von nun an beschlossene Sache. Er wird dadurch, daß Gold glänzender, schwerer und in manchen Weltgegenden seltener ist als Silber, zusätzlich bekräftigt, aber nicht begründet. Ähnlich steht es mit den Berechnungen des Wertverhältnisses von Gold und Silber. Der wichtigste antike Zeuge hierfür ist Herodot. Er hat die Silber- und Goldabgaben, die der Perserkönig Dareios jährlich aus seinen Provinzen einforderte, nach Menge und Gewicht so genau aufgeführt, daß sich daraus das generelle Verhältnis 13:1 ermitteln läßt.[45] Wie aber hat es sich ergeben? Etwa so, daß Gold im persischen Großreich dreizehnmal mühsamer zu finden, zu gewinnen, zu transportieren oder zu prägen war als Silber und daher dreizehnmal so teuer? Nichts davon. 13:1 ist eine Abrundung von 13⅓:1 = 40:3 = 360:27. Auf 27 Tage hatten die Babylonier den Zyklus des Mondes veranschlagt, auf 360 Tage den der Sonne. 13⅓ mal läuft der Mond um, bis die Sonne einmal umgelaufen ist; deshalb, so die Folgerung, ist Gold dreizehnmal wertvoller als Silber.

Das ist bemerkenswert konsequent gedacht. Wenn Sonne und Mond Gold und Silber zu Edelmetallen machen, müssen sie auch deren Wertverhältnis bestimmen. Nur kommt nicht etwa durch Berechnung heraus, daß Gold den Vorrang hat; sondern nachdem dieser

44 Hesiod, *Erga*, 122 f., 140 ff., (Hesiod 1970, 312 ff.)

45 Herodot, *Historien* III, 89 f.; die minutiösen Rechnungen dazu bei Lehmann-Haupt 1918, 595 ff.

 Vorrang feststeht, wird er berechnet – nachträglich in ein Zahlenverhältnis gefaßt. Eine mütter- und mondzentrierte Gesellschaft hätte genau umgekehrt schließen können: Weil der Mond 13⅓ mal öfter umläuft als die Sonne, ist Silber 13⅓ mal so viel wert wie Gold. Das Patriarchat hingegen hat die höhere Frequenz des Mondumlaufs gerade als Minderwertigkeit gedeutet – und auf dieser Basis gerechnet. Die Gold-Silber-Bewertung im Verhältnis 1:13 ist denn auch keine Laune Herodots. Er tradiert eine zu seiner Zeit längst feststehende kulturelle Praktik, die weit älter als die Münzprägung und so tief in den weltanschaulichen Grundbestand der patriarchalen Hochkultur eingesunken ist, daß sie sich, wenn auch in leicht aufgeweichter Form, bis in die Neuzeit gehalten hat. Im Europa des 15. Jahrhunderts schwankt die Gold-Silber-Bewertung zwischen 1:8,9 und 1:13,8.[46] Dann pendelt sie sich auf etwa 1:15 ein und ist von diesem Wert bis ins späte 19. Jahrhundert nicht nennenswert abgewichen. Erst als der Goldstandard siegte[47] und Silber in den führenden Wirtschaftsnationen den Geldstatus verlor, stürzte es auf 1/40 des Goldes ab. Seither fährt das Gold-Silber-Verhältnis Achterbahn. In der Wirtschaftskrise der dreißiger Jahre betrug es kurzzeitig 1:100, im Sommer 2010 lag es bei 1:67, im Frühjahr 2011 bei 1:45. Ein Punkt, um den es schwankt, ist nicht mehr erkennbar.

Um so präsenter war ein solcher in der Frühzeit der Gold- und Silbergewinnung. Ton war bloß irdisch. Edelmetall hatte himmlische Entsprechungen. Es war den Göttern kongenial. Das zeigte sich auch physisch. Zum einen war es ungleich haltbarer als Ton – im Vergleich zu ihm geradezu «ewig». Ferner erwies es sich als schmelzbar und damit als ähnlich leicht formbar wie Ton. Und noch etwas: Was aus Gold oder Silber war, oxydierte und rostete nicht wie andere Metalle. Wenn man es nicht gewalttätig behandelte oder wieder schmolz, blieb es ohne Gebrauchs- und Verschleißspuren, sozusagen «ohne Fehl». Seine Reinheit, Haltbarkeit, Seltenheit und die Mühsal seiner Bearbeitung sprachen je länger, desto mehr dafür, es den Göttern schmackhaft zu machen und ihnen Gold und Silber darzubringen, als wären es lebendige Wesen.

Zur Darbringung von Schlachtopfern hatte stets die Vorstellung eines höheren Empfängers gehört, der das Dargebrachte in buchstäb-

46 Cf. North 2009, 51
47 Siehe unten, S. 294 ff.

lichem Sinne zu sich nimmt – es verzehrt oder verschlingt. Und Profanierung bedeutete immer auch, den Verzehr dieses Empfängers zu verringern. Die Geschichte des Tieropfers zeigt denn auch eine stetige Verschiebung des Verzehrs in Richtung Opfergemeinde. Anfangs gab sie der Gottheit das ganze Tier hin; *holocaustus* ist das griechische Wort dafür: «ganz verbrannt». Dann begann sie sich etwas davon abzuzweigen. Schließlich nahm sie sich den Löwenanteil, brachte den Göttern ihren immer geringer werdenden Teil dar und schmauste dann selbst. Diese Form schleichender Enteignung fand in Metallgaben eine prinzipielle Grenze. Von denen ließ sich schlecht etwas abzweigen und schon gar nichts verzehren. Sie verlangten eine neue Darbringungsart – womit sich die ganze Tempelkultur veränderte.

Templum: das ist ursprünglich nicht etwa ein Gebäude, sondern das begrenzte Sichtfeld, der Schauplatz, der von seiner Umgebung deutlich abgegrenzte heilige Bezirk, zumeist schon von Natur aus hervorstechend, etwa als Berg, Tal, Hain oder Oase, und anfangs gewiß unter freiem Himmel, wo man sich von der höheren Macht, die das Opfer verzehren sollte, am direktesten umschwebt fühlte. Später muß man für den Ritualvollzug auch den Schutz von Höhlen gesucht haben; sonst wäre es nie zu den Höhlenmalereien gekommen. Aber zu Bauwerken sind *templa* erst im Neolithikum geworden. Der älteste bekannte Steinbau ist das Heiligtum *Göbekli Tepe* («Der gebauchte Berg») in Obermesopotamien: im 10. vorchristlichen Jahrtausend errichtet und erst 1994 entdeckt.[48] Seine Erforschung steckt noch in den Anfängen. Aber schon jetzt deutet alles darauf hin, daß der von Menschenhand aufgeworfene Hügel von mehr als hundert Metern Radius und die Vielzahl der auf ihm versammelten Steinsäulen und Skulpturen Jahre in Anspruch genommen und weit mehr Arbeitskräfte erfordert haben, als ein einzelner Stamm aufbieten konnte. Damit ist nicht bewiesen, daß die Baugemeinschaft bereits seßhaft war. Dennoch mußte sie für die Zeit ihrer Arbeit versorgt werden. Dazu war zumindest Vieh mitzubringen und zu halten, ja eine erste Arbeitsteilung zwischen Versorgern und Erbauern wird unvermeidlich gewesen sein. Der Bau selbst ist bestimmt nicht als Vorratslager intendiert gewesen (noch ist unklar, weshalb man die ungeheuren Strapazen seiner Errichtung auf sich nahm); aber ohne Vorratshaltung auf dem Baugelände hätte nicht gebaut werden können.

48 Schmidt 2006

Bau ist anfangs Sakralbau, Göbekli Tepe nur das älteste bekannte Exemplar. Der berühmte Turm von Jericho ist bereits zwei Jahrtausende jünger. Reichlich von Tonscherben und Ziegelresten umgeben, gehört er längst der keramischen Phase des Neolithikums an. Er ist das Zentrum einer regelrechten Siedlung mit starken Anzeichen früher Seßhaftigkeit, ähnlich wie Çatal Höyük in Kappadozien oder Çayönü und Nevali Çori in Obermesopotamien, nicht weit von Göbekli Tepe. In all diesen Fällen ist die Siedlung ein umsiedelter Sakralbau. Sie entstand im Zuge seiner Errichtung, nicht er nachträglich in ihrer Mitte. Allein schon seine Ausmaße sprechen dafür, daß er der Angelpunkt war, ursprünglich eine Gemeinschaftsleistung mehrerer Stämme, ihr gemeinsames Wallfahrtszentrum, der Anker ihrer allmählichen Seßhaftwerdung – und Sammelpunkt früher Vorratshaltungstechniken.[49] Stationäre Vorratsbildung gehört zu den Gestehungskosten des Tempelbaus, weshalb dessen Architektur alsbald Vorrats- und auch Wohnräume einbezieht, sie ummauert und überdacht – zum Schutz der Vorräte und der bauenden Menschen.

49 Es gibt zwei Bibeltexte, die wie ferne Echos hierzu klingen. Der eine handelt von der Zusammenkunft der zwölf Stämme Israels am Heiligtum Sichem, wo Josua sie gemeinsam auf den Gott Jahwe verpflichtet und als Zeugen dafür «einen großen Stein» aufrichtet, der «alle Worte, die Jahwe mit uns geredet hat», «gehört hat» (Josua 24,26f.). Dieser Stein ist zwar noch kein Tempel, aber durchaus eine Vorform davon. Wenn viele Stämme, nicht nur zwei, einen Bund schlossen, wurde es schwierig mit dem Gabentausch, der ja auf Zweiseitigkeit angelegt war. Eine übergeordnete Absicherung drängte sich auf. Die Verpflichtung auf eine gemeinsame Gottheit, die gemeinsame Aufrichtung eines steinernen Zeugen, das regelmäßige Treffen bei dem Zeugen zur wechselseitigen Überwachung der Einhaltung des Bundes sind offenbar als *emergency exit* aus dieser frühen Sicherheitskrise empfunden worden. – Der zweite Text handelt vom Turmbau zu Babel. Mit diesem Turm ist wohl der babylonische Ziqqurat, ein großer pyramidenförmiger Stufentempel, gemeint. Er wurde allerdings erst zur Zeit der Stadtkönige in Fronarbeit erbaut. Genesis 11,4 imaginiert hingegen einen vorstädtischen Zustand und einen einvernehmlichen Beschluß: «Wohlan, laßt uns eine Stadt bauen und einen Turm, dessen Spitze bis in den Himmel reicht; so wollen wir uns einen Namen machen, damit wir uns nicht über die ganze Erde zerstreuen.» Das klingt viel eher nach Bundesschluß, nach Verpflichtung auf einen gemeinsamen göttlichen Namen – als Notmaßnahme dagegen, zerrieben zu werden. Die ersten Tempel – nicht der Ziqqurat, wohl aber Göbekli Tepe oder Jericho – könnten tatsächlich solche Notmaßnahmen gewesen sein. Welcher Art die Not war, die sie zu solch übermäßigen Strapazen drängte, läßt sich nicht mehr sagen. Aber für die Beteiligten muß sie furchtbar groß gewesen sein. Es ist, als hätten sie um ihr Leben gebaut.

Als Anker der Seßhaftigkeit ist der Tempel auch der Urmagnet aller Lagerung. Und auf die Dauer gab es nicht nur Lebensmittel zu lagern …

Metallgaben

Irgendwann in der Kupfer- oder Bronzezeit, als sich um die Tempel bereits größere Siedlungen, ja vielleicht erste Städte scharten, muß der Brauch um sich gegriffen haben, lebendige Gaben durch metallene zu ersetzen. Das konnten anfangs durchaus Klumpen sein. Sie mußten nur das Gewicht eines Opfertiers haben, um als dessen Äquivalent durchzugehen. Jedenfalls ist vielfach gleiches Gewicht als gleicher Wert erachtet worden, und die Darbringung von Klumpen in Barren- oder Kuchenform ist nie ganz außer Gebrauch gekommen.[50] Grundsätzlich jedoch galt auch für Gold und Silber wie schon einst für Ton: Je ähnlicher es der lebendigen Gabe sah, desto angemessener war es ihr. Und nicht nur das Opfertier konnte in Metall nachgebildet werden; auch die Opferwaffe ließ sich daraus fertigen, die Schale zum Auffangen des Opferbluts, der Bratspieß fürs Opferfleisch oder der Dreifuß, worin es gekocht wurde – also jenes Opferzubehör, das die *Ilias* anläßlich der Totenfeier für Patroklos aufzählt und dessen Wert sie in Rindern darstellt. Der Drang, dem Edelmetall eine der Darbringung würdige Gestalt zu verleihen, machte erfinderisch und rief ein ganzes Kunsthandwerk hervor. Schwerlich kann es woanders als um den Tempel entstanden sein, auch wenn die ältesten greifbaren Belege dafür, daß Tempel ganze Töpfer- und Metallwerkstätten unterhielten, erst aus dem ersten vorchristlichen Jahrtausend stammen, wo sich das Handwerk längst professionalisiert hatte.[51] Anfangs bildeten die Handwerker natürlich keinen eigenen Stand. Ihre spezifische Geschicklichkeit, sei es beim Bau von Opferstätten oder bei der Herstellung von tönernen und metallenen Opfergaben, hatte sich im kultischen Dunstkreis entwickelt und gehörte zunächst im weitesten Sinn zu den sakralen Aktivitäten, die ebenfalls noch nicht zu einem festen Priesterstand zusammengewachsen waren, obwohl gewisse Priesterfunktionen bis in die menschliche Frühzeit zurückreichen.

50 Cf. Laum 1924, 137
51 Cf. Laum 1924, 94

Altsteinzeitliche Kollektive waren in mehrerer Hinsicht Haftungsgesellschaften. Die Menschen hafteten in einer Weise aneinander und füreinander, wie es sich auf dem Niveau neuzeitlicher Individualisierung kaum mehr nachempfinden läßt. Aber sie waren nicht alle gleich, und es fehlten soziale Strukturen zur Abfederung natürlicher Ungleichheit. So kann es kaum anders gewesen sein, als daß die Stärksten oder Durchsetzungsfähigsten den Ton angaben. Sie kommandierten die anderen oder rissen sie mit, beanspruchten einen größeren Teil von der Beute und mehr Sexualpartner als sie – und bestimmten maßgeblich die rituellen Praktiken: die kollektiven «Sitten». So stellt es sich schon in den ältesten literarischen Zeugnissen dar. Stämme werden durch ihre Führer repräsentiert. Gilgamesch, der Städtegründer, biblische Urgestalten wie Noah oder Abraham, griechische Heroen wie Herakles oder Achill: Sie alle haben Häuptlingsrang, der auch rituelle – «priesterliche» – Autorität einschloß.[52] Machthaber und Priester waren noch nicht klar geschieden. Insofern darf man die großen frühen Profanierungsleistungen der Menschheit – die Ersetzung des Menschenopfers durch Tiere, die von Großtieren durch kleinere, die vom ganzen Tier durch einen Teil davon – durchaus als Taten priesterlichen Wagemuts, um nicht zu sagen, priesterlichen Frevels erachten. Nur rituelle Autoritäten konnten den Ritus ändern.

Erst als sich die Opferbräuche derart verzweigten und komplizierten, daß sie ein regelrechtes Know-how verlangten, traten Priester- und Häuptlingsfunktion auseinander. Das war natürlich nicht einfach eine Entkoppelung, sondern ein langwieriger, spannungsvoller Trennungsprozeß, in dessen Verlauf beide Seiten ihre Autorität neu definieren lernen mußten – gegeneinander und miteinander. Dem Häuptlingsrückhalt, der Kriegerschar, trat dabei als Priesterrückhalt die Schar der am Tempel arbeitenden Steinhauer, Töpfer und Metall-

52 Es ist anachronistische Romantisierung, wenn man archaische Stämme als «Solidargesellschaft» von der späteren feudalen «Befehlsgesellschaft» abhebt (Heinsohn/Steiger 2010, 17). Als ob die Stammeswelt noch keine Befehle und Hierarchien gekannt hätte, als ob ihre «Sitten» jenseits von Zwang und Unterwerfung gewesen wären! Solidarität, ein neuzeitlicher, moralisch hoch aufgeladener, vor allem für die europäische Arbeiterbewegung zentraler Begriff, der die Konkurrenzsituation auf dem kapitalistischen Arbeitsmarkt überwinden und die Proletarier aller Länder zur Vereinigung leiten sollte, ist denkbar ungeeignet, um die spezifische Not- und Haftungsgemeinschaft von Stämmen zu charakterisieren.

schmiede gegenüber, die von Priestern gar nicht immer klar unterschieden waren und jene neue Opferpraxis initiierten, die den Opferwilligen zwar einiges Vergießen von Tierblut ersparte, sie aber auch abhängiger denn je vom Tempel machte. In seinem Kraftfeld nämlich wurden jene Gaben hergestellt, die dem Wort «Darbringung» einen neuen Sinn gaben, denn sie wurden der Gottheit nicht geschlachtet, sondern für sie *deponiert* – im Tempel, versteht sich, also dort, wo sie herkamen. Damit ist der Tempel nicht länger nur von Vorratslagern umgeben; er wird selbst zum Lagerraum für glänzende Kostbarkeiten: zur Schatzkammer.

Wem die Schätze gehören? Selbstverständlich der Gottheit. Ihr sind sie zugeeignet worden, nicht anders als schon zuvor die lebendigen Opfergaben. Nur daß letztere mit der Darbringung zugleich verschwanden – im Feuer, in Mägen, die Reste unter der Erde. Das Metall aber bleibt, und es kommt ständig neues hinzu. Erst angesichts dieser Anhäufung wird deutlich, was die Gottheit immer schon gewesen ist: Eigentümer, mehr noch: Privateigentümer im wörtlichen Sinn. Heißt *privatio* doch ursprünglich Beraubung, und die Gottheit hat, seit sie die blutige Darbringung von Opfern verlangt, immer wieder auf menschliche Stammesgenossen und Großvieh zugegriffen. Sie hat, neutraler gesagt, etwas davon kategorisch und exklusiv für sich beansprucht, und in ihrem Namen haben ihre priesterlichen Beauftragten das Beanspruchte – geheiligt. Das hebräische *qados*, das wir mit «heilig» übersetzen, bedeutet wörtlich «abgetrennt», «dem gewöhnlichen Gebrauch entnommen»; sein griechisches Pendant *hagios* steht für «geweiht», «in einen Sonderstatus versetzt»; das polynesische *tabu* heißt «ausgezeichnet», «abgesondert» und nur deshalb «unberührbar». Was ausgezeichnet ist, darf nicht mehr angetastet werden; es ist der Gottheit zugeeignet – privatisiert.

Bei Lebewesen hieß «heiligen» so viel wie «schlachten»; das der Gottheit Zugeeignete ging mit seiner Privatisierung zugrunde und kam danach als Privateigentum gar nicht mehr in Betracht. Metall hingegen überdauerte seine Privatisierung, machte den Eigentümer als solchen offenbar – und schuf ein neues Problem. Außer exklusiv der Gottheit zu gehören und ihre Eigentumsgewalt zu erweisen, hatten die Metallgaben, die sich im Tempel sammelten, keinerlei Funktion. Sie standen oder lagen dort einfach nur herum. Was also war mit ihnen zu tun? Angesichts dieser Frage schlug die Geburtsstunde der Verwaltung. Verwalten hieß zunächst lediglich, geweihte Metallgaben im geheiligten, privatisierten Zustand strikt zu erhalten – sie vor jedem entweihenden Zugriff zu schützen. Dazu mußte eine dauerhafte Aufsicht über den Tempelschatz eingerichtet werden, sozusagen eine Behörde. Erst dadurch ist aus den Priestern ein regelrechter Stand geworden: mit einer Führungsriege von Darbringungs- und Auslegungsexperten sowie einem Anhang von Gehilfen, Schutz- und Bauleuten; je besser der Schatz umbaut wird, desto besser läßt er sich schützen. Die Pointe dabei: Priester schützen ein Eigentum, das ihnen nicht gehört; aber die einzigen, die darüber verfügen, sind *sie*, und sie können nur deshalb so souverän darüber verfügen, weil sie es im Namen eines souveränen Eigentümers tun. Dieser Eigentümer ist zwar fiktiv, nicht aber das Eigentum; es wird von seinen Verwaltern tatsächlich garantiert, notfalls mit Muskelkraft, Waffengewalt und Baumaßnahmen.

Als Eigentum gilt, was als solches umgrenzt und benannt ist. So abwegig war es nicht, als Jean-Jacques Rousseau behauptete: «Der erste, welcher ein Stück Landes umzäunte, sich in den Sinn kommen ließ zu sagen: *dies ist mein*, und einfältige Leute antraf, die es ihm glaubten, der war der wahre Stifter der bürgerlichen Gesellschaft.»[53] Nur war das nicht die Tat eines einzelnen, sondern vieler, die einen bestimmten Bereich als heilig eingrenzten und sagten: «dies ist ihres», nämlich der Gottheit, an die zu glauben sie einfältig genug waren. Und «gestiftet» wurde so nicht die bürgerliche Gesellschaft, sondern allenfalls einer der Kulte, um die herum sich in der Altsteinzeit erst einmal menschliche Gesellschaft konstituierte. Um so richtiger bleibt: Eigentum ist eine Sache der Definition. Ja es wird durch seine Definition ähnlich aufgeladen wie Personen durch den Eigennamen, den sie zunächst zugesprochen bekommen, ehe sie ihn sich zu eigen machen oder sich umbenennen. Entsprechend sind die ersten Eigentumstitel keineswegs von den Eigentümern selbst ausgegeben worden, sondern von denen, die auf Verfügung über dies Eigentum aus waren. *Sie* gaben dem Eigentum den Namen, in welchem sie dann handelten – und begannen daraus Vorteile ganz neuer Art zu ziehen.

Vorrechte genossen Priester schon immer. Seit sie die Opfer für den ganzen Stamm vollzogen und darauf achteten, daß dabei alles mit rechten Dingen zuging, galten sie als Garanten des göttlichen Schutzes fürs Gemeinwesen. In gewisser Weise traten sie damit in die

53 Rousseau 1978 [1755], 230

Fußstapfen der auserwählten Menschenopfer, denen dafür, daß sie zur Verschonung der anderen den Tod erlitten, höchste Wertschätzung entgegengebracht worden war: *timē*. Auch die Priester vergossen Blut zur Verschonung anderer, wenngleich nicht ihr eigenes, und sie verdienten um so höhere Schätzung, je mehr es ihnen gelang, grausige durch weniger grausige, größere durch kleinere Opfer zu ersetzen. Davon profitierte das ganze Kollektiv, weshalb von dem Opferfleisch, welches die Kultgemeinde für eigenen Verzehr abzweigte, ein besonders großes und schmackhaftes Stück dem Priester zufiel; sozusagen eine Abzweigung von der Abzweigung: ein Ehrenteil. Auch das heißt auf griechisch *timē*. Es gibt beim rituellen Verzehr eine Rangordnung. Die Stärksten und Geehrtesten bekommen das meiste, und die Priester gehören, auch wenn sie nicht mehr mit den Machthabern identisch sind, immer noch zu den Geehrtesten. Ihr rituelles Know-how ist sozial unentbehrlich; «systemrelevant» würde man heute sagen.

Je mehr sich aber das soziale Ganze differenziert, so daß nicht mehr zu jedem Opfer immer *alle* kommen, sondern je nach Anlaß nur noch Gruppen oder einzelne, desto mehr differenziert sich auch die Darbringungspraxis. Die ordnungsgemäße Durchführung von Opferprozeduren wird eine priesterliche Spezialleistung für bestimmte Clans, Familien oder Personen. An die Stelle des Ehrenanteils, der den Priestern einst vom gemeinsam dargebrachten und verzehrten Großopfer zustand, tritt eine Mehrzahl kleinerer Anteile. Das Respektsverhältnis zum Priester ändert sich damit kaum. Weiterhin gilt: Wo immer man der Gottheit etwas schuldet, schuldet man auch denjenigen etwas, deren ritualkundiges Handeln ermöglicht, daß man seine Schuld begleichen kann. Mit andern Worten: Wo die Gottheit durch ein Opfer geehrt wird, wird der Priester mitgeehrt. «Dem kinderlosen Weibe wehe! dem Opfer ohne Priesterlohn», lautet ein indischer Spruch, dessen Fluchcharakter auf hohes Alter hindeutet.[54] Erst der Priesterlohn macht das Opfer fruchtbar. Erst durch ihn nimmt der Priester in wörtlichem Sinne Anteil am Opfer; er nimmt sich seinen Anteil davon. Bei Tieren war das vorzugsweise ein Schenkel. In Athen hießen die Priester und später die Steuereintreiber «Schenkelsammler» (*kolakrétai*); in Ägypten findet sich das Schenkelsammeln sogar auf Wandbildern dargestellt; in Indien

54 Zitiert nach Weber 1983 [1868], 263

 gibt es ein stehendes Wort (*day*) für den Priesterteil[55] – lauter starke Indizien dafür, daß diese Form der Anteilnahme im Mittelmeerraum und im Vorderen Orient weiteste Verbreitung gehabt haben dürfte. Die Priester waren die vorzüglichsten Mitesser dessen, was auch ihren Göttern schmecken sollte.

Wo Metallopfer ins Spiel kommen, ändert sich das grundlegend. Die Priester werden zu Verwaltern von Gaben, die den Göttern keineswegs schmecken. Zwar hatte der göttliche «Geschmack» im Laufe der Zeit mehrfach stark zurückstecken müssen, als der *medha* sukzessive vom Menschen auf Roß, Rind, Schaf und Ziege überging. Doch als die Götter Geschmack an Metall finden sollten, da ging es ihnen zunächst nicht anders als Midas, dem phrygischen König. Nur daß der, wie Ovid erzählt, eigens wünschte, daß «alles, was ich mit dem Körper berühre, sich in glänzendes Gold verwandele»[56] – und nicht merkte, daß er sich damit dem Hungertod auslieferte. Sein Wunsch erfüllt sich als Fluch. Ein Fluch aber ist stets die Umkehrung und Rückwendung eines Frevels, und Midas bekommt nur zu spüren, was zuvor Menschen den Göttern geboten hatten: Gold als Speise. Das ist keineswegs überall in der Welt geschehen. Die alten amerikanischen Kulturen etwa sind darauf nicht ansatzweise gekommen, obwohl einige von ihnen über außerordentlich goldhaltige Böden verfügten. Hernando Cortés, der Eroberer des Aztekenreichs und oberste Repräsentant der Goldgier der Spanier, wurde von einem einheimischen Häuptling gefragt: «Wozu wollen sie all dieses Gold? Diese Götter müssen es wohl essen, deshalb verlangen sie so sehr danach.»[57] Das war rührend naiv und gleichwohl ein Geistesblitz, der durchs Christentum hindurch bis in die Tiefenschicht seiner Vorgeschichte hinabfuhr. Die Entscheidung, Gold als Götterspeise zu erachten, ist nämlich für den gesamten Kulturkreis, dem das Christentum entstammt, tatsächlich eine der folgenreichsten Weichenstellungen gewesen. Vielleicht markiert nichts anderes so scharf die spezifische Differenz zwischen vorderasiatisch-mediterraner und amerikanischer Hochkultur. Bei den Inkas und Azteken, wo das Gold nahezu auf der Erdoberfläche lag, war ein Midas eine Unmöglichkeit; ins Christentum hingegen ist seine Mentalität tief eingegangen.

55 Cf. Laum 1924, 53
56 Ovid, *Metamorphosen*, XI, 102 f.
57 Todorov 1985, 118

Tempelschatz

Der Subtext des Mythos vom törichten Midas erinnert daran, daß der Tempelschatz als Sakrileg begonnen hat. In der Verwaltung dieses Schatzes steckte deshalb von Anfang an der Drang, aus dem Sakrileg eine gute Sitte zu machen – den Schatz besser zu machen, als er war. Und dabei hat sich der Priesterstand einen neuen Handlungsraum eröffnet. Schon das Herstellen von Edelmetallgebilden war ja eine priesterliche Initiative gewesen. Lange Zeit hat das Gießen von Gold- und Silberfiguren erst einmal keinem andern Zweck gedient als dem der Darbringung. Priester gaben es in Auftrag oder waren selbst daran beteiligt. Priester stellten die gegossenen Figuren Gruppen oder einzelnen zur Verfügung, die lieber Metall als Lebewesen darbringen wollten. Priester brachten diese Figuren für die Opferwilligen dar. Ihre ritualkundige Tätigkeit hatte sich damit allerdings gewissermaßen verdreifacht, umfaßte nicht mehr nur die Darbringung selbst, sondern auch die Herstellung der Opfergabe und deren Verleih. Andrerseits konnten sich die Priester dafür nicht länger selbst einen Anteil nehmen. Von Metallgaben ließ sich nämlich kein Teil abtrennen. Sie waren *ganz* darzubringen. Die Opferwilligen mußten also zur Opfergabe eigens etwas hinzutun, ein *Honorar* (auch das eine Bedeutungsfacette von *timē*), und dafür kam alles in Frage, worauf Priester erpicht sein konnten: vornehmlich Tiere verschiedener Art und Größe, Tierteile, Korn, Wein und Rohmetall.

Andern zur Verfügung stellen, was sie benötigen, ist in Stammesgesellschaften durchaus Brauch. Füreinander haften heißt geradezu, bedürftigen Stammesgenossen mit Vieh, Korn etc. auszuhelfen; für den Fall, daß es mit der Rückerstattung hapert und man indessen selbst in Not gerät, darf man nämlich seinerseits der Aushilfe durch andere gewiß sein. Für solches Ausleihen eine Gebühr zu erheben kommt in Haftungsgesellschaften überhaupt nicht in Betracht.[58] Doch ranken sich auch schon archaische Haftungsgesellschaften um etwas, was von wechselseitiger Haftung ausgenommen ist: das Heiligtum. Dort herrschen andere Gesetze. Der Priester, der für die anderen opfert, hilft ihnen nicht aus; er tilgt Schuld für sie. Die Metallgaben,

58 Das haben Heinsohn und Steiger immer wieder mit Recht hervorgehoben; cf. Heinsohn/Steiger 2010, 165 u. ö.

 die er dabei verwendet, sind nicht für profanen Konsum, sondern von vornherein als Weihegaben produziert worden. Für sich genommen ist Handwerk zwar bloß physische Geschicklichkeit. Im Dienst des Tempels aber wächst es über sich hinaus. Es teilt seinem Produkt Opferfähigkeit (*medha*) mit. Die wird zwar erst im Vollzug der Darbringung wirksam, aber nur sofern der Handwerker sie in das Objekt schon hineingesteckt hat; sonst wäre die Darbringung ohne jede Aussicht auf Erfolg. Umgekehrt jedoch produziert der Handwerker nicht aus eigener Kraft *medha*. Erst der sakrale Auftrag, eine Weihegabe herzustellen, verleiht ihm die wundersame Fähigkeit dazu; erst im Kraftfeld des Tempels imprägniert seine sichtbare formende Tätigkeit das Objekt zugleich mit unsichtbarer Schuldentilgungskraft. Das im Tempelbezirk ausgeübte Handwerk wird selbst zum Priesterdienst. In Marxscher Terminologie würde man von «Subsumtion» des Handwerks unter die Priestertätigkeit sprechen. Man kann aber auch einen «erweiterten Kunstbegriff» dafür anbringen. Die Priesterkunst der ritualkundigen Darbringung hat sich um die vorgängige kunstvolle Herstellung der Gabe und ihre Bereitstellung erweitert. Es ist also ein ganzes Leistungspaket, für das den Priestern ihr Honorar entrichtet wird, ohne daß daraus erhellt, wieviel davon bei den Handwerkern ankommt.

Indem die Metallgabe Opferwilligen überlassen wird, tritt sie aus der priesterlichen Verfügung heraus, aber nur, um, bereichert um ein Honorar, dorthin zurückzukehren. Der Opferwillige ist, hegelisch gesprochen, der profane Extrempunkt ihrer Entäußerung und der Wendepunkt, von dem aus sie durch Darbringung den Rückweg antritt. Nüchterner gesagt: Der Opferwillige ist der Umweg, über den sie aus der Werkstatt in die Schatzkammer des Tempels gelangt. Da steht oder liegt sie nun. Sie ist dargebracht und hat ihre Darbringung gleichwohl unversehrt überstanden. Sie ist danach genauso «ohne Fehl» wie davor, obwohl in einem völlig anderen Status, ähnlich wie später im christlichen Abendmahl Brot und Wein nach der Wandlung in Leib und Blut Christi genauso aussehen und schmecken wie vorher und dennoch etwas ganz anderes vorstellen sollen. Nur daß Leib und Blut Christi alsbald in den Mägen von Gläubigen verschwinden, geweihtes Edelmetall hingegen eine Haltbarkeit hat, als wolle es bis zum Jüngsten Tag andauern. Dadurch geraten seine Verwalter in eine paradoxe Lage. Geweihte, geheiligte Gegenstände, die zu nichts mehr dienen, dennoch endlos und aufs sorgfältigste aufbewahren zu müssen ist eine zwecklose, leere, schwer erträgliche Tätigkeit. Wenn dann auch noch die Nachfrage nach Metallgaben bei den Opferwilligen so groß wird, daß die Tempelwerkstätten mit der Produktion nicht nachkommen, wird die Versuchung, die schon geweiht herumstehenden und -liegenden Metallgaben erneut nützlich zu machen, geradezu unwiderstehlich. Wie, wenn man sie ein weiteres Mal Opferwilligen aushändigte? Sie bekämen damit wieder eine Funktion, einen Sinn. Der Priester muß ihnen nur erneut *medha* anhauchen. Das ist weit bequemer, als sie herzustellen. Ein kurzer Ritus genügt.

Doch was tut der Priester, der ihn vollzieht? Er entweiht eine geweihte Gabe, ja er entwendet sie der Gottheit. Zwar nur, um sie ihr sogleich wieder zuzuführen. Dennoch: Er stiehlt sie für den Opferwilligen, und die Schuld, die er dabei auf sich nimmt, muß ihm der Opferwillige begleichen. In dem Maße nämlich, wie bei dieser frommen Entwendung der Priester der Dieb ist, ist der Opferwillige gewissermaßen der Hehler. Er nimmt Diebesgut an, auch wenn ihm das nicht klar ist. An ihm bleibt der Handel hängen, er zahlt die Strafe, obwohl er «nichts dafür kann». Und so hat seine Zahlung, bei Lichte besehen, zwei Teile. Der eine ist das Honorar für das ritualkundige Handeln des Priesters. Der andere ist die *Gebühr.* Sie gebührt der Gottheit, begleicht die Schuld, entwendetes Eigentum angenommen zu haben, und entschuldet damit zugleich den Priester, der es zur Verfügung gestellt hat und die Gebühr im Namen der Gottheit in Empfang nimmt. Beide, Honorar und Gebühr, sind sakralen Ursprungs, und sie sind nicht identisch. Zwar haben anfangs weder Priester noch Opferwillige Honorar und Gebühr säuberlich auseinanderzuhalten gewußt, aber zweifellos ließen sich die Priester mehr geben, als sie und die Ihren auch bei großer Verfressenheit verzehren konnten. Denn nur wenn sie der Gottheit genug übrigließen, wenn sie ihr das Entwendete mit einem ansehnlichen Plus an Fleisch, Fell, Korn, Wein, Rohmetall etc. zurückerstatteten, waren sie selbst entschuldet. Dieser Drang zum Plus ist es, was den Tempelschatz zu einer so fruchtbaren Einrichtung machte und dafür sorgte, daß der Metallvorrat sowohl selbst ständig wuchs als auch die Lebensmittelvorräte wachsen ließ.

Und die Belegstellen dafür? Sie sind spärlich, ähnlich wie beim Menschenopfer. Dessen Tragweite ergibt sich ja gerade nicht aus seinen seltenen Erwähnungen, sondern aus der jahrtausendelangen Praxis seiner Verdrängung und Überlagerung, von der die wenigen Erwähnungen gewissermaßen die letzten unverarbeiteten Rückstände darstellen. Ähnlich verhält es sich mit dem Metallopfer. Mit ihm tritt das Opfer ins Zeitalter seiner Reproduzierbarkeit ein. Natürlich ist es ein Frevel, die Opfergabe wiederzuverwenden, aber es ist möglich, und wie soll man der Versuchung dazu widerstehen? Die dargebrachten Metallgaben sind denen, die über ihre Unantastbarkeit wachen sollen, doch völlig ausgeliefert. Sie signalisieren ihren Verwaltern ein «Rühr mich nicht an» und erregen gerade damit das Begehren, sie anzutasten. Zweifellos hat das Begehren vielfach gesiegt, und die ihm erlagen, hatten allen Anlaß, das zu kaschieren, statt auszuplaudern. So sind die Belegstellen für die Wiederverwendung von Weihegaben äußerst rar. Die folgende aus dem Rigveda (IV, 24, 10) ist geradezu ein Kronzeuge. «Wer kauft diesen meinen Indra für zehn Milchkühe? Wenn er die Feinde getötet hat, mag er ihn mir wiedergeben.»[59] «Kaufen» steht hier für gebührenpflichtiges Leihen. «Mein Indra» ist offenbar eine Statue des Gottes aus Edelmetall. Sehr wahrscheinlich hat sie die Stiergestalt, in der der Gott oft vorgestellt wird. Ein Indra-Priester ist nun bemüht, diese Statue aus dem Tempelschatz seines Gottes gegen zehn Milchkühe irgendeinem Feldherrn für die Dauer eines Kriegszugs anzudienen: als eine Art Talisman, der nach errungenem Sieg wieder in den Tempel zurückkehren soll. Der Priester muß sich in einer gewissen Notsituation befunden haben, wenn er «seinen Indra» derart marktschreierisch feilbot. Gleichwohl enthält sein Notruf das Grundmuster eines ganzen Geschäftsmodells: Weihegaben aus dem Tempel gegen Entgelt erneut auszuhändigen für kultische Handlungen, durch die sie wieder im Tempel landen. Allerdings befindet sich dies Geschäftsmodell im angeführten Rigveda-Zitat nicht mehr im Anfangsstadium. Die Weihegabe wird nicht bloß ausgehändigt, um unverzüglich wieder dargebracht zu werden; sie soll vielmehr auf Tour gehen, erst über den Umweg eines ganzen Kriegszugs in den Tempel zurückkehren, dafür aber um so höher und schon vorab entgolten werden. Zehn Milchkühe für einen Indra: das ist selbst dann, wenn die Statue aus lauterem Golde war, ein stolzer Preis.

Daß es sich hierbei wirklich um ein Geschäftsmodell und nicht bloß um ein willkürliches Beispiel handelt, zeigt sich freilich erst

59 Oldenberg o.J., 84

daran, wie folgenreich es Kreise gezogen hat. Ein spätes Beispiel ist die berühmte Rede des Perikles an die Athener, als der Peloponnesische Krieg drohte. «[Z]ur Hauptsache entscheide im Krieg Einsicht und ein Überschuß an Geld. Darum hieß er sie getrost sein, da [...] auf der Akropolis damals noch 6000 Talente gemünzten Silbers lagen [...], außerdem an ungemünztem Gold und Silber in Weihgeschenken Einzelner und des Staates und in all den heiligen Geräten für die Umzüge und Wettspiele, in der Perserbeute, und was sonst etwa noch derartiges da sei, mindestens 500 Talente. Ferner rechnete er aus den anderen Heiligtümern die nicht unbedeutenden Reichtümer dazu, die sie verwenden würden, wenn sie in äußerster Not wären, auch das Gold, womit die Göttin selbst bekleidet war, und er zeigte ihnen, daß das Standbild 40 gewogene Talente schieren Goldes enthielt, alles abnehmbar. Hatten sie das zu ihrer Rettung verwendet, so müßten sie ihr später, sagte er, mindestens gleiches Ersatzgewicht darwägen.»[60] Daß man geweihtes Metall in profanes zurückverwandeln darf, wenn der Gottheit dafür angemessener Ersatz in Aussicht gestellt wird, ist hier ganz selbstverständlich vorausgesetzt, neu lediglich der Gedanke, daß diese Praxis, die im Kleinen längst üblich war, zur Not, wenn die Polis auf dem Spiel steht, auch in großem Stil erlaubt sei. Bis man so zu denken wagt, müssen Jahrtausende der Profanierung vergangen sein. An ihrem bronzezeitlichen Anfang stand die schlichte bange Frage: Wie wird die Gottheit reagieren, wenn man ihr Metall statt Fleisch und Blut weiht? Diese Frage machte den Tempelschatz sozusagen zum Augapfel des Kollektivs. Er mußte mit einem geschlossenen Raum umbaut und mit Wachpersonal umgeben werden. Nur seine Verwalter konnten darauf verfallen, aus seiner kurzzeitigen Entwendung ein Geschäft zugunsten der Gottheit zu machen – stets unter der Voraussetzung, daß der Schatz unantastbar und der Ort seiner Aufbewahrung der sicherste Ort des ganzen Gemeinwesens sei.

Ursprüngliche Akkumulation

Konnte an einem derart sicheren Ort nicht zur Not auch profanes Gut gelagert werden? Wir wissen nicht, wie lange es gedauert hat, bis sich die Priesterschaft diesem Ansinnen öffnete. Gewiß aber war es

60 Thukydides II, 13 (Thukydides 2002, 99)

 nicht ohne Reiz; machte es doch den Tempelschatz in jeder Hinsicht besser, als er war, wenn in seinen Lagerstätten auch der bewegliche Besitz bestimmter Clans oder Familien sozusagen Asyl finden durfte, falls er bedroht war. *Asylos* heißt wörtlich unberaubt, unversehrt, und es gehört zu den vornehmsten Eigenschaften eines Heiligtums, *asylon* zu sein. Wer sich dorthin flüchtet, genießt den Schutz der Gottheit. Nicht einmal gegen einen Todfeind darf am heiligen Ort die Hand erhoben werden, nur gegen das Opfer; alle andern sind strikt zur Einmütigkeit genötigt. Daß vom Asylcharakter des Tempels nicht nur Menschen, sondern auch Güter profitieren können: darauf konnte man allerdings erst kommen, als es den Tempelschatz schon gab. An das sakrale Deponieren lehnte sich nun ein profanes an und an das Priesterhonorar – die Lagergebühr. Sie ist keine Erfindung der Stammesgesellschaft. Wie man sich dort wechselseitig mit Gütern aushilft, so auch mit deren Aufbewahrung, ohne an die Erhebung einer Gebühr auch nur zu denken. Lagergebühr ist eine Priestererfindung: ein Abkömmling des Priesterhonorars. Dafür, daß Güter den Schutz einer Gottheit genossen, *gebührt* ihr etwas: eine Dankesgabe, die die Priester gern für sie in Empfang nehmen.

Wenn das im Tempel Gelagerte unverderblich war, etwa Metall, Juwel, Keramik, so war es genau so zurückzugeben wie zuvor eingehändigt. Handelte es sich aber um Verderbliches, etwa Korn, so mußte der Tempel nur die gleiche Menge zurückerstatten; über das Eingelagerte selbst konnte er inzwischen nach Gutdünken verfügen. Dies alles muß schon diverse Jahrhunderte praktiziert worden sein, als Ende des vierten vorchristlichen Jahrtausends in Mesopotamien die Städte an den ungemein fruchtbaren Flußufern von Euphrat und Tigris eine neue Größenordnung annahmen – und mit ihnen auch die Tempel. Als Sammelpunkte eines wachsenden Schatzes expandierten sie zu regelrechten Tempelanlagen mit Kornspeichern und Viehhaltungsflächen. Und der zu Ehren der Gottheit angehäufte Schatz verlangte nach weiterer Vermehrung sowie nach kongenialer Aufbewahrungsweise: repräsentativeren Tempelbauten. Nur daß die neuen Städte zwar reich an Korn und Vieh waren, aber vergleichsweise arm an geeigneten Baumaterialien: Stein, Hartholz, Metall etc. Enlil, der Hauptgott von Nippur, wird den Beinamen «trader of the wide world» nicht von ungefähr bekommen haben.[61] Sein Tempel

61 Hudson 2002, 13–25. Zitate: 21, 16 und 24

muß führend darin gewesen sein, Karawanen mit großen Mengen Korn und Vieh loszuschicken samt dem Auftrag, dafür Metall, Holz und Stein zurückzubringen. Erstmals verließen in größeren Mengen Tempeleinkünfte das Heiligtum, um auf Fernhandelsreise zu gehen. Was die Karawanen mit auf den Weg bekamen, war Eigentum der Gottheit. Wehe, sie würden damit nicht sorgsam umgehen. Wehe, sie würden nicht mit ähnlichen Mengen an haltbaren Materialien zum Tempel zurückkehren, wie sie an Verzehrbarem mitgenommen hatten. Die ihnen anvertrauten Güter würden sich zum Fluch gegen sie kehren. Nur auf den Kredit des Tempelfluchs konnten die Priester anfangs damit rechnen, daß die Karawanen ihren Auftrag tatsächlich erfüllten.

Allmählich haben dann selbständige Karawanenunternehmer Tempelgut gegen Gewinnbeteiligung in Kommission genommen. Solche Gewinnbeteiligung mußte allerdings berechnet werden, und als das notwendig wurde, geschah, was die Fachleute den Quantensprung («quantum leap») in der mesopotamischen Kultur nennen: die Entwicklung eines Systems der Gewichts- und Zeitmessung. Die dreißig Tage des Monats, die sechzig Mahlzeiten, die die Tempelbediensteten in dieser Zeit verzehrten: Sie wurden zu den Achsen eines Sexagesimalsystems, das vom Tempel aus allmählich das ganze Gemeinwesen durchdrang. Das Grundgewicht für Metall, die Mine Silber, wurde «in sechzig Schekel» geteilt, ein Schekel wiederum «mit dreihundert Liter Gerste» verrechenbar gemacht, woraus erhellt, daß der Silberbedarf der Tempel ein entscheidendes Motiv für den Fernhandel und Getreide das Hauptexportgut gewesen sein dürfte. In diesem Handel taucht übrigens das erste Mal der Zins als eigener Rechenposten auf – ganz im Sinne der Tempellogik. Eigentum der Gottheit, das auf profane Handelswege geriet, war entwendet und der Gottheit gebührenpflichtig zurückzuerstatten.[62] Je mehr Zeit aber bis zur Wiedererstattung verstrich, desto höher die Gebühr. Die Karawane mußte sich also sputen, und das Sexagesimalsystem berechnete die Gebühr (den Zins) wie eine Tagesmahlzeit im Verhältnis zum monatlichen Gesamtverzehr. Von der Gesamtmenge des auf die Reise gegangenen Tempelguts war pro Monat ein Sechzigstel als

62 Diesen sakralen, eigentumsrechtlichen Ursprung des Zinses erfaßt Hudson nicht, wenn er in Anlehnung an moderne Dankbarkeitsgefühle die Zinszahlung als «recompense to the gods for a successful voyage» (22) interpretiert.

 Zins fällig. Diese Berechnungsart des Zinses ist in den zwei Jahrtausenden, die das Sexagesimalsystem Bestand hatte, in dessen Geltungsbereich konstant geblieben, und im späteren Dezimalsystem haben sich die Größenverhältnisse nicht wesentlich geändert. Nur die Erinnerung daran, wie sie einst errechnet worden waren, verlor sich.

Man vergißt heute leicht, wie profan das bereits war. Alle vorangegangenen epochalen Profanierungsschritte – vom Menschen- zum Tieropfer, von größeren zu kleineren Tieren, vom Ganzen zum Teil, von Tieren zu Pflanzen – hatten sich *innerhalb* des sakralen Raums vollzogen. Das Metallopfer verläßt diesen Raum, sobald es wiederverwendet wird; anfangs nur schamhaft, um sogleich, mit Zugaben angereichert, wieder zurückzukehren; später immer schamloser, wie etwa bei «meinem Indra», der in der profanen Welt erst einmal wie ein Abenteurer ausgiebig umherstreifen darf, ehe seine Rückkehr erwünscht ist. Die Zugaben zur metallenen Opfergabe, nämlich Honorar und Gebühr, waren zunächst meist Korn und Vieh. Schließlich kehrt sich das Verhältnis um. Korn und Vieh werden zum Gewinn von mehr Edelmetall und Baumaterialien planmäßig auf Fernhandelsreisen geschickt. Der Frevel der Entwendung geweihten Eigentums wird dabei allmählich zur guten Sitte und die Sitte zum epochemachenden Geschäftsmodell. Mit jedem dieser Schritte dringt der Handel weiter in die profane Sphäre vor. Nicht nur beziehen die Priester zunehmend profane Güter in ihn ein; ihr Geschäftsmodell selbst findet profane Nachahmer.

Die vornehmste Kopie des Tempelschatzes ist der Königsschatz, sein Grundstock mit größter Wahrscheinlichkeit Kriegsbeute, geraubt aus Tempeln unterworfener Stämme und zusammengerafft in dem Wunsch, die erhebende und schützende Kraft, die geweihtem Metall innewohnen soll, auf die Person des Königs umzulenken. Jene königliche Goldgier, von der Midas die mythische Verkörperung darstellt, ist kein allgemein menschlicher Trieb, sondern zunächst einmal ein spezifisches Machthaberbegehren, das sich an einer bestimmten astralreligiösen Aufladung von Edelmetall entzündet. Es zehrt buchstäblich vom Tempelschatz, und erst allmählich haben Könige und Häuptlinge ihren Schatz gleichsam auf eigene Füße gestellt, eigene Edelmetallschmiede beschäftigt und sich das Geschäftsgebaren der Priesterschaft abgeschaut. Nur daß in der Phase der ersten schriftlichen Aufzeichnungen, die im dritten vorchristlichen Jahrtausend in Mesopotamien und Ägypten gemacht wurden, der

Königshof den Tempel bereits überflügelt hat. Die Schreiber dienen in erster Linie dem Ruhm des Königs. Das reale Abstammungsverhältnis zwischen Tempel- und Königsschatz ist bereits verdunkelt oder verleugnet.

Der Königshof war allerdings nicht das einzige, worauf der Tempelschatz ausstrahlte. Im ältesten bekannten Gesetzbuch, dem Codex Hammurabi, lautet § 121: «Wenn jemand im Hause eines anderen Getreide aufspeichert, so soll er ihm für das Jahr für 1 Gur 5 Ra Getreide als Speichermiete geben.» Mit andern Worten: Hier ist die Lagergebühr bereits in die profanen Besitzverhältnisse von Clans und Familien eingedrungen, bei denen wechselseitige Haftung ursprünglich zur Sippenraison gehörte und mit Gebühren nichts zu tun hatte. § 122 verlangt: «Wenn jemand einem andern Silber, Gold oder sonst etwas zur Aufbewahrung gibt, so soll er alles, was er gibt, einem Beisitzer zeigen, seinen Vertrag schließen und es dann zur Aufbewahrung übergeben.»[63] Hier wird zwar keine Gebühr genannt, aber gratis wird der Vertragsschluß nicht gewesen sein. Das älteste bekannte Gesetzbuch – Hammurabi regierte um die Wende vom 18. zum 17. vorchristlichen Jahrhundert – regelt bereits hochentwickelte profane Verhältnisse, in denen die Gebührenmentalität zwar ihre sakrale Herkunft nicht mehr erkennen läßt, sich aber um so deutlicher auf dem Vormarsch in die traditionelle Stammeskultur befindet.

Erst an ihren Folgen zeigt sich die Tragweite der Tempelschatzbildung. Mit ihr hat angefangen, was bei Marx später «Plusmacherei»[64] heißt. In Gang gekommen ist sie durch Priestergier. Diese Gier aber ist selbst bloß die Erscheinungsform von etwas anderem: dem Bedürfnis, eine Schuld zu begleichen. Und die Grundschuld des Tempelschatzes ist, den Göttern etwas Ungenießbares darzubringen, es ihnen zu weihen und zugleich vorzuenthalten, es ihnen ganz zu geben und doch ganz die Verfügung darüber zu behalten. Deshalb der Drang, den Tempelschatz in doppelter Hinsicht besser zu machen, als er ist: ihn zum einen besser *darzustellen*, als er ist, nämlich seinen Frevel als Frömmigkeit; ihn zum andern aber auch ständig *größer* zu machen, als er ist. Und letzteres, die Gier nach mehr, ist deshalb so unersättlich, weil sie die Schuld, durch die sie angetrieben wird, nicht begleichen kann.

63 Rittmann 1982, 28
64 Marx 1979 [^{2}1872], 782

Die Gier selbst ist unsichtbar; am Tempelschatz wird sie jedoch anschaulich. Er ist eine Anhäufung beglichener Schuld, aber eben nur scheinhaft, ja schuldhaft beglichener Schuld, die nach vermehrter Begleichung geradezu schreit und durch einen weiteren Frevel – die Entwendung von Teilen des Schatzes und deren Rückverwandlung in Schuldbegleichungsmittel – getilgt werden soll. Natürlich verschwindet die Schuld auf diese Weise nicht, aber es wächst der Schatz. Er selbst ist eigentlich bloß ein Friedhof erloschener Kaufkraft. Er hat keine Bestimmung, als ruhig dazuliegen. Er ist *stock*, wie es im Englischen später heißen wird. Doch seine Verwalter ertragen sein bloßes Herumliegen nicht. Sie empfinden den *stock* als das Ungenügen seiner selbst und halten Ausschau, wie sie Teile davon erneut mit Kaufkraft bekleiden oder, lateinisch gesagt, reinvestieren können. Kurzum, der Tempelschatz ist in genuinem Sinne Kapital. Er bringt die Grundbedeutung des lateinischen Wortes wieder hervor. Wörtlich ist *capital* die Haupt-Sache, das, was den Kopf (*caput*) betrifft, ihn wert ist, ihn kostet. Darunter verstanden die Römer in erster Linie das todbringende, todeswürdige Verbrechen. In der Neuzeit ist dieses Wort zum scheinbar arglosen Fachterminus für die gewinnträchtige Anhäufung profanen Geldes geworden. Wie sich zeigen wird, ist aber auch diese Anhäufung in Schuld verstrickt.[65] Der neuzeitliche Kapitalbegriff enthält eine unwillkürliche, sich selbst nicht bewußte Erinnerung an das kapitale Sakrileg, als welches die Anhäufung von Edelmetall einst begonnen hat. Schuldanhäufung als Schuldbegleichung: das ist die Triebfeder der Kapitalbildung, der «Plusmacherei». Bis sie systemisch wurde, zur treibenden Kraft eines globalen Gesellschaftssystems, war es ein weiter Weg. «Die sogenannte ursprüngliche Akkumulation»[66] des Kapitals hob jedoch mit der Tempelschatzbildung an und nicht erst, wie Marx dachte, mit jener geballten Produktion von Schafwolle im England des ausgehenden Mittelalters, die ebenso schubartig zur Vertreibung von Landbevölkerung wie zur Einrichtung von Wollmanufakturen führte und damit die Strukturen der kapitalistischen Produktionsweise vorbereitete.

65 Siehe unten, S. 182 f., 415 ff.

66 Marx 1979 [²1872], 741 ff.

Urlohn und Urzins

Wo Kapital ist, ist auch Lohnarbeit. Und siehe da, der erste nachweisbare Arbeitslohn ist das Priesterhonorar. Lohnempfänger ist der Kapitalverwalter, nicht eine Schar mittelloser Arbeitskräfte. Der Lohn ist kapitalbildend, nicht Kostenfaktor des Kapitals, und entlohnt wird ein exklusives, systemrelevantes Know-how, nicht eine Abfolge primitiver Handgriffe, deren Wert sich allein nach der Zeit bemessen soll, die sie kosten. Der Zins wiederum hat als Attribut des kapitalbildenden Lohns begonnen. Wenn das Priesterhonorar *timē* ist, dann der Zins sozusagen Extra-*timē*:[67] Gebühr für Gold und Silber, das man aus fremdem Eigentum zur Verfügung gestellt bekommt. Erhoben wurde sie anfänglich für die Bereitstellung von Metallopfern. Nur daß der Zins zunächst als eigener Posten gar nicht auftauchte. Er war mit dem Priesterhonorar für die ritualkundige Darbringung des Metallopfers bis zur Unkenntlichkeit verschmolzen. Daher blieb verborgen, wofür er zu zahlen war: die Profanierung göttlichen Eigentums, die unvermeidlich war, wenn gewöhnliche Sterbliche es anrührten, und sei es auch nur, um es darzubringen.

Die Begleichung dieser Entweihungsschuld war der Urzins. Er wurde längst gezahlt, ehe es einen Namen für ihn gab, und als Aristoteles ihn *tokos* nannte, wörtlich das Geborene, die Nachkommenschaft, Brut, da war er schon so weit von Tempelschatz und Priesterlohn emanzipiert, daß auch seine Herkunft daraus vergessen war. «Denn um des Tausches willen entstand das Geld, der Zins (*tokos*) aber macht mehr daraus. Daher hat er auch seinen Namen erhalten, denn das Geborene ist gleicher Art wie das Hervorbringende; der Zins aber ist Geld, das durch Geld entsteht. Daher ist er am meisten gegen die Natur von allen Erwerbsarten.»[68] Erst der professionelle profane Geldverleih macht den Zins als eine eigene Erwerbsquelle überhaupt sichtbar; aber eben diesem Geldverleih sieht man nicht mehr an, woher der Zins kommt. Und so steht Aristoteles vor einem

67 Das lateinische *census* (wovon das deutsche Wort Zins abstammt) ist ein später Name dafür: durchaus eine Standardübersetzung von *timē*, aber schon stark profaniert in Richtung staatlicher Steuerschätzung. Der sakrale Ursprung des Zinses ist daran kaum mehr erkennbar.

68 Aristoteles, *Politik*, 1258 b (eigene Übersetzung)

 Rätsel. Wenn Vieh sich durch gute Behandlung vermehrt und den Viehhalter reich macht, dann geht es mit rechten Dingen zu: naturgemäß. Geld aber ist leb- und geschlechtslos. Wenn es sich durch bloßen Verleih vermehrt, dann stimmt etwas nicht; es geht widernatürlich zu. Naturgemäß ist Geld nur, solange es «um des Tausches willen», will sagen, zum Erwerb von Gebrauchsgütern eingesetzt wird. Aristoteles berührt zwar, sozusagen instinktsicher, den neuralgischen Punkt der Zinsentstehung, nämlich die Ersetzung von Vieh durch Metall; mehr noch, er nennt den Zins «gegen die Natur», was für Griechen nahezu gleichbedeutend mit verbrecherisch ist. Er riecht also förmlich das ursprüngliche Sakrileg darin, nur erkennt er es nicht: weder das Schuldigwerden am Eigentum der Gottheit noch den priesterlichen Geniestreich, daraus eine Erwerbsquelle zu Ehren der Gottheit zu machen. Und so begnügt er sich damit, das Rätsel zu konstatieren und den Zins zu verwerfen.

Der erste Zinsempfänger war der Tempel. Man darf ihn durchaus Bank nennen, auch wenn der Wechseltisch, der griechisch *trapeza* (wörtlich Tisch, auch Tafel, Altar) heißt und im Italienischen später *banco*, erst im Zeitalter der Münzen zum Mittelpunkt der Darbringung wurde. Was die Bank zur Bank macht, ist jedoch nicht der Tisch, sondern die Kraft, durch die Bereitstellung von Eigentum Zins zu generieren, und diese Kraft konnte zunächst nur vom Tempel ausgehen. Er sorgte dafür, daß Edelmetallgebilde hergestellt wurden und dabei Opferfähigkeit (*medha*) mitgeteilt bekamen, wurden sie doch zu nichts gemacht, als geopfert zu werden – Schuld zu begleichen. Im Moment ihrer Darbringung, also ihrer «Heiligung», erlosch folglich ihre schuldtilgende Kraft, und nur der Kunstgriff, sie dem Tempel zu entwenden, um sie erneut und vermehrt in ihn zurückkehren zu lassen, gab ihnen diese Kraft zurück. Opferfähigkeit (*medha*), so zeigt sich, ist eigentlich nur ein anderes Wort für Kaufkraft, und der Tempel, der Edelmetall damit ausstattet, ist nicht nur Bank, sondern Zentralbank. Anfangs war jede Bank Zentralbank.

Bis heute ist die Zentralbank die Instanz, die Kaufkraft in die Welt setzt. Von ihr erhalten Geschäftsbanken Münzen, Papiergeld und elektronisch übermittelte Zahlenfolgen. Das ist ein unspektakulärer physischer Vorgang, und doch geschieht dabei etwas geradezu Metaphysisches. Der zuständige Zentralbankprokurist tippt eine Milliardensumme in seinen Computer ein, und mit einem Knopfdruck ist sie der Geschäftsbank X gutgeschrieben. Die Papierscheine und Münzen landen im Safe der Geschäftsbank, und schon haben sie Kaufkraft. Das Übermitteln von Daten, Bedrucken von Papier oder Prägen von Metallstücken ist aber nichts, was Kaufkraft entstehen läßt. Wo also kommt sie her? Sie hat nirgends ein Versteck, eine Vor- oder Embryonalform. Sie entsteht ähnlich wie in der biblischen Schöpfungsgeschichte das Licht. «Und Gott sprach: Es werde Licht. Und es ward Licht.» Auch die Kaufkraft wird buchstäblich hervorgerufen: aus dem Nichtsein ins Sein. Selbst harte Ökonomen verfallen hier in schöpfungstheologische Terminologie. «Immer handelt es sich nicht um Transformation von Kaufkraft, die bei irgendwem schon vorher existiert hätte, sondern um die Schaffung von *neuer* aus *Nichts*.»[69] Natürlich ist es nicht Gott, der sie hervorruft, aber auch nicht irgendwer. Wenn gewöhnliche Sterbliche Kaufkraft hervorrufen wollen, kommt allenfalls Falschgeld heraus. Echtes Geld, das kollektiv als solches erachtet wird, muß von einer priesterlichen Autorität hervorgerufen werden, und zwar im Namen einer höheren Macht, in bezug auf die das Kollektiv den Status eines Schuldners hat. Im Fall des Tempels ist das die Gottheit, der das Kollektiv stets mehr schuldet, als es begleichen kann. Im Fall der modernen Zentralbank ist die höhere Macht weit weniger offensichtlich. Dennoch gilt auch hier: Gegenüber ihrer Zentralbank ist jede Währungsgemeinschaft ein Kollektiv von Schuldnern. Und wenn die Zentralbank Kaufkraft hervorruft, vollzieht sie, nicht nur in übertragenem Sinne, einen priesterlichen Akt.[70]

«Oikonomia»

Geld, Eigentum, Lohn, Zins, Bank, Kapital: das gibt es alles schon, sobald ein Tempelschatz da ist. Seine Pioniere sind die Völker zwischen Ganges und östlichem Mittelmeer. In Mesopotamien und Ägypten waren die Tempel schon zu Beginn des zweiten vorchristlichen Jahrtausends regelrechte Wirtschaftsunternehmen – gut ein Jahrtausend bevor die ersten Münzen in Umlauf kamen. Die Münze ist ein Geniestreich – vielleicht keine griechische Erfindung, wohl aber eine, die erst auf dem Boden der griechischen Polis ihre Welt-

69 Schumpeter 1926, 108

70 Ausführliches zur Zentralbank siehe unten, S. 315 ff.; 391 ff.

 karriere antreten konnte. Die Polis fehlt bis heute in keinem demokratieorientierten Geschichtsunterricht, weil sie das Gemeinwesen (sowohl Stadt als auch Staat) ist, worin dem Bürger, dem *polites*, ein Mitgestaltungsrecht zukam wie nirgends zuvor. Natürlich war nicht jeder, der in der Polis wohnte, auch *polites*. Frauen und Sklaven schon gar nicht, aber auch nicht jene diffuse Schicht von Handlangern, Handwerkern und Dienstboten, die Metoiken (Mitbewohner) genannt wurden. Der Bürger war definiert als freier Mann, und als «frei» galt, wer nach Gutdünken, ohne irgend jemandem Rechenschaft schuldig zu sein, über etwas Bestimmtes verfügen konnte: ein «Haus» (*oikos*), worunter nicht nur ein Gebäude verstanden wurde, sondern alles, was dazugehörte: Grund und Boden, Familienangehörige, Sklaven und Dienstboten.

Es fällt nicht schwer, das «Haus» als profanes Gegenstück zum Tempel zu erkennen. Sein Grundmodell ist der Königshof: die erste profane Kopie des Tempels, eine Folge des Auseinandertretens von Machthaber- und Priesterfunktion. Um sich nicht damit begnügen zu müssen, ein Aggregat aus Stämmen und Clans zum Kriegszug zu nötigen und im Krieg zu befehligen, den Löwenanteil der Beute zu nehmen und gegen Neider zu verteidigen, grenzen die Könige ein bestimmtes Areal mit Palast, Werkstätten, Ländereien samt aller darin Tätigen exklusiv für sich ab, als etwas, was ihnen allein so gehört wie das Tempelgut der Gottheit: als Eigentum. Dies Eigentum ist das erste, das einen real existierenden irdischen Eigentümer hat, nicht nur im Namen eines fiktiven göttlichen verwaltet wird. Der Eigentümer ist selbst sein oberster Verwalter; gleichwohl unterläßt er es nicht, für sein Eigentum den Schutz einer Gottheit zu reklamieren, dem er im Bedarfsfall mit Waffengewalt nachhilft. Das Königseigentum darf als Wahrzeichen dessen gelten, was man etwas pauschal «orientalische Despotie» nennt. Was die Polis nun wesentlich davon unterschied und allen andern Gemeinwesen eine Zeitlang überlegen machte, war ein wahrhaft politischer Kunstgriff von Heerführern, die beim Feldzug gegen Despoten ihrer Gefolgschaft nicht nur Beute und Vorteile versprachen, sondern eine qualitativ neue Lebensweise, nämlich eine Miniatur des königlichen «Hauses». Theseus muß solch ein Führer gewesen sein. Er hat Athen gewiß nicht gegründet, wie manche Quellen behaupten, wohl aber erobert und zu einer neuen Lebensweise zusammengefaßt. «Seit der Zeit bis auf den heutigen Tag», sagt Thukydides, «feiern die Athener von Staats wegen der

Göttin das Synoikienfest.»[71] Der Name dieses Festes benennt haargenau die spezifische Leistung des Theseus. Er hat Athen zu einem «Zusammensein von Häusern» gemacht.

Besser kann man das, was die Polis ausmacht, kaum umschreiben. Nicht, daß die alten Stammesstrukturen damit einfach weggefegt wären. Immer noch setzt sich Athen aus mehreren Stämmen (*phyloi*) zusammen, die ihrerseits aus verschiedenen «Bruderschaften» (*phratriai*) bestehen. Aber die materielle Basis der Polis ist das «Haus» (*oikos*). Es bedarf einer besonderen Art der Verwaltung. Das griechische Wort dafür ist *oikonomia*. Und wenn Aristoteles die Hausverwaltung «als eine Art häusliches Königtum»[72] bezeichnet, trifft er den entscheidenden Punkt. Der Hausherr ist ein kleiner König. Sein Haus ist sein Eigentum. Er bestimmt darüber ohne jede Rücksicht auf herkömmliche Stammesloyalitäten. Aber er hat, wenn er selbst in Not ist, auch keinen Anspruch mehr auf solche Loyalitäten. Er muß selbst dafür sorgen, daß sein Haus floriert und genügend Überschüsse für Notzeiten produziert. Dieser Zwang zur *oikonomia* ist es, der die Polis in ihrer Frühzeit zu einem Ort reichhaltiger Überschüsse machte – zu einem florierenden Wirtschaftsraum. Die Summe der Überschüsse, die sich in den Häusern ansammelte, überstieg die Rücklagen eines traditionellen Stammesverbands bei weitem.

Allerdings florierte nicht jedes Haus, und wenn einem Hausherrn die Ernte mißraten oder das Vieh krepiert war, mußte er sich das Entbehrte ausleihen, und zwar in einem politischen Verbund von Eigentümern, nicht mehr in einem Stammesverbund wechselseitiger Haftung. Eigentum aber verliert auch dann, wenn es profanen Hausherren gehört, nicht die Eigenschaft, privat und unantastbar zu sein. Es gehört per definitionem nicht in fremde Hand, und wenn es dennoch dorthin gerät, wird die fremde Hand an ihm schuldig. Und wenn der Eigentümer es selbst zur Verfügung stellt? Dann ist er es, der sein Eigentum für andere antastet, und dafür gebührt ihm nicht minder Ehrerbietung (*timē*) als dem Priester, der das Eigentum der Gottheit für die Opferbedürftigen entwendete. Diese spezifische Form der *timē*, hier vielleicht am besten mit «Respekterweis» zu übersetzen – das ist der Ursprung des profanen Zinses. Seine Höhe ergibt sich durch Taxierung, seine Unerläßlichkeit aber aus dem Eigentum selbst: der Hochschätzung sei-

71 Thukydides II, 15 (Thukydides 2002, 101)

72 Aristoteles, *Politik*, 1285 b

 nes sakralen Ursprungs. Profanes Eigentum verdankt seine Unantastbarkeit der Aura des Tempelschatzes.[73] Eigentumsrespekt gilt selbst unter Freunden und Verwandten und nötigt zu Vorsichtsmaßnahmen. «Abgesprochener Lohn soll fest auch bleiben beim Freunde. / Und auch beim Bruder, mit Scherz, aber doch einen Zeugen hinzuziehn. / Zutraun hat schon genauso wie Mißtraun Männer vernichtet», sagt Hesiod, als sein Bruder Perses zu Verwandtschaftskonditionen bei ihm leihen will.[74] Doch diese Konditionen sind passé. Es gelten die neuen der *oikonomia*: Verleih für einen festgesetzten Zeitraum plus Leihgebühr plus Regelungen für den Fall ausbleibender Rückerstattung. Für den Schuldner haftet niemand als er selbst: mit seiner Arbeitskraft und seinem Eigentum. Sie werden gewissermaßen zur Geisel – zum Pfand. Für nicht zurückerstattetes Leihgut etwa setzt der Schuldner seine eigene und seiner Bediensteten Arbeit ein, die er als Eigentümer, freier Mann und dennoch als «Schuldknecht» für den Gläubiger leistet. Was durch das Arbeitspfand nicht beglichen wird, steht dem Gläubiger aus dem Eigentum des Schuldners zu. Viele Herren haben ihr Haus nicht halten können. Sie mußten es ihren Nachbarn überlassen, denen sie es bereits verpfändet hatten.

Als «Zeuge» bei derart folgenreichen Leihgaben zwischen «Häusern» empfahl sich, je länger, desto häufiger, ein Schreiber, der die Vereinbarungen minutiös notierte. Wo aber war Schreiben Routine?

73 Wo der sakrale Ursprung des profanen Zinses vergessen wird, entsteht zunächst aristotelische Ratlosigkeit. Unfruchtbares Metall kann sich doch nicht selbst vermehren, sagt Aristoteles und erklärt den Vorgang für widernatürlich. Später füllen ökonomische Rationalisierungen die Gedächtnislücke. Wofür genau gebührt Geldverleihern Zins? Für die Entbehrung, die sie auf sich nehmen? Doch manche sind so reich, daß die verliehene Summe ihren Lebensstandard nicht im mindesten senkt. Für entgangenen Gewinn? Doch sie hätten mit dem Verliehenen auch Verlust machen können. Für das Risiko, das Verliehene vielleicht nicht wiederzubekommen? Das ist immerhin plausibel, auch wenn es Reichtums- und Haftungsverhältnisse gibt, unter denen dies Risiko gegen null geht. Von den modernen Ökonomen hat am ehesten John Maynard Keynes den Nerv der Sache erspürt, als er den Zins «die Belohnung für die Aufgabe der Liquidität für einen bestimmten Zeitabschnitt» nannte (Keynes 1936, 141). Liquidität war für ihn in mehrfachem Sinne die Potenz des durch Privateigentum definierten modernen Subjekts: sein Ehren- und Eitelkeitspunkt. Potenzverzicht ist eine Selbstüberwindungsleistung, die, so gering sie auch sein mag, nach einem Respekterweis verlangt, egal, wie reich oder risikogefährdet der Verleiher auch ist. Siehe unten, S. 373 ff.

74 Hesiod, *Erga*, 370 ff. (Hesiod 1970, 323)

Im Tempel. Zudem war der Tempel der Ort, der einem Vertrag den gebührenden Nachdruck verlieh. Der eigentliche Zeuge war hier die Gottheit, die schreibende Hand des Priesters nur ihr verlängerter Arm. Und nirgends ließ sich das Vertragsdokument sicherer aufbewahren als im Tempel – gegen Lager- und Schreibergebühr, versteht sich. Hier wachte die Gottheit selbst über den Vertrag, notfalls auch dergestalt, daß säumige Schuldner Besuch von Tempelwächtern erwarten durften. Daß etwas derart Neues wie das «Zusammensein der Häuser» sich durchsetzte, ohne größere Verwerfungen auszulösen, daß verschuldete Hausherren wenig Aufstand gegen das Regiment der *oikonomia* machten und in der Regel die Schuldknechtschaft antraten oder ihr Haus verließen, ohne durch Waffengewalt dazu gezwungen zu werden, war wesentlich der Tempelautorität zu danken und dem Schutz, unter den sie das Eigentum gestellt hatte.

Wenn aber der Gläubiger unterdessen selbst Saat und Vieh brauchte? Dann half ihm der Tempel aus. Er verwahrte ja den Schuldschein und verfügte gewöhnlich über reiche Vorräte, aus denen er – gegen Gebühr – etwas vorschießen konnte. Und wenn mehr Vorschußgesuche eingingen, als er bedienen wollte? Dann wandte er einen Kunstgriff an. Er gab den Bittstellern kleine Eisenstäbe in die Hand und verwies sie damit an die Vorratslager reicher Hausherren. In der Regel wurden die Stäbe dort, je nach gewissen Kerben, die in sie eingeritzt waren, wohlwollend als Anrechte auf x Quanta Saat oder y Quanta Vieh angenommen und die entsprechenden Mengen tatsächlich ausgehändigt. Wo aber kamen diese Eisenstäbe her, und was verschaffte ihnen die Zauberwirkung, die Türen zu Vorratslagern zu öffnen? Um das herauszubekommen, müssen wir noch einmal zurückblenden zum Schlachtopfer. Nie ist es durch Metallopfer vollständig ersetzt worden. Immer sind zu den großen Festen auch große Tiere geschlachtet worden; je höher das Fest, desto höher ihre Zahl.

In der *Odyssee* bringt Nestor, der älteste Teilnehmer am Trojanischen Krieg, der sich rühmt, in seiner Jugend selbst noch die Helden der Vorzeit kennengelernt zu haben, ein Rindsopfer dar, dem durchaus ein altehrwürdiger ritueller Standardverlauf zu entnehmen ist. Das Tier wird geschmückt, mit Wasser besprengt, mit «heiliger Gerste» bestreut oder beworfen, sodann mit der Axt in den Nacken geschlagen, bäuchlings aufgeschnitten und zerlegt. Die Lenden, umwickelt «mit Fette» und bedeckt «mit blutigen Stücken der Glieder», werden der

 Gottheit verbrannt. Danach «Schnitten sie auch das übrige klein und steckten's an Spieße, / Drehten die spitzigen Spieß› in der Hand und brieten's mit Vorsicht».[75] Die hier zweimal erwähnten Spieße dürften sowohl als Kriegs- wie als Opfergerät gedient haben. Sie sind aus Eisen, werden nicht als besonders kostbar hervorgehoben, sind aber dennoch ein wichtiges Zugehörigkeitszeichen. Und sie haben einen interessanten Namen. Der hier in Rede stehende Spieß heißt auf griechisch *obelos.* Wer über einen solchen verfügt, darf am Opferschmaus teilnehmen und hat auf so viel Fleisch Anrecht, wie auf den Spieß paßt. Die Teilnahme ist hier bereits als Privileg vorgestellt. Der Stamm ist längst zu groß dafür, daß alle bequem mitschmausen könnten. Was aber tun, wenn die priesterliche Gefolgschaft derart angewachsen ist, daß das Opferfleisch nicht einmal mehr für alle Spießgesellen reicht? Offenkundig wurde dieser Zustand in der griechischen Polis erreicht. Eine neue Selektion war fällig: zwischen den Honoratioren, die tatsächlich am Opferschmaus teilnahmen, und den Subalternen, denen Ersatz zu bieten war. Hier ist erneut priesterliches Substitutionsgenie erfinderisch geworden. Die Subalternen bekommen zwar einen Spieß ausgehändigt, aber nicht *zur* Teilnahme am Opferschmaus, sondern *statt* Teilnahme. Der Spieß hat eine Größe oder bekommt eine Markierung, die anzeigt, welcher Art und Größe die Fleischportion ist, auf die der Betreffende Anrecht hat. Er kann sie sich zu geeigneter Zeit gegen Entrichtung des Spießes aus den Vorratskammern des Tempels holen.

Münzentstehung

Der Spieß ist das Gegenstück zum Fleischstück. Beide zusammen ergeben, was im Griechischen *symbolon* heißt, wörtlich: das Zusammengeworfene, Zusammengefügte. Paradebeispiel eines *symbolon* ist die Tontafel, die zwei Häuptlinge, wenn sie einander Gastfreundschaft geloben, feierlich in zwei Teile zerbrechen. Jeder bewahrt für sich und seine Nachkommen seinen Teil auf, und wenn sie sich wiedertreffen und die Bruchstellen aneinanderhalten, zeigt sich die Zusammengehörigkeit. Jedes der beiden Bruchstücke bedeutet das andere und steht für das bruchlose Ganze. Sowohl das Ganze als auch

75 Homer, *Odyssee*, III, 435–463 (Homer 1976, 477)

das Bruchstück kann daher *symbolon* heißen. So gesehen ist der Spieß ein *symbolon katexochen*. Er bedeutet ebenso die Zugehörigkeit zur Opfergemeinde wie das Fleischstück, das auf ihn paßt. In der Hand der Subalternen aber verschiebt sich seine Bedeutung beträchtlich. Er bedeutet eine Zugehörigkeit, von der sie ausgeschlossen sind, und eine Fleischportion, die nicht mehr an ihm gebraten, sondern nur noch gegen ihn ausgehändigt wird. Er spießt sie nicht mehr auf, sondern zeigt sie nur noch an. Damit hört er zwar nicht auf, ein Kultgerät zu sein, aber seine Spitze weist nun gleichsam ins Profane: auf eine Fleischportion, die ihm während des Rituals vorenthalten wird und außerhalb des Festes an seine Stelle tritt.

Welch eine Degradierung für priesterliche Gehilfen, wenn sie außerhalb des Rituals abgespeist werden, wo Fleisch einfach bloß Fleisch ist, schmackhaftes, aber profanes Nahrungsmittel. Der Spieß ist nur mehr das kultische Gegenstück einer Fleischportion, die nichts Höheres mehr bedeutet. Das degradiert auch ihn. Er verliert an sakraler Würde. Dafür gewinnt er einen neuen Wirkungskreis. Wenn er Äquivalent für profanes Fleisch sein kann, warum dann nicht auch für Korn, Wein, Wolle oder Leder? So wurde zunächst zwar nicht gefragt, aber die Voraussetzung dafür war da. Der Spieß hatte die Potenz bekommen, die sakrale Sphäre zu verlassen und als eiserner Wechsel für ein gewisses Quantum aller möglichen profanen Güter in den Alltagsverkehr einzugehen. Es mußten nur noch Anreiz und Anlaß hinzutreten, daß er es wirklich tat.

Dafür sorgten die Wirtschaftsverhältnisse der Polis. Bald wurden die Spieße nicht mehr nur zur ritualexternen Abspeisung von Opfergehilfen mit einer bestimmten Portion Fleisch ausgegeben, sondern als Äquivalente für jede Art von Lebensmitteln, und im Zuge ihres erweiterten Gebrauchs veränderte sich auch ihre Form. Die Spitze, die so dezidiert auf Fleisch zeigte, wurde abgeplattet. *Form followed function*. Aus Spießen wurden Stäbe, und als solche drangen die *obeloi* in den Schulden- und Leihverkehr ein, den die *oikonomia* der Polis beschert hatte. Für Gläubiger, die Korn und Vieh verliehen haben und nun selbst in Not sind, tritt der Tempel ein. Er händigt ihnen *obeloi* aus, gegen die sie bei andern Hausherren das Entbehrte eintauschen können. Diese wiederum kennen den Tempel und seinen Vorratsreichtum. Sie dürfen sicher sein, die durch die *obeloi* angezeigte Lebensmittelmenge in seinen Vorratskammern zurückzubekommen. Und wenn der Schuldner des erstgenannten, zwischenzeitlich in Not geratenen Gläubigers das Geschuldete zurückerstattet, geht der Teil, für den der Tempel eingetreten ist, samt Zins direkt an *ihn*. Der Tempel wirkt als Mittler der *oikonomia*. Er federt sie ab und streicht dafür von allen beteiligten Hausherren Gebühren ein.

Um klarzustellen, worauf die *obeloi* Anrecht verschafften, wurden sie mit Einkerbungen versehen. Insofern waren sie bereits so etwas wie Münzen. Zudem liefen sie bei profanen Eigentümern um. Dennoch kehrten sie immer wieder hübsch in den Tempelschatz zurück, zu dessen Vergrößerung sie dienten. Sie waren Tempelgeld. Es mußte noch ein entscheidender Schritt geschehen, bis daraus jenes Staatsgeld wurde, als das die Münzen von Griechenland aus ihre Weltkarriere antraten. Laut Herodot waren die Lyder «die ersten, von denen wir wissen, daß sie Gold- und Silbermünzen geprägt und verwendet haben».[76] Das klingt nicht unglaubwürdig, aber sehr vage. Ungleich aufschlußreicher ist eine Stelle aus dem *Etymologicum Magnum*, jener griechischen Enzyklopädie, die zwar erst im zehnten oder elften christlichen Jahrhundert alphabetisch nach Stichwörtern zusammengestellt wurde, aber eine ganze Reihe alter Nachrichten aufbewahrt, die sich andernorts nicht erhalten haben. Dort heißt es unter dem Stichwort *obeliskos*[77]: «Als erster von allen prägte Pheidon der Argeier Münzen in Ägina, und wegen dieser Münzen zog er die *obeliskoi* ein und deponierte sie bei der Hera in Argos.» Auf Ägina, einer Insel mit blühender Polis, die bei der Fahrt von Attika zur Peloponnes gern angelaufen wurde, hatte sich, sehr wahrscheinlich im siebten vorchristlichen Jahrhundert, ein gewisser Pheidon aus Argos zum Tyrannen aufgeschwungen, ähnlich wie Peisistratos in Athen, Periander in Korinth oder Polykrates in Samos. Tyrannis besagt kaum mehr als Poliskönigtum, und Poliskönige haben sich nicht sehr lange halten können; zu groß war das Gegengewicht des «häuslichen Königtums» der Hausherren. Die Machtbasis der Tyrannen war schmal, ihre Hauptstütze eine Leibgarde, die sich aus Verlierern der *oikonomia*, vornehmlich ruinierten Hausherren und ihrem Gesinde, zusammensetzte. Die Leibgarde aber lebte von dem, was das «Haus» des Tyrannen ihr bot, und das war womöglich gar nicht so viel mehr,

76 Herodot, *Historien*, I, 94

77 *Obeliskos* heißt «Spießchen», ist lediglich die Verkleinerungsform von *obelos*, und die großen Säulen, die später Obelisken genannt werden, erinnern durchaus an einen an der Spitze abgeplatteten Spieß.

als andere vornehme Häuser zu bieten hatten, so daß der Tyrann stets genötigt war, die Leibgarde mit Gratifikationen bei Laune zu halten.

Denkt man die Leibgarde mit, so wird der kryptische Satz aus dem *Etymologicum* über den ersten Münzpräger unversehens transparent, ja er verrät geradezu ein Staatsgeheimnis. Der Tyrann will nicht nur das profane Gegenstück des Tempels, den Königshof, wiederbeleben und ihn über alle anderen Häuser hinausheben. Der Tempel ist ihm auch noch in anderer Hinsicht Vorbild; haben doch die Priester bei den großen Opferfesten eine raffinierte Umgangsform mit ihrer zu zahlreich gewordenen Dienerschaft entwickelt. Sie binden sie an sich, wenn sie ihr *obeloi* aushändigen; und sie halten sie sich zugleich vom Leibe, indem sie sie ritualextern abspeisen. Könnte der Tyrann nicht ähnlich mit seiner Leibgarde verfahren? Das *Etymologicum* läßt zwar unklar, ob Pheidon der erste Münzpräger überhaupt oder nur der erste in Ägina war; ebenso verschweigt es, ob er die *obeloi*, die er in Ägina «einzog», selbst aus Argos mitgebracht hatte oder lediglich dorthin transportieren ließ. Und auch das Motiv dafür ist ungewiß: Wollte er sie nur möglichst weit fortschaffen, wollte er Argos' Oberhoheit über Ägina demonstrieren, oder band ihn ein Gelübde an den Heratempel zu Argos? Deutlich hingegen ist: Die *obeloi* sollen nicht länger umlaufen. Der Tyrann läßt sie aber weder zerstören noch einschmelzen. Er vergreift sich nicht an Tempeleigentum. Er drängt es dorthin zurück, wo es herkam, entzieht dem Tempel auf elegante Weise das *obelos*-Privileg – und nutzt es zugleich als Muster für den Umgang mit seiner Leibgarde. Statt sich selbst weiterhin um ihre Versorgung zu kümmern und sich mit ihren Ansprüchen herumzuplagen, händigt er ihr eine neue Art metallener Wechsel aus. Sollen sie doch mit diesen Wechseln ihren Bedarf an Ausstattung, Lebens- und Genußmitteln aus den Vorratskammern anderer Privateigentümer decken.

Die neuen Metallstücke können schwerlich woanders herstammen als aus dem Privateigentum des Tyrannen. Die Polis hat Lebensmittelvorräte, aber keinen Schatz, er hingegen dürfte einen solchen durchaus zusammengerafft haben. «[A]lle Tyrannen, die es in den hellenischen Städten gab», sagt Thukydides, lebten «in ihrer engen Sorge bloß für die eigene Person und die Mehrung ihres Hauses».[78]

78 Thukydides, I, 17 (Thukydides 2002, 16)

 Von dem, was sich in seinem Haus angesammelt hatte, wußte Pheidon nun aber offenbar geschickten Gebrauch zu machen; denn wer das Zahlungsmittel, hinter dem die Autorität des Tempels steht, durch ein neues ersetzen will, hat einen schweren Stand. Das neue muß von denen, die Gebrauchsgüter dafür herausgeben sollen, anerkannt werden. Diese Anerkennung aber ist nicht durch unmittelbare physische Gewalt zu erzwingen. Es kann nicht jedesmal, wenn jemand für einen dieser neuen Wechsel die entsprechende Gütermenge verlangt, ein Wächter dabeistehen, der notfalls mit der Waffe dafür sorgt, daß diese Güter auch tatsächlich herausgerückt werden. Umgekehrt: Es sind ja die Überwacher selbst, nämlich die Mitglieder der Leibgarde, die als Privatpersonen durch Tausch an ihre Lebensmittel kommen sollen. Weil die Güterbeschaffung auf sie abgewälzt wird, ist der Tausch, zu dem sie genötigt sind, nicht noch einmal durch eine höhere Wachinstanz kontrollierbar. Ihre Tauschpartner müssen das Gefühl haben, daß ihnen die neuen Zahlungsmittel willkommener sind als die alten. Zum einen heißt das: Das Metall, das der Tyrann ausgibt, muß «edler» sein als die Eisenstäbe des Tempels. Er muß die Sorte von Metall dafür verwenden, die dem Tempel für die *obeloi* zu schade war: Silber, Gold oder Elektron, die Mischung beider. Zum andern muß der «Adel» dieses Metalls Zeichen dafür sein, daß es mehr Rückhalt hat als die Stäbe: daß es nicht nur ein Zahlungsmittel des Tempels ist, sondern eines der ganzen Polis. Es muß sichtbar und spürbar machen, daß es durch die Staatsmacht gedeckt ist und Anteil an dieser Macht verschafft. Kurzum, das neue Zahlungsmittel muß bestechen.

Es besticht aber gerade durch seine Kleinheit. Der Tyrann ist natürlich darauf bedacht, nur einen Bruchteil seines Silbers zu geben. Daher läßt er es nicht zu Stäben formen, sondern zu kleinen runden Scheiben. Ein genialer Einfall. Der Verlust an Metallmasse wird nämlich kompensiert durch Glanz und Handlichkeit. Ein Abglanz des Göttlichen begibt sich in die Hand von Sterblichen und läßt sie dadurch an der höheren Macht teilhaben. Übrigens auch durch die Scheibenform, die nämlich das Schutzmittel par excellence im Kleinformat darstellt: den Schild. Amulette sind schildförmig. Auch daran erinnern die neuen kleinen Scheiben. Und noch etwas: Sie werden geprägt. Das ist ein in jeder Hinsicht beeindruckender Vorgang. Das handliche Metallstück bekommt eine Gestalt eingedrückt, die es zugleich zierlich macht – und versiegelt. Die Siegeltechnik war in

Mesopotamien und Ägypten schon im zweiten vorchristlichen Jahrtausend bekannt. Kleine Horn- oder Holzreliefs wurden in einen weichen Stoff – Ton, Gips oder Wachs – eingedrückt, der eine Fracht oder einen Brief verschloß. Das Relief bestand aus dem Zeichen einer Autorität: einer Gottheit, eines Königs oder seines Statthalters. Was versiegelt war, galt als unantastbar. Wer es unbefugt öffnete, verging sich an der Autorität, deren Zeichen er dabei versehrte. Die Prägetechnik ist nur eine Variante der Siegeltechnik. Das kleine Relief wird in den Fuß eines Stocks eingeschnitten und dieser Stock, der Prägestock, mit Wucht in erhitzte Edelmetallscheibchen gedrückt, wo er das Zeichen der Autorität hinterläßt, in deren Namen die Scheibchen in Umlauf gebracht werden. Diese geprägten Scheibchen, das sind die Münzen. Und auch hier gilt: Wer sich von deren Edelmetall etwas abzweigen will, beschädigt die Prägung und damit die sich in ihr darstellende Autorität.

Das von Pheidon eingeführte Metallscheibchen trägt bald den Namen *nomisma*, wörtlich «Brauch». Er wird zum stehenden Begriff für die Münze. Geschaffen wurde sie als Kaufkraft fürs Militär: als Sold. Wie zufällig stammt übrigens eine der ältesten erhaltenen Münzen aus Ägina: ein sogenannter Silber-Stater von weniger als zwei Zentimetern Durchmesser aus dem siebten vorchristlichen Jahrhundert. Ob er direkt von Pheidon in Auftrag gegeben wurde, wissen wir nicht, denn eingeprägt ist ihm kein Königszeichen, sondern ein Gotteszeichen: die der Artemis heilige Schildkröte. Das gehört zur Dialektik der neuen Münzmacht. Sie hat zunächst einmal nur Chancen, wenn sie sich nach wie vor theologisch definiert: durch Symbole und Zeichen der Gottheiten, in deren Schutz sich die Polis wähnt. Aber sie definiert sich gegen den Tempel. Sie reklamiert das Münzrecht für sich und setzt das Tempelgeld außer Kraft. Und ebenso wie sie die Staatsautorität von der Tempelautorität abhebt, so auch den Herrscher von seinem Gefolge. Dabei dient die Münze in mehrerer Hinsicht als Machtmittel. Zum einen ist sie das Mittel des Tyrannen, sich die Ansprüche seiner Leibgarde vom Leib zu halten und ihre Befriedigung an die Privatüberschüsse von Hausherren zu verweisen. Zum andern aber gibt sie auch der Leibgarde die Macht, sich ohne Anwendung von physischer Gewalt Lebensmittel aus fremden Häusern zu beschaffen.

Freilich ist diese neue Macht zwiespältig. Ein Leibgardist, der gegen Münzen ein Gebrauchsgut erwerben möchte, ist in diesem Moment lediglich Bittsteller. Die Bitte kann abgeschlagen werden.

Allerdings ist der Bittsteller nicht irgendeiner. Sein Leibgardenstatus verleiht seiner Bitte einen Nachdruck, der sie einem Befehl ähnlich macht. Geld braucht Vertrauen, sagen die Finanzexperten. Am einkaufen gehenden Mitglied der Tyrannengarde läßt sich wunderbar studieren, worin das Urvertrauen in die Münze bestand. Es war das Vertrauen in die Fähigkeit der Tyrannis, das Anrecht auf Güter, welches die Münze verkörpert, notfalls auch anders als mit Münzen durchzusetzen: gewaltsam. Mit andern Worten: Das Vertrauen in die Münze galt eigentlich der glaubwürdig drohenden Staatsgewalt hinter ihr. Für Gläubiger hieß dieses Vertrauen Hoffnung, für Schuldner Furcht, und mit jener Art von Vertrauen, welche sich zwischen einander nahestehenden Menschen entwickelt, hat es wenig zu tun. Um so deutlicher zeigt es, daß auch die profane Münze nicht aufhört, einer höheren Schutzmacht zu bedürfen. Die zierlich glänzende Gestalt allein war es nicht, was den handlichen Edelmetallscheibchen zu ihrer Durchsetzung verhalf, sondern mindestens ebenso die Drohkulisse der Tyrannengarde, deren eigenes Interesse es war, Münzen in Umlauf zu bringen.

Indem sie aber in Umlauf kommen, verlassen sie die Sphäre der Tyrannengarde. Ihr Umlauf wird von der Garde geschützt, aber nicht mehr kontrolliert. Aus dem Sold, als der die Münzen ins Leben traten, wird ein allgemeines Zahlungsmittel: innerhalb der Polis, aber bald auch über ihren Rand hinaus. Der Münzverkehr steckt das Umland an. Bei den ständigen Rivalitäten zwischen den Poleis ist es nicht uninteressant, über Münzen aus dieser oder jener Nachbarpolis zu verfügen. Kriegszüge sorgen für weitere Verbreitung des neuen Zahlungsmittels, und vor allem macht sein Erfolg Schule. Warum soll, was für Ägina gut ist, für Argos, Korinth oder Athen schlecht sein? Nicht nur zwischen Poleis stellt sich diese Frage, sondern auch zwischen ihren Bürgern. Warum soll ich mit Mühe Grund und Boden bestellen, warum als Söldner mein Leben riskieren, wenn ich durch geschickten Tausch von Münzen gegen Waren viel einträglicher und gefahrloser leben kann? Im achten, spätestens zu Beginn des siebten vorchristlichen Jahrhunderts muß die Münze aufgekommen sein. In hundert bis hundertfünfzig Jahren, atemberaubend schnell für antike Verhältnisse, hat sie sich im gesamten griechischen Raum verbreitet und heftige Bewegung in die Sozialstruktur der Polis gebracht. Söldner und Hausherren, die mit ihr nicht umzugehen wußten, hat sie ins Elend gestürzt, anderen zu großem Reichtum verholfen. Erst zu den Konditionen der Münze kristallisierte sich das profane Gegenstück zu den Verwaltern des Tempelschatzes heraus: ein Stand von Händlern und – bald ebenso gesucht wie gefürchtet – von Geldverleihern, die nun außerhalb des Tempels Kapital anhäuften wie die Priester innerhalb. Kaum in der Welt, hat die Münze bereits die Tendenz gezeigt, über ihre Verhältnisse zu leben. Gedeckt war sie zunächst lediglich durch die Polis, die sie prägte, aber sie kursierte weit darüber hinaus, und weder Tyrannen noch andere staatliche Stellen vermochten den Umlauf der durch sie gedeckten Münzen zu steuern. Die Staatsmacht hatte ein Machtmittel ausgegeben, das, wenn es sich in privaten Händen konzentrierte, jederzeit zu einem Mittel *gegen* die Staatsmacht werden konnte.

Realabstraktion

Sophokles war fassungslos angesichts der Umwälzungen, die der Münzumlauf in Gang gesetzt hatte: «Denn nichts, was Geltung bei den Menschen hat, ersproß / so wie das Geld verderblich. Dies vernichtet selbst / ja Städte; dies treibt Männer weg von Haus und Hof; / dies unterweiset und verkehrt der Sterblichen / gerechte Sinne schnödem Werke nachzugehn; / zeigt' alle Wege böser List den Menschen an, / und lehrte sie jedweder That Ruchlosigkeit.»[79] Die Bestechungskraft, die die Münze anfangs brauchte, um überhaupt in Umlauf zu kommen, war längst so weit gegangen, daß Bürger für Geld bereit waren, Demagogen und Putschisten aller Art Gefolgschaft zu leisten oder sogar ihre Polis an externe Machtgelüste zu verraten. «Von Haus und Hof» vertrieb die Münze zahlungsunfähige Schuldner, und mit der «Ruchlosigkeit», zu der sie verführt, ist nicht nur die geldgeschmierte Intrige gemeint, sondern vor allem das Geschäft des Geldverleihs, das traditionsbewußten Männern vornehmer Herkunft wie Sophokles, Platon oder Aristoteles «gegen die Natur» ging. Aber Sophokles empört sich nicht nur über einzelne Mißstände. Er argwöhnt, daß überall, wo der neue «Brauch» (*nomisma*) Platz greift, die überkommenen Sitten und Gebräuche entkräftet werden. Und in der Tat: Die bestechend zierlichen Edelmetallscheibchen schaffen durch ihren nicht vorhersehbaren Umlauf

79 Sophokles, *Antigone*, 291 ff. Siehe oben, S. 8

 nicht nur neue Gewinner und Verlierer; sie werden zu entscheidenden Orientierungsmarken sozialen Handelns und verändern damit die gesamte Verhaltens- und Denkweise. Zum Verständnis dieser Veränderung empfiehlt es sich, noch einmal auf den entscheidenden Wendepunkt zu ihr hin zurückzukommen: jenen denkwürdigen historischen Moment, wo der *obelos* vom Opferspieß zum Zahlungsmittel wurde.

Priester, die den Opferschmaus nicht mehr mit ihrem ganzen Gefolge zelebrieren, sondern an ihre subalternen Gehilfen Spieße austeilen, die nur noch das Anrecht auf eine Fleischportion darstellen, handeln etwa so, wie wenn heute jemand zum Spanferkelessen einlädt und der Hälfte der Gäste Gutscheine für ein im benachbarten Metzgerladen erhältliches Schnitzel aushändigt, weil das Ferkel leider nicht für alle reicht. Der Anspruch der Gäste auf eine schmackhafte Portion Fleisch wird erfüllt, aber die Gemeinschaft mit ihnen gekündigt. *Nur* Gemeinschaft, ohne Schmaus, wäre fad; aber *nur* Fleisch, ohne gemeinsamen Verzehr, ist Hohn. Allerdings sind die Priestergehilfen keine Gäste. Sie leben vom Tempel und lassen es sich daher wohl oder übel gefallen, wenn er statt Lebensmitteln Anrechte auf sie austeilt, die andernorts einzulösen sind. Wahrscheinlich waren sie gar nicht in der Lage, das Demütigende daran zu artikulieren; sie wußten nicht, wie ihnen geschah: daß hier nämlich die bewährte Priesterlist, die höheren Mächte mit einem als gleichwertig suggerierten Ersatz abzuspeisen, gegen die Untergebenen gekehrt wurde. Ihr Anspruch auf Opfergemeinschaft wurde profaniert zu einem Anspruch auf eine Fleischportion und so getan, als ob das das gleiche wäre. Diese Umwendung der Priesterlist in Herrschaftstechnik hat sich die Tyrannis vom Tempel abgeschaut, als sie die *obeloi* einziehen ließ und statt dessen Münzen an ihre Leibgarde ausgab. Die Garde hatte nun nicht mehr direkt an der Habe des Tyrannen teil, an der Beute, die er machte, an den Tributen, die ihm zuflossen; sie bekam ein Äquivalent dafür. Sie wurde genötigt, Umwege zu gehen, bei anderen zu holen, was sie sonst direkt von ihm bekam. Dazu mußte sie von den Objekten ihres Verlangens und deren Kontext zunächst einmal absehen und sich mit einem Mittel begnügen, das ihr gestattete, ihr Verlangen andernorts an einem Surrogat des verlangten Objekts zu stillen. Anders gesagt: Der Münzempfänger mußte lernen, sein Verlangen aufzuschieben – zunächst zu *ver*schieben auf ein Mittel, das sich nicht konsumieren ließ und in seiner Beschaffenheit und Gestalt mit dem verlangten Genußobjekt in keinerlei erkennbarem Zusammenhang stand. Dem *obelos* hatte man das Objekt, worauf er Anrecht verschaffte, ursprünglich sehr wohl angesehen. Der Spieß zeigte auf Fleisch. Die Münze zeigt auf nichts Bestimmtes mehr. Sie bedeutet Anrecht auf alle möglichen Gebrauchsgüter. Keinem davon steht sie näher als den andern. Sie sind ihr alle buchstäblich egal. Und auf dieses gleichgültige Mittel ist die Leibgarde nun angewiesen, um zu den Objekten ihres Verlangens vorzudringen, die zudem nicht mehr aus den Beständen des Tyrannen stammen, sondern von der Gemeinschaft mit ihm abgelöst sind.

Triebaufschub, Triebverschiebung, Triebumleitung: das sind die realen energetischen Prozesse, die sich hinter dem Begriff «Abstraktion» verbergen. *Abstrahere* heißt abziehen. Das Begehren, die Aufmerksamkeit, die emotionale Besetzung von ihrem unmittelbaren Objekt abziehen, sie auf ein anderes verschieben, einen Repräsentanten dieses Objekts, der es vertritt oder ersetzt – und diesen Repräsentanten für wichtiger nehmen lernen als das, was er repräsentiert: das ist die energetische Elementarbewegung der Abstraktion. Jeder der bisher in diesem Buch dargestellten Profanierungsprozesse ist auch ein Abstraktionsprozeß. Kollektive, die sich dazu durchringen, Rinder zu opfern, sehen vom Menschenopfer ab. Später sehen sie davon ab, das ganze Rind zu verfeuern, und verbrennen den höheren Mächten nur noch die Lenden; und in dem Maße, wie sie Metallopfer darbringen, sehen sie von ritueller Tierschlachtung ab. «Absehen von» heißt hier jedesmal soviel wie verschonen und etwas anderes an die Stelle des Verschonten treten lassen. Abstraktion hat sehr handfest begonnen. Die vom Menschenopfer verkörperte sich in Opfertieren, die von Tieropfern in Edelmetallgaben. Nicht daß das jeweilige Opfertier oder Edelmetallgebilde schon von sich aus eine Abstraktion wäre; es *wird* erst dazu – durch Weihung. Auch Edelmetallscheibchen werden erst zu Abstraktionen im Moment ihrer Prägung. Dann erst repräsentieren sie Gebrauchsgüter. Ihre Prägung ist ihre Weihung. Sie erweist ihnen *timē*. Münzen werden durch Prägung in doppeltem Sinne «geschätzt»: zu Repräsentanten erhoben und zugleich auf eine bestimmte Menge vereidigt, die sie repräsentieren sollen. Die Prägung ist ein qualitativer Akt, sozusagen ein staatlicher Taufakt, der ihnen aber gerade dadurch eine unverwechselbare Identität gibt, daß er ihnen ein Quantum eindrückt. So treten die Münzen in die Fußstapfen von Opfertieren und anorganischen Weihegaben und werden wie sie zu materialisierten Abstraktionen: «Realabstraktionen», wie das Fachwort lautet. Doch sie treten nicht mehr bloß an die Stelle von anderen Opfergaben, sondern an die der sakralen Sphäre selbst; und dasjenige, wovon sie absehen, wird dadurch nicht verschont; es wird ignoriert.

Damit nimmt die Abstraktion eine neue Wendung. Bei allen vorangegangenen war eine geringere Gabe so an die Stelle einer höheren getreten, als ob sie ihr gleichkäme. Anders gesagt: Äquivalente waren Schutzmaßnahmen gegen die Härte höherer Forderungen, Kunstgriffe zur Erreichung von Schuldennachlaß. Mit dem *obelos* wendet sich das Blatt. Er begleicht niedere Ansprüche: gewährt Untergebenen etwas, was sie nicht wünschen, aber nehmen (müssen), als ob es ihrem Wunsch entspräche. Ihr Anspruch auf Teilnahme am Opferschmaus, will sagen auf Teilhabe am gemeinsamen Hochgefühl der Gottgefälligkeit, wird profaniert zum Anspruch auf ein Stück Fleisch. Die Münze verallgemeinert diese Profanierung. Sie ist kein besonderes Äquivalent mehr für Höheres, sondern allgemeines Äquivalent für alles Mögliche. Sie tritt aus dem sakralen Schuldenbegleichungszusammenhang heraus, hat keinen göttlichen Adressaten mehr über sich, dafür aber die ganze Welt profaner Güter unter sich, ist nicht mehr Schutzmaßnahme, sondern Anrecht auf alles, wofür sie Äquivalent ist. Und dieses Anrecht ist Eigentum. Münzen sind nie Kollektivbesitz. Sie gehören exklusiv einer Person, die darüber ebenso nach Gutdünken verfügt wie ein Hausherr über sein Haus. Wer Geld hat, ist «frei».

Geldentstehungsmärchen

Das Gefühl, daß sich mit der Münze ein epochaler Umsturz vollzog, eine veritable «Umwertung der Werte», hat Sophokles also nicht getrogen. Er hatte nur keine Erklärung dafür, und die wird sich auch nicht finden lassen, solange man die Geldentstehung auf dem Weg sucht, den Aristoteles einst einschlug. Tausch, sagt er, gibt es, weil «die Menschen von den notwendigen Gütern hier zu viel und dort zu wenig haben». «In der ursprünglichen Gemeinschaft (diese ist die häusliche) hat er offensichtlich keine Funktion, sondern erst in einer Gemeinschaft, die größer geworden ist.» Freilich «war der Tausch nur so weit notwendig, wie man etwas bedurfte», «so wie es auch jetzt noch viele von den Barbarenstämmen mit dem Tausch halten. Sie tauschen nur das Nötige gegeneinander aus, mehr aber nicht, etwa wenn sie Wein gegen Korn geben und nehmen.» Doch dabei blieb es nicht. «Denn als die Hilfe der Einfuhr von Entbehrtem und Ausfuhr von Überschüssigem sich zu fremden Völkern ausdehnte, da ergab sich folgerichtig der Gebrauch der Münze. Nicht jedes von Natur aus notwendige Gut ist leicht transportierbar. Also kam man überein, beim Tausch gegenseitig eine Sache zu nehmen und zu geben, die selbst nützlich und handlich war für das tägliche Leben, wie Eisen, Silber und dergleichen. Zuerst bestimmte man sie einfach nach Größe und Gewicht, schließlich versah man sie mit einer Prägung, um vom Messen eines jeden loszukommen. Denn die Prägung drückte das Zeichen der Quantität ein.» Und erst als «die Münze aus der Notwendigkeit des Tauschs hervorgegangen war», entstand «das Kaufmannsgewerbe».[80]

Vom realen Entstehungsprozeß der Münze hat Aristoteles keine Ahnung mehr. Er bietet statt dessen eine Rationalisierung, und die wiederum ist die Skizze, nach der sich die politische Ökonomie der Neuzeit die Geldentstehung zurechtgereimt hat. «In den Anfängen der Arbeitsteilung muß der Tausch häufig noch sehr schleppend und stockend vor sich gegangen sein», sagt Adam Smith, so daß, wer «außer dem Produkt seiner eigenen Arbeit einen kleinen Vorrat der einen oder anderen Ware bereit hatte, von dem er annehmen konnte, daß andere sie im Tausch gegen eigene Erzeugnisse annehmen werden», im Vorteil war – und bereits auf dem Wege zu einem allgemeinen Tauschmittel. «Vermutlich wurden im Laufe der Zeit die verschiedensten Waren zu diesem Zweck ausgesucht und verwandt. In der Frühzeit der Menschheit soll das Vieh das übliche Tauschmittel gewesen sein, obwohl es dafür schlecht geeignet ist.» «Am Ende haben aber dann die Menschen in allen Ländern aus vernünftigen Gründen Metalle als Tauschmittel allen anderen Waren vorgezogen. Metall läßt sich, da es haltbarer als jede andere Ware ist, nicht nur ohne nennenswerten Verlust aufbewahren, es kann auch ohne Schaden beliebig geteilt und leicht wieder eingeschmolzen werden, eine Eigenschaft, die kein gleich dauerhafter Stoff besitzt.»[81]

Erstaunlich ist, daß selbst Marx, der Kritiker der politischen Ökonomie, in die Fußstapfen dieses Geldentstehungsmärchens getreten ist. Im Laufe seiner ökonomischen Studien hat er, ähnlich wie Smith, den Eindruck gewonnen, Geld sei lediglich wie ein «Schleier», der

80 Aristoteles, *Politik*, 1257 a und b (eigene Übersetzung)
81 Smith 1978 [1776], 23

 sich allmählich über die elementaren Arbeits- und Tauschverhältnisse gebreitet habe. Solange nur Naturalien zum Tausch stehen, kann zwar jede, wie Marx bemerkt, als Zahlungsmittel für den Erwerb jeder anderen dienen. Insofern ist jede Ware auch Geld, aber nur zufällig, sporadisch oder potentiell. Geld als die in einem Gemeinwesen verbindliche Währung hingegen, als «allgemeines Äquivalent», als die Ware, in der alle andern ihren Wert ausdrücken, habe sich erst nach und nach herauskristallisiert, wobei mit großer Folgerichtigkeit die dafür tauglichsten Naturstoffe die Rolle des Geldes übernommen haben: Edelmetalle. Doch das Entscheidende geht hinter dem Geldschleier vor sich. Schon Smith betonte, daß Gebrauchsgüter sich nicht selbst zum Tausch stellen. Es kostet Arbeit, sie dafür herzurichten. «Deshalb ist der Wert einer Ware für seinen Besitzer, der sie nicht selbst nutzen oder konsumieren, sondern gegen andere austauschen möchte, gleich der Menge Arbeit, die ihm ermöglicht, sie zu kaufen oder darüber zu verfügen. Arbeit ist demnach das wahre oder tatsächliche Maß für den Tauschwert aller Güter.»[82] Das Geld drückt lediglich aus, wieviel Arbeit in einem Gut steckt. Marx präpariert die Arbeitsmenge nur schärfer heraus als Smith. Allein diese Menge, sagt er, macht so heterogene Dinge wie Wein, Korn, Leinen etc. überhaupt vergleichbar und ermöglicht ihren Tausch. Die physische oder geistige Anstrengung, die in ein Produkt eingeht, trägt dazu nichts bei. Sie hat auf seinen Tauschwert keinen Einfluß. Für den ist allein die Arbeits*zeit* ausschlaggebend. Anders als in Zeitmengen lassen sich Arbeitsmengen nicht darstellen.

So strikt wollte Smith dann doch nicht sein. «Oft fällt es nämlich schwer, das Verhältnis zweier verschiedener Arbeitsmengen zueinander zu ermitteln. So kann die Zeit allein, die auf zwei verschiedene Arten von Arbeit verwendet wird, nicht immer dieses Verhältnis ausdrücken. Man muß auch die Unterschiede der aufgewandten Mühe und geistigen Anstrengung auf gleiche Weise berücksichtigen.»[83] Falsch, sagt Marx; denn dann ist die Arbeitsmenge schon nicht mehr «das wahre oder tatsächliche Maß». Man muß umgekehrt verfahren: in der qualitativen Verschiedenheit von Arbeiten das Quantitative als Grundmaß erkennen. Als menschliche Kollektive begannen, einander heterogene Dinge zum Tausch anzubieten, blieb ihnen gar nichts üb-

82 Smith, 1978 [1776], 28

83 Smith, 1978 [1776], 29

rig, als die in diesen Dingen steckende Arbeitszeitmenge zu verglei-
chen. Der Vergleich mag anfangs ungenau, gelegentlich irrig gewesen sein; aber er war noch nicht korrumpiert. Tausch kann nicht durch Betrug in Gang gekommen sein, sondern nur dadurch, daß die Tauschpartner einvernehmlich von der Verschiedenheit ihrer Tauschgüter absahen und das allgemein Menschliche darin schätzten. «Indem sie ihre verschiedenartige Produkte einander im Austausch als Werte gleichsetzen, setzen sie ihre verschiednen Arbeiten einander als menschliche Arbeit gleich. Sie wissen das nicht, aber sie tun es.»[84] In der ersten Auflage des *Kapitals* folgt hier noch der Zusatz: «Es ist dieß eine naturwüchsige und daher bewußtlos instinktive Operation ihres Hirns.»[85] In der zweiten Auflage fehlt dieser Passus, aber es blieb der Satz: «Die Gesetze der Warennatur betätigen sich im Naturinstinkt der Warenbesitzer.»[86] Und schon ein paar Jahre früher hat Marx vom Geld gesagt, daß es «nicht Produkt der Reflexion oder der Verabredung ist, sondern instinktartig im Austauschprozeß gebildet wird».[87]

Menschen, die noch unverdorben von Geldgier sind, verfügen nach Marx über eine Art natürlichen Recheninstinkt, der sie spontan die investierte Arbeitszeit überschlagen läßt, wenn sie einander Arbeitsprodukte zum Tausch darbieten – und dabei nichts will, als daß der eigene Arbeitszeitaufwand beim Tausch angemessen honoriert wird. Dieser Instinkt ist die anthropologische Voraussetzung der Marxschen Tauschtheorie – ganz naiv aristotelisch. *Kata physin*, naturgemäß, nannte Aristoteles den Naturaltausch zur Bedarfsdeckung, und «naturgemäß» denkt sich auch Marx jenen instinktartigen moralischen Gleichgewichtssinn, der dem einfachen Warentausch Pate gestanden haben soll. *Kata logon*, folgerichtig, vernünftig, fand Aristoteles die Entwicklung vom Naturaltausch zum Münzgeld. Und auch hierin folgt ihm Marx, nicht ohne aus der knappen Rationalisierung der Geldentstehung, mit der Aristoteles die Unkenntnis ihres realen Verlaufs überdeckte, eine ganze hegelianisierende «Deduktion» zu machen. An deren Anfang steht die «einfache Wertform», der Tausch von zwei Naturalien (Rock und Leinwand). Sie geht in die «entfaltete Wertform» über, wo alle möglichen Naturalien gegeneinander ge-

84 Marx 1979 [^{2}1872], 87 f.
85 Marx 1983 [^{1}1867], 49
86 Marx 1979 [^{2}1872], 101
87 Marx 1985 [1859], 35

 tauscht werden (Rock, Leinwand, Tee, Kaffee, Gold, Eisen etc.). Es folgt die «allgemeine Wertform», wo irgendeines dieser Tauschgüter – bei Marx ausgerechnet «20 Ellen Leinwand» – mehr oder weniger zufällig in die Rolle eines allgemeinen Äquivalents für die andern rutscht, bis schließlich ein besonders tauglicher Naturstoff, nämlich Edelmetall, dauerhaft diese Rolle übernimmt. Die «allgemeine Wertform» mutiert zu einer stabilen «Geldform». «Aus der Funktion des Geldes als Zahlungsmittel entspringt seine Münzgestalt.»[88]

Mit der wirklichen Geldentstehung hat diese Konstruktion so gut wie nichts zu tun. Dies historische Defizit beschert Marx auch ein strukturelles Problem. Was war es doch, was ihn zum Geldtheoretiker hat werden lassen? Die empörende Art und Weise, in der das Geld im Zuge der industriellen Revolution den gesamten Gesellschaftsprozeß anzutreiben und anzusaugen begann. «Da das Geld als der existierende und sich betätigende Begriff des Wertes alle Dinge verwechselt, vertauscht, so ist es [...] die verkehrte Welt, die Verwechslung und Vertauschung aller natürlichen und menschlichen Qualitäten.»[89] Um dieser verkehrten Welt auf den Grund zu kommen und ein Ende zu machen, wurde Marx Ökonom. Doch wo steckt im einfachen Naturalientausch die Verkehrung? Er wurde doch nur möglich, weil er arglos war. In dem allgemeinen Tauschmittel namens Geld, das sich angeblich daraus entwickelte, steckt sie aber ebensowenig. Es multipliziert den einfachen Gütertausch zunächst lediglich und macht ihn effizienter. Und wohlgemerkt: «Verkehrt» war für den jungen Marx nicht erst ein bestimmter Umgang mit Geld, etwa der Wucher, sondern das Geld selbst. Damit lag er ganz richtig; nur fehlten ihm die beweiskräftigen Argumente. Sie wären ihm geradezu in den Schoß gefallen, hätte er sich um die wirkliche Entstehung des profanen Geldes ernsthaft gekümmert: dessen Herkunft aus dem Kult.

Die Münze ist der Stoff, worin der Kunstgriff der Abstraktion, eine alte Priesterlist, sich gegen den Tempel gewendet und eine profane Verkörperung angenommen hat. Das ist durchaus eine der ganz großen Umkehrungen in der Menschheitsgeschichte, allerdings eine dialektische, nicht ein simpler Umschlag von Gut in Böse. Die Münze stellt keinen Sündenfall dar. Sie verkörpert eine finale Profanierung, eine, die nicht mehr in der sakralen Sphäre stattfindet, sondern aus

88 Marx, 1979 [^{2}1872], 63, 77, 79, 84, 138

89 Marx, 1974 [1844], 566

ihr heraustritt und sie *aufhebt*, und zwar in doppeltem Sinne. Die Münze ist keiner höheren Macht mehr zubestimmt, sondern das allgemeine Äquivalent, das die Welt der Gebrauchsdinge *unter* sich befaßt. Sie wächst nicht allmählich aus sporadischem Naturaltausch heraus und verleiht ihm regelmäßigere Formen, sondern sie dringt aus einer anderen Sphäre in Naturaltauschverhältnisse ein und drückt ihnen ihre eigenen Regeln mit verstörender Kraft auf. So setzt sie das Wirken jener unfaßbaren höheren Mächte fort, aus deren Bann sie heraustrat. Sie schleppt ihre sakrale Vorzeit, der sie entsprungen ist, gleichwohl mit sich, und ihre weitere Geschichte wird sich als Entfaltung des großen Konflikts erweisen, der darin angelegt, um nicht zu sagen, vorprogrammiert ist. Wer von seiner Kindheit nichts mehr wissen will, den holt sie ein.

Schon am Frühstadium der Münze zeigt sich: Sie ist weit dialektischer als Marx' Werttheorie. Die nämlich seziert erst einmal. Das einzige, sagt sie, was Gebrauchsgüter einander wert machen kann, ist, daß die gleiche Arbeitszeitmenge in sie einging. Und die Handgriffe, die auf sie verwandt wurden, die Geduld und Geschicklichkeit, das Know-how? Die verändern ein Ding bloß physisch, machen es gebrauchsfähig, verschaffen ihm aber keinerlei Wert, sondern übertragen ihn lediglich dorthin. «Man mag daher eine einzelne Ware drehen und wenden, wie man will, sie bleibt unfaßbar als Wertding.» Es «geht kein Atom Naturstoff in ihre Wertgegenständlichkeit ein».[90] Das ist der Versuch, die beiden Seiten der *timē* keimfrei voneinander zu scheiden: den Wert einer Ware einzig auf ein taxierbares Quantum zu reduzieren, mit dem ihre physische Beschaffenheit, die man mehr oder minder begehren, genießen, lieben oder interessant finden kann, nichts zu tun hat. Wert als Sache der Taxierung und Wert als Sache emotionaler Besetzung treten auseinander wie *res extensa* (ausgedehntes Sein) und *res cogitans* (denkendes Sein) bei Descartes. Auch die *res cogitans* enthält «kein Atom Naturstoff». Ebenso sollen Hersteller und Käufer einer Ware davon absehen lernen, was an Anstrengung und Aufmerksamkeit in sie eingegangen ist, was sie begehrens- oder liebenswert macht. Sobald nämlich die taxierende Schätzung durch emotionale getrübt wird, beginnt für Marx die verkehrte Welt – mental wie sozial. Die «instinktartige» Taxierung des Warenwerts verliert ihre Verbindlichkeit. «Entfrem-

90 Marx, 1979 [^{2}1872], 62

 dung» setzt ein: jenes Feilschen, Bestechen, Übervorteilen, das anfangs sporadisch geschah, allmählich Methode bekam und sich mit der Zeit in Herrschaftsverhältnissen objektivierte, am krassesten schließlich in den kapitalistischen.

Marx wollte das Wertproblem ein für allemal lösen, etwa so wie Alexander den gordischen Knoten. Doch die *timē* läßt sich nicht durchhauen. Besetzende und taxierende Wertschätzung sind zwei Seiten derselben Sache. Es gibt kein reines Taxieren, wie leicht ersichtlich an Marx' Grundmaß der Wertschöpfung: der «Verausgabung einfacher Arbeitskraft, die im Durchschnitt jeder gewöhnliche Mensch, ohne besondere Entwicklung, in seinem leiblichen Organismus besitzt». Das pure Verausgaben genügt nämlich nicht. Ein Arbeiter, der nur Ausschuß produziert, überträgt, auch wenn er stundenlang an einem Rohstoff laboriert, kein bißchen Wert auf ihn. Zur wertbildenden Tätigkeit gehört ein Mindestmaß an Geschicklichkeit, also etwas Qualitatives, nie vollständig Meßbares. Einmal räumt Marx sogar unversehens ein, daß «die Wertbestimmung der Arbeitskraft ein historisches und moralisches Element»[91] enthalte, gibt aber keinen Umrechnungsmodus dafür an. Es dominiert sein Wunsch nach Werteindeutigkeit, nach klaren, berechenbaren, planbaren Verhältnissen – ein eher cartesisch-rationalistischer als historisch-materialistischer Wunsch. Er macht die Rechnung ohne den Trieb. Doch die Besetzung von Dingen mit Triebenergie läßt sich keiner Schätzung ganz austreiben. Wer etwas eintauscht, schätzt es: sei es als unentbehrliches Lebensmittel, Lustspender, Machtmittel, Vorrat oder was auch immer. Und stets ist das besetzende Schätzen der Triebimpuls, der das taxierende in Gang setzt. Es gibt nicht Taxieren und Besetzen für sich, aber auch kein natürliches Gleichgewicht zwischen ihnen, nur eine ständige Verschiebung der Gewichte. Zur Zeit der Menschenopfer war das Taxieren grauenhaft unterentwickelt. Seit es sich jedoch auf eine hochentwickelte mathematische Wissenschaft stützen kann, hat es so viel Übergewicht bekommen, daß es gelegentlich autark scheint. Und zur Erzeugung dieses Scheins hat die Erfindung der Münze erheblich beigetragen.

91 Marx, 1979 [^{2}1872], 185

Münze und Philosophiebeginn

Die Neuartigkeit der Münze ist kaum zu überschätzen. Durchdrungen hat ihr Umlauf vorerst allerdings nur die Oberschicht der antiken Gesellschaft. Weder Frauen, Kinder, Sklaven noch Hausgehilfen bekamen mit Münzen zu tun, sondern lediglich die Gehilfen der Staatsmacht und die Hausherren. Bei ihnen setzte die Münze mit erstaunlicher Geschwindigkeit eine Verzweigung des Begehrens, eine Verschiebung eines beträchtlichen Teils der Triebenergie von Konsum- und Genußgütern auf das neue, glänzende Mittel zu ihrem Erwerb in Gang. Die emotionale Besetzung dieses Mittels aber, das sich selbst nicht konsumieren, sondern eben nur mittelbar genießen läßt, in Erwartung der Genüsse, die es verschafft, das also weniger ein Lustobjekt als ein Vorlustobjekt darstellt, verändert den ganzen Triebhaushalt. Damit verschieben sich auch die Aufmerksamkeitsverhältnisse. Im Lichte der Münze verändert sich die gesamte Realitätswahrnehmung. Die vielen Gebrauchsgüter, die die Natur darbietet, sehen anders aus, wenn es tatsächlich ein allgemeines Äquivalent gibt, worin sie sich darstellen, worauf sie sich zurückführen lassen, worin sie virtuell enthalten sind. Das Äquivalent nimmt sich aus wie der Generalschlüssel, der die Welt der Gebrauchsgüter erschließt. Und so ist es kein Zufall, daß in der dünnen sozialen Machtschicht, in der die Münzen umliefen, alsbald auch ein Verdacht umzugehen begann, der noch um einiges grundsätzlicher war. Wenn es ein allgemeines Äquivalent aller Gebrauchsgüter gibt, warum dann nicht auch ein allgemeines Äquivalent aller Naturerscheinungen: ein Element, worin virtuell die ganze Natur enthalten und worauf sie zurückführbar ist?

Der erste, bei dem sich dieser Verdacht bleibend niedergeschlagen hat, war Thales von Milet. Er gilt als erster abendländischer Philosoph, und diesen Ruhm hat ihm ein Kurzschluß eingetragen: daß alle Dinge aus Wasser seien. Dennoch war dieser Kurzschluß eine unerhört folgenreiche Abstraktionsleistung. Gemeint ist: Wasser ist der Urstoff. Es gibt so etwas wie «Wasser überhaupt». Dahinter steht die Erfahrung der Aggregatzustände. Wasser kann zu Eis oder zu Dampf werden, und alles Seiende ist fest, flüssig oder gasförmig, also enthält alles Seiende Wasser. Das findet sich so allerdings von Thales nirgends ausgeführt. Seine Worte sind derart bruchstückhaft überliefert, daß sich daraus nicht mehr entnehmen läßt, wie er gedacht hat.

 Es ist nicht einmal sicher, ob er selber für jenes «Wasser überhaupt» schon den Begriff verwendet hat, den Aristoteles[92] ihm zurechnet: *archē*, wörtlich: Anfang oder Herrschaft. Eigentlich ist das ein profanes Wort. Indem es aber dem Ur-Wasser des Thales angehängt wird, bekommt es unversehens, wie durch eine chemische Reaktion, das semantische Schwergewicht des Grundsätzlichen und bedeutet nun Anfang überhaupt, das Bestimmende überhaupt, ist daher auch mit Urgrund, Urelement, Prinzip übersetzbar.

Thales war einer der sieben Weisen, ein antiker Allroundmann: Tyrannenberater, Reisender, aufmerksamer Naturbeobachter, Mathematiker, Denker und nicht zuletzt – Geschäftsmann. Es ist nicht überliefert, daß er über Wesen und Bedeutung von Münzen nachgedacht hätte, aber Aristoteles erzählt folgende Anekdote von ihm: «Geschmäht wegen seiner Armut, als sei die Philosophie zu nichts nutz, hat er, so wird gesagt, als er aus der Astrologie eine reiche Olivenernte voraussah, noch im Winter sein weniges Geld wohl angewandt, indem er ein Angeld (*arrabon*) für alle Ölpressen in Milet und Chios gab, sie billig mietete und von niemandem überboten wurde. Als aber die Zeit kam, wo auf einmal und zugleich viele Pressen verlangt wurden, vermietete er sie zu dem Preis, den er wollte, und verdiente viel Geld, um zu zeigen, daß es den Philosophen ein leichtes sei, reich zu werden, wenn sie wollten, aber daß dies nicht das sei, worauf sie aus sind.»[93] Daß Thales diesen Coup nur gelandet habe, um das angemessene Verhältnis von Geld und Philosophie zu versinnbildlichen, klingt nicht sehr glaubwürdig; «Philosophie» war zu seiner Zeit doch noch gar kein stehender Begriff. Aber zweifellos hatte Thales Umgang mit Münzen. Etwa dreißig bis achtzig Jahre nach ihrer Erfindung geboren, gehörte er einer Generation an, die vollkommen vertraut mit ihnen war, vielleicht schon gar nicht mehr wußte, wie sie aus der sakralen in die profane Sphäre vorgedrungen waren, ja sich nicht einmal mehr darüber wunderte, in welcher Geschwindigkeit sie sich dort verbreitet hatten, und sich daher erst recht nicht über die Trieb-, Aufmerksamkeits- und Wahrnehmungsverschiebungen, die die Münze mit sich brachte, Rechenschaft gab.

Und doch ist Thales ein kluges Kind seiner Zeit, ja ein Seismograph dieser Verschiebungen gewesen: der erste, bei dem sie sich bis in

92 Aristoteles, *Metaphysik*, A 3, 983 b

93 Aristoteles, *Politik*, 1259 a (eigene Übersetzung)

die Sphäre der mentalen Repräsentation hinein fortgesetzt haben. Das geschah im Kontext einer Hochkultur, die sich auf eine dünne Schicht von Privilegierten beschränkte; doch ganz kulturlos war kaum mehr jemand in der griechischen Antike. Auch die Unterschicht verfügte über einen breiten Fundus sprachgestützter Vorstellungen, sonst hätte Platon die Geschichte, daß Sokrates einem Sklaven beibringt, wie man den Flächeninhalt eines Quadrats verdoppelt, nicht einmal erfinden können.[94] Die ganze Gesellschaft war über das altsteinzeitliche Stadium, wo Vorstellungen kaum mehr als halluzinatorische Wurmfortsätze der Sinneswahrnehmung waren, weit hinaus. Und selbst diese primitiven Halluzinationen waren ja schon Abstraktionen, Abzüge von der unmittelbaren sinnlichen Wahrnehmung der äußeren Welt. Erst recht aber gilt das für Vorstellungen, die sich zu einem ganzen Arsenal eigensinniger innerer Repräsentanten der Außenwelt entfaltet und verbunden haben, dank ihrer Verknüpfung mit regelmäßigen Lautkombinationen in immer wieder ähnlicher Weise hergerufen werden können und somit jenen Grad differenzierter und stabiler zwischenmenschlicher Verständigung ermöglichen, der gemeint ist, wenn man sagt, daß ein Volk eine gemeinsame Sprache spricht.

Sprachgestützte Vorstellungen sind selbst schon eine beträchtliche Abstraktionsleistung. Nirgends war sie höher entwickelt als bei den Griechen, und nur von diesem Niveau aus konnte Thales weiter vorstoßen. Vorstellungen waren zwar schon Abzüge; aber davon selbst noch einmal Abzüge machen und die Hauptaufmerksamkeit von ersteren auf letztere verlagern, von Vorstellungen konkreter Gestalten auf die Vorstellung von Gestalt überhaupt, Form überhaupt, Stoff überhaupt, Anfang, Grund, Ursache überhaupt: das ist die spezifische Verschiebungsleistung, die er als erster vollbrachte. Ihre soziale Basis war die Verschiebung des *obelos* aus der sakralen in die profane Sphäre, begleitet von einer kleinen Lautverschiebung, die aus *obelos* «*obolos*» machte, den attischen Namen für die kleinste gängige Münze. Ihre mentale Basis waren jene triebenergetischen Verschiebungsleistungen, die erbracht werden mußten, um mit Münzen vorteilhaft umzugehen. Was sich auf dieser Basis innerhalb von ein bis zwei Generationen auftat, war nichts Geringeres als die abendländische Philosophie. Sobald die Münze als allgemeines Äquivalent wahrnehmbar wurde, worin virtuell alle Gebrauchsgüter enthalten sind, verhalf sie einigen

94 Cf. Platon, *Menon*, 82 b ff.

 hellen Köpfen nahezu umgehend zur Vorstellung eines allgemeinen, ursprünglichen Stoffs, worin der ganze Kosmos sein Bestehen und seinen Anfang hat.

Der Vorstoß in diese mentale Dimension erfolgte allerdings tastend. Es waren ja keine professionellen Philosophen, die ihn unternahmen, sondern welterfahrene Tausendsassas, die die Distanz, die sie als freie Bürger einer Polis zur sakralen Sphäre gewonnen hatten, dazu nutzten, ihre Interessen und Gedanken frei schweifen zu lassen. Und dabei gerieten sie gelegentlich auch in die Sphäre jener abstrakten Vorstellungen von Stoff, Form und Sein überhaupt, die sie durchaus als mentales Neuland verspürt haben dürften, das es urbar zu machen galt. Was sie freilich nicht reflektierten, war das Ausmaß, in welchem ihre abstrakten philosophischen Vorstellungen von jener materialisierten Abstraktion zehrten, welche die Münze als allgemeines Äquivalent darstellte. Das ist gewiß ein Mangel, aber ein leicht erklärlicher. Wer damit beschäftigt ist, Neuland urbar zu machen, kümmert sich zunächst einmal nicht so sehr darum, welche Umstände und Kräfte ihn dazu befähigen. Dies kleine Reflexionsdefizit hat der kritische Theoretiker Alfred Sohn-Rethel ganz groß aufgemacht: als den epochalen blinden Fleck, worin sich das gesamte Geheimnis von Geld und Begriff, von Warenform und Denkform zusammengezogen habe.

Kaum daß die Münze umläuft, so argumentiert er, beginnt auch abstrakte philosophische Begriffsbildung. Aber die abstrakten Begriffe thematisieren diese höchst bemerkenswerte Koinzidenz nicht. Warum beziehen sie sich nicht auf die Münze? Weil sie nicht können. Sie leiden gewissermaßen an einem artspezifischen Geburtsfehler, der sie blind macht für ihre Abstammung von jener besonderen Abstraktionsleistung, die sich im Gütertausch vollzieht und in der Münze verkörpert. Dies Defizit hat selbst Marx nicht aufgehellt; deshalb gibt es die berühmte dunkle Stelle im *Kapital*, wo er sagt, daß der Tausch heterogener Gebrauchsgüter zwar nur durch «Abstraktion von ihrer wirklichen Ungleichheit» zustande komme, aber ohne daß diejenigen, die ihn vollziehen, sich das klarmachen. «Sie wissen das nicht, aber sie tun es.»[95] Doch wie kann man eine derart grundlegende Abstraktionsleistung vollbringen, ohne es zu bemerken? Indem man es «instinktiv» tut, hatte Marx behauptet. Das überzeugt Sohn-Rethel nicht. Er

95 Marx, 1979 [²1872], 87 f.

sieht hier durchaus keinen Instinkt am Werk, sondern die singuläre Logik des Tauschs. *Sie* sorge für die Zusammengehörigkeit von Tun und Nichtwissen; ja der Tauschakt bestehe wesentlich darin, realer Vollzug einer Abstraktion zu sein, von der er nichts weiß. Und so erzählt Sohn-Rethel das Märchen, wie einst, als mit dem Münzumlauf der Warentausch zum entscheidenden sozialen Akt wurde, eine allmählich die ganze Gesellschaft durchdringende «Realabstraktion»[96] einsetzte – und keiner hat's gemerkt.

Niemandem ist aufgefallen, daß der Markt, der die ganze Gesellschaft in sein Kraftfeld zieht, eigentlich bloß ein «zeitlich und örtlich bemessenes Vakuum an menschlichem Stoffwechselprozeß mit der Natur» darstellt. «Innerhalb dieses Vakuums vollzieht der Warenaustausch die Vergesellschaftung als solche rein für sich, in abstracto.» Denn: «Auf dem Markt, in den Läden, Schaufenstern etc. stehen die Waren still, bereit für eine einzige Art der Handlung, d. h. ihren Austausch. Eine zu einem definitiven Preis ausgezeichnete Ware z. B. unterliegt der Fiktion vollständiger materieller Unveränderlichkeit [...]. Selbst von der Natur wird angenommen, daß sie gleichsam im Warenkörper ihren Atem anhält, solange der Preis der gleiche bleiben soll.» Wie hatte man nur glauben können, daß beim Anpreisen, Ausprobieren und Befeilschen von Waren das volle Menschenleben pulsiert? Nun erfährt man: «Waren in Augenschein nehmen, sie eventuell berühren, sie an- und ausprobieren, sich ihren Gebrauch vorführen lassen»: das alles ist lediglich Simulation, imaginärer Gebrauch im Vakuum, dient «nur der gedanklichen Instruktion und Urteilsbildung der Kunden», bleibt «bloße Vorstellung» für sie. Dieser imaginäre Gebrauch der Waren aber hat eine überraschende Wirkung; er verhilft der menschlichen Imagination zur Eigenständigkeit. «Mit der Herausbildung des Marktwesens trennt sich die Imagination vom Tun der Menschen.» Also nicht etwa dort, wo steinzeitliche Kollektive anfingen, die sie umtreibenden Naturgewalten als höhere Mächte zu imaginieren und sie mit jener Art von Erzählungen zu umspinnen, die den Imaginationsfonds der Menschheit ausmachen; nein, die Imagination soll sich überhaupt erst auf der Agora der attischen Polis vom Handeln abgelöst haben, dort, wo stark individualisierte Marktbesucher die feilgebotenen Waren schon vor Kaufabschluß befingern, «in der Vorstellung» gebrauchen und sich dabei wer weiß was für Genüsse ausmalen durften.

96 Sohn-Rethel 1989, 9. Die Zitate im nächsten Absatz: 22, 17, 18, 19, 21, 64, 65

Und so kommt alles aufs schönste zusammen: eine reale Tauschabstraktion, von der diejenigen, die sie vollziehen, nichts wissen; eine Imagination, die sich dabei vom Handeln trennt und zur Abstraktion verdünnt, aber nicht weiß, daß sie der Tauschabstraktion entsprungen ist; und Sohn-Rethel, der dies alles weiß und daher nicht nur erklären kann, warum sich die Tauschabstraktion «hinter dem Rücken der Beteiligten» vollzieht, sondern auch, was geschah, als Parmenides, der Pionier der gedanklichen Abstraktion, in die Sphäre des reinen Begriffs vorstieß und *to on*, das schlechterdings und wahrhaft Seiende, als das einzig Maß- und Haltgebende, aber allein durch Denken Erreichbare zu fassen suchte. Da ist dem guten Mann nämlich bloß «die immaterielle Substantialität der synthetischen Geldnatur» hinterrücks zu Kopfe gestiegen. Was sollte der reine Begriff des Seins sonst auch ausdrücken? Aus der Sinnenwelt kann er nicht kommen, denn die ist ja empirisch-konkret. Bleibt also nur noch die abstrakte Wertgegenständlichkeit, in die «kein Atom Naturstoff eingeht». Im reinen Begriff (*to on*) findet sie ihre reine Darstellung und ihre «ontologische Verabsolutierung» zugleich, ohne daß dieser Begriff wüßte, wie ihm geschieht und was er tut. Er ist der höchste verkehrte Widerschein der Münzerfindungsepoche oder, mit Marx gesprochen, ihre vornehmste Ideologie.[97]

Diese Direktverbindung von Geld und Geist ist nicht nur extrem kurzschlüssig; sie ist auch am wenigsten das, was sie sich am meisten

97 Erstaunlich, wie empfänglich Theodor W. Adorno für solche Überlegungen war. Sohn-Rethels Ansatz löste, wie er brieflich gesteht, «die größte geistige Erschütterung» aus, «die ich in Philosophie seit meiner ersten Begegnung mit Benjamins Arbeit [...] erfuhr» (Adorno/Sohn-Rethel 1991, 32). Im Gegensatz zu Max Horkheimer, der Sohn-Rethels fortgesetzte Deduktionen der Denkform aus der Warenform als «unendlich ermüdend und uninteressant» (Adorno/Horkheimer 2003, 225) empfand, war Adorno zeitlebens angetan von der Aussicht, jene «reinen Verstandesbegriffe», die wir nach Kants Auffassung nirgendwoher haben können, weil wir sie immer schon mitbringen, wenn wir Begriffe bilden, dennoch als etwas Abgeleitetes, ja Warenförmiges zu erweisen und sie einer umfassenden «materialistischen» Logik einzufügen. Doch zu deren Entwicklung kam es nicht ansatzweise. Es blieb bei der Versicherung, daß sich «das transzendentale Subjekt als die ihrer selbst unbewußte Gesellschaft dechiffrieren» lasse – und einer Reverenz: «Alfred Sohn-Rethel hat zuerst darauf aufmerksam gemacht, daß in ihm [sc. dem Transzendentalsubjekt], der allgemeinen und notwendigen Tätigkeit des Geistes, unabdingbar gesellschaftliche Arbeit sich birgt.» (Adorno 1973, 179 und 178)

zugute hält: materialistisch. «Der reine Geist ist die reine Lüge», sagt Nietzsche im *Antichrist*.[98] Das gilt auch für den reinen Tausch und die reine Wertgegenständlichkeit. Stets ist die Behauptung solcher Reinheit idealistisches Wunschdenken. Schaue man sich den parmenideischen Seinsbegriff doch einmal etwas genauer an. Er steht im Zentrum eines Gedichts, das zunächst einmal eine Himmelfahrt fingiert, bei der der Ich-Erzähler von «vielverständigen Pferden», «den Wagen ziehend mit gewaltiger Kraft», «zum Licht hin», «auf den kundevollen Weg der Göttin» gebracht wird, an das ätherische «Tor der Bahnen von Nacht und Tag», das sich bei seiner Ankunft öffnet. Dahinter empfängt ihn Dike, die Göttin des Rechts, und verkündet ihm das «Wort» (*mythos*), welches so schwer übersetzbar ist, nämlich das Wort vom «Ist (*estin*), bei dem das Nichtsein (*mē einai*) nicht ist», bei dem «Entstehung ausgelöscht und unerfahrbar Zerstörung» ist und «das Denken (*noein*) und dasjenige, um dessentwillen der Gedanke (*noēma*) ist, dasselbe» sind. Die Pointe dabei: Das «Wort» der Göttin verkündet dem Ankömmling in der höheren Sphäre nur das Ergebnis seiner eigenen Himmelfahrt. Die nämlich erweist sich nun als der Abstraktionsprozeß, der ihn über die instabile, unzuverlässige, trügerische Sinnenwelt hinausgeführt hat zu jenem «Ist» ohne Nichtsein, worin die Differenz von Denken und Gedachtem verschwindet. Und die Göttin ist nur der personifizierte Versuch, dieses «Ist» zu umschreiben. Wie später die Liebeslyrik immer wieder anhebt, das geliebte Wesen mit Worten zu umfassen, so verfährt auch Dike, wenn sie das «Ist» als «unveränderlich in den Grenzen gewaltiger Fesseln», festgehalten von der «mächtigen Moira», «gleich der Masse einer wohlgerundeten Kugel»[99] preist. Deutlich lehnt sie sich dabei an Einweihungsworte der zur damaligen Zeit zahlreichen griechischen Mysterienkulte an und faßt das «Ist», wann immer sie es ausspricht, in Metaphern ein. Von wegen reine Begriffe!

Wohl aber tut Parmenides' Gedicht etwas, was auch die Münze getan hat: Es wendet eine sakrale Form gegen die sakrale Sphäre. Es macht die banale profane Kopula «Ist» samt zugehörigem Infinitiv (Sein) und Partizip (seiend) zum Gegenstand einer Offenbarung – einer «Schau» (*opsis*), wie es in der Mysterienterminologie heißt. Das Banalste als das Höchste zu «schauen»: das ist das Betriebsgeheimnis

98 Nietzsche 1988 [1889 b], 175
99 Parmenides 1983; Zitate: 312, 314, 316, 320, 322 (eigene Übersetzung)

 der Ontologie (Lehre vom Sein). An Parmenides' Gedicht kann man geradezu miterleben, wie sie sich konstituiert: als profane Epiphanie. Sie entsteht auf den Kredit des Mysterienkults wie die profane Münze auf den Kredit des Tempels, dessen Schutzmacht sie bildlich eingedrückt bekommt. Ontologie dreht sich an ihrem Beginn nicht anders um eine armselige Kopula als das ganze Brimborium der Mysterien von Eleusis um eine dürftige Kornähre. Nur ist das parmenideische Gedicht eben nicht mehr Bestandteil eines sakralen Vollzugs. Es wird nicht mehr vom Priester gesprochen, sondern vom Weisen, nicht mehr im Tempel, sondern auf dem Markt, der ihn umgibt. *Agora* hieß ursprünglich «Versammlungsplatz», nämlich des Kollektivs zum Kult. Ohne den Münzumlauf wäre daraus schwerlich jener «Markt» geworden, der gleichsam das Markenzeichen der attischen Polis ausmacht und sich bei Jacob Burckhardt so beschrieben findet: «Hier, angesichts der Schiffe, umgeben von Tempeln, Amtsgebäuden, Denkmälern, Kaufläden und Wechslerbuden, so viele deren noch Platz haben mochten, lag der Grieche dem ‹agorazein› ob, jenem für Nordländer nie mit einem Wort übersetzbaren Treiben. Die Wörterbücher geben an: ‹auf dem Markt verkehren, kaufen, reden, ratschlagen usw.›, können aber das aus Geschäft, Gespräch und holdem Müßiggang gemischte Zusammenstehen und Schlendern nicht wiedergeben.»[100]

Agorazein ist der mentale Boden der griechischen Philosophie, ihr Dünger aber die Münze. Deren abstrakte Umtriebigkeit hat den neuen Abstraktionsgrad und die profane Beweglichkeit des philosophischen Denkens treibhausartig gedeihen lassen. Auch eine neue Dimension von Individualität tat sich damit auf. Wie Münzen nach Gutdünken an alles Mögliche gewandt werden können, so philosophische Gedanken an Sachverhalte und in Richtungen, die kein Ritual, kein Gesetz, keine Sitte vorgibt. Sie loten zwar zunächst das Allgemeinste aus: Stoff überhaupt, Form an sich, Sein als solches. Aber sie tun das auf eigensinnige Weise. Jeder der frühen Philosophen gelangt zu einem andern Allgemeinbegriff. Jeder dieser Begriffe kommt zwar mit ontologischer Würde daher, als offenbare er den Weltgrund; aber keiner wird mehr verehrt wie ein Gott, keiner stiftet mehr einen Kult, auch wenn er mit Priestergestus vorgetragen wird. Die Priester versammeln das Volk um ein Heiligtum, die Philosophen eine Schülerschar um eine Lehre. Und keine dieser Lehren ist mit einer andern deckungsgleich.

100 Burckhardt 1977, 70

Philosophie hat geldgestützt begonnen, aber nicht um Geldes willen, eher so, wie es die schöne Anekdote von Thales erzählt: fähig zur Geldanhäufung, aber desinteressiert daran. Als sich die Verhältnisse in den griechischen Poleis aber umkehrten und nicht mehr Weise (*sophistai*) auf der Agora Schüler um sich versammelten, sondern Bürger dazu übergingen, Weise zu kontraktieren, um von ihnen gegen Geld reden zu lernen oder Prozesse geführt zu bekommen, da wurde deutlich: Geld ermöglicht nicht nur Weisheit, sondern auch ihren Ausverkauf. Wer nach Geld schielt, kann sich nicht zugleich dem wahrhaft Seienden widmen. Davon waren der Kyniker Diogenes, Sokrates und Platon gleichermaßen überzeugt, wenn auch aus unterschiedlichen Gründen. Sie verachteten daher jeden, der Weisheit für Geld feilbot, und setzten das Verhältnis von Geld und Geist damit unter eine Spannung, die bis heute andauert.

Intermezzo 3: Kotgeld

Die hier vorgelegte Genealogie des Geldes verfährt durchaus psychoanalytisch. Freud ist eine ihrer großen Referenzen, nicht aber die Geldtheorie, die er selbst unter dem Titel *Charakter und Analerotik* entworfen hat. Er setzt dort bei Patienten an, die ihm als «besonders *ordentlich*, *sparsam* und *eigensinnig*» auffielen, als extrem auf «körperliche Sauberkeit» bedacht, sparsam «bis zum Geize». «Sie scheinen zu jenen Säuglingen gehört zu haben», denen es «Vergnügen bereitet hat, den Stuhl zurückzuhalten», und die sich an «allerlei unziemliche Beschäftigungen mit dem zutage geförderten Kote» erinnern. Um so peinlicher ist ihnen später diese «überdeutliche erogene Betonung der Afterzone». Ihre übermäßige «Sauberkeit, Ordentlichkeit, Verläßlichkeit macht ganz den Eindruck einer Reaktionsbildung gegen das Interesse am Unsauberen». Die «hartnäckigsten und langdauerndsten sogenannten habituellen Stuhlverstopfungen Nervöser» lassen sich nach Freuds Erfahrung allerdings beseitigen, «wenn man den Geldkomplex der Betreffenden berührt und sie veranlaßt, denselben mit all seinen Beziehungen zum Bewußtsein zu bringen».[101]

Dieser Befund ist zweifellos hilfreich zum Verständnis des Geizes. Erwachsene, die ungern Geld ausgeben, haben signifikant oft als Kleinkinder besondere Lust daraus bezogen, den Kot bei sich zu behalten, statt ihn den Erwachsenen zu deren Konditionen gleichsam abzuliefern. Sie widersetz-

101 Freud 1973 [1908], 25, 26 und 28

 ten sich den Erwachsenen und genossen dabei das lustvolle Gefühl, selbst jemand zu sein, ein eigenes Wesen mit eigenem Willen, auch wenn diese Lust im Unlustgefühl der Verstopfung einen ständigen Dämpfer hatte. Wer also viel frühkindliches Selbstgefühl aus dem Einbehalten des Kots zog, neigt später zur Freude am Einbehalten von etwas, was als Verkörperung von Selbständigkeit gilt, allgemeine soziale Anerkennung genießt und *per definitionem* nicht stinkt: Münzen und Papiergeld. Doch Freuds Kottheorie will mehr als nur den Geiz erklären; sie knüpft an ärztliche Beobachtungen sogleich weitreichende Verallgemeinerungen. «In Wahrheit ist überall, wo die archaische Denkweise herrschend war oder geblieben ist, in den alten Kulturen, im Mythus, Märchen, Aberglauben, im unbewußten Denken, im Traume und in der Neurose das Geld in innigste Beziehungen zum Drecke gebracht. Es ist bekannt, daß das Gold, welches der Teufel seinen Buhlen schenkt, sich nach seinem Weggehen in Dreck verwandelt, und der Teufel ist doch gewiß nichts anderes als die Personifikation des verdrängten unbewußten Trieblebens. [...] Ja, schon in der altbabylonischen Lehre ist Gold der Kot der Hölle, *Mammon = ilu manman*. Wenn also die Neurose dem Sprachgebrauche folgt», «der eine Person, die das Geld allzu ängstlich zurückhält, ‹*schmutzig*› oder ‹*filzig*› (englisch: *filthy* = schmutzig) nennt», «so nimmt sie hier wie anderwärts die Worte in ihrem ursprünglichen, bedeutungsvollen Sinne, und wo sie ein Wort bildlich darzustellen scheint, stellt sie in der Regel nur die alte Bedeutung des Wortes wieder her».[102]

Kurzum, die Erklärung des Geizes soll die des Geldes gleich mitliefern. Zwar liegt Freud vollkommen richtig, wenn er im Münzgeld einen bis zur Unkenntlichkeit gereinigten Ersatzstoff vermutet. Die Frage ist nur: gereinigt wovon? Von Blut, wäre die richtige Antwort. Er sagt jedoch: von Kot. Kann frühkindlicher Kot aber Urgeld sein? Dazu müßte er als allgemein anerkanntes Äquivalent gebraucht werden, wozu Kleinkinder, deren Horizont sich auf den Raum ihrer ersten Bezugspersonen beschränkt und deren Äquivalenzniveau über erste vage und ganz private Ersatzbildungen für die sich entziehende Mutterbrust noch gar nicht hinausgelangt ist, völlig außerstande sind. In keinem menschlichen Gemeinwesen hatte Kot denn auch je den Status eines allgemeinen Äquivalents. Erziehungs- und Pflegepersonen lassen ihn sich von Kleinkindern nur «geben», um ihn zu entsorgen. Was menschliche Gemeinwesen veranlaßt haben soll, ihn im gereinigten Tarnanzug eines Edelmetalls in Umlauf zu bringen, kann keine Kotgeldtheorie zeigen. Sie ist denn auch herzlich desinteressiert daran, wie es

102 Freud 1973 [1908], 28 f.

menschheitsgeschichtlich dazu kam, daß dem Gold die Rolle einer Währung zufiel. Sie setzt erst ein, wo es diese Rolle längst spielt, und zeigt lediglich, wie sich frühkindliche Besetzung von Dreck im Zuge des Erwachsenwerdens gelegentlich auf Gold verschiebt.

Geiz als die verkniffene Lust am Einbehalten von Geld kann sich überhaupt erst im Zeitalter des Privateigentums an Münzen entfalten – und unter vergleichsweise hohen Reinlichkeitsstandards. Altsteinzeitmenschen dürften jedenfalls ernstere Sorgen als die Verdauungsregulierung ihres Nachwuchses gehabt haben. Sie setzten ihn weder buchstäblich noch in übertragenem Sinne auf den Topf. Solange Kot und Urin unter freiem Himmel ausgeschieden wurden, nahm der Erdboden sie auf. Ihre Substanz und ihr Geruch waren alsbald neutralisiert. Zu einem Ärgernis – und damit zu einer Konfliktmaterie – konnten sie erst unter Bedingungen der Seßhaftigkeit werden. Kot gehört (wie Urin) nicht ins Haus, und je mehr sich die Wohnverhältnisse kultivierten, desto mehr wurde er darin zum Störfaktor. Erst wo er Erwachsenen aber so widerwärtig geworden ist, daß sie ihre Kinder auf regulierte Darmentleerung trimmen, werden diese überhaupt in die Lage versetzt, ihren Kot als Materie eines ersten Selbständigkeitsgefühls zu erleben. Früher hatten Kleinkinder nur keinen Ekel vor ihm. Nun fangen sie an, ihn emotional zu besetzen. Das ist selbst schon eine Reaktionsbildung auf jenen wohnkulturellen Reinlichkeitsimperativ, der zunächst von außen kommt und schließlich so tief verinnerlicht wird, daß sich die Lust am Kot in Ekel wendet.

Im Fall des Geldes greift Freud «die archaische Denkweise», für die er andernorts oft großen Spürsinn bewies, nur in hochkulturellen Spätausläufern auf. Die kruden Geschichten von den Teufelsbuhlen, denen sich Gold in Dreck verwandelt, entstammen dem christlichen Mittelalter und dem Umkreis der Alchimistenküchen, in denen oft tatsächlich versucht wurde, aus minderen Erdstoffen Gold herzustellen. Solche Experimente sind des Teufels, war die christliche Devise; sie maßen sich an, was allein Gott dem Schöpfer zusteht. Der «Teufel» war in solchen Zusammenhängen weit mehr als nur «die Personifikation des verdrängten unbewußten Trieblebens»: ebenso ein weltanschaulicher wie sexueller Verführer. In den Geschichten, wo er seinen Buhlen einen goldenen Schandlohn auszahlt, der alsbald in Dreck zerfällt, ist er nicht von ungefähr sowohl geiler Bock als auch betrügerischer Alchimist, der das diabolische Wesen der Goldmacherei offenbart – aber gerade *nicht* Zeuge dafür, daß Gold aus Dreck stammt.

Und der babylonische Gott Nergal? Der ist als «Gott der sengenden Mittagssonne während ihres Höhepunktes sowie der Mitternachtssonne während ihres Tiefpunktes»[103] zwar sowohl mit Gold als auch mit Tod assoziiert; aber mit Gold, weil es das Sonnenmetall ist, und mit Tod, weil er ein alter degradierter Sonnengott ist, der von jüngeren, siegreichen Göttern in die Unterwelt erst hinabgestoßen wurde – ähnlich wie bei den Griechen die Titanen von den Olympiern. Die babylonische Unterwelt aber ist, wie der griechische Hades, das Reich *aller* Toten, ganz im Gegensatz zur späteren christlichen Hölle. Das aramäische Wort *Mammon* schließlich, das Luther im Neuen Testament so schön unübersetzt gelassen hat, daß es bis heute als schauriges Fremdwort für Geld umhergeistert, heißt ursprünglich Vermögen, Besitz, Eigentum – an Grund und Boden ebenso wie an Edelmetall. Mammons Verbindung mit Nergal ist sprachlich wie sachlich äußerst dünn, die mit Dreck und Hölle aber abwegig.

Aus Freuds Schülerkreis hat niemand diese christlich-babylonischen «Belege» kritisch zu prüfen gewagt. Aber dem Meister selbst wurde immer unwohler bei der exklusiven Zurückführung von Geld auf Kot. Zu oft phantasierten seine Patienten die Kotentleerung als eine Art Kindsgeburt, die «Kotstange» als Penis und diesen wiederum als Kind. Kot ist hier eher mit Zeugungs- oder Schwangerschaftswünschen assoziiert. Und so spricht Freud in späten Jahren nur noch vage von «tiefliegenden Beziehungen» zwischen «Kot-Geld-Geschenk-Kind-Penis», die in der Psychoanalyse «wie gleichbedeutend behandelt, auch durch gemeinsame Symbole vertreten»[104] würden.

Einige Freud-Schüler zwickte jedoch weiterhin der Ehrgeiz, aus der Kotgeld-Idee eine psychoanalytisch wie sozioökonomisch gleichermaßen haltbare Theorie zu gewinnen. Sandor Ferenczi setzt dazu bei der Erhebung zum aufrechten Gang an, die nach Freud der Menschheit den Kotgeruch nach und nach widerwärtig gemacht hat, und zeichnet nach, wie das Kleinkind diesen Weg im Zeitraffer wiederholt und dabei vom Kot, einem «der ersten Spielzeuge», zu Sand übergeht, «der bei erhaltener Erdfarbe trockener und reinlicher ist», dann zu Steinen, die «– wie Kot und Sand – von der Erde aufgehoben und gesammelt werden», bis ihm auch das nicht mehr genügt; «es sehnt sich nach etwas Reinerem» und findet es in «glänzenden Geldstücken», die als «entwässerter und glänzend gemachter Kot» fungieren. Auch «Glaskugeln, Knöpfe, Obstkerne werden eifrig gesammelt – diesmal nicht mehr nur um des eigenen Wertes willen, sondern als Wertmesser, gleichsam als primitive Münzen». «Der nicht rein praktisch

103 Böhl [3]1957, 816
104 Freud 1969 [1933], 534

zweckmäßige, sondern libidinös-irrationelle Charakter des Kapitalismus verrät sich aber auch auf dieser Stufe: das Kind hat eine entschiedene Freude am Sammeln.» «Der kapitalistische Trieb enthält also [...] eine egoistische und eine analerotische Komponente.»[105]

Der Kapitalismus findet sich hier unversehens in die Welt von Dreijährigen zurückverlegt, als führe ein kindlicher Trieb auf ebenso natürliche Weise zu ihm hin wie der Hunger zum Brei. Kein Gedanke daran, daß sich der Kapitalismus erst unter Hochkulturbedingungen entfaltete und daß es *seine* Reinlichkeits- und Geldstandards sind, unter denen sämtliche psychoanalytische Beobachtungen zur «Ontogenie» von Reinlichkeit und Geldinteresse stattfinden. Karl Abraham hat die Infantilisierung ökonomischer Verhältnisse noch weitergetrieben. «Seine erste Sympathie wendet das Kind den Personen zu, welche ihm Nahrung, Pflege usw. angedeihen lassen. Da sie sich hierbei mit seinem Körper befassen müssen, rufen sie beim Kind gleichzeitig durch Reizungen erogener Zonen Lustempfindungen hervor. Das Kind nimmt diese letzteren wie Geschenke entgegen.»[106] «[D]ie Ernährung durch die Mutter» etwa «führt ihm Nahrung zu, vermehrt also seinen materiellen Besitzstand, und wirkt gleichzeitig als lustvoller Reiz». «Das Kind erwidert das ‹Geschenk› der Mutter in gewissen Grenzen durch eine Gegengabe, indem es seine körperlichen Entleerungen nach ihren Wünschen entrichtet. Der Kot ist insbesondere die materielle Gegengabe.»[107]

Daß die Muttermilch dem Säugling auch sogleich die Vorstellung eines freundlichen Spenders und vermehrten Besitzstandes samt Dankesgefühlen einflößte, ist freilich eine ganz anachronistische Annahme. Dank fühlen kann nur, wer auch Schuld fühlt. Das lernt ein Säugling erst im Zuge der Entwöhnung von der Mutterbrust. Die Mutter versagt sich ihm und läßt ihn verspüren, daß er nicht sie ist – von ihr verneint, nichtig. Erst wenn er diese Versagung als *sein* Versagen zu fühlen beginnt – als etwas, was ihm recht geschieht –, dann kann er damit zurechtkommen. Wenn die Versagung seine Schuld ist, bekommt sie Sinn. Sie läßt sich annehmen. Am aufkeimenden Schuldgefühl ist etwas, was gegen die Nichtigkeitserfahrung hilft. Erst den sich entziehenden Säugeorganismus lernt das Kind als Person wahrzunehmen, und erst die Zuwendungen, die es von einer Person empfängt, kann es als Geschenk empfinden, für das es eine Gegengabe schuldet – nicht aber schon jede angenehme Schleimhautreizung. Erst recht ist ein Säugling nicht

105 Ferenzi 1970 [1914], 199, 202, 203 und 205
106 Abraham 1969 [1916], 54
107 Abraham 1969 [1920], 73

 in der Lage, zwischen Nahrungsaufnahme und -ausscheidung einen ursächlichen Zusammenhang herzustellen oder gar letztere als Entgelt für erstere zu erachten – auch nicht «unbewußt». Unbewußte Regungen sind immer auch mentale Leistungen. Sie haben mit Erfahrung und Lernen zu tun. Es gibt sie nur als Unterschicht bewußter Prozesse. Etwas, was ein Kind noch gar nicht wissen kann, kurzerhand seinem Unbewußten zuzuschlagen ist fahrlässig. Genausowenig wie ein Säugling unbewußt Dreisatzaufgaben löst, drückt er unbewußt seinen Kot als Gegengabe für Mamis Milch heraus.

Solch psychoanalytische Infantilisierung der Ökonomie, die seither nicht aufgehört hat, Sumpfblüten zu treiben,[108] vertieft weder den Einblick in die frühe Kindheit noch in die Funktionsweise von Wirtschaftsprozessen. Sie ist nicht allen Psychoanalytikern willkommen. «Die Analerotik hat ihre spezifischen Gesetze, der Kapitalismus hat andere», sagt Ernest Borneman. «Jedwede Gleichsetzung von Analität und Geldinteresse ist deshalb sorgfältigst zu vermeiden.»[109] Und Alfred Lorenzer: «Eine Analyse der politischen ökonomischen Verhältnisse einer Gesellschaft unterscheidet sich nach Verfahren wie Gegenstand diametral von der tiefenhermeneutischen Analyse subjektiver Strukturen.»[110] Doch derartige Verzichtsbekundungen sind kaum besser als das, was sie kritisieren. Sie kennen nur *eine* psychoanalytische Geldtheorie: die anale. Wenn die nicht greift, dann das Geld lieber den Ökonomen überlassen und sich mit der Analyse «subjektiver Strukturen» begnügen. Als ob Geld und Kapital mit Subjektivität, Trieb und Begehren nichts zu tun hätten. Selbstverständlich sind sie objektivierte Subjektivität und haben ihrerseits eine «tiefenhermeneutische» Dimension. Nur die Kotgeldtheorie führt nicht weit. Psychoanalytische Geldtheorie, die diesen Namen verdient, muß anders ansetzen als Freud: nicht bei *Charakter und Analerotik*, sondern bei *Trauer und Melancholie*.[111]

108 Für Geza Roheim ist «die Umwandlung der Nahrung in Exkremente der Prototyp des Geldverkehrs, indem Nahrungsmittel und andere Güter auf der einen Seite der Muttermilch, das Geld, das man dafür gibt, aber den Fäkalien des Kindes entsprechen» (Roheim 1977 [1923], 235 f.). Damit käme jedes Säugetier schon als Kleinhändler zur Welt. Wolfgang Harsch erklärt aus dem Säuglingsverhalten sogar den Wachstumszwang des Kapitals. «Das zu früh verdrängte infantile goldene Zeitalter des Milchkots kehrte gesellschaftlich und historisch als Zeitalter des Goldgeldes wieder», wobei «das Kapital oder der Kapitalbesitzer die Rolle des Säuglings spielt, der die lebendige Arbeit wie Muttermilch einsaugen und […] wachsen möchte.» (Harsch 1995, 177 f. und 212)

109 Borneman 1977, 83 f.

110 Lorenzer 1976, 227

111 Siehe oben, S. 35 ff.

2. Der zweite Anlauf

«Hegel bemerkt irgendwo, daß alle großen weltgeschichtlichen Tatsachen sich sozusagen zweimal ereignen. Er hat vergessen, hinzuzufügen: das eine Mal als Tragödie, das andere Mal als Farce.»[1] So lautet ein berühmtes Bonmot von Marx,[2] das es mit Hegel zwar nicht sehr genau nimmt, aber die historische Situation, auf die es sich bezieht, punktgenau trifft. Die Französische Revolution von 1789 und die Eroberung Europas in ihrem Namen durch Napoleon darf man getrost zu den «weltgeschichtlichen Tatsachen» zählen. Und als Louis Bonaparte, Napoleons Neffe, mit seinem Staatsstreich von 1851 die Revolution von 1848 ebenso glorios beenden wollte, wie es sein Onkel mit der Revolution von 1789 getan hatte, als er 1799 die Macht ergriff, da wurde in der Tat lediglich eine Karikatur der großen Ereignisse geboten, die wiederbelebt werden sollten. Nur folgt daraus nicht, daß *alle* weltgeschichtlichen Tatsachen zweimal stattfinden. Gerade der als Zeuge angerufene Hegel behauptet das nicht. Schon gar nicht hat er das Wortpaar Tragödie und Farce «vergessen». Er hat lediglich andere Ereignisse im Blick als Marx: etwa den Untergang der römischen Republik durch die Machtergreifung Cäsars, die «die edelsten Männer Roms» als «etwas Zufälliges» verkannt hätten. Deshalb hätten sie Cäsar ermordet. «Unmittelbar darauf aber», nämlich mit der Machtergreifung Augustus', «zeigte es sich, daß nur *einer* den römischen Staat leiten könne, und nun mußten die Römer daran glauben.» Desgleichen «ist Napoleon zweimal unterlegen, und zweimal vertrieb man die Bourbonen. Durch die Wiederholung wird das, was im Anfang nur als zufällig und möglich erschien, zu einem Wirklichen und Bestätigten.»[3] Augustus bot also nicht die Karikatur Cäsars, sondern begründete das Cäsarentums. Die zweite Verbannung Napoleons war keine Farce, sondern die endgültige. Das zweite

1 Marx 1975 [1852], 115

2 Er hat es übrigens aus einem Brief von Engels. «[E]s scheint wirklich, als ob der alte Hegel in seinem Grabe die Geschichte als Weltgeist leitete und mit der größten Gewissenhaftigkeit alles sich zweimal abspinnen ließe, einmal als große Tragödie, und das zweite Mal als lausige Farce.» (Engels 1965 [1851], 381)

3 Hegel 1970 [1840], 380

 Mal muß kein parodistischer Abklatsch sein; es kann ebensogut besiegeln, was beim ersten Mal noch nicht durchschlug.

Die Wiederholung von weltgeschichtlichen Ereignissen folgt keinen allgemeinen Gesetzen, und sie ist stets mehrdeutig. Nie geschieht dasselbe noch einmal genauso, sondern stets zu anderer Zeit und unter andern Umständen. Zudem ist nicht von vornherein ausgemacht, welche Ereignisse als «weltgeschichtlich» zu gelten haben. Manche geschehen zunächst nahezu unbemerkt und gewinnen weltgeschichtlichen Rang erst viel später im Lichte unvorhersehbarer Langzeitwirkungen. Andere, die wie Paukenschläge in die öffentliche Wahrnehmung traten, verlieren diesen Rang schneller wieder als gedacht. Der Untergang Pompejis oder der Brand der Bibliothek Alexandrias, die sich ihren Zeitgenossen zutiefst einprägten, haben im öffentlichen Gedächtnishaushalt kaum mehr einen nennenswerten Rang. Und wer weiß, welchen Platz Auschwitz oder Hiroshima in ein paar Jahrhunderten dort einnehmen werden. Anderes hingegen ist zunächst ganz im verborgenen ausgeheckt worden. Wer erfand den Faustkeil? Wer ritzte die ersten Bildzeichen in Tontäfelchen? Wer prägte die erste Münze? Wir wissen es nicht. Erst postum stiegen diese Erfindungen zu weltgeschichtlichen Ereignissen auf: als sie ganzen Gemeinwesen, ja ganzen Kulturen unentbehrlich wurden.

Ohne gewisse Wiederholungen konnte es dabei kaum abgehen. So hat sich die profane Schrift gewissermaßen zweimal durchgesetzt: zunächst in Bildzeichen, dann, weitaus gründlicher und nachhaltiger, in Lautzeichen – als Alphabet. Etwas Ähnliches läßt sich an der Münze beobachten. Mit enormer Geschwindigkeit verbreitete sie sich zunächst im Mittelmeerraum und darüber hinaus, aber nur in einer dünnen städtischen Oberschicht. Wo diese zerfiel, versiegte auch der Umlauf der Münze. Sie hatte im Gemeinwesen nicht tief genug Wurzeln geschlagen. Um es ganz zu durchdringen, mußte sie gleichsam einen zweiten Anlauf nehmen. Niemand hat diesen Anlauf vorausgesehen oder gar geplant. Sein Erfolg war keine höhere historische Notwendigkeit, sondern das Ergebnis einer Verquickung von Magie, Kalkül, Gewalt und Glücksumständen. Es hätte auch anders kommen können. Den weitaus größten Teil seiner Geschichte hat der Homo sapiens ohne die kapitalistische Geldwirtschaft gelebt. An und für sich ist sie durchaus nicht notwendig. Sie hat sich lediglich weltweit durchgesetzt. Daß sie sich indessen durchsetzen konnte, dazu allerdings waren einige Bedingungen notwendig. Zu ihnen gehören der zweite Anlauf der Münze und Mitteleuropa als dessen Hauptschauplatz.

Marx und Engels dachten Weltgeschichte durchaus dramaturgisch. Wenn sie welthistorische Wiederholung als Abklatsch konzipierten, also verfallstheoretisch, waren sie zweifellos von der Inszenierungskunst des antiken Athen inspiriert. Beim alljährlichen großen Fest zu Ehren des Gottes Dionysos wurden dort zuerst die Tragödien aufgeführt, dann das Satyrspiel – die «Farce». Wie aber, wenn man einmal in die Gegenrichtung denkt und, sozusagen kontrapunktisch zur attischen Tragödie, die Sonatenform geschichtsphilosophisch interpretiert? Das könnte dann so klingen: Es gibt weltgeschichtliche Ereignisse, die sich mindestens zweimal ereignen: zuerst als Exposition, dann als Durchführung. Der Siegeszug der Münze ist tatsächlich so verlaufen. Die Exposition wurde bereits skizziert. Nun ist die Durchführung an der Reihe.

Spätrömischer Münzverfall

Um 500 v. Chr. war die Münze am Westrand Kleinasiens, am Ostrand Griechenlands, auf den Ägäischen Inseln bis nach Kreta und Zypern, aber auch in Sizilien und Süditalien weit verbreitet, allerdings fast ausschließlich in Küstenstädten. Erst der große Feldzug Alexanders (ab 332 v. Chr.) durch Kleinasien bis nach Ägypten, Persien und Indien brachte den Münzverkehr auch im Inneren des Vorderen Orients voran. Nach Westen, in Richtung Italien und Spanien, hat es einen solchen griechischen Großfeldzug nie gegeben, wohl aber eine Kolonisierungsbewegung. Alle nennenswerten sizilischen und süditalischen Städte waren griechische Kolonien, und von ihnen aus drang die Münze auch ohne größere Kriegsunternehmungen bis in die Stadt vor, die das Zentrum einer neuen Weltmacht werden sollte: Rom. Wie keine Großmacht zuvor verstand Rom nicht nur zu erobern, sondern auch zu herrschen: die unterworfenen Völker in klar definierte Befehls- und Gehorsamsverhältnisse einzufügen und bei Zuwiderhandlungen ungewöhnlich schnell mit militärischer Übermacht zur Stelle zu sein. Das ging natürlich nur, wenn Bedingungen dafür da waren, um schnell anzurücken; etwa gut ausgebaute Straßen und Wege. Als deren Wahrzeichen ist heute noch am Südrand von

 Rom der Anfang der Via Appia zu besichtigen, die einst bis nach Süditalien führte. Rom hatte den Straßenbau als entscheidende Stütze seiner Herrschaft erkannt. Die Straßen waren fürs Militär gemacht, aber nutzen konnten sie auch Kuriere und Händler. Auf griechisch hieß der Kaufmann *emporos*, wörtlich: «der mit fremden Schiffen fährt», und was er ein- und austauschte, waren *hodaia*, «Dinge, die einen Weg gemacht haben».[4] Das war zunächst der Seeweg; auf ihm begann der münzgestützte Handel zu florieren, von Polis zu Polis an der zerklüfteten Küste der Ägäis. Die griechische Kultur ist in hohem Maße eine Küstenstadtkultur gewesen. Das Schiff war das entscheidende Transportmittel für Truppen und Handelsgüter. Rom hingegen, obwohl am Tiber und unweit des Meeres gelegen, war eine dezidiert bäuerliche Ansiedlung und mit der Seefahrt zunächst wenig vertraut. Die Eroberung Italiens bewerkstelligten die Römer zu Lande. Erst allmählich lernten sie die militärischen und ökonomischen Vorteile der Schiffahrt schätzen und wuchsen gleichsam in die Küstenkultur hinein. Sie haben sie nicht abgeschafft, ihr aber in einem bis dato unbekannten Maße das Hinterland erschlossen.

Kaum etwas konnte der Ausbreitung der Münze förderlicher sein. Geld braucht reibungslose Transportwege. Die Römer haben sie systematisch ausgebaut. Zu Beginn der Kaiserzeit war Rom die Metropole schlechthin; unangefochtene Befehlszentrale eines Reiches, das von Britannien bis Nordafrika, von Spanien bis Palästina reichte; höchstwahrscheinlich eine Millionenstadt (die Schätzungen reichen von sechshunderttausend Einwohnern bis zu zwei Millionen); jedenfalls der größte Handelsplatz auf dem Globus mit unerhört reichen Kaufleuten und Wucherern, Verschwendern und Geizhälsen, mit hohem Geldaufkommen für Straßen- und Häuserbau, für Luxusgüter, Günstlinge, Gefolgschaften und, nicht zu vergessen, fürs Militär. Andere Großstädte des Reichs eiferten diesem Vorbild nach. Alle Bedingungen für eine dauerhafte Geldwirtschaft schienen gegeben, genügend Edelmetall, reichlich begehrte Waren, gute Transportwege, ja sogar ein florierender Arbeitsmarkt, auf dem nicht nur Handwerker ihre Dienste anboten, sondern vor allem Millionen von Sklaven reißenden Absatz fanden. Doch dies alles zusammen ergab noch nicht jene umfassende Geldwirtschaft, die wir Kapitalismus nennen. Die ist erst er-

4 Laum, 1924, 14

reicht, wenn der Zusammenhalt des ganzen Gemeinwesens sich über Geld herstellt, und davon war das antike Rom, die Stadt ebenso wie das Imperium, noch weit entfernt. Im ersten Jahrhundert nach Christus, zur Zeit seiner größten Ausdehnung und seines maximalen Geldumlaufs, kam auch zum Vorschein, woran es mangelte. Max Weber hat es in einem genialen, viel zuwenig beachteten Aufsatz herausgearbeitet.[5]

Was den Griechen die Polis, war den Römern die Civitas: die städtische Bürgergemeinschaft. Deren elementare Wirtschaftseinheit, das «Haus», griechisch *oikos*, hieß lateinisch *domus*. Der Hausherr (*dominus*) übte über sein Grundeigentum, seine Familie und Bediensteten ein unbeschränktes *dominium* aus. Das machte ihn zum freien Bürger (*civis*). Bürgerrechte hatte zunächst nur die dünne Oberschicht der Patrizier, bis empfindliche militärische Niederlagen sie dazu nötigte, auch Männer des «Volkes» (*plebs*) zu bewaffnen und ihnen dafür Zugang zu Grundeigentum zu gewähren. Dadurch wurde der spezifisch römische Drang zum Militär und zur Eroberung aber nur größer. Sein Herd war das *dominium*. Nur einer konnte es ausüben. Gewöhnlich ging es vom Vater auf den ältesten Sohn über. Die übrigen Söhne waren rechtlos, nicht minder als Frauen und Bedienstete. Sie konnten der drückenden und sie besonders demütigenden häuslichen Gewalt nur entkommen, indem sie durch gemeinsamen Kriegszug auswärts Land gewannen, sich dort ansiedelten und als *coloni* ebenso zu Grundeigentümern und damit zu Bürgern wurden wie ihre älteren Brüder zu Hause. Das Verb *emancipare* hat hier seine Wurzel. Der Hausherr «emanzipiert» seinen Sohn oder jüngeren Bruder, will sagen, er entläßt ihn aus dem *mancipium*, der unbedingten patriarchalen Verfügungsgewalt – freilich nur, damit der Entlassene andernorts sein eigenes *mancipium* aufrichtet.

Die Eroberung Italiens durch Rom war also ein Emanzipationsprozeß zur Versorgung und Gleichstellung stolzer, aber nicht erbberechtigter junger Römer. Als es in Italien jedoch so recht kein Land mehr zu verteilen gab, nahm der römische Eroberungsdrang einen anderen Charakter an. Seine Vorstöße über Italien hinaus, zumal übers Meer nach Dalmatien, Griechenland oder Nordafrika, erfolgten nicht primär, um dort weitere Kolonien zu gründen (das kam erst später), sondern um möglichst viel Interessantes von dort mitzuneh-

5 Weber ^{2}1988 [1896]. Seitenzahlen im Text.

 men: Edelmetalle, Gewürze, Spezereien, vor allem aber Sklaven. Die Römer haben den Sklavenmarkt gewiß nicht erfunden, ihm aber seine maximale antike Ausdehnung verschafft. Aus den «Häusern» Roms und Italiens waren längst große Güter geworden, die *coloni* waren kaum mehr selbständige Bauern, sondern entweder selbst zu Gutsherren aufgestiegen oder zu tributpflichtigen Pächtern abgesunken. Der Hausherr leitete keinen landwirtschaftlichen Betrieb mehr, sondern lebte in der Stadt und wollte dort «vor allen Dingen Geldrente beziehen», die sein Gut nur abwarf, wenn es hochwertige Produkte wie «Öl und Wein, daneben Gartengewächse, sowie Viehmast, Geflügelzucht und Spezialkulturen für Tafelbedürfnisse der allein kaufkräftigen obersten Schicht der römischen Gesellschaft» (296 f.) lieferte. Und dazu waren reichlich Sklaven nötig. Sie wurden auf Eroberungszügen eingefangen, verkauft und an ihrem Einsatzort brutal kaserniert: in sogenannten *ergastula* (Arbeits- oder Zuchthäusern). Dort lebten sie «nicht nur *eigentumslos*, sondern auch *familienlos*», wurden regelrecht verschlissen und hatten kaum Gelegenheit zur Fortpflanzung. «Die Sklavenkaserne vermochte sich nicht aus sich selbst zu reproduzieren, sie war auf den *fortwährenden Zukauf* von Sklaven zur Ergänzung angewiesen.» (298)

Es genügte, daß Kaiser Tiberius die Einstellung der Eroberungskriege am Rhein anordnete. Bald schon, noch während seiner Regierungszeit, wurde ein akuter Arbeitermangel spürbar. «Wir hören, daß er die ergastula der Güter revidieren [sc. durch Staatsbeamte inspizieren] lassen mußte, weil die Großgrundbesitzer Menschenraub trieben – wie die Raubritter lagen sie, so scheint es, an der Straße, nur nicht auf der Ausschau nach Geld und Gut, sondern nach Arbeitskräften für ihre verödenden Felder. Wichtiger war die langsam, aber mächtig sich vollziehende *chronische* Wirkung: die Unmöglichkeit des Fortschreitens der Produktion auf Grundlage der Sklavenkasernen.» (299) In wenigen Jahren eröffnete der rückläufige Sklavenhandel eine Abwärtsspirale sondergleichen. Die Güter konnten den städtischen Markt nicht mehr wie gewohnt mit Luxusprodukten beliefern, die Rente der Gutsherren sank, ihre Teilhabe am städtischen Luxus ließ nach, ihre Auftragsvergabe ans städtische Handwerk stockte, die Steuereinnahmen gingen zurück, und es dauerte nicht lange, bis der wichtigste Posten im Staatshaushalt davon berührt wurde: die Finanzierung des Heers. Seit einem Jahrhundert bestand sein Grundstock aus Söldnern. Römische Truppen hatten wie keine

Militärmacht zuvor die Versklavung unterlegener Völker zum Geschäft gemacht, bis schließlich mit den Einkünften aus diesem Geschäft auch – die Militärmacht finanziert wurde. Mit dieser Rückkopplung hatte sich das Imperium Romanum einen entscheidenden Strick gedreht. Wenn das Söldnerheer den ständig wachsenden Sklavenbedarf nicht mehr decken konnte, dann versiegte über kurz oder lang auch die Quelle seines Solds.

Entscheidend für Roms Niedergang war also, wie Weber klar gesehen hat, keineswegs der Barbarenansturm von außen. Er beschleunigte lediglich die innere Implosion. Eine scheinbar völlig unspektakuläre Maßnahme hatte sie eingeleitet: Tiberius' Befehl an die Legionen am Rhein, weitere Eroberungszüge ins unwegsame Germanien zu unterlassen. Damit begann die Umstellung der Armee von Neueroberung auf Besitzstandswahrung – eine Wende, die in kürzester Zeit zum Vorschein brachte, was militärische Expansion jahrhundertelang verschleiert hatte: die buchstäbliche Unfruchtbarkeit der Sklaverei. Sie war unfähig, sich selbst zu regenerieren. Wenn das Militär das nicht mehr für sie tat, konnte auch sie nicht länger den Reichtum und den Zusammenhalt des Imperium Romanum gewährleisten. Es begann sein Zerfall. Die großen Landgüter konnten nicht bleiben, was sie waren. Der Sklavenmarkt lieferte ihnen nicht mehr genügend Arbeitskräfte. Die Grundherren begriffen, daß sie die Sklavenkasernen auflösen, deren Insassen die Familiengründung gestatten und ihnen ein Minimum an Lebensmitteln und Arbeitsgeräten zur Selbstversorgung zur Verfügung stellen mußten. Aus Sklaven wurden Erbuntertanen, die selbst für ihre Fortpflanzung und Lebensmittel zu sorgen hatten. «Familie und Eigenbesitz wurden ihnen zurückgegeben.» (300) Sklaven stiegen damit zu unfreien Fronbauern auf, *colonoi* zu hörigen Bauern ab. Es wurde ihnen «Schollenfestigkeit» (301) auferlegt. Sie durften nicht mehr wegziehen, hatten formell zwar einen höheren Status als Fronbauern, gehörten nun aber genauso zum Gutsinventar wie diese und wurden oft auch nicht viel besser behandelt.

Die Güter wurden Fronhöfe. Sie koppelten sich vom städtischen Markt ab. «Deutlich sehen wir das schon bei dem letzten erheblicheren römischen landwirtschaftlichen Schriftsteller, Palladius, der empfiehlt, möglichst sich so einzurichten, daß die Arbeit des Gutes alle Bedürfnisse decke, sich selbst trage, und so *den Kauf* entbehrlich mache. War die Spinnerei und Weberei ebenso wie das

 Mahlen und Backen von jeher von den Frauen des Gutshofs eigenwirtschaftlich besorgt worden, so stellte man nun auch Schmiede-, Tischler-, Maurer-, Zimmermannsarbeit und schließlich den Gesamtbedarf an gewerblichen Leistungen auf dem Gute mit dessen unfreien Fronhandwerkern her.» (303 f.)

Ein rapider Verfall der Städte war die Folge. Die Gutsherren zogen sich aufs Land zurück, entzogen sich der städtischen Steuerpflicht und entrichteten ihre ländlichen Abgaben immer weniger in Geldform. Und so wurde auch die staatliche Finanzpolitik «zunehmend *naturalwirtschaftlich*, der Fiskus ein ‹Oikos›, der seinen Bedarf so wenig wie möglich am Markte und so viel wie möglich aus eigenen Mitteln deckt» (304). Und das Söldnerheer? Der zentrale Fiskus konnte es immer weniger finanzieren, und die Gutsherren waren mehr denn je darauf aus, ihre Arbeitskräfte der militärischen Rekrutierung zu entziehen. In den entlegenen Provinzen des Reichs suchte man ohnehin schon «die Heere möglichst aus dem Bezirk ihres Standorts zu rekrutieren» (307), und so blieb nicht aus, daß es mit den Soldaten eine ähnliche Wendung nahm wie zuvor bei den Sklaven. «Wie an die Stelle des ehelosen Kasernensklaven der Bauer im Schoße eigner Familie tritt, so – wenigstens zum Teil – an Stelle des ehelosen Kasernen- oder richtiger Lagersoldaten der in Soldatenehe stehende, faktisch erbliche Berufssöldner. Und auch die zunehmende Rekrutierung des Heeres aus Barbaren hat in erster Linie den Zweck der Schonung der Arbeitskräfte des eigenen Landes [...]. Völlig naturalwirtschaftlich versucht man endlich durch Beleihung von Barbaren mit Land gegen Kriegsdienstpflicht die Grenzwache zu bestreiten, und diese Form, der entfernte Vorbote des Lehens, findet zunehmende Verwendung. Das Heer, welches das Reich beherrscht, wird so ein von jeder Beziehung zur einheimischen Bevölkerung sich immer mehr loslösender Barbarenhaufe.» (307)

Den Zerfall des Imperium Romanum haben viele bemerkt. Max Weber aber hat die Strukturen erfaßt, die sich dabei herausbildeten. Das sind einerseits alte Strukturen: vorstädtische. Das autarke Landgut wird zum Zentrum der gesellschaftlichen Produktion – zu Lasten der Städte. Ihr Niedergang ist eklatant, der von Rom erschütternd. Die ehemalige Millionenstadt hat im sechsten Jahrhundert nur noch etwa dreißigtausend Einwohner. «Die Kultur ist ländlich geworden.» (309) Städte gibt es zwar noch. Aber ihre Anziehungskraft ist dahin; sie sitzen «wie Schröpfköpfe im Interesse des geldbedürftigen staatlichen Verwaltungsapparats auf einem Untergrund, der sich mit einem Netz von Grundherrschaften überzogen hatte» (308). Die alte Struktur der Grundherrschaft ist aber in gewisser Hinsicht auch eine neue – posturbane. Sie hat von der urbanen Sklavenhalterkultur etwas Entscheidendes gelernt: sowohl wie man Arbeitskräfte ausbeutet als auch wie man Ausbeutung fruchtbar machen kann. Das spätrömische Landgut ist keineswegs nur rückschrittlich. Es weist bereits die Grundzüge des karolingischen Fronhofs auf, der wirtschaftlichen Keimzelle eines neuen mitteleuropäischen Großreichs. Ähnlich steht es mit den «erblichen Berufssöldnern», die sich selbst versorgen, mit Waffen ausstatten und «Land gegen Kriegsdienstpflicht» verliehen bekommen. Sie sind geradezu Modelle jener ritterlichen Lehensmänner, die später im Frankenreich ihren Grundherren auf deren Eroberungszügen folgen sollten.

Es war nicht nur politische Propaganda, wenn Karl der Große sich als der Erbe Roms darstellte. Er erbte tatsächlich zwei Grundeinrichtungen, die das Römische Reich im Zuge seines Verfalls selbst schon hervorgebracht hatte: Fronhof und Lehensgefolgschaft. Beide funktionierten ganz ohne Münzen. Steuer? Das Wort war aus der karolingischen Amtssprache regelrecht verschwunden. Stadt? «[D]ie Karolingerzeit kennt sie als spezifischen verwaltungsrechtlichen Begriff überhaupt nicht» (309). Natürlich gab es weiterhin urbane «Schröpfköpfe». Auch die Märkte starben nicht einfach aus, aber ihr Umsatz sank bis zur Unerheblichkeit. Dennoch: Münzen waren nach wie vor in Gebrauch, und Karl der Große fühlte sich auch in der Hinsicht als Erbe Roms, daß er das Münzrecht, welches zu den Herrschaftsinsignien der römischen Imperatoren gehört hatte, demonstrativ für sich in Anspruch nahm. Er unterstellte die lokalen Münzstätten, die er bei seinen Eroberungszügen vorfand, einer zentralen Aufsicht, verfügte, daß nur an seinen Herrschaftssitzen, den Pfalzen, Münzen geschlagen werden durften, und führte neue Münzgewichte ein: das Karlspfund, aus dem sich 240 silberne Pfennige schlagen ließen, von denen zwölf einen Schilling ergaben und zwanzig Schillinge das Pfund[6] – eine in England noch heute übliche Rechenweise, deren Langzeitwirkung damals freilich noch niemand absehen konnte. Kamen die neuen Münzen doch ausgerechnet zu einer Zeit auf, wo Münzgeld nicht mehr «systemrelevant» war. Es lag vielfach brach,

6 North 2009, 8

 und gelegentlich war es interessanter, Schmuck- und Kultgegenstände daraus fertigen zu lassen, als es auszugeben. Es trat gleichsam in seine Latenzphase, und man darf gespannt sein, wie es daraus wieder hervorging.

Feudale Schenkungen

Das Geld hat im Karolingerreich noch einmal von vorn angefangen; allerdings zu den Konditionen der Münze. Sie war in jener patriarchalen ländlichen Welt, deren soziale Grundpfeiler Fronhof und Lehensgefolgschaft hießen, zwar einigermaßen ortlos geworden. Aber es gab da noch einen dritten Pfeiler. Anfang des vierten Jahrhunderts hatte Kaiser Konstantin den rapiden Zerfall des Römischen Reichs noch einmal aufzuhalten versucht, indem er ihm einen neuen kulturellen Leim verordnete und die Religion, die am meisten auf dem Vormarsch war, zur Staatsreligion erklärte: das Christentum. Bald danach fiel das Reich endgültig auseinander und wurde von Barbarenstämmen vielfältig überrannt, aber das Christentum hielt sich. Die neuen Eroberer traten eher zu ihm über, als daß sie versuchten, ihre angestammten nordischen Kulte in Italien oder Spanien seßhaft zu machen. Als Leim des Römischen Reiches hatte das Christentum versagt. Als Leim des mediterranen Kulturraums trat es hingegen eine singuläre Karriere an. Daß ein «wahrer Mensch», der wirklich in Palästina in ärmlichen Verhältnissen gelebt hatte, zugleich «wahrer Gott» und eigens «für uns» «Fleisch geworden» und eines furchtbaren Todes «am Kreuz» gestorben sei, damit «wir», gleich welchen Volks, Standes und Geschlechts, von unsern Sünden und dem ewigen Verderben erlöst würden, wenn wir nur fest an ihn glauben und uns entsprechend dankbar verhalten: das war über alle ethnischen und sozialen Schranken hinweg eine derart eingängige, für Gebildete und Ungebildete, Herrschende und Unterworfene gleichermaßen attraktive Botschaft, daß sie in dem Völkergemisch, welches das Römische Reich auf seinem Boden hinterlassen hatte, mehr und mehr in die Rolle eines gemeinsamen kulturellen Nenners hineinwuchs.

Was Opfer sind, wußten alle antiken Völker. Das Christentum ließ nun in hochvergeistigter monotheistischer Gestalt jenen archaischen Ernstfall des Opfers wiederkehren, der aus der bewußten Erinnerung zwar weitgehend gelöscht, aber als unerledigtes seelisches Erbe nie ganz deaktiviert worden war: das Menschenopfer. Faktisch war das Leben Jesu von Nazareth zwar alles andere als ein von seinem «himmlischen Vater» gnädig vorgesehener Opfergang, seine Kreuzigung vielmehr eine grauenhafte Hinrichtung.[7] Erst deren Umdeutung ergab das «Evangelium» (wörtlich: die gute Botschaft): daß Jesus die ganze Menschheit, sofern sie ihm dient, durch seinen Tod «erlöst», wörtlich «losgekauft»[8] hat, so daß sich alle weiteren rituellen Schlachtungen erübrigen und dieser Loskauf nur noch symbolisch zu vergegenwärtigen ist, in Taufe und Abendmahl, in Gebeten, Gesängen und einem von Nächstenliebe durchdrungenen Verhaltenskodex. Das war ein derart universalistischer und erleichternder Gedanke, daß ganz verschiedene Völker, wie verfeindet sie ansonsten untereinander waren (und blieben), ihm zugeführt werden konnten. Er gewann eine staatsübergreifende geistige Macht, die zwar durch staatliche Gewalt gestützt wurde, aber an den jeweiligen Staatsgrenzen nicht endete. Und den Vertretern dieser neuen Macht wuchs eine besondere Autorität zu: den Klerikern. Sie wurden zu den Repräsentanten der Kultur und damit zu den Nachlaßverwaltern der kulturellen Schätze, die von der Antike noch übrig waren und denen sich nun eine neue Heimstätte öffnete: das Kloster.

Klöster waren nicht einfach nur christliche Tempel, sondern Wohnanlagen um solche Tempel herum, bewohnt von Leuten, die ihr Leben einer strengen, aus dem Evangelium herausdestillierten Regel unterwarfen: Mönche. Die erste namhafte Einrichtung dieser Art geht auf Benedikt von Nursia zurück. Er gründete in der Mitte des sechsten Jahrhunderts auf dem Monte Cassino ein Kloster, das zum Modell wurde; klösterlich und benediktinisch galten für ein halbes Jahrtausend als synonym. Klöster waren der neuen ländlichen Kultur kongenial. Sie entstanden außerhalb der Städte, oft nicht nur am Stadtrand, sondern regelrecht in der Einöde. Aber sie kultivierten ihren Ort, landwirtschaftlich wie geistig, legten Gärten und Felder an und fügten dem Wohntrakt bald etwas Entscheidendes hinzu: eine Bibliothek. Antike Statuen aufzubewahren lag nicht in ihrem Interesse; das war heidnischer Tand. Aber antike Schriften enthielten Weisheit, wenn auch heidnisch getrübte, und da sie in den zerfalle-

7 Cf. hierzu Türcke 2009
8 Galater 3,13

 nen Städten oder bei analphabetischen Gutsherren keinen Ort mehr hatten, war es ein Akt mentaler Barmherzigkeit, sie in die Klosterbibliothek aufzunehmen und sie, sozusagen im Gewahrsam christlicher Schriften, einem frommen Gebrauch zuzuführen.

Aber nicht nur Bücher sammelten sich in Klöstern, auch Reste der Kleidung, Gerätschaft, Knochen von Heiligen, die für ihren Glauben gestorben waren, oder gar etwas, was dem Herrn selbst angehört hatte, Splitter aus seinem Kreuz oder Dornen aus seiner Krone, mit einem Wort: Reliquien. In ihnen war das Opfer Christi noch sinnfälliger präsent als in Abendmahl und Gebet. Nur an geweihten Orten durften sie gelagert werden; nur wer gesalbt war, war würdig, sie zu berühren; nur in Gefäßen und Kästchen aus Edelmetall und mit Juwelen besetzt waren sie angemessen aufbewahrt: in sogenannten Reliquiaren. Kurzum, sie waren nirgends besser aufgehoben als in Klöstern, die damit allmählich auch zu Wallfahrtsstätten wurden, denn man rechnete fest damit, daß von Reliquien heilende und heiligende Wirkung ausging. So bildete sich um die Klöster eine Art magnetisches Kraftfeld, in das auch die Münze geriet. Sie war profanes, weitgehend ort- und kraftlos gewordenes Geld. Indem sie aber erneut ins Heiligtum gezogen wurde, sozusagen zurück an den Ort ihrer Herkunft, lud sie sich mit sakraler Kraft auf. Und genau diese Aufladung, so sollte sich bald zeigen, brauchte sie, um zum «zweiten Anlauf», will sagen, zu ihrer vollen profanen Durchsetzung fähig zu werden.

Für diese Rückanlehnung des Profanen ans Heilige ist vor allem ein Wort repräsentativ: Schenkung. Die Grundherren und ihre Lehensgefolgschaften waren rohe Gesellen. Aber sie gingen im Namen Christi auf ihre Eroberungszüge. Das mutet aus moderner Sicht wie purer Hohn an: als dürftiges propagandistisches Deckmäntelchen von Macht- und Beutegier. Aber diese Sicht unterschätzt die magische Kraft, die der Name Christi für die Ritterschaft gewonnen hatte. Krieg war nie nur eine Sache von Muskeln, Geschicklichkeit und strategischem Kalkül; immer suchte er auch die Zuwendung höherer Mächte. Kein antiker Kriegszug ohne Opferpriester, Traum- und Zeichendeuter. Undenkbar, daß die Reiterscharen des jungen Islam militärisch so ungemein erfolgreich hätten sein können ohne die tiefe Überzeugung, für Allah zu streiten – sich im Dschihad zu befinden. Nicht anders war es mit dem Namen Christi. Er war zu dem Emblem geworden, für das die christliche Ritterschaft kämpfte. Er deckte Macht- und Beutegier, aber er dämpfte sie auch. Er hielt die Ritter nicht davon ab, im Krieg dreinzuschlagen und zu Hause die Landbevölkerung rücksichtslos auszubeuten, und dennoch fraß er sich als schlechtes Gewissen ein. Wie tief, läßt sich im Einzelfall natürlich nicht mehr rekonstruieren, aber tief genug, um die christlichen Grundherren in einer Hinsicht nahezu flächendeckend zu Bedürftigen zu machen. Viele von ihnen waren von dem sicheren Gefühl geplagt, daß ihr Lebenswandel wenig Aussichten habe, vor dem Richterstuhl Christi zu bestehen, wenn es nicht Angehörige oder Nahestehende gab, die konstant für sie beteten.

Daher bestimmte ein Grundherr gewöhnlich mindestens einen seiner Söhne zum Klosterleben, will sagen, zur Familienfürbitte. Noch besser war freilich, ihm zudem die Stätte dafür bereitzustellen und eigens ein Kloster errichten zu lassen, worin der Sohn – möglichst in der Rolle des Abts – besonders glaubwürdig den Seinen dienen und sie von der drohenden Verdammnis losbeten konnte. Die enorme Ausbreitung von Klöstern, die sich namentlich in den unwegsamen Gebieten Frankens und Sachsens als eine regelrechte Landkultivierungsbewegung vollzog, hatte im Stiftungsbedürfnis weltlicher Grundherren ihre treibende Kraft, ähnlich wie die Expansion des alten Roms im Drang römischer Söhne, dem Druck des väterlichen *dominium* zu entrinnen. Das Stiftungsbedürfnis entsprang existentieller Angst, nicht dem Wunsch nach Verschönerung des eigenen Landguts durch ein ansehnliches Kirchlein. Es galt die Verdammnis abzuwenden – durch Errichtung wirkungsvoller Fürbittestätten.

Stiftungen erfolgten zunächst naturalwirtschaftlich. Für das achte bis zehnte Jahrhundert muß man sich das so vorstellen, daß der Stifter seine Leibeigenen und Hörigen zum Holzfällen abkommandierte (Wald gab es mehr als genug) und den Geschickteren von ihnen die Errichtung einer Holzkirche befahl. Deren innere Ausstattung dürfte zunächst, ebenso wie der mönchische Wohntrakt, recht bescheiden gewesen sein. Nur für die heiligen Elemente (Brot, Wein, Öl, Weihrauch) und Reliquien waren kostbare Gefäße erforderlich. Hier griffen die Grundherren nicht selten auf ihren Schatz aus Edelmetallen und Juwelen zurück und ließen daraus Altargeräte und Reliquiare fertigen. In Gestalt dieses sakralen Schmucks wurden Edelmetalle zwar nicht zu Münzen, aber dennoch zur Schenkung. Doch dabei blieb es nicht. Das Jahr Tausend nahte. In der Johannesapokalypse stand, daß nach «tausend Jahren» der Herrschaft Christi der Satan noch einmal «für kurze Zeit» losgelassen werde,[9] ehe er denn endgültig unterliege und das himmlische Jerusalem herangeschwebt käme. Das gab zwar ein paar rechnerische Unsicherheiten. Was hieß «kurze Zeit»? Waren die tausend Jahre von der Geburt oder der Auferstehung Christi an zu zählen? Dennoch durchlief die ganze Christenheit die Erwartung, der Herr werde demnächst wiederkehren und das Jüngste Gericht abhalten. Als die magische Schwelle des Jahres 1033 überschritten war und die Geschichte weiterging, da begann in verschiedensten Gegenden des zerfallenden karolingischen Reiches und ohne erkennbare überregionale Verabredung ein geradezu schubartiger Kirchen- und Klosterbau neuer Dimension, als entlüde sich darin eine lang angestaute Spannung. In Burgund, der Provence, der Île-de-France, am Harz wuchsen in kurzer Zeit gewaltige Steinbauten empor – mächtige Stellvertreter der ausgebliebenen Wiederkehr Christi.

Wie gerufen kam dabei eine neue Transporttechnik. Erst im zehnten Jahrhundert war gelernt worden, Zugtiere (Ochsen, Pferde) *hinter*einander – statt sternförmig *neben*einander, wie während der ganzen Antike – vor den Karren zu spannen.[10] Das erhöhte die Zugkraft um ein Vielfaches; Steinblöcke ließen sich aus erheblicher Entfernung herbeischaffen. Und die neuen Bauvorhaben brauchten Steine; aber noch mehr: geschickte Bauleute. Die gab es an den großen Höfen, aber nicht auf jeder grundherrlichen Scholle. Man mußte sich um sie bewerben, sie herbeilocken und ihnen für die Zeit, in der man von ihrer Kunst profitierte, mehr bieten als Kost und Logis. Und hier kommen die Münzen wieder ins Spiel. Sie docken an den sakralen Großbaustellen an. Der Paradefall ist das burgundische Cluny. «Wilhelm von Aquitanien hatte 909 einen Gutshof mit einer Kapelle [...] für den Neubau eines Klosters gestiftet. Die neue Gründung sollte weder dem Bischof, noch dem Herzog, vielmehr allein dem Papst unterstehen.» Für den Gründungsabt und seine zwölf Mönche entstand ein sehr bescheidener Bau, eine Generation später bereits ein größerer und ab 1088 «der Bau der dritten Hauptkirche», die als «die größte romanische, die größte französische und die größte Klosterkirche, die je gebaut worden ist»,[11] in die Geschichte einging.

9 Apokalypse 20, 5 f.
10 Cf. Löwenthal 1980 [1933], 201–204
11 Braunfels 1978, 67 f.

Clunys Erfolgsgeheimnis war seine Unabhängigkeit von jeglicher Provinzialmacht. Hier konnten die großen weltlichen Herren zu Stiftern werden, ohne sich mit den kleineren gemein zu machen. Schon Kaiser Heinrich I. gab Cluny «das Privileg, seinem Kloster andere Klöster zu unterstellen», Heinrich II. vererbte der Abtei gar seinen Reichsapfel. Es wurde eine Auszeichnung, zu Cluny zu gehören. Die Könige von Frankreich, Kastilien und England dienten der Abtei wichtige Klöster ihres Hoheitsgebiets geradezu an. Und als der gigantische Neubau der Abteikirche anstand, schickte Alphons von Kastilien reichlich Goldmünzen, die er von den Sarazenen erbeutet hatte, Heinrich von England sandte stapelweise Silberbarren. Die beiden Großspender wurden in Cluny «als die wahren Gründer des Bauwerks»[12] gefeiert.

Monetäres Schenkungswesen

Das war der entscheidende Durchbruch vom naturalwirtschaftlichen zum monetären Schenkungswesen. Höchste weltliche Autoritäten erkoren Münzen, die jahrhundertelang ein Randdasein geführt hatten, zu wesentlichen Mitteln eines frommen Zwecks. Ein Kirchenbau war zwar kein Markt, aber er zog Märkte an. Bauleute mußten versorgt und bei Laune gehalten werden. In Cluny kamen und gingen die Händler, es kamen und gingen auch die Bittsteller, die bei den Äbten um Vor- und Zuschüsse nachsuchten. Und doch blieb Cluny wesentlich Abtei. Es wurde nicht – Stadt. Letzteres war erst den vielen Bischofssitzen vorbehalten, denen Cluny als Vorbild voranleuchtete. Die Karolinger hatten die Bischöfe ihres Machtbereichs genauso zu Grundherren werden lassen wie ihre weltlichen Vasallen. Die Ottonen hielten es sogar für klug, Bischöfe zu belehnen. Bischöfe hatten keine Erben. Bei ihrem Tod fiel das Lehen an die Krone zurück. Das stärkte kurzfristig die kaiserliche Macht, langfristig allerdings die der Bischöfe. Als Cluny demonstrierte, welcher Magnetismus vom Kirchenbau großen Stils ausging, da schlug ihre Stunde. Sie drängten darauf, ihren bischöflichen «Stuhl», die *cathedra*, mit einem würdigen Gebäude zu umgeben: einer Kathedrale.

Dazu mußten sie keine Schenkung machen. Im Gegenteil, sie

12 Duby 1980 [1966], 117

 konnten Schenkungen entgegennehmen, Abgaben eintreiben, ihre Untergebenen zum Ausheben von Baustellen, zum Schleppen und Heben großer Steine heranziehen – und Baufachleute anwerben. Bauhütten allerdings ließen sich nicht mehr rein naturalwirtschaftlich unterhalten. Hier mußte mit klingender Münze bezahlt werden. Ursache und Wirkung sind dabei nicht immer scharf auseinanderzuhalten. Ließ etwa die große Silbermine, die Mitte des zwölften Jahrhunderts im sächsischen Freiberg entdeckt wurde, den europäischen Münzbedarf sprunghaft steigen, oder sorgte der gestiegene Münzbedarf dafür, daß die Freiberger Mine entdeckt und sogleich derart ausgebeutet wurde, daß alsbald ein neuer Strom von Silbermünzen bis nach Venedig und in die Champagne unterwegs war? Flossen Münzschenkungen, weil neue Gotteshäuser gebaut wurden, oder wurden sie gebaut, weil Münzschenkungen flossen?

Jedenfalls brachten die Münzen, sobald sie ins Schenkungssystem eintraten, die ganze Gesellschaft in Bewegung. Großbauten brauchten reichlich Handlanger. Zum Bauwerk gesellte sich anderes Handwerk. Händler kamen, zum Teil von weit her, mit Wein, Öl, Gewürzen, Leder, Pelzen, Tuchen und Mineralien, und auf ihren Spuren kamen Schmarotzer, Abenteurer, Gaukler, fahrendes Volk aller Art und, nicht zu vergessen, dem ländlichen Frondienst entlaufene Bauern. Aus diesen Elementen formierte sich die Stadt, und das hieß vom elften bis dreizehnten Jahrhundert fast immer: um eine sakrale Großbaustelle. Stadt hieß so viel wie Handelsplatz, Markt. Und große Märkte hießen alsbald *Messen*. Dieser Name heftete sich zuerst an vier Orte in der Champagne, Lagny, Bar-sur-Aube, Provins und Troyes. Um die Meßfeiern, die dort zu bestimmten kirchlichen Festen viel Volk anzogen, lagerten sich in der zweiten Hälfte des zwölften Jahrhunderts große Märkte, wobei der Name der sakralen Handlung (*missa*) wie von selbst auf den ganz profanen Handel überging, der sich um das kirchliche Gemäuer abspielte und mehr zu interessieren begann als die kirchliche Feier selbst.

Als im vierten Jahrhundert das Christentum von einer verfolgten zur staatsoffiziellen Religion des Römischen Reichs mutiert war, hatte es schon einmal einen christlichen Bauschub gegeben. Die Gräber von Märtyrern und Heiligen, zu denen Verfolgte gepilgert waren, um sich dort im Glauben zu stärken, wurden nun, wo Christen ihre Religion nicht mehr verstecken mußten, nachgerade als Aufforderungen zum Kirchenbau empfunden. Verlangte nicht jedes Heiligengrab danach, von einer Kirche überwölbt zu werden? Als dies Verlangen nach zwei bis drei Jahrhunderten weitgehend gestillt war, kehrte es sich gleichsam um: Jede neue Kirche verlangte ihrerseits nach sterblichen Überresten eines Heiligen. Keine neue durfte gebaut werden, ohne daß ein heiliger Überrest, eine Reliquie, in die Krypta unter dem Altar eingelassen war. Im Katholizismus gilt das übrigens bis heute. Und wenn sich dort, wo die Kirche entstehen sollte, kein solcher Überrest fand? Dann mußte einer herbeigeschafft werden. Reliquien mußten mobil werden. Der berühmteste Langstreckentransport des Frühmittelalters war die Überführung der Gebeine des heiligen Sebastian von Rom nach Aachen im Jahre 826. Sie sollten dem dortigen Dom den gebührenden Rang verleihen. Der Papst hatte sich einer entsprechenden Bitte seiner karolingischen Beschützer nicht verschließen können.

Aber als nach der Jahrtausendwende der zweite, ungleich intensivere Bauschub begann, wuchs der Reliquienbedarf derart, daß er durch Transporte allein nicht mehr zu decken war. Reliquien fingen an, sich auf wunderbare Weise zu vermehren; sie wurden erfunden. Die Neigung dazu wohnte der christlichen Glaubensinbrunst ohnehin inne. Welches gläubige Gemüt wünschte sich nicht den Schutz und die wundertätige Hilfe heiliger Überreste? In jener Grauzone, wo frommes Wünschen allzugern die nüchterne Realitätsprüfung halluzinatorisch überblendete, hatte auch früher schon sporadisch Reliquienerfindung stattgefunden. Nun aber, als sakrale Großbaustellen wie Pilze aus dem Boden schossen, wurde der fromme Betrug ein regelrechtes Geschäft zwischen erfinderischen Klerikern und Händlern. Er durfte sich natürlich nicht so nennen. Reliquien waren ebensowenig käuflich wie die göttliche Gnade. Schon gar nicht gehörten sie in die Räume von Privatpersonen. Ihr Ort war der sakrale Raum, wo sie allen, die sich ihnen gläubig näherten, ihre heilsame Wunderwirkung erweisen konnten. Aber irgend jemand mußte die Reliquien dorthin lotsen, und die Vermittler, Händler, Transporteure, die dafür sorgten, verlangten, daß die Bauherren sich dafür erkenntlich zeigten. Das neue Medium der «Dankbarkeit» aber war die Münze. Der Reliquienhandel war gleichsam die Schattenwirtschaft hinter dem Kirchenbau. Er hat die Wiederkehr der Münze nicht bewirkt, aber ihren Umlauf gefördert. Er war nicht das Hauptgeschäft, aber er leitete es ein. Die Beträge, die an Händler für die Bereitstellung von Reliquien gingen, waren gewissermaßen Investitionen. Freilich gab es für sie reichlich undichte Stellen. Zu groß war die Versuchung, die eine oder andere wundertätige Miniatur für den Privatgebrauch abzuzweigen, um sie gewissermaßen als Amulett am eigenen Leibe zu tragen. Kanon 62 des IV. Laterankonzils von 1215 reagierte auf einen verbreiteten Mißstand: «Reliquien dürfen nur in Gefäßen gezeigt und nicht zum Verkauf ausgestellt, neue nicht verehrt werden, ohne vom Papst approbiert zu werden.»[13] Das Hauptgeschäft sollte allein der Kirche vorbehalten bleiben. Es bestand im Ertrag, den ausgestellte Reliquien einbrachten. Die Reliquie war gewöhnlich ja schon zur Stelle, wenn der Sakralbau begann. In ihrem Namen schritt er voran. Sie war es, die schon während der langen Bauzeit Pilgerströme anzog. Auch von den Pilgern wurde erwartet, daß sich ihre Dankbarkeit für die schon erfahrene und noch ausstehende Wundertätigkeit der Reliquie in Münzen ausdrückte. Die Beträge, die sie der Reliquie weihten, dienten der Fortführung des Baus. Bei St. Denis etwa, der ersten großen gotischen Kathedrale, waren das zeitweise etwa drei Viertel der Bauausgaben.[14]

13 Zitiert nach Mayr 2000, 80

14 Cf. Mayr 2000, 71 ff.; 103. Die horrende Summe von 135 000 Livre, für die der französische König Ludwig IX. im Jahre 1247 die Dornenkrone Christi (eine durch und durch gefälschte Reliquie) erworben haben soll, war nicht etwa ein Auktionsspitzenpreis, sondern das Ergebnis einer besonderen Notlage. Der byzantinische Kaiser Balduin II. hatte sich bei den geschäftstüchtigen Venezianern in Byzanz für seine Kriegsausgaben tief verschuldet und ihnen besagte Dornenkrone als Sicherheit hinterlassen. Als er unfähig war, diese auszulösen, sprang Ludwig ein, zahlte die von den Venezianern geforderte Summe und bekam dafür «aus Dankbarkeit» die Dornenkrone von Balduin «geschenkt» (Mayr, 2000, 80 f.). Der absurd überteuerte Preis für eine Fälschung mutet im Rückblick an wie ein Vorläufer zu Auktionspreisen auf dem zeitgenössischen Kunstmarkt (siehe unten, S. 309 f.). Sein Kontext war freilich ein ganz anderer. Die Dornenkrone schien eine so erstrangige Reliquie zu sein, daß sie ihren Inhaber tendenziell auf die Höhe der Kurie hob. In ihrem Erwerb warf der Machtkampf zwischen französischer Krone und Kurie, der ein halbes Jahrhundert später offen zum Ausbruch kam (siehe unten, S. 177 f.), bereits seinen Schatten voraus. – Der mittelalterliche Reliquienhandel ist aber noch in einem anderen Sinne ein unzeitgemäßer Vorbote. Im Modus der Verneinung fand dort erstmals ein Handel mit wundertätigen Körperteilen statt. Oliver Decker hat gezeigt, wie in Transplantationsmedizin und Organhandel der Glaube an die Wunderkraft einzelner Organe eine verblüffende Wiederkehr feiert (Decker 2011).

Was man etwas vage «das Aufkommen» der mittelalterlichen Geldwirtschaft nennt, erweist sich bei genauerem Hinsehen als die Rückkehr der Münzen aus der Randständigkeit in die «Systemrelevanz». Dabei gingen sie den Weg ihrer Entstehung rückwärts. Die ersten Münzen waren aus griechischen Tempeln hervorgegangen. Kaufkraft hatten sie dadurch gewonnen, daß ihnen das Symbol der Schutzgottheit der Polis eingeprägt worden war – gleichsam als sakrale Mitgift, die sie befähigte, ihre eigenen profanen Wege zu gehen. Nun aber war mit dem Zerfall des Römischen Reiches der Münzverkehr nahezu zum Erliegen gekommen. Er begann sich erst wieder zu beleben, als die Münzen in das System der Schenkung eintraten und damit ins Kraftfeld des Tempels zurückkehrten. So stand die menschliche Zahlungsgeschichte nach mehreren Jahrtausenden erneut an dem Punkt, wo Edelmetall zur bevorzugten Opfergabe wurde. Das erste Mal war das in der Bronzezeit geschehen, als metallene Nachbildungen an die Stelle lebendiger Opfertiere getreten waren. Damals war der Metallumlauf nicht mehr als ein kleiner Grenzverkehr zwischen sakraler und profaner Sphäre gewesen. Das Metall wurde von Opferwilligen im Tempel deponiert, von Priestern wieder herausgeholt und von anderen Opferwilligen erneut deponiert.[15]

Nun kam es zu einem Neubeginn des Umlaufs – auf Hochkulturniveau und mit ungleich größerem Radius. Die Tempel waren Kirchen und die Metallgaben Münzen. Seit aber in der griechischen Polis Tyrannen angefangen hatten, Münzen zu schlagen, war das Münzrecht ein Privileg profaner Machthaber. In der Karolingerzeit hatten es ausschließlich die Könige ausgeübt – ein römisches Erbe, auf das namentlich Karl der Große viel Wert legte. Demonstrativ ließ er die nach ihm benannte neue Währung von Karlspfund, Denaren, Schillingen und Pfennigen ausgeben und zentralisierte die Münzprägung an den königlichen Pfalzen. Doch sie blieb ein marginales Geschäft. Die Ottonen hielten es daher für gut, ihren Lehensmännern samt der regionalen Gerichtsbarkeit auch das Münzrecht zu verleihen. Es wurde an Herzöge und Grafen delegiert – und an Bischöfe. Auch die zu belehnen und von der kaiserlichen Gewalt abhängig zu machen war ja gerade ein Hauptkniff ottonischer Politik, um nicht zu sagen, ihr Hauptmotiv dafür, das Münzrecht zu dezentralisieren. Was sie damit aus der Hand gab, war damals noch nicht absehbar. Das

15 Siehe oben, S. 81 ff.

 Münzrecht stärkte die lokalen Mächte weit mehr, als der kaiserlichen Zentralgewalt lieb sein konnte. Von den lokalen Münzherren wiederum erstritten sich später die erstarkenden Städte das Münzrecht, so daß sich im Laufe des Mittelalters eine gewisse Rückannäherung an die Münzverhältnisse der griechischen Polis vollzog. Große Städte konnten schließlich nicht mehr daran gehindert werden, ihre eigene Währung in Umlauf zu bringen, und je mehr verschiedene Währungen kursierten, desto unentbehrlicher wurden auf den städtischen Märkten – die Wechsler.

Bischöfe freilich empfingen das Münzrecht in ihrer Eigenschaft als weltliche Herren. Nie hat die Kirche als Institution es gewagt, dies Recht für sich zu beanspruchen, sosehr sie gelegentlich auch Münzzahlungen durch Kirchenstrafen erpreßt hat. Aber kein kirchlicher Machtspruch hätte den Münzen ihre profane Seite wieder nehmen können. Dadurch, daß sie als Schenkungen ins Heiligtum eingingen, verloren sie ja ihre profane Kaufkraft nicht. Nur ein Bruchteil von ihnen verblieb denn auch im Kirchenraum; die meisten gingen durch den Kirchenbau ins Alltagsleben über. Er fachte ihren profanen Umlauf an – und ließ sie im Zeitraffer noch einmal den Prozeß durchlaufen, den einst das Schlachtopfer kostbarer Großtiere durchgemacht hatte. Anfangs war das ganze Tier dargebracht worden; allmählich hatte das Opferkollektiv immer mehr davon für eigenen Fleischgenuß abgezweigt und der Gottheit immer weniger übriggelassen. Auch die Münzschenkung war zu Beginn sozusagen ein Ganzopfer. Und sie war grundherrliches Privileg. Die Armen hatten nichts zu schenken. Aber die Grundherren hatten die Schenkung auch weit nötiger als sie. Zuwenig war ihr kriegerischer Lebenswandel mit Christus vereinbar, auch wenn sie ihn in seinem Namen führten. Je mehr das neue Schenkungsmittel aber in Umlauf kam, desto größer wurde der Kreis derer, die daran teilhatten, desto größer auch das Quantum, das dem Schenkungswesen entzogen und ganz profanem materiellem Gewinn dienlich gemacht wurde.

Dabei waren schon die Schenkungen selbst alles andere als uneigennützig. Es ging ums eigene Seelenheil. Und die kirchlichen Großbauprojekte ließen die Überzeugung erwachsen: Auch Münzen können dem Seelenheil dienen – es zwar nicht direkt erwerben, wohl aber zu seiner Gewährung beitragen. Damit bahnte sich auf dem Hochkulturniveau der Münze erneut etwas an, was schon einmal in der Bronzezeit stattgefunden hatte: daß Edelmetallgaben an die Stelle lebendiger Opfergaben treten. Das lebendige Opfer ist im Christentum freilich kein Tier mehr; es ist der Mensch, aber nicht mehr der ganze, sondern bloß noch sein Herz, und das auch nur in übertragenem Sinn. Die «Zerknirschung des Herzens» (*contritio cordis*) ist die authentische Opfergabe, auf die der christliche Gott einzig Wert legt. Nur kann niemand sie sehen. Sie ist bloß ein innerer, mentaler Akt. Sie bedarf äußerer Beglaubigung, und diese Rolle übernimmt die Schenkung. Nie bürgt eine Schenkung schon für ein zerknirschtes Herz, aber wo nichts geschenkt wird, kann es mit der Zerknirschung nicht weit her sein. Keine Schenkung verschafft Vergebung der Sünden, aber wer nichts schenkt, enthält Gott das Unterpfand seiner Zerknirschung vor. Wie soll ihm da vergeben werden? Wohl ist die Gnade Gottes um nichts in der Welt käuflich. Und doch kann Geld ihre Gewährung begünstigen – zwar nicht die eigene Sündenschuld tilgen, aber dazu helfen, daß Gott diese Schuld gnädig tilgt. Münzen sind also ohne jede Schuldtilgungskraft, und dennoch werden sie bei ihrem Eingang ins Heiligtum mit einer gewissen Schuldtilgungs*hilfs*kraft aufgeladen. Sie tilgen gleichsam hintenherum; psychoanalytisch würde man sagen: im Modus der Verneinung. Der katholische Fachbegriff für dieses doppelte Spiel ist «Ablaß».

Ablaß

Zur Beichte gehen mußte jeder Christ. Gewöhnlich erteilten die Beichtväter für Sünden, die «mit Mund und Herzen» bereut wurden, die Absolution, knüpften daran aber eine Strafe: in Bagatellfällen zusätzliche Gebete und Enthaltsamkeiten, in schwereren Fällen zeitweiligen Ausschluß von den Sakramenten oder eine Pilgerfahrt. Echte Herzensreue empfinden – und das war die Bedingung der Absolution – hieß auch, sich willig der verhängten Strafe zu unterziehen. Nun eröffnete das Vordringen der Münzen eine neue Art der Strafe: Geldbuße. Sie ist es, mit der sich das Wort «Ablaß» (*indulgentia*) verbunden hat. Dabei hatte die Ablaßpraxis zunächst gar nichts mit Geld zu tun. Zugrunde liegt ihr die Vorstellung vom unerschöpflichen himmlischen Gnadenschatz, den Christus durch seinen Sühnetod und die Heiligen durch ihr Martyrium aufgehäuft haben. Zu besonderen Anlässen – hohen Feiertagen, Jubiläen, aber auch angesichts des nahen Todes – sollte aus diesem Schatz an besonders Bedürftige ein Quentchen überfließen können und ihnen Teile der Strafe erlassen, wenn denn Christi Stellvertreter auf Erden oder von ihm ermächtigte Kleriker es für gut befanden. Ablässe waren rare Ausnahmen. Gegen Ende des elften Jahrhunderts häufen sich jedoch Überlegungen zu ihrer Regulierung. Der Papst und seine Beauftragten, so ihr Tenor, dürfen nicht nur ausnahmsweise den himmlischen Gnadenschatz anzapfen; sie sind auch zur *commutatio* befugt: zur Verwandlung von Bußstrafen in Sachleistungen. Das war mehr als nur eine Erweiterung der päpstlichen Macht: eine Verkehrung des ursprünglichen Ablaßgedankens. Dessen Grundimpuls war ja das nachsichtige Nichtanrechnen. Nun wurde daraus ein kalkuliertes Umrechnen: Welche Sachleistungen wiegen welche Strafen auf? Und für Sachleistungen darf man getrost Münzen sagen.

Die Ablaßmentalität ist die spezifische Form christlicher Wertschätzung (*timē*): die Hochschätzung der göttlichen Gnade als des einzigen, was die sündige Menschennatur vor der Verdammnis erretten kann – und die Taxierung der Leistungen, die die Gewährung dieser Gnade zu begünstigen vermögen. Kaum etwas hat diese Art der Wertschätzung so angeheizt wie das Fegefeuer. Daß der Jüngste Tag eine Feuerprobe für die Taten und Gesinnungen aller Menschen sein werde und nur diejenigen, die sich auf Christus gründen, die Chance haben, «durchs Feuer hindurch» gerettet zu werden: das hatte zwar schon der Apostel Paulus in einer dunklen Andeutung behauptet.[16] Aber erst im Zusammenhang mit dem feudalen Fürbittebedürfnis wurde daraus allmählich ein theologisches Lehrstück. Wenn Grundherren der Kirche etwas schenkten und einige ihrer Nachkommen zu Klerikern bestimmten, um sich für ihren gewalttätigen ritterlichen Lebenswandel genügend Fürsprecher zu sichern, dann immer unter der stillschweigenden Voraussetzung, daß die Fürbitte zu ihren Lebzeiten stattfinden mußte. Wer gestorben und von Gott nicht gnädig angesehen worden war, dem nützte kein noch so inbrünstiges Gebet mehr; er war der ewigen Verdammnis anheimgefallen.

Hier eröffnete nun die Lehre vom Fegefeuer einen Vorbehalt. Sie kam der Seelenökonomie der Trauer auf geradezu familienpsychologische Weise entgegen. Wer ehrlich trauert, wünscht dem verstorbe-

16 1. Korinther 3,12–15

nen Angehörigen von Herzen Ruhe und will von dessen möglicher Verdammnis nichts wissen. Da gab die Vorstellung vom Fegefeuer einen Hoffnungsfunken. Wer im Fegefeuer gelandet war, litt zwar Höllenstrafe, aber nicht definitiv. Sein Geschick war noch beeinflußbar. Fürbitte konnte die Zeit seiner furchtbaren Strafe verkürzen. Aber genügte dafür das Gebet der Angehörigen? Nicht, wenn sie Laien waren. Zugang zum Gnadenschatz hatten nur Kleriker. Die Verstorbenen ihrer Fürbitte anzubefehlen oder, prosaischer gesagt, sie gegen Bezahlung Messen lesen und Gebete sprechen zu lassen: das wurde nun für alle Zahlungsfähigen, nicht nur für Grundherren, unumgänglich – zu einem festen Brauch, der sich förmlich um die sakralen Großbaustellen zu ranken begann, proportional zum Kirchenbau expandierte und zu einem Musterfall des Ablaßwesens wurde.

Man darf diesen Brauch durchaus als Abirrung vom ursprünglichen Ablaßgedanken erachten. Der Mißbrauch hingegen, den Martin Luther gut vier Jahrhunderte später in seinen berühmten 95 Thesen angriff, war eine Abirrung von der Abirrung, deren Hintergrund meist nicht miterzählt wird. Um Erzbischof von Mainz zu werden, mußte Albrecht von Brandenburg 1514 der Kurie 30 000 Dukaten entrichten. 21 000 davon lieh er sich bei Jakob Fugger. Außerstande, sie vertragsgemäß zurückzuzahlen, «erlangte er von Papst Leo X. gegen Entrichtung weiterer 10 000 Dukaten für Sachsen und andere Theile Deutschlands das General-Commissariat des von dem Papste ausgeschriebenen Jubel-Ablasses» zur Finanzierung des Baus der Peterskirche. Der Ablaßprediger Johann Tetzel, der daraufhin mit dem Slogan «Wenn das Geld im Kasten klingt, die Seele aus dem Fegefeuer springt» durch Sachsen zog, wurde von einem Bediensteten des Hauses Fugger begleitet, «der einen Schlüssel zum Ablasskasten in Händen hatte. War dieser voll, so wurde er im Beisein des Fuggerschen Agenten geöffnet, letzterem der ganze Inhalt zugezählt und von diesem an Andreas Mattstedt, den Faktor der Fugger in Leipzig, abgeliefert. Die Hälfte des Erlöses wurde schliesslich [...] an die Curie ausgezahlt, die andere Hälfte dagegen als Tilgungsrate der Forderung an Erzbischof Albrecht verwendet.»[17]

Luther empörte sich gegen dieses Geschäft von gut katholischer Basis aus. Seine 95 Thesen stellen weder das Fegefeuer in Abrede, noch verwerfen sie generell die *commutatio* von Bußstrafen in Sach-

17 Ehrenberg 1896 a, 99

 strafen, sondern nur deren skrupellose Überschätzung; denn «wahre Reue sucht und liebt die Strafen, die Fülle des Ablasses mildert sie und macht sie hassen».[18] Tetzels Ablaßpredigt war selbstverständlich auch nach katholischen Kriterien skandalös. Nie hat die kanonische Ablaßlehre eingeräumt, daß man die Seelen, statt sie gegen Priesterhonorar aus dem Fegefeuer herausbeten zu lassen, direkt herauskaufen könne. Luther wiederum hat keineswegs pauschal allen Ablaß abgelehnt, aber auch nicht die volle Reichweite der Ablaßpraxis ermessen. Die Münzschenkung zum Zwecke professioneller Fürbitte für Verstorbene war für ihn zwar ein Mißbrauch. Aber er machte sich nicht klar, daß die Mentalität, die darin zum Ausdruck kam, um einiges älter war und viel tiefer saß, nämlich bereits in den Schenkungen karolingischer Grundherren. Warum stifteten sie Kirchen und Klöster, wenn nicht aus dem Bedürfnis nach Ablaß? Nur daß *indulgentia*, das lateinische Wort für Ablaß, sich damals noch nicht zum Fachbegriff für den Brauch, Bußstrafen in Geldbußen zu verwandeln, verfestigt hatte. Es hieß einfach bloß Nachgiebigkeit, Nachsicht und war eng mit Gnade (*gratia*) verwandt. Selbstverständlich gilt für alle Schenkungen, daß sie auf die Nachsicht Gottes als Richter spekulierten. So gesehen sind sie allesamt spekulativer Ablaßhandel. Ohne ihn wäre nicht einer der großen mittelalterlichen Sakralbauten entstanden, die wir zu bewundern nicht aufhören. Nur daß weder Luther noch sonst einer der Reformatoren so konsequent war, an diesen Bauten selbst Anstoß zu nehmen. Sie als Produkte der Ablaßmentalität zu verwerfen, darauf kamen nicht einmal Ulrich Zwingli oder Johannes Calvin, die ihre Kirchen doch von allen Bild- und Schmuckwerken reinigen ließen, damit das lautere Wort Gottes allein von kahlen Wänden und Säulen widerhalle.

Kreuzzugssteuer

Unter Hugo von Semur, dem legendären Abt von Cluny, der sechzig Jahre lang (1049–1109) die Geschicke des Klosters leitete, diente für einige Zeit als Prior ein gewisser Odo de Lagery. Im Jahr 1088, just als in Cluny der kirchliche Riesenbau begann, bestieg Odo als Urban II. den Stuhl Petri und übernahm von seinen ehrgeizigen

18 Luther 1916 [1517], 8

Vorgängern die Aufgabe, die Rolle Roms als Zentrum der Christenheit zu festigen. Zu dieser Zeit aber brachte sich ein anderer gewichtiger Ort heftig in Erinnerung: Jerusalem. Der Ort der Passion Jesu hatte nie aufgehört, christliche Pilger anzuziehen, die auf der beschwerlichen Reise an die heiligen Stätten Palästinas ihre Sünden abzubüßen suchten. Freilich war Jerusalem schon 638, kaum sechs Jahre nach dem Tode Mohammeds, unter muslimische Herrschaft geraten. Kalifen kontrollierten die christlichen Pilgerstätten und erschwerten den Zugang zu ihnen. Zudem hatten mehrfach byzantinische Herrscher den heiligen Stuhl um militärische Hilfe gegen die nach Westen vordringenden Moslems ersucht. In dieser politischen Großwetterlage reiste Urban II. nach Frankreich, um in seinem Heimatland römische Weltpolitik zu machen. Im Oktober 1095 traf er in Cluny ein. Es galt, den Hochaltar der großen Basilika einzuweihen. Für den November hatte er ein großes Konzil ins nahe gelegene burgundische Clermont einberufen, um diversen Mißständen abzuhelfen. Vor allem war er die fortgesetzten Fehden zwischen christlichen Machthabern leid. Wie aber diese Fehden beenden? Am Schluß des Konzils rückte der Papst mit seiner Idee heraus. In einer leidenschaftlichen Rede rief er zur einmütigen Befreiung der heiligen Stätten von den Ungläubigen auf. Das Echo in Frankreich war überwältigend. Schon im Jahr darauf machte sich ein Kreuzfahrerheer auf den Weg.

Wie konnte eine einzige Rede so zünden? Nun, sie enthielt einen bemerkenswerten Passus. «Allen aber, die dorthin ziehen und ihr Leben auf dem Marsch oder auf dem Seeweg oder in der Schlacht gegen die Heiden verlieren – ihnen werden in jener Stunde die Sünden vergeben.»[19] Ob Urban II. genau die Worte sprach, die sein Chronist Fulcher überliefert hat, ist umstritten. Hat er wirklich allen, die beim Kreuzzug umkommen sollten, im voraus alle Sünden vergeben oder nur alle Sündenstrafen erlassen wollen, zum Beispiel jegliches Fegefeuer? An einem ändert das nichts. «Das Kreuz nehmen» hieß nichts Geringeres als einen Generalablaß erwerben: keine weitere Fürbitte, kein Abbüßen auferlegter Sündenstrafen mehr nötig haben. Der Kreuzzug war das schlechterdings fromme Werk, das zudem sehr irdische Eroberungsgelüste heiligte. Deshalb seine Attraktivität. Der Haken war freilich: Die Teilnehmer mußten selbst für ihre Unkosten aufkommen. Grundbesitz nützte ihnen dafür wenig. Eine lange

19 Fulcher 1998, 46

 Wegstrecke durch Feindesland lag vor ihnen, und sie wußten nicht, was sie im Heiligen Land erwartete. So deckten sie sich mit möglichst viel Silber ein. «Mancher Graf verkaufte Hab und Gut, um mitziehen zu können, und viele mußten zurückbleiben, weil sie kein Geld besaßen. Als während des Kreuzzuges den ärmeren Teilnehmern Geld und Verpflegung ausgingen, war keine allgemeine Unterstützungskasse vorhanden; Adhemar von Le Puy [= der den Zug begleitende päpstliche Legat] konnte nur durch eine spontan eingeführte ‹Armensteuer› unter den reichen Kreuzfahrern den Hungertod vieler Armer verhindern.»[20]

So etwas nicht noch einmal, war die Devise des französischen Königs Ludwig VII. Sobald 1145 der nächste Kreuzzug ausgerufen wurde, erhob er unverzüglich eine Umlage bei weltlichen und geistlichen Grundherren. Kreuzfahrer sollten eine finanzielle Grundausstattung bekommen. Die Umlage war freiwillig und brachte wenig ein. Ihre Verwandlung in eine obligatorische Steuer auf allen Grundbesitz und jegliche Münzeinkünfte stieß auf Widerstand. Vor allem der Klerus wehrte sich gegen diesen «Kirchenraub». Ludwigs Pläne zerschlugen sich. Beim dritten Kreuzzug (1188) erhoben französische und englische Krone daher von Anfang an und mit großem Nachdruck eine zehnprozentige Abgabe, den «Saladinszehnt». «Doch diese Steuer löste vor allem beim Klerus eine derartige Protestwelle aus, daß Philipp August [= der französische König] schon nach einem Jahr die Besteuerung als ‹Ungeheuerlichkeit› zurücknehmen und versprechen mußte, daß er oder seine Nachfolger nie wieder einen derartigen Versuch unternehmen würden.»[21]

Indessen eroberte jener Saladin, gegen den der «Zehnt» gerichtet war, Jerusalem für den Islam zurück. Der dritte Kreuzzug scheiterte ebenso wie die staatliche Kreuzzugssteuer. Eines hat sie gleichwohl vermocht: die Idee der Steuer wiederzubeleben, die mit dem Zerfall des Römischen Reichs in eine Art Dornröschenschlaf gefallen war. Nur fand die Steuer nicht sogleich wieder zu einer wirkungsvollen Form. Die wußte ihr erst ein besonders charismatischer Papst zu geben: Innocenz III. Mehr als seine Vorgänger sah er sich gesandt, die gesamte Christenheit unter seiner Oberhoheit zu vereinen – durch einträchtiges Vorgehen gegen ihren gemeinsamen Feind und

20 Roscher 1969, 75 f.
21 Roscher 1969, 76

dessen endgültige Vertreibung aus den heiligen Stätten Palästinas. Und als Papst konnte Innocenz einiges, was Könige nicht vermochten: den Zug zur Befreiung Palästinas von den Ungläubigen zu einer Aufgabe der *christianitas* (also aller Christen) erklären, die Kleriker zu einer dauerhaften Abgabe für dieses fromme Werk bewegen und allen, die daran teilnahmen, einen Ablaß zusagen. Der Ablaß war natürlich der entscheidende Anreiz. Doch lediglich Generalablaß für alle Kreuzzugsmärtyrer – das reichte nicht aus. Und so entwickelte Innocenz III. einen wohlgestaffelten Leistungskatalog, der vollen Ablaß für jeden Teilnehmer am Kreuzzug vorsah, aber ebenso für jeden, der einen Teilnehmer stellte und ihn für mindestens zwei Jahre militärisch und finanziell ausstattete; Teilablässe für geringere Spenden, je nach Höhe der Gabe und «Affekt» der Frömmigkeit (*devotionis affectus*); und obligatorische Entrichtung des «Vierzigsten» für alle Kleriker, die dafür ein Viertel ihrer Bußstrafen erlassen bekamen.[22]

Erst auf der Basis dieses Katalogs wagte Innocenz, einen vierten Kreuzzug auszurufen. Der blieb auf halbem Wege stecken. Die Kreuzfahrer wurden in einen blutigen Kampf um Byzanz verstrickt und darin aufgerieben. Ein ganzes Jahrzehnt lang bereitete der Papst nach diesem Debakel einen neuen – fünften – Kreuzzug vor und machte ihn zum Hauptthema des großen Laterankonzils von 1215. Im Juni 1217, so seine Vision, sollten sich christliche Heerscharen aus dem ganzen Abendland zum einmütigen gemeinsamen Aufbruch in Brindisi versammeln. Er selbst, so ließ er durchblicken, wolle sie dann nach Jerusalem führen. Für ihre Ausstattung reichte der Kreuzzugsvierzigste, den der Klerus ohnehin nie in vollem Umfang abgeliefert hatte, bei weitem nicht. Innocenz verordnete daher einen Kreuzzugszwanzigsten und drohte bei Nichtentrichtung mit Bann und Interdikt, den härtesten Kirchenstrafen. Sein plötzlicher Tod 1216 vereitelte seine kühnen Pläne. Eintreiben mußte den Zwanzigsten sein Nachfolger, Honorius III., der zuvor *camerarius*, Verwalter der päpstlichen Finanzen, gewesen war. Er war erfinderisch darin, das Einzugsverfahren zu straffen und auch auf Laien auszudehnen. Aber sich selbst auf Kreuzfahrt begeben war nicht seine Sache. Von den nächsten Päpsten erwog nur einer noch ernsthaft, sich an die Spitze eines Kreuzzugs nach Jerusalem zu setzen: Gregor X. Vor seiner Wahl, bis 1271, war er Legat in Palästina gewesen; daher seine persönliche Leidenschaft für das Hei-

22 Roscher 1969, 77 f. und 80

 lige Land. Auf dem Konzil zu Lyon 1274 erließ er einen allgemeinen Kreuzzugszehnten für Kleriker und Laien, den umfassendsten und rigorosesten.[23] Aber er starb schon zwei Jahre später. Aus dem Kreuzzug wurde nichts. Doch die Steuer für ihn war eingeführt. Sie floß weiter, wenn auch stockender als vorgesehen, und häufte in der päpstlichen Kasse allmählich Summen auf, die einer neuen Art professioneller Verwaltung bedurften: der von Bankiers.

Wucher

In einem übertragenen Sinne waren auch die Kreuzzüge Bauvorhaben; sollten sie doch den Bau der *christianitas* vollenden, für den jede einzelne Kathedrale wiederum ein Sinnbild war. Kreuzzüge und kirchlicher Großbau stützten einander wechselseitig: theologisch wie finanziell. Ihr gemeinsamer Kunstgriff war die *commutatio*: die Umwandlung von Bußstrafen in Geldbußen. Beim Kreuzzug durchlief sie lediglich eine Station mehr. Jede Bußstrafe ließ sich in Kreuzzugsteilnahme umwandeln, jede Kreuzzugsteilnahme in Sachleistungen. Man konnte zu Hause bleiben und die Sündenstrafen dennoch durch Geld loswerden, als wäre man mitgezogen, wenn denn das entrichtete Quantum und der «Affekt», mit dem man es zahlte, groß genug waren. Die *commutatio* mobilisierte profane Münzen für sakrale Zwecke und gab damit dem erneuten Geldumlauf den entscheidenden Anschub – nicht ohne zugleich eine Rückbindung der Münzen an ihren sakralen Herkunftsort zu vollziehen und eine unwillkürliche Erinnerung daran zu wecken, was Geld ursprünglich ist: Opferschuld.

Daß diese Schuld dringend der Tilgung bedarf und doch durch keine Zahlung ganz abgetragen werden kann, müssen bereits altsteinzeitliche Kollektive dumpf geahnt haben, sonst hätten sie ihre grauenhaften Opfer nicht so oft wiederholt. Das Mittelalter hat diese Ahnung auf das Niveau christlicher Vorstellungen gehoben. Profane Münzen treten ins Kraftfeld einer sublimen Gnadenlehre. Dadurch werden sie ähnlich geadelt wie einst die Edelmetalle durch die Astralgottheiten. Sie werden zu Reflektoren von Gottes gnädiger Zuwendung. Das heißt aber auch: Wer Münzen hat – und das war zunächst

23 Roscher 1969, 160–163

eine kleine privilegierte Minderheit – muß einen nennenswerten Teil davon zur Ehre Gottes verwenden, als Zeichen dafür, daß niemand sich je genug Gott zuzuwenden vermag. Das eben ist die Logik der Gnade. Man muß alles für sie tun und kann sie sich dennoch nie selbst beschaffen. Kein Münzquantum vermag sie je aufzuwiegen; sie kaufen zu wollen ist frevelhafte Vermessenheit. Aber auch jede Geldmenge, die Gott günstig stimmen soll, stimmt ihn nicht günstig genug, und selbst jede, die ihm Dank zollt, dankt ihm nicht genug. Nie also ist die Geldsumme, die ins Kraftfeld der Gnade tritt, groß genug. Immer tilgt sie die Sündenschuld nur ungenügend. Gerade dieses Ungenügen aber hat als Antrieb des mittelalterlichen *coinraising* gewirkt. Die vorhandenen Münzen können die göttliche Gnade nie genug entgelten? Nun, dann müssen eben *mehr* Münzen her. Und so erhöhte sich mit dem Eintritt der Münzen in die Koordinaten der Gnadenlehre die Nachfrage nach ihnen signifikant. Jedes neu entdeckte Silber- oder Kupfervorkommen (Gold war in Mitteleuropa sehr rar) wurde sogleich dem Münzverkehr dienstbar gemacht.

Die Kehrseite davon ist freilich nie ganz vergessen worden. «Nie genug» heißt immer auch «vergeblich». Letztlich taugt keine noch so angestrengte Münzaufhäufung zum Gnadenerwerb. Und so war die Entfaltung der Geldwirtschaft um die kirchlichen Großbaustellen herum stets von Bibelstellen begleitet, die den Kontrapunkt dazu anstimmen: «Wer das Gold liebt, bleibt nicht ungestraft, wer dem Geld nachjagt, versündigt sich.» «Ihr könnt nicht Gott dienen und dem Mammon.» «Eher geht ein Kamel durch ein Nadelöhr, als daß ein Reicher in das Reich Gottes gelangt.» «Verkauft eure Habe und gebt den Erlös den Armen.» Schließlich die Geschichte vom armen Lazarus und vom hartherzigen Reichen, der ihm nichts gab. «Der Arme starb und wurde von den Engeln in Abrahams Schoß getragen. Und auch der Reiche starb und wurde begraben. Als er im Totenreich, von Qualen geplagt, seine Augen erhob, sah er Abraham von ferne und Lazarus in seinem Schoß. Und er rief mit lauter Stimme: Vater Abraham, erbarme dich meiner.» Antwort: «Gedenke, daß du in deinem Leben dein Gutes empfangen hast und Lazarus entsprechend Böses; jetzt hingegen wird er hier getröstet, du aber leidest Pein.»[24]

Während die Kathedralen wie Pilze emporwuchsen und der Münzumlauf sich schwunghaft ausdehnte, sind diese Bibelstellen in

24 Jesus Sirach 31,5; Matthäus 6,24; Markus 10,25; Lukas 12,33; Lukas 16,19–31

 Predigten, Traktaten und Beichtstühlen immer wieder mahnend zitiert worden – von Befürwortern des Kirchenbaus, aber auch von Gegnern. Nicht allen Gläubigen war die Bauerei geheuer. Was sollten die großen Kirchen, der Prunk von Päpsten und Bischöfen, wo doch Jesus im Stall geboren und mausarm durch Galiläa gezogen war? So taten sich an manchen der Baustellen Leute zusammen, die so arm leben wollten wie Jesus und diesen Entschluß öffentlich zur Schau trugen. Das war ein Stachel ins fette Fleisch der kirchlichen Würdenträger. In Frankreich, Flandern und im Rheinland entstanden um die Mitte des zwölften Jahrhunderts regelrechte Armutsbewegungen – ohne ersichtliche überregionale Verabredung, ohne intellektuelle Ambitionen, ohne Drang nach einer festen Organisationsform. Aber sie drohten zu Fermenten der sich formierenden Stadtkultur zu werden. Als «Seuchen» bezeichnet sie Bernhard von Clairvaux und verübelt ihnen vor allem, wie sie ihre demonstrative Armut begründen. «Sie behaupten, Nachfolger der Apostel zu sein und nennen sich Apostel.»[25] Welche Anmaßung. Sie wurden so gründlich verfolgt, daß sich nicht einmal der Name irgendeines ihrer Wortführer erhalten hat. Ein halbes Jahrhundert später kamen zwei weniger schroffe Bewegungen auf: die des Franziskus und des Dominikus. Sie verpflichteten *sich* auf Armut, verlangten sie aber nicht strikt von der ganzen Kirche. So bekamen sie einen eigenen Spielraum gewährt: als Bettelorden.

Man darf die Armutsbewegungen einen mehrstimmig gemischten Chor der Verneinung nennen. Nein, setzt eure Hoffnung nicht auf Geld, ist ihr Tenor, sonst seid ihr verloren. Doch faktisch *setzt* der Kirchenbau auf Geld, und gerade die beiden großen Bettelorden haben ihn tatkräftig gefördert. Er verlangt Geld um des Seelenheils willen, bei ständiger Beteuerung, daß das Seelenheil *nicht* käuflich sei. Dieses Nein, die Nichtkäuflichkeit der Gnade, ist es gerade, was den erneuten Münzumlauf so belebt, um nicht zu sagen, erregt hat. Damit er expandiert, dürfen sich Christen nicht eingestehen, wie sehr es sie dazu drängt, Münzen, die ja bloß als subalterne Hilfsmittel der Schuldtilgung gedacht sind, faktisch als Hauptmittel einzusetzen. Sie müssen das verneinen, aber ihr Nein dazu ist ein sich selbst verleugnendes Ja. Genau das ist Verneinung im Sinne Freuds. «Die Verneinung ist eine Art, das Verdrängte zur Kenntnis zu nehmen,

25 Clairvaux 1970, 50

eigentlich schon eine Aufhebung der Verdrängung, aber freilich keine Annahme des Verdrängten.»[26] Anders gesagt: Was verneint wird, wird zumindest ausgesprochen; insofern bleibt es nicht gänzlich aus dem Bewußtsein verbannt, kommt aber auch nicht ganz zu Bewußtsein, denn es wird ja abgewehrt – als nichtseiend ausgesprochen.

In diesem Verneinungsmodus hat der zweite Anlauf der Münze begonnen. Seine Pioniere waren Kleriker. Nur sie konnten das schlechterdings Nichtkäufliche mit Anziehungskraft für Münzen aufladen. Cluny war die erste große Ladestation, nicht nur das unerreichte Vorbild all der Kathedralen, die seit dem elften Jahrhundert zu Zentren einer neuen urbanen Kultur wurden, welche sich nicht mehr, wie die antike, auf Küstenstädte und ein paar Niederlassungen an Militärstraßen beschränkte, sondern von Frankreich aus Mittel- und Südeuropa regelrecht durchdrang. Auch Rom schaute nach Cluny. Von dort kam Urban II., dort wußte er das finanzielle Know-how versammelt, das Rom sich erst erwerben sollte. Daher ließ er keinen Geringeren als seinen Lehrmeister Hugo die Abgaben, Stiftungen und Erträge verwalten, die sich beim päpstlichen Stuhl in Rom zu sammeln begannen. Der Abt von Cluny war praktisch Finanzminister des Papstes. An die tausend Kilometer mußten päpstliche Legaten zu Pferd oder zu Fuß reisen, um Bilanzen, Kontrakte und Anweisungen aus seinem Scriptorium entgegenzunehmen. Erst nach Hugos Tod wurde in Rom eine eigene päpstliche Finanzbehörde eingerichtet: die *camera*. Der *camerarius* «war mit der Verwaltung der Güter des Kirchenstaates, der Entgegennahme der Einkünfte der römischen Kirche sowie der Verwaltung der Papstpaläste betraut» und im Kardinalskollegium eine Autorität. Ab der Mitte des dreizehnten Jahrhunderts übernahmen profane Kaufleute diese Aufgabe. «Papst Gregor X. (1271–1276) führte Bankiers der Familie Scotti aus seiner Geburtsstadt Piacenza in die Kurie ein. Ende des 13. Jahrhunderts hielten die Bankhäuser der Mozzi, Spini und Chiarenti das Monopol der päpstlichen Finanzen und waren mit der Abwicklung sämtlicher Zahlungen der Kammer betraut.»[27]

Damit sind drei Meilensteine mittelalterlicher Geldentwicklung bezeichnet: ihr Anschub durch große Münzschenkung; die Profes-

26 Freud 1975 [1925], 373
27 Le Goff 2011, 87 f.

 sionalisierung der Schenkung durch ihre Verwandlung in regelmäßige obligatorische Abgaben; schließlich die Delegation der dazu erforderlichen Verwaltungstätigkeit an professionelle Kräfte: Bankiers. Dies alles exerzierte *die Kirche* vor. Kaiser, Könige und Herzöge waren lediglich ihre mehr oder weniger gelehrigen Schüler. Die Kirche beförderte auch den sozialen Aufstieg des Kaufmannsstandes. Für den Kathedralenbau, für den Unterhalt der Bauleute und ihren Troß waren Händler unentbehrlich. Einige von ihnen wurden dabei schwerreich, nicht nur durch den Verkauf von Konsumgütern, sondern auch durch Geldverleih. Professionelle Geldverleiher aber taten, was auch schon ihre Vorgänger im antiken Griechenland getan hatten: Sie nahmen Zins dafür.

Warum kehrte mit dem Geld und seinem Verleih auch der Zins zurück? Weil Geld per definitionem Privateigentum ist. Mein Grundstück oder mein Haus können mehrere bewohnen und nutzen. Mein Geld ist nur so lange meines, wie allein ich darüber verfüge. Die sakrale Tiefenschicht des Privateigentums, die eine Kompensation verlangt, wann immer es angetastet wird, machte sich nun auch in der feudalen Umgebung Mitteleuropas geltend, wo das Privateigentum viel weniger heimisch war als einst in der griechischen Polis. Dort hatte es nur einen, wenn auch einen sehr Prominenten gegeben, der den Zins als widernatürlich verworfen hatte: Aristoteles. Hier gab es eine für alle verbindliche Heilige Schrift, in der sich ein ganzer Verbund von Stellen dezidiert gegen den Zins aussprach. «Wenn dein Volksgenosse neben dir verarmt und sich nicht mehr zu halten vermag, so sollst du ihn aufrechthalten [...]. Du sollst ihn ihm dein Geld nicht auf Zins geben und für deine Nahrung keinen Aufschlag von ihm verlangen.» Oder: «Von einem Fremden magst du Zins nehmen, von deinem Bruder sollst du nicht Zins nehmen.» Schließlich die berühmte Stelle, wo Jesus die Feindesliebe verlangt und sogleich, wie ein Kommentar, der Imperativ folgt: «Leihet, ohne etwas zurückzuerwarten.»[28] Solche Forderungen waren durchaus nicht nur Zierat. Sie verdichteten sich in der Gesetzessammlung Gratians (*Decretum Gratiani*), dem Grundstock des kanonischen Rechts von 1140, zu dem klaren Urteil: *Quicquid ultra sortem exigitur usura est* (Was über das Vorgeschossene hinaus verlangt wird, ist Wucher). «Das Dritte Laterankonzil (1179) erklärte die Wucherer zu

28 Leviticus 25,35 und 37; Deuteronomium 23,20; Lukas 6,35

Fremden in den christlichen Städten und verfügte, dass ihnen ein christliches Begräbnis verwehrt bleiben sollte.»[29]

Das war zwar kein kategorisches Verbot, aber auch nicht bloß ein Stück Papier. Wucherer waren tatsächlich geächtet. Wer ihrer nicht bedurfte, ging ihnen aus dem Weg. Theologen redeten ihnen ins Gewissen. Viele Geschäftemacher waren in echter Sorge um ihr Seelenheil, beschwichtigten ihre Angst mit großen Schenkungen oder vermachten der Kirche gar testamentarisch ihren ganzen Reichtum. Besonders heftig war die Ächtung der Wucherer dort, wo sie sich mit dem Affekt gegen die Juden verbinden konnte. «Diese betrieben, wenigstens soweit sie unter germanischen Völkern wohnten, von jeher vorzugsweise Handel. Sie waren gezwungen, dies zu thun», weil für sie «weder in der alten Markgenossenschaft, noch unter den Grossgrundbesitzern [...] viel Raum vorhanden» war. «In den spärlichen Städten des frühen Mittelalters» hingegen konnte «[i]hr Handel [...] von den germanischen Völkern [...] gar nicht entbehrt werden». Als sich aber «aus Römern und Germanen neue Völker gebildet» hatten, «deren Handelsthätigkeit seit dem 9. Jahrhundert [...] einen wachsenden Aufschwung nahm», «wurden die Juden als Waarenkaufleute mehr und mehr entbehrlich. Gleichzeitig entfesselte die Kirche gegen sie den Hass des Volkes»; sie «wurden rechtlos», «abhängig vom Belieben des Landesherrn». «Erst jetzt wendeten sie sich dem *Geldgeschäfte* zu», worin sie zunächst ebenfalls unentbehrlich waren: «die ersten *gewerbsmässigen* Geldleiher des Mittelalters». Doch durch «die wachsende wirthschaftliche Tüchtigkeit der christlichen Kaufleute wurden die Juden auch aus dieser Position allmählich verdrängt».[30] Im dreizehnten Jahrhundert waren sie aus den großen Geldgeschäften fast ganz verschwunden. Was zurückblieb, war ein bestimmtes Bild von ihnen. «Bernhard von Clairvaux spricht 1146 schon von judaizare im Sinne von Wucher.»[31] Das dürfte bereits damals eher ein Nachbild schlechten christlichen Gewissens als eine nüchterne Lagebeschreibung gewesen sein. Man benannte das Geldgeschäft nach denen, die man daraus verdrängte, und ächtete sie für das, was man selber zu tun übernommen hatte. Die Zeit der antijüdischen Exzesse im christlichen Mittelalter beginnt mit dem Sieg des

29 Le Goff 2011, 105 und 107

30 Ehrenberg, 1896a, 42 f.

31 Ehrenberg, 1896a, 43

 christlichen Geldhandels über den jüdischen.[32] Trotz aller Drohungen mit ewiger Verdammnis – *Fenus pecuniae funus est animae* (Des Geldes Zinsgewinn ist der Seele Tod)[33] – gegen die sakrale Tiefenschicht des Privateigentums kam keine Theologie an. Der Wucher ließ sich nicht ausrotten. Wenn dem aber so war, dann mußten sich wohl oder übel Formen seiner Akzeptanz entwickeln. Er mußte christliche Manieren annehmen – wie das Münzwesen insgesamt.

Konto

Ehe Kleriker von Kaufleuten lernten, haben die Kaufleute von den Klerikern gelernt. Kleriker waren Verwandlungskünstler. Sie brauchten nur zur rechten Zeit am rechten Ort die richtigen Worte zu sprechen, und schon war die Verwandlung von Brot und Wein in Leib und Blut Christi beschlossene Sache. Der höchste Priester mußte nur ein Dekret erlassen, und von Stund an waren Sündenstrafen in Geldzahlungen konvertierbar. So etwas vermochten Laien nicht; aber sie konnten sich ein Beispiel daran nehmen. Nicht von ungefähr begann noch im zwölften Jahrhundert im Schatten der Kathedralen ein profanes Verwandlungsgeschäft zu gedeihen: der Geldwechsel. Zu den großen Märkten strömten Menschen aus allen Himmelsrichtungen und brachten ihre lokalen Zahlungsmittel mit: Gold-, Silber- und Kupfermünzen, die in Metallqualität, Gewicht, Form und Prägung ganz verschieden waren. Da «waren Experten im Erkennen der ver-

32 «So verlangte König Johann Ohneland im Jahr 1220 eine Sondersteuer (*tallage*) von den Juden, um seine Kriege in Frankreich und Irland bezahlen zu können. Ein zeitgenössischer Chronist berichtet: ‹In England wurden sämtliche Juden beiderlei Geschlechts verhaftet, ins Gefängnis geworfen und schwer gefoltert, damit sie ihr Geld dem König übergaben.› [...] Johanns Nachfolger Heinrich III. (1216–1272) machte es sich zur Gewohnheit, seine jüdischen Opfer an seinen Bruder Richard, den Herzog von Cornwall, weiterzureichen, damit ‹jene, die von einem Bruder ausgepeitscht worden waren, vom anderen ausgeweidet werden konnten.› Diese Berichte über Juden, denen die Zähne gezogen, die Haut abgeschält und die Eingeweide herausgerissen wurden, sollte man im Hinterkopf haben, wenn man Shakespeares fiktiven Kaufmann von Venedig hört, der sein ‹Pfund Fleisch› verlangt. Es handelt sich wohl um eine dem Schuldgefühl entsprungene Projektion der Schandtaten, die die Juden nie wirklich an den Christen begangen hatten, sondern umgekehrt.» (Graeber 2012, 303 f.)

33 So Papst Leo der Große im fünften Jahrhundert, zitiert nach Le Goff, 2011, 107

schiedenen einheimischen und fremden Münzen» gefragt. In diese Rolle wuchsen die Geldverleiher hinein; «sie kannten die Wechselkurse und die Legierungen, und sie wussten zwischen gültigen und gefälschten Münzen zu unterscheiden».[34]

Geld wechseln konnte freilich nur, wer schon Geld hatte. Verleih, Wechsel und Wucher waren zwar nicht einfach dasselbe, aber schwer auseinanderzuhalten. Geldwechsler hatte es auch schon in der griechischen Polis gegeben. Aber im Kraftfeld der theologischen Verwandlungskunst wurden sie nun selbst zu Verwandlungskünstlern. Sie machten aus dem Wechseltisch, der einst den griechischen Namen *trapeza* hatte und nun italienisch *banco* hieß, mehr als nur einen Ort des Münztauschs. Der entscheidende Schritt darüber hinaus war das *conto corrente*. Erfunden wurde es Ende des zwölften Jahrhunderts in Genua. Eine geniale Idee. Das Konto bestand in dem Geldvorrat, den ein Kaufmann beim Wechsler hinterlegte. Auf Anweisung zahlte der Wechsler fällige Beträge von diesem Konto an andere Kaufleute – auf deren Konto. Davon profitierte der Kaufmann; er mußte sich um die sichere Verwahrung einer bestimmten Münzmenge sowie die Zahlungen aus ihr nicht mehr selbst kümmern. Und der Wechsler profitierte; er strich für diese Tätigkeit eine Gebühr ein.

Konto heißt Rechnung. Die eingezahlte Münzmenge war zwar real. Aber der Wechsler bewahrte die Einlagen von Kaufmann A und B nicht in separaten Kästchen auf. Sie kamen in die große Einlagentruhe, die nach Münzarten, nicht nach Kontoinhabern sortiert war. Ein Blick in diese Truhe verriet nichts darüber, wer welche Summe eingelegt hatte. Das wußte zunächst nur der Wechsler, und erst allmählich, als das Geschäft sich ausweitete, wurde es üblich, daß er darüber *Buch* führte, die Einlagen von Kaufmann A und B für sich schriftlich vermerkte und sie ihnen zusätzlich auf einem Schein bestätigte. Zunächst hatte er die meisten der bei ihm eingelegten Beträge im Kopf, zudem galt zwischen ihm und seinen Einlegern häufig das gesprochene Wort.[35]

34 North 2009, 31

35 Die lückenlose Eintragung von Soll und Haben in ein allein dafür bestimmtes Buch hat sich sehr zögerlich durchgesetzt. Die erste Darstellung der doppelten Buchführung (*Arte della scrittura doppia*) findet sich sogar erst 1494 bei dem Minoritenmönch Luca Pacioli, und noch zu Beginn des 16. Jahrhunderts beklagt der Buchhalter des Hauses Fugger die Unsitte deutscher Kaufleute, «ihre Handlungen auf Zetteln aufzuzeichnen und an die Wände zu kleben» (Kulischer 1988b, 297).

 Ob aber nur im Kopf und per Absprache oder auch schriftlich auf Papier: Konten existierten nur rechnerisch. Zahlungen von Konto A auf Konto B waren Umrechnungen – Umbuchungen. Das war eine neue Art des Geldwechsels. Ein gewisser Betrag wechselte tatsächlich den Eigentümer, und doch geschah der Wechsel allein durch Wort und Schrift. Er wurde nirgends greifbar als im Buch des Wechslers. Dieser schrieb darin Konto B den Betrag gut, den er von Konto A abzog, und bestätigte beiden Kontoinhabern diese Geldbewegung, ohne daß sich in seiner Einlagentruhe auch nur eine Münze vom Fleck bewegen mußte. Aber der lediglich verbuchte Eigentümerwechsel hatte Gültigkeit, weil das umgebuchte Geld tatsächlich in der Einlagentruhe lag. Jeder der Einleger konnte auf Wunsch seinen Anteil daraus zurücknehmen. Mit andern Worten, die Umbuchung war gedeckt. Solange das so war, war allen Beteiligten gedient. Die Kaufleute sparten Zeit und Transportrisiko. Kaufmann A mußte die fällige Summe nicht erst seiner Truhe entnehmen und sie Kaufmann B überbringen, damit der sie wiederum teils in seine Truhe steckte, teils Kaufmann C überbrachte. Und der Wechsler schrieb sich für jeden von ihm abgewickelten Eigentümerwechsel eine Gebühr gut, die kein Zins für verliehenes Geld war, also kein Wucher, selbst wenn sie erheblich war.

Sobald der *banco* nicht mehr bloß der Tisch war, auf dem verschiedenartige Münzen gewechselt wurden, sondern der Ort, wo man ein Konto eröffnen konnte, wurde der Wechsler zum Bankier. Münzen wechseln, sicher aufbewahren und transferieren: das war sein Kerngeschäft. Aber kein Kern ohne Schale. Professionell Geld wechseln konnte nur, wer selbst so viel davon angehäuft hatte, daß er jederzeit auch verleihen konnte. Wer Wechsler war, war daher gewöhnlich auch Verleiher. Der Wechsler jedoch, der Bankier wurde, wurde mehr: Treuhänder fremder Einlagen. Er bürgte für deren Sicherheit; wer seine Einlage zurückhaben wollte, mußte sie bekommen. Weil sie beim Bankier aber so sicher und praktisch verwahrt war wie sonst kaum irgendwo, verlangte niemand, der bei Sinnen war und nicht in Not, seine gesamte Einlage zurück. Notfälle gab es natürlich. Aber daß *alle* Einleger in Not gerieten, war sehr unwahrscheinlich. Normalerweise wurde nur ein Teil der Gesamteinlage abgehoben oder transferiert. Und der andere Teil? Sollte er einfach nur in der Truhe liegen? Das ertrugen die Bankiers ähnlich schlecht wie einst die Priester die im Tempel einfach bloß herumstehenden Metallgaben. Und den Kontoinhabern konnte egal sein, wieviel Geld der Bankier insgesamt in seiner Truhe hatte. Es mußte nur so viel sein, daß er ihnen stets die gewünschte Summe aus ihrer Einlage auszahlte. Das Übrige war seine Dispositionsmasse. Es gehörte ihm nicht, aber er verfügte darüber. Warum sollte man ihn hindern, es gegen Zins zu verleihen? Wenn bloße Geldwechsler das taten, waren sie ganz gewöhnliche Wucherer. Wenn hingegen Bankiers, also Treuhänder fremden Geldes, für ihre vielfältigen Bemühungen, zu denen auch Geldverleih gehörte, Gebühren kassierten, erschien das in anderem Licht. Ihr Wucher war durch ihre ehrbare Verwaltungstätigkeit gedeckt, und zwar in doppeltem Sinn: verdeckt und gerechtfertigt.

«Deckung» ist ein Synonym für Schutz und Erleichterung. Wenn ein Papst die Wandelbarkeit von Bußstrafen in Geldbußen verkündete, dann hieß das für alle, die Geld hatten: Sie konnten sich von beschwerlichen Pilgerreisen und von peinigender Enthaltsamkeit freikaufen. Die Konvertierbarkeit physischer Entbehrungen in Münzmengen galt als durch Gottes Nachsicht «gedeckt». So einfach hatten es Laien nicht. Ihre Zusicherungen mußten durch Sicht- und Greifbares gedeckt sein. Wer versicherte, Geld wechseln oder verleihen zu können, mußte die entsprechende Summe auch zur Hand haben. Er konnte nicht Seelennot in Quanta verwandeln, sondern nur ein Quantum in ein anderes: Münzen einer Währung in die einer anderen, verliehene Münzen in einen Schuldschein, einen Kontostand in einen anderen. Jeder Buchung und Umbuchung mußte eine tatsächlich ausgehändigte oder jederzeit verfügbare Münzmenge entsprechen – bis aus dem Wechseltisch die profane Bank wurde und eine auf den ersten Blick völlig unscheinbare Verschiebung eintrat.

Zwar stand auch der Bankier jedem einzelnen seiner Einleger für die ihm anvertraute Münzmenge gerade, aber nie allen zugleich. Auf diesen Extremfall ist keine Bank eingerichtet – bis heute. Wenn alle Einleger ihr Geld zurückziehen, ist sie am Ende. Sie lebt davon, daß immer ein Teil ihrer Einlage unangetastete Rücklage bleibt. Und mit der kann der Bankier eigene Geldgeschäfte machen. Während er sie etwa verleiht, entzieht er sie der Gesamtheit der Einleger, was kein Problem ist, solange er noch genug Geld zurückbehalten hat, um jedem einzelnen Einleger, der das wünscht, seine Rücklage auszubezahlen. Die Bank basiert auf dem Prinzip der Teildeckung. Keine ihrer Buchungen ist ganz ungedeckt; nie aber sind all ihre Buchungen vollständig gedeckt. Der Teil davon, der in klingender Münze verfügbar ist, steht für ein unverfügbares Ganzes. Er muß groß genug sein, um das Ganze glaubwürdig zu repräsentieren. Für Glaubwürdigkeit aber gibt es kein objektives Maß, nur Indizien. Ihre Deutung ist immer auch Ermessenssache – Glaube. Und so haben sämtliche Bankkalküle eine Glaubensgrundlage. Der Glaube des Bankiers ist: Es werden schon nicht alle ihre Einlagen zurückfordern. Der Glaube des Einlegers: Die Bank wird schon so viel zurückgelegt haben, daß wenigstens ich an meine Einlagen komme.

Als griechische Poleis darauf verfielen, Münzen auszugeben, setzten sie auch ein monetäres Urvertrauen in die Welt: daß hinter den Münzen eine Staatsmacht steht, die ihnen und ihrer Kaufkraft notfalls gewaltsam Geltung verschaffen wird. Das ursprüngliche Vertrauen in die mittelalterliche Bank setzt hingegen auf etwas, was keine politische Macht zu gewährleisten vermag: daß die Teildeckung ausreichen und allen Beteiligten nützen wird. Das Prinzip der Teildeckung ist ein institutionalisierter Optimismus. Er ignoriert den Ernstfall, in dem keine Bank voll zahlungsfähig ist, weil keine so viele Münzen bereitliegen hat, wie sie Gutschriften erteilte. Er geht von dem günstigen Fall aus, wo der ungedeckte Teil der Buchungen angesichts des gedeckten praktisch nicht ins Gewicht fällt, und er verallgemeinert diesen Fall: Es wird so bleiben; die Bank wird auch weiterhin genug Rücklagen haben, um alle zurückverlangten Einlagen auszuzahlen; sie wird ihre eigenen Außenstände auch weiterhin vollständig und rechtzeitig zurückerhalten und nie mehr Auszahlungsforderungen bedienen müssen, als sie Rücklagen hat. Abweichungen von dieser Regel werden ebensowenig ins Gewicht fallen wie die Deckungslücken der Bank.

Der institutionalisierte Optimismus erachtet diesen Fall als Normalfall. Doch reale historische Prozesse sind nie «normal»; jeder von ihnen hat seinen eigenen, unwiederholbaren Verlauf. Der scheinbare Normalfall ist lediglich die Hochrechnung einer temporären Schönwetterlage, verbunden mit der Hoffnung, daß sie stabil bleibe. Was Bankier und Einleger über alle argwöhnische Prüfung von Bilanzen hinweg eint, ist das gemeinsame Vertrauen auf ein günstiges Geschick – daß die Teildeckung allen Beteiligten gnädig sein möge. Diese Art von Gnade rettet zwar nicht vor der ewigen Verdammnis, aber immerhin vor dem Bankrott. Sie ist ein Ableger der theologischen Gnade, das Bankgeschäft ein ins Profane gewendeter Ablaßhandel. Wer Geld in eine Bank einlegt, erteilt ihr damit einen Initialablaß. Er nimmt die Teildeckung, als deckte sie alles ab, ähnlich wie die Kirche die mit zerknirschtem Herzen dargebrachte Geldsumme nimmt, als wäre sie die peinvolle Bußstrafe selbst.

Die Gegenleistung, die der Bankier für die Einlage bot, war strikte Zuverlässigkeit. So bildete sich ein neues monetäres Vertrauensverhältnis – zunächst selbstverständlich nur zwischen Reichen: Kaufleuten und Bankiers. Die Trennung zwischen beiden war anfangs so unscharf, wie sie im zwanzigsten Jahrhundert wieder geworden ist. Wer mit Gütern handelte, konnte selbstverständlich auch Geld verleihen und verwalten – und umgekehrt. Die Bewährungsprobe für das neue Vertrauen war die Überbrückung räumlicher Distanzen. Die Gründung von Banken ging mit einer Veränderung im Fernhandel einher. Es zogen nicht mehr nur einzelne Kaufleute los, um aus dem östlichen oder südlichen Mittelmeerraum mit Seide, Purpur und Gewürzen für die heimische Oberschicht zurückzukehren. Es entstanden ganze Handelskompanien aus Unternehmern und Teilhabern. Diese schossen das Geld für Schiffe, Reiseausstattung und Einkauf vor; jene fuhren los und schafften die Waren heran. Der Erlös wurde in einem vorher festgelegten Verhältnis geteilt. Erfolgreiche Kompanien taten einen weiteren Schritt; sie gründeten in wichtigen Handelszentren Niederlassungen. Ihre «Faktoren» (= Beauftragten) konnten dort kontinuierlich Geschäfte abwickeln, ohne daß sie selbst jedes Mal anreisen und über lange Wegstrecken Waren und Geld transportieren mußten. Dabei war eine neue Erfindung hilfreich: die Tratte, zu deutsch der Wechsel.

Wechsel

Primär versteht man unter Wechsel eine Zustands- oder Ortsveränderung. Temperaturen, Tages- und Jahreszeiten wechseln, Dinge wechseln ihren Besitzer, aber der Wechsel als Ding, als Schriftstück – das war semantisch neu, obwohl es den damit bezeichneten Sachverhalt längst gab. Waren nicht Münzen selbst schon Schriftstücke – kleine runde Scheiben grafisch behandelten Metalls? *Graphein*, das griechische Wort für schreiben, heißt wörtlich einritzen, einkerben, und der Sinn der Münzprägung war, ein Metallscheibchen derart mit dem Bild oder Zeichen einer sakralen oder profanen Obrigkeit zu beschriften, daß niemand diese Schrift auslöschen konnte, ohne das Scheibchen selbst zu versehren. Ursprünglich waren Münzen selber so etwas wie Wechsel gewesen: *obeloi*, metallene Marken, in die das Anrecht auf ein bestimmtes Quantum an Lebensmitteln eingekerbt war. Nun dachten sich findige Geschäftsleute – wiederum in Genua – Wechsel *für* Münzen aus. Eigentlich waren das Briefe. Sie enthielten den Namen des Absenders, des Überbringers, des Empfängers – und eine in Währung und Menge genau bezeichnete Geldsumme. Und zwar bat der Absender den Empfänger, dem Überbringer besagte Summe gegen Übergabe dieses Briefes auszuhändigen. Für alle drei namentlich Genannten war der Brief das Äquivalent der darin vermerkten Geldsumme. Aber er selbst war kein geprägtes Metall, sondern nur mit Tinte beschriebenes und mit einem Siegel oder Zeichen des Absenders versehenes – Papier. Papier aber ist weit weniger haltbar und zuverlässig als Metall, ungleich billiger zu beschaffen und leichter zu fälschen. Es kam mit dem Wechsel eine Unsicherheit in den Zahlungsverkehr, die zunächst nur zwischen gut miteinander Bekannten riskiert wurde. Etwa so: Ein Genueser Kaufmann will zu einer Messe in die Champagne reisen. Er läßt sich von seinem Bankier, bei dem er viel Geld liegen hat, über einen Teil davon einen Wechsel schreiben. Darin steht sein Name als Überbringer, eine gewisse Summe *Genovini* (Genueser Goldmünzen), deren Umrechnung in Silberdenare, wie sie in der Champagne gängig sind, und als Empfänger ein «Faktor», der ein Handelshaus vertritt, welches ebenfalls ein Konto bei dem Genueser Bankier unterhält. Am Reiseziel angekommen, legt der Kaufmann dem Faktor den Wechsel vor, bekommt die entsprechende Summe in Silberdenaren ausgezahlt, kauft flandrisches Tuch und verkauft es gewinnbringend in Genua. Indessen schickt der Faktor aus der Champagne den Wechsel, auf dem unser Kaufmann den Erhalt der Silberdenare bestätigt hat, über sein Handelshaus oder direkt an den Bankier, und der bucht den entsprechenden Betrag in *Genovini* vom Konto des Kaufmanns auf das des Handelshauses, was problemlos ging, weil der Wechsel gedeckt war. Der Kaufmann hatte den Betrag, der auf dem Wechsel stand, tatsächlich in harten glänzenden *Genovini* bei seinem Bankier liegen.

Kein *Genovino* ist von Genua in die Champagne transportiert und dort teuer gegen Denare gewechselt worden, kein Denar aus der Champagne nach Genua; die *Genovini*, die von einem Konto aufs andere umgebucht wurden, haben sich in der Truhe des Bankiers nicht vom Fleck bewegt, und dennoch haben alle Beteiligten profitiert. Der Kaufmann zog Gewinn aus seinem Tuchverkauf, der Bankier strich für die Ausstellung des Wechsels und die Umbuchung der *Genovini* eine Gebühr ein, der Faktor eine für die Auszahlung der Denare, die Bearbeitung und Rücksendung des Wechsels. Bald wurde es üblich, noch einen vierten Namen in den Wechsel einzubeziehen. Der Empfänger wurde gebeten, nicht dem Überbringer, sondern einer anderen, am Ort des Empfängers ansässigen Person die genannte Summe auszuhändigen. So konnten Handelshäuser aus weit voneinander entfernten Städten, etwa Genua, Venedig und Barcelona, die aber alle an einem dritten Ort, etwa Brügge, eine Niederlassung hatten, dort ihre Schulden und Außenstände viel bequemer ausgleichen als auf den langen Wegen zwischen ihren Zentralen.

Die Unbequemlichkeiten des Fernhandels haben zur Erfindung des Wechsels geführt. Der Wechsel wiederum hat den Fernhandel schwunghaft beflügelt – und etwas offenkundig gemacht, was bereits in der Teildeckung steckt. Ihr Prinzip ist ein Schriftprinzip. Ausschlaggebend ist nicht, was der Bankier in seiner Truhe liegen hat, sondern was in seinen Büchern steht. Nur aus ihnen ergibt sich ein zuverlässiges Bild seiner Vermögensverhältnisse. Die Münzen in seiner Truhe verraten weder die Ansprüche, die Gläubiger auf sie haben, noch die Außenstände, die ihnen hinzuzurechnen sind. Zwar verlief auch der herkömmliche Geldverleih nicht schriftlos. Ein Schuldschein vermerkte den Namen des Schuldners, die entliehene Summe und die Konditionen ihrer Rückerstattung, und der Gläubiger, der diesen Schein in der Hand hielt, durfte auf die Schergen der Staatsmacht zählen, sollte der Schuldner den Schein ignorieren. Der Schein war die getreue Schriftform einer realen Geldbewegung. Die Buchung des Bankiers scheint auf den ersten Blick nichts anderes zu sein. Er vermerkt jede Münzmenge, die er erhält, und jede, die er auszahlt. Aber er tut noch mehr. Gelegentlich zeichnet er Geldbewegungen auf, die nur in Gestalt dieser Aufzeichnung existieren. In diesem Fall dokumentiert die Schriftform nicht die reale Geldbewegung; sie ersetzt sie. Das geschieht in einer ganzen Reihe von Geldtransfers von Konto zu Konto und, besonders sinnfällig, beim Wechsel. Er wird ausgestellt, um lästiges Münzwechseln zu umgehen. Er wird – gelegentlich über weite

 Strecken – bewegt, damit Münzen *nicht* bewegt werden müssen. Natürlich soll er durch Münzen gedeckt sein. Aber ob er es ist, sieht man ihm nicht an. Der Bankier oder Faktor, der klingende Münze für ihn herausrücken soll, hat nur zwei Möglichkeiten: Entweder er glaubt an ihn oder nicht.

Mit *conto corrente* und Wechsel hat ein Schriftglaube in den Zahlungsverkehr Einzug gehalten, wie er zuvor nur in der Theologie heimisch war. Die Zeit, wo Gott direkt zu Menschen oder durch sie sprach, ist nach christlicher Lehre mit der Menschwerdung Gottes zu ihrem Höhepunkt und Abschluß gekommen. Seither existiert Gottes Wort nur noch als Schrift, für deren Unverbrüchlichkeit und richtige Auslegung die Kirche sorgt. Die Buchungen des Bankiers beanspruchen nicht minder unverbrüchliche Gültigkeit. Sie stützen sich zwar auf reale Münzbewegungen wie die Heilige Schrift sich auf historische Ereignisse, aber sie üben die Deutungshoheit darüber aus. Theologische Deutungshoheit verschafft allein der Heilige Geist, den das priesterliche Amt exklusiv für sich reklamiert. Finanzielle Deutungshoheit hingegen muß man sich durch zuverlässige treuhänderische Tätigkeit erarbeiten. Sie ist ganz profan, aber sie braucht auch keinen Heiligen Geist. Am wenigsten für die Buchungen selbst. Sie bestehen in nichts als Zuschreibungen von Zahlen zu Personen. Ob sie richtig gerechnet oder zugeschrieben sind, läßt sich leicht nachprüfen. Da gibt es weit weniger auszulegen als bei der Bibel.

Schwerer zu beurteilen ist allerdings, ob die Buchungen tatsächlich gedeckt sind. Nicht nur, weil man das etwa einem Wechsel nicht direkt ansieht, sondern weil mit der Einführung der Teildeckung aus «Deckung» generell etwas Auslegungsbedürftiges geworden ist. Wenn nie alle Buchungen gedeckt sind: Von welchem Punkt an fällt dieser Mangel ins Gewicht? Wann wird er für Einleger und Bankier bedrohlich? Hier kommen Wahrscheinlichkeitsrechnungen, Prognosen mit mehreren Unbekannten, Hoffnungen auf die Gunst der Umstände ins Spiel. Es öffnet sich ein Deutungsraum, welchen der Bankier gewöhnlich am besten auszufüllen vermag. Er ist ebenso parteilich und vertraut mit der Materie wie die Theologen mit der Heiligen Schrift. Wenn er glaubwürdig aufzutreten weiß, hat er gute Chancen, daß auch seiner Schrift geglaubt und ihm ein stillschweigender Generalablaß für die Teildeckung gewährt wird, auf deren Basis er seine eigenen Geschäfte macht. Zu denen zählen selbstverständlich auch Geldverleih und Zinsnahme. Als Bestandteile einer umfassenden treuhänderischen Tätigkeit verlieren sie ihre Anstößigkeit. Gemäßigter Wucher wird ehrbar.

Profaner Schriftglaube und Ablaß gehören zu den Fermenten des modernen Bankwesens. Sie sind Abkömmlinge der christlichen Theologie, haben sich aber ihre eigenen profanen Wege gebahnt; zunächst sporadisch und nicht ohne Mühe. *Conto corrente* und Wechsel kamen in Oberitalien auf, gewiß nicht zufällig in relativer Nähe zur großen christlichen Ablaßzentrale, dem päpstlichen Stuhl in Rom. Sie gewannen sehr schnell eine weite Ausstrahlung, nach Nordwesten bis nach Flandern und England, nach Osten bis nach Byzanz, aber die Verbindungen dorthin waren feine Fäden zwischen vereinzelten Keimzellen einer künftigen Gesellschaft. Sie wurden zwischen wenigen Privilegierten geknüpft und waren noch weit davon entfernt, die ganze Gesellschaft als ein Netzwerk zu durchziehen, in das sich alle geschäftsfähigen Individuen mehr oder weniger verstricken. Und ihre Anfänge waren von reichlich Mißtrauen überschattet. Aufgrund schlechter Erfahrungen mit Bankiers untersagte Venedig im vierzehnten Jahrhundert zeitweilig allen Bankhäusern, mit ihren Einlagen Geschäfte zu machen; ein wenig erfolgreiches Verbot. Auch Wechsel weckten Argwohn. Warum sollte man ihnen, zumal viele hundert Meilen von ihrem Ausstellungsort entfernt, Glauben schenken? Wer über gutes Papier, die richtigen Worte und schwungvolle Schriftzüge verfügte, konnte ziemlich mühelos Wechsel fälschen. Im nordeuropäischen Handelsraum fand der neue Schriftglaube daher zunächst wenig Anklang. Die Kaufleute der Hanse etwa ließen weiterhin nur bare Münze gelten.

Aber wenn das lateinische Sprichwort *abusus non tollit usum* («Der Mißbrauch beseitigt nicht den Gebrauch») sich irgend bewährt hat, dann bei der Durchsetzung von *conto corrente* und Wechsel. Nichts bürgte für sie als die Zuverlässigkeit des Bankiers. Das war stets eine wacklige Bürgschaft, doch sank das Mißtrauen ihr gegenüber in dem Maße, wie sich die enormen Vorteile von Konto und Wechsel bei den Kaufleuten herumsprachen. Die Bankiers wiederum wurden gewahr, daß sie um so reicher werden konnten, je besser der Ruf ihrer Zuverlässigkeit war. Und so hat sich innerhalb von eineinhalb Jahrhunderten seit der Erfindung des *conto corrente*, also vom Ende des zwölften bis zur Mitte des vierzehnten Jahrhunderts, das Ansehen von Handel und Geldgeschäften fundamental gewandelt. Die profanen Abkömmlinge des christlichen Schriftglaubens und Ablasses wurden zu Elementen des Geschäftslebens, das dadurch gleichsam christlich parfümiert wurde und den Geruch des Wuchers verlor, ohne selbst irgend tugendhafter geworden zu sein.

Zinswende

Entsprechend änderte sich im dreizehnten Jahrhundert die theologische Einstellung zu kommerziellem Gewinn und Zins. Einerseits ist das die Zeit der großen Aristoteles-Rezeption an den aufblühenden Universitäten und Klosterschulen. Der Cheftheologe dieser Zeit, Thomas von Aquin, nahm denn auch Aristoteles' schneidende Verwerfung des Zinses nicht nur auf; er brachte sie auf eine Formel, in der er sämtliche biblischen Einwände gegen den Zins zusammenfaßte: *Nummus non parit nummos* (Eine Münze erzeugt keine Münzen). Zins ist ein Unding, ein Zurückfordern von etwas, was nicht gegeben wurde: nicht nur ungerecht, sondern widernatürlich[36] – womit die Einstufung des Wuchers als Todsünde ihre volle Plausibilität überhaupt erst nachgeliefert bekam. Ein namentlich nicht bekannter Zeitgenosse setzte noch etwas hinzu: «Die Wucherer sündigen gegen die Natur, indem sie aus Geld Geld erzeugen wollen, wie ein Pferd aus einem Pferd oder einen Esel aus einem Esel. Obendrein sind die Wucherer Diebe, denn sie verleihen Zeit, die ihnen nicht gehört, und mit einem fremden Gut gegen den Willen des Besitzers zu handeln ist Diebstahl.»[37] Hier taucht erstmals das Motto *Time is money* auf, selbstredend im Modus der Verneinung. Zins nehmen, so der Gedanke, heißt, sich die Zeit zwischen Verleih und Rückerstattung bezahlen zu lassen, als gehöre sie dem Verleiher. Die Zeit aber ist keines Menschen Eigentum. Sie gehört Gott. Zeit zu Geld machen ist nichts Geringeres, als Gott seine Zeit zu stehlen – ebenso widernatürlich, wie Münzen als zeugungsfähig zu erachten.

Während der große Thomas der Verwerfung des Zinses noch einmal sein ganzes Gewicht gab, öffnete er ihm selbst allerdings auch schon ein Schlupfloch. Wenn der Geldverleih dem Verleiher einen

36 Thomas von Aquin, *Summa theologica*, II–II, q. 78, a. 1

37 Anonymer Text des dreizehnten Jahrhunderts, Ms latin 13472, f. 3vb, Bibliothèque nationale de France, Paris, zitiert nach Le Goff, 2011, 107

unerwarteten Schaden (*damnum emergens*) bringe, so sei es nur recht, räumte er ein, wenn der Entleiher dafür Ersatz leisten müsse.[38] Der Wind begann sich zu drehen – hin zu einem theologischen Diskurs, der den Kommerz generell in ein neues Licht rückte. Ließen Leute, die Zins nahmen und Waren teurer verkauften, als sie sie eingekauft hatten, sich wirklich bloß das Verstreichen von Zeit bezahlen, die ihnen nicht gehörte, oder verlangten sie lediglich Entschädigung für etwas, was sie in dieser Zeit *getan* hatten, sei es, daß sie hohe Wagnisse eingegangen waren, um Güter übers Meer oder durch gefährliche Gegenden zu transportieren, sei es, daß sie für die Zeit, die sie eine Geldsumme verliehen, darauf verzichteten, sie selbst gewinnbringend einzusetzen?

Allerlei neue Fachbegriffe begannen sich an die Figur des Kaufmanns zu heften: Neben dem *damnum emergens* (unerwarteter Schaden) waren es vor allem *periculum sortis* (die Gefahr, Verliehenes zu verlieren), *stipendium laboris* (Aufwandsentschädigung), *lucrum cessans* (entgangener Gewinn) und, ganz generell: *incertitudo* (Unsicherheit) oder *resicum* (Risiko; ein Wort arabischer Herkunft, das im Kaufmannslatein Ende des zwölften Jahrhunderts umzugehen beginnt).[39] Wer sich solche Dinge bezahlen läßt, ist nicht automatisch Wucherer, wie Ägidius von Lessines, ein Ordensbruder des heiligen Thomas, schon kurz nach dessen Tod hervorhebt: «Zweifel und Risiko können die Gewinnsucht nicht wieder gutmachen, also den Wucher nicht entschuldigen; wenn jedoch Ungewissheit nicht mutwillig in Kauf genommen wird, dann entsprechen Zweifel und Risiko der Unparteilichkeit des Gesetzes.»[40] Will sagen, es ist dann recht und billig, Geld dafür zu nehmen.

Entscheidend ist die *moderatio*, die Mäßigkeit. Moderates Entgelt für moderate Risiken: das wird nun zur Faustregel für den ehrbaren Kaufmann. Der Begriff des «gerechten Preises» beginnt zu kursieren. Zwar haben dessen Verfechter nie klar bestimmen können, was eine angemessene Entschädigung der Kaufmannstätigkeit ausmacht oder was einen gerechten Preis vom marktüblichen unterscheidet; aber wenn es gerechte Preise gab, dann konnte man reich werden und dennoch ehrbar bleiben. Dieser Auffassung verhalf Gregor X. zu aller-

38 Thomas von Aquin, *Summa theologica*, II–II, q. 78, a. 1

39 Le Goff, 2011, 121 f.

40 Zitiert nach Le Goff, 2011, 123

 höchster Legitimation, als er Bankiers seiner Heimatstadt die Finanzverwaltung des päpstlichen Stuhls übertrug und sie mit Ehrentiteln wie *campsor camerae* (Geldwechsler der Kammer) oder *mercator domini papae* (Kaufmann des Papstes) bedachte. Ausgewählten Kaufleuten öffneten sich die Türen ins Zentrum der höchsten Macht auf Erden, und erst dieser Vorstoß machte den mittelalterlichen Münzumlauf unaufhaltsam.

Wieder hatte die Kirche die Nase vorn. *Sie* war zuerst darauf gekommen, Bankiers für sich arbeiten zu lassen, wie sie auch mit der Kreuzzugssteuer die erste Steuer erhoben hatte, die im christlichen Abendland überhaupt griff – eigentlich ja bloß eine sporadische Kriegssteuer, die lediglich den finalen Siegeszug des christlichen Kreuzheeres nach Jerusalem finanzieren und sich damit für immer erledigen sollte. Doch da dieser Zug sich immer weiter hinauszögerte wie einst die Wiederkehr Christi, wurde aus der sporadischen Steuer eine kontinuierliche, und da sie von der ganzen erreichbaren Christenheit verlangt wurde, war dazu nichts Geringeres als eine Zentralverwaltung vonnöten, mit einem Einzugsradius, von dem die weltlichen Mächte nur träumen konnten – und an dem die ambitioniertesten unter ihnen sich sogleich ein Beispiel nahmen. Was Rom konnte, warum sollten das Paris, London oder Neapel nicht können? Und so hielten an den dortigen Königshöfen ebenfalls bald Bankiers aus den aufblühenden oberitalienischen Städten Einzug – nicht nur, um die Einkünfte der königlichen Domänen zu verwalten, sondern auch, um den Königen eine ähnlich erfolgreiche Kriegssteuer zu organisieren, wie sie die Kurie vorexerziert hatte. Doch dazu fehlte den Königen etwas Entscheidendes: die theologische Autorität des Papstes. *Er* konnte Steuern als Ablaß für Sündenstrafen deklarieren; sie nicht. Er durfte die gesamte Christenheit besteuern, sie lediglich alle Laien, Kleriker hingegen nur mit seiner Einwilligung oder wenn sie direkte königliche Lehensempfänger waren. Das trübte die Steueraussichten von vornherein. Aber das kirchliche Vorbild war da, es stachelte an, und wenn weltliche Herrscher ihm nacheiferten, aber zuwenig Geld zusammenbekamen, um ihre eigenen Kriege erfolgreich führen zu können? Nun, dann war es an ihren Bankiers, ihnen auszuhelfen. Sie brachten ja nicht nur Know-how mit, sondern reichlich Geld, eigenes und fremdes.

Damit nahm eine delikate Konstellation ihren Anfang, die bis heute nicht ausbalanciert ist: die von Bankier und Herrscher. Könige waren unumschränkte Herrscher. Ihre Untertanen schuldeten ihnen «Wertschätzung» (*timē*), die sich nicht nur in ehrerbietiger Haltung, sondern vor allem in regelmäßig abzulieferndem Tribut zu äußern hatte. Aber nicht nur zwischen Untertan und Herrscher bestand ein Schuldverhältnis; auch zwischen Schuldner und Gläubiger. War nicht auch das so etwas wie ein Herrschaftsverhältnis? Als Hegel seine berühmte Dialektik von Herrschaft und Knechtschaft entwickelte,[41] hatte er einfache agrarische Verhältnisse vor Augen, wo Knechte gezwungenermaßen auf dem Feld und im Haus für einen Herrn arbeiten und ihm die Früchte ihrer Arbeit abliefern. Und selbst hier, so Hegel, sind die Verhältnisse nicht so einfach, wie sie scheinen. Denn nur solange Knechte für einen Herrn arbeiten, ist er Herr. Sein Herrsein verdankt er ihrer Arbeit. Sie macht, daß er herrschen kann. In dem Maße, wie Knechtschaft Herrschaft konstituiert, ist der Herr von seinen Knechten abhängig, gewissermaßen *ihr* Knecht, und erst wer diese Kehrseite mitbedenkt, begreift, was ein Herrschaftsverhältnis ist: stets etwas Wechselseitiges, selbst dort, wo es ein schreiendes Mißverhältnis darstellt.

Zwischen König und Bankier allerdings geht es nicht so simpel zu wie zwischen Sklavenhalter und Sklave, Grundherrn und Hörigem. Bankiers sind zwar Untertanen und dem Herrscher ihres Landes tributpflichtig, der seinerseits in dem Maße, wie er von ihrem Tribut abhängt, ihr «Knecht» ist. Wie aber, wenn der Bankier zwar Angestellter eines Herrschers, aber nicht sein Untertan ist und überdies zu seinem Gläubiger wird? Genau so entwickelte sich die Beziehung zwischen englischer Krone und italienischen Kaufleuten. Das machte die Knechtschaft der Könige sowie die Herrschaft der Bankiers um einiges gravierender und die Dialektik von Herrschaft und Knechtschaft um eine ganze Umdrehung komplizierter. Leute von geringem sozialen Status, womöglich nicht einmal aus dem Adelsstand, bekamen das enorme Privileg, an einem fremden Königshof die Fäden der Finanzverwaltung zu ziehen – und machten die königliche

41 Hegel 1970 [1807], 145 ff.

 Majestät zudem auch noch zu ihrem Schuldner. Der König als Zahlungspflichtiger von Bankiers: was konnte seinen Knechtsstatus deutlicher machen? Andrerseits blieb er unbeschränkter Souverän und damit auch der Herr der von ihm engagierten Bankiers, und das ließ er sie alsbald spüren. Gelegentlich zahlte er seine Schulden einfach nicht. Welcher Bankier wollte sie eintreiben? Und so brachen die florentinischen Bankhäuser Bardi und Perucci, die im Dienste der englischen Krone kometenhaft aufgestiegen waren und ihr 900 000 bzw. 600 000 Goldflorin geliehen hatten, in der Mitte des vierzehnten Jahrhunderts krachend zusammen.

Bankier eines Herrschers zu werden war die steilste Karriere, die das damalige Geschäftsleben bot, aber auch eine der riskantesten. Sie fand auf einem neuen Terrain statt, wo Herrschaft und Knechtschaft sich auf bisher unbekannte Weise ineinander zu verwickeln begannen – mit unabsehbaren Fallstricken. Zunächst saßen die Herrscher dabei am längeren Hebel. Sie konnten ihre Bankiers jederzeit entlassen, ihre Gläubiger davonjagen und deren Rückforderungen ignorieren. Aber eines konnten sie schon damals nicht: nach Belieben neue Leihgeber herbeibefehlen. Einige, die in ihrem direkten politischen Einzugsgebiet tätig waren, mochten sie zwar sowohl prellen als auch nötigen, erneut zu leihen; aber doch immer zu Rückzahlungskonditionen, bei denen der Leihgeber ein Wörtchen mitzureden hatte. Und daß es sich nicht empfahl, eine Bank einfach zu plündern, weil deren vollständigen Geldbestand nur das *Buch* enthielt, nicht aber die Truhe, merkten auch die rabiatesten weltlichen Herrscher. Zudem kamen sie an die größten Münzbestände mit Waffengewalt womöglich gar nicht heran. Wie sollten englische Könige neue oberitalienische Leihgeber herbeizwingen, nachdem sie die alten zugrunde gerichtet hatten? Jeder verprellte Leihgeber aber verringerte alle weiteren Leihoptionen drastisch. Kaufleute wiederum konnten zwar ihre Schulden nur eintreiben, solange sie im Bündnis mit der politischen Macht waren. Gegen deren Waffen waren sie wehrlos. Doch indessen wuchs ihr Spielraum zu entscheiden, wem sie leihen wollten und wem nicht, und je abhängiger die Lebens- und Kriegsführung der Herrscher vom Geld wurde, desto weniger kamen sie umhin, bei Bankiers als Bittsteller vorzusprechen.

Die Kurie schien zunächst dagegen gefeit, jemals Bittsteller zu werden. Hinter allen Abgaben, die sie von den Gläubigen einforderte, stand explizit oder implizit stets die Drohung mit dem Verlust des Seelenheils. Man kann sich kaum mehr vorstellen, welch ungeheure Wirkung von dieser Drohung ausging. So hatte im Jahr 1077 Kaiser Heinrich IV. seinen berühmten Bußgang nach Canossa antreten müssen, weil Papst Gregor VII. den Bann über ihn verhängt hatte, will sagen, den Ausschluß aus der christlichen Gemeinde und von allem, was zur Hoffnung auf die Rettung der Seele berechtigte. Der Bann wirkte wie sozialer Aussatz; er entfaltete die mentale Kraft, dem Kaiser seine entscheidenden Gefolgsleute abspenstig und ihn als obersten weltlichen Herrscher unmöglich zu machen. Das war noch vor dem ersten Kreuzzug gewesen. Der Papst verfügte damals über ein Machtmittel, das sich selbst noch aller militärischen Macht überlegen zeigte. Doch schon ein gutes Jahrhundert später hat Innocenz III. dieses Mittel kompromittiert, als er den Bann mit der Kreuzzugssteuer verknüpfte. «Geldleistungen statt Bußleistungen»: das war ja ursprünglich eine allerhöchste gnädige Erlaubnis gewesen – gewährt nur unter der Bedingung, daß in den Geldleistungen die gleiche Gesinnung wie in Bußleistungen steckte. Innocenz hingegen *verlangte* solche Geldleistungen und bedrohte ihre Verweigerung mit dem Bann. Das Geld überwucherte die Gesinnung, aus der es gegeben werden sollte. Der Bann fungierte hier allen theologischen Floskeln zum Trotz als ganz gemeines Druckmittel zur Geldbeschaffung.

Das gab seiner Autorität einen entscheidenden Knacks. Als Ende des dreizehnten Jahrhunderts zwischen der Kurie und der französischen Krone ein Streit um Steuerkompetenzen entbrannte, da erwies sich der Bann bereits als stumpfe Waffe. Philipp IV. («der Schöne») hatte 1296 Abgaben auf kirchliche Güter erhoben. Darauf erließ Papst Bonifaz VIII. die Bannandrohung gegen den König, welcher seinerseits ein Konzil zusammenrief, das den Papst verklagen sollte. Während Bonifaz daraufhin die Exkommunikation Philipps vorbereitete, drang 1303 eine Militäreinheit Philipps zum päpstlichen Sommersitz in der Nähe Roms vor und nahm den sechsundachtzigjährigen Bonifaz gefangen, um ihn auf das von Philipp anberaumte Konzil zu schleppen. Er wurde zwar wieder befreit, aber die Kirche schrie nicht unisono auf. Viele Kleriker nahmen die Partei des Königs. Zu offensichtlich hatte sich der Papst mit dem Geld gemein gemacht. Er war nur noch ein Rivale des Königs, nicht mehr unumstrittener Repräsentant der Christenheit. Bonifaz' Nachfolger – er selbst erholte sich nicht mehr von dem Überfall – wurde in Frankreich gewählt, war ein Kandidat Philipps und getraute sich, nach allem, was vorgefallen war, nicht nach Rom; er nahm seinen Sitz in Avignon.

Avignon

So begann die siebzigjährige «babylonische Gefangenschaft» des Papsttums. Sie war extrem komfortabel. Der Papst war weiterhin Stellvertreter Christi auf Erden und im Besitz aller geistlichen Befehlsgewalt, «doch nahm er», wie Le Goff sagt, «seltsamerweise eher die Züge eines mächtigen Fürsten denn die eines Kirchenoberhaupts an, das er in Rom und Italien gewesen war».[42] Das war freilich nur die Konsequenz jenes abendländischen Wettkampfs um Steuereinnahmen, den die Kreuzzugssteuer eingeleitet hatte. Deren höheres Ziel, die Einigung der Christenheit durch einträchtige Wiedergewinnung des Grabes Christi, war verblaßt. Zurück blieb ein ganz profaner Dauerkonflikt um Geldquellen, in dem sich der Papst nur noch als *primus inter pares* erweisen konnte. Clemens V., der erste Papst in «Gefangenschaft» (1305–1314), setzte geradezu eine Spirale in Gang. Avignon war als ebenso würdiges Zentrum der Christenheit zu erweisen wie Rom. «Innerhalb kürzester Zeit schwoll der päpstliche Hof auf 400 bis 500 Personen jeden Ranges an, 100 mehr als in Rom.» Ferner «gab Clemens V. in seinem vierten Amtsjahr, das sehr gut dokumentiert ist, insgesamt 120 000 Florins aus, davon 30 000 für seinen Palast: Bedienstete, Nahrungsmittel, Wachs, Holz, Heu, Wäscherei, Unterhaltung der Pferde, Almosen».[43]

Diese Ausgabesummen verlangten nach höheren Einnahmen und ließen die Kurie etwas aushecken, was nur ihr zustand: die Neuregelung der kirchlichen Ämtervergabe. Zum geistlichen Amt gehörte immer auch eine Pfründe: Grund und Boden samt einer dienstbaren Bauernschaft sowie Abgaben aus dem gesamten Amtsbereich. Und da Kleriker keine rechtmäßigen Nachkommen hatten, fiel das Amt mit ihrem Tod stets wieder an die Kurie zurück. Nun aber sollte bei der gnädigen Neuvergabe dieser «Wohltat» (*beneficium*) der Empfänger dem Stellvertreter Christi mit einer geldschweren Ehrengabe (*timē*) so huldigen, wie es ihm eigentlich immer schon gebührte. «Allge-

42 Le Goff, 2011, 177
43 Le Goff, 2011, 177

meine Dienste» (*servitia communia*) nannte sich diese neue Gabe, die jeder Bischof bei seiner Ernennung der Kurie zu entrichten hatte, gewöhnlich «ein Dritteil der Jahreseinkünfte des betreffenden Sprengels».[44] Hinzu kamen Gebühren für die Verleihung des erzbischöflichen Palliums sowie für die erneute Gewährung der immer nur auf Widerruf verliehenen Pfründen. Die dreisteste Neuerung aber waren die «Kleindienste» (*servitia minuta*), die *vor* der Amtsvergabe zu leisten waren, als untertänigster Dank dafür, überhaupt zum Kreise der Kandidaten gehören zu dürfen. *Servitium* war im alten Latein das Wort für Sklavendienst gewesen. Nun wurde es zum Deckwort für Ämterkauf. Wer sich im voraus durch die Höhe seiner *servitia minuta* als der Ergebenste und Dienstbarste erwiesen hatte, bekam das Amt. Selbstverständlich war auch der Transfer all seiner Gaben nach Avignon nicht gratis, den, wo immer möglich, große Bankhäuser mit weit gestreuten Niederlassungen und eingespieltem Wechselgeschäft übernahmen. «Der Glückliche, der den Sieg über seine Mitbewerber davontrug, war also bereits bei seinem Amtsantritt schwer verschuldet.»[45]

Die neue Ämtervergabepraxis, auf deren Basis das Papsttum seine Autorität wiederherzustellen suchte, erfüllt voll den Tatbestand, der in theologischer Sprache «Simonie» heißt. Ein gewisser Zauberer namens Simon, so behauptet die Apostelgeschichte, «sah, daß der Heilige Geist gegeben ward, wenn die Apostel die Hände auflegten». Das wollte Simon auch gern können und bot den Aposteln Geld dafür. Petrus wies es brüsk zurück. «Daß du verdammt werdest mit deinem Gelde, weil du meinst, Gottes Gabe werde durch Geld erlangt.»[46] Nach christlichem Verständnis war jedes geistliche Amt, nicht nur das apostolische, «Gottes Gabe», sein Kauf also eine Fortsetzung der verdammungswürdigen Tat Simons – streng verboten. Übertretungen dieses Verbots kamen zwar immer wieder vor. Aber hie und da über ein Bestechungsgeld hinwegzusehen oder gar selbst eines bei der Ämtervergabe entgegenzunehmen war eines; etwas anderes, den Ämterkauf zur Basis der Generalreparatur der geistlichen Autorität zu machen und die Käuflichkeit der Lehen aus einem Mißbrauchs- oder Ausnahmefall in den Regelfall zu verwandeln. Letzte-

44 Kulischer 1988 a, 340
45 Kulischer 1988 a, 340
46 Apostelgeschichte 8,18 ff.

 res hieß nichts Geringeres als eine Kehrtwende vollziehen, die der mittelalterlichen Sozialordnung den Todesstoß versetzte.

Als den alten Römern die Sklaven ausgingen, da versiegten, wie oben gezeigt, auch die Geldmittel, um Söldnerheere zu unterhalten. Aus Söldnern wurden Selbstversorger. Man gab ihnen «Land gegen Kriegsdienstpflicht».[47] Das war die Keimzelle der karolingischen Lehensordnung. «Lehen» heißt Leihgabe. Einfache Krieger bekamen von ihren Oberen Grund und Boden samt zugehöriger Bauernschaft «verliehen», mußten selbst nicht Ackerbau und Viehzucht treiben, was eines Kriegers unwürdig war, im Gegenzug für die Leihgabe aber ihren Herzögen ebenso unbedingte kriegerische Gefolgschaft leisten wie die Herzöge ihrem Herrn, dem König. In diese Ordnung hatte sich das Christentum gut fügen können, verlieh doch auch sein oberster irdischer Herr, der Papst, geistliche Ämter samt zugehöriger Pfründe gegen unbedingte gläubige Ergebenheit. Das geistliche Lehen (*beneficium*) bildete sich nach dem Modell des weltlichen (*feudum*). Das Lehensverhältnis war ein Tauschverhältnis – Belehnung mit Land gegen persönliche Ergebenheit –, aber es funktionierte ohne jegliche Münzen. Doch gegen Ende des zwölften Jahrhunderts, mit dem großen Kirchenbau, drangen auch ins Lehensverhältnis Münzen ein. «Einige Lehensherren setzten ihren Vasallen weder Land noch Dienste als Lehen aus, sondern eine Rente, genannt *feodum de bursa*.»[48] Bei Lichte besehen war ein solches «Rentenlehen» ein Unding. Verleihbar war *Land*; bei Untreue des Vasallen fiel es an den Lehensherrn zurück. Eine Geldsumme hingegen, die an die Stelle von Grund und Boden trat, war zu *zahlen*. Sie wurde zum Eigentum des Empfängers.

Damit änderte sich nicht nur die Art der Gabe, sondern auch das Verhältnis zu ihr. Die alte Gleichung «Kriegsdienste gegen Geld» kehrte wieder; der erste Schritt zurück zum Söldnerwesen war getan. Was dem allerdings weit mehr Vorschub leistete als das Rentenlehen, war die Kreuzzugssteuer. Die Ausstattung der Kreuzfahrer für zwei Jahre, die Innocenz III. vorschwebte, war faktisch eine Soldvorauszahlung. Anders als mit besoldeten Kriegern war eine Distanz wie die nach Jerusalem kaum zu überwinden. Die Kreuzzugsbewegung

47 Siehe oben, S. 134 ff.

48 Le Goff, 2011, 83

hatte den Gedanken des Söldnerheeres aber wieder so gesellschaftsfähig gemacht, daß die weltlichen Herrscher nicht lange zögerten, auch für ihre ganz profanen Zwecke Kriegssteuern zu erheben und Ritter als Söldner anzuwerben. Mit erneuter Käuflichkeit der Kriegsdienste wurde auch so mancher verlassene Rittersitz käuflich und ging an Bauern, die durch geschicktes Wirtschaften zu Geld gekommen waren. Manchenorts lockerte sich die Fron der Bauern. Einige stiegen zu Pächtern auf, andern gelang es, in die Stadt zu entkommen und dort als Handlanger, Händler oder Handwerker tätig zu werden. Dies alles waren Folgen des erweiterten Münzumlaufs: der sogenannten «kommerziellen Revolution». Immer tiefer sickerten im Laufe des dreizehnten Jahrhunderts Münzen in die Poren des ländlichen Raums ein. Aber nicht tief genug, um das Lehenswesen zerfallen zu lassen.

Dann kam Avignon. Zuvor waren gelegentlich ritterliche Lehen an bäuerliche Emporkömmlinge verkauft und hinter vorgehaltener Hand geistliche Ämter verschachert worden. Nun wurde der Ämterhandel, ja das ungenierte Versteigern von Abteien und Bischofssitzen zur päpstlichen Geschäftsgrundlage; der notdürftige Tarnname dafür war *servitia*. Vorher waren Lehen prinzipiell unverkäuflich gewesen; Ausnahmen waren Fehltritte und bestätigten die Regel. Nun waren Lehen prinzipiell verkäuflich; das Prinzip mußte sich nur noch durchsetzen. Die *servitia* trafen die Lehensordnung ins Herz: nicht mit spektakulärer Wucht, so daß sie sogleich kollabiert wäre, sondern durch einen feinen, unscheinbaren, aber tiefen Stich mit tödlicher Langzeitwirkung. Die Agonie des christlichen Mittelalters begann in Avignon. Was die Kurie dort beschloß, war allen weltlichen Lehnsherren verwehrt. Kein König, kein Herzog hatte die Macht, den Söhnen seiner Lehensmänner einen Kaufpreis dafür abzuknöpfen, daß sie das Erbe ihrer Väter antraten. Er konnte es ihnen lediglich gegen einen Treueid symbolisch verleihen, sonst riskierte er den Aufstand ganzer Adelsgeschlechter. Nur die Vergabe geistlicher Lehen ließ sich durchgängig auf Verkauf umstellen, und nur hier konnte der Verkauf die Form der Versteigerung annehmen. Versteigerungen gab es sporadisch auch schon in der Antike, namentlich bei der Beuteverteilung und auf dem Sklavenmarkt. Aber daß der oberste Schirmherr der abendländischen Christenheit seinen Sitz in ein zentrales, professionell geführtes Auktionshaus verwandelte, das europaweit sämtliche großen geistlichen Ämter und Pfründen an den Meistbietenden vergab, das war neu – ein Geschäftsmodell, dessen Tragweite nicht sogleich auf der Hand lag und erst allmählich, durch Ausprobieren, begreiflich werden konnte. In der Terminologie Hegels gesprochen: Avignon exerzierte vor, daß Grund und Boden *an sich* käuflich sind – und damit auch die darauf tätigen Arbeitskräfte samt ihrer Arbeitsmittel. Was *an sich* ist, ist jedoch noch nicht *an und für sich*. Es ist lediglich ein Modell, eine Skizze. Und ob das Skizzierte je zur Ausführung gelangt, hängt von einer ganzen Reihe nicht vorhersehbarer Umstände ab.

In Avignon wurde erstmals die Mentalität der prinzipiellen Käuflichkeit aller irdischen Dinge eingeübt. Kaufleute vermochten diese Mentalität nicht zu stiften. Sie konnten zwar Naturprodukte mit riesigem Gewinn veräußern, aber nicht verfügen, daß Grund und Boden käuflich wurden. Nur die Kurie war in der Lage, die Münze zum regulären Äquivalent für Grundbesitz zu machen – wie früher für Bußleistungen. Das alte Ablaßprinzip der *commutatio* nahm damit eine neue Wendung. Die Verwandlung von Bußstrafen in Geldbußen hatte der Erleichterung gedient. Man durfte sich von Strapazen und Entbehrungen loskaufen. Wer mit genügend zerknirschtem Herzen zahlte, war entschuldet. Die Käuflichkeit von Grundbesitz funktionierte genau umgekehrt. Wer ein geistliches Amt ersteigert hatte, war gewöhnlich erst einmal *ver*schuldet. Er mußte diese Schulden bei seinen Untertanen eintreiben und darauf sinnen, wie er ihre kirchlichen Abgaben über das normale Maß hinaus durch Sonderumlagen, zusätzliche Ablässe, Honorare etc. erhöhte. Mit andern Worten: Er war genötigt, erfinderisch zu werden, um das tiefe Minus, in welches sein Amt ihn gestürzt hatte, ins Plus zu wenden.

Die *servitia*, die das geistliche Amt kostete, gewannen so etwas vom buchstäblichen Sinn des Sklavendienstes zurück. Ein neuer Zwang zur Plusmacherei kam mit ihnen in die Welt. Wieder ging es um die Begleichung von Priesterschuld, wie in der Bronzezeit, nur auf einem anderen kulturellen Niveau. Damals hatte die Grundschuld darin bestanden, den Göttern Edelmetall statt Großtiere darzubringen, etwas Ungenießbares statt genießbarem Fleisch und Blut; und die Aufhäufung von metallenen Opfergaben zu einem glänzenden Tempelschatz war der Versuch gewesen, die Schuld durch Potenzierung eben jener Mittel zu kompensieren, die sie verursacht hatten. Nun bestanden die Grundschuld im päpstlichen Ämterverkauf und das hierzu geforderte Edelmetall in Münzen. Diese wurden nicht etwa in Kirchenräumen deponiert, sondern durch Bankiers ins große Auktionshaus *Zum heiligen Stuhl* nach Avignon transferiert. Dort fand eine beispiellos zentralisierte Münzanhäufung statt – nach genau der Logik, die einst zur «ursprünglichen Akkumulation» des bronzezeitlichen Tempelschatzes geführt hatte. Einmal mehr sollte die Profanierung des Sakralen durch Edelmetall aus der Welt geschafft werden – durch unbegrenzte Anhäufung von Edelmetall. Wieder war der Motor der Plusmacherei der Drang nach Begleichung einer ebenso offenkundigen wie verleugneten Schuld, und wieder potenzierte die Metallanhäufung die Schuld, die sie begleichen sollte.

Avignon steht für die Wiederkehr der «ursprünglichen Akkumulation» auf christlichem Niveau. Mit ihr endet das christliche Mittelalter. Die Münze gelangte an den Endpunkt ihres zweiten Anlaufs: der «Durchführung». Im ersten Anlauf, der «Exposition», hatte sie sich vornehmlich an den Küsten des Mittelmeerraums und den römischen Heerstraßen verbreitet. Im zweiten durchdrang sie das Hinterland; zunächst dergestalt, daß der große Kirchenbau, der den Münzumlauf wiederbelebte, die ländliche Klosterkultur allmählich in eine neue, breit gestreute, dezentrale Stadtkultur verwandelte; schließlich dadurch, daß das Hinterland selbst zum Handelsgut wurde. Erst als Weide-, Acker- und Bauland münzäquivalent wurden, war die Lehensordnung zersetzt. Die Münze hatte buchstäblich den Grund der Gesellschaft erreicht. Eine neue Zeit begann.

Keimzelle des Kapitalismus

«Aus den von Marx entdeckten ökonomischen Gesetzen ‹folgt› nicht der Sozialismus», bemerkte der junge Max Horkheimer. «Gewiß, es gibt genug wissenschaftliche Voraussagen, die den Charakter höchster Wahrscheinlichkeit haben, z. B. daß morgen die Sonne aufgeht. Diese sind das Fazit eines ungeheuren Erfahrungsmaterials.» Jedoch: «Niemand vertraute sich ohne äußerste Gefahr der Brücke über einen Abgrund an, deren Konstruktionsprinzipien auf keine exakteren Erfahrungen begründet wären als der Eintritt des Sozialismus.»[49] Das gilt auch rückwirkend. Aus dem Zerfall der mittelalterlichen Gesellschaft folgte keineswegs automatisch der Kapitalismus. Ein weitver-

49 Horkheimer 1987 [1933], 341 f.

 zweigtes Netz von Handelswegen, Auktionen, große Münzanhäufungen, ein entwickeltes Bankwesen, die Käuflichkeit von Grund und Boden: dies alles gehört zu seinen Bedingungen. Aber das heißt umgekehrt: Dies alles gab es auch schon vorher. Das gilt selbst für die Lohnarbeit. Man denke nur an das berühmte Gleichnis Jesu von den Arbeitern im Weinberg, die abends alle je «einen Denar Tageslohn» erhalten, egal, ob sie frühmorgens oder erst am Nachmittag eingestellt wurden.[50] Das Neue am Kapitalismus war zunächst lediglich eine Neukombination von bereits Vorhandenem, ohne daß sogleich absehbar war, wie es am besten ineinanderpassen würde. Niemand der daran Beteiligten hatte freilich die Absicht, eine kapitalistische Gesellschaftsordnung herzustellen. Sie ergab sich vielmehr, indem alle Hauptakteure lediglich ihre Interessen verfolgten. Die Kaufleute wollten teurer verkaufen als einkaufen, die Bankiers zu hohem Zins verleihen und gegen satte Aufschläge verwalten, die weltlichen und geistlichen Herren hohe Abgaben einziehen, um in Luxus und Pracht leben zu können. Das führte zu Auspressung der Bevölkerung, zu Münzanhäufung und Münzverschwendung; je größer die politische Macht und der militärische Rückhalt, desto größer auch die Versuchung, angehäuftes Geld zu verprassen oder in Kriege zu stecken, sich neues zu leihen und es nicht zurückzuzahlen. Aber dieses Schwellen und Schrumpfen der Münzbestände hätte so weitergehen können, ohne daß es zwingend zu jener spezifischen Kombination führen mußte, für die sich später das Adjektiv «kapitalistisch» einbürgerte.

Das Medium dieser Kombination war ein Naturstoff, der zwar nicht die Erlesenheit von Luxusgütern wie Seide, Gewürzen, Farb- und Riechstoffen hatte, wohl aber so etwas wie eine allgemeine Kostbarkeit. Er war überall lebenswichtig, wo es kalte Jahreszeiten gab, und konnte, je nach Qualität und Verarbeitungsgrad, grobe und primitive, aber auch feine und kunstvolle Formen annehmen. Die Rede ist von Wolle. Italiens Schafe gaben keine gute Wolle, wohl aber die englischen, und als die italienischen Handelshäuser im dreizehnten Jahrhundert eine Hauptrolle auf den Messen in der Champagne übernahmen, lernten sie englische Wolle, die dort in großen Mengen feilgeboten wurde, kennen und schätzen. Englischer Wollimport über Flandern und die Champagne nach Oberitalien wurde

50 Matthäus 20,1–14

zu einer Ader des Fernhandels. Sie bahnte den Kontakt zwischen englischem Königshaus und florentiner Bankhäusern. Letztere waren nicht bereit, der englischen Krone horrende Summen für ihre Lebens- und Kriegsführung vorzuschießen, ohne daß ein beträchtlicher Anteil englischer Wolle im Gegenzug direkt nach Oberitalien ging. Daran knüpfte sich eine neue Idee. Handelsgüter in der Ferne billig einkaufen und zu Hause teuer verkaufen war zwar gut. Aber war es nicht viel besser, das Handelsgut im Rohzustand einzukaufen und seine Verarbeitung zu einem Fertigprodukt daheim in eigene Regie zu nehmen?

Dafür bot Oberitalien optimale Bedingungen. Hier hatten sich die Feudalverhältnisse am ehesten gelockert. «Die früh emporgekommenen italienischen Städte wie Lucca, Pisa, Siena, Assisi, Florenz hatten bereits seit Mitte des 13. Jahrhunderts die in ihre Mauern flüchtenden Bauern in ihren Schutz genommen und sie für persönlich frei erklärt», «indem sie die Abschaffung der Leib- und Gerichtsherrschaft, des Sterbfalles, der Frondienste, der Geldbußen und der übrigen mannigfachen, willkürlich erhobenen Abgaben verkündeten».[51] Damit verloren die Landherren die Leistungen ihrer entlaufenen Untertanen, diese aber auch den sicheren Grund und Boden, der sie ernährte. «Stadtluft macht frei» war die Devise, aber die Befreiten mußten von irgend etwas leben, und so wurden nicht wenige von ihnen zur freien Verfügungsmasse neuer Abhängigkeit. Das Handwerk der Wollverarbeitung brauchte reichlich fleißige Hände, und so wuchs den Zünften der Tuchmacher, der *lanaioli*, ein ganzes Heer von Arbeitern zu, die teils gegen Tagelohn in Zentralwerkstätten mit Werkzeugen der *lanaioli* hantierten, teils zu Hause mit eigenen Werkzeugen gegen Stücklohn. In bis zu sechsundzwanzig verschiedene Arbeitsschritte zerlegte man in Florenz die Tuchproduktion, vom Kratzen, Klopfen, Kämmen und Spinnen der Wolle bis zum Spannen, Pressen und Falten der fertigen Tücher.[52] Die Handwerksmeister waren Kontrolleure ganzer Manufakturbetriebe, die Mehrzahl der darin Beschäftigten jene Art mittelloser Lohnarbeiter, die später Proletarier heißen sollten. Die Handwerksmeister mußten erst einmal Geld ausgeben für englische Wolle, das sie gar nicht oder nur teilweise hatten und sie zu Anleihen bei den zahlreichen örtlichen Bankiers nötigte. Um so erpichter waren sie dar-

51 Kulischer, 1988 a, 136

52 Piper 1978, 47 f. und 40 f.

 auf, die Löhne ihrer Arbeiter so gering, deren Arbeit so effizient und die Preise der fertigen Tücher so hoch zu halten wie möglich. Sie waren versessen darauf, Plus zu machen; zunächst allerdings gezwungenermaßen, denn sie begannen verschuldet.

In der florentiner Wollmanufaktur hat die Plusmacherei erstmals die Gestalt einer eigenen Produktionsweise angenommen. Das geschah genau zu der Zeit, als in Avignon die *servitia communia* und *minuta* aufkamen, und zu keiner Stadt hatte damals, im ersten Drittel des vierzehnten Jahrhunderts, der Heilige Stuhl innigere Beziehungen als zu der seiner bevorzugten Bankiers. Das Auktionsgebaren der Kurie wölbte sich wie eine Patenschaft über der neuartigen Wollproduktion. Der Anfangsverschuldung der Bischöfe, die durch Abgaben ihrer Untertanen kompensiert wurde, entsprach die Anfangsverschuldung der Handwerksmeister, die durch die Produktion von Lohnarbeitern in Gewinn zu wenden war. Die *servitia* waren theologisch definiert: als dem Stellvertreter Christi geschuldete Ehrengaben. Ihre freudige Entrichtung wurde mit frommem Augenaufschlag als Zeugnis der Hingabe an Christus selbst gehandelt. Die Summen, die die Manufakturbetreiber aufnehmen mußten, waren hingegen einfach bloß Münzmengen ohne jeden höheren Vorwand – und dennoch wie profane Abkömmlinge der *servitia*, ihnen ähnlich wie die profane Buchungsschrift der Heiligen Schrift oder das Prinzip der Teildeckung der theologischen *indulgentia*.

Daß die profane Anfangsverschuldung die unwillkürliche Erinnerung an ihre sakrale Herkunft nicht losgeworden ist, dafür ist das lateinische Wort *capital* der Kronzeuge. Seine Grundbedeutung – Sakrileg – ist heute weitgehend vergessen. Umgangssprachlich steht es nur noch für Geldanhäufung, und warum die ein kapitales Vergehen sein soll, ist nicht unmittelbar ersichtlich. Es erschließt sich nur auf einem Umweg: indem man darin einen jener semantischen Tarnvorgänge bemerkt, wie Freud sie unzählige Male am Traum aufgespürt hat. Eine unangenehme Empfindung auf etwas Angenehmes verschieben und dadurch zudecken, verleugnen, verneinen: das ist nicht nur eine Elementarbewegung des Traums, sondern auch der Sprache. Geldanhäufung an sich ist nichts Ehrenrühriges. Wenn sich dennoch, gleichsam instinktsicher, der Name *capital* an sie geheftet hat, dann verrät sich darin, was Geldanhäufung ursprünglich war: die Verneinung einer Anfangsschuld. Verneinungs- und Entschuldungsdrang haben zur Tempelschatzbildung getrieben, seine Wiederkehr auf Münzniveau treibt nun zur neuzeitlichen Kapitalbildung. Die *capital* genannte Geldanhäufung ist der Tarnname für das, was sie loswerden möchte: die Anfangsschuld. Daraus ergibt sich wie von selbst eine Elementardefinition von Kapitalismus. Er ist der Versuch, eine monetäre Anfangsschuld durch Ausnutzung von Arbeitskräften aus der Welt zu schaffen.

Das Florenz des vierzehnten Jahrhunderts ist tatsächlich eine Keimzelle des Kapitalismus gewesen. Auch die für ihn typischen sozialen Spannungen kamen hier zu einer ersten Entladung. Die mit Kratzen, Waschen und Kämmen der Wolle beschäftigten Arbeiter, die sogenannten Ciompi, ließen sich ihre unerträglichen Arbeitsbedingungen nicht länger bieten, stürmten 1378 das Rathaus und setzten eine neue Stadtregierung ein, die sich aber nur wenige Wochen halten konnte. Der Aufstand wurde niedergeschlagen. Die Profiteure der neuen Produktionsweise setzten sich durch. Und warum trat der Kapitalismus dennoch nicht von Florenz aus seinen globalen Siegeszug an? Weil seiner Keimzelle noch das fruchtbare Umfeld zu ihrer Fortpflanzung fehlte. Die Kurie war zwar die Brutstätte der Plusmachermentalität. Sie scheute sich nicht, als regelrechtes Auktionshaus zu agieren. Aber Plusmacherei durch materielle Produktion, das war unter der Standeswürde von höheren Klerikern. Der kapitalistische Funke sprang nicht auf sie über, sosehr sie ihn auch entfacht haben mochten. Zudem waren die Fäden des Fernhandels, an denen die florentiner Wollverarbeitung hing, zu dünn, um die neue Produktionsweise fest zu etablieren. Als die englische Wollzufuhr nachließ, was aufgrund des Dauerkriegs zwischen England und Frankreich immer wieder vorkam, ging auch die Produktivität der neuen Werkstätten zurück. Florenz blieb zwar weiterhin eine blühende Stadt; sie war von der Wollproduktion nicht abhängig geworden. Aber etliche der durch sie reich Gewordenen steckten ihr Geld nun eher in Landgüter – Land wurde ja mehr und mehr käuflich –, und für den Getreide-, Gemüse- und Weinanbau rekrutierten sie einen beträchtlichen Teil der arbeitslos gewordenen Wollarbeiter. Es kam zu einer Rückwanderung verarmter Stadtbevölkerung aufs Land und zur Rückkehr zu einer landwirtschaftlichen Produktionsweise mit lediglich regionaler Reichweite und kaum mehr als erweiterter Bedarfsdeckung.

Am anderen Ende der englisch-italienischen Wollverbindung bahnte sich indessen eine gegenläufige Entwicklung an: auf der Britischen Insel. Dort gab es einen großen urbanen Wasserkopf, London, und darum herum vorwiegend ländliche Feudalverhältnisse, allerdings gelockert durch den Handel, den die Belieferung der Metropole mit landwirtschaftlichen Erzeugnissen mit sich brachte. Auf diese Verhältnisse hatte die große Pest, die zwischen 1346 und 1350 in ganz Europa furchtbar wütete, eine besonders einschneidende Wirkung. Gerade von der bäuerlichen Bevölkerung Englands war ein so großer Teil dahingerafft worden, daß dem Landadel nicht nur reichlich verwaiste Bauernhöfe zufielen, sondern auch die Arbeitskräfte ausgingen. Er mußte versuchen, aus Nachbargebieten welche anzuheuern, und das gelang ihm nur, wenn er ihnen statt Fron und Zwangsabgaben passable Löhne bot. «Die Arbeiter, Handwerker und Dienstleute sind seitdem viel arglistiger und heimtückischer geworden, als sie es früher waren», klagt ein Chronist.[53] Will sagen, sie wagten, Forderungen zu stellen. Der Arbeitskräftemangel stärkte ihre Position. Die staatliche Festsetzung einer Lohnobergrenze richtete wenig dagegen aus. «Darauf griffen die Grundherren zu einem anderen Mittel: sie machten den Versuch, zu der früher herrschenden Arbeitsverfassung [...] der Frondienste zurückzukehren.»

Als dann auch noch eine neue Kopfsteuer für den Unterhalt des Heers erhoben wurde, brach 1381 ein Volksaufstand aus, der von den Grafschaften Essex und Kent auch auf London übergriff. «Als Adam grub und Eva spann, wer war denn da der Edelmann?» war sein Slogan. «Nur dann wird alles gutgehen, wenn alles Hab und Gut Gemeinbesitz geworden ist, wenn es weder Hörige noch Edelleute gibt.» So die Hauptforderung der Aufständischen. Ihre Wortführer waren die sogenannten Lollarden, arme Theologen, die von ihren Pfarrherren zu ähnlich kargen Konditionen als Prediger und Seelsorger gedungen wurden wie die Bauern von den Grundherren für die Landwirtschaft. Der Aufstand wurde niedergeschlagen, aber was zurückblieb, war eine Art Patt. Weder die Forderungen der Aufständischen drangen durch noch der Wunsch nach Wiederherstellung der

53 Kulischer, 1988 a, 130. Weitere Zitate: 139, 138, 143

Feudalverhältnisse. Es gab wiederholte Versuche, per Gesetz Maximallöhne festzusetzen und Abwanderungen zu verbieten; es gab Klagen über Arbeiter, die «weder göttliche noch menschliche Gesetze anerkennen, weder arbeiten noch dienen wollen», aber auch über Lords, die «aus Gewinnsucht den Arbeitern erhöhte Löhne bewilligten, sie einander, ja selbst dem König abspenstig machten».

Ist das nicht eine eigenartige Gewinnsucht, die um Arbeitskräfte buhlt und ihnen die Löhne erhöht? Ja, aber gerade sie gibt den Schlüssel zum Verständnis der neuen Verhältnisse. Ihr Grundimpuls war zunächst ein ganz konservativer. Die Lords wollten bleiben, was sie waren: Herren, die von den Leistungen einer bäuerlichen Bevölkerung lebten und sich nicht selbst zu Handarbeit oder Handel erniedrigen mußten. Aber wenn sie genötigt waren, diese bäuerlichen Leistungen zu bezahlen, dann brauchten sie Geld, und wenn sie davon nicht genug hatten, mußten sie sich mit dem ihnen nicht standesgemäßen Handel gemein machen und sich Geld leihen. Damit war ihre Landwirtschaft genötigt, Überschüsse zu erzielen; wovon sollten sie sonst das Geliehene zurückerstatten und weiterhin Löhne zahlen? Man darf hier durchaus von Gewinnsucht aus Not sprechen; nur war das nicht die physisch-existentielle Not geschundener Bauern und mittelloser Lohnarbeiter, sondern die hochkomfortable gekränkten Herrscherstolzes.

Das war schon bei der Kurie in Avignon so gewesen. Die Neustrukturierung ihrer Finanzpraktiken hatte einen stockkonservativen Zweck. Der Papst sollte der Stellvertreter Christi bleiben, der er war, obwohl er sich auf das Niveau weltlicher Herrscher heruntergebracht und seinen Sitz in einer Provinzstadt genommen hatte. Dieser selbstverschuldete Niedergang war mit allen Mitteln zu dementieren, und zu den wirkungsvollsten gehörten die *servitia*. Waren Päpste zuvor je so «geehrt» worden wie durch diese Gaben? Sie waren zwar ein Hohn auf die Unverkäuflichkeit der göttlichen Gnade, auf die Beteuerung, daß Geld *nie* an die Stelle der Herzensreue treten könne. Doch das «zerknirschte Herz», das sich ohnehin nie überprüfen ließ, war, wie gezeigt, mehr und mehr zur bloßen Redensart geworden. Spätestens als säumigen Kreuzzugssteuerzahlern der Bann, die kirchliche Höchststrafe, angedroht wurde, war klar: Das Wesentliche war das Geld, die Herzensreue allenfalls Beiwerk, die Verneinung der rettenden Kraft der Münze nur noch leere Pose.

Der mittelalterliche Siegeszug der Münze läßt sich durchaus als

 Verfallsgeschichte einer Verneinung lesen. Verneinung ist ja nicht von Anfang an Lüge. Wer in wohlverstandenem Freudschen Sinne verneint, weist das Verneinte aufrichtig von sich, ist überzeugt davon, es nicht zu begehren, hat kein Bewußtsein vom Ausmaß der Anziehungskraft, die es faktisch auf ihn ausübt. Wenn die Anziehungskraft des Verneinten jedoch zu mächtig, offensichtlich und dauerhaft wird, kommt die Verneinung dagegen allmählich nicht mehr auf. Ihr Widerstand erlahmt. Was von ihm zurückbleibt, sind hohle Verneinungsformeln, die immer phrasenhafter und fadenscheiniger werden. Die Verneinung geschieht nun tatsächlich wider besseres Wissen. Je mehr sie sich aber der manifesten Lüge annähert, desto empörter verwahrt sie sich gegen diesen Verdacht. Wer ihn hegt oder gar artikuliert, darf sich auf heftigste Reaktionen gefaßt machen. Nietzsche hat das Fachwort für diese Art von Reaktion eingeführt: Ressentiment. Ressentiment ist eine besondere Art von Haß: ein Haß auf das eigene Versagen, den eigenen Niedergang, der sich an allem zu rächen wünscht, was an diese peinliche Schwäche – Nietzsche nennt sie «Dekadenz» – irgend rührt oder erinnert. Und wie rächt man sich in einem solchen Fall erfolgreich? Indem man die eigene Schwäche in Stärke, die «Dekadenz» in einen Triumph umwendet.[54] Genau das tat die Kurie in Avignon. Sie zahlte es den weltlichen Mächten heim, daß sie zu einer der Ihren geworden war und in der Provinz residierte – indem sie die *servitia* einführte. Das konnte nur sie. Nur sie konnte das Sakrileg der Simonie mit frommen Etiketten versehen, es ebenso schamlos praktizieren wie verleugnen und im Namen Gottes eine Art von Geschäftstüchtigkeit demonstrieren, an die keine weltliche Macht heranreichte. Nur sie konnte den weltlichen Mächten gleichsam deren eigene Melodie vorspielen – mit Instrumenten und einer Virtuosität, über die sie alle nicht verfügten.

54 Cf. Nietzsche 1988 [1887], 363; Nietzsche 1988 [1889a], 132f. «Ressentiment» und «Décadence» sind zwei Begriffe, die sich in Nietzsches Spätwerk breit gestreut finden. Auf den hier erörterten Sachverhalt hat er selbst sie allerdings nie bezogen. Bei ihm tendieren sie zu Generalschlüsseln für die gesamte abendländische Kultur als einer Folge jüdisch-christlichen Priestergeistes. In dieser Rolle sind sie hoffnungslos überfordert. Um so griffiger erweisen sie sich bei kleineren Formaten, etwa bei all jenen, die psychologisch «Gesichtswahrung» oder ökonomisch «Besitzstandswahrung» heißen.

Sogenannte ursprüngliche Akkumulation

Was in Avignon die Plusmacherei in Gang setzte, war Ressentiment – nicht viel anders als ein Jahrhundert später bei den englischen Lords. Auch sie wollten ja nur bleiben, was sie waren, nämlich Lords, und weiterhin von bäuerlichen Untertanen bedient und beliefert werden. Weil sie das aber nicht mehr konnten, ohne Geld für Löhne bereitzustellen, mußten sie etwas lernen, was ihnen früher nur lästig gewesen wäre: wie man Überschüsse erzielt. Und die englischen Schafe, die auf fetten Böden grasten und eine Wolle gaben, die auf den Märkten Londons, Flanderns, ja Oberitaliens bereits besten Ruf genoß, wiesen den Ausweg. Schafwolle war einträglich. Und so verfiel «der große Feudalherr» auf die «gewaltsame Verjagung der Bauernschaft von dem Grund und Boden, worauf sie denselben Rechtstitel besaß wie er selbst». «Den unmittelbaren Anstoß dazu gab in England namentlich das Aufblühn der flandrischen Wollmanufaktur und das entsprechende Steigen der Wollpreise. Den alten Feudaladel hatten die großen Feudalkriege verschlungen, der neue war ein Kind seiner Zeit, für welche Geld die Macht aller Mächte.»[55] Das sind die berühmten Worte, mit denen Marx die «sogenannte ursprüngliche Akkumulation» anfangen läßt. Sie «spielt in der politischen Ökonomie ungefähr dieselbe Rolle wie der Sündenfall in der Theologie». «Die Legende vom theologischen Sündenfall erzählt uns allerdings, wie der Mensch dazu verdammt worden sei, sein Brot im Schweiß seines Angesichts zu essen; die Historie vom ökonomischen Sündenfall aber enthüllt uns, wieso es Leute gibt, die das keineswegs nötig haben.» «Und von diesem Sündenfall datiert die Armut der großen Masse, die immer noch, aller Arbeit zum Trotz, nichts zu verkaufen hat als sich selbst, und der Reichtum der wenigen, der fortwährend wächst.»[56]

Daß diese ursprüngliche Akkumulation bereits der späte Nachfahre einer viel «ursprünglicheren» ist, bedenkt Marx nicht, obwohl er sehr wohl weiß, was Tempelschatzbildung ist.[57] Dafür bleibt er tiefer im Fahrwasser des biblischen Sündenfallmythos, als er selbst

55 Marx 1979 [²1872], 746

56 Marx 1979 [²1872], 741

57 «Bei allen alten Völkern erscheint das Aufhäufen von Gold und Silber ursprünglich als priesterliches und königliches Privilegium.» (Marx 1974 [1858], 141)

 bemerkt. Dessen Haken ist ja, daß es in einer rundum guten Welt nie zum Bösen kommen könnte, weshalb im Paradies von Anfang an der Wurm (die Schlange) steckt und das Verbot ergeht, welches das Essen vom Baum der Erkenntnis als böse brandmarkt. Das Wissen um Gut und Böse folgt nicht erst aus der Übertretung des Verbots; es ist schon da, wo Adam und Eva das Verbot und die Schlange verstehen. Die Entstehung des Bösen wird aus Bösem erklärt. Nicht anders verfährt Marx beim «ökonomischen Sündenfall». Weil der «neue» Feudaladel Englands «ein Kind seiner Zeit» war, «für welche Geld die Macht aller Mächte» darstellte, setzte er gewalttätig das Zeitalter in Gang, in welchem das Geld zur Macht aller Mächte wurde. Was erklärt werden soll, liegt der Erklärung bereits zugrunde.

Daß die Lords erpicht waren, viel Ackerland in Schafweide zu verwandeln, ist unstrittig. Aber jagt man dafür die eigene Landbevölkerung fort, deren Dienste doch den Lords ihren Herrenstatus erhielt, und zwar nur, weil «das Aufblühn der flandrischen Wollmanufaktur» die Wollpreise steigen läßt? Ist das Hemd nicht näher als der Rock? Warum sollten die Lords sich ihrer eigenen Lebensgrundlage um einer so unsicheren Aussicht willen berauben, wenn nicht aus Not? Und ihre Not war tatsächlich das fehlende, knappe oder geliehene Geld für ihre Feldarbeiter.[58] Schafzucht hingegen war längst nicht so personalintensiv. Nur temporär, für die Schur, war viel Handarbeit erforderlich; ansonsten genügten wenige Hirten für große Herden. Das half den Lords aus der Lohnklemme. Und so hängten nicht wenige von ihnen ihr Land lieber als Schafweide an den unsicheren Fernhandel, als daß sie ihr traditionelles Dienstvolk behielten. Im großen und ganzen hatten sie Glück. Der Fernhandel blieb immerhin so stabil, daß er die Umwandlung von Äckern in Schafweide über lange Zeit rentabel hielt. Er breitete gleichsam die Hände über einen sozialen Umwälzungsprozeß größter Tragweite.

Dieser Prozeß war freilich kein Sündenfall; er stand im Zeichen des Ressentiments. Wie demütigend war es doch für Feudalherren, sich mit Zins fordernden Geldverleihern und Lohn fordernden Feld-

58 Das haben Gunnar Heinsohn und Otto Steiger klar erkannt: Heinsohn/Steiger 1981, 164 ff. Daraus folgt freilich nicht, «daß in dieser historischen Konstellation ‹Geld entsteht›» (168). Darauf kann nur kommen, wer glaubt, in Schuldscheinen für verpfändeten Grund und Boden nicht nur eine Form des Geldes vor sich zu haben, sondern dessen Ursprung. Siehe oben, S. 17 f.; 95 ff.

arbeitern abgeben zu müssen. Letztere mit traditioneller Waffengewalt zu verjagen und erstere mit einer neuen Wirtschaftsweise zu überflügeln war eine hohe Genugtuung. Dabei wurde die Praktik des *hedging* erfunden. Man griff auf Gemeindeland über, umgab es ohne jede Absprache mit Hecken und reklamierte es einfach als Eigentum, worauf man eigene Schafherden grasen ließ. *Hedging* hat also ganz unmetaphorisch begonnen: als Einhegung von Grund und Boden durch dornige Hecken, nicht als Einhegung von Geldflüssen. Es war eine Erfindung von Lords, nicht von Bankern, aber mit kaum zu überschätzenden Langzeitwirkungen. «Von Städten und Dörfern, die man für Schaftrift zerstört hat und worin nur noch Herrschaftshäuser stehn, könnte ich etwas erzählen», klagt ein von Marx zitierter Chronist, und Francis Bacon, sein wichtigster Zeuge in dieser Angelegenheit, berichtet von Maßnahmen, die Heinrich VII. bereits seit 1489 «wider diese entvölkernde Usurpation der Gemeindeländereien (depopulating inclosures) und die ihr auf dem Fuß folgende entvölkernde Weidewirtschaft (depopulating pasture)» ergriffen hatte; waren doch auch die Interessen der Krone berührt. Wo «viele Pachtungen und große Viehherden, besonders Schafe, sich in wenigen Händen aufhäufen, [...] die Grundrenten sehr gewachsen und der Ackerbau (tillage) sehr verfallen, Kirchen und Häuser niedergerissen, wunderbare Volksmassen verunfähigt [sind], sich selbst und Familien zu erhalten»,[59] da versiegen auch die königlichen Steuereinkünfte, und die allgemeine Wehrfähigkeit schwindet.

Das kümmerte freilich die Lords nicht im geringsten. Ihr Gewinn aus Schafzucht war auch Rache dafür, daß sie nicht mehr die glänzende Kriegsgefolgschaft des Königs waren, sondern, ersetzt durch Söldnerheere, auf ihren Landgütern herumsaßen. So zahlten sie allen heim, die ihnen irgend verdächtig waren, ihren Lordstatus untergraben zu haben. Ihr Ressentiment mutet im Vergleich zu dem der Kurie vollends profan an, und doch zehrte auch es noch von der Überzeugung, daß der Status weltlichen Adels nicht minder als der kirchlicher Würdenträger eine Gabe Gottes sei, die der damit Beschenkte zu bewahren habe. Es war ein konservativer Impuls, der die Lords zum Geldgewinn trieb – und damit gerade die Ordnung untergrub, die er wiederherstellen sollte.

Natürlich blieb Getreide als Grundnahrungsmittel unentbehrlich.

59 Marx 1979 [^{2}1872], 747

 Es wurde durchaus nicht alles Ackerland in Schafweide verwandelt, und es ist umstritten, wie weit die Verwandlung ging. Marx mag ihr Ausmaß überschätzt und zuwenig berücksichtigt haben, daß sich neben den armen umhergestoßenen Landarbeitern eine Schicht wohlhabender Bauern erhalten hatte, die sich keineswegs verjagen ließ, vielmehr dem Beispiel der Lords folgte und ihrerseits zur Schafzucht überging.[60] An seiner generellen Einsicht ändert das wenig. Es war etwas Beispielloses, was die englischen Lords in Gang setzten. Landflucht aus feudaler Abhängigkeit hatte es seit Jahrhunderten gegeben. Nun aber fand Vertreibung von Menschen statt, die vom Land gar nicht fortwollten. Und was taten die Vertriebenen? «Sie verwandelten sich massenhaft in Bettler, Räuber, Vagabunden, zum Teil aus Neigung, in den meisten Fällen durch den Zwang der Umstände.» «Die Gesetzgebung behandelte sie als ‹freiwillige› Verbrecher und unterstellte, daß es von ihrem guten Willen abhänge, in den nicht mehr existierenden alten Verhältnissen fortzuarbeiten.» Angeordnet wurden etwa «Auspeitschung und Einsperrung aller handfesten Vagabunden. Sie sollen an einen Karren hinten angebunden und gegeißelt werden, bis das Blut von ihrem Körper strömt, dann einen Eid schwören, zu ihrem Geburtsplatz oder dorthin, wo sie die letzten drei Jahre gewohnt, zurückzukehren und ‹sich an die Arbeit zu setzen› (to put himself to labour).» Oder «ein Herumstreicher» soll «nach seinem Geburtsort gebracht, mit rotglühendem Eisen auf die Brust mit dem Zeichen V gebrandmarkt, und dort in Ketten auf der Straße oder zu sonstigen Diensten verwandt werden».[61]

Die Beispiele, die Marx der englischen «Blutgesetzgebung wider Vagabundage» des fünfzehnten und sechzehnten Jahrhunderts entnimmt, sind ein haarsträubender Offenbarungseid der Feudalverhältnisse. Unversehens gab es eine diffuse Vielzahl von Menschen ohne erkennbares Woher und Wohin, ohne identifizierbaren Stand oder bestimmte Funktion. Sie gehörten buchstäblich nirgends hin. Diese ungreifbare, fremde und doch auf bedrohliche Weise vertraute Menge war ein Musteraggregat des Unheimlichen. Die Blutgesetzgebung versuchte es ebenso brutal wie hilflos zu bannen: eine amorphe Masse in die feudalen Koordinaten von Herkunft und standesgemäßer Arbeit hineinzupressen, deren Auflösung sie auf gespenstische

60 Kulischer 1988 b, 64
61 Marx 1979 [^{2}1872], 762 f.

Weise dokumentierte. Auch früher schon hatten ländlichen Lohnarbeitern weder Grund und Boden noch Werkzeuge in streng rechtlichem Sinne gehört. Aber *sie* gehörten gleichwohl zu ihrer ländlichen Umgebung. Der «historische Scheidungsprozeß von Produzent und Produktionsmittel»[62] hingegen, der in England krasser als irgendwo sonst einsetzte, riß die Betroffenen von allem Angestammten los. Wie viele es waren, mag strittig sein, aber gewiß waren es genug, daß man von einer Massenentwurzelung sprechen darf. Gesetze kamen dagegen nicht auf, soziale Auffangstationen fehlten ganz.

Bergwerke etwa waren wenig geeignet für diese Rolle, auch wenn ihre Zahl und Größe dank der neuen Kriegstechnik, die die Erfindung des Schießpulvers in Gang gesetzt hatte, schon im fünfzehnten Jahrhundert drastisch gewachsen war. Der ständig steigende Bedarf an großen und kleinen Feuerwaffen samt Munition ließ aus Schmiedewerkstätten große Gießereien hervorgehen. Die wiederum benötigten Eisen, Zinn, Kupfer, Blei, wovon der englische Boden, ähnlich wie der mittel- und oberdeutsche, beträchtliche Mengen enthielt. Bergbau und Metallverarbeitung begannen im sechzehnten Jahrhundert auf eine fast schon industrielle Weise ineinanderzugreifen und eine neue Verbindung zwischen Stadt und Land herzustellen. Aber sie waren nicht personalintensiv genug, um der vertriebenen Landbevölkerung neue Arbeitsverhältnisse zu verschaffen, und stellten ihr vielfach Arbeitsanforderungen, denen sie nicht gewachsen war.

So wandten sich die streunenden Massen am ehesten dorthin, wo auch die Schafwolle landete: in die Städte. Den dort ansässigen Wollhändlern stellte sich zunehmend die Frage: Warum die Wolle zur Verarbeitung nach Flandern exportieren, wenn im Inland zahllose Arbeitskräfte brachlagen? Und so setzte, namentlich in und um London, die Wollindustrie ein. Als das eineinhalb Jahrhunderte zuvor in Florenz geschehen war, hatten Arbeitskräfte zur Verfügung gestanden, die zuvor vom Land *geflohen* waren. Als es nun in London geschah, waren die Arbeitskräfte vom Land *Vertriebene* oder deren Nachkommen und weit mehr an der Zahl. Der soziale Druck, sie ins Stadtleben einzugliedern, war ungleich größer, und weil dieser Druck anhaltend hoch blieb, gewann die Wollverarbeitung eine Beständigkeit, die sie gegen Konjunkturschwankungen in hohem Maße

62 Marx 1979 [²1872], 742

 unempfindlich machte. Sie wurde zum Herzschlag der englischen Wirtschaft. An sie knüpfte im achtzehnten Jahrhundert die Dampfmaschine an. In Werkstätten gezwungen, zu immer gleichen Handgriffen genötigt, von unbarmherzigen Gesetzen gegängelt und miserabel bezahlt: so nahm die amorphe Masse der Vertriebenen allmählich die Gestalt einer disziplinierten Arbeiterklasse an: des Proletariats.

Adam Smith erklärte sich die Entstehung des Geldes aus der Arbeitsteilung und die des Kapitals aus der Sparsamkeit und Geschicklichkeit umtriebiger Kaufleute und Handwerker. Wo immer Geld und Kapital zum Einsatz kamen, da sah er Sklaverei und Leibeigenschaft schwinden und Wohlstand durch Handel erblühen. Die gesamte politische Ökonomie des frühen neunzehnten Jahrhunderts trug diese Auffassung fort. Erst Marx widmete «der Umwälzung, welche die Grundlage der kapitalistischen Produktionsweise schuf»,[63] die gebührende Aufmerksamkeit. Er ist ihr erster ernst zu nehmender Historiker. Ihm ist die Einsicht zu verdanken, daß die Gründungsgewalt dieser Produktionsweise gleichsam zu ihrem strukturellen Erbgut geworden ist, das sich wohl oder übel, dominant oder rezessiv, konstant oder variiert im Laufe ihrer Geschichte fortsetzt, aber, solange sie andauert, ebensowenig verschwindet wie ein animalischer Chromosomensatz im Akt der Fortpflanzung.

Allein das schon macht Marx zu einem Theoretiker von anhaltender Aktualität. Ist da überhaupt noch von Belang, ob die Konstitutionsgeschichte des Kapitalismus eine Sündenfall- oder eine Ressentimentgeschichte ist? Nicht für das von Marx gebotene Faktenmaterial, um so mehr allerdings für dessen Interpretation. Ob eine nicht weiter erklärliche Geldgier am Anfang des Kapitalismus steht oder diese Gier die Erscheinungsform von etwas anderem ist: das verändert den ganzen Prospekt. Im ersten Fall wäre die Plusmacherei spontan und unmotiviert wie ein *Deus ex machina* in die Welt gekommen; im zweiten hätte sie ein Motiv: Not. Und in der Tat, so mein dringender Verdacht, ist der Kapitalismus ohne eine bestimmte Urnot nicht zu begreifen. Sie gehört mit zu jener Gründungsgewalt, die in seiner Produktionsweise strukturell geworden ist. Anders gesagt: Diejenigen, die die Bahn zur neuzeitlichen Plusmacherei brachen, hatten es nötig. Sie mußten eine Anfangsschuld

63 Marx 1979 [[2]1872], 745

loswerden. Wie Aufklärung nach Kants berühmter Definition ‹der Ausgang aus selbstverschuldeter Unmündigkeit› ist, so ist Kapitalismus der Ausgang aus der Schmach eines selbstverschuldeten Niedergangs. Diesen Ausgang suchten die englischen Lords nicht minder angelegentlich als die Kurie in Avignon, nur daß der Kurie der lange Weg dieses Niedergangs, von der Bußstrafe zur Geldbuße, von der Verneinung der seelenrettenden Kraft der Münze zu ihrer kaum mehr getarnten Bejahung, ungleich deutlicher anzusehen ist.

War aber die Bahn zu diesem Ausgang einmal gebrochen, so schwenkten viele andere auf sie ein. Sobald sich die Schafzucht rentierte, standen den Lords aus ihrem eigenen Dienstvolk Leute zur Verfügung, die ihnen das lästige Wirtschaften bereitwillig abnahmen, die Schafweiden pachteten und ihre einstigen Herren sehr bald aus diesem Geschäft verdrängten. Und sobald sich den Städten, namentlich der Metropole, eine intensive Wollverarbeitung aufdrängte, standen Handwerksmeister zur Verfügung, die das Risiko dafür gern übernahmen. Die Anfangsschuld ernüchterte sich in diesen Fällen zu ganz profanen Schulden. Pächter mußten erst einmal Grundrente zahlen, Handwerker Rohstoffe, Werkzeug, Lohnarbeiter einkaufen, ehe sie Profit aus der neuen Wirtschaftsweise ziehen konnten. Sie waren schon die zweite Generation der Plusmacher: die sozialen Aufsteiger. Die erste Generation, das waren die *décadents* der alten Ordnung. Und zwischen erster und zweiter Generation gab es einen gravierenden Unterschied. Päpste, Bischöfe und Lords *mußten* Plus machen, wenn sie bleiben wollten, was sie waren. Pächter und Handwerker *konnten* Plus machen, wenn sie mehr werden wollen, als sie waren. Ließen sie sich aber darauf ein, dann begaben auch sie sich in die Falle der Anfangsschuld. Nun *mußten* sie Plus machen. Vielleicht schnappte die Falle ja nie zu, und sie bereicherten sich maßlos. Das ändert aber nichts an der Triebstruktur der zwanghaften Plusmacherei. Ihr Stachel ist die Verschuldung – seien es jene Anfangsinvestitionen, die das Ingangsetzen der neuen Produktionsweise in der Regel verlangt, seien es neue Investitionen, die der Geschäftserhalt immer wieder fordert, sei es reale Verschuldung, sei es drohende, falls ihr nicht durch Gewinn vorgebeugt wird. Wo keine Verschuldung mehr droht, da fehlt der entscheidende Antrieb zur Plusmacherei – und damit auch der zu aller Produktivität und Innovationsbereitschaft, die sie mit sich bringt.

Protestantische Ethik

Die «protestantische Ethik», die Max Weber als entscheidenden Antrieb zum Kapitalismus erachtete, setzte erst ein, als die entscheidenden Weichenstellungen zur neuen Produktions- und Gesellschaftsordnung bereits erfolgt waren. Sie gehört frühestens zur dritten Plusmachergeneration und steht in weit größerer Kontinuität zu ihrer katholischen Vorgeschichte, als gemeinhin angenommen wird. Geld, so hatte Luther dekretiert, hat nichts zu suchen, wo es um Gottes Gnade geht. Es kann sie weder kaufen noch ihre Gewährung irgend begünstigen. Niemand wird durch Werke vor Gott gerecht, sondern umgekehrt: Wen Gott gerechtfertigt hat, der tut von selbst gute Werke, und zwar «mit fröhlichem, zufriedenem, sorglosem Herzen und ist dabei ein ganz unbefangener Geselle», denn nicht um Gnade zu erreichen, tut er sie, sondern aus Dankbarkeit für ihre unverdiente Gewährung. «Leute, die beten, fasten, Stiftungen machen», um Gottes Gnade damit zu erreichen, gehen fehl; ihre Werke sind «tot». Leute hingegen, die im Glauben, diese Gnade empfangen zu haben, ihren ganz profanen Alltag angehen, «in ihrem Handwerk arbeiten, gehen, stehen, essen, trinken, schlafen und allerlei Werke zu des Leibes Nahrung oder zum allgemeinen Nutzen tun», vollbringen gute Werke.[64]

Und wenn Christenmenschen bei aller Glaubensbereitschaft so gar keinen freudig-dankbaren Drang zu den Zehn Geboten und zur alltäglichen Arbeit verspürten, sondern ihr sündiges Fleisch immer wieder dazu zwingen mußten? Nun, dann hatten sie allen Anlaß zum Zweifel, ob ihnen die Gnade wirklich zuteil geworden war. Mit diesem Zweifel aber war jeder von ihnen allein. Es gab keine Beichtväter mehr, die davon hätten lossprechen können. Doch was half Gottes Gnade, wenn sie einem selbst vorenthalten blieb und man dagegen rein gar nichts tun konnte? Das war das Loch der Ungewißheit in der reformatorischen Gnadenlehre. Luther hat es charismatisch überdeckt: durch unentwegtes Beschwören der Gnadengewißheit. Aber schon unter seinen direkten Nachfolgern brach die Frage auf: Ist der einzelne am Gnadenerhalt wirklich völlig unbeteiligt, oder wirkt er daran nicht doch durch ein gewisses Wohlverhalten mit? Letzteres wurde Philipp Melanchthon immer plausibler; nach Luthers Tod bekannte er sich

64 Luther 1977 [1520], 117 und 113

offen zu dieser Auffassung. Sein Gegenspieler Matthias Flacius schloß hingegen jede menschliche Mitwirkung am Gnadenerweis strikt aus. Zwischen beiden kam es zum «Synergismusstreit».[65] Synergie war zunächst ein Problem von Theologen, nicht von Unternehmensberatern. Es blieb ungelöst – eine offene Rechnung des Luthertums.

Noch schroffer als Luther selbst positionierte sich indessen der Genfer Reformator Calvin gegen jede menschliche Mitwirkung am göttlichen Heilswerk. «Gott hat in seinem ewigen und unwandelbaren Ratschluß *einmal* festgestellt, welche er einst zum Heil annehmen und welche er andererseits dem Verderben anheimgeben will.» Die Erwählten bekommen sein Erbarmen, die Verworfenen seine Gerechtigkeit zu spüren. «Zeugnis der Erwählung» ist «die Berufung», ihr «zweites Merkzeichen» «die Rechtfertigung»; hingegen «gibt er den Verworfenen durch ihren Ausschluß von der Erkenntnis seines Namens [...] wie durch Zeichen bekannt, was für ein Gericht ihrer wartet».[66]

Wie sollte man die gnadenlose Ungewißheit dieser Gnadenlehre aushalten, ohne sich an die von Calvin nur vage in Aussicht gestellten «Zeichen» zu klammern, seien es Zeichen der Erwähltheit oder Verworfenheit? Die Calvinisten der zweiten und dritten Generation sieht man denn auch damit beschäftigt, sich diese Zeichen planmäßig zurechtzulegen, um nicht zu sagen, sie selbst herzustellen. Jede Begierde war ein böses Zeichen, jeder Sieg über eine solche ein gutes. Aufmerksame Selbstbeobachtung war geboten. Ihr Medium wurde das Tagebuch. Es vollzog eine Rückwendung der profanen Buchführung ins Religiöse. Genauso akribisch wie der Kaufmann über Ausgaben und Einnahmen sollte der Gläubige über die eigenen Wünsche und Regungen, Übel- und Wohltaten Buch führen. Jeder Fortschritt in der Überwindung von Begierden und Schlendrian, den er sich gutschreiben durfte, verbesserte seine Indizienbilanz. Wem es gar gelang, seinen gesamten Tageslauf eisern zu disziplinieren – und das hieß vor allem: von frühmorgens bis spätabends so effizient wie möglich zu arbeiten –, dem verdichteten sich die Anzeichen dafür, tatsächlich zu den Erwählten zu gehören. Durch solche Arbeit reich werden aber war das Sahnehäubchen; kein verheißungsvolleres Zeichen für Gottes Zuwendung war hienieden zu erlangen. Man durfte

65 Cf. Joest ^{3}1962, 562

66 Calvin 1963 [1536], 622 (III, 21, 7)

 im Reichtum nur nicht schwelgen, sondern ihn lediglich aufhäufen und anlegen, ohne in der Lebensführung, die ihn erbracht hatte, irgend nachzulassen.

Jener Puritanismus, der sich in den Fußstapfen Calvins in Holland, vor allem aber in England Ende des sechzehnten Jahrhunderts herausbildete: er ist die «protestantische Ethik» Max Webers.[67] Seine Kronzeugen sind die Theologen Lewis Bailey und Richard Baxter, letzterer ein Weggefährte und Antipode Oliver Cromwells. «*Kapitalbildung* durch *asketischen Sparzwang*» war eine Hauptwirkung dieser Ethik, ihr Motiv aber, von einer unerträglichen Ungewißheit loszukommen. Wenn man schon nicht im geringsten daran mitwirken konnte, ob man erwählt oder verworfen war, so wollte man wenigstens wissen, woran man war. Der Wunsch danach aber führte zu einer bemerkenswerten Wiederkehr von Verdrängtem. Eine Ethik, die auf permanente Selbstüberwachung, auf nüchterne methodische Beobachtung und Indienstnahme aller Handlungen und Regungen aus war, die einer disziplinierten, effizienten Lebensführung dienten; eine Ethik, die so allergisch gegen Aberglauben war, daß sie «sogar jede Spur von religiösen Zeremonien am Grabe» «verwarf» und dafür sorgte, daß die «Nächststehenden sang- und klanglos» unter die Erde kamen – ausgerechnet die führt zu einer Zeichendeuterei, wie Schamanen sie einst bei der Eingeweideschau betrieben hatten. Nur verfuhr sie ungleich professioneller; vor allem aber verstand sie den Kunstgriff, die zu deutenden Zeichen eigens hervorzubringen. Sich durch Ablaß Erleichterung von quälenden Sündenstrafen zu verschaffen, erlaubte sie nicht, wohl aber Erleichterung durch Zeichen, die Erlösung von quälender Ungewißheit über die eigene Erwählung verhießen, und das Zeichen par excellence war durch Arbeit erworbener Reichtum – ein Ablaß mit Tarnkappe.

Der verdrängte katholische Ablaß bestand in Schenkungen, seine protestantische Wiederkehr in Erwerb. Letzteren mußte man nicht einmal abliefern, sondern durfte ihn einbehalten oder anlegen, nur eines nicht: ihn genießen. So rückte der Puritanismus, der mehr als alle anderen protestantischen Strömungen vom Katholizismus Abstand genommen hatte, diesem hintenherum am nächsten. Heilserwerb durch Geldzahlung verwarf er; um so angelegentlicher bemühte er sich um Heilsgewißheit durch Gelderwerb. Bei Lichte besehen erweist

67 Weber 1920; Zitate: 192 und 95

er sich als sich selbst verleugnender Spätausläufer der katholischen Ablaßtheologie.

Als die «protestantische Ethik» um die Wende zum siebzehnten Jahrhundert in England Platz griff, war der «historische Scheidungsprozeß von Produzent und Produktionsmittel» dort schon gut hundert Jahre in Gang. Die Städte hatten bereits begonnen, die von Scholle und Herkommen losgerissene Landbevölkerung zu absorbieren: durch Entwicklung industrieller Wollverarbeitung. Deren Werkstätten wurden zu den zentralen sozialen Auffangstationen einer amorph streunenden Masse, und die protestantische Ethik bot das innere Gegenstück dazu: eine mentale Auffangstation der streunenden Triebnatur. Diese Ethik war ein spezifisch urbanes Phänomen, und sie hatte den Vorteil, so gut wie alle anzusprechen, sowohl die in die Stadt Getriebenen als auch die dort schon ansässigen Dienstboten, Handlanger, Handwerker, Kaufleute und Bankiers. Sie alle hatten in dem sozialen Umwälzungsprozeß eine neue Rolle zu finden.

Die protestantische Ethik hat diesen Umwälzungsprozeß nicht eingeleitet, aber erheblich dazu beigetragen, ihn in geordnete Bahnen zu lenken. Sie betrieb sozusagen seine Rationalisierung. Zum einen rationalisierte sie die gesamte Lebensführung zu disziplinierter, rastloser, effizienter Tätigkeit; zugleich rationalisierte sie diese Lebensführung noch in einem andern, nämlich psychoanalytischen Sinne. Sie gab ihr einen höheren Sinn: den eines Zeichens für die eigene Erwähltheit. Die Geldsummen, die puritanische Handwerker und Kaufleute um dieses Zeichens willen aufhäuften, dienten nicht nur der Bekämpfung der Sündenschuld, sondern auch dem Ideal des schuldenfreien Geschäftsmanns, der stets so viel Geld in der Truhe hat, daß er für keine seiner Ausgaben auch nur einen Penny Kredit aufnehmen muß. Schuldenfreie puritanische Frühkapitalisten hat es durchaus gegeben, nur waren sie nicht die Initiatoren der Plusmacherei; sie wollten sie vielmehr in ein unschuldiges Geschäft verwandeln – theologisch wie ökonomisch.

Der schuldenfreie Kapitalist ist also keineswegs die Gründerfigur des Kapitalismus. Er ist ihr protestantischer Idealtypus, der in der Manufakturepoche in Holland und England bis zu einem gewissen Grade Wirklichkeit geworden ist. Spätestens mit der großen Industrie allerdings, als der Bau von Maschinen und Fabriken Anfangsinvestitionen erforderte, die kaum mehr durch private Rücklagen aufzubringen waren, stieß die protestantische Ethik an ihre Grenze.

 Kapitalisten mußten sich verschulden. Das war aber nicht etwa der Verfall des Kapitalismus, sondern sein «Rückgang in den Grund»[68]. Der Anfangsstachel der Plusmacherei machte sich mit neuer Penetranz bemerkbar.

Kaufleute hatten sich auch schon im Mittelalter verschuldet, um Waren einzukaufen, die sie mit Gewinn wieder losschlagen wollten. Doch als die auf Kredit gekauften Waren nicht mehr nur Konsumgüter waren, sondern Werkzeuge, Werkstätten, Rohstoffe und Arbeitskräfte, als also der ganze Produktionsprozeß in diese Verschuldung hineingezogen wurde, da begann eine neue Ära. Nun *mußten* Münzen immer wieder in Produktionsmittel, Rohstoffe und Lohnarbeit investiert, Konsumgüter hergestellt und gegen Münzen getauscht werden, aus deren Bestand die Fortsetzung des Produktionsprozesses zu bezahlen war. Und erst diese Schraube ohne Ende hat aus dem Münzumlauf ein Geld*system* gemacht.

68 Hegel 1970 [1834], 70. Hegels Überzeugung, «daß das Vorwärtsschreiten in der Philosophie vielmehr ein Rückwärtsgehen und Begründen sei, durch welches erst sich ergebe, daß das, womit angefangen wurde, nicht bloß ein willkürlich Angenommenes» sei, ist Wasser auf die Mühle der hier vorgelegten *Philosophie des Geldes*. Zwar bin ich ohne jede Ambition, die Bewegung eines reinen, absoluten Geistes nachzuvollziehen, und folge lediglich der realhistorischen Bewegung des Geldes. Um so verblüffender, wie die an ihren entscheidenden Wendepunkten immer wieder die von Hegel beschriebene Verlaufsform annimmt: «daß das Vorwärtsgehen ein Rückgang in den Grund» ist. Ganz ohne dialektische Geschichtsphilosophie wird sich Geld nicht begreifen lassen.

II. System des Geldes

Vorweg: Systemtheoretisches

Das altgriechische *systema* heißt wörtlich «das Zusammengestellte», vorzugsweise die Sonder- oder Elitetruppe, die der Feldherr zu persönlichem Schutz und schlachtentscheidendem Einsatz um sich scharte. Vom gewöhnlichen Heerhaufen hob sie sich als wohlgefügte Einheit ab. Aber wohlgefügte Einheiten gab es nicht nur beim Militär. Platon zum Beispiel verwendet das Wort *systemata* für die Harmonien, die sich zwischen Tönen trotz ihrer Verschiedenheit an Zahl, Länge, Höhe und Lautstärke herstellen.[1] Aristoteles wiederum bezeichnet den tierischen Organismus oder seine Eiform gelegentlich als *systema*.[2] Bei den Stoikern wird das Wort geläufiger; sein Bedeutungsradius weitet sich. Die Verlaufsform folgerichtigen Denkens – wir würden sagen: die Logik – wird des öfteren als ein *systema* von Voraussetzungen (Vordersätzen) und Schlußfolgerungen vorgestellt, die Polis als *systema* der Menschen, «die auf demselben Gebiet wohnen und von demselben Gesetz verwaltet werden», und schließlich sogar das Weltganze als ein *systema* «des Himmels, der Erde und der Lebewesen» oder als *systema* «der Götter, Menschen und Dinge».[3]

«Zusammengestelltes» ist *von jemandem* zusammengestellt worden, sei es ein Feldherr oder ein Komponist. Die spätere lateinische Standardübersetzung von *systema* ist denn auch *constructio*. Doch Worte entfalten ein Eigenleben; sie wachsen über ihre Grundbedeutung hinaus. Schon bei Harmonien ist nicht ganz eindeutig, ob sie *er*funden oder *auf*gefunden wurden. Und wer Organismen für zusammengestellt statt gezeugt hält, muß einen überirdischen Macher annehmen, der jeden einzelnen von ihnen eigens hergestellt hat. Doch schon Aristoteles mochte daran nicht mehr glauben; das *systema* des Organismus entstehe «aus sich selbst». Und spätestens bei

1 Platon, *Philebos* 17 d

2 Aristoteles, *De generatione animalum*, III 1, 752 a 7

3 Arnim 1921–1923, Band 3, 81 (Fragment 329); Band 2, 168 (Fragment 527)

 den Stoikern, wo Götter, Menschen und Dinge zusammen ein System ergeben sollen, ist unterstellt: Die Götter sind nur noch dessen Bestandteile. Sie haben es nicht gemacht; sie sind selber darin verwickelt. Das System ist das Ganze. Niemand hat es zusammengestellt. Es ist immer schon da, ohne höheren Urheber, ohne Anfang und Ende, ohne Ein- und Ausgang – ein buchstäblich verhängter Zusammenhang. Er heißt in der Stoa *heimarmene*,[4] was sich ebenso mit Verhängnis, Schicksal, Notwendigkeit, Naturgesetz wie Weltvernunft übersetzen läßt.

Im christlichen Abendland hatte der Systembegriff keinen rechten Ort mehr. Zum einen sprachen die Gelehrten Latein. Zum andern waren die lateinischen Äquivalente für *heimarmene* und *systema* – *fatum* und *constructio* – auch sachlich unvereinbar mit dem christlichen Gott. «Also hat Gott die Welt geliebt, daß er seinen eingeborenen Sohn gab»[5] – ein solcher Gott war weder als unpersönliche Notwendigkeit denkbar noch als bloßer Konstrukteur, der, wie Platons Demiurg, die Welt aus schon vorhandenen Bauteilen zusammengesetzt hat, sondern einzig als ihr Schöpfer aus dem Nichts. *Creatio* war sein Attribut, nicht *constructio*. Doch in der Renaissance kehrte mit der Rückbesinnung aufs griechische Erbe auch der Systembegriff zurück, allerdings mit neuem Akzent. Als Fremdwort im Lateinischen wurde er neutral gegen den Kontrast von *creatio* und *constructio*. Statt dessen avancierte er zum Inbegriff des Wohlgeordneten. *Systema mundi* war alsbald ein fester Begriff für Kopernikus' Weltmodell, und zwar sowohl für dessen theoretische Darstellung als auch für das Dargestellte, den Weltbau selbst. Und die Frage war nun: Darf denn *beides* System heißen, das Gedankengebäude *und* der Weltbau? Steckt in Menschen so viel begriffliche Kapazität, daß ihre gedanklichen Systeme die Welt unverzerrt wiederzugeben vermögen?

Unter denen, die das prinzipiell bezweifelt haben, ist Immanuel Kant der Berühmteste. Die menschliche Verstandesmitgift, so die Pointe seiner *Kritik der reinen Vernunft*, reicht lediglich hin, einer Fülle von Sinnesdaten die Fassung eines begrifflichen Systems zu geben; aber ob sich die Sinnenwelt selbst zu einem Gesamtsystem fügt, vermag kein Mensch zu ergründen. Andere waren optimistischer. Man

4 Diogenes Laertius 1967, 76 (VII, 149)
5 Johannes 3,16

muß den menschlichen Verstand nur systematisch anleiten und schulen, dann gelangt er zu Einsichten in den Weltzusammenhang, die sich ebensowenig bestreiten lassen wie die Grundrechenarten. Das war die Zuversicht, die René Descartes' *Discours de la méthode* ebenso ausstrahlte wie Baruch Spinozas *Ethik*. Auch Gottfried Wilhelm Leibniz' *Système nouveau de la nature* sollte durchaus die innere Weisheit und Wohlgeordnetheit offenbaren, mit der Gott die Natur bei ihrer Erschaffung versehen habe. Das schriftlich vorgelegte System war zwar bloß ein menschliches Konstrukt, also fehlbar, aber auch vollständig korrigierbar, und nach der Korrektur, falls eine solche erforderlich, sollte es nicht mehr hypothetisch, sondern unverbrüchlich wahr sein.

Die kühnste Version eines philosophischen Weltsystems findet sich freilich bei Hegel. Alles, was geschieht, gilt ihm als verschwindendes Moment in einer allumfassenden absoluten Bewegung, die er den «Gang Gottes in der Welt»[6] nennt. Dieser Gang ist das Weltsystem im Vollzug. Wer ihm auf die Schliche gekommen ist, wer erfaßt, wie Gott, das Absolute, sich bewegt, kann jedes Element, jedes Ereignis, jedes Gebilde nicht nur identifizieren, zuordnen, verorten, sondern begreifen, nämlich als Moment des Systemganzen. Philosophie, so Hegel, ist integrales Begreifen, oder sie taugt nichts. Begreifen läßt sich Einzelnes nur im Lichte des Allgemeinen, Relatives im Lichte des Absoluten, und das Absolute selbst ist kein Objekt des Begreifens, sondern sein einziges Subjekt. Gott ist Geist und sein Gang in der Welt die absolute Selbstentfaltung des Begriffs. Auch alles menschliche Begreifen funktioniert nur, sofern es an diesem Begriff teilhat. Abgelöst davon, tappt es im Dunkeln. Hegel hat seine Philosophie allen Ernstes als Selbstexplikation Gottes in deutscher Sprache erachtet und seine *Logik* als «die Darstellung Gottes […] in seinem ewigen Wesen vor der Erschaffung der Natur und eines endlichen Geistes».[7]

Daß er sich damit überhoben hat, liegt auf der Hand. Doch sein überspanntes Weltsystem besteht aus Subsystemen, die wesentlich bescheidener daherkommen. So bezeichnet er die bürgerliche Gesellschaft, die aus der feudalen des christlichen Mittelalters hervorgegan-

6 Hegel 1970 [1820], 403
7 Hegel 1970 [1834], 44

 gen ist, als ein «System der Bedürfnisse»[8]. Bedürfnisse als solche sind eine Sache «zufälliger Willkür und subjektiven Beliebens», gänzlich desinteressiert an Übergeordnetem wie Familie, Volk, Staat und nur auf ihre eigene Befriedigung aus. Die aber mißlingt, wenn nicht andere dabei mithelfen, und diese anderen verlangen dafür wiederum Mithilfe bei der Befriedigung ihrer Bedürfnisse. Gerade der blanke Egoismus, so Hegels Pointe, kann nicht bei sich selbst stehenbleiben. Er ist auf andere angewiesen. «Der selbstsüchtige Zweck in seiner Verwirklichung [...] begründet ein System allseitiger Abhängigkeit, daß die Subsistenz und das Wohl des Einzelnen und sein rechtliches Dasein in die Subsistenz, das Wohl und Recht aller verflochten, darauf gegründet und nur in diesem Zusammenhange wirklich und gesichert ist.»

Keine Staatsmacht, kein Gesetzgeber, keine einzelne soziale Gruppe hat jenes «System der Bedürfnisse», das Hegel mit bürgerlicher Gesellschaft gleichsetzt, geplant oder vorausgesehen. Es ist gleichsam kopflos entstanden: nur indem alle Beteiligten ihre Eigeninteressen verfolgten. Es ist ein Kräfteparallelogramm ihres Egoismus, aber nicht von ihnen gemeinschaftlich intendiert. Gleichwohl hat es eine erkennbare Funktionsweise, denn «dieses Wimmeln von Willkür erzeugt aus sich allgemeine Bestimmungen, und dieses anscheinend Zerstreute und Gedankenlose wird von einer Notwendigkeit gehalten, die von selbst eintritt. Dieses Notwendige hier aufzufinden, ist Gegenstand der Staatsökonomie, einer Wissenschaft, die [...] zu einer Masse von Zufälligkeiten die Gesetze findet. [...] Dies Ineinandergehen, an das man zunächst nicht glaubt, weil alles der Willkür des Einzelnen anheimgestellt scheint, [...] hat eine Ähnlichkeit mit dem Planetensystem, das immer dem Auge nur unregelmäßige Bewegungen zeigt, aber dessen Gesetze doch erkannt werden können.» Wie im Himmel, so auf Erden. Wie Kopernikus, Kepler, Galilei zuvor die Bewegungsgesetze der Planeten, so entdeckten laut Hegel in jüngerer Zeit Smith, Say und Ricardo die «Gesetze», nach denen eine Masse von Egoisten sich wohl oder übel zu einer Gesellschaft zusammenrauft.

Ob diese Gesetze so stimmig sind, wie Hegel vermutete, ist erst noch zu prüfen. Gleichwohl ist es bahnbrechend, geradezu ein Vorgriff auf die Systemtheorie des 20. Jahrhunderts, wie er am Indiffe-

8 Hegel 1970 [1820], 346; weitere Zitate: 341, 340, 346 f.

renzpunkt von Planeten und Gesellschaft zu einer Erweiterung des Gesetzesbegriffs ansetzt. Unter Gesetzen versteht er hier mehr als nur die der Natur und des Rechts, nämlich sämtliche naturwüchsige Verlaufsformen, zu denen sich physische oder soziale Elemente in immer wieder gleicher Weise zusammenschließen. Freilich wäre Hegel nicht Hegel, wenn er diese Verlaufsformen nicht in metaphysischem Gewand vorstellte. Es sind für ihn Stadien des Weltgeistes, allerdings niedere Stadien, wo dieser Geist noch «zerstreut» ist, wo er sich und den Elementen, durch deren «Wimmeln» er sich konstituiert, undurchsichtig bleibt, wo er sich also in einem Zustand der Äußerlichkeit befindet, aus dem er sich erst noch zu sich selbst erheben muß.

Auf solche Erhebung zu Höherem hat die Systemtheorie des 20. Jahrhunderts dankend verzichtet. Ihr Kopf, Niklas Luhmann, glaubte an keinen Weltgeist mehr. Besagte Verlaufsformen sind für ihn nur noch Resultate «selbstreferentieller Operationen», durch die bestimmte Elemente in ein Verhältnis wechselseitiger Abhängigkeit und Rückkopplung treten und sich damit als «System» von ihrer «Umwelt» abgrenzen.[9] Kein System ohne Umwelt. Es zehrt von ihr und wäre ohne sie nicht lebensfähig; andrerseits kann es sich nur so lange erhalten, wie es die Umwelteinflüsse, denen es ausgesetzt ist, zu verdauen, will sagen, in innere systemstabilisierende Kräfte umzusetzen vermag.

So scheint der Systembegriff aus der metaphysischen Überspanntheit wieder an seine bescheidenen profanen Anfänge zurückzukehren, wo er für die Elitetruppe stand. Der Heerhaufen, von dem sie sich abhob, aber auch abhing, ist geradezu ein Muster einer systemischen Umwelt. Systeme, wie Luhmann sie versteht, können ihre Umwelten gar nicht anders denn als Haufen wahrnehmen. Nur einen «Feldherrn», der sie «zusammenstellt», brauchen sie nicht. Sie konstituieren und lenken sich selbst. Das ist das *Credo* der neueren Systemtheorie. Luhmann übernahm es von zwei Kognitionsbiologen: Humberto Maturana und Francisco Varela. Deren Spezialität waren zunächst nicht soziale Systeme, sondern kleinste organische: Einzeller. Einzeller, so stellten sie in bahnbrechenden Untersuchungen fest, können nur entstehen, wo sich bestimmte organische Moleküle – Kohlenstoffe, Proteine, Aminosäuren – dicht zusammen-

9 Luhmann 1987, 25 und 23

 ballen. Von einer bestimmten Ballungsdichte an verbinden sich die einen zu einem Zellkern, die andern zu einer Membran darum herum, und zwar so, daß Kern- und Membranbildung sich wechselseitig stabilisieren. Woher sie das Vermögen dazu haben, was eine molekulare Suppe in die Lage versetzt, sich zu Einzellern zu formieren, wie Dichte strukturbildend werden kann, läßt sich zwar nicht sagen, aber von einem bestimmten Stadium an ist die Fähigkeit dazu nachweislich da.[10]

Diese Fähigkeit haben Maturana und Varela allerdings mit einem Zauberwort gekrönt, das seither als die Lösung des Systementstehungsproblems gilt: *Autopoiesis* – Selbstherstellung. Auf die Frage, was Moleküle zu organischen Gebilden oder Menschenansammlungen zu sozialen Systemen werden läßt, lautet nun landauf, landab die stolze Antwort: «Die machen das selbst.» Wer wissen möchte, was einen Seiltänzer zum Balancieren befähigt, wird sich durch die Antwort «Das machen seine Beine und Arme selbst» eher gefoppt als aufgeklärt fühlen. Das Fremdwort *Autopoiesis* hingegen wird im Wissenschaftsbetrieb ehrfürchtig bestaunt. Toll, was Systeme alles können – sogar sich selbst herstellen. Die autopoietische Lösung des Systemproblems löst freilich gar nichts. Sie tritt lediglich in die Fußstapfen spinozistischer Metaphysik. Alle physischen Dinge, so Spinoza, sind durch etwas bewirkt oder bewirken etwas. Gott hingegen ist durch nichts bewirkt und dennoch schlechterdings existent. Also ist er Ursache seiner selbst: *causa sui.*[11] Sich selbst verursachen ist freilich ebenso ein Unding, wie sich an den eigenen Haaren aus dem Sumpf zu ziehen. Immerhin hatte Spinoza die Selbstverursachung allein Gott vorbehalten. Nun wird sie auf alle Systeme ausgedehnt. Das ändert freilich nichts daran, daß *causa sui* eine Verlegenheitsformel ist, die überspielt, daß man keine Ursache anzugeben weiß, und die Rückübersetzung dieser Verlegenheit ins Griechische heißt *Autopoiesis.*

Selbstverständlich erklärt man die Entstehung eines Systems nicht, wenn man sagt, daß es sich selbst erzeugt. «Selbsterzeugung» ist bloß eine Chiffre dafür, daß man keine Erklärung hat, daß sich ein Erzeuger oder Drahtzieher nicht dingfest machen läßt. Statt sich mit diesem Nichtwissen zu bescheiden, sich aufs Beobachtbare zu

10 Maturana/Varela 1987 [1984], 47 ff. und 51
11 Spinoza 1978 [1677], 86 (I, Definition 1)

beschränken und sich das Staunen darüber zu bewahren, daß eine Komplexion von Elementen – seien es organische, soziale oder ökonomische – ab einem bestimmten Dichtegrad fähig wird, eine systemische Eigenwirkung zu entfalten, präsentiert die neuere Systemtheorie dies Nichtwissen als Lösung.

Zweifellos ist das ein metaphysischer Zaubertrick; nur hat die Metaphysik darin eine kaum mehr kenntliche Schwundform angenommen. Von dem sich Stufe für Stufe zu einem Gesamtsystem entfaltenden Weltgeist Hegels bleibt bei Luhmann nur noch eine autopoetische systemische Weltmechanik zurück, die nichts intendiert, sondern lediglich motiv- und zwecklos abläuft. Aber beide haben zu dem, was sie unter System verstehen, das gleiche kontemplative Verhältnis. Für Hegel ist die Philosophie ein denkendes Zusehen, wie sich «der Gang Gottes in der Welt» vollzieht; für Luhmann ist die Systemtheorie ein reines Beschreiben systemischer Abläufe, sonst nichts. Bei beiden waltet das gleiche Mißverständnis darüber, was Theorie ist. Zwar heißt das griechische *theoria* wörtlich «Sehen des Göttlichen». Doch anfangs geschah das nicht aus sicherer Zuschauerperspektive. Man «sah» die Gottheit im zu ihren Ehren zelebrierten Ritual. Daran waren alle «Sehenden» existentiell beteiligt: als Opfergemeinde. Sie mußten *zusehen*, daß das Ritual ordnungsgemäß verlief. Sie mußten es akribisch *beobachten*, will sagen, es so beachten, daß es durch keine Störung entweiht wurde. *Theoria* ist der skrupulöse Blick aufs Ritual, der die Unversehrtheit dessen wünscht, was er so angelegentlich betrachtet – und schützendes Eingreifen verlangt, sobald es bedroht ist.

Theorie ist buchstäblich an der Schwelle zum Eingreifen entstanden. Sie ist gerade kein reines Zusehen, sondern hervorgegangen aus dem Wunsch nach unversehrten Verhältnissen, der nicht aufhört, ihr Untergrund zu bleiben. Zwar gehört zu realitätstüchtigem Denken ständige Rechenschaft über die Verhältnismäßigkeit von Wunsch und Gewünschtem. Doch eine Theorie, für die nichts in Frage kommt als das reine Betrachten und Beschreiben systemischer Verläufe, hat nur beschränkte Kenntnis ihrer eigenen Herkunft und Rolle. In den Worten Adornos: «[D]er Gedanke, der den Wunsch, seinen Vater, tötet, wird von der Rache der Dummheit ereilt.»[12]

Das System des Geldes, dessen Dynamik im folgenden entfaltet

12 Adorno 1976 [1951] 158 (§ 79)

 werden soll, ist erst mit der neuzeitlichen bürgerlichen Gesellschaft entstanden und, wie im vorigen Kapitel bereits angezeigt, ohne übergeordneten Drahtzieher. Seinem Umfang nach ist es von Hegels System der Bedürfnisse nicht verschieden, nur werden diese Bedürfnisse erheblich durchsichtiger, wenn sie vom Geld aus beleuchtet werden; ist es doch zum allgemeinen Element des Egoismus geworden. Nichts entfesselt und bindet moderne Bedürfnisse stärker als Geld. Nur braucht man, um das Geldsystem zu verstehen, durchaus nicht die Annahme, daß darin ein außer sich geratener Weltgeist am Werk sei. Der Rekurs auf menschliche Ursprünge genügt vollauf. Spezifisch Mensch ist der Homo sapiens nämlich erst durch das Bedürfnis geworden, sich von Schuld loszukaufen. Das griechische Wort für Loskauf ist *apolythrosis*. Man kann es auch mit «Erlösung» übersetzen. Das Loskaufbedürfnis ist eine treibende Kraft menschlicher Geschichte. Aber erst in einer ganz bestimmten, nicht vorhersehbaren historischen Konstellation hat es sich in einen systemischen Zwang zur Plusmacherei übersetzt. Dessen globale Ausbreitung ist Gegenstand der folgenden Ausführungen. Sie sind *theoria* im ursprünglichen Sinne: analysieren Zwänge, damit sie aufhören, ähnlich wie medizinische Diagnostik mit Krankheiten verfährt.

Daran sieht man schon, daß die Absage an Hegels Weltgeist keine Zusage an Luhmanns systemische Weltmechanik bedeutet, die so bescheiden daherkommt, als wolle sie lediglich ein paar immer wiederkehrende systemische Mechanismen beschreiben, aber nichts Geringeres intendiert, als endlich zu leisten, was ihr bei Marx mißlungen scheint: Hegel von seinem idealistisch-metaphysischen Kopf auf realitätstüchtige Füße zu stellen. Luhmanns Mammutprogramm lehnt sich unverkennbar ans Hegelsche an. Zum einen arbeitet er die allgemeinen Mechanismen heraus, die in jedem sozialen System ablaufen (wie Hegel in der *Wissenschaft der Logik* die allgemeinen dialektischen Bewegungsformen). Zum anderen spielt er diese Mechanismen am jeweiligen System – Wirtschaft, Recht, Wissenschaft, Kunst, Massenmedien, Religion – konkret durch (wie Hegel seine dialektischen Bewegungsformen in der Rechts-, Geschichts-, Natur-, Religionsphilosophie und Ästhetik). Schließlich fügt er die einzelnen Systeme noch einmal in eine systemische Gesamtdarstellung ein, die er *Die Gesellschaft der Gesellschaft* nennt (und die ganz nach dem Muster von Hegels *Enzyklopädie* verfährt).

Weil aber bei Luhmann kein Weltgeist vorgesehen ist, der die einzelnen Systeme innerlich durchdringt und in einem höheren Ganzen aufhebt, finden sie nicht so recht zueinander. Es wird zwar die Möglichkeit ihrer «Interpenetration» hervorgehoben, aber die kommt über ein Verhältnis selbständiger, voneinander unabhängiger Lieferanten, die einander «Komplexität [...] zur Verfügung stellen», nicht hinaus.[13] Am Kunstmarkt zum Beispiel sind die Systeme Kunst und Wirtschaft beteiligt, aber so, daß das System Kunst spezifisch wirtschaftliche Komplexität zur Verfügung gestellt bekommt. Im Wirtschaftsrecht bekommt das System Wirtschaft rechtliche Komplexität geliefert etc. Aber es bleiben autonome Einheiten, die da Lieferverhältnisse eingehen. Entscheidendes fällt zwischen ihnen hindurch, wie sich gerade am Geld wunderbar zeigen läßt.

Luhmann verbucht Geld selbstverständlich im System Wirtschaft, denn es ist ja Zahlungsmittel und Zahlung ein wirtschaftlicher Elementarvorgang. Und daß die archaische Opferdarbringung auch schon Zahlung war? Das ist systemtheoretisch nicht vorgesehen. Opfer gehören ins System Religion, wo es um das Verhältnis von «Immanenz und Transzendenz»[14] geht, aber nicht um Wirtschaft. Das Wirtschaftssystem kann dem Religionssystem zwar Komplexität liefern zur Eintreibung der Kirchensteuern. Doch daß der Kult einst der einzige und authentische Ort der Zahlung war, wie übrigens auch der des Rechts oder des gemeinschaftlich aufbewahrten Wissens, nicht zu reden von der Kunst; daß das moderne System Wirtschaft ein später profaner Abkömmling einer archaischen sakralen Zahlungspraxis ist und daß der lange historische Profanierungsprozeß zwischen beiden mitgedacht werden muß, wenn transparent werden soll, was Geld ist: dafür fehlt der systemischen Weltsicht jeglicher Blick. Die umfassende Realität des Geldes geht über ihren Horizont. Es gebricht ihr zwar nicht an historischem Material, wohl aber – im Gegensatz zu Hegel – an der Fähigkeit zu genealogischem Denken. Doch nur auf der Basis einer Genealogie des Geldes erschließt sich dessen System.

Das vorige Kapitel hat den Weg zum Geldsystem vom mittelalterlichen Schenkungswesen aus nachgezeichnet. Jeder Christ, der über Besitz verfügte, fühlte sich genötigt, der Kirche etwas davon zu

13 Luhmann 1987, 286 und 291
14 Luhmann 2000, 77 und öfter

 schenken, um nicht in ewiger Verdammnis zu enden. Doch nicht die Schenkung rettete ihn, sondern die Herzenszerknischung, aus der sie hervorging. Ohne Schenkung war die Zerknirschung nicht echt, aber die Schenkung selbst konnte nur Sünden*strafen* tilgen, nicht die Sünde selbst. Die Schenkung war ebenso unumgänglich wie ungenügend. Sie durfte nicht fehlen, konnte aber die göttliche Gnade nicht erwirken. Dieser Widersinn ging auf die Münze über, als sie in die Schenkungspraxis eindrang. Wer immer Münzen hatte, stand unter dem Druck, sie – mindestens zum Teil – gnadenfördernd anzulegen; aber für keinen Münzbetrag der Welt war die Gnade käuflich. So konnte man für sein Seelenheil nie genug zahlen, und dieses «Nie genug» hat wie nichts sonst den Münzumlauf beflügelt, bis er gleichsam zum Selbstläufer wurde: ins Stadium eines systemischen Automatismus eintrat.

Sobald das aber geschah, machte sich ein weiterer Mangel bemerkbar. Münzen genügten nicht nur nicht zum Gnadenerwerb; sie genügten nicht einmal mehr, um alle Zahlungen zu leisten, die der sich ständig erweiternde Handelsverkehr erforderte. Zum metaphysischen Ungenügen der Münze trat ein ganz irdisches hinzu. Zwei Jahrtausende lang war die Münze unschlagbar gewesen: ebenso kostbar wie handlich, transportabel und gut aufzubewahren. Nun tat sich im Zahlungsverkehr eine Dimension auf, für die Edelmetall zu schwerfällig war. Münzen reichten nicht mehr aus. Soziale Systeme entstehen nie aus Jux oder aufs Geratewohl. Ihre Elemente raufen sich zusammen, weil ihnen etwas fehlt. So auch hier. Das metaphysische Ungenügen der Münze war der Boden des Geldsystems. Das physische Ungenügen der Münze wurde zum Motor seiner globalen Entfaltung. Weil Münzen zunehmend dort fehlten, wo sie in großen Mengen gebraucht wurden, nahm die Münzbeschaffung einerseits manische Ausmaße an; andrerseits begann der Geldverkehr über den Münzumlauf hinauszuwachsen. Eine neue Metamorphose des Geldes stand an.

1. Das Ungenügen der Münze

Indossament

Schon die erste kapitalistische Keimzelle, die Florentiner Wollmanufaktur des vierzehnten Jahrhunderts, bildete sich an den Fäden des Fernhandels. Dicke englische Schafwolle zu verarbeiten statt spillerige italienische: das war ihr Erfolgsrezept. Und wie kam diese Wolle von der fernen Britischen Insel ausgerechnet so reichlich nach Florenz? Nun, die englische Krone war am Handel mit dieser reichen Stadt höchst interessiert; brauchte sie für ihren Krieg gegen Frankreich doch dringend das Geld, das florentiner Bankhäuser ihr vorschossen. Als sie dieses Geld aber einfach nicht zurückzahlte, so daß einige dieser Banken zusammenbrachen, ließ auch die englische Wollzufuhr nach. Die florentiner Manufaktur schrumpfte auf ein traditionelles Handwerksformat. Die kapitalistische Keimzelle löste sich wieder auf. Dennoch blieb englische Wolle auf dem europäischen Festland begehrt, und es gab jenseits des Ärmelkanals eine Anlaufstelle, von der aus sie sich in nahezu alle Himmelsrichtungen weitervertreiben ließ: Flandern. Die Handelsstädte, die dort im ausgehenden Mittelalter aufblühten, konnten geographisch kaum günstiger liegen. Sie waren gleichsam der Südpol des von der Hanse regulierten Nordhandels, der Nordpol des von Portugal, Spanien und Frankreich bestrittenen atlantischen Küstenhandels – und von England aus bestens erreichbar. Aus dem Süden kamen Gold, Edelsteine, Pfeffer, Muskat, Ingwer, die die Portugiesen von ihren Afrikafahrten mitgebracht hatten, aus dem Norden Bernstein, Leder und Salz und über den Ärmelkanal viel Wolle, zunächst meist in rohem, später mehr und mehr in verarbeitetem Zustand. Hätten die flandrischen Märkte diese Wolle nicht über mehrere Jahrhunderte hinweg mit großer Beständigkeit angezogen, nie hätte sich die Umstellung der englischen Landwirtschaft auf Schafzucht so brachial und gründlich durchsetzen können, wie es im vorigen Kapitel skizziert wurde.

Der epochale «historische Scheidungsprozeß von Produzent und Produktionsmittel», der in England seinen Anfang nahm, ist nie nur eine innerenglische Angelegenheit gewesen. Er vollzog sich vorab im Kraftfeld eines weitgespannten europäischen Handelsnetzes. Zwar waren dessen Maschen noch vergleichsweise dünn und weit. Doch hatten im Laufe des fünfzehnten Jahrhunderts ihre Dichte, Verzweigung und Verwicklung dermaßen zugenommen, daß ihnen allmählich ein eigenes systemisches Vermögen zuwuchs. Was die einzelne Masche nicht vermochte, wurde der Verknüpfung von vielen Maschen möglich. Von einem bestimmten Komplexitätsgrad an begannen sie, ganze Produktionszweige in ihr Geflecht hineinzuziehen. Anders gesagt: Sie begannen, eine eigene systemische Kraft zu entwickeln. Nur in Europa geschah das. Nur hier hatten sich, dank der Wanderungsbereitschaft von Kriegsherren und Mönchen, dank der breiten Streuung von Burgen und Klöstern, die Handelsverbindungen so dezentral und flächendeckend entwickelt, daß sie die Gestalt eines solchen Geflechts annehmen konnten.

Noch heute ist am Marktplatz zu Brügge die Faktorei der Genuesen zu sehen, «mit Verkaufsraum im Erdgeschoß und einem Festsaal hinter hohen Maßwerkfenstern (Ende 14. Jh.); schräg gegenüber das Handelshaus der Republik Florenz».[1] Nicht mehr zu sehen ist hingegen «das große alte Patrizierhaus der Familie van der Burse» «an der Stirnseite des Platzes», das «in seinem steinernen Wappen über dem Portal» «drei Geldbeutel (tre borsa) zeigte».[2] Schon im dreizehnten Jahrhundert hatte dies Haus als «hostel», will sagen, als Warenlager und Logierhaus für fremde Kaufleute fungiert; Ende des vierzehnten erwarben es die Venezianer als ihr Kontor. Wer am großen europäischen Woll-, Gewürz- und Metallgeschäft teilhaben wollte, kam um eine Niederlassung in Brügge kaum herum, und da die Italiener gute Abnehmer waren und ihrerseits Seide, Spezereien und anderes Interessante im Gepäck hatten, waren sie wohl geduldet.

Dennoch blieben sie in mancher Hinsicht Fremde, auch auf dem Markt. Je mehr dort das Warenangebot anschwoll, desto häufiger mangelte es ihnen an Bargeld dafür. War doch ihre Devise, den umständlichen und riskanten Transport heimischer Gold- und Silberstücke nach Flandern weitgehend zu meiden und statt dessen lieber reichlich Wechsel ihrer italienischen Stammhäuser mitzubringen. Wie aber, wenn sich diese Wechsel am Handelsort nicht wunschgemäß

1 Redak/Weber 2000, 10
2 So im Jahre 1567 Lodovico Guicciardini, ein «Florentiner Topograph», der «einen grossen Theil seines Lebens als Kaufmann in den Niederlanden verbrachte und als sehr glaubwürdiger Berichterstatter bekannt war» (Ehrenberg 1896 a, 80)

einlösen ließen, sei es, daß dort einfach nicht genügend Bargeld umlief, sei es, daß die Einheimischen den geschäftstüchtigen Ausländern, die ja immer auch Konkurrenten waren, nicht immer zu Diensten sein wollten? Solche Engpässe ließen die Italiener, die sonst selbst nach Herkunftsstadt hübsch getrennt voneinander in eigenen Häusern wohnten und handelten, dann doch auf dem Brügger Marktplatz zusammenkommen, um sich wechselseitig auszuhelfen. Und da ihr Treffpunkt vor dem Haus van der Burse unter dem Wappen mit den drei Geldbeuteln war, hieß ihre Zusammenkunft alsbald *Börse*. Seit 1409 ist sie aktenkundig.

Keine Staatsmacht hat sie eingerichtet. Die Börse begann buchstäblich als Bürgerinitiative – von vermögenden ausländischen Bürgern zur Wahrung ihrer gemeinsamen Geschäftsinteressen. Wer wissen will, wie es kommt, daß Banken einander ständig Geld leihen, wird hier fündig. In Brügge liegen die Anfänge jenes längst undurchschaubar gewordenen Geflechts, in das Banken heutzutage weltweit verwickelt sind, noch offen zutage. Man begann einander zu leihen, weil man gemeinsam in der Wechselfalle saß. Alle Betroffenen verfügten über Wechsel, deren Einlösung stagnierte. Aber häufig war es so, daß Wechsel, die das eine Handelshaus gerade nicht einlösen konnte, bestens in die Geschäftsverbindungen eines anderen paßten. Nur daß sie dort nichts nützten, solange der Wechsel blieb, was er war: ein nicht minder festgeschriebenes Dokument als die Heilige Schrift. Nur sofern er unverbrüchlich auf einen bestimmten Empfänger, einen Überbringer und, falls der Überbringer die im Wechsel genannte Summe nicht selbst erhalten sollte, einen Begünstigten ausgestellt war, hatte er Gültigkeit. Die Begünstigung auf eine andere Person zu übertragen hieß nichts Geringeres, als einen festgeschriebenen Wechsel anzutasten – ihn buchstäblich zu profanieren.

Heute läßt sich kaum mehr nachempfinden, was für ein Eingriff das war, selbst wenn volle Einmütigkeit darüber bestand, daß nur der Begünstigte ihn vollziehen durfte. Es war ihm dafür ja keine amtliche Befugnis erteilt worden. Zunächst hatte er buchstäblich auf eigene Faust auf der Rückseite des Wechsels (*in dorso*) einen andern Begünstigten als sich selbst eingetragen. *Indossament* (Vermerk auf der Rückseite) nannte sich diese Maßnahme alsbald. Sie war zunächst lediglich das Resultat einer informellen Absprache und Praxis zwischen wenigen, einander gut bekannten Geschäftspartnern. Als sie freilich weitere Kreise zu ziehen begann und sich zur geschäftlichen Gepflogenheit zwischen Großhändlern entwickelte, wurden Notare unvermeidlich, die das Indossament beglaubigten, und damit kam die Obrigkeit ins Spiel. An manchen Orten verbot sie das Indossament, an andern beschränkte sie es auf eine einmalige Überschreibung, an andern wiederum legitimierte sie es kostenpflichtig und suchte es so sowohl zu kontrollieren als auch aus jeder einzelnen Überschreibung Gebühren zu ziehen.

Wann und wo das Indossament erfunden wurde, läßt sich nicht mehr nachweisen. Aber fest steht, daß es in Brügge zu einer neuen, unerhört folgenreichen Geschäftspraxis avancierte. Und das ausgerechnet unter dem Wappen van der Burse. Die «Lombarden» (so nannte man damals die italienischen Geschäftsleute) versammelten sich unter dem Relief von drei Lederbeuteln, weil es ihnen am Inhalt dieser Beutel gerade *gebrach*: Gold- und Silbermünzen. Von den heimischen Geldquellen waren sie fern; die lokalen flossen zu spärlich für die Warenmengen, die ein überquellender Markt zum Kauf bot. Das führte dazu, die Wechsel gleichsam mit neuen Augen zu betrachten. Not machte erfinderisch. Der übertragbare Wechsel war eine Notlösung, die die Situation des Exils aufdrängte. Wie schon bei der Kurie zu Avignon herrschte allerdings auch in diesem Exil Not auf höchstem Niveau. Die ausländischen Faktoren vertraten die reichsten Handelshäuser. Sie hatten wahrlich mehr als genug zum Leben, nur nicht genug, um ihrem Auftrag Genüge zu tun. Und wie die Kurie sich nicht gescheut hatte, Lehen käuflich zu machen, um die höchste Autorität auf Erden zu bleiben, so zögerten die «Lombarden» in Brügge nicht, Wechsel in eine neue Art von Ware zu verwandeln.

Der herkömmliche Wechsel gestattete nur eine Art von Zusatz: die Bestätigung. Ich, der Empfänger, habe den Wechsel ordnungsgemäß erhalten und die darauf verzeichnete Summe an den namentlich genannten Begünstigten ausbezahlt. Wenn der Wechsel mit diesem Vermerk an den Aussteller zurückkam, hatte er seinen Zweck erfüllt; das Geschäft war erledigt. Nun wurde auf dem Wechsel noch eine andere Art des Vermerks statthaft: der Teilwiderruf. Jeder Begünstigte konnte auf der Rückseite einen andern Begünstigten einsetzen. Wann immer das aber geschah, bekam der ursprüngliche Autor, der Aussteller des Wechsels, einen weiteren Koautor, der dem Autor widersprach: Nein, nicht ich, sondern X soll das Geld erhalten; nein, nicht ich, X, sondern Y etc. Der Wechsel steht und fällt mit einem elementaren Glauben an Schrift. Den stellte das Indossament auf eine harte Probe. Ich als Begünstigter soll jederzeit in den Schriftsatz eingreifen und den Status des Begünstigten, den er mir unverbrüchlich zuschrieb, antasten dürfen, indem ich ihn einfach auf eine andere Person umschreibe, und nach jeder solcher Umschreibung soll die Schrift genauso ungetrübt gelten wie zuvor? Während der Glaube an die Schrift des Wechsels überhaupt erst im Begriff stand, zu einem Ferment des allgemeinen Geschäftsverkehrs zu werden, wurde er durch das Indossament auch schon untergraben. Es stellt buchstäblich die Kehrseite des Wechselgeschäfts dar. Es dokumentiert schriftlich die Revidierbarkeit des schriftlich Dokumentierten. Mit jeder Umschreibung wuchs denn auch das Risiko, daß es bei ihr nicht mit rechten Dingen zuging und demjenigen, der Münzen oder Waren für einen Wechsel herausrückte, ein ungültiges Papier bescherte. Aber was war dieses Risiko gegen die Vorteile, die die Revidierbarkeit der Schrift auf dem Wechsel versprach.

Geld ist nur dann nützlich, wenn man zur rechten Zeit am rechten Ort auch darüber verfügen kann. Deswegen waren Münzen lange Zeit unschlagbar, waren sie doch ebenso handlich wie haltbar und nahezu überallhin transportabel. Allerdings nur in beschränkter Zahl. Das Fernhandelsnetz, das sich in und um Europa seit dem zwölften Jahrhundert gebildet hatte, stellte jedoch allmählich Zahlungsanforderungen, die mit Münzen allein nicht mehr zu bewältigen waren. Stets Tausende von Gold- und Silberstücken mit sich zu führen, um an allen Handelsplätzen wunschgemäß zahlungsfähig zu sein, das war einfach zu beschwerlich und gefährlich. Nur deshalb sind Wechsel erfunden worden. Sie waren zunächst nichts als Mittel zum Zweck der Münzbeschaffung auf Reisen, wie die beschafften Münzen wiederum dem Warenerwerb auf den großen Märkten dienten. Wechsel kamen, mit andern Worten, als Münzersatz auf, gewissermaßen als Notgeld zur Überbrückung großer Entfernungen. Heute werden zu «Notgeld» zumeist sogenannte *Tokens* assoziiert. So hießen jene kleinen Kupfer- und Messingscheiben, die englische Kaufleute im siebzehnten Jahrhundert auf eigene Faust in Umlauf brachten, weil die ärmere Bevölkerung, die an Silber- und Goldstücke kaum gelangte, sonst gar nicht in der Lage gewesen wäre, ihnen ihr Sortiment für den Grundbedarf abzukaufen. Doch Tokens sind schon eine relativ späte Verfallsform des ursprünglichen Notgeldes. Notgeld hat nicht klein und subaltern begonnen, sondern international und auf großem Fuß: als der Fernhandel sich so weit gedehnt und verzweigt hatte, daß Münzen allein zu seiner Abwicklung nicht mehr ausreichten. Als sie an ihre Leistungsgrenze stießen – sozusagen an ihre Naturschranke –, war der Wechsel nicht mehr aufzuhalten. Er ließ sich zwar leichter fälschen als Münzen, war aber den großen Handelshäusern alsbald unentbehrlich.

Zunächst haftete er fest am Münzgeld, wurde er doch einzig ausgestellt, damit zur rechten Zeit am rechten Ort Bargeld verfügbar war. Dann kam das Indossament. Eigentlich diente es ja nur dazu, die Bereitstellung von Bargeld noch zu verbessern: jemandem aus temporärer Geldverlegenheit zu helfen, indem man einen Wechsel auf ihn übertrug. Das wird anfangs ein persönlicher Gefallen unter Geschäftsleuten gewesen sein. Bald aber wurde der Gefallen selbst zum Geschäft. Man verlangte nicht nur Sicherheiten dafür, einen Wechsel auf jemand anderen zu übertragen, sondern auch Gebühren. Man indossierte nicht nur, um anderen Geld bereitzustellen, sondern um selbst daran zu verdienen. Damit lockerte sich das Verhältnis von Wechsel und Münzen. Zwar wurden Wechsel immer auf bestimmte Münzbeträge ausgestellt; das Indossament ermöglichte ihnen jedoch, eigene Wege zu gehen. Sie ließen sich verkaufen wie Wolle, Seide oder Gewürze, und das hieß auch: *anstelle* von Wolle, Seide, Gewürzen etc. Gewitzte Köpfe verlegten sich daher alsbald auf den Handel mit Wechseln. Sie veräußerten ihre Wechsel gegen welche, die andernorts einlösbar waren, oder gegen Waren, die sie gar nicht haben wollten, sondern umgehend, noch vor Lieferung, weiterzuverkaufen wünschten – gegen Bargeld oder wiederum gegen Wechsel, die sich ihrerseits weiterverkaufen ließen. Mit Wechseln handeln war etwas anderes, als bloß mit Geld zu handeln. Bei letzterem kam man über die Gewinne, die einem das Wechseln verschiedener Münzwährungen bescherte, nicht hinaus. Ambitionierte Geldwechsler waren daher schon im zwölften Jahrhundert zu Treuhändern fremden Geldes geworden, mit dem sich weit Lukrativeres machen ließ, als es lediglich in andere Währungen umzuwechseln. So waren die großen Bank- und Handelshäuser des Spätmittelalters entstanden, und erst auf deren Niveau begann der Handel mit Wechseln.

Parallelgeld

Eigentlich waren Wechsel ja weniger als Geld: Münzersatz, Entfernungsüberbrücker, Notgeld. Das Indossament macht aus ihnen jedoch mehr als nur Geld. Es versetzt sie in einen Schwebezustand, in den Münzen schwerlich geraten können. In dem Moment, wo ein Wechsel gegen Gebühr auf eine andere Person übertragen wird, wird er verkauft. Er ist Ware. Im nächsten Moment schon kann er in der Hand des Käufers zum Zahlungsmittel für eine Schiffsladung Wolle werden. Dann ist er Geld, obwohl die gleiche Prozedur stattfindet, nämlich seine Übertragung auf eine andere Person. Sein neuer Inhaber, der Verkäufer der Schiffsladung, kann den Wechsel seinerseits gegen Gebühr auf einen anderen übertragen, also als Ware verkaufen. Zwar verläßt diese Ware nie den Bannkreis des Geldes, ist sie doch durch einen bestimmten Münzbetrag definiert und kann nur als dessen Äquivalent kursieren. Aber sie kann dabei eine ganze Odyssee durchlaufen, durch viele Hände gehen, bis ihr aktueller Inhaber sich entschließt, den Wechsel einzulösen, will sagen, dessen Warenstatus aufzulösen und ihn in den Münzbetrag zu verwandeln, den er anzeigt und verheißt. Als Geld ist der indossierte Wechsel mehr als bloß Notgeld, nämlich Parallelgeld. Als Ware ist er ein Abkömmling und Trabant des Münzgeldes. Mag er es auch auf kürzeren oder längeren Wegen mehr oder weniger kokett umkreisen, so gravitiert er doch stets auf es hin. Der Wechsel ist das Schrift gewordene Verlangen nach einem bestimmten Münzbetrag – und am Ziel, wenn er sich in diesen Betrag aufgelöst hat, zur *unio mystica* mit der Münze gelangt ist.

Indossierte Wechsel irritieren; mal sind sie Ware, mal Geld. Führen sie den Unterschied zwischen beiden nicht ad absurdum? Das nicht, aber sie wecken die Erinnerung daran, daß es ihn die längste Zeit der Menschheitsgeschichte überhaupt nicht gegeben hat. Als die werdende Menschheit sich durch blutige Zahlungen vom Naturschrecken loszukaufen suchte, waren Geld und Ware eins. Das einzig greifbare Zahlungsmittel war auch das einzige Handelsgut: das Opfer. Und gezahlt wurde jeweils einmal. Lebendige Opfer überlebten ihre Darbringung nicht. Edelmetall hingegen, das als Opfergabe in den Tempel geriet, überstand zwar seine Darbringung, aber es wurde seine Weihung nicht wieder los. Es stand oder lag im Allerheiligsten ebenso unverderblich wie funktionslos herum; deshalb die Versuchung, es wiederzuverwenden, es aus dem Tempel heraus- und durch kostenpflichtige Neuweihung gleich wieder hineinzubefördern, womit jene denkwürdige Selbstvermehrung sakraler Gaben einsetzte, die den Tempelschatz entstehen ließ. Allerdings geschah auch das noch zu den sakralen Konditionen der Einmalzahlung. Die Wiederverwendung geweihter Gaben erforderte ihre Neuweihung.

Erst als die Metallweihung die Form der Münzprägung annahm und Geld in Gestalt profaner Münzen den Tempelbezirk verließ, um als Äquivalent für alltägliche Konsumgüter zu kursieren, da wurde das Prinzip der Einmalzahlung explizit durchbrochen. Geprägte Münzen büßten durch Veräußerung nichts von ihrer Gültigkeit ein. Solange ihre Währung währte, blieben sie verwendbar. Sie waren zwar Handelsgut und insofern Waren; aber sie waren keine Gebrauchsgüter wie alle andern Waren: Nahrungsmittel, Kleidung, Waffen oder Baumaterialien. Hingegen wurde Münzgeld, wo immer es sich als feste Währung etablierte, zu der Ware, in der sich der Preis aller andern Waren verständlich und verbindlich ausdrücken ließ, also zu einer Sonderware, von allen andern abgesondert, ihr Gegenüber, durch das sich sämtliche anderen Waren als solche definierten. Insofern traten im Zeitalter der Münze Geld und Ware tatsächlich auseinander. Geld wurde, hegelisch gesprochen, «das Andere» der Warenwelt. Dieses «Andere» war es allerdings in Metallgestalt, das heißt in voller Abhängigkeit von allen Unwägbarkeiten und Zufällen der Edelmetallförderung. Nur wo es genügend Gold- oder Silbernachschub gab, florierte der Handel, weshalb der Münzmangel zur Geschichte der Münze ebenso gehört wie der Schatten zum Licht.

Doch es war nicht der traditionelle Edelmetallmangel, der die Münzen im ausgehenden Mittelalter an ihre «Naturschranke» stoßen ließ; auch der beginnende Fernhandel reichte dafür noch nicht hin. Solange Handelswege einzelne lange Fäden waren, konnten sie nämlich, wie bei Marco Polos kühner Expedition ins Mongolenreich, bis an die Ostküste des heutigen China reichen, ohne die Leistungsfähigkeit von Münzen zu beeinträchtigen. Aber sobald sie sich zu einem Netz verzweigten, mit vielen Knotenpunkten, an denen wiederum zahlreiche Handelsniederlassungen entstanden, da genügten auch schon vergleichsweise geringe innereuropäische Entfernungen, um die Münze zu überfordern. Es war grundsätzlich, auch in Zeiten reichen Edelmetallnachschubs, nicht mehr möglich, überall, wo attraktive Waren angeboten wurden, auch genügend Münzen parat zu haben.

Daher die Erfindung des Wechsels. Er begann gleichsam Botengänge für die Münzen zu machen. Schließlich wurde aus den Botengängen ein eigener Verkehr – durch das Indossament. Es war in mehrfacher Hinsicht ein Durchbruch. Es brach das Tabu des unantastbaren Wechsels durch dessen Umschreibung auf eine andere Person. Es tat aber noch mehr. Es nahm das polare Gegenüber von Ware und Geld, das mit der Münze in die Welt getreten war, wieder zurück. Der indossierte Wechsel ist auf seine Weise wieder Geldware, wie es auf ihre Weise die sakralen Vorgänger der profanen Münzen gewesen waren: jene Metallgaben, die einst den Grundstock des Tempelschatzes ausmachten. Schaut man auf sie im Licht des Wechsels zurück, so zeigt sich: Schon bei ihnen gab es eine Art Indossament. Schatzbildend waren sie nur, wenn sie in den Tempelvorhof zurückgeholt, also reprofaniert und dann auf einen anderen Opferwilligen umgewidmet wurden, in dessen Namen sie – bereichert um Zins und Gebühren – erneut ins Heiligtum eintraten.

Umwidmung ist bloß ein anderes Wort für Indossament, nur daß es in der Bronzezeit gleichsam andersherum funktionierte. Konstant blieb im Zuge der Umwidmung gerade der Begünstigte; war er doch niemand Geringeres als die Gottheit. Auch die Überbringer des indossierten Objekts standen fest; es waren die Priester, die zugleich auch für Vollzug und Beglaubigung des Indossaments sorgten. Was hingegen wechselte, waren die Auftraggeber, auf deren Namen die Metallgebilde jeweils umgewidmet und in deren Namen sie erneut geweiht wurden. Die Auftraggeber nahmen nicht selbst die Neuweihung vor; sie trugen lediglich sämtliche Kosten dafür. Die neu geweihten Metallgaben waren priesterlich indossierte Wechsel auf göttlichen Schutz. Allerdings wurde dieser Schutz nur in Gestalt eines Versprechens gegeben, der Wechsel hingegen bar. Das einzig greifbare Bargeld war *er.*

Im indossierten Wechsel der Neuzeit feiern bronzezeitliche Schatzbildungsverhältnisse ihre hochsublimierte Wiederkehr – unter umgekehrten Vorzeichen. Der neuzeitliche Wechsel ist ein profanes Schriftstück. Seine Auftraggeber sind auch seine Aussteller: Geschäftsleute. Seine Umwidmung beglaubigen Notare, nicht Priester. Er kursiert nicht mehr zwischen sakralem Innen- und profanem

 Außenraum von Tempeln, sondern auf Märkten, die von christlichen Tempeln zunächst zwar noch beschattet, aber nicht mehr kontrolliert werden. Konstant während des Wechselgeschäfts bleibt der Aussteller; die Begünstigten wechseln. Und erst wenn der Aussteller den Wechsel mit dem Vermerk, daß der verzeichnete Münzbetrag an den letztgenannten Begünstigten ausgezahlt sei, zurückerhält, ist das Geschäft beendet. Wer einen Wechsel ausstellte, suchte damit nicht, wie mit einer Tempelgabe, Schuld zu tilgen; er *ver*schuldete sich vielmehr – bei demjenigen, der den verzeichneten Betrag auszahlen sollte. Gewöhnlich war das jemand, der seinerseits Schulden beim Aussteller des Wechsels hatte und sie dadurch beglich, daß er für den Wechsel Bargeld herausgab. Wechsel waren Schuldscheine, aber in der Regel eben gedeckte, ausgestellt zur Transaktionskostenverringerung und Gewinnerhöhung, nicht aus Not. Und wenn ein Wechsel einfach nicht bedient wurde, sei es aus Zweifel an seiner Gültigkeit oder weil derjenige, der ihn auszahlen sollte, die entsprechende Summe nicht parat hatte? Dann allerdings war er wie ungedeckt und konnte seinen Aussteller schnell in Zahlungsnot bringen oder zur Ausstellung weiterer Wechsel nötigen, die ihrerseits nur durch die Beteuerung gedeckt waren, daß der erste unbediente Wechsel an sich durchaus gedeckt sei und in Kürze bedient werde.

Auch beim profanen Wechsel hört also etwas Uraltes keineswegs auf: das Versprechen. In der menschlichen Urgeschichte war es einst das einzige Äquivalent jeglicher Zahlung gewesen. Man gab etwas vom Kostbarsten dahin und bekam dafür göttlichen Schutz versprochen – ein Mißverhältnis, das sich bis in die christliche Hochkultur hinein erhalten hat. Selbst die christliche Gnade, für die man nie genug Gegenleistung erbringen konnte, sei es an Herzenszerknirschung, sei es an barer Münze, ist über den Status eines Versprechens ja nie hinausgekommen. Mehr noch: Nur als göttliches Versprechen hat sie jenen Magnetismus auf die Münze ausgeübt, der die mittelalterliche Geldwirtschaft in Gang brachte. Dabei war die Münze das profane Zahlungsmittel par excellence – aus dem Bann des Tempels herausgetreten und zunächst nur dazu da, ganz profane Lebensmittel einzuhandeln, nicht höhere Versprechen. Mit der Münze schien die Zahlung endlich auf dem Boden der Realität anzukommen, wo Geld nur noch für greifbare, prüfbare, genießbare Waren gegeben wird. Doch spätestens das christliche Mittelalter hat gezeigt, daß es so einfach nicht ist. Nur die Rückanlehnung ans Heiligtum, will sagen, an die Kirche, befähigte die Münze, ihren Siegeszug durch den profanen Alltag anzutreten. Und am Ende besagten Mittelalters ereignete sich noch einmal etwas ganz Ähnliches. Es war der Zeitpunkt erreicht, wo zwar die Kirche mehr denn je die Münze nötig hatte, aber die Münze nicht mehr die Kirche. Und an dieser historischen Schwelle, wo der Münzumlauf unaufhaltsam, zum durch und durch profanen Selbstläufer zu werden schien, da wurde er erneut vom Versprechen ereilt. Er wurde wechselbedürftig.

Der Wechsel verspricht. Freilich ist er nicht mehr vom Schlage des Schutz- und Rettungsversprechens, das Priester im Namen ihrer Götter vortragen, ohne daß irgend jemand dafür haftbar gemacht werden kann; aber auch nicht mehr von der Art des Bundesschlusses zwischen menschlichen Kollektiven, die einander mit Pfändern dafür haften, daß sie sich wechselseitig Unversehrtheit und Schutz zusagen; und selbst der Bund zwischen Herr und Vasall, Ehemann und Ehefrau, wo die eine Seite Schutz, die andere Treue gelobt, ist ja noch ein Bundesschluß alter Art, sozusagen die Fortsetzung des göttlichen Schutzversprechens mit menschlich-allzumenschlichen Mitteln. Der Wechsel hingegen verspricht nur noch das bestimmte Quantum Geld, auf das er ausgestellt ist. Sein Versprechen ist prosaischer, profaner, allerdings auch präziser als das all seiner Vorläufer, zunächst eine Gepflogenheit unter wenigen miteinander vertrauten Geschäftsleuten, dann eine immer anonymer werdende, nur noch durch Mittelsleute, nicht mehr durch eigene Erfahrung beglaubigte Zusicherung, bis schließlich durch das Indossament ein qualitativer Sprung eintritt, dessen Tragweite gar nicht sogleich offensichtlich ist: Menschliche Versprechen werden zu Handelsgütern. Gehandelt wird nicht die Sache selbst, sondern ihr Stellvertreter: ein Papier, das sie verspricht und darum Wertpapier heißt.

Wertpapiere ziehen eine neue Art von Wertschätzung auf sich. «Schätzen», so zeigte sich im ersten Teil dieses Buches, hat stets eine emotionale und eine taxierende Seite. Allerdings hatte nur etwas Hochemotionales den Schätzungsprozeß einst in Gang bringen können: die Besetzung von Lebendigem, das man unter Schmerzen von sich abtrennen und hingeben – zahlen – mußte, mit Trauer. Nur Betrauertes war taxierbar. Ein Wechsel hingegen erscheint zunächst lediglich als ein taxierender Index, als Anhängsel einer bestimmten Geldsumme mit der Anweisung, sie sich beim Geschäftspartner X abzuholen. Sobald der Wechsel jedoch indossiert wird, fahren gleichsam neue Emotionen in ihn. Er mutiert zum Handelsgut, mit dem sich selbst wiederum Geschäfte machen lassen, und damit beginnt er *mehr* zu versprechen als den auf ihm vermerkten Betrag. Dieses unbestimmte Mehr, das sich nie genau vorhersehen läßt, macht ihn zum Wertpapier, zum Gegenstand nicht genau bezifferbarer und damit um so überschwenglicherer Erwartungen. Statt mit Trauer oder mit traditionellen sakralen Rettungs-, Schutz- oder Seligkeitswünschen wird er mit dem Wunsch nach einem unermeßlichen Quantum aufgeladen.

Dies Quantum ist nicht dasselbe wie die absolute Größe, die einigen kühnen Theologen schon Jahrhunderte früher durch den Kopf gegangen war; etwa Anselm von Canterbury, der Gott als dasjenige definierte, «über dem Größeres nicht gedacht werden kann»;[3] oder Nicolaus Cusanus, der Gott abwechselnd als absolute Zahl, absoluten Kreis und absolutes Dreieck vorstellte, worin Größtes und Kleinstes, Krummes und Gerades ineinanderfallen sollen, wie überhaupt alle Gegensätze der physisch ausgedehnten Welt.[4] Im Unterschied dazu ist das unermeßliche Quantum einfach bloß unbestimmt, ebenso unbezifferbar wie namenlos, man weiß nicht einmal, ob es viel oder wenig ist. Aber gerade deshalb ist es Gott auch wiederum auf unheimliche Weise ähnlich. Wie er ist es etwas, «was kein Auge gesehen und kein Ohr gehört hat».[5] Es ist nicht minder entrückt und unvorstellbar als er, genauso unverfügbar und begehrt wie seine Gnade. Einen Wechsel zum Handelsgut machen heißt ja, ihn nicht nur den herkömmlichen Risiken des Transports auszusetzen, sondern auch allen Unwägbarkeiten des Markts, die Gunst und Ungunst wie eine launische Diva verteilen und jeden, der sich in ihr Kraftfeld begibt, anstacheln, sein Glück mit ihr zu versuchen.

Börsenspiel

Judentum und Christentum waren erklärte Feinde des Glücksspiels. Der einzige, der berechtigt schien, Glück und Unglück zuzuteilen, war Gott. Daß Menschen selbst versuchten, am Rad des Schicksals zu

3 Canterbury 1962, 87
4 Cf. Cusa 1994 [1440], 45–97
5 1. Korintherbrief 2,9

drehen, und sei es auch nur im begrenzten Rahmen eines Würfelspiels, galt als frevelhafte Selbstüberhebung. Natürlich hat die Theologie das Glücksspiel genausowenig ausrotten können wie den Zins. Doch während Zinsnahme am Ausgang des Mittelalters unter fadenscheinigsten Vorwänden allgemein üblich geworden war, mußte das Glücksspiel nach wie vor im verborgenen stattfinden. Und nun wurde ihm durch das Indossament in aller Öffentlichkeit ein neues Feld eröffnet, nämlich mitten auf dem Markt, und die Theologie kam gar nicht darauf, das zu beanstanden, weil dieses Spiel lediglich eine neue Spielart des ganz profanen Handels war: das professionelle Wägen von Unwägbarkeiten. Auf ihre Weise hatten schon steinzeitliche Priester so etwas getan, wenn sie den Eingeweiden von Opfertieren, dem Vogelflug oder Sternenkonstellationen glaubwürdige Anzeichen von Bevorstehendem zu entnehmen suchten. Nun tun Händler etwas Ähnliches. Sie beginnen mit jener verheißungsvollen Unwägbarkeit, die der Wechsel ausstrahlt, kalkuliert zu spielen. Zweifellos tun sie das auf ungleich soliderer Grundlage als die priesterliche Eingeweideschau. Ohne die Fähigkeit, gut und schnell zu rechnen, ohne detaillierte Kenntnis aktueller Wechselkurse, ohne ein ausgeprägtes Sensorium für wahrscheinliche und unwahrscheinliche Marktbewegungen, glaubwürdige und unglaubwürdige Handelspartner können Börsenhändler kaum erfolgreich sein. Aber soviel exaktes Wissen dabei auch im Spiel sein mag, es ist nur *ein* Posten unter mehreren. Die Datenbasis der Börse bleibt eine Gemengelage aus Berechenbarem und Unberechenbarem. Das Wägen von Unwägbarkeiten, das bei antiker Eingeweideschau gewöhnlich nur wahnhafte Verknüpfungen ergab, gelangt im Börsenhandel zu hoher Professionalität, aber es hört nicht schlechterdings auf.

Das sechzehnte Jahrhundert war nicht von ungefähr «die Zeit, als in den Niederlanden die astrologischen ‹Prognosticatien› blühten». Christof Kurz etwa, der Faktor des Nürnberger Handelshauses Tucher in Antwerpen, mischte unter seine kaufmännischen Berichte an den Prinzipal ein «astrologisches System», welches «das Steigen und Fallen der Preise von Pfeffer, Ingwer und Safran immer auf 14 Tage im voraus angeben» sollte und seinen Chef durchaus faszinierte, auch wenn dieser sich der «obern Influenz, so mit Affekten oder Begierden die natürliche Vernunft blenden», dann doch nicht verschreiben und lieber seinem Kaufmannsverstand als den Gestirnen folgen wollte – was ihn nicht hinderte, die genaue Geburtszeit des Infanten Philipp zu erkunden, damit Kurz von ihr aus «die Figur entwerfen», will sagen, das Schicksal des künftigen spanischen Königs vorausberechnen könne.[6] Alles, was die Marktgeschehnisse irgend kalkulierbarer zu machen versprach, war willkommen, auch wenn man nur halb daran glaubte. Nach wie vor ging es darum, das Unverfügbare zu den eigenen Gunsten zu lenken, gewissermaßen das Schicksal auf die eigene Seite zu ziehen.

Die prickelnde Spannung, die sich dabei einstellt, ist erotischem Prickeln durchaus ähnlich. Einerseits hat der Wechsel nur ein Ziel: seine Auflösung in den Münzbetrag, auf den er ausgestellt ist. Andrerseits eröffnet der indossierte Wechsel gerade die Möglichkeit, diese Auflösung so weit wie möglich hinauszuschieben – und bei jeder dieser Verschiebungen eine weitere Aufschubprämie hinzuzugewinnen. Psychoanalytisch heißt «Aufschub» jene Verzögerung der Triebabfuhr, die auf erregungssteigernden Umwegen zusätzliche Lust gewinnt. Das Vermögen, mit der eigenen Triebnatur verzögernd zu spielen, unterscheidet den Eros vom bloßen Sexus. Auch jener Aufschub, den das Indossament eröffnet, ist ein erregungssteigernder Umweg und auf zusätzlichen Gewinn aus. Die Aufschubprämie ist ein Musterfall von Spielglück. Auch wo sie nicht als Zeichen der Erwählung durch Gott gedeutet wird, wirkt sie schatzbildend und kühlt der verbotenen Spiellust ihr Mütchen.

Auch das hat die Schatzbildung der Börse mit der des bronzezeitlichen Tempels gemein: Sie begeht, verleugnet und genießt ein Sakrileg. Damals war das der Ersatz lebendiger Opfer durch Metallgaben – und deren unablässige Anhäufung *ad maiorem Dei gloriam.* Nun ist es das als Handel getarnte Glücksspiel, das sich selbst verleugnet und genießt. Und wie in der Bronzezeit die Schatzbildung als kleiner Grenzverkehr zwischen sakraler Innenseite und profaner Außenseite des Tempels begann, wobei die geweihte Metallgabe aus dem Tempelinnern hinausbefördert und, neu geweiht, plus Gebühren wieder hineinbefördert wurde, so ist die Schatzbildung nun ein kleiner Grenzverkehr zwischen realen und versprochenen Münzen. Die realen sind ganz profane Zahlungsmittel. Die versprochenen umgeben die realen mit der Aura des «Mehr». Andrerseits können sie selbst im Nu zu profanen Zahlungsmitteln werden, von denen sie sich im nächsten Moment, wenn sie als Versprechen weiterverkauft

6 Ehrenberg 1896 b, 15 f.

werden, auch schon wieder unterscheiden. Es gibt etwas Unverfügbares an ihnen, das aber gerade ihre Anziehungskraft ausmacht – wie einst an der göttlichen Gnade, die durch keine Ablaßsumme käuflich und dennoch das Ziel aller Ablässe war.

So tritt der profane Wechselverkehr in die Fußstapfen des christlichen Gnadenhandels, aber er hat noch viel ältere Vorfahren. Jeder Übergang eines Wechsels an einen andern Begünstigten, jedes Verwenden eines Wechsels, als wäre er Geld, jede Auflösung des Wechsels in Geld steht in der Tradition der gewinnträchtigen Umwidmung von Zahlungsmitteln, aus der einst der Tempelschatz erwuchs. Und jeder dieser Umwidmungs- oder Umschlagspunkte ist sozusagen eine offene Stelle, eine Pore neuer Unwägbarkeiten, Gewinnchancen und Verlustrisiken oder, theologisch gesprochen, der Gnade oder Ungnade eines unverfügbaren Geschicks.

Brügge war der erste regelrechte Umschlagplatz zwischen Wechseln und Münzen, der erste Ort, wo der kleine Grenzverkehr zwischen beiden die Kontur eines eigenen Handelssegments annahm: jenes Wertpapiermarkts eben, der sich Börse nannte. Daran konnte zunächst nur die Crème der großen europäischen Handelshäuser teilnehmen. Wechsel waren nicht auf Kleingeld ausgestellt. Und der Handel mit ihnen war zunächst nur an den großen Warenumschlagplätzen möglich, wo die Gebrauchsgüter, die man als geriebener Wertpapierhändler nur kaufte, um sie sogleich, noch vor Erhalt, wieder zu verkaufen, in reichem Maße vorhanden waren: sozusagen als Rückversicherung. Nur wo der Wertpapierhandel sich auf einen überquellenden Gebrauchsgütermarkt stützen konnte, konnte er sich als eigenes Handelssegment etablieren und den Gebrauchsgütermarkt weitgehend ignorieren – so wie man die Luft ignorieren kann, solange man genug davon zum Atmen hat. Nicht von ungefähr entstanden die ersten Börsen in Brügge und Antwerpen, also an Orten, wo sich damals das weltweit größte Warenangebot ballte, und nicht etwa in Paris, Rom oder Hamburg.

Die Stadt Brügge hatte das Pech, daß ihr in ihren besten Handelsjahren der Meerzugang versandete. So lief Antwerpen Brügge den Rang ab, zog alsbald den Hauptteil der mächtigen Schiffsladungen an, die, sobald der Seeweg in den Fernen Osten und nach Amerika entdeckt war, Flandern ansteuerten – und war der Ort, wo der Wertpapierhandel einen solchen Zuspruch fand, daß die Beteiligten es leid wurden, sich unter freiem Himmel oder in zugigen Loggien zu treffen. Die Stadt kam ihnen entgegen und baute ihnen 1531 ein Prachthaus mit der Inschrift *in usum negotiatorum cuiuscunque nationis ac linguae* («zum Nutzen von Händlern jedweder Nation und Sprache»).[7] Von nun an war «Börse» vornehmlich der Name des Gebäudes, worin der Wertpapierhandel stattfand. Die Internationalität war ihm buchstäblich an die Stirn geschrieben. Antwerpen war der Inbegriff kommerzieller Freizügigkeit. Als Makler und Geldwechsler konnte hier jeder arbeiten, der das Zeug dazu hatte; er mußte nicht mehr, wie noch in Brügge, der entsprechenden einheimischen Korporation angehören. Zum Handel mit Wechseln gesellte sich der mit ganz gewöhnlichen Schuldscheinen. Man mußte sie nur übertragbar machen, und schon konnten sie als Wertpapiere kursieren.

Schnell stellte sich heraus, daß der Wertpapierhandel ein vergleichsweise bequemes Geschäft war. «Früher», schreibt Lodovico Guicciardini, «pflegten die *Edelleute*, welche flüssige Geldkapitalien besassen, solche in Grundbesitz anzulegen, welcher viele Personen beschäftigte und das Land mit allem Nöthigen versah. Die *Kaufleute* verwendeten solche Kapitalien auf ihren regelmässigen Handel, durch den sie Mangel und Überfluss ausglichen, ebenfalls zahllose Menschen beschäftigten, und die Einkünfte der Fürsten und Städte vergrösserten. *Heutzutage* dagegen verwendet ein Theil des Adels und des Handelsstands, jener heimlich durch Vermittelung anderer, dieser öffentlich, um den Mühen und Gefahren der regelmässigen Berufsthätigkeit zu entgehen, alle verfügbaren Kapitalien auf das Geldgeschäft, dessen hohe und sichere Gewinne dazu anreizen. Daher bleibt die Erde unbebaut, der Waarenhandel wird vernachlässigt, es entsteht häufige Theuerung, die Armen werden von den Reichen ausgesogen, und schliesslich müssen letztere selbst auch Bankerott machen.»[8]

Eine erstaunliche Bemerkung. Kaum floriert die erste Börse von Weltrang, schon deutet sich ein Begriffspaar an, das später im Nationalsozialismus unrühmliche Schärfe erlangen sollte: das von schaffendem und raffendem Kapital. Als «raffend» galt den Nazis das jüdische Finanzkapital, das den Volkswohlstand untergräbt, als «schaffend» das arische Unternehmertum, das ihn hervorbringt.[9] Solche antisemiti-

7 Kulischer, 1988 b, 315

8 Lodovico Guicciardini, zitiert nach Richard Ehrenberg, 1896 b, 18 f.

9 Feder 2013 [1941], 75: «Das zinsfressende Leihkapital ist die Geißel der Mensch-

schen Assoziationen lagen dem Geschäftsreisenden Guicciardini fern.
Er war ein ausgesprochener Liebhaber der Börse Antwerpens, aber nicht ohne Scharfblick für ihr strukturelles Grundproblem: ihre fatale Neigung zur Verselbständigung des Geld- und Wertpapierhandels gegen die materielle Produktion. Schon in ihrer Frühzeit lag auf der Hand, daß das nicht unbegrenzt gutgehen kann. Wenn die lebenswichtigen Güter, von denen Münzen und Wertpapiere bloß Äquivalente sind, nicht mehr produziert werden, haben schließlich auch die geschicktesten Wertpapierhändler nichts zu konsumieren und die Äquivalente keinen Gegenwert mehr.

Nie wird der Wertpapiermarkt aufhören können, vom Gebrauchsgütermarkt zu leben; doch von Anfang an tendiert er zu einem Eigenleben und tut, als wäre er eigentlich autark. Schon in Antwerpen gehörte diese Suggestion zu den entscheidenden Antriebskräften der Börse. Sie ist nicht erst eine Fehlentwicklung späterer Jahrhunderte, ebensowenig wie das Prämiengeschäft, über das sich der Theologe Cristóbal de Villalón im Jahre 1542 so äußerte: «Kürzlich ist in Flandern ein schreckliches Gräuel entstanden, eine Art grausame Tyrannei, welche die Kaufleute dort unter sich erfunden haben. Sie *wetten* nämlich mit einander darauf, wie der Wechselcours in den spanischen Messen auf Antwerpen sein wird. [...] Der eine wettet, dass der Wechselcours sich auf 2 % (Agio oder Disagio) stellen wird, der andere auf 3 % u. s. f. Die Differenz, um welche er höher oder niedriger ausfällt als gewettet, verpflichten sie sich einander zu bezahlen.»[10]

Die Grundstrukturen der Börse zeichnen sich allesamt schon in ihrer Frühzeit ab. So versteht es sich auch von selbst, daß an einem Ort, wo «zum Nutzen von Händlern jedweder Nation und Sprache» alle großen Handelshäuser präsent waren, die Herrscherhäuser nicht fehlen konnten. Spanische, portugiesische, französische, niederländische, englische Krone – sie alle postierten ihrerseits Faktoren in Antwerpen: die besten Geschäftsleute, die sie für sich gewinnen konnten. Nicht, daß die Könige sich jetzt auf den Handel verlegen wollten. Das

heit, das ewige mühe- und endlose Wachstum des Großleihkapitals führt zur Ausbeutung der Völker, nicht das schaffende, gütererzeugende, industrielle Betriebskapital.» Es ist nicht zu leugnen, daß das Finanzkapital nicht «schafft». Nur folgt daraus nicht, daß das Industriekapital nicht «rafft».

10 Christoval de Villalon, zitiert nach Ehrenberg 1896b, 20

 blieb unter ihrer Würde. Aber gelegentlich hatten einige von ihnen Interessantes zu bieten. So gehörte sämtlicher Pfeffer, der aus Indien nach Antwerpen verschifft wurde, zunächst der portugiesischen Krone und mußte ihr dort abgekauft werden. Doch faktisch hieß das, daß er mit andern Verbindlichkeiten verrechnet wurde. Denn das, was alle Herrscherhäuser an die Börse trieb, war der Wunsch, so günstig und glimpflich wie möglich Schulden zu machen.

Schießpulver und Fernosthandel

Herrschern Geld leihen oder gar ihre Finanzgeschäfte führen zu dürfen: das war in der Anfangszeit, Ende des dreizehnten Jahrhunderts, für Bankiers eine große Auszeichnung gewesen. Als Papst Gregor X. Vertraute aus seiner Heimatstadt Piacenza zu *Campsores papae* machte, wie hob sich da ihr Ansehen! Ähnlich schmeichelte es, dem englischen oder französischen Königshaus Geld vorschießen und dadurch in die große Politik eingreifen zu dürfen, etwa in den Hundertjährigen Krieg zwischen England und Frankreich. Doch als die florentiner Bankhäuser Bardi und Perucci zusammenbrachen, weil die englische Krone ihre Schulden nicht zahlte, und Könige sich generell wenig geneigt zeigten, ihre Absprachen mit Geschäftsleuten einzuhalten, wandelte sich die Stimmung. Bankiers liehen nicht mehr, ohne sich beträchtliche Pfänder und Gegenleistungen zu sichern.

Beispielhaft hierfür war das Augsburger Handelshaus Fugger. Im Jahre 1488 schoß es dem permanent geldbedürftigen Erzherzog Siegmund von Tirol 150 000 fl. vor und übernahm dafür bis zur vollständigen Rückzahlung die Erträge der Schwazer Silberbergwerke. Als Tirol wenig später an den Habsburger Maximilian fiel, waren die Fugger schon dort. «1496, als zur Heerfahrt nach Italien kein Geld vorhanden war, und selbst die getreuen Reichsstädte [...] trotz dringendster Bitten dem Könige nichts leihen wollten; da gaben die Fugger 121 600 fl. her, wofür ihnen die Erträgnisse der tiroler Kupferbergwerke verpfändet wurden. Freilich kürzten sie hiervon fast die Hälfte zur Befriedigung ihrer Restforderung auf das Silber, und da ein weiterer bedeutender Betrag von der tiroler Landesregierung zum eigenen Gebrauche zurückbehalten wurde, blieben dem kriegslustigen Maximilian zu seiner schmerzlichen Enttäuschung nur

13 000 fl. übrig. Aber endlich verstanden sich die Fugger dazu, ihm auf das Silber neuerdings 27 000 fl. vorzustrecken.»[11]

So hatten sich im fünfzehnten Jahrhundert die Gewichte verschoben. Könige waren Bittsteller geworden, sozusagen Bettler auf höchstem Niveau, und die Hauptursache ihres notorischen Geldbedarfs läßt sich klar benennen: das Schießpulver. Der Konstanzer Magister Berthold Schwarz (eigentlich Bertoldus nigromanticus) hatte es im frühen vierzehnten Jahrhundert bei seinen alchemistischen Experimenten beiläufig erfunden. Das Pulver selbst, eine Mischung aus Kalisalpeter, Schwefel und Holzkohle, kostete fast nichts, aber die Entdeckung, daß es Geschosse antreiben kann, revolutionierte in kurzer Zeit die gesamte Waffen- und Kriegstechnik. Im Laufe des vierzehnten Jahrhunderts wurden Feuerwaffen in ganz Europa zu kriegsentscheidenden Geräten. Sold konnte man zur Not kürzen oder vorübergehend durch Plünderung und Beuteversprechen ersetzen. Geschütze hingegen, später auch Handfeuerwaffen, mußten in Auftrag gegeben, hergestellt und ständig verbessert werden, samt den Befestigungsanlagen, die ihnen standhalten sollten, und hier war Bezahlung unumgänglich, sonst stockte der Krieg. Die absolutistischen Territorialstaaten, die sich seit dem fünfzehnten Jahrhundert in Europa bildeten, standen und fielen mit hochgerüsteten Söldnerheeren, und die wiederum ließen sich ohne tiefe Verschuldung des jeweiligen Herrscherhauses weder zusammenstellen noch halten.

Neuzeitliche Staatengründung und Staatsverschuldung gehören zusammen wie die zwei Seiten einer Medaille. Das Gebaren der Könige als absolute, niemand als Gott verantwortliche Herren hatte ständige Geldnot zur Kehrseite. Ihr Prunketat legte sich wie ein glitzernder Schleier über die peinliche Blöße ihres Kriegsetats. Letzterer war und blieb der größte und entscheidende Haushaltsposten, auch bei den prunksüchtigsten Herrschern. Um seinetwillen wurden die königlichen Faktoren an der Antwerpener Börse vorstellig, hielten bei allen Niederlassungen großer Bankhäuser die Hand auf, beteuerten die Kreditwürdigkeit ihrer Herrscher und sahen zu, daß sie die Banken gegeneinander ausspielten und sich zu möglichst guten Konditionen verschuldeten.

Das war der Beginn des Staatsanleihemarkts. Auf diesem Markt galten königliche Rückzahlungsversprechen, auch wenn sie mit Brief

11 Ehrenberg 1896 a, 94

 und Siegel gegeben wurden, wenig. Viel vertrauenswürdiger war das «Wort», das ein Kaufmann – mündlich oder schriftlich – an der Börse gab. Wer dort als wortbrüchig auffiel, konnte auf kein gutes Geschäft mehr hoffen. Deshalb war es für die Herrscher so wichtig, erfolgreiche und angesehene Geschäftsleute in ihren Dienst zu bekommen, die bereit waren, mit ihrem Privatvermögen für die Rückzahlung bestimmter Summen zu bürgen, die das jeweilige Königshaus als Schulden aufnahm. Schuldbriefe, die ein Faktor, ein Rentmeister (amtlich bestellter Steuereinnehmer) oder ein großes Handelshaus im Namen eines Königs ausstellte, fanden weit eher Zuspruch als «Königsbriefe», in denen die Majestät höchstselbst Rückzahlungsversprechen abgab. Das stärkte einerseits die Position der Bürgen. Von ihrem Kredit hing der des Königshauses ab, und dafür ließen sie sich gut bezahlen. Andrerseits gingen sie ein hohes persönliches Risiko ein. Wie, wenn die Krone ihre Rückzahlungen einfach einstellte?

Das tat im Jahr 1557 zuerst der spanische König Philipp II. und dann der französische Heinrich II. In diesem Punkt waren sich beide ganz einig – gerade weil sie in heftigem Krieg miteinander lagen. Spanien hatte in der Schlacht von St. Quentin glänzend gesiegt, doch mit wenig Nutzen; «die mangelhaft bezahlten deutschen Landsknechte gingen in Massen zu den Franzosen über, deren Herrscher sein königliches Wort dafür verpfändete, dass er das schlechte Beispiel seines Gegners nicht nachahmen werde, und der hierdurch die ihm blind vertrauenden oberdeutschen Kaufleute veranlasste, ihm abermals eine grosse Geldsumme zu leihen, mit der er jenen Überläufern Handgeld geben konnte».[12] Wenig später stellte auch er seine Zahlungen ein. Dem spanischen Staatsbankrott folgte der französische.

Bei beiden Königshäusern protestierten die Gläubiger; teils waren es dieselben. Sie verweigerten jegliche weiteren Kredite und suchten indessen ihre eigenen Gläubiger hinzuhalten. Aber nach einer Anstandsfrist mußten sie, wenn sie nicht alles Geliehene verlieren wollten, doch wieder mit der Krone verhandeln und sich von ihr gegeneinander ausspielen lassen. Es flossen wieder Kredite, die Rückzahlungen ließen zu wünschen übrig; das alte Spiel begann von neuem. Es waren nun einmal – das darf man nicht vergessen – absolutistische Konditionen, zu denen der Staatsbankrott in die Geschichte eintrat. Daß die Krone den Forderungen ihrer Gläubiger vertraglich zugestimmt hatte,

12 Ehrenberg, 1896 b, 160f.

zählte wenig, waren doch sogleich Hoftheologen zur Stelle, die das jeweilige Vertragswerk für unchristlichen Wucher erklärten und das Dekret vorbereiteten, mit dem der König alsdann die Einstellung seiner Zahlungen verkünden ließ. Einige Gläubiger verloren bloß Geld, andere waren ruiniert. Die Hofbediensteten mußten sehen, wie sie ohne Einkünfte durchhielten. Söldnereinheiten desertierten, wechselten die Seiten oder hielten sich durch Plünderungen schadlos.

Das alles war schlimm – aber weit entfernt von einem Staatszusammenbruch. Allerdings konnten die Herrscher nicht im voraus wissen, daß Staatsbankrott keinen von ihnen die Krone kosten würde; deshalb graulten sie sich zunächst ernsthaft davor. Kaiser Karl V. dankte auch deshalb vorzeitig ab, weil er etwas so Demütigendes nicht erleben wollte. Als sein Sohn Philipp II. den Bankrott aber komfortabel überlebte, wurde daraus alsbald ein zwar lästiges, aber effizientes Mittel der Finanzbereinigung: Schulden nicht mehr bedienen, Kredite neu verhandeln, weitermachen. So verfuhr Spanien seit 1557 etwa alle zwanzig Jahre. Die Finanzreformen, die die französischen Könige Heinrich IV. (1610) und Ludwig XIV. (1661) in Gang setzten, begannen ebenfalls mit der Einstellung eines Großteils fälliger Zahlungen. Vor allem verlor eine ganze Schicht untätiger Rentiers ihre privilegierten Einkünfte. Ludwigs Finanzminister Colbert schränkte die Ansprüche dieser «Müßiggänger» weiter ein, «vermehrte […] die Kroneinkünfte gewaltig durch Erhöhung und Zusammenlegung der Zölle», gründete «eine staatliche Centralsparkasse», «bei der Jedermann Geld einzahlen konnte, das der Staat ihm mit 5 % verzinste und auf Verlangen stets zurückzuzahlen versprach», und «verwandelte […] Frankreich in ein einheitlichliches grosses Wirthschaftsgebiet»,[13] wo Produktion und Absatz samt Überprüfung von Rohstoffen und Fabrikaten, Maßen und Gewichten zentral geregelt wurden und nicht länger Städten und Zünften überlassen blieben. Diese Vereinheitlichung der Wirtschaftsstandards für ein ganzes Staatsgebiet nennt man Merkantilismus. Sein französisches Muster wurde in Mitteleuropa alsbald bewundert und nachgeahmt – und der Staatsbankrott, auf den es gegründet war, nach Kräften ignoriert oder beschönigt.

Aber noch sind wir in Antwerpen, an dem Ort, wo im sechzehnten Jahrhundert wie nirgends sonst Staatsschulden verhandelt und bei

13 Ehrenberg, 1896b, 272 und 274

 Bankrott neu justiert wurden. Während die Staatsschulden stiegen, blühte die Börse. Doch es war eine kurze Blüte. Schon zog Spanien Truppen zusammen, um gegen die abtrünnigen Niederlande zu ziehen, und einige der in Antwerpen stationierten großen Handelshäuser scheuten sich nicht, diesen Kriegszug zu fördern. Sie lockten das Heer geradezu in Richtung Antwerpen, indem sie sich gegen großzügige Rückzahlungsversprechen bereit erklärten, «der spanischen Krone während des niederländischen Aufstands eine bestimmte Summe Bargeld vorzuschießen». Das jeweilige Handelshaus «transportierte nun aber nicht etwa Münzgeld nach Antwerpen, sondern versuchte möglichst viele Wechsel zu kaufen, die in Antwerpen fällig wurden und somit dort das Geld erbrachten, das für die Bezahlung von Truppen oder Heereslieferanten benötigt wurde».[14] Allein, der Krieg verschlang dieses Geld in Kürze, und als der zweite spanische Staatsbankrott (1575) dafür sorgte, daß die Söldner in den Niederlanden wieder keinen Sold bekamen, hielten sie sich auf ihre Weise schadlos und plünderten Antwerpen. Das überstand die Börse; aber der finale Einmarsch der spanischen Armee 1585 bereitete ihr das Ende. Unter den Börsenhändlern gab es schlicht zu viele Lutheraner und Calvinisten, aber auch genügend Katholiken, die keine nähere Bekanntschaft mit der spanischen Inquisition wünschten. Sie flohen; nicht wenige nach London, die meisten aber nach Amsterdam, das Antwerpens Erbe als Börsenstadt antrat.

Antwerpen hatte seiner Börse einen komfortablen Rahmen gegeben und sie ansonsten nach Gusto walten lassen. Amsterdam hingegen nahm seine Börse in Regie und gründete 1609 die «Visselbank» (= Wechselbank), über die alsbald alle Barzahlungen im Börsengeschäft abzuwickeln waren. Die Bank verdiente daran mit und versah zudem die Rolle einer staatlichen Börsenaufsicht. Ihren großen Erfolg allerdings verdankte sie einer anderen Gründung, die nur wenige Jahre zuvor erfolgt war. 1602 entstand in Amsterdam die Ostindische Kompanie, die eigentlich bloß mit neuen Mitteln ein altes Geschäftsmodell verfolgte. Schon im Mittelalter hatte es in mediterranen Hafenstädten Kaufleute gegeben, die gemeinsam Schiffe für Handelsreisen ausstatteten und dafür am Gewinn beteiligt wurden, den die Schiffsladungen dann auf dem heimischen Markt erzielten. *Encomienda* (= Beauftragung) nannte man das.

14 North, 2009, 76

Nun aber war der Seeweg nach Indien entdeckt und damit der Zugang zu einem fabelhaften Reichtum an exotischen Gewürzen erschlossen worden. Da mußte jeweils eine ganze Flotte auf den Weg geschickt und ungleich aufwendiger ausgerüstet werden. *Encomienda* im großen Stil war angesagt. Man brauchte viele Kaufleute mit hohen Einlagen, und es konnte Jahre dauern, bis die Schiffe zurückkehrten und die Einlagen sich auszahlten. Die Papiere, die den einzelnen Einlegern ihren Anteil am Gesamtvermögen der Kompanie bestätigten und «Aktien» genannt wurden («wegen des Anspruches [Actio] auf die Ueberschüsse»), lagen also lange Zeit brach, es sei denn, man behandelte sie wie übertragbare Wechsel und begann sie für andere Geschäfte zu nutzen. Nichts lag dafür näher als die Börse. So entstand in Amsterdam die erste Aktienbörse.

Der Zusammenschluß von Aktionären zur Ostindischen Kompanie war, ähnlich wie einst die Börse in Brügge und Antwerpen, eine Initiative reicher Bürger, nur diesmal vorwiegend einheimischer. Während aber auf einem Schuldschein oder Wechsel der Betrag steht, den der rechtmäßige Scheininhaber von einer genau bezeichneten Person X zur vereinbarten Zeit ausbezahlt bekommen soll, steht auf einer Aktie lediglich, was ihr Inhaber eingezahlt hat. Was ihm zusteht, hängt davon ab, wie die Unternehmung verläuft, in die er eingezahlt hat. Erleidet die Flotte nach Indien Schiffbruch, so sind seine Aktien wertloses Papier. Kommt sie reich beladen zurück mit Spezereien, die zu hohen Preisen reißenden Absatz finden, so wird den Aktionären der Gewinn anteilig gutgeschrieben. Allerdings kann niemand im voraus wissen, wie die Unternehmung ausgeht. Schon bei der mittelalterlichen *Encomienda* wußte man nicht, ob die Reisenden von Naturgewalten verschont bleiben, ob sie die erstrebten Handelsgüter tatsächlich vorfinden und auch in ihren Besitz bringen würden. So viele Unsicherheitsfaktoren enthielt ein einfacher Schuldschein oder Wechsel nicht. Da konnte es zwar passieren, daß der Schuldner oder der Adressat nicht zahlte, und das war dann *wie* Schiffbruch. Aber das Gesamtrisiko war überschaubarer. Mit der Verbindung von Aktie und Börse vollzog sich hingegen ein qualitativer Sprung. Die Unsicherheit, die in der Aktie steckte, und die, die der Handel mit Wechseln mit sich brachte, vereinigten und potenzierten sich. Aus der Spielleidenschaft, die schon in Antwerpen umgegangen war, wurde Spielfieber.

Spekulation und Philosophie

Erst an den Aktienhandel knüpfte sich das Wort «Spekulation». *Speculari* heißt wörtlich «erspähen» und ist das Fachwort für die Fähigkeit, aus bestimmten Anzeichen (dem Vogelflug oder den Eingeweiden des Opfertiers) das künftige Geschick zu ersehen – also für jenen Schamanen- und Priesterblick, den die neuzeitlichen Börsenhändler auf ihre Weise beerbt und professionalisiert haben. Es gibt aber noch andere Erben dieses Blicks. Spione erspähen aus Geheimdokumenten die Vorhaben des Feindes; Archäologen, Detektive und Psychoanalytiker erspähen in Spuren und Überbleibseln ein Stück Geschichte; Schriftgelehrte erschließen den Sinn, den Buchstabenfolgen enthalten; Philosophen schließen von der erscheinenden Sinnenwelt auf das, was sich in, hinter, über oder unter ihr verbergen mag. Dies alles sind spekulative Akte. Hegel, einer der wirkmächtigsten Köpfe des neunzehnten Jahrhunderts, war sogar der Auffassung, daß erst dort, wo das Denken über die Sinnenwelt hinausgeht und nach strengen geistigen Regeln deren Wesen, Grund und Ziel ergründet, überhaupt ernstlich von Philosophie die Rede sein kann. Sehr sinnig daher, daß Joseph de la Vega, ein spanisch-jüdischer Gelehrter, der mehrfach sein Glück an der Amsterdamer Börse versuchte, die Börsenspekulation als eine Art Negativ der Philosophie darstellt. *Die Verwirrung der Verwirrungen* heißt sein 1688 erschienenes Buch, worin ein gewiefter Aktionär (der die Züge des Autors hat) einem Kaufmann und einem Philosophen das Börsengeschehen darlegt. Dem Philosophen raubt der Gesprächsverlauf all seine angestammte Sicherheit in bezug auf Begriffe, Urteile und Schlüsse. Je mehr er die Börse erklärt bekommt, desto weniger versteht er die Welt.

Die Börse, so erfährt er, versammelt «drei Klassen» von Menschen: zum einen «Finanzbarone und Grosskapitalisten»; sie «geniessen jedes Jahr die Dividende der Aktien» und kümmern sich nicht weiter darum. Zum andern «Kaufleute, welche eine Aktie [...] kaufen und [...] wenn ihre Berechnung eintrifft und der Kurs steigt, verkaufen». Aber sie versuchen nicht, am Kurs selbst zu drehen. «Die Angehörigen der dritten Klasse sind Spieler und Spekulanten. Sie haben versucht, eigenmächtig über die Höhe ihres Verdienstes zu entscheiden und dazu Zirkel gebildet, in denen sie die Glücksräder aufstellen. [...] Oh welche Lebensordnung haben diese Schiedsrichter eingeführt! Das Labyrinth von Kreta war nicht verwickelter als das Labyrinth ihrer Pläne.»[15] Sie leihen sich Geld, um Aktien zu kaufen, beleihen die Aktien, um weitere Aktien zu kaufen, werden dadurch immer abhängiger vom Aktienkurs und immer begieriger, auf ihn Einfluß zu nehmen.

Wie aber entsteht der Kurs einer Aktie? Das läßt sich bis heute nicht genau sagen. Daß es überhaupt schwankende Kurse gibt, liegt daran, daß Aktien zwar Äquivalente für Gebrauchsgüter, Edelmetall, andere Aktien oder sonstige Wertpapiere sind. Aber für wieviel davon? Das liegt nie genau fest, solange Wertschätzung zweierlei ist: Messung und Ermessenssache. Und so ist ein Kurs – bei Währungen nicht anders als bei Aktien – immer bloß ein Kräfteparallelogramm von Schätzungen, immer schwankend, immer in Bewegung, je nach Gemüts- und Wirtschaftslage. Und die Wirtschaftslage ist selbst immer auch ein Stück Gemütslage. Ihre Bilanzen sind Momentaufnahmen und je nach dem Gewicht, das man ihren einzelnen Posten beimißt, recht verschieden deutbar. Aber nicht nur deutbar, sondern auch beeinflußbar. Fallende Aktien will man gewöhnlich loswerden, ehe sie ganz wertlos sind. Allerdings beschleunigt jeder weitere Verkauf auch ihren Fall. Daran wiederum sind diejenigen interessiert, die sich Geld auf sie geliehen haben. Sie wetten auf den Fall der Aktie.

Schon in Antwerpen war gewettet worden – auf den Wechselkurs von Edelmetallwährungen. Aber Aktien haben eine ungleich größere Schwankungsbreite als Währungen. Sie sind weitaus abhängiger davon, wie sie eingeschätzt werden. Je mehr Menschen auf den Fall einer Aktie wetten, desto tiefer sinkt sie in der «Börsenmeinung». Wer Aktien hält, ist gewöhnlich aber an ihrem Steigen interessiert und geneigt, darauf zu wetten. Wer bestimmte Aktien billig erwerben möchte, wettet eher auf ihren Fall. Schon an der Amsterdamer Börse bildeten, wie de la Vega berichtet, die Haussespekulanten (die aufs Steigen der Aktien setzen) und die Baissespekulanten (die aufs Fallen setzen) zwei geradezu konfessionelle Lager. (172 ff.) Wer von beiden recht hat, ist ebensoschwer zu entscheiden wie bei Katholizismus und Protestantismus. So gern Aktieninhaber ihre Aktien steigen sehen; sie steigen nicht unbegrenzt. Hemmungslose Haussespekulation kann den Fall einer Aktie einleiten, hemmungslose Baissespekulation ihr Steigen, weshalb es denn schon damals «Spitzel» gab: Hausse-

15 Vega 2010 [1688], 8 f. Weitere Seitenzahlen im Text.

 spekulanten, die sich ins Lager der Baisse schlichen, um deren Trend umzukehren, und Baissespekulanten, die es andersherum versuchten. (194)

Auch das Prämiengeschäft blühte. Eine im Steigen begriffene Aktie, so de la Vegas Beispiel (29 f.), steht gerade auf 580. Ich zahle an jemanden, der sie mir zum nächsten Monatstermin für 600 liefern soll, eine Prämie (z. B. 10). Dadurch habe ich 580 + 20 – 10 = 590, also 10 Gulden Gewinn. Steigt die Aktie auf 620, so hat der Lieferant 600 + 20 + 10 = 630, also 30 Gulden Gewinn. Bleibt der Aktienkurs aber bei 580, so kommt der Lieferant auf 600 – 20 + 10 = 590, macht also ebenso wie ich ein Plus von 10. So funktionierte die Vorprämie. Es konnte aber auch der Verkäufer eine Prämie zahlen und damit ein Rücktrittsrecht erkaufen. War die Aktie zum fälligen Termin auf 630 gestiegen, verkaufte er sie zu diesem Preis einem anderen und hatte dann 600 + 30 – 10, also ein Plus von 20, während dem ursprünglichen Käufer die vorab gezahlte Prämie von 10 blieb. So funktionierte die Rückprämie. Der Prämienhandel war der Beginn des modernen Versicherungsgeschäfts. Seine Anfangsintention war nicht etwa, vor Erwerbsunfähigkeit bei Krankheit und im Alter zu schützen, sondern die Risiken des Börsenhandels zu verringern – durch ihre Verteilung auf die am Geschäft Beteiligten. Auch außerbörslicher Handel, eine Art Wertpapierschwarzmarkt, wurde in Amsterdam schon praktiziert, etwa in den zahlreichen Kaffeehäusern, wo man an der Visselbank vorbei reichlich Wetten auf das Steigen und Fallen von Kursen abschloß. (193) Wer sollte alle Absprachen von Privatleuten kontrollieren?

Die elementaren Börsentricks waren in Amsterdam allesamt bekannt. Sie wurden in den folgenden Jahrhunderten tausendfach variiert und verfeinert, aber ein grundstürzend neuer ist nicht mehr hinzugekommen. Es kann keine Rede davon sein, daß die Börse anfangs eine Zusammenkunft von Biedermännern gewesen und erst später durch unseriöse Geschäftemacherei aus ihrer soliden Bahn geraten sei. De la Vega macht sich geradezu einen Spaß daraus, seinem «Philosophen» das Gegenteil zu beweisen. An der Börse war die Welt immer schon aus den Fugen. *Die Verwirrung der Verwirrungen* beginnt mit dem Wertpapier. Wer einen Wechsel beleiht oder als Zahlungsmittel einsetzt, operiert mit einem Ersatz von Bargeld, über welches er gerade nicht verfügt. Kein Geld haben, aber damit Geschäfte machen: Wie das gehen soll, kann der Philosoph alter Art freilich nicht fassen.

«Wenn ich sehe, dass im Börsengeschäft aus nichts so viel werden kann, so würde ich das philosophische Axiom als falsch verwerfen, dass aus nichts auch nichts werden kann.» (17)

Immerhin sieht man einem Wechsel genau den Geldbetrag an, für den er steht, nur nicht, ob er gedeckt ist. Eine Aktie hingegen steht gar nicht direkt für einen Geldbetrag, sondern für eine noch unabgeschlossene Unternehmensleistung, ein *work in progress*, das in Bargeld erst noch umzurechnen ist, ohne daß sich vorhersagen läßt, in wieviel genau. Die Flotte nach Indien kann längst gestrandet sein. Aber bis das bekannt wird, kann die Aktie dieses hoffnungsvollen Unternehmens noch wochenlang besten Gewissens und völlig legal weiter gehandelt werden, im Gegensatz zu ungedeckten Schecks. Auf dem Aktienmarkt wird nicht nur Geld eingesetzt, das man nicht hat, sondern dessen Betrag man nicht genau kennt; er kann übermäßig hoch sein, aber auch gegen Null gehen und dabei völlig im Rahmen des Vereinbarten bleiben. Das fasziniert Kaufmann und Philosoph, aber es überfordert sie auch. Es bleibt zwar nicht aus, daß auch sie ihr Glück an der Börse zu versuchen, aber sie verlieren kläglich – zum Spott des Aktionärs. Der Philosoph des neuen Zeitalters ist *er.*

«Die Alten pflegten auf der Vorderseite der Medaillen einen Alcibiades, auf der Rückseite einen Aesop zu gravieren, auf der einen Seite einen Ochsen, auf der anderen eine Minerva.» Es gibt «kein besseres Bild für die Spekulanten als diese Medaillen». (41) Sie vereinen Torheit und Weisheit in einer Weise, die sogleich an den platonischen Eros denken läßt. Fast möchte man meinen, er habe de la Vega Modell gestanden. Bekanntlich präsentiert Platon den Eros im *Symposion* als Sohn von Poros (der immer einen Weg findet) und Penia (Armut). Er sei «der Natur seiner Mutter gemäß immer der Dürftigkeit Genosse. Und nach seinem Vater wiederum stellt er dem Guten und Schönen nach, ist tapfer, keck und rüstig, ein gewaltiger Jäger, allezeit irgendwelche Ränke schmiedend, nach Einsicht strebend». «Was er sich aber schafft, geht ihm immer wieder fort, so daß Eros nie arm ist noch reich», stets «zwischen den Weisen und Unverständigen mitteninne» und insofern «notwendig weisheitsliebend».[16] «Weisheitsliebend» aber ist die genaue Übersetzung des griechischen *philosophos.* Die Spekulanten muten an wie neuzeitliche Abkömmlinge des Eros. «Keck und rüstig», aber zugleich in ständiger Gefahr der

16 Platon 1990, 319–321 (203 d – 204 b)

 «Dürftigkeit», will sagen: des finanziellen Ruins, begeben sie sich auf einen Schauplatz, auf dem die Grundsätze und Werkzeuge einer erstarrten Philosophie und eines überlebten Zeitalters versagen: die Börse.

Als Spekulant ist de la Vega in die Verhältnisse, über die er philosophiert, verwickelt; doch das ändert nichts an seiner Klarsicht in Grundsatzfragen. «Aber damit Du nicht annimmst, dass die Börsenbewegungen unerklärlich seien und nichts feststehe, so höre, dass es drei Ursachen für das Steigen der Kurse gibt und drei für das Fallen: die Verhältnisse in Indien, die europäische Politik und die Börsenmeinung.» (41) Die Börsenmeinung ist also nicht umstandslos dasselbe wie der Börsenkurs. Die Meinung bestimmt zwar den Kurs, aber nicht wie ein Souverän. Sie kann jederzeit an den Verhältnissen in Indien oder an der europäischen Politik zerplatzen; dann stürzen die Kurse oder taumeln meinungslos umher, bis sich die Meinung aufgrund der neuen Faktenlage neu formiert, aber selbst eine halbwegs stabile Meinung enthält reichlich Unwägbarkeiten. Wohl sucht «der kluge Spekulant [...] zu erfahren, ob Ruhe herrscht, ob die Tätigkeit der Kompagnie fortschreitet, ob ihre Geschäfte in Japan, Persien, China günstig verlaufen». «Aber wäre selbst alles, was Indien betrifft, günstig, so müsste man sich auch über die europäischen Zustände orientieren, ob nicht besorgniserregende Flottenrüstungen vorgenommen werden [...] und andere Vorbereitungen einen Kurssturz herbeiführen können. Deshalb sahen wir bei verschiedenen Gelegenheiten einen Teil der Spekulanten auf die indischen Nachrichten kaufen, den anderen auf die unklare europäische Lage verkaufen.» «*Kaufmann*: Und bei dieser Verschiedenheit der Ansichten [...], was ist da die grösste Klugheit? *Aktionär*: Nur immer der Strömung folgen und den Wellen, die vorn auf dem Wasser tanzen. *Philosoph*: Und das genügt? *Aktionär*: Nein, denn da gleichzeitig ein Teil der Spekulanten kauft, ein anderer verkauft, so ist es schwer, sich ein Urteil über die herrschende Strömung zu bilden.» (42 f.)

Und so nützt die generelle Klarsicht im Einzelfall wenig. Auch das ist eine philosophische Einsicht Platons, die bei de la Vega börsenspezifisch wiederkehrt. Er war nicht gefeit gegen das Spielfieber, wohl aber gegen alle Methoden zur genauen Vorausberechnung des Börsenkurses. Nicht nur gegen astrologische. Auch alle wissenschaftlichen Methoden sah er nicht in der Lage dazu, und die Entwicklung der mathematikbasierten Verfahren in den letzten drei Jahrhunderten hat ihm recht gegeben. Statistik, Stochastik oder Spieltheorie sind zwar zu unentbehrlichen Mitteln wirtschaftlicher und politischer Planung geworden.[17] Aber bei jeder einzelnen Börsenentscheidung lassen sie den Spekulanten dann doch mit sich allein. Er muß stets auf der Lauer sein, stets auf Überraschungen gefaßt, jetzt entscheiden, schnell entscheiden, zugleich kurzfristig und langfristig denken und stets mehr Faktoren in Kauf nehmen, als sich vorausberechnen lassen. So ist er permanent einer zermürbenden Unruhe ausgesetzt; daran hat keine Mathematik und Spieltheorie etwas geändert. Seine berufsbedingte Gemütslage ist heute nicht wesentlich anders, als de la Vega sie schilderte. «Wenn der Käufer von Aktien sieht, dass sie fallen, rast er, gekauft zu haben, wenn sie steigen, rast er, nicht mehr gekauft zu haben, wenn [...] der Verkauf Gewinn bringt und sie dann einen noch höheren Kurs erreichen, so rast er, dass er sie zu billigerem Preise abgegeben hat, wenn er weder kauft noch verkauft und der Kurs steigt, rast er, dass er, obwohl Veranlassung zum Kauf vorlag, diesen nicht ausgeführt hat, wenn der Kurs sinkt, so rast er, dass er, obwohl Grund zum Verkauf vorlag, sich zu diesem nicht entschlossen hat. Wenn man ihm irgend einen Wink oder Ratschlag gibt, so rast er, dass man es ihm nicht früher sagte. Wenn es ein Irrtum ist, so rast er, dass man es ihm sagte.» (33)

Die Brutstätte neuzeitlicher Unruhe und Hyperaktivität ist die Börse. De la Vega bietet das erste Psychogramm dieser neuen Befindlichkeit. Daß sie einmal zur Signatur einer ganzen Gesellschaft werden sollte, daß die Industrialisierung sie aufs gesamte Arbeitsleben übertragen und die Mikroelektronik sie in alle sozialen Poren treiben würde, war damals noch nicht absehbar. Um so deutlicher wird etwas anderes: Alle Vorstellungen von gemäßigt-beschaulichen Anfängen des Banken- und Börsenwesens sind Legenden. Banken entstanden im Interesse des Geldtransfers von Großkaufleuten, mit deren Einlagen die Bankiers dann durchaus riskante Geschäfte machten, mit hohen Gewinn-, aber auch Verlustmöglichkeiten für die Einleger. Mit andern Worten: Banken haben als Investmentbanken begonnen, nicht als Sparkassen für kleine Leute. Letztere waren Abkömmlinge von ersteren, nicht umgekehrt. Börsen haben nicht als provinzielle

17 Die Black-Scholes-Formel ist in der Gründerzeit der neuen Finanzmärkte geradezu als mathematische Versicherung für Börsenhändler gefeiert worden; siehe unten, S. 344 ff.

 Zusammenkünfte angefangen, die allmählich einen überregionalen Radius gewannen. Sie waren von vornherein ein Weltparkett, auf dem die Reichsten reicher werden und die Herrscher ihre Kriege und ihren Prunk vorfinanzieren wollten. Und auf Aktien verfielen nicht solide kleine Handwerksbetriebe, um dank eines Kapitalzuschusses ihre Produktion auszudehnen, sondern Ost- und Westindische Kompanien (zunächst in Amsterdam, bald darauf in London), also reine Handelsunternehmen, die durch Aktien überhaupt erst zustande kamen und von Anfang an im Weltmaßstab und mit hohen Risiken operierten. Bis auch Produktionsbetriebe in Aktiengesellschaften umgewandelt oder als solche gegründet wurden, vergingen fast zwei weitere Jahrhunderte.

Wenn sich heutzutage Politiker den Kampf gegen die «Auswüchse» des Banken- und Börsensektors auf ihre Fahnen schreiben, dann vergessen sie gewöhnlich, daß besagte Auswüchse zu den Konstitutionsbedingungen dieses Sektors gehören. Das neuzeitliche Geldsystem wäre ohne sie überhaupt nicht in Gang gekommen. Es verdankt ihnen seine bis heute nicht gebändigte Sog- und Schubkraft. Die Börsen haben dabei wie Strudel gewirkt. Strudel entstehen, wo Wasser sich um seinen eigenen Mangel zu drehen beginnt, weil dieser Mangel Unterdruck ausübt: einen Sog. Auch der Mangel, der «Händler jedweder Nation und Sprache» an die großen Börsen zog, war Mangel an Liquidität – an barer Münze. Dieser Mangel hatte eine Erscheinungsform: Wechsel. Man darf sie die monetäre Mangelerscheinung nennen, um die sich das gesamte Börsengeschehen zu drehen anfing, und zwar um aus diesem Mangel Gewinn zu schlagen – dank eines genialen Kunstgriffs: des Indossaments. Es zog am Börsenort sogartig seine Kreise. Zunächst wurden Wechsel übertragbar gemacht, dann Aktien. Rückblickend sieht das wie eine bruchlose Fortsetzung aus. Wenn man Wechsel und Schuldscheine weiterschieben kann, warum dann nicht auch Anteilsscheine an einer *Encomienda*?

Doch zwischen Wertpapieren, die unmittelbar und exakt einen Geldbetrag anzeigten, und solchen, die für die Beteiligung an einem Unternehmen standen, also für eine nicht genau bestimmbare Menge von Dingen, deren Erwerb und Vertrieb erst noch in Geld umzurechnen war, besteht ein qualitativer Unterschied. In Gestalt der Aktie greift das Wertpapier auf die Gebrauchsgütersphäre über und zieht sie in die Indossierung hinein. Aktionäre der Ostindischen Kompanie legten ihr Geld zunächst pauschal in Schiffsladungen an. Was die einzelne Ladung enthielt, war nicht genau voraussehbar und auch nicht so wichtig. Hauptsache, es war gut verkäuflich. Wenn außer Pfeffer und Muskat, wofür die Schiffe eigentlich in See gestochen waren, auch noch einträgliche Posten Seide oder Juwelen von der Reise mitgebracht wurden, um so besser. Der Anteil, den ein Aktionär vom Ganzen erwarb, war gewissermaßen ein «Paket». Man konnte sich nicht einzelne Warenarten daraus aussuchen, mußte seinen Anteil Pfeffer genauso nehmen wie den von Juwelen und kannte vor der wohlbehaltenen Rückkehr der Schiffe nur die Rate, die einem zustand, nicht aber das genaue Quantum. Aber in der Zeit zwischen dem Auslaufen der Flotte nach Indien und ihrer Wiederkehr – sozusagen in der Schwangerschaftszeit des Unternehmens – konnte man mit seinen Anteilsscheinen Geschäfte machen. Das waren hochriskante Geschäfte, denn bis zur tatsächlichen Rückkehr wußte niemand definitiv, ob seine Aktien nicht wertlos geworden waren. Es gab also Gründe, sie weiterzuverkaufen. Andrerseits konnte ihr Kauf enormen Gewinn bringen, wenn die Unternehmung glücklich ausging, sowohl für die Aktieninhaber als auch für die Großhändler, die schon im Hafen warteten, um den Warensegen aufzukaufen und an die lokalen Gebrauchsgütermärkte weiterzuleiten. Je eher sie kauften, desto geringer das Risiko, überhöhte Preise zu zahlen oder gar leer auszugehen. Der Anreiz zu kaufen, noch ehe die Flotte zurück war, war also hoch.

Und so begann die Praxis des Leerverkaufs – des Verkaufs von Gütern, über die der Verkäufer zum Zeitpunkt des Verkaufs noch gar nicht verfügte: eine Art Handel mit ungelegten Eiern. Er war erklärtermaßen riskant, aber die Beteiligten gingen ihn ein, um ihr Risiko zu senken. Wenn Aktionäre ihren Anteil verkauften, ehe er ihnen gehörte, gingen sie sicher, ihre Ware gut loszuwerden, wenn vielleicht auch nicht optimal. Wenn Großhändler solche Anteile kauften, gingen sie sicher, am Geschäft beteiligt zu sein, wenn vielleicht auch nicht zum günstigsten Preis. Erst große Mengen attraktiver Gebrauchsgüter mit langer Lieferzeit – es konnte eineinhalb bis zwei Jahre dauern, bis eine Flotte zurückkam – brachten die Idee des Leerverkaufs mit sich. Je länger die Lieferzeit, desto wichtiger der Zeitpunkt des Kaufvertragsabschlusses. Ihn zu optimieren: das ist das Ziel des Termingeschäfts, das mit dem Leerverkauf ursprünglich identisch war. Weil niemand die Entwicklung von Marktpreisen genau vorhersehen kann, weiß man freilich immer erst hinterher, ob man eine Aktie oder ein Gebrauchsgut auf dem höchsten Stand des Preises verkauft oder auf dem niedrigsten gekauft hat. Das Termingeschäft ist daher stets mit dem Kitzel der optimalen Annäherung an etwas verbunden, was sich nur selten und mit viel Glück erhaschen läßt: den rechten Augenblick. Die Faustregel dabei: lieber etwas zu früh kommen als zu spät. Denn «wer zu spät kommt, den bestraft die Geschichte». Dieser berühmte Satz wurde längst beherzigt, ehe Michail Gorbatschow ihn aussprach. Er gilt auf dem Markt, seit Verkaufstermine geschäftsrelevant sind, und solange Marktteilnehmer von der Angst getrieben sind, zu spät zu kommen, werden Leerverkauf und Termingeschäft schwerlich aufhören. Lieber noch nicht gelegte Eier kaufen als beim Kauf der gelegten nicht wunschgemäß zum Zuge kommen.

Tulpenmanie

Gerade die im voraus abgeschlossenen Geschäfte schärften allerdings den Blick für das, was die Schiffsexpeditionen aus der Ferne mitbrachten. Nicht alles in einem «Paket» war gleich gut verkäuflich. Man begann also, Pakete aufzuschnüren und sich auf einzelne besonders gewinnträchtige Naturprodukte oder Gebrauchsgüter zu spezialisieren, statt nur mit Anteilen von pauschal und vage definierten Schiffsladungen zu handeln. Da war zum Beispiel die Tulpe. Sie kam zwar nicht aus Indien, hatte aber auch ein Ostflair. Mitte des sechzehnten Jahrhunderts gelangte sie – gemeinsam mit Narzisse und Hyazinthe – aus dem Osmanischen Reich nach Mitteleuropa und entzückte dort die Gemüter. «Narzissus und die Tulipan, / die ziehen sich viel schöner an / als Salomonis Seide», heißt es in einem Kirchenlied von Paul Gerhardt.[18] Adlige und wohlhabende Bürger legten Blumengärten an. In den Niederlanden blühte die Tulpenzucht. Es entstanden Freundeskreise botanisierender *liefhebbers* (Liebhaber), die einander in ihre Gärten einluden und sich über die Kultivierung neuer Tulpensorten austauschten.[19] Die Tulpe, eine ebenso zarte und anfällige wie vielfältig variierbare Pflanze, der sich die ganze Farbenpracht des Orients entlocken ließ: sie erschien in dem rauhen, nüch-

18 Gerhardt o.J., Nr. 371, o.J., Lied Nr. 371
19 Cf. Goldgar 2007, 55

ternen calvinistischen Küstenland wie eine Abgesandte überirdischer Schönheit. Den Winter über schlummert ihr Reiz unter der Erde in Gestalt einer Zwiebel. Im Frühjahr bilden sich daran Tochterzwiebeln, die nach der Zeit der Tulpenblüte «erwachsen» sind und sich als eigenständige blühfähige Exemplare nutzen lassen. Allerdings erst im nächsten Jahr. Doch warum sollte man nicht schon dieses Jahr Geschäfte mit ihnen machen, wenn doch die Nachfrage nach ihnen stieg und stieg? Und so gingen die Händler dazu über, noch in der Erde befindliche Zwiebeln zum nächsten Pflanztermin im voraus zu verkaufen. Ein großer Tulpenleerverkauf begann. Nicht nur *liefhebbers* kauften; auch Spekulanten, die nichts im Sinn hatten, als das Gekaufte umgehend teurer weiterzuverkaufen. Die hohe emotionale Besetzung der Tulpe erhöhte ihren Preis, der erhöhte Preis erhöhte ihre emotionale Besetzung. Die beiden Seiten der Wertschätzung (*timē*) trieben einander geradezu schulbuchmäßig in die Höhe.

Nicht jeder Ware ist freilich eine solche Karriere beschieden. Sie muß schon ein bißchen mehr ausstrahlen als pure Nützlichkeit und Annehmlichkeit: jenen kaum benennbaren Reiz, den man als «gewisses Etwas» bezeichnet. Dann allerdings kann es ihr passieren, daß schon eine kleine Verkaufswelle ihre Ausstrahlung um ein Vielfaches potenziert und sie mit dem Ansehen eines Höheren umgibt: jener «Erscheinung einer Ferne, wie nah sie sein mag»,[20] als die Walter Benjamin die Aura definiert hat. Leerverkäufe sind der Auratisierung sehr förderlich. Eine Ware, die jetzt schon begehrt und gekauft wird, obwohl sie noch gar nicht verfügbar ist, ja vielleicht noch nicht einmal existiert, zieht unweigerlich einen Überschwang an Erwartung auf sich. Nichts treibt Wertschätzung dermaßen an wie Entzug. Ja, er ist einst sogar ihr Urantreiber gewesen. Altsteinzeitliche Kollektive «entzogen» das auserwählte Opfer ihrer Gemeinschaft, indem sie es gemeinsam schlachteten, und gerade dabei luden sie es mit höchster Wertschätzung auf. Bei Leerverkäufen geschieht spiegelverkehrt etwas Ähnliches. Eine ohnehin begehrte Ware gewinnt dadurch, daß sie der Verfügbarkeit, ja womöglich der Wahrnehmbarkeit entzogen ist, zusätzlichen Reiz. Allerdings ist sie nicht, wie das archaische Stammesopfer, *nicht mehr* verfügbar und wahrnehmbar, sondern *noch nicht*. Ihre Wertschätzung nimmt nicht die Gestalt der Trauer an, sondern der freudigen Erwartung.

20 Benjamin 1974 [1936], 479

Wer sich auf den Leerverkauf einer Ware einläßt, geht davon aus, daß viele sie so hoch schätzen, daß er immer jemanden findet, an den er sie teurer weiterverkaufen kann; und solange ihm das gelingt, steigt sie im Preis. Bei den niederländischen Tulpenzwiebeln nahm die Preissteigerung ab 1610 ungekannte Ausmaße an. So wurde im Jahr 1611 eine besonders geschätzte Sorte Tulpen für 20 Gulden pro Stück verkauft. Das Jahresdurchschnittseinkommen lag damals bei etwa 150 Gulden. 1623 sind Verkäufe von 1000 Gulden pro Stück registriert worden, 1624 von 1200 Gulden, 1633 von 5500 Gulden. 1637 wurden für drei Zwiebeln 30 000 Gulden geboten. Die teuersten Häuser an einer Amsterdamer Gracht kosteten damals rund 10 000 Gulden. Schließlich versteigerte ein Waisenhaus in Alkmaar das Vermögen eines reichen Kaufmanns für seine unmündigen Erben und erzielte dabei für 99 Posten Tulpenzwiebeln einen Gesamtbetrag von 90 000 Gulden.[21]

Anfangs war das «gewisse Etwas», das von den Tulpen ausging, ihr ästhetischer Reiz. Er hatte die Preissteigerung in Gang gesetzt. Nicht lange darauf war das «gewisse Etwas» der gesteigerte Preis selbst, der den ästhetischen Anfangsreiz überblendete und verblassen ließ. Ohne eine Schicht reicher Wichtigtuer, die damit protzten, Tulpen für 1000 Gulden und mehr im Garten zu haben, wäre das nicht möglich gewesen, aber auch nicht ohne eine Schicht reicher Händler, die dieses Protzbedürfnis mit jedem Verkauf auf die Probe seiner Dehnbarkeit stellten. Je mehr sie dabei den Preis nach oben trieben, desto mehr sprangen Trittbrettfahrer hinzu; kleine Spekulanten oder auch einfach bloß Mittellose, die sich Geld für den Kauf von Tulpenzwiebeln liehen, um durch deren Verkauf reich zu werden.

Warum aber geht so etwas nicht endlos weiter? Weil selbst das heftigste Protzbedürfnis nur begrenzt dehnbar ist. Sich schmücken ist schön, und je kostbarer, seltener und teurer der Schmuck, desto mehr hebt sich das Selbstgefühl. Aber Schmuck ist nicht alles, und deshalb wird auch nicht alles dafür gegeben. Selbst die prunkversessensten absolutistischen Herrscher waren zunächst einmal auf genügend Geld für die Kriege aus, die ihrem Prunk eine dauerhafte Grundlage verschaffen sollten. Und Aktionäre der Ostindischen Kompanie, die ihre unmäßigen Gewinne in Tulpen zur Schau trugen, hörten nicht auf, darauf zu achten, daß es Überschüsse waren, die sie darin anlegten,

21 Goldgar, 2007, 199 ff.

nicht etwa Basiskapital. Allgemeiner gesprochen: Preiskurven stoßen an Realitätsgrenzen. Würden die Preise einer Ware wirklich grenzenlos steigen, dann hätten irgendwann auch die Reichsten nicht mehr die Mittel für ihren Erwerb. Waren können nicht endlos von Spekulant zu Spekulant weitergehen. Der Weiterverkauf funktioniert nur unter der Voraussetzung, daß es Endabnehmer gibt, die diese Waren tatsächlich selbst nutzen wollen und bereit sind, den Marktpreis dafür zu zahlen.

So hoch, daß niemand sie mehr bezahlen kann, steigen Preise allerdings nie. Schon vorher kommt der Punkt, wo auch die Reichsten nicht mehr mitmachen *wollen*. Es platzt ihnen der Kragen ihrer Zahlungsbereitschaft, den einen früher, den anderen später, je nach Gemütslage und konkreten Umständen, aber allen nur, weil längst schon offenkundige Unverhältnismäßigkeit herrscht und die Ware einen Preis erreicht hat, der ihren Beschaffungsaufwand, ihre Seltenheit und Nützlichkeit nicht entfernt mehr repräsentiert. Oft ist Preisen schwer anzusehen, wie angemessen sie sind. Krasse Unangemessenheiten lassen sich gleichwohl zweifelsfrei benennen. In einem Land, wo das Jahresdurchschnittseinkommen ungefähr 150 Gulden ausmachte, war eine Tulpe auch schon mit zehn Gulden hoffnungslos überzahlt, nicht erst mit zwanzig, hundert oder tausend. Um so bemerkenswerter, daß in den Niederlanden jahrelang so viele Endabnehmer bereit waren, tausend und mehr Gulden für eine Tulpenzwiebel zu zahlen, daß sich eine regelrechte Tulpenmanie ausbreiten konnte: die erste Spekulationsblase der Geschichte.

Die Blase platzte, als die Zahlungsbereitschaft auch der potentesten Endabnehmer überdehnt wurde. In wenigen Tagen stürzten die Preise um 95 Prozent und mehr. Händler saßen plötzlich auf einem Haufen Zwiebeln, den sie günstigstenfalls noch für einen Bruchteil dessen loswurden, was sie selbst dafür bezahlt hatten. Andere hatten sich vertraglich verpflichtet, Großgärtnern im nächsten Sommer Zwiebeln abzunehmen – zu den gängigen Preisen vor dem Sturz. Sie fühlten sich an ihre Verträge nicht mehr gebunden. Komplizierte politische und gerichtliche Auseinandersetzungen folgten. Die einen forderten die Annullierung sämtlicher Verbindlichkeiten im Tulpengeschäft seit dem Ende der letzten Pflanzzeit. Die andern drangen auf die Einhaltung aller Verträge. Der oberste Gerichtshof Hollands ließ alle Verträge in Kraft, verlangte aber in allen Streitfällen außergerichtliche Einigung, womit gewährleistet war, daß sich die Streitigkeiten noch jahrelang zäh und zermürbend fortsetzten. Alle Beteiligten aber rieben sich nach dem Preissturz die Augen. Wie konnten wir nur an das endlose Steigen von Tulpenpreisen glauben? Wie konnten wir Pflanzen, die zwar schön sind, aber doch bloß eine Gartenzier, derart überschätzen? Flugblätter mit ätzenden Satiren und Karikaturen auf die Tulpennarren machten die Runde.[22] Dem Rausch folgte ein ausgiebiger Katzenjammer.

Die erste Spekulationsblase ist auch ein anschauliches Lehrstück dafür, wie profane Waren Fetischcharakter bekommen. Wenn Paul Gerhardt Narzissen und Tulpen schöner gekleidet fand als Salomo in seinen Seidengewändern, so hatte er ihnen damit noch nichts Übernatürliches angedichtet. Und das heißt ja Fetischisierung: einem natürlichen Ding übernatürliche Kräfte unterstellen. In den Niederlanden jedoch wurden Tulpen durchaus als Abglanz eines Höheren wahrgenommen. Das «gewisse Etwas», das sie ausstrahlten, war ein *ex oriente lux* («aus dem Osten kommt das Licht»), und der Orient, der in ihnen zu leuchten schien, war nicht nur das Osmanische Reich, aus dem sie stammten, sondern umfaßte auch sämtliche Reiseziele der Ostindischen Kompanie. Er hatte etwas von einem Gelobten Land. Damit hatte die Tulpe zwar das Zeug zu einem Fetisch, aber *war* sie schon einer? Ihr ästhetischer Reiz allein gibt das nicht her. Hingegen *wurde* sie zu einem Fetisch, als ihre Preise fieberhaft stiegen. Die qualitative Wertschätzung der Tulpe als Verheißungsträger wurde durch ihre quantitative Wertschätzung als Ware in die Höhe getrieben. Sie wurde bald dermaßen weit über dem Niveau ihres normalen Beschaffungsaufwandes und ihrer Dienlichkeit gehandelt, als wäre sie ein Sitz übernatürlicher Kräfte. Den Blumenhändlern wurde nach dem Kollaps denn auch vorgeworfen, sie hätten die Tulpe durch überhöhte Preise zum Götzen erhoben und seien dafür von Gott bestraft worden.

Allerdings bedurfte es hier gar nicht des Eingreifens einer höheren Macht. Die Beteiligten hatten sich selbst bestraft. Die Preissteigerung diente nur in der Anfangsphase der Steigerung qualitativer Wertschätzung. Bald aber gewann die quantitative Steigerung eine Eigendynamik. Die qualitative Wertschätzung war bloß noch ihr Schmiermittel. Der exotische Verheißungsträger Tulpe verhieß nur noch ein großes Geschäft; die unablässig wachsende Wertschätzung

22 Goes 2004, 186 ff.

der Tulpe bestand in nichts mehr als maßlos wachsenden Preisen.
Als genügend Endabnehmer sich zu diesem Eingeständnis durchrangen, war die Spekulationsblase am Ende. Allgemeiner gesprochen: Eine solche Blase platzt stets durch den Protest von Reichen, und sie platzt spätestens dann, wenn auch die Reichsten unter den potentiellen Endabnehmer bekunden: Zu solchen Preisen kaufen selbst wir diese Ware nicht mehr. So war es im Fall der Tulpenmanie. Da hatte man noch keine Erfahrung mit Spekulationsblasen und machte all ihre Phasen bis zum bitteren Ende mustergültig durch. Bei späteren Blasen ließen die Spekulanten es gar nicht erst so weit kommen. Wenn sie den Protest der Endabnehmer nahen fühlten, nahmen sie ihn vorweg, stiegen selbst schon aus dem Geschäft aus und leiteten den Preissturz ein, statt von ihm erwischt zu werden.

Die Logik der Selbstbestrafung durch Fetischisierung wird dadurch aber keine andere. An der Tulpenmanie zeigt sich nur besonders deutlich, was ihr Motor ist: ganz profane Preistreiberei. Sie läßt eine Ware zeitweilig wie einen Sitz höherer Kräfte erscheinen, aber sie macht diesen Schein auch wieder zunichte. Sie bläst bestimmte Naturdinge mit geradezu sakralem Ansehen auf und läßt dies Ansehen auf seiner höchsten Höhe platzen. Das Schwellen der Spekulationsblase ist ein Prozeß der Fetischisierung, der, wenn niemand ihm Einhalt gebietet, schockartig in Profanierung umschlägt: eben jenen Katzenjammer, der die Tulpe so nüchtern zu sehen lehrte, wie sie in den Niederlanden zuvor kaum wahrgenommen worden war: als bloße Zierpflanze, deren Beschaffungsaufwand und Nutzen sich von nun an in konstant niedrigen Preisen artikulierte.

In der Tulpenmanie liegt der Fetischcharakter der Ware, dessen Geheimnis Marx umständlich zu lüften suchte, offen zutage. Sie macht anschaulich, daß der Wert einer Ware nicht mit ihren Natureigenschaften identisch ist, sondern das Resultat von Bewertungen; daß in Waren nicht dingliche Werte zirkulieren, sondern Wertschätzungsverhältnisse. Sie verrät aber noch mehr: Nicht jede Ware hat, sobald das Kräfteparallelogramm ihrer Bewertung für ihre dingliche Eigenschaft gehalten wird, auch schon Fetischcharakter. Nicht jede Verwechslung subjektiver Einstellungen mit objektiven Gegebenheiten wirkt automatisch fetischbildend. Fetischisierung ist lediglich ein Extremfall dieser Verwechslung. Da werden *höhere* Kräfte in ein Ding hineinprojiziert und dann für dessen genuine Eigenschaften gehalten. Daß Tulpen zur Zeit der niederländischen Tulpenmanie Fetischcharakter hatten, ist evident; aber daß auch jedem Fertiggericht, Shampoo oder Unterhemd automatisch ein Fetischcharakter «anklebt»,[23] sobald es als Ware für den Markt produziert wird, folgt daraus nicht, auch wenn die Reklame noch so verbissen versucht, ihrem Produkt diesen Charakter anzukleben. Nicht jedes profane Ding eignet sich zum Fetisch, und nicht jede Ware, die sich dazu eignet, wird auch einer. Sie muß nicht nur einen gewissen Anreiz dazu enthalten; sie muß ihn auch zur rechten Zeit am rechten Ort mit der richtigen Intensität ausstrahlen.[24] Ein sicheres Anzeichen dafür, daß die Fetischisierung einer Ware im Gang ist, empfängt man immer dann, wenn sich eine Spekulationsblase um sie bildet: eine Marktaura.

Nicht nur Blumenhändler ruinierten sich bei der niederländischen Tulpenspekulation; ihr Zusammenbruch wirkte sich auf den gesamten Handel aus. Viele waren schockiert, wie ein ganzes Land in eine solche Spirale hatte hineingeraten können. Und doch scheint sich dieses Erlebnis nicht unauslöschlich tief ins kollektive Gedächtnis der Niederlande eingegraben zu haben. Jedenfalls läßt de la Vega, dessen *Verwirrung der Verwirrungen* sich in allen Paradoxien und Absurditäten des Börsengeschehens seiner Zeit mit weitschweifigen historischen Exkursen ergeht, die Tulpenmanie unerwähnt, obwohl sie kaum ein halbes Jahrhundert zurücklag. Seine Motive dafür sind unklar; nur daß sich die Amsterdamer Börse von dem Debakel längst wieder erholt hatte, darf als sicher gelten. Aber Maßnahmen zur Eindämmung der Spekulation waren ausgeblieben. Allenfalls gab es nach der Tulpenmanie mehr Argwohn gegenüber schnellen Kurssteigerungen und größeres Interesse an Konsumgütern, die dauerhaften Absatz versprachen. Es wuchs die Neigung, nicht mehr nur in Schiffsladungen überhaupt oder generell in Genußmittel oder Textilien zu investieren, sondern gezielt in Pfeffer, Ingwer oder Safran, in Seide, Leinen oder Wolle. Und so spielte sich allmählich ein arbeits-

23 Marx 1979 [^{2}1872], 87

24 Bei der Fetischisierung von Waren geschieht im Kleinen, was bei der Religionsentstehung im Großen abläuft. Gewiß haben Buddha, Jesus oder Mohammed, jeder auf seine Weise, eine ganz besondere, schwer in Worte faßbare Ausstrahlung gehabt. Aber nur weil ihre Umgebung hochempfänglich dafür war, konnten sich Religionen um sie bilden.

teiliger Börsenbetrieb ein. Es trennten sich zwei große Segmente: Geld- und Naturalienbörse. Und die Naturalienbörse differenzierte sich weiter. Sie war übrigens nicht etwa der Ort, wo die Gewürze, Textilien oder Edelsteine selbst gestapelt lagen. Lediglich die Anteilsscheine dafür gingen dort von Hand zu Hand, und wer mit ihnen handelte, mußte die entsprechenden Waren selbst, die in separaten Gebäuden lagerten, gar nicht zu Gesicht bekommen. Insofern ging es an der Naturalienbörse nicht minder abstrakt zu als an der Geldbörse. An beiden kursierten lediglich Papiere. Dasjenige, wofür diese Papiere standen, befand sich außerhalb des Börsensaals.

Dennoch darf man mit gewissem Recht von abstrakteren und weniger abstrakten Papieren reden, und es gehört zur bis heute nachwirkenden Entstehungslogik der Börse, daß sie mit den abstraktesten begann: den indossierten Wechseln, die lediglich Geldbeträge repräsentierten, nicht Naturalien. Daß der Börsenhandel im Dunstkreis des Naturalienhandels begonnen und sich dann allmählich immer weiter davon entfernt habe, bis er im zwanzigsten Jahrhundert schließlich, abgekoppelt von allen Naturalien, nur noch in Geldderivaten um sich selbst kreiste: diese Geschichte, die in letzter Zeit oft erzählt wird, um die «widernatürliche» Verselbständigung der Börsen gegenüber der Sphäre der Gebrauchsgüter zu geißeln, ist ein Märchen. Zwar hat die Börse durchaus im Schoße des Naturalienhandels begonnen. Nur an den Orten der größten Warenstapel – Brügge, Antwerpen, Amsterdam – konnte sie gedeihen. Aber sie gedieh, indem sie sich um diesen ihren Mutterboden möglichst wenig kümmerte und um so emsiger betrieb, was er ihr ermöglichte: jenen kleinen Grenzverkehr zwischen Wechsel und Münze, bei dem die Naturalienhändler eher Zaungäste und Zubringer als Mitspieler waren – sowenig ohne ihr Zutun dieser Grenzverkehr je funktionsfähig geworden wäre.

Erst als sich herausstellte, daß sich nicht nur mit Wechseln handeln ließ, sondern auch mit Anteilsscheinen von Überseeunternehmungen, da begann die Börse sich angelegentlich um Naturalien zu «kümmern», freilich nur in dem Maße, wie geldträchtige Anteile an Naturaleigentum dabei winkten. Es ist also gerade andersherum gelaufen, als das moderne Börsenmärchen suggeriert. Die Börse hat auf dem Gipfel der damals möglichen Abstraktion angefangen, nämlich bei den Wechseln – und dabei die Abhängigkeit des Wechselverkehrs vom Gebrauchsgütermarkt nach Kräften ignoriert. Diese Ignoranz gehört zu ihrer Konstitution und haftet ihr an wie ein Muttermal, das sich im Laufe ihrer Geschichte, wie noch zu zeigen, immer wieder peinlich in Erinnerung gerufen hat. Von anfänglicher solider Verankerung im Gebrauchsgütermarkt und allmählichem Abdriften in die windige Sphäre der Wertpapiere kann keine Rede sein. Zwar hat sich die Börse schon bald nach ihrer Entstehung dem Gebrauchsgütermarkt zugeneigt, allerdings auf ihre Weise. Sie vollzog eine Hinwendung vom Abstrakteren zum Konkreteren: von Geld- zu Warenpapieren. Nur war das keine Hinwendung zur Natur, sondern ein Hineinsaugen des Gebrauchsgütermarkts in die Sphäre des Wertpapierumlaufs. In der scheinbaren Abkoppelung der Börsen vom Gebrauchsgütermarkt im ausgehenden zwanzigsten Jahrhundert – bei jedem Crash zeigt sich aufs neue, wie wenig die Abkopplung glückte – vollzieht sich weit eher eine hochtechnologisch betriebene Rückwendung zum Börsenursprung, ein «Rückgang in den Grund»,[25] als ein Vordringen in eine völlig neue historische Dimension.[26]

Intermezzo 4: Fernostgeld

Zwei venezianische Kaufleute, Nicolò und Maffeo Polo, waren im Jahre 1254 nach Konstantinopel gereist, was damals beinahe eine Kolonie Venedigs war, hatten sich dort günstig mit lukrativen Handelsgütern eingedeckt, beschlossen, sie östlich des Schwarzen Meers abzusetzen, gerieten in ein Kriegsgebiet, das ihnen den Rückweg nach Westen versperrte, gelangten, als sie es weiträumig umwandern wollten, in das Hoheitsgebiet eines tatarischen «Khans», und der fand einen solchen Gefallen an ihnen, daß er ihnen vorschlug, sie an den Hof des großen Kublai Khan, des Herrschers über ein Reich von Chinas Ostküste bis ans Schwarze Meer, zu begleiten – also nach Kambalu (Peking)! Das war eine einmalige Gelegenheit. Ein Jahr später waren sie dort. Kublai Khan war entzückt von den welterfahrenen, umgänglichen Kaufleuten, die sich sogar mit seiner Sprache vertraut gemacht hatten. Er erkundigte sich angelegentlich nach ihren europäisch-christlichen Sitten, Gepflogenheiten und Umständen. Was ihn am meisten daran faszinierte, war das Papsttum: daß die oberste Autorität der Christenheit sich auf keine Militärmacht stützte, während alle militärgestützten Mächte ihr huldigten. Den Zauber, der das vermochte, wollte er kennenler-

25 Hegel 1970 [1834], 70
26 Siehe unten, S. 363 f.

nen. Er beschloß, die Gebrüder Polo mit einer Botschaft an den Papst zu senden und ihn «zu bitten, dass er ihm hundert gelehrte Männer schicken möge, die durchaus vertraut seien sowohl mit den Grundsätzen der christlichen Religion als auch mit den sieben Wissenschaften und befähigt, den Gelehrten seines Reiches mit klugen und rechten Beweisgründen darzutun, dass der Glaube, zu dem sich die Christen bekennten, höher stehe und auf größerer Wahrheit beruhe als irgendein anderer». Zudem würde er sich freuen, wenn die Polos «bei ihrer Rückkehr etwas von dem heiligen Öl mitbringen wollten aus der Lampe, welche ewig brennt über dem Grabe unseres Herrn Jesu Christi».[27]

Sann Kublai Khan ernstlich darauf, Christ zu werden? Das war eher der Wunsch seiner christlichen Gäste als sein eigener. Ihn drängte es lediglich, das Wissen, die Magie kennenzulernen, auf die die päpstliche Autorität sich gründete, um daraus eine Stütze seiner eigenen Herrschaft zu machen. Die Polos wiederum hofften, diejenigen zu sein, die den mächtigsten irdischen Herrscher der Oberhoheit Roms zuführen würden. So machten sie sich bereitwillig als Abgesandte Kublai Khans an Papst Clemens IV. auf den Weg und versprachen, so bald als möglich mit den erbetenen Gelehrten samt heiligem Öl zurückzukehren. Drei Jahre brauchten sie allein bis zum Ostrand des Mittelmeers, und dort, nämlich in Akkon, der Kreuzfahrerfestung in der Nähe Jerusalems, erfuhren sie, daß Clemens IV. verstorben sei. Der päpstliche Legat in Akkon, ein gewisser Tebaldo de Vesconti aus Piacenza, riet ihnen, die Wahl des neuen Papstes abzuwarten, um *ihm* die Botschaft Kublais auszurichten, und so steuerten sie statt Rom erst einmal Venedig an. Im Jahre 1269, nach fünfzehn Jahren Abwesenheit, trafen sie dort wieder ein, und nun erst kommt derjenige ins Spiel, von dem wir dies alles wissen. Nicolò Polo hatte nämlich kurz vor seiner Abreise einen Sohn namens Marco gezeugt, und der, zu einem verständigen jungen Mann herangewachsen, schien Vater und Onkel sehr geeignet, sie auf der zweiten Reise nach Fernost zu begleiten.

Die Papstwahl verzögerte sich. Die Polos wurden unruhig; sie fürchteten die Ungnade Kublai Khans, wenn sie zu lange ausblieben, und so brachen sie 1271 – diesmal mit Marco – wieder auf, zunächst zum Legaten nach Akkon, der an ihrer Geschichte großen Anteil genommen hatte. Von ihm aus wollten sie, ausgestattet mit einem Beglaubigungsschreiben, heiligem Öl und begleitet von kompetenten Gelehrten, den langen Weg zu Kublai Khan antreten. An «Gelehrten» wurden ihnen allerdings nur zwei Franziskaner

27 Polo 2008, 48 f. Weitere Seitenzahlen im Text.

 geboten, die zudem bei der ersten Widrigkeit absprangen. Kaum aber waren die Polos abgereist, trafen Boten aus Rom beim Legaten ein, um ihm seine Wahl zum Papst mitzuteilen. Für einen kurzen Augenblick war Akkon so etwas wie ein Weltangelpunkt: die Drehscheibe zwischen Peking und Rom. Aus Tebaldo wurde Gregor X., ein Papst, der alsbald wie eine Klammer zwischen zwei Epochen wirken sollte. Er war der erste, der Kaufleute als Bankiers der Kurie einstellte, und der letzte, der ernsthaft auf einen Kreuzzug hinarbeitete.[28] Seine Eilboten holten die Polos ein. So bekamen sie doch noch eine päpstliche Beglaubigung mit auf den Weg zu Kublai Khan. Von dessen Bekehrung war freilich nicht mehr die Rede. Statt dessen stiegen die Polos zu hochangesehenen Beratern und Beamten an seinem Hof auf, vor allem Marco, der Jüngste.

Diesmal waren sie insgesamt fast fünfundzwanzig Jahre unterwegs, und es mutet wie ein Wunder an, daß sie alle drei wohlbehalten nach Venedig zurückkehrten. Übrigens mit relativ bescheidenen Reichtümern. Als Kaufleute waren sie nicht übermäßig erfolgreich. Und doch waren es ihre kaufmännische Erfahrung und Kultur – ihre Fähigkeit zu akribischer Buchführung, ihr Blick für gut Verkäufliches, ihr Sinn für ausgeglichenes Geben und Nehmen, ihr Augenmaß für das, was ein Herrscher Untergebenen abverlangen kann, ohne sie gegen ihn aufzubringen –, die ihnen eine singuläre Stellung in Kublai Khans Machtapparat verschafften. Womöglich hatte Marco noch mehr kaufmännisch-politisches Geschick als sein Vater und sein Onkel. Er muß schon auf der Hinreise ausgiebig Buch geführt haben, und zwar Tagebuch. Ohne schriftliche Gedächtnisstütze hätte er sich die unzähligen Besonderheiten, die ihm an der Natur und den Völkern der durchreisten Länder aufgefallen waren, schwerlich so detailliert merken können, wie sie in der *Beschreibung der Welt*, seinem Gesamtbericht von der großen Reise, ein Vierteljahrhundert später festgehalten sind. Sie werden dort aufgeführt wie in der kaufmännischen Buchführung Einnahmen und Ausgaben: mit kaum zu überbietender Nüchternheit. Landschaft, Klima, Pflanzen, Tiere werden wie Buchungsdaten vermerkt, Naturschönheiten (zum Beispiel von Pferden) durch hohe Verkaufspreise ausgedrückt.

28 Die Akkreditierung der Polos am Hof Kublai Khans hat ihn schwer beeindruckt. Als er wenig später beschloß, ebenfalls Kaufleute an seinen Hof zu ziehen, wird er das nicht getan haben, ohne an Kublai Khan zu denken. Das war gewiß nicht sein einziger Gedanke dabei, aber ein nicht zu unterschätzender. Was der Khan konnte, das mußte der Papst, auf den der Khan ja so große Stücke hielt, erst recht können.

Dennoch hat diese Nüchternheit auch eine weltoffene, geradezu tolerante Seite. Sie ist ohne jeden christlichen Eifer. Häufig kommt etwa das Wort «Götzenanbeter» vor, aber in den meisten Fällen fungiert es lediglich – man möchte fast sagen, ethnologisch-neutral – als Sammelbegriff für all die Völker, die keiner der drei monotheistischen Religionen angehören; nur selten schwingt dabei Herabsetzung mit. Auch die vielen befremdlichen Sitten und Gebräuche im Fernen Osten – Zauberei, Polygamie, Inzucht etc. – werden nur selten getadelt, meistens aber kommentarlos und knapp umrissen. Das Ganze liest sich wie ein permanentes *understatement*, als reichten Worte an das, was die Reisenden erlebt hatten, ohnehin nicht heran.

Bei zwei Themen allerdings weicht der Buchhaltergestus einer deutlich spürbaren emotionalen Beteiligung. Zum einen bei der Prachtentfaltung am Hofe Kublai Khans, dessen raffiniert gebauter Palast und üppige Feste die rückhaltlose Bewunderung des Autors erregen. Zum anderen bei den landesüblichen Zahlungsmitteln. Sie irritieren Marco Polo wie nichts sonst, gerade weil er durch und durch europäischer Geschäftsmann ist. Sie werden ihm nur in dem Maße verständlich, wie er sie in die ihm vertrauten Edelmetallquanten seiner venezianischen Heimat glaubt umrechnen zu können. Da ist zum Beispiel ein Land namens «Kaindu», dessen «größeres Geld» aus «Goldstangen» besteht, die «nach dem Gewicht, ohne irgend einen Stempel» gelten. Das «kleinere» Geld ist Salz. Man siedet es so, daß «eine Art Teig» entsteht, «welcher zu Kuchen zum Wert von zwei Pfennigen (denari) gebildet wird». Die Kuchen legt man «auf heiße Ziegeln an ein Feuer», «damit sie trocken und hart werden. Auf diese letztere Art Münze wird der Stempel des Kaisers gedrückt, und sie darf durch niemand anderes als seine eigenen Beamten bereitet werden. Achtzig Stück gelten einen Saggio[29] Gold.» (212) In der Provinz Karaian dienen die «weißen Porzellanmuscheln, die im Meer gefunden werden», als Geld, und die Leute «tragen dieselben auch als Schmuck um ihren Hals. Achtzig solcher Muscheln sind an Wert einem Silbersaggio oder zwei venezianischen Groschen gleich.» (214) In Thebeth wiederum wird «die Koralle [...] als Geld gebraucht»; «die Frauen tragen sie auch um den Hals und schmücken damit ihre Götzenbilder» (210). Korallen versucht Polo erst gar nicht umzurechnen, so fremd bleibt ihm ein Zahlungsmittel, das zugleich als Schmuck und dem Kult dient.

Was ihn jedoch am meisten umtreibt, ist «die Münze des Großkhans, von dem man in Wahrheit sagen kann, dass er das Geheimnis der Alchemisten

29 Eine halbe venezianische Unze

 besitze». «Er lässt die Schale von solchen Maulbeerbäumen abstreifen, deren Blätter zum Futter der Seidenwürmer dienen, und nimmt davon die dünnere innere Rinde [...]. Diese lässt er einweichen und darauf mit einem Mörser zerreiben, bis sie zu Brei geworden ist, daraus wird das Papier gemacht, welches dem, das aus Baumwolle verfertigt wird, gleicht, aber ganz schwarz ist. Ist dieses fertig, so wird es in Geldstücke von verschiedener Größe zerschnitten [...]. Von diesen gilt das kleinste einen kleinen Pfennig, dann ein etwas größeres einen venezianischen Silbergroschen, ein anderes zu zwei Groschen, dann zu fünf und zu zehn, [...] und all dieses Papier wird mit großem Gepräge und Aufsehen gemacht, als wenn es lauter lötig Silber und klares Gold wäre; denn auf jedes Stück schreiben eine Anzahl Beamte [...] nicht allein ihre Namen, sondern drücken auch ihr Siegel darauf», schließlich «taucht der oberste Münzmeister [...] das ihm anvertraute Siegel in Zinnober und stempelt damit das Stück Papier, so dass die Form des Siegels zinnoberrot darauf abgedruckt ist; auf diese Weise erhält es volle Kraft als gültige Münze, und wenn einer es nachmachen wollte, so würde er als Kapitalverbrecher bestraft werden. Wenn das in großer Masse so geprägte Papiergeld in allen Teilen der Reiche des Großkhans in Umlauf gesetzt worden, wagt niemand, bei Gefahr seines Lebens, sich zu weigern, es als Zahlung anzunehmen.» (179 f.)

Wechsel waren den Polos gewiß vertraut, zumal es in Konstantinopel genug venezianische Niederlassungen gab, wo man sie einlösen konnte. Aber Papiergeld als regelrechte Währung, und das ausgerechnet in China, wo mit venezianischen Wechseln nichts auszurichten war – wie sollte man das verstehen? Akuter Edelmetallmangel war offenbar nicht das Motiv dafür. Immer wieder erwähnt Polo die reichen Goldvorkommen des Landes. Warum denn Papiergeld, wenn genug Gold da ist? Mehr als Notgeld, als sporadischer Gold- und Silberersatz kann es doch nicht sein. So denkt der Venezianer. In Peking jedoch funktioniert Papiergeld offensichtlich dauerhaft und ohne Referenz auf Edelmetall. Die politische Zentralgewalt hat es in Umlauf gebracht, und die Leute akzeptieren es. Das bleibt für Polo ein alchimistisches Geheimnis. Dabei gibt er selbst den aufschlußreichen Hinweis, daß das Papier, um das es sich hier handelt, aus Maulbeerbaumrinde gewonnen ist. Und der Maulbeerbaum steht im alten China für die aufgehende Sonne. Sie heißt Hi Ho und hat – ähnlich wie in Griechenland Eos und in Rom Aurora – den Status einer eigenen Gottheit.[30] Zudem ist das Maulbeerblatt das Nahrungsmittel der Seidenraupe. Seide ist nicht nur der kost-

30 Cf. Münke 1976, 116 f.

barste chinesische Stoff, sondern auch verwandelte Maulbeerbaummasse. Das aus dieser Masse gewonnene Papier und Seide repräsentieren einander.

Man beginnt zu erahnen, daß das chinesische Papiergeld kultischen Ursprungs ist. Wie zufällig kommt es beim Ritus der Totenverbrennung vor, über den Marco Polo an anderer Stelle berichtet. Bei hochrangigen Hofbeamten verläuft er so: «Sie nehmen eine Menge Stück Papiers, das sie aus der Rinde eines gewissen Baumes verfertigen, auf welche Figuren von Männern, Weibern, Pferden, Kamelen sowie Geldstücke und Kleider gemalt sind, und verbrennen diese zugleich mit dem Leichnam, in der Überzeugung, dass in der anderen Welt der Verstorbene der Dienste und des Gebrauchs der Diener, des Viehs und aller der auf dem Papier abkonterfeiten Gegenstände sich zu erfreuen haben werde.» (103 f.) Ob die hier verbrannten Geldstücke «gemalt» waren oder ob es sich einfach um bedruckte Papiergeldscheine handelte, bleibt unklar. Ungeachtet dessen rangiert dieses Papier hier gewissermaßen als ein Astralstoff. Wie Silber den Mond und Gold die Sonne repräsentiert, so Maulbeerbaumpapier den Sonnenaufgang. Das bei Sonnenaufgang entfachte rituelle Feuer läßt sowohl den Toten in eine neue Welt «aufgehen» als auch alles, was ihm in Maulbeerbaumpapiergestalt beigegeben wird. Die Papierverbrennung ist bereits ein hochsublimer Akt. Ursprünglich dürfte hier der widerwärtige, in Asien weitverbreitete Brauch gestanden haben, beim Tode eines Granden auch seine ganze lebendige und leblose Habe den Flammen zu übergeben, wovon die indische Witwenverbrennung ein bis ins 20. Jahrhundert reichendes schändliches Überbleibsel ist. Papierene Bilder von Mensch und Tier zu verbrennen statt diese selbst, war ungleich humaner. Die Hoheitsgewänder der Verstorbenen – aus Seide, versteht sich – konnte man ja nach wie vor verbrennen, und daß gemeinsam mit ihren Gewändern auch ihr Papiergeld dahin mußte, deutet darauf hin, daß es ursprünglich ebenfalls zu den Hoheitszeichen bei Hofe gehört hatte. Eigens für die Hofbeamten, als Gegenleistung für ihre Dienste und zur Befriedigung ihrer privilegierten Bedürfnisse, war es gedruckt worden.

Wie sich in Griechenland die Gold- und Silbermünzen nicht auf die Polis beschränken ließen, deren Zeichen sie trugen, so das chinesische Papiergeld nicht auf den Kaiserhof. Es verbreitete sich offenbar weit darüber hinaus. Wie die griechische Münze ist es ein in den profanen Handel entlassener Sakralstoff. Die politische Zentralgewalt, die ihn mit ihren Zeichen bedruckt und in Umlauf gebracht hatte, konnte lediglich seine Gültigkeit als Währung garantieren. Ansonsten aber zog das Papiergeld seine eigenen, nicht vorhersehbaren Kreise, und da seine Empfänger nun zur Erfüllung ganz profaner Wünsche einen Stoff durch ihre Hände gleiten lassen durften, der noch die Aura des Sakralen atmete, faßten sie es nur allzugern an. Es fand eine Akzeptanz, die durch Militärgewalt allein nie erzwingbar gewesen wäre. Das ist die «Alchimie» der Papiergeldschöpfung, die die chinesischen Kaiser schon einige Jahrhunderte betrieben hatten, als die Mongolen einfielen. Dschingis und Kublai Khan haben sie übernommen, nicht erfunden.

Papiergeld ist nicht gleich Papiergeld. Das chinesische war dermaßen anders als dasjenige, welches sich in Europa in Gestalt des Wechsels anbahnte, daß Marco Polo zwischen beiden noch gar keinen Zusammenhang herzustellen vermochte. Er war, wie alle christlichen Geschäftsleute seiner Zeit, edelmetallfixiert. Nur Gold oder Silber waren «eigentliches» Geld, alles andere war Not- oder Hilfsgeld und in Silber oder Gold umzurechnen. Natürlich teilte er die Auffassung, daß kein Münzbetrag zur Erlangung der göttlichen Gnade genügt. Daß Münzen jedoch über kurz oder lang nicht einmal mehr genügen würden, um den ganz irdischen Zahlungsverkehr abzuwickeln, das wußte er noch nicht. Zwei Jahrhunderte später hingegen wurde das absehbar, und es ergab sich eine Konstellation, in der Marco Polos Buch eine unerhört folgenreiche Spätzündung auslöste.

Doch was für ein «Buch» war das eigentlich? Fast so abenteuerlich wie die Reise der Polos nach Fernost sind nämlich die Umstände, unter denen sie aufgezeichnet wurde. 1295 waren sie zurückgekehrt. Wenig später brach Krieg zwischen Venedig und Genua aus. Marco beteiligte sich am Feldzug und geriet in Genua in Gefangenschaft. Dort traf er auf einen Mitgefangenen, einen Schriftsteller namens Rustichello, und der war es, der Polos Erinnerungen, wahrscheinlich einer Mischung von schriftlichen Aufzeichnungen und mündlichen Erzählungen, überhaupt erst Buchform gab. Was ist daran O-Ton Polo, was Zutat von Rustichello? Das läßt sich kaum mehr entwirren, zumal Polos Erinnerungen selbst schon alles andere als homogen waren. Selbsterlebtes, mit der Präzision eines aufmerksamen Augenzeugen berichtet, und vage Kolportiertes gehen darin durcheinander, und es ist ausgerechnet eine vage und marginale Textpassage, die zu besonderer Prominenz gelangt ist – eine, die buchstäblich den Rand der Poloschen Expedition markiert.

Kein Europäer war zuvor so weit nach Osten vorgedrungen wie die Polos, aber etwas war auch ihnen unerreichbar geblieben: Cipango (Japan). Kublai Khan versuchte vergeblich, es zu erobern. Während seine Truppen unverrichteter Dinge zurückkamen, wurde das Land um so mehr von der Phantasie derer besetzt, denen es versperrt blieb. Marco Polo sog die Gerüchte um Cipango förmlich auf. «Sie haben Gold im größten Überfluss», und «nach dem, was uns von denen erzählt worden ist, die Zutritt zum Palast haben», sehe es dort so aus: «Das ganze Dach ist mit Gold plattiert, gerade so wie wir die Häuser oder richtiger die Kirchen mit Blei decken. Das Täfelwerk in den Sälen ist von demselben köstlichen Metall; viele Zimmer haben kleine Tische, die von dickem, massivem Gold gearbeitet sind, und die Fenster haben auch goldene Verzierungen. So ungeheuer sind die Reichtümer des Palastes, dass es unmöglich ist, sich davon eine Idee zu machen.» (276 f.)

Diese Sätze wurden in irgendeinem genueser Verlies aufgeschrieben, und es war wiederum ein Genuese, durch den sie zwei Jahrhunderte später Weltkarriere machten: Christoph Kolumbus. Er war ein faszinierter Leser der *Beschreibung der Welt* und gewann den Eindruck, daß die Zeit zur Eroberung Cipangos reif geworden sei. Drei epochale Neuigkeiten sollten ihm dabei helfen: der Kompaß, mit dem man sich auf offenem Meer orientieren konnte; Feuerwaffen, die sich ebenso auf Schiffen wie zu Lande stationieren ließen; und der dringende Verdacht, daß die Erde annähernd Kugelform habe. Wenn letzteres stimmte, dann mußte Cipango auch von Westen aus erreichbar sein. Mit unglaublicher Zähigkeit erbat Kolumbus vom spanischen König wohlausgerüstete Schiffe, um diesen Westweg zu erkunden, und als der König schließlich einwilligte, da hatte Europa ein neues Gelobtes Land. Nicht Unterjochte zogen dahin aus wie einst Israel aus der ägyptischen Knechtschaft, sondern Abgesandte europäischer Großmächte, und zwar nicht, um sich dort bei «Milch und Honig» friedlich niederzulassen, sondern um dort das Heilige Kreuz und das Banner ihres Königs aufzupflanzen und um *von* dort alles herbeizuschaffen, was ihre Herrscherhäuser bereichern könnte, in erster Linie Gold.

Nicht, daß Kolumbus persönlich nur Gold gesehen hätte. Sein Schiffstagebuch zeugt von einem wachen Blick für die landschaftliche Schönheit der von ihm entdeckten Inseln, für die Zartheit und Friedlichkeit ihrer Bewohner, die Besonderheiten ihrer Flora und Fauna. Dennoch wurde jede dieser Inseln, zumal auf seiner ersten Westfahrt, nur unter zwei erkenntnisleitenden Fragen angesteuert: Ist das Cipango? Wo ist das Gold?[31] Und damit war absehbar: Marco Polos Cipango würde, wenn man es denn wirklich beträte, umgehend den Zauber des Gelobten Landes verlieren und sich in ein ganz gemeines europäisches Rohstofflager verwandeln. Freilich traf man nie auf Cipango selbst, immer nur auf seine Vorposten, und fand auch immer nur den Vorschein der Goldmengen, die Cipango bergen sollte. Aber immerhin;

31 Columbus 1980, 21 ff.

 Kolumbus kam ähnlich zurück wie einst die Kundschafter des Mose[32]: mit der Gewißheit, daß das Gelobte Land erreichbar sei, und mit reichlich Vorzeichen dafür, daß man ihm zum Greifen nahe gekommen war. Seine Schiffe bargen reichlich Mitbringsel von den befahrenen Inseln: Gold, Gewürze, Pflanzen und Tiere. Sogar einige Menschen hatte er mitgenommen,[33] um zu sehen, wie sie sich in Europa entwickeln würden. Sie gingen jämmerlich ein. Das schmälerte den überwältigenden Erfolg von Kolumbus' erster großer Westreise nicht im geringsten. Im Gegenteil; das Verlangen nach weiteren Reisen war geweckt.

Goldgier gab es mindestens seit der Bronzezeit. Aber durch Goldgier globale Zusammenhänge herzustellen, das war neu – und treibende Kraft dabei ausgerechnet eine Kultur, die sich rühmte, dem Gold alle kultischen Qualitäten abgesprochen zu haben. Der biblische Monotheismus hatte sich strikt von jeglicher Astralreligion abgekehrt. Gestirne waren keine Gottheiten, sondern «Lichter», die der einzig wahre Gott am Firmament befestigt hatte,[34] und die ihnen zugeordneten Edelmetalle waren profane Erdstoffe ohne jegliche eigene Zauberkraft. Amulette aus ihnen machen oder gar ein goldenes Kalb war ein Sakrileg. Doch eines gestattete die christliche Theologie weiterhin: Edelmetalle als irdischen Widerschein des überirdischen göttlichen Lichts zu erachten. Eigentlich nahm sie damit ja nur den platonischen Gedanken auf, daß die vergänglichen physischen Dinge Abbilder metaphysischer Ideen seien, und gab ihm eine christliche Wendung. Aber diese Wendung hatte es in sich. Sie öffnete der als Götzendienst verbannten Metallverehrung die Hintertür, durch die sie wiederkehren konnte. Wurde Gott nicht um so mehr geehrt, je mehr er im Widerschein irdischer Dinge erstrahlte? Das jeweilige Ding blieb dabei ganz profan; als Reflektor des göttlichen Lichts wurde es gleichwohl zur gottgefälligen Kostbarkeit. Und so konnten Gold, Juwelen, Marmor, all die Stoffe, die beim Bau großer Kirchen auf kunstvolle Weise zusammenkamen, den Status von Indikatoren besonderer Gottzugewandtheit und Frömmigkeit gewinnen.[35] Hatten sie diesen Status aber erreicht, waren sie unangreifbar. Immer konnte man behaupten, sie dienten einzig dazu, das irdische Sinnen und Trachten auf

32 Numeri 13

33 Columbus 1980, 28

34 Genesis 1,16

35 Genau so hat Abt Suger von St.-Denis gedacht, der Pionier des gotischen Kathedralenbaus und Stellvertreter Ludwigs VII., als sich dieser auf den zweiten Kreuzzug begab. Cf. Panofsky 1996, 125 ff.; besonders 142

das göttliche Licht und seine rettende Kraft zu lenken, auch wenn sich das Verhältnis längst umgekehrt hatte und das göttliche Licht nur noch ein dürftiger Vorwand dafür war, möglichst viele dieser Kostbarkeiten zusammenzuraffen und ganz irdisch auszukosten.

Diese Verkehrung von Mittel und Zweck war vom Papsttum zu Avignon bereits bestens erprobt worden. Durch die Entdeckungsfahrten nach «Indien» (und Cipango galt als östlichste indische Insel) gelangte sie in die «neue Welt». Aufgeklärte, wißbegierige Seeleute, Pioniere neuzeitlicher Wissenschaft, für die Gold kein Zauberding, sondern ein ganz profaner Stoff war: gerade sie luden das Gold mit einer Wertschätzung auf, wie es keine Astralreligion getan hatte. Erst das profane Gold, das bloß noch als universales Mittel fungierte, sei es zum Warentausch, zum Schmuck oder zur Verherrlichung des christlichen Gottes, war tief genug gesunken, um zum universalen Zweck aufzusteigen und der Astralreligion ein postumes Revival ohnegleichen zu bescheren. Selbstredend im Modus der Verneinung. Kolumbus und seine Nachfolger betrieben diese Verneinung bis zur Neige. Nein, man brachte auf diesen Fahrten ja nur den Naturvölkern das sie rettende göttliche Licht, man handelte im Sinne des biblischen Missionsbefehls,[36] und das Gold, was dabei abfiel, war nur der gerechte Lohn für all die Anstrengungen und Gefahren, die man dafür auf sich genommen hatte, und der gebührende Dank an die allerchristlichsten königlichen Auftraggeber.

Kolumbus' offenkundige Goldgier behielt stets diesen christlichen Anstrich. Bis auf seine letzte Reise. Von der schrieb er jenen denkwürdigen Brief, worin der Anstrich abbröckelte und die Verneinung nicht länger dichthielt. Ein persönliches Geständnis brach sich Bahn. «Genuesen, Venezianer und alle, die Perlen, Edelsteine und andere Wertsachen haben, führen alles bis ans Ende der Welt, um es zu tauschen, um es in Gold zu konvertieren. Das Gold ist die Höhe; aus Gold läßt sich ein Schatz machen; wer es hat, macht damit in dieser Welt alles, was er will, er führt sogar die Seelen ins Paradies.»[37] Was die christliche Lehre jahrhundertelang gebetsmühlenhaft dementiert hatte, hier wird es offen gesagt: Wenn Gold wirklich allgemeines Äquivalent ist, dann ist schlechterdings alles dafür feil, auch «das Paradies». Als universales Mittel steht Gold noch über der ewigen Seligkeit. Es tritt selbst die Stelle des Höchsten an.

36 «Gehet hin und lehret alle Völker und taufet sie im Namen des Vaters, des Sohnes und des Heiligen Geistes und lehret sie halten alles, was ich euch befohlen habe.» (Matthäus 28,19 f.)

37 Colombo 1986, 156 (eigene Übersetzung)

Kolumbus' briefliches Geständnis ist das Wahrzeichen einer Epochenwende. In einer Zeit, wo die christliche Lehre und ihre Institutionen drastisch an Glaubwürdigkeit verloren, boten sich Edelmetalle geradezu als Retter in der Not an. Einerseits hörten sie nicht auf, Widerschein des Himmlischen zu sein, egal, ob das, was sich in ihnen reflektierte, wirklich die alleinseligmachende Kraft des christlichen Licht war oder nur die orientierende Kraft der Gestirne, die im Zeitalter von Kompaß und Überseeschiffahrt zudem eine neue, ganz praktische Relevanz gewann. Edelmetalle erwiesen sich also als konfessionsneutraler und glaubenskrisenfester Abglanz höherer Mächte. Andrerseits wuchs ihnen etwas Neues zu: eine nie gekannte soziale Unentbehrlichkeit. Als geistliche und weltliche Fürsten, Bankiers und Großkaufleute feststellten, daß ohne Münzen geschäftlich nichts mehr ging, aber der Geldmangel um so größer wurde, je mehr Münzen in Umlauf kamen, da erst setzte die große Refetischisierung der Edelmetalle ein, die in der tollkühnen Überseeschiffahrt der Spanier und Portugiesen, wenig später dann auch der Niederländer und Engländer ihren beredtesten Ausdruck fand.

Daß Gold das edelste der Edelmetalle sei, ungefähr zwölf- bis sechzehnmal teurer als Silber, je nach Marktlage, blieb dabei stillschweigender Konsens, auch wenn dessen astrale Grundlage weitgehend vergessen war: daß ein Jahresumlauf der Sonne 13⅓ Mondumläufen entspricht. Gerade dies Vergessene erlebte nun aber eine unterschwellige Wiederkehr. Wo die christlichen Glaubensgewißheiten bröckelten, kam deren astralreligiöse Unterschicht wieder zum Vorschein – in Gestalt von Gewißheiten, die sich nicht mehr verbal ausdrückten, sondern sich in den Wahrnehmungsstandards und dem Gefühlshaushalt der abendländischen Kultur abgelagert hatten: als ein ästhetischer Bodensatz aus der Bronzezeit, dem nun noch einmal eine neue Karriere beschieden war. Er sollte sich alsbald als fähig erweisen, über alle Konfessionsstreitigkeiten des Christentums, aber auch alle Konflikte zwischen den Hochreligionen hinweg eine globale Verständigungsgrundlage für Handel und Gewinn zu bieten.

Banknoten

«Die Folgen der Entdeckung Amerikas für das Wirtschaftsleben der europäischen Völker traten nicht nur in der Verschiebung der Welthandelsstraßen sowie im Aufschwung des Überseehandels zutage, sondern auch in einer ungeheuren Vermehrung der in Europa umlaufenden Gold- und Silbermengen durch die aus Amerika strömenden Edelmetalle. [...] Die durchschnittliche Jahresproduktion der Welt stieg von 90 000 kg Silber 1521–1544 auf 419 000 kg 1581–1600.» Es «wurde im Laufe des 16. Jahrhunderts (1493–1600), nach Soetbeers Berechnungen, gegen 23 Mill. kg Silber und 755 000 kg gewonnen». Umgerechnet waren das «über 7½ Milliarden G. M. [= Goldmark] gegen zwei Milliarden um die Wende des 15. Jahrhunderts».[38]

Und das war erst der Anfang. Es war zwar weder Cipango noch Indien, was man entdeckt hatte, sondern lediglich Amerika, und die Expeditionen dorthin, die sich nach Kolumbus' Pionierfahrten geradezu routinemäßig einspielten, stießen auf mehr Silber als Gold. Aber war Silber nicht bloß ein etwas minderes, bleicheres Gold, das fast ebenso gute Münzen hergab? Jedenfalls ließ sich die Goldgier unschwer auf Silber verschieben. Und so verlief die Edelmetallgewinnung wie im Fieber. Ein großer Teil der indigenen Bevölkerung wurde zur Arbeit in die Minen von Mexiko, Bolivien und Peru getrieben und regelrecht verschlissen. Dabei war den beiden großen Auftraggebern, der spanischen und der portugiesischen Krone, das Phänomen des Wertpapierhandels durchaus nicht unbekannt. Ihre Faktoren gehörten geradezu zum Stadtbild von Antwerpen. Dort ließen sie kaum etwas unversucht, um gegen Schuldscheine möglichst große Vorschüsse für ihre Majestäten einzuhandeln. Man mußte ihnen nicht erst erklären, daß Edelmetalltransporte beschwerlich sind, Wertpapiere hingegen viel leichter kursieren und überall helfen können, wo Münzen nicht ausreichend zur Hand sind. Doch das löste sie nicht aus ihrer Fixierung auf Edelmetall. Sie vermochten Wertpapiere nur als unvermeidliches Not- und Überbrückungsgeld zu erachten, nie als Geld an sich. Dafür kamen im sechzehnten Jahrhundert ausschließlich Gold- und Silbermünzen in Betracht. Niemand erahnte im um sich greifenden Wertpapierhandel einen Abgesang auf den Münzverkehr, niemand nahm die Börse als Argument dafür, von den aufwendigen, beschwerlichen Edelmetalltransporten aus Amerika besser die Finger zu lassen und nur noch mit papierenen Zahlungsmitteln zu hantieren. Im Gegenteil: Da Wertpapiere einen Mangel an Münzen anzeigten, schien es um so dringlicher, so viele wie irgend möglich zusammenzuraffen.

38 Kulischer, 1988 b, 329

Mit dem Gold- und Silberfieber, das die Edelmetallvorräte Amerikas auslösten, begann der finale Höhenflug der Münzepoche – und ihr Ausverkauf. Denn es kam nun zwar unerhört viel Gold und Silber nach Europa, aber nie genug. Die Königshäuser, die begierig auf das Eintreffen neuer Transporte warteten, waren ja tief verschuldet. Von dem Gold und Silber, das etwa in Spanien einlief, ging vergleichsweise wenig in Prachtbauten und höfischen Luxus; noch weniger in den kaum entwickelten heimischen Handel; beim einfachen Volk kam so gut wie nichts an. Das meiste ging weiter an die Gläubiger in den großen oberdeutschen und oberitalienischen Handelshäusern und ihren weitverstreuten Filialen – oder direkt in die Bezahlung der Armeen. So war die Verschuldung der spanischen Krone sowohl ein permanenter Antrieb, der die amerikanischen Gold- und Silberquellen ansog, als auch der Verteiler, über den sie, wie durch eine Gießkanne, auf die verschiedenen großen und kleineren europäischen Märkte flossen. Die Länder des größten Edelmetalldurchlaufs – Spanien und Portugal – waren auch die aussichtsreichsten Anwärter auf eine dramatische Verarmung, sobald der Durchlauf stocken oder versiegen würde.

Andere Länder waren weniger abhängig von der amerikanischen Edelmetallzufuhr. Zwar war auch die englische Krone, seit sie für den Hundertjährigen Krieg mit Frankreich in Florenz Kredite aufgenommen hatte, permanent verschuldet. Doch hatte England ein nicht hoch genug zu schätzendes Gegengewicht: ein breitgestreutes, fleißiges, puritanisch grundiertes Bürgertum. Es erzielte durch seine entwickelte Metall- und Wollverarbeitung im In- und Ausland dauerhaft Einkünfte, von denen mittel- oder unmittelbar auch die Krone profitierte. Und so kamen nicht von ungefähr aus diesem Bürgertum zwei Impulse, die das Verhältnis von Münz- und Papiergeld entscheidend änderten.

Der erste Impuls ging von den Londoner Goldschmieden aus. Im siebzehnten Jahrhundert, als immer noch viel entwurzelte Landbevölkerung in den Schmelztiegel der Metropole drängte, als ganz England von anhaltenden Konfessions- und Bürgerkriegen heimgesucht wurde und Unsicherheit und Mißtrauen in jede Ritze des urbanen Alltagslebens krochen, da erwarben sich ausgerechnet die Goldschmiede den Ruf, ein Bollwerk der Zuverlässigkeit zu sein und wie nichts sonst gegen die Tücken des Münzverkehrs zu schützen. Wechsel waren zwar riskanter als Münzen, boten aber jeweils nur zwei Möglichkeiten: Entweder sie waren echt oder gefälscht, gedeckt oder ungedeckt. Bei Münzen gab es zwischen echt und unecht einen weiten Spielraum. Hatten sie wirklich so viel Gewicht und Metallgehalt wie vorgeschrieben? Oder hatte sie jemand mutwillig verkleinert, etwa ihren Rand, einmal rundherum, beschnitten und die Späne einbehalten? War ihrer Silber- oder Goldmasse vielleicht Kupfer oder Blei beigemischt, und wenn ja, nur eine Prise oder eine ganze Menge?

Solche Fragen haben die Münzherstellung seit ihren Anfängen begleitet. Münzprägestätten waren stets Orte der Versuchung, weniger Edelmetall in Umlauf zu bringen, als die Münzen enthalten sollten. Aber erst die notorische fürstliche Geldnot zu Beginn der Neuzeit hat den Münzbetrug zu einer unverhohlenen fiskalischen Maßnahme werden lassen. Ein Staat, der untergewichtige, gepantschte Münzen ausgab, konnte mehr Edelmetall zurückbehalten sowie mehr Münzen prägen, als die jeweilige Gold- oder Silbermasse eigentlich hergeben durfte. Aber er säte auch Mißtrauen. Seine Münzen verloren an Kaufkraft. Die Händler wollten mehr davon für gleiche Warenmengen. Die Preise stiegen. Auch die Steuereinnahmen bestanden aus jenen schlechten Münzen, die der Staat ausgab. Er nahm zwar mehr Geld ein, konnte damit aber weniger beschicken. Seine Schulden verringerten sich zwar, wenn sie in schlechter Münze gezahlt wurden, aber ob und in welchem Maße sich die Gläubiger auf solche Münzen einlassen würden, stand dahin. Münzverschlechterung war zwar eine ständige Praktik zur kurzfristigen Aufbesserung der fürstlichen Finanzlage, aber durchaus nicht der Königsweg aus der Staatsverschuldung. Hingegen war sie ein Wink an die Untertanen, genau das zu tun, was die Staatsmacht ihnen vorexerzierte: die Münzen auf eigene Faust zu verschlechtern, wo immer es ging – auch wenn es streng verboten war.

Im Zuge einer solchen Abwärtsspirale der englischen Münzpolitik kam es im siebzehnten Jahrhundert zum Aufstieg der Goldschmiede. Sie waren nicht nur Fachleute für Edelmetall, sondern auch Inhaber von Kellern und Gewölben, worin es sicher lagern konnte. Reiche Bürger begannen bei den Goldschmieden ihre Vorräte an Gold- und Silbermünzen zu deponieren, um sie rein zu erhalten, bekamen Quittungen dafür – sogenannte *Goldsmith notes* – und gingen dazu über, mit diesen «Noten» ihre Geschäfte abzuwickeln statt mit den Münzen selbst. Das steigende Vertrauen in die Goldschmiede hatte eine architektonische Basis; es gründete sich darauf, daß der Goldschmiedkeller im schwersten Sinne des Wortes ein *Safe* war: der letzte Hort der Edelmetallreinheit, den der Münzumlauf in Zeiten des Staatsbetrugs noch übriggelassen hatte. Wer eine «Note» annahm, unterstellte, sich jederzeit den entsprechenden Betrag in reinster Münze beim genannten Goldschmied abholen zu können. Das Interesse an den neuen Safes wuchs derart, daß viele Goldschmiede bald nur noch das Einlagerungsgeschäft betrieben. Aus den *Goldsmith notes* wurden *banker's notes*, und von denen waren bald mehr in Umlauf, als Münzen im Safe lagen, denn die Goldschmied-Bankiers begannen, wie all ihre Vorgänger im Bankgeschäft, auch mit den Einlagen selbst Geschäfte zu machen. Sie gingen zum Prinzip der Teildeckung über. Es würden schon nicht alle Kunden zugleich ihre Einlagen zurückfordern. Diese Hoffnung bahnte auch unter den neuen Bankiers so manchen Bankrott an.

Die ersten Banknoten waren Notgeld, nicht anders als einst die Wechsel, die sich zwischen mittelalterlichen Handelshäusern einspielten, oder auch die *tokens*, jenes Kleingeld aus Kupfer, Blei, Zinn oder gar Leder, das Londoner Kaufleute eigenmächtig in Umlauf brachten. Nur daß die «Not» jedesmal eine andere war; bei den Wechseln der beschwerliche Münztransport, bei den *tokens* der Druck, eine städtische Bevölkerungsschicht in die Geldwirtschaft hineinzuziehen, die zu arm war, um an Gold- oder Silbermünzen zu gelangen. Bei den Banknoten war es die Münzverschlechterung. In jedem dieser Fälle aber handelte es sich um eine Selbsthilfemaßnahme wohlhabender Bürger zur Gewährleistung ihres Geschäftserfolgs. Im Fall der Banknoten nahm diese Maßnahme fast schon den Charakter politischen Protests an. Wir lassen uns den staatlich verordneten Münzverfall nicht länger bieten, war ihr Tenor; wir unterlaufen ihn, indem wir auf eine Art von Papier ausweichen, das glaubwürdig die Stelle jener «reinen» Münzen vertritt, die es im realen Geldumlauf kaum mehr gibt. Insofern bekamen die Banknoten ein geradezu moralisches Ansehen. Sie kamen im Namen der Reinheit daher. Zwar blieben auch sie münzfixiert. Sie waren nichts ohne die Münzmenge, auf die sie ausgestellt waren. Dennoch wurden sie, zumal im Inland, den real existierenden Münzen vielfach vorgezogen. Warum sollte man sie gegen zweifelhaftes Metall eintauschen? Es genügte zu wissen, daß ihr Metalläquivalent in einem Safe lag.

Und noch etwas kam ihnen zugute: Das Indossament entfiel. Die Noten wurden weitergegeben wie Münzen – ohne neuen Eigentümervermerk, wenn sie in andere Hände übergingen, und ohne daß man ständig auf den günstigsten Moment für ihre Einlösung in Münzen lauern mußte. So begannen die Noten ein Ideal darzustellen, hinter dem die meisten kursierenden Münzen schmählich zurückblieben. Das verschaffte ihnen ein Maß an Achtung und Eigenständigkeit, das kein papierener Repräsentant von Münzen zuvor erreicht hatte. Und erst auf diesem Niveau konnte der zweite große Impuls wirksam werden, der vom englischen Bürgertum auf das Papiergeld ausging: die Gründung der *Bank of England.*

Dazu mußte wieder einmal Krieg sein, allerdings ein Krieg, den nicht nur der König wollte, sondern auch eine breite Schicht des Volkes, zumindest des Bürgertums. Nachdem das mehrheitlich anglikanische und puritanische England fast ein Jahrhundert lang mit einem katholischen Königshaus, den Stuarts, im Dauerkonflikt gelegen und nach vielem Hin und Her den letzten Stuart, Jakob II., vertrieben hatte, hatte das Parlament dessen Schwiegersohn, Wilhelm von Oranien, ins Land gerufen. Im Jahr 1688 setzte er aus den Niederlanden mit einem Heer auf die Britische Insel über, rieb die restlichen Stuart-Truppen auf, wurde von der Bevölkerung begeistert empfangen – *Glorious Revolution* hieß seine Invasion seither – und akzeptierte die *Declaration of Rights*, die ihm das Unterhaus zum Regierungsantritt vorlegte. Und während die Stuarts sich nicht gescheut hatten, gegen ihre nichtkatholischen Untertanen mit dem katholischen Frankreich zu paktieren, wohin auch Jakob II. geflohen war, fand der neue König Wilhelm III. den Seekrieg gegen Frankreich zur Sicherung des Ärmelkanals unerläßlich und bekam dafür großen, nahezu einhelligen Beifall. Nur waren die Staatsfinanzen für dieses Kriegsvorhaben viel zu zerrüttet. Da taten sich 1694 reiche Kaufleute unter der Initiative eines gewissen William Patterson zusammen und boten dem König eine Anleihe von 1,2 Millionen Pfund Sterling zu 8 % Zinsen an, wenn sie dafür das Recht erhielten, eine Aktiengesellschaft zu gründen, die befugt sei, in Höhe dieser Anleihe Banknoten auszugeben und damit Bankgeschäfte zu treiben. Der König willigte ein. So entstand ein Privatunternehmen namens *The Governor and Company of the Bank of England* – die erste moderne Zentralbank.

Ihre Gründung hatte ein niederländisches Vorspiel. Wilhelm hätte in England nicht landen können, hätten ihm die niederländischen Generalstände nicht zuvor Geld und Truppen bewilligt. Aber das allein reichte nicht. Francisco Lopez Suasso, einer der mächtigsten

 Bankiers der Niederlande, schoß Wilhelm für sein militärisches Unternehmen zwei Millionen Gulden vor, verlangte dafür weder Quittung noch Zinsen, sondern soll lediglich gesagt haben: «Wenn es gelingt, so bin ich überzeugt, daß mir diese Summe zurückgegeben werden soll. Wenn es mißlingt, nun, dann soll sie für mich verloren sein.»[39] Das ist auf die späteren Gründer der Bank von England nicht ohne Eindruck geblieben. Für Kaufleute, die reich genug waren, um durch ein Millionendarlehen an ein Königshaus nicht zu verarmen, konnte es im Zeitalter der sich formierenden Nationalstaaten offenbar noch andere Ziele geben, als Geliehenes plus Zinsen fristgemäß zurückzubekommen. Man mußte ja nicht gleich so großzügig sein wie Suasso, dessen spektakuläres Darlehen an Wilhelm von einem tiefen Assimilationswunsch beseelt war. Als sephardischer Jude sehnte er sich danach, im Hause Oranien Heimstatt und Anerkennung zu finden. Die Gründer der Bank von England hegten solche Wünsche nicht; aber wie Suasso erachteten auch sie ihr Darlehen an Wilhelm als eine Investition, die anders rentieren sollte als durch Rückzahlung.

Faktisch gaben sie ihre Anleihe schon bei deren Ausgabe im wesentlichen verloren. Sie rechneten nicht ernsthaft mit Rückzahlungen der Krone. Sie lieferten mit den 1,2 Millionen Pfund also den Staatsbankrott gleich mit und setzten statt dessen auf das, was er ihnen einbringen sollte: eine neue Dimension des Geschäfts, worin *banker's notes* als regelrechtes Geld anerkannt waren und nicht mehr bloß als dessen Ersatz oder Repräsentant kursierten. Und dieses neue Geld zog seinerseits Geld an. Jede Gebühr, die die Bank für die Ausgabe der neuen Noten einstrich, jeder Zins, den sie für vorgestreckte Noten erhob, jede Transaktion, die sie kostenpflichtig für ihre Kunden ausführte, steuerte zur Tilgung der dem König geliehenen Summe bei. Faktisch zahlten die Bankkunden für den König – in einer Währung, die sich eigentlich durch die Tilgung der auf ihren Scheinen verzeichneten Schuld überflüssig machen sollte. Natürlich tat sie das Gegenteil. Sie bekam durch ihren Umlauf ständig Zuwachs. Zwar beglichen die Bankkunden bei allen Transaktionen immer auch Königsschuld, aber ihre Zahlungen an die Bank waren nicht an die Darlehenssumme gekoppelt. Selbst wenn sie abbezahlt sein sollte, blieben die Gebühren und Zinsen für Bankkunden bestehen.

39 Koenen 1843, 208 f.

Zentralbankgründung

Die Bank von England erhob sich wie Phönix aus der Asche. Sie ging aus einem Staatsbankrott hervor und etablierte dabei eine neue Geldontologie. Noten sollten nunmehr kursieren, *als ob* sie Münzen wären; zwar nur, sofern sie durch Münzen gedeckt waren, aber doch so, daß das Gedeckte (Noten) und die Deckung (Münzen) gleichen Rang hatten. Bis anhin war im europäischen Raum nur Edelmetall als Geldsubstanz in Betracht gekommen; bedrucktes Papier, das in Gestalt von Schuldscheinen und Wechseln eine bestimmte Menge geprägten Edelmetalls versprach, war nur «Hinzukommendes» gewesen, sozusagen die Hilfstruppe der Geldsubstanz oder, philosophisch gesprochen, ihr Akzidens. Nun wurde gleicher Seinsstatus für sie reklamiert – so wie eine Adoption das tut, wenn ein Älterer einen Jüngeren in sein Erbe einsetzt und ihm alle Befugnisse verleiht, als ob er sein leiblicher Sohn wäre.

Eine solche Adoptionsontologie ist in der frühchristlichen Theologie schon einmal umgegangen. Wie konnte Jesus als bloßer Mensch dennoch Gottes Sohn sein? Gott hat ihn durch Auferweckung und Erhöhung adoptiert, war die Antwort, so daß er nun so rettend für uns wirken kann, als ob er Gott selbst wäre. Den Cheftheologen der damaligen Zeit war dieses Als-ob zuwenig; sie verwarfen den Adoptianismus.[40] Um die Erlösung der Menschheit zu suggerieren, mag er tatsächlich ungenügend gewesen sein. Für die Einlösung profaner Zahlungsmittel bot er hingegen eine elegante Lösung. Und so ist er bei der Gründung der Bank von England unerkannt auf fremdem Gebiet zurückgekehrt, ohne jeden theoretischen Überbau, einfach nur als praktische Maßnahme: Noten zu nehmen, als ob sie Münzen gleich wären, und zwar ganz konkret jenen 1,2 Millionen Pfund Sterling, die ein Kaufmannskonsortium aus vielen privaten Safes eingesammelt hatte.

Die Noten waren also durch real existierende Münzen gedeckt. In gewisser Hinsicht waren sie es aber auch nicht, waren die Münzen doch jemandem geliehen worden, der ihrer dringend bedurfte, um damit Kriegsausrüstung und Söldner zu bezahlen. Die 1,2 Millionen

40 Seine Hauptvertreter Theodot von Byzanz und Artemon lehrten Ende des zweiten Jahrhunderts in Rom; cf. Harnack 1964, 708 ff.

 waren also so gut wie ausgegeben. In welche Taschen sie auch gewandert waren, als Deckung standen sie nicht zur Verfügung. Derjenige, der sie geliehen hatte, war jedoch nicht irgendwer, sondern der Souverän höchstselbst. Ihm standen Mittel der Schuldenerstattung zu Gebote, von denen Privatschuldner nur träumen konnten: Steuereinnahmen, Kriegsgewinne, weitere Staatsanleihen etc. Die Botschaft, die von der Schuld des Königs ausging, war also etwa diese: Ich, der Souverän, habe die Münzmenge, die den Noten der Bank von England entspricht, zwar nicht zur Verfügung, aber ich stehe mit meinem Amt und Wort für ihre Deckung ein.

Strenggenommen war das ein Offenbarungseid. Die Deckung bestand in nichts als einem königlichen Versprechen. Zur Fuggerzeit hätten alle Gläubiger über so etwas nur herzhaft gelacht. Auf Rückzahlungsversprechen von Königen war keinerlei Verlaß. Aber der neue englische König war wie keiner seiner Vorgänger ans Parlament gebunden, das ihn ins Land gerufen und auf den Thron gehoben hatte. Er war zwar noch kein echtes Exemplar konstitutioneller Monarchie, aber die in seinem Namen kursierenden, mit seiner Bürgschaft versehenen neuen Banknoten unterfütterten einen weitverbreiteten Bürgerwillen, um nicht zu sagen, einen sich formierenden Nationalwillen: sich gegen Frankreich zu behaupten und die Wiederkehr Jakobs II. von dort zu verhindern. Nur deshalb waren so viele Bürger bereit, die neuen Noten anzunehmen, als wären sie bare Münze, obwohl sie eigentlich doch bloß Schuldscheine waren. Der Umgang mit ihnen war gleichsam ihr freiwillig entrichteter Kriegspfennig.

Dessen Zahlung hatte ein Zusammenschluß privater Kaufleute eingefädelt. Sie machten aus der Geldnot des Königs die Tugend eines neuen Zahlungsmittels und nahmen es bereitwilligst in ihre Regie, sehr zum Verdruß all der andern Goldschmiede, Pfandleiher und Projektemacher, denen dies Privileg nicht zuteil geworden war. Seine Erringung war ein wahrer Bürgerstreich. Zwar war die neue Bank anfangs lediglich eine zentrale Bank; Zentralbank im strengen Sinn wurde sie erst durch ihren Erfolg: nachdem ihre Noten in wenigen Jahrzehnten alle andern noch kursierenden *banker's notes* völlig marginalisiert hatten. Aber die entscheidenden Weichen waren von Anfang an gestellt: hin zu einer zentralen Instanz, die als alleinige Ausgabe- und Überwachungsstelle jeglicher Landeswährung fungierte.

Damit trat das Verhältnis von Bankiers und Herrscherhaus in eine neue Phase. Nur der König vermochte privaten Kaufleuten das Privileg zu verleihen, sich zur Bank von England zusammenzuschließen. Sie aber waren es, die dieses Privileg erwirkt, um nicht zu sagen, erpreßt hatten. Sie bestimmten die Führung der Bankgeschäfte und waren zu weiteren Darlehen an den König nur bereit, wenn das Parlament ihnen ausdrücklich zustimmte. Andrerseits war das Privileg zeitlich befristet. Seine Verlängerung (etwa in den Jahren 1741, 1764, 1781) mußte die Bank dann doch wieder mit neuen Darlehen ans Königshaus erkaufen. Aber da hatte sie sich längst stabilisiert. Konnte man seine Münzreserven besser anlegen als dort, wo es *banker's notes* dafür gab, hinter denen nicht nur das Wort von Goldschmieden, sondern das des Königs stand? So wurde die Bank von England zum Münzmagneten, sozusagen zum Goldschmiedkeller ganz Londons, wenn nicht gar Englands. Das Anfangsdarlehen an den König war auf Nimmerwiedersehen dahin, aber es bescherte der Bank von England bald so viele private Kunden und Münzreserven, daß sie den Anschein erwecken konnte, alle von ihr ausgegebenen Noten seien durch Münzen gedeckt. Aus nicht zurückerstatteten Staatsschulden war nicht nur ein großes Bankgeschäft, sondern eine Währung geworden, die in der Lage war, den Zahlungsverkehr einer ganzen Nation zu regeln.

Die Bardi und Perucci, die Fugger und Welser waren mächtige Handelshäuser, gelegentlich gar Königs- und Kaisermacher gewesen, jedoch keine politischen Institutionen. Die Medici waren eine Ausnahme, aber ihr Aufstieg zur politischen Macht konnte nur in einer Stadtrepublik wie Florenz gelingen; in einem Königreich wäre er unmöglich gewesen. England indessen hatte zweierlei: sowohl eine mächtige königliche Zentralgewalt als auch ein starkes Parlament und Bürgertum. Der Dauerkonflikt zwischen ihnen setzte allmählich einen Prozeß in Gang, der auch das delikate Verhältnis zwischen Bankiers und Herrscherhaus nicht unberührt ließ. Das Fachwort dafür ist «Gewaltenteilung». Ende des siebzehnten Jahrhunderts war sie kaum mehr als ein Gedanke. Ihr erster prominenter Fürsprecher hieß John Locke. Wegen seines Eintretens für religiöse Toleranz hatte er unter den Stuarts England verlassen müssen. Nach der *Glorious Revolution* kehrte er zurück und stieg in den Rang eines Staatsphilosophen auf. Während die Bank von England gegründet wurde, schrieb er unter anderem an seinem Traktat *Über die Regierung*, worin er alle rechtmäßige politische Gewalt auf die gesetzgebende zurückführt.

«Diese legislative Gewalt ist nicht nur die höchste Gewalt des Staates, sondern sie liegt auch geheiligt und unabänderlich in jenen

 Händen, in die die Gemeinschaft sie einmal gelegt hat. Keine Vorschrift [...] kann die Verpflichtungskraft eines Gesetzes haben, wenn sie nicht durch jene Legislative sanktioniert ist, die von der Allgemeinheit gewählt und ernannt worden ist. Ohne sie könnte das Gesetz nämlich nicht haben, was absolut notwendig ist, um es zum Gesetz zu machen, nämlich die Zustimmung der Gesellschaft.»[41] Allerdings ist auch die Legislative für Locke keine absolute Gewalt, sondern lediglich der Anwalt des Naturzustands in einer Gesellschaft, die diesen Zustand verlassen hat. Und weil nach Locke der Mensch «im Naturzustand keine willkürliche Gewalt über Leben, Freiheit oder Besitz eines anderen hat, sondern nur so viel, wie ihm das Naturgesetz zur Erhaltung seiner selbst und der übrigen Menschen verlieh», muß die Legislative dieses «Naturgesetz», das «ein ungeschriebenes Gesetz ist», nachträglich in geschriebenen Gesetzen festhalten – so getreu, wie eine gute Übersetzung den Sinn des Originals aufbewahrt. Nur eine Regierungsgewalt, die dieser Art von Gesetzen dient, ist rechtmäßig.

Wie die gesetzgebende Versammlung zustande kommen und wer die Regierungsgewalt ausüben soll – ob Monarchen oder gewählte Volksvertreter –, bleibt bei Locke vage bis unbeantwortet;[42] die Judikative als dritte Gewalt im Staate ist noch gar nicht durchdacht. Es war mit politischer Gewaltenteilung damals ja auch noch nicht weit her. Sie warf allenfalls ihre ersten Schatten voraus, als Wilhelm von Oranien sich bei seiner Thronbesteigung feierlich auf eine vom Unterhaus ausgearbeitete *Declaration of Rights* verpflichten mußte, die ihm auferlegte, «ohne Zustimmung des Parlaments von den Untertanen keine Steuern» zu erheben und «in Friedenszeiten [...] keine stehende Armee» zu unterhalten.[43] Aber gerade jener Wilhelm setzte alsbald eine Gewaltenteilung anderer Art in Gang, die in der politischen Theorie gar keinen Ort hat: die Teilung von Staat und Staatsbank. Man darf sie eine vorpolitische Teilung nennen, wenn denn, wie von Locke vorgeschlagen, politische Gewalten dadurch definiert sind, daß sie etwas repräsentieren, was sie nicht selbst sind. Die Legislative repräsentiert ein ungeschriebenes Naturgesetz menschlichen

41 Locke 1974 [1690], 101 f. (XI, 134). Weitere Zitate 103 und 104 (XI, 135 und 136)

42 Absolute Monarchie lehnt er strikt ab; Wilhelm war für ihn kein absoluter Monarch mehr; ein konstitutioneller war er freilich auch noch nicht.

43 Macaulay 1998 [1848], 651 f.

Zusammenlebens, welches sie in schriftliche Gesetze zu übersetzen hat; die Regierungsgewalt wiederum repräsentiert diese Gesetze, denen sie zur Durchsetzung verhelfen soll. Bei der Gründung der Bank von England hingegen will der Repräsentationsgedanke nicht so recht greifen. Sie wurde ausgehandelt zwischen einem Monarchen, der mit seiner Zusage, im Einklang mit den Statuten des Parlaments zu regieren, keineswegs versprochen hatte, lediglich Vollstrecker legislativer Gewalt zu sein, und einer Gruppe reicher Bürger, die weder als Repräsentanten des Parlaments noch einer sozialen Klasse auftraten, sondern einzig als Inhaber des Geldes, das sie dem Monarchen liehen.

Der König als Schuldner von Kaufleuten war damals der Normalfall – und durchaus üblich, daß die Gläubiger Pfänder nahmen: mit Vorliebe den Ertrag königlicher Bergwerke, aber gern auch Steuern und Abgaben aller Art. Was die englischen Kaufleute um Patterson beanspruchten, war jedoch etwas anderes als ein herkömmliches Pfand. Sie verlangten, daß die Schuld, die der König bei ihnen hatte, gleichsam nationalisiert werde. Damit wurde ihr Geld gewissermaßen Nationalgeld. Sie agierten als finanzielle Wegbahner einer nationalen Übereinkunft, für die es noch gar keine angemessenen parlamentarischen Ausdrucksformen gab. Die Banknoten, die sie in Umlauf brachten, waren als Königsschulden zugleich Vorboten einer Volkssouveränität, die dem König erst noch von Parlament und Volk in langen zähen Kämpfen abzuringen war. Das sah man ihnen freilich nicht sogleich an. Die neuen Banknoten waren ganz unterschiedlich deutbar. «[E]inige unzufriedene Tories weissagten den Sturz der Monarchie. Es sei bemerkenswert, sagten sie, daß Banken und Könige niemals nebeneinander existiert hätten; Banken wären republikanische Einrichtungen. Es gäbe blühende Banken zu Venedig, zu Genua, zu Amsterdam und Hamburg, aber wer hätte jemals von einer Bank von Frankreich oder von einer Bank von Spanien gehört? Einige unzufriedene Whigs weissagten den Ruin der englischen Freiheiten. Hier, sagten sie, ist ein Werkzeug der Tyrannei [...] Das ganze Vermögen der Nation wird sich in den Händen der Tonnengeld-Bank (so war der damals gebräuchliche Spottname) befinden, und die Tonnengeld-Bank wird in den Händen des Souveräns sein.»[44]

44 Kulischer, 1988 b, 350

Beide Weissagungen gingen fehl, ohne jedoch ganz abwegig zu sein. Es stimmt ja, daß die Bank dem Königshaus ein beträchtliches Stück Souveränität abnahm. Aber tat sie das eher wie ein Kuli, der einem Reisenden das Gepäck, oder eher wie ein Aufseher, der einem Dieb die Beute abnimmt? Das ist schwer zu sagen, denn die Bank war zweierlei zugleich: sowohl Exponent wie Widerlager des Souveräns. Sie übernahm ein Geschäft des Souveräns, nämlich die Gewährleistung einer stabilen nationalen Währung, aber sie betrieb es in kommerziellem Eigeninteresse und ohne daß der Souverän direkten Zugriff darauf hatte. Sie war eine neue Instanz zur Sicherung des «Systems der Bedürfnisse» und in dieser Funktion durchaus ein Anwalt des ganzen Volkes; aber sie etablierte sich am Parlament vorbei, nur in Verhandlung mit dem Souverän; das Volk interessierte sie nur, soweit es als Subjekt und Objekt ihrer Geschäfte in Betracht kam. Sie war eine Bürgerinitiative mit antiabsolutistischer Spitze, aber auch mit antidemokratischer. Das ist das Vorpolitische an ihr. Die neuzeitliche «politische» Gewaltenteilung zwischen Legislative, Exekutive und Judikative, die Ende des siebzehnten Jahrhunderts zögerlich in Gang kam, fußt schon auf einer anderen Gewaltenteilung, die zu ihren permanenten Geschäftsbedingungen gehört: der Trennung von Staat und Zentralbank.

Die Zentralbankgründung war zunächst eine bürgerliche Selbstermächtigung gegen den König – mit dessen widerwilligem Segen. Später, als Zentralbanken zu einem Teil des staatlichen Regelwerks wurden, ernannten sich die Zentralbankiers nicht mehr selbst; der Souverän tat das nach gesetzlichen Vorgaben. Das ist heute noch so, wo der Souverän zumeist kein Monarch oder Diktator mehr ist, sondern «das Volk». Es wählt Volksvertreter, aus deren Reihen die Regierung hervorgeht, aber es wählt gewöhnlich nicht die Zentralbankleitung. Zentralbankchefs werden nach Kompetenz, Augenmaß und Gutdünken ernannt – in der Regel von Regierungschefs. Aber Zentralbankiers sind keine Regierungsbeamten, haben von Amts wegen andere Aufgaben als Regierungen und können so manchen Regierungswechsel überstehen oder ihn gar befördern. In Hegelscher Terminologie formuliert: Die Regierung «setzt» die Zentralbankleitung, aber diese kann sich der Regierung *wider*setzen, «setzt» sie doch ihrerseits die Bedingungen, unter denen die Regierung Steuern eintreibt.

Die Gründung der Bank von England hat etwas in die Welt «gesetzt», worauf die Ökonomie seither große Stücke hält: die Unterscheidung von Geld- und Finanzpolitik. Geldpolitik hat bis heute den Ruf, ein neutrales Geschäft zu sein, das ohne Ansehen partikularer Regierungs- und Gruppeninteressen für eine vertrauenswürdige, stabile Landeswährung sorgen und den Geldfluß so dosieren soll, daß er, ohne zu versiegen oder überzuschäumen, das «System der Bedürfnisse» dauerhaft reguliert. Als Finanzpolitik hingegen firmiert das, was eine Regierung mit diesem Geld macht: zu welchen Konditionen sie es einnimmt und wofür sie es ausgibt. Freilich ist die Neutralität der Geldpolitik Schein. Sie wird zwar insofern «für alle» gemacht, als im modernen Geldsystem so gut wie alle in Zahlungsvorgänge verwickelt sind, aber sie kommt nicht allen gleichermaßen zugute. Geldstabilität ist wichtig für diejenigen, die Geld *haben*. Wer hochverschuldet oder am Rand des Existenzminimums lebt, hat andere Sorgen als eine stabile Währung. Indirekt bleibt die Geldpolitik stets parteilich für die Habenden. Gerechte Verteilung fällt nicht in ihr Ressort.

Nicht von ungefähr vollzog sich die Gründung der Bank von England als Erhebung einer Aktiengesellschaft zu einer staatstragenden Instanz. In Geschäftsehrgeiz und Reichweite stand sie ihren Vorgängern, den Ost- und Westindischen Kompanien, nicht nach – und konnte sich zudem an die Außenpolitik einer Regierung anlehnen, für deren Geschäftsabwicklungen sie nun die erste und offizielle Adresse war. Sie profitierte ungeheuer, als England sich 1703 im Vertrag von Methuen bereit erklärte, portugiesischen Wein ins Land zu lassen, wenn Portugal seine Märkte für englische Tuche öffnete. Der portugiesische Wein fand nämlich nicht entfernt soviel Absatz in England wie die englischen Tuche in Portugal und seinen Kolonien, weswegen England weiteren Zahlungsausgleich verlangte: die Beteiligung an den gewaltigen Goldvorkommen, die im brasilianischen Ouro Preto gerade entdeckt worden waren und für deren Ausbeutung englische und holländische Schiffe Tausende von Sklaven aus Afrika nach Brasilien transportierten.

Die Bank von England schoß ebenso bereitwillig die Ausrüstung englischer Sklaventransportschiffe vor, wie sie den Goldfluß, den die englische Krone an Portugal vorbei nach London lenkte, in ihre Safes aufnahm. Sie war von Anfang an Global Player. Ihre Beteiligung am Sklavenhandel und an der Menschenschinderei um Ouro Preto hat entscheidend dazu beigetragen, daß sich ihre Noten im Inland immer mehr durchsetzten und daß ihre Goldreserven sich zu einem neuen Zahlungsmaßstab entwickelten: dem Goldstandard. Er läßt nur Noten, die durch Gold gedeckt sind, wirklich als gedeckt gelten und wurde schon 1717, nur vierzehn Jahre nach dem Vertrag mit Portugal, im Vereinigten Königreich eingeführt. Im neunzehnten Jahrhundert avancierte er auch international zur Referenz des ganzen Geldverkehrs. In der vielgerühmten Geldstabilität der Bank von England hat sich also nicht nur subtiles Handelsgeschick, sondern auch brutalste, interkontinental organisierte Gewalttätigkeit neutralisiert.

Soviel zur scheinbaren Neutralität der Geldpolitik. Und wie steht es mit der Differenz von Geld- und Finanzpolitik? Nun, Finanzen sind auch bloß Geld. Die Art, wie eine Regierung Steuern einnimmt und ausgibt, bleibt nie ohne Auswirkungen auf die interne und externe Stabilität der jeweiligen Währung, wie umgekehrt die Entscheidungen, die eine Zentralbank über Geldmenge, Ab- und Aufwertung oder den Leitzins einer Währung trifft, erheblichen Einfluß auf die Finanzpolitik der Regierung nehmen können. Zentralbank und Regierung mögen unterschiedliche Ziele, gelegentlich gar konträre Umgangsweisen mit Geld haben. Doch im ökonomischen Alltag ist die klare Trennung von Geld- und Finanzpolitik ebenso vergeblich wie die von Wasser und Dampf beim Kochen.

Assignaten

«Der entscheidende Schritt zu einer vollwertigen Zentralbank ist der Übergang von einem einstufigen System mit unterschiedlichen Banken, die miteinander konkurrieren, zu einem hierarchischen zweistufigen System mit einer Zentralbank als alleiniger Notenbank und als Bank der Banken und des Staates.»[45] Diesen Schritt hatte die Bank von England in ihrer Gründungsphase noch längst nicht vollzogen. Ihre Noten brauchten jahrzehntelangen Umlauf und den Rückhalt von Ouro Preto, bis sie konkurrenzlos geworden waren. Zu gesetzlichen Zahlungsmitteln wurden sie erst 1833. Da gab es zwar schon eine Bank von Frankreich, die unter Napoleon 1800 nach dem Vorbild der Bank von England eingerichtet, aber zentralistischer organisiert worden war. An eine deutsche Reichsbank war hingegen noch gar nicht zu denken. Die gab es erst nach

45 Wagener 2012, 56

der Reichsgründung 1871, und die Zentralbank der USA, das *Federal Reserve System*, entstand überhaupt erst 1913. Wann welche Zentralbank das Stadium der «Vollwertigkeit» erreicht hat, mag strittig sein. Aber jede neuzeitliche Zentralbankgründung trat in die Fußstapfen der Bank von England, wenn auch mit eigenen Schuhen, und arbeitete am Sieg des Papiergelds über die Münzen mit.

Dieser Sieg war in der Gründungsphase der Bank von England noch keineswegs vollständig errungen. Ihre Noten wurden lediglich von den Edelmetallmünzen «adoptiert». Aber diese Adoption war ein entscheidender Etappensieg. Sie ließ sich nicht verordnen. Es waren ja *Schulden*, die da in Papierform von Hand zu Hand gingen; nur hatte eine günstige historische Konstellation dafür gesorgt, daß es vertrauenerweckende Schulden waren. Der König hatte sie gemacht, um den Bürgerwillen des Kriegs gegen Frankreich zu vollstrecken. Reiche Bürger hatten das Geld in hartem Edelmetall vorgeschossen, und die Geschäfte, die sie als Bankkonsortium mit den Schuldscheinen machten, waren Maßnahmen zur Verringerung der Schuld, die der König selbst nicht zu begleichen vermochte. Mit allen Gebühren und Kreditzinsen an die Bank wirkten deren Kunden an der Rückerstattung der Königsschulden mit. Sie entrichteten eine verkappte Kriegssteuer und, nicht zu vergessen, eine unbefristete. Sie war selbstredend über den aktuellen Krieg hinaus weiterzuzahlen, weil sie zu den allgemeinen Konditionen der Bank gehörte. Aber reiche Kunden zahlten sie anstandslos; ihre eigenen Geschäfte konnten von einer florierenden Bank, die mit ihren Noten zugleich eine verläßliche Landeswährung bot, nur profitieren.

Papiergeld ist nicht gleich Papiergeld. Es kommt darauf an, was dahintersteht. In England war das eine neue Art von Bank. Die allerdings hätte ihre zentrale Rolle nicht spielen können ohne den Rückhalt eines sehr breiten und reichen Bürgertums. Aus dessen Ressourcen waren die 1,2 Millionen Pfund Sterling Vorschuß an den König geflossen, und es hatte dabei keineswegs seine letzten Münzen zusammengekratzt. In der Bank von England lag alsbald so viel Edelmetall, daß ihrer Versicherung, sie könne jeden Notenbetrag in Hartgeld ausbezahlen, geglaubt wurde. Wie anders erging es doch ein Jahrhundert später der französischen Revolutionsregierung. Das Königshaus hatte ihr horrende, skrupellos aufgehäufte Staatsschulden hinterlassen – und reichlich Gläubiger, die ihr skeptisch bis feindselig gegenüberstanden, die sie aber nicht verprellen durfte, gehörten sie doch fast alle der reichen Schicht des Bürgertums an, auf die eine bürgerliche Revolution nun einmal nicht verzichten konnte. Was also tun? Der Fuchs der Revolution, Bischof Talleyrand, der es wie kein zweiter verstand, sich stets im rechten Moment auf die Seite des Erfolgs zu schlagen, wußte Rat: allen Klerikern eine auskömmliche Rente gewähren und den ganzen darüber hinausgehenden riesigen Kirchenbesitz enteignen, verkaufen und mit seinem Erlös den Staatsbankrott abwenden, die Gläubiger befriedigen, der drohenden Hungersnot vorbeugen, Pflege-, Verwahrungs- und Bildungsanstalten aufbauen.[46]

Ein geniales Konzept. Es veränderte im Nu den Status des französischen Grundbesitzes. Bis 1789 war er kaum etwas anderes als Standeszubehör von Adel und Klerus gewesen. Je mehr man davon hatte, desto höher der Rang. Aber als Handelsobjekte oder Profitquelle, wie in England bei der Verwandlung von Ackerland in Schafweide, waren Grund und Boden so gut wie gar nicht in Betracht gekommen. Nun gerieten sie plötzlich unter diesen Gesichtspunkt. Der kirchliche Reichtum bestand vornehmlich aus Ländereien und Gebäuden, und die waren über Nacht käuflich geworden – durch einen Beschluß der Nationalversammlung. Er versetzte Frankreich unversehens einen Modernisierungsschub, auf den das Land weder sozial noch mental eingestellt war.

Und das war das Problem. Was käuflich wird, ist damit noch nicht verkauft, und Ländereien und Gebäude wird man auch heute noch nicht von einem Tag auf den andern los. Wieviel weniger damals. Das Geld aber brauchte die Regierung sofort. So gab sie sogenannte Assignaten aus: Anteilsscheine am Kirchenbesitz, zunächst für tausend Livres, später auch für kleinere Summen. Sobald das entsprechende Besitzstück verkauft war, sollte der Schein dafür mit einem Zuschlag von fünf Prozent Zinsen in Münzen einlösbar sein. Doch der Verkauf stagnierte oder erbrachte nicht entfernt den gewünschten Erlös. Statt die Assignaten in Edelmetall umzutauschen und allmählich aus dem Verkehr zu ziehen, gab die Regierung fuderweise neue zu immer kleineren Beträgen aus, nahm ihnen das Anrecht auf Zinsen, nötigte per Staatsdekret ihre Gläubiger, Staatsbediensteten und Söldner zur Annahme dieser Noten und machte so aus Anteilsscheinen eine regelrechte Währung.

46 Cf. Soboul 1988 [1962], 141 f.

Wie die Noten der Bank von England waren auch die Assignaten Schulden. Aber hinter ihnen stand nicht eine florierende Aktiengesellschaft mit globaler Reichweite, sondern eine Regierung, die schlecht verkäufliche Kirchengüter dafür als Sicherheit bot. Das war zuwenig. Die Assignaten waren schon 1790, bald nach ihrer ersten Ausgabe, deutlich weniger wert, als auf ihnen stand, und als die Regierung 1793 die festgelegten Getreidepreise nicht mehr halten konnte, weil der Schwarzmarkt landesweit an ihnen vorbeihandelte, stürzte das neue Papiergeld auf einen Bruchteil seines Nennwertes ab. «Affengeld» nannten es böse Zungen.[47] Im Februar 1797 wurde es außer Kraft gesetzt – genau in jenem Monat, als auch die Bank von England am Ende schien.

Bekanntlich hatte die Französische Revolution in England wenig Anklang gefunden. Von dort war viel Unterstützung für die Parteigänger der alten Ordnung gekommen: Geld, Truppen, Schiffe. 1793 war England der europäischen Kriegskoalition beigetreten, die die Ausbreitung der Revolution durch französische Armeen verhindern wollte. Ein weiterer Krieg also nach der bitteren, teuren Niederlage gegen die amerikanischen Kolonien, unter der auch die Bank von England empfindlich gelitten hatte. Und wieder mußte sie Geld zur Ausrüstung der Kriegsflotte vorschießen. Ihre Goldreserven schwanden. Die Kunden begannen um ihre Einlagen zu bangen, und als sie scharenweise kamen, um Banknoten gegen Gold einzutauschen, war die Bank im Februar 1797 genötigt, «dem Publikum die Tür vor der Nase zuzuschlagen» und «die Einlösung ihrer Banknoten in Hartgeld einzustellen».[48] Die Regierung segnete diese Maßnahme ab. Das verhinderte nicht, daß sofort der Wert der Banknoten sank. Die Bank geriet unter heftigen Druck, aber sie brach nicht zusammen. Die Kundenmehrheit blieb loyal und nahm die Noten, *als ob* sie gedeckt wären, und das taten auch die Bankiers selbst. Es hielt sich der Glaube, daß eine so potente Aktiengesellschaft mit so guten Verbindungen zu den brasilianischen Goldminen schon Mittel und Wege finden würde, um ihre Edelmetallreserven wieder aufzufüllen.

Das war der Unterschied: Eine zur Zentralbank aufgespreizte Aktiengesellschaft, hinter die sich die Staatsmacht stellte, blieb glaubwürdig; eine Staatsmacht, die schlecht verkäufliche Immobilien hielt,

47 North, 2009, 137
48 Kulischer, 1988 b, 526

 hingegen nicht. In England war die Zentralbank ein Widerlager der Staatsmacht. In Frankreich war die Ausgabe und Regulierung der Währung ganz in der Staatshand geblieben; da entwickelten sich die Nischen des Schwarzmarkts zu Widerlagern. In Frankreich machte die Krise das Papiergeld zunichte; in England überbrückte es die Krise. Und das Vertrauen der Engländer in ihre Zentralbank wurde belohnt. Um 1820 kehrte sie zur Einlösung ihrer Noten in Goldmünzen zurück.

Golddeckung

Immerhin, mehr als zwanzig Jahre waren die Banknoten ohne Golddeckung umgelaufen. War damit nicht bewiesen, daß sie diese Deckung gar nicht brauchen, daß der ganze Geldverkehr mühelos auf Papier umstellbar ist? So mag sich das im historischen Rückspiegel darstellen. Erlebt hingegen wurden besagte zwanzig Jahre als Durststrecke. Man war froh, sie ohne Desaster überstanden zu haben, wie jemand, der sich auf eine Wanderung nichts zu trinken mitgenommen hat und trotzdem ans Ziel kommt. Hat er damit bewiesen, daß er generell nichts mehr zu trinken braucht? Im Gegenteil, er greift er um so begieriger zum Getränk. Und so war auch der Wunsch, die Banknoten durch Münzen gedeckt zu wissen, in den zwanzig Jahren ihres ungedeckten Umlaufs keineswegs erloschen. Ausschließlich Papiergeld, das war auch noch ein Jahrhundert nach der Gründung der Bank von England keine ernsthafte Option.

Dabei war dieser Gedanke in ihrer Gründungsphase durchaus schon einmal erwogen worden. Damals hatten die Banknoten ja nicht nur die Königsschulden nationalisiert. Sie boten auch, wie vor ihnen schon die *Goldsmith notes*, nur in größerem Maßstab und auf halbamtlicher Grundlage, eine Zuflucht vor der nicht enden wollenden Münzverschlechterung. Und kaum waren die Noten der neuen Bank in Umlauf, als die Regierung auch schon zu einer beispiellos gründlichen Münzreform schritt. Die wenigsten Münzen hatten noch das auf ihnen verzeichnete Gewicht oder den ihnen verordneten Edelmetallgehalt. Also wurden sie allesamt eingezogen und sozusagen ehrlich gemacht: entschlackt, ihrem tatsächlichen Gewicht gemäß neu geprägt und mit einem fälschungssicheren Rand versehen. Das war eine ebenso aufwendige wie langwierige Maßnahme. Am

Ende bekam die Bevölkerung natürlich weniger Münzmasse und -nennwert zurück, als sie eingeliefert hatte, und mußte auch noch die Kosten dafür tragen. Und während die Maßnahme lief, gab es praktisch keine Münzen. Fürs kleine Geschäft behalf man sich mit privatem Notgeld, Tokens, Naturalientausch; bittere Not und Schieberei griffen um sich. Fürs große Geschäft gab es Banknoten; sie blieben von der Münzreform vergleichsweise unbehelligt.

So war die Münzreform zwar «für alle», aber die Reichen litten wenig unter ihr. Alle andern erlebten sie als furchtbare Roßkur. Weil das voraussehbar war, versuchten einige, sie abzuwenden. Der Ökonom Charles Davenant erklärte sie für schlicht unnötig. Es gab doch jetzt Noten einer vom Königshaus bewilligten Bank, die allgemein akzeptiert wurden. Warum sollte man nicht auch Noten für kleine Beträge drucken, alle Geschäfte mit Papiergeld abwickeln und auf Münzen ganz verzichten? Das kam für John Locke, den einflußreichen Staatsphilosophen, überhaupt nicht in Frage, was deshalb bemerkenswert ist, weil er als einer der Pioniere der neuzeitlichen Konventionstheorie gilt. Auch für ihn war Geld nichts als eine Übereinkunft. Ursprünglich sei es sogar eine «Laune»[49] gewesen, Gold und Silber zu Geld zu erklären. Doch es gibt Launen und Übereinkünfte, so Locke, die man nicht einfach wieder los wird. Wenn Menschen, die «von Natur alle frei, gleich und unabhängig» sind, dennoch beschließen, sich «in eine Gemeinschaft zu vereinigen, mit dem Ziel, behaglich, sicher und friedlich miteinander zu leben», dann können einzelne diese Übereinkunft nicht nach Belieben aufkündigen, denn mit der Zustimmung zu ihr haben sie sich zugleich «verpflichtet, sich der Mehrheit zu unterwerfen».

Besser wäre natürlich gewesen, sie hätten nicht nötig gehabt, sich «die Fesseln der Gesellschaft anzulegen», und wären im Naturzustand verblieben. Ebenso hätten sie sich besser damit begnügt, sich von den Lebensmitteln, die die Natur allen im Übermaß darbietet, nur so viel durch ihrer Hände Arbeit anzueignen, wie sie für ihren Lebensunterhalt brauchen – und nicht angefangen, bestimmte haltbare und glänzende Naturdinge, die man gern anschaut und anfaßt, zu horten. Aber verwerflich war das für Locke nicht. Wenn jemand «Nüsse für ein Stück Metall, dessen Farbe ihm gefiel, tauschte […] oder Wolle

49 Locke 1974 [1690], 36 (V, 46). Weitere Zitate 73 (VIII, 95), 74 (VIII, 96), 73 (VIII, 95), 37 (V, 46), 38 (V, 49)

gegen einen funkelnden Kiesel oder Diamanten, um sie sein ganzes Leben lang bei sich tragen zu können, so griff er nicht in die Rechte anderer ein, mochte er von diesen beständigen Dingen auch so viel anhäufen, wie er wollte». «So entstand der Gebrauch des Geldes als eines beständigen Gegenstandes, den die Menschen, ohne daß er verdarb, aufheben und nach gegenseitiger Übereinkunft gegen die wirklich nützlichen, aber verderblichen Versorgungsmittel eintauschen konnten.»

Die Geldübereinkunft gehört nach Locke zu den «stillschweigenden» Grundvereinbarungen, die die Gesellschaft durch allgemeines tägliches Praktizieren geschlossen hat, nicht durch ausdrücklichen Vertrag. Man kann sie weder beliebig kündigen noch einfach auf andere Materialien übertragen. Mag es anfangs auch eine «Laune» gewesen sein, sich auf Edelmetalle als Geld zu einigen, so war es doch eine instinktsichere. Zwar ist kein Ding von Natur aus Geld. Aber bestimmte Naturstoffe sind durch ihre Beständigkeit, ihren Härtegrad, ihren Glanz und ihre Handlichkeit extrem geeignet, als Geld umzulaufen oder gehortet zu werden. Das verkennt, wer glaubt, der Geldverkehr lasse sich problemlos von Münzen auf Papier umstellen. Die Konvention «Münze» hat eine Naturbasis, durch die Papiergeld überhaupt erst akzeptabel wurde. Zu dieser Naturbasis gehört übrigens auch ein bestimmtes Gewicht. Wer Münzen einzieht, um sie dann mit demselben Nennwert, aber einem Untergewicht von 25 % wieder auszugeben (auch das war einer der damaligen Vorschläge für die Münzreform), begeht unter dem Vorwand, eine neue Konvention einzuführen, einfach nur Betrug. Etwas einen Schilling nennen, was nur drei Viertel seines Gewichts hat, sei so, wie «einen kleinwüchsigen Mann größer machen, indem man erklärt, von nun an habe ein Fuß 15 Zoll».[50] Daher Lockes Plädoyer für die «ehrliche» Münzreform, jene Roßkur, die dann auch durchgeführt wurde.

Locke hatte zwar keine Ahnung, wie Geld wirklich entstanden ist. Er wärmt das aristotelische Märchen vom Geld als Mittel zur Erweiterung und Vereinfachung des Naturalientauschs auf, nur in einer neuen, typisch bürgerlichen Form, wonach Tausch und Geld nicht zwischen Stämmen ihren Anfang nahmen, sondern zwischen Privatpersonen; und in dieser Form hat sein Landsmann Adam Smith das

50 John Locke, *Further Considerations Concerning Raising the Value of Money*, zitiert nach Graeber, 2012, 358

Märchen ein knappes Jahrhundert später zu einem Grundpfeiler der politischen Ökonomie gemacht. Dennoch hat Locke etwas Entscheidendes begriffen: Konventionen tragen sich nicht selbst. Solide, dauerhafte Übereinkünfte fußen auf wechselseitigem Vertrauen. Aber dieses Vertrauen läßt sich nicht seinerseits beschließen. Es muß der Übereinkunft schon zugrunde liegen: in einer Überzeugung, einem Brauch oder einer Naturgegebenheit fundiert sein, die alle Beteiligten anerkennen. Das war schon beim archaischen Friedensbund so. Stämme, die ihn schlossen, hatten bei allem sonstigen Zwist eine tiefe Gemeinsamkeit: den Opferkult. Den brachten sie zum Bundesschluß schon mit. Deshalb konnten sie sich schnell darauf einigen, gemeinsam ihre Götter zu Zeugen des Bundes anzurufen und zu seiner Bekräftigung Tieropfer darzubringen und menschliche Pfänder auszutauschen – Leihopfer sozusagen. Ohne diesen gemeinsamen rituellen Fundus hätte ihre Übereinkunft, Frieden zu halten, bloß aus flüchtigen, windigen Worten bestanden – aus nichts, worauf dauerhaft Verlaß gewesen wäre.

Die Konvention, Edelmetalle als Zahlungsmittel zu erachten, ist hingegen nicht durch Bundesschluß in die Welt gekommen. Sie hat sich innerhalb einzelner Kollektive eingespielt – nicht durch Abmachung, sondern durch *trial and error.* Einige wagemutige Priester, die dem Druck, immer wieder kostbare Lebewesen zu schlachten, nicht mehr nachgeben mochten, haben es irgendwann einfach riskiert, ihren Göttern Metall statt lebendiger Wesen darzubringen. Mal schauen, was dann passiert. Und als das Kollektiv daran nicht zugrunde ging, die Götter zur Not also auch für Metall empfänglich schienen, spielte sich die neue, das ganze Kollektiv entlastende Praktik allmählich ein, genauso wie sich viele Jahrtausende zuvor das Menschenopfer im kollektiven *trial and error* der Schreckbewältigung eingeschliffen hatte, ohne daß es je zwischen Individuen oder Kollektiven «vereinbart» worden wäre. Locke lag also nicht falsch, als er die Verwendung von Edelmetall als Zahlungsmittel zu den «stillschweigenden Übereinkünften» aller ihm bekannten Gemeinwesen rechnete. Nur wußte er nichts von den kultischen Ursprüngen dieser Konvention und ihrer tiefen Bindung an die Gestirne, die als himmlischer Segen der neuen Zahlungspraktik fungierten und sie überhaupt erst so durchsetzungsfähig machten, daß sie allmählich ins «stillschweigend» geübte, ganz natürlich erscheinende Grundrepertoire aller mediterranen und abendländischen Gesellschaften eingehen konnte. Wo die Gestirnsbindung des Edelmetalls derart habitualisiert ist, hört sie natürlich nicht einfach auf, wenn sie aus der bewußten Erinnerung schwindet. Und schon Aristoteles wußte nichts mehr von ihr. Er nahm Edelmetallmünzen nur noch als nützliche, wenn auch stark mißbrauchsgefährdete Mittel zur erweiterten Bedarfsdeckung wahr. Bei Locke überwiegt dann der Nützlichkeitsaspekt alles andere. Haltbar, handlich, glänzend, schön anzusehen und anzufassen: das sind die Attribute, die ihm Gold und Silber als die Zahlungs- und Aufbewahrungsmittel par excellence erscheinen lassen.

Aristoteles, der große antike Rationalisierer des Münzgeldes, hat in Locke einen würdigen Nachfolger gefunden. Eine Rationalisierung ist, wie Freud gezeigt hat, ein gedankliches Konstrukt, das ein Phänomen schlüssig zu erklären scheint, ihm aber nur äußerlich aufsitzt und gerade dadurch sein Inneres, seinen Gefühlsherd, seine Triebstruktur verdeckt. Wer die stillschweigende Fixierung ganzer Kulturkreise auf Edelmetall als Zahlungsmittel lediglich damit erklärt, daß es doch so nützlich und praktisch sei, rationalisiert es in geradezu mustergültiger Weise. Er ignoriert die Gestirnsaura, die sich im Edelmetall reflektiert und auf deren Kredit es für gut zwei Jahrtausende die nützlich-praktische Form der profanen Münze annahm, bis sich herausstellte: Gemessen am erreichten Grad des Geldverkehrs waren Münzen nicht mehr nützlich und praktisch *genug*. Deswegen manövriert sich Locke mit seinem Geld-Rationalismus auch in eine Klemme. Die Vorzüge, die er für Metallgeld reklamiert, lassen sich mindestens ebensogut für Papiergeld anführen. Daß man damit bequemer zahlen und es leichter transportieren kann als Metall, war zu seiner Zeit längst bewiesen. Und läßt sich Metall wirklich besser aufbewahren? Hängt das nicht von der Qualität des Safes ab?

Der fortschrittliche Locke, der nicht mehr daran glaubt, daß irgendeine menschliche Gesellschafts- oder Herrschaftsform gottgewollt oder irgendwelche menschliche Ideen und Begriffe direkt in Gott gegründet seien; der sie allesamt zu sozialen Konventionen erklärt und damit den Glauben an das Gottesgnadentum aller kirchlichen und weltlichen Fürsten tief erschüttert hat: er wird konservativ, wo es ums Geld geht – und zwar gerade mit Hilfe des Konventionsgedankens. In jenem historischen Augenblick, wo in Gestalt der Noten der Bank von England die Eigenständigkeit des Papiergelds als Währung erstmals handgreiflich wurde, versteift er sich auf die Münzkonvention, als hätte die Natur selbst der Gesellschaft diese

Konvention als das einzig vernünftige und praktikable Mittel zur dauerhaften Regelung des Tauschverkehrs nahegelegt. Locke kann sich Zivilisation ohne die Münzkonvention nicht vorstellen – und Papiergeld nur als Konvention zweiten Grades: als durch Gold oder Silber legitimiert. Ohne die Münzkonvention sieht er den Bestand jeglicher Gesellschaft gefährdet. In dem Moment, wo durch den Umlauf englischer Banknoten das Ungenügen der Münze überdeutlich wird, setzt er zum Plädoyer für ihre Unentbehrlichkeit an – mit der denkwürdigen Pointe, daß er den Konventionsgedanken, der zu den revolutionärsten seiner Epoche zählt, restaurativ wendet.

Bei Lichte besehen probt er dabei bereits unversehens eine Denkfigur, die erst zwei Jahrhunderte später professionalisiert wurde – durch die christliche Theologie. Als deren Glaubenssätze im Laufe des neunzehnten Jahrhunderts immer strenger auf wissenschaftliche Haltbarkeit überprüft wurden und dabei eine klägliche Figur machten, startete 1910 der amerikanische Ölmilliardär Lyman Stewart eine Gegenoffensive. Mit großzügigem Sponsoring gewann er die besten Bibelgelehrten seines protestantischen Milieus für eine Schriftenreihe, die er *The Fundamentals* nannte. Von ihr hat der Fundamentalismus seinen Namen. Sie sollte nach allen Regeln wissenschaftlicher Kunst die Unverbrüchlichkeit der Bibel als Gottes Wort darlegen und die Errungenschaften aufgeklärten Argumentierens so wenden, daß sie zur Restauration christlicher Glaubenssätze und Institutionen taugten.[51] Dieser fundamentalistische Kunstgriff hat in Locke bereits einen geldtheoretischen Vorläufer. Sein Einsatz des Konventionsgedankens für die Beibehaltung der Münzen hat auf verblüffende Weise ökonomische Schule gemacht.

Goldautomatismus

In der Tat zieht sich der Konflikt zwischen Ungenügen und Unentbehrlichkeit der Münze seither wie ein roter Faden durch die weitere Entwicklung des Geldes. Ein Vierteljahrhundert nach der Einführung der Banknoten ging England zum Goldstandard über. Ein halbes Jahrhundert nach Locke erklärte David Hume, der zweite große Konventionstheoretiker der englischen Aufklärung, den Goldstan-

51 Cf. Türcke 2003, 15 ff.

 dard zur einzig soliden Basis nicht nur des inländischen Geldverkehrs, sondern des gesamten internationalen Handels. Wenn Gold weltweit als das edelste Metall anerkannt ist, so Humes Überlegung von 1752, müßte es doch eigentlich ein leichtes sein, es in allen Ländern als verbindliches Zahlungsmittel einzuführen. Das würde den internationalen Handel enorm beleben, denn alle Landeswährungen wären nun ungleich leichter miteinander verrechenbar. Und daß die verschiedenen Länder über verschiedene Mengen an Gold verfügen? Das gerade bringt sie ins Benehmen miteinander und verschafft allen Seiten Vorteile, sagt Hume. «Angenommen, vier Fünftel des gesamten Geldes in Großbritannien würden über Nacht vernichtet, [...] Müßte nicht der Preis aller Arbeit und Waren entsprechend sinken [...]? Welche Nation könnte dann mit uns auf ausländischen Märkten konkurrieren oder zu den gleichen Preisen Schiffahrt betreiben [...]? In welch kurzer Zeit müßte uns dies also das Geld zurückbringen, das wir verloren hätten, und uns auf die Ebene aller benachbarten Nationen erheben? Wo wir, nachdem wir sie erreicht hätten, sofort allen Vorteil durch billige Arbeit und Waren verlieren würden und der weitere Geldfluß durch unsere Fülle und Sättigung gebremst würde. Nimmt man weiter an, daß alles Geld in Großbritannien in einer Nacht um das Fünffache vermehrt würde, müßte nicht der gegenteilige Effekt auftreten? Müßten nicht alle Arbeit und Waren in so astronomische Höhen steigen, daß keine benachbarte Nation es sich leisten könnte, von uns zu kaufen, während andererseits ihre Waren vergleichsweise so billig würden, daß sie uns [...] überschwemmen und uns unser Geld entziehen würden, bis wir auf eine Ebene mit den Ausländern gesunken wären [...]?»[52]

Allgemeiner gesagt: In einem Land, wo wenig Gold ist, kann auch nur wenig gezahlt werden, sowohl für Arbeitskräfte wie für Gebrauchsgüter. Die Preise sind niedrig, aber damit auch die Kaufkraft gering. Also geht vieles, was im Inland produziert wird, ins goldreichere Ausland. In dem Maße, wie es dort Käufer findet, fließt Gold aus dem Ausland ins Inland, wo nun Kaufkraft, Preise und Konsum steigen, während sie im Ausland mit sinkender Goldmenge fallen. Wo ein Abfluß von Waren, da ist ein Zufluß von Gold; wo ein Zufluß von Waren, da ist ein Abfluß von Gold. Mit der Zeit, so Humes Hoffnung, gleichen sich Gold- und Warenmengen, Kauf-

52 Hume 1988 [1752], 234 f.

kraft, Preise und Konsum international aneinander an, wenn man ihren sich selbst regulierenden Ab- und Zufluß nur gewähren läßt und ihn nicht durch nationale Handelsrestriktionen stört.

Humes schönes optimistisches *price-specie flow model*, auch «Goldautomatismus» genannt, macht freilich einige gewichtige Voraussetzungen, von denen es nicht spricht: zum einen, daß alle Länder, die sich auf den Goldstandard einigen, über eine ähnlich brave fleißige Handwerker- und Händlerbevölkerung verfügen wie Schottland, aus dem Hume stammt, und unverdrossen immer weiter produzieren, auch wenn noch sowenig Gold da ist, um ihre Arbeit zu bezahlen; zum andern, daß zwischen den betroffenen Ländern so viel Einvernehmen herrscht, daß der Ab- und Zufluß von Gold und Waren seine ausgleichende Kraft ungehindert entfalten kann; schließlich daß unter allen Beteiligten unstrittig ist, was unter «Goldstandard» genau zu verstehen sei.

Keine dieser Voraussetzungen war je gegeben. Wie kraß unterschied sich doch das Handel und Gewerbe treibende Bürgertum Englands und der Niederlande von dem Spaniens und Portugals, sei es in Verbreitung, Arbeitseifer, Leistungsfähigkeit oder politischem Einfluß. Der Handelsvertrag zwischen Portugal und England – Wein gegen Tuch – machte das offenkundig. Er führte nicht etwa zu ökonomischem Gleichgewicht zwischen beiden Ländern, sondern schnitt Portugal vom Gold seiner brasilianischen Kolonie ab und lenkte es so reichhaltig nach England, daß der Goldstandard dort überhaupt erst eingeführt und dann aller Welt anempfohlen werden konnte. Und internationales Einvernehmen? Nun, als Hume sein Automatismus-Konzept entwickelte, befand sich England im Dauerkonflikt mit Frankreich um die Vorherrschaft auf den Weltmeeren, Preußen betrieb seine Schlesischen Kriege, der Krieg Englands gegen seine abtrünnigen amerikanischen Kolonien und gegen das revolutionäre Frankreich stand noch bevor, von den imperialen Feldzügen Napoleons nicht zu reden. Kurzum, überall war Krieg; jede Partei raffte Edelmetallreserven zusammen, um ihre Feuerwaffen und Söldner zu bezahlen – und scherte sich wenig um gute Konditionen für freien Geld- und Warenfluß. Schließlich die Definition des Goldstandards: Als England ihn 1717 einführte, war damit gemeint: Hinter jeder Banknote sollte ein Quantum geprägten Goldes stehen, in das sie einlösbar und dem sie äquivalent war – ebenbürtig an Kaufkraft. Die Note sollte also sowohl die Kraft haben, das ihr entsprechende Quantum Gold zu kaufen als auch die Warenmenge, die sich durch dies Goldquantum erwerben ließ.

Doch man vergesse nicht, daß es ein Adoptionsakt war, durch den sich die Erhebung von Banknoten zu vollwertigem Geld vollzogen hatte. Die Ebenbürtigkeit der Noten mit Münzen war lediglich eine deklarierte. Physisch blieben Papier und Gold so unterschiedlich wie eh und je. Noten waren eben immer nur *wie* Gold. Nie erfuhren sie die gleiche emotionale Besetzung wie Gold selbst. Nie wurde es den Zahlenden egal, ob sie Gold herausrückten oder seine papierenen Abkömmlinge und Repräsentanten. Wie die Repräsentationskraft eines Botschafters geringer ist als die eines Staatschefs, so sank die Kaufkraft von Noten gewöhnlich sehr schnell unter die des Goldquantums, mit der sie identisch sein sollte. Qualitativ empfingen Noten also nie vollkommene Deckung durch Gold. Quantitativ aber erst recht nicht. Schließlich war es eine *Bank*, die für den Goldstandard geradestand, und die Bank von England verfuhr nicht anders als alle anderen nach dem Prinzip der Teildeckung. Will sagen, sie garantierte die Einlösung in Gold, solange die Mehrzahl ihrer Kunden von dieser Möglichkeit keinen Gebrauch machte und sich damit begnügte, daß sie ihr offenstand. Teildeckung aber läßt sich immer unterbieten. Wenn etwa fünfzig Prozent Deckung genügen sollen, warum dann nicht auch vierzig oder dreißig oder etwas, was *so gut wie* Gold ist – etwa Wertpapiere, deren Einlösung in Gold besonders fest zugesagt ist? Die Geschichte des Goldstandards ist die seiner fortgesetzten Verwässerung. Auch die Goldmaterie selbst wurde im Laufe der Zeit davon erfaßt. Jede Unze, die aus 11⁄12 Feingold bestand, ging schließlich als reines Gold durch. Den «reinen» Goldstandard hat es nie gegeben.

Auch der Goldautomatismus war im genauen Sinn des Wortes utopisch; er hatte keinen Ort in der Welt. Gerade das aber machte ihn attraktiv. Allerdings nicht über Nacht. Seine große Zeit kam erst nach den napoleonischen Kriegsexzessen. Der Wiener Kongreß hatte sie 1815 beendet, Frankreich zu einer Mittelmacht degradiert und versucht, Europa wieder so einzurichten, wie es vor der Französischen Revolution gewesen war. Das gelang nur teilweise und oberflächlich. Die Machtverhältnisse hatten sich unwiderruflich verschoben, vor allem zugunsten Englands. Es hatte den Kampf mit Frankreich um die Beherrschung der Weltmeere gewonnen. Als Heimatland der Dampfmaschine unternahm es die ersten Schritte zur industriellen

Revolution. 1820 verlangte eine Petition Londoner Kaufleute Handelsfreiheit. «Unser Reichtum und unsere Industrie, unser Können und unsere Geschicklichkeit erfordern freien Verkehr mit fremden Ländern.»[53] Und tatsächlich, schon in den nächsten Jahren fiel die Vorschrift, daß englische Kolonien nur nach England Waren schicken und nur von dort welche empfangen durften. Die Einfuhrzölle wurden drastisch gesenkt, die Ostindische Kompanie verlor bis 1833 nach und nach all ihre Handelsmonopole. Schließlich kam es 1849 zur Freigabe der Getreideeinfuhr.

Dies alles geschah auf der Basis des Goldstandards. Man vergesse nicht, daß er anfangs nichts als eine nationale Angelegenheit Englands gewesen und nur möglich geworden war, weil am Anfang des achtzehnten Jahrhunderts Unmengen brasilianischen Goldes nach London flossen. Und doch war es nie genug. Da war die Durststrecke von 1797 bis 1820, wo die Noten der Bank von England ohne Golddeckung umliefen, bis eine günstigere Konjunktur der Bank wieder genügend Gold bescherte. Da waren der Engpaß von 1839 und der glückliche Umstand, daß der Wiener Kongreß die internationalen Spannungen in Mitteleuropa tatsächlich so weit verringert hatte, daß die Bank von Frankreich bereit war, der von England kurzfristig Gold zu leihen. Und dann – wurden riesige Goldvorräte in Kalifornien (1847) und Australien (1851) entdeckt, und einmal mehr wußte England den Löwenanteil davon in seine Safes zu leiten. England hatte schlicht Goldglück. Eine Serie günstiger Begebenheiten und Konstellationen, die niemand voraussehen konnte, unterstützte, um nicht zu sagen: rechtfertigte nachträglich die Entscheidung, Gold als einzige verbindliche Referenz aller Zahlungsmittel zu dekretieren, die 1717, als sie getroffen wurde, ökonomisch noch gar nicht durchkalkulierbar war.

Erst eine eineinhalb Jahrhunderte andauernde Glückssträhne, die England den Aufstieg zu einer neuen Art von Weltmacht ermöglichte, verwandelte den Goldstandard von einer nationalen in eine internationale Angelegenheit. Genau wie den Freihandel. Auch der hatte ja mit einer Petition englischer Kaufleute gegen die gesetzlichen Handelsbeschränkungen ihrer eigenen Regierung begonnen. Als diese Beschränkungen aber fielen und Engländer weltweit mit großem Erfolg Freihandel zu praktizieren begannen, da mußten die andern

53 Kulischer, 1988 b, 493 f.

 europäischen Nationen nachziehen. Selbst die innerdeutsche Gepflogenheit, an der Grenze jedes Duodezfürstentums Ein- und Ausfuhrzölle zu erheben, wurde unhaltbar. Es drängte sich ein «Deutscher Zollverein» auf, der wenigstens innerhalb Deutschlands, das es als Nation ja noch gar nicht gab, gewisse Handelsfreiheiten gewährleistete. Und in dem Maße, wie England der Welt den Freihandel diktierte, diktierte es ihr auch seinen Goldstandard – nicht primär durch militärische Eroberungen, sondern durch ökonomischen Druck.

Die Weltmacht, als die England sich im neunzehnten Jahrhundert etablierte, war die erste wirtschaftsimperialistische. Sie übertrug das Prinzip der Teildeckung, das bis anhin im Bankensektor zu Hause war, auf die gesamte Sphäre der nationalen Machtpolitik. Die Beherrschung von Wirtschaftsräumen, so exerzierte England vor, mußte nicht immer durch militärische Eroberung vollständig «gedeckt» sein. Es genügte, wenn klug postierte Garnisonen die Knotenpunkte des Welthandels überwachten und eine starke, auf allen Weltmeeren präsente Flotte die entscheidenden Linien der Überseeschiffahrt sicherte.

Goldfundamentalismus

Das Diktat des Goldstandards nahm nirgends Vertragsform an; es wirkte als der stumme Zwang, den die stärkste Nationalökonomie auf alle andern ausübt, ganz ähnlich wie die Firma mit der produktivsten Maschinerie alle andern nötigt, mit ihr gleichzuziehen. Ein Selbstläufer war das Golddiktat dennoch nicht. Frankreich zum Beispiel blieb beim Bimetallismus; es bestand darauf, neben Gold auch weiterhin Silber als letzte Referenz aller Zahlungsmittel zu erachten, und schloß sich 1865 mit Belgien, Italien und der Schweiz zur Lateinischen Münzunion zusammen, die ihre Silberwährungen auf einen einheitlichen Feingehalt von 0,835 festlegte. Es war keineswegs ausgemacht, ob das nicht die klügere Lösung war, gerade für den Handel mit fernöstlichen Ländern wie Indien und China oder lateinamerikanischen wie Argentinien, Peru und Mexiko, wo Silber das vorherrschende Edelmetall geblieben war. Zum Zünglein an der Weltwährungswaage wurde das Deutsche Reich. Es konstituierte sich 1871 in Versailles nach dem fulminanten militärischen Sieg Preußens über Frankreich; es verurteilte den Verlierer zu einer Reparationszahlung von fünf Milliarden Franken in Gold und führte auf dieser Basis die Goldmark als einzig verbindliche Reichswährung ein.[54]

So etablierte Deutschland auf Kosten Frankreichs den Goldstandard. Nicht nur die Finanzlage Österreich-Ungarns (hoher Papiergeldumlauf bei einem Silberstandard mit geringen Rücklagen) und das hohe Maß deutscher Anleihen bei englischen Banken sprachen für diese Entscheidung. Es artikulierten sich in ihr auch der Nationalrausch der Reichsgründung und das Triumphbedürfnis über den «Erbfeind» Frankreich. Die zweitstärkste Nationalökonomie Europas lehnte sich nun an den Geldstandard der stärksten an – durchaus nicht nur, um mit ihr mitzuhalten, sondern um sie über kurz oder lang mit ihren eigenen Mitteln zu überflügeln. Damit neigte sich die Weltwährungswaage. In kurzer Zeit gingen die skandinavischen Länder und die Lateinische Münzunion zum Goldstandard über, die USA, Indien und die meisten lateinamerikanischen Ländern folgten, und nun erst, etwa seit Ende der 1870er Jahre, konnte man den Goldstandard wirklich als durchgesetzt erachten: als den einzigen großen internationalen Konsens, der tatsächlich für ein paar Jahrzehnte über alle politischen, kulturellen und konfessionellen Differenzen hinweg funktionierte, ohne daß er je in eine offizielle «Goldstandardunion», also ein festes Vertragswerk zwischen den beteiligten Staaten, überführt worden wäre.

Lange währte dieser Konsens freilich nicht: lediglich von der Gründung des Deutschen Reichs bis zum Ersten Weltkrieg. Doch in diesen Jahren näherte sich die europäische Konjunktur dem Humeschen Modell des «Goldautomatismus» erstaunlich weit an. Wirklich «automatisch» war freilich allenfalls die anachronistische Selbstverständlichkeit, mit der alle Beteiligten Gold nach wie vor als edelstes Metall ansahen und es weiterhin ungefähr so viel teurer als Silber veranschlagten, wie es das Verhältnis von Sonnen- und Mondumlauf vorgab.[55] Ein letztes Mal stiftete die Aura der Gestirne eine europäische, aber weit über Europa hinausreichende Wahrnehmungs- und Empfin-

54 Cf. Eichengreen 1996, 16f. Weitere Referenz in diesem Absatz: 18

55 Im ökonomischen Alltag kam es natürlich auf genaue Zahlen an; die kleinsten Preisschwankungen zwischen Gold und Silber konnten größte Geschäfte zeitigen. Dennoch blieb der Wertschätzungsrahmen, innerhalb dessen diese Geschäfte stattfanden, immer noch an dem Verhältnis von Sonnen- und Mondumlauf orientiert, auch wenn die Händler davon nichts mehr wußten. Dieser Rahmen zerbrach erst mit dem Goldstandard.

 dungsgemeinschaft, sozusagen eine goldzentrierte Astralästhetik. Sie wurde zur realen Grundlage des internationalen Zahlungsverkehrs. Alle daran Beteiligten bemühten sich tatsächlich, für die Deckung der zwischen ihnen kursierenden legalen Zahlungsmittel durch ein entsprechendes Goldquantum zu sorgen. Das Verwunderlichste daran war der Zeitpunkt, zu dem das geschah: ausgerechnet gegen Ende des neunzehnten Jahrhunderts, wo längst absehbar war, daß in Kürze alle Goldvorkommen der Welt nicht mehr ausreichen würden, um den manisch expandierenden Geldbedarf auch nur annähernd zu decken. Gold war längst obsolet, als der Goldstandard international griff.

Nicht von ungefähr war das Jahr seines Durchbruchs auch das Jahr des ersten Vatikanischen Konzils – und dessen prominentestes Ergebnis das Dogma von der Unfehlbarkeit des Papstes, wenn er *ex cathedra* spricht, also Dogmen verkündet. Da war ein ganz ähnlicher Anachronismus am Werk. Eine Kirche, die es nötig hat, die Unfehlbarkeit ihrer Lehrsätze eigens zum Lehrsatz zu erheben, glaubt nicht mehr wirklich daran, daß diese Lehrsätze durch ihren Inhalt überzeugen. Sie beschwört den Glauben an etwas, was seine Glaubwürdigkeit verloren hat. Sie sucht Halt an einem Fundament, das am Wegbrechen ist – und krallt sich um so verbissener daran fest. Genau das ist die Logik des modernen Fundamentalismus – und das katholische Unfehlbarkeitsdogma sozusagen dessen Geburtsurkunde. Ähnlich wie die Kirche an ihre dogmatischen Grundlagen klammerte sich nun die europäische Staatenwelt ans Gold – offenbar weil sie spürte, daß es eine andere Grundlage friedlicher Verständigung, etwa eine kultische, kulturelle oder konfessionelle, nicht mehr gab, und sie ging dabei gleichsam instinktiv auf etwas viel Älteres zurück als frühchristliche Dogmen, nämlich auf jene bronzezeitliche Astralreligion, die als Kult oder Glaubenslehre längst jegliche gemeinschaftsbildende Kraft verloren hatte, aber als Ablagerung in den Wahrnehmungsstandards und im Gefühlshaushalt der europäischen Hochkultur ein stillschweigendes, unbestrittenes und insofern «automatisches» ästhetisches Nachleben führte. Man darf hier getrost von Goldfundamentalismus sprechen und die deutsche Reichsgründung als dessen Geburtsakt bezeichnen.

Weit weniger automatisch und ausgleichend, als von Hume vorgesehen, gestaltete sich hingegen der Zu- und Abfluß von Waren und Gold in den Ländern des Goldstandards und zwischen ihnen. Er verlief keineswegs ausschließlich nach Wirtschaftsleistung, Import- und Exportbedarf und frei von staatlichen Eingriffen. Vielmehr mußte jedes Land auf möglichst reiche Goldreserven bedacht sein. Sie so zu sichern, daß sie jederzeit zur Einlösung rechtmäßiger, in Papier-, Kupfer- oder Silbergestalt präsentierter Forderungen bereitlagen: das wurde nun zur Hauptaufgabe der jeweiligen Zentralbank. Es half ihr, diese Reserven zu schonen oder zu vermehren, wenn sie verstärkt Noten und Wechsel in Umlauf brachte und die entsprechende Goldmenge in ihren Tresoren stillegte oder wenn sie für die Bereitstellung von Goldmünzen Zinsen nahm, die die Nachfrage nach Gold und dessen Abfluß ins Ausland dosierten. Damit diese Zinsen sich in den verschiedenen Ländern nicht entgegengesetzt entwickelten und die Goldpreise auseinanderdriften ließen, war es allerdings ratsam, sie aufeinander abzustimmen. Und tatsächlich, souveräne Nationalstaaten signalisierten in den 1870er Jahren die Bereitschaft, sich freiwillig an den Vorgaben der ältesten, einflußreichsten und erfahrensten Zentralbank zu orientieren: denen der Bank von England. Es bildete sich eine «follow-the-leader»-Konvention, ohne daß sie jemals zu einem offiziellen Dokument wurde.[56]

Die nationale Wächterrolle, die den Zentralbanken in diesen Jahren zuwuchs, bescherte ihnen allerdings auch einen Konflikt, an dem sie bis heute laborieren. Wieder stand die Bank von England vorn; sie bekam ihn als erste zu spüren. Als 1866 die Eisenbahngesellschaft Overend and Gurney zusammenbrach und eine große spanische Firma mit in den Konkurs zog, brach bei den Banken, die ihnen Geld geliehen hatten, Panik aus. Sie verlangten, die Bank von England solle ihnen ihre Schuldscheine einlösen. Doch die wollte ihre Goldreserven dafür nicht aufs Spiel setzen.[57] Lieber ließ sie hohe Beträge, die in das Eisenbahnprojekt investiert worden waren, verlorengehen, die beteiligten Geschäftsbanken zusammenkrachen und den Eisenbahnbau stagnieren – und mußte nachträglich feststellen: Dieser Preis war zu hoch gewesen. Die Bank hatte zwar ihre Goldvorräte bewahrt, aber die nationale Wirtschaftskraft empfindlich geschwächt, also dasjenige, was am ehesten langfristig Gold aus dem Ausland anziehen konnte.

Es zeigte sich nun: Der Sieg auf ganzer Linie, den die Bank von England einst über ihre inländische Konkurrenz errungen hatte, als allein ihre Noten gesetzliche Anerkennung fanden und einzig sie das Recht zur Noten- und Münzausgabe erhielt, war nicht gratis gewe-

56 Eichengreen, 1996, 33
57 Cf. Eichengreen, 1996, 36

 sen. Er bürdete ihr auch eine neue Form von Verantwortung auf. Die Goldsicherung und -vermehrung, die sie als Bank betrieb, mußte sich einem höheren Ziel unterordnen: der Verlustvermeidung – nicht nur des eigenen Unternehmens, sondern auch des Gemeinwesens. Die schönste und einfachste Verlustvermeidung war natürlich das Gewinnmachen und Schatzbilden. Für eine Geschäftsbank war das vollauf genug, für eine Zentralbank aber zuwenig.

Die Bank von England begann sich als Drehscheibe zwischen Betriebs- und Nationalökonomie zu erkennen. Sie wurde gewahr, daß sie dem ganzen Land herbe Verluste zufügen konnte, wenn sie lediglich auf ihre Goldvorräte starrte und dabei von der großen Industrie absah, die spätestens seit dem Eisenbahnbau ohne enorme Vorschüsse großer Banken nicht mehr entwicklungsfähig war – und damit auch umgekehrt die Banken vom Erfolg der industriellen Projekte abhängig machte. Als im Jahr 1890 die größte englische Geschäftsbank, Baring Brothers, zahlungsunfähig wurde, änderte die Bank von England denn auch ihre Haltung. Sie lieh sich drei Millionen Pfund Gold von der Bank von Frankreich, 1,5 Millionen aus Rußland – und verhinderte den Konkurs.[58] Wäre ihr allerdings nicht in absehbarer Zeit die Rückzahlung des Geliehenen gelungen, wäre sie selbst am Ende gewesen. Kurzum, sie setzte sich selbst aufs Spiel – und gewann dadurch ein neues Selbstverständnis. Sie rang sich nämlich dazu durch, auch die Rolle anzunehmen, die ihr das Wächteramt über die nationalen Goldvorräte zusätzlich aufnötigte: die eines Verleihers letzter Instanz (*lender of last resort*) oder, fußballterminologisch ausgedrückt, die eines Libero des nationalen Geschäftslebens.

Goldstandard

Diese beiden Rollen kleben seither aneinander – und sie konfligieren. Die nationalen Goldvorräte einerseits sichern und mehren, sie andrerseits mit vollen Händen an angeschlagene Unternehmen ausleihen – was wäre widersprüchlicher? Doch es gibt einen übergeordneten Gesichtspunkt, unter dem sich dies Widersprechende zusammenrauft, nämlich die schon erwähnte Verlustvermeidung. Im Normalfall steht ihr der Direktweg offen: die Goldvorräte horten und sparsam in Um-

58 Eichengreen, 1996, 34

lauf bringen, damit nicht zuviel davon in schlechte Geschäfte oder ins Ausland fließt. Im Notfall jedoch ist der Umweg in die Gegenrichtung angezeigt: reichlich Gold in den Umlauf pumpen, um höhere Verluste als die schon gemachten zu verhindern und damit mittelbar, gleichsam hintenherum, dem Erzielen von Gewinnen zuzuarbeiten. Die Zentralbanken – zunächst die englische, in ihren Fußstapfen dann alle anderen – mußten lernen, sich in diesem Widerspruch, der seither ihr Lebenselixier ist, geschickt zu bewegen, vor allem einzuschätzen, wann der Normalfall gegeben ist und wann der Notfall.

Das war um 1890 vergleichsweise einfach, die Zahl krisengeschüttelter Unternehmen und Institutionen recht überschaubar. Im Laufe des letzten Jahrhunderts ist es jedoch immer schwieriger geworden, zwischen Not- und Normalfällen überhaupt noch eine klare Trennungslinie zu ziehen. Die Situation der Zentralbanken hat sich erheblich verkompliziert. Was sich hingegen durchhält, seit sie die Rolle des *lender of last resort* annahmen, ist ihre dialektische Grundstruktur. Die Stabilisierung nationaler Währungen gelingt nämlich nie nur durch Horten und Schonen von Währungsreserven; sie muß immer auch ihr Gegenteil durchlaufen, will sagen Phasen der Verausgabung jener Währung, um deren Stabilisierung es geht. Hegelisch gesprochen: Die Zentralbank muß ihr Prinzip, die Geldstabilität, sowohl verfolgen als auch negieren und es durch Negation dieser Negation wiederherstellen, wenn sie ihm treu bleiben will.

In den Jahrzehnten nach 1870 zeigte sich diese Dialektik vergleichsweise von der Schokoladenseite. Europäische Zentralbanken halfen einander aus Zahlungsengpässen, sie orientierten sich einvernehmlich an Zinssätzen, die die Bank von England vorgab, sie lösten Wertpapiere und Schuldscheine, die Geschäftsbanken, Firmen und Privatpersonen ihnen vorlegten, bereitwillig in Gold ein und ließen es geschehen, wenn dieses Gold ins Ausland abfloß, weil sie darauf vertrauen konnten, daß die andern Länder es ebenso hielten und am freien Waren- und Geldverkehr zu wechselseitigem Nutzen arbeiteten. Waren die Jahre des Goldstandards nicht goldene Jahre?

Karl Polanyi ist noch weiter gegangen. Er rechnet die Jahre seit 1815, in denen England durch seine führende Rolle als Weltwirtschaftsmacht den internationalen Goldstandard gleichsam anbahnte, noch hinzu und sagt: In den hundert Jahren vom Wiener Kongreß bis zum Ausbruch des Ersten Weltkriegs hat es in Europa dermaßen wenige Kriege gegeben – «[a]bgesehen vom Krimkrieg, einer mehr oder weniger kolonialen Episode, waren England, Frankreich, Preußen, Österreich, Italien und Rußland nur insgesamt achtzehn Monate lang in Kriege miteinander verwickelt» –, daß man geradezu von einem «hundertjährigen Frieden» reden könne. «Diese fast an ein Wunder grenzende Leistung beruhte auf der Intaktheit des Kräftegleichgewichts.» Selbst «Rußlands militärische Eroberungen in Zentralasien, Englands zahllose Kriege in Indien und Afrika, Frankreichs Vorstöße in Ägypten, Algerien, Tunesien, Syrien, Madagaskar, Indochina und Siam» hätten dieses Gleichgewicht nicht aushebeln können, und seine Grundlage sei nichts anderes gewesen als der Goldstandard, dessen Zusammenbruch die «Desintegration der Weltwirtschaft» mit all ihren katastrophalen Folgen von Faschismus und Zweitem Weltkrieg eingeleitet habe.[59]

Doch Vorsicht: Hat wirklich der Goldstandard besagtes Kräftegleichgewicht ermöglicht oder ein gewisses Gleichgewichts*bedürfnis* den Goldstandard? Zu einem systemischen Mechanismus, der sich international aufdrängt, konnte der Goldstandard ja nur in einem Wirtschaftsraum werden, worin sich die alte Astralästhetik als *ultima ratio* – um nicht zu sagen: *ultima sensatio* – der Wertschätzung erhalten hatte und dem Goldglanz eine letzte internationale Abendröte verschaffte. Einmal mehr macht sich der Doppelsinn des griechischen Wortes *timē* geltend: Wertschätzung ist primär emotionale Besetzung, dann erst Taxierung. Erst wo Gold als edelstes Metall bereits hoch geschätzt wird, läßt sich sinnvoll einschätzen, wieviel davon zur Deckung anderer Zahlungsmittel und zur Behebung von Engpässen dienen und wieviel davon als Reserve zurückgelegt werden soll.

Es stimmt zwar, daß es in Mitteleuropa zwischen 1815 und 1914 so friedlich zugegangen ist wie nie zuvor seit dem ausgehenden Mittelalter und schon gar nicht im Jahrhundert danach. Aber war dem so, weil das Kräftegleichgewicht so stabil war, daß ihm die gleichzeitigen «zahllosen Kriege» in Asien und Afrika nichts anhaben konnten, oder war es nicht umgekehrt: daß diese Kriege, die ja von den europäischen Zentralmächten zur Sicherung ihrer Rohstoffquellen und Stärkung ihres Nationalbewußtseins geführt wurden, die geballte militärische und wirtschaftliche Expansionsbereitschaft Mitteleuropas lediglich für ein paar Jahrzehnte auf außereuropäische Schauplätze umleitete? Jedenfalls war es ein innereuropäischer Krieg und natio-

59 Polanyi 1978 [1944], 21, 23, 22, 41

nalistischer Paukenschlag, der den Durchbruch zum internationalen Goldstandard brachte: Preußens Sieg über Frankreich samt deutscher Reichsgründung. Erst danach gab es ja eine deutsche Reichsbank. Die «an ein Wunder grenzende Leistung» war, daß der Goldstandard *überhaupt* für ein paar Jahrzehnte funktionierte, obwohl er schon bei seiner Durchsetzung hoffnungslos veraltet und zudem von allseitigem Nationalismus unterspült war.

1914, bei Kriegsausbruch, wurde er auf allen Seiten ausgesetzt. Nicht daß international nun kein Gold mehr geflossen wäre. Doch es sollte nur noch fließen, wo es unerläßlich war, etwa zur Beschaffung lebens- und kriegswichtiger Rohstoffe und Materialien aus kriegsneutralen Ländern. Dem Feind hingegen war es strikt vorzuenthalten. Auch den eigenen Bürgern wurde der Zugang zum Gold erschwert. Bankeinlagen wurden ihnen vorzugsweise in Papier ausgehändigt. Zudem sollten sie von diesen Einlagen möglichst viel dem Staat zur Verfügung stellen: als Kriegsanleihen. Die nationalen Parlamente bewilligten umfangreiche Kriegskredite, die den Bürgern als zusätzliche Steuern auferlegt wurden. Doch bald stellte sich heraus, daß dies alles bei weitem nicht genügte. Es war nichts mit dem schnellen Sieg, auf den alle Seiten gehofft hatten. Ein unabsehbarer, Menschen und Material fressender Stellungskrieg begann. So wurde, namentlich für die Bezahlung des Heeres und den Inlandseinkauf von Kriegsmaterial, Papiergeld gedruckt – ohne jegliche Golddeckung.

Dennoch war diese Maßnahme keineswegs als grundsätzlicher Abschied vom Goldstandard gedacht. Das Papiergeld galt ja bloß als Provisorium. Es kursierte auf den Kredit des kommenden Sieges. Es sollte nachträglich gedeckt werden: durch den unterlegenen Feind, der sich für die Wiederherstellung der alten Währungsverhältnisse mindestens so krummlegen sollte, wie Frankreich es 1871 für den Eintritt des Deutschen Reichs in den Goldstandard hatte tun müssen. Doch was damals zwischen zwei vergleichsweise reichen Nationen funktioniert hatte, ließ sich nach einem Weltkrieg, der ungleich mehr Kriegsparteien verwickelt hatte und die Mehrzahl von ihnen physisch wie ökonomisch ausgeblutet zurückließ, nicht wiederholen.

Diesmal fanden sich Deutschland, Österreich, Ungarn auf der Verliererseite. Sie waren völlig außerstande, die gewaltigen, aber nur vage definierten Kriegsreparationen, die ihnen die Siegermächte auferlegt hatten, in absehbarer Zeit zu erbringen, und daher wenig erpicht darauf, die Inflation, die das exzessive Papiergelddrucken während des

 Krieges in ihren Ländern eingeleitet hatte, zu bekämpfen. Verbilligten sich doch die Reparationen um so mehr, je weniger die eigene Währung wert war. Doch die Inflation ruinierte erst einmal das Inland. Als 1923 in Deutschland kleinste Mengen Brot und Butter Millionen kosteten, brachen alle Zahlungsverhältnisse zusammen. Eine neue Währung mußte her, und die Siegermächte bestanden darauf, daß sie in hohem Maße goldgestützt war. Die Verlierer sollten ihre Reparationen in jeder Hinsicht teuer bezahlen. Und wenn ihnen die Mittel dazu nicht zur Verfügung standen? Dann mußten die Sieger ihnen eigens dazu verhelfen.

Ein Sieger kam dafür besonders in Frage. Ähnlich wie einst England aus den Napoleonischen Kriegen, so waren die USA aus dem Ersten Weltkrieg als führende Weltwirtschaftsmacht hervorgegangen. Sie waren erst spät, nämlich 1917, militärisch in den Krieg eingetreten, ohne daß er je auf ihr eigenes Territorium übergriff, empfahlen sich um so mehr als sicherer Hort für internationale Goldreserven und hatten ihre Alliierten, namentlich England, mit großzügigen Kriegsanleihen unterstützt, die nun zur Rückzahlung fällig waren, aber nicht beglichen werden konnten, weil England seinerseits auf die Reparationen der zahlungsunfähigen Kriegsverlierer wartete. So hinterließ der Weltkrieg ein Weltschuldenproblem ungekannten Ausmaßes und nötigte die USA, es zu moderieren. Sie selbst führten 1919 den Goldstandard wieder ein und zeigten damit an, in welche Richtung die Alliierten sich bewegen sollten. Und die wären ihnen liebend gern gefolgt. Sie konnten bloß vorerst nicht so, wie sie wollten, denn alle europäischen Währungen waren von der Kriegsinflation ergriffen worden, wenn auch in unterschiedlichem Maße. Selbst das Pfund Sterling war in seiner Kaufkraft deutlich unter die Goldmenge gesunken, die es zu repräsentieren beanspruchte.

Seit Kriegsende fehlte es nicht an Stimmen und Konferenzen, die die Wiederherstellung der Vorkriegsverhältnisse verlangten. Man solle die Kaufkraft des Pfunds per Dekret einfach wieder auf sein Goldäquivalent heraufsetzen. Die alten Vertrauensverhältnisse würden dann von selbst zurückkehren. 1925 gab der damalige Schatzkanzler Winston Churchill diesem Verlangen nach und erklärte Englands «Rückkehr zum Goldstandard mit der Vorkriegsparität von 1:4,86 zwischen Pfund und Dollar».[60] Und tatsächlich, das Pfund sta-

60 North, 2009, 183

bilisierte sich, aber sein künstlich hoher Wechselkurs machte englische Waren im Ausland dermaßen teuer, daß der englische Export einbrach und im Inland hohe Arbeitslosigkeit und soziale Unruhen auslöste. Nachträglich bezeichnete Churchill seine Entscheidung als einen seiner größten Fehler. Das hinderte Frankreich und die meisten andern Alliierten nicht, ebenfalls zum Goldstandard zurückzukehren, auf die Gefahr hin, ähnliche Einbrüche zu erleben.

Beispiellos allerdings war, wie Deutschland auf den Rückweg zum Gold gedrängt wurde. Als der erklärte Hauptverlierer des Weltkriegs sollte es furchtbar bluten, aber so ausgeblutet, wie es war, mußte es dafür selbst erst einmal kräftige Infusionen erhalten. Anders gesagt: Um es zur Zahlung seiner Reparationen zu befähigen, hatte der Dawes-Plan[61] die Reichsbank leihweise mit einem beträchtlichen Quantum Devisen, hauptsächlich Pfund und Dollar, versorgt. Zudem hatte sich in den USA, weil sie selbst kein Kriegsterritorium waren, aus aller Welt Gold angesammelt – weit über das Quantum hinaus, das die Zentralbank zur gesetzlich vorgesehenen vierzigprozentigen Deckung der im Umlauf befindlichen Dollarmenge verfügbar halten mußte. Dies «freie» Gold wurde nun mit Vorliebe in Deutschland angelegt, so daß sich dort Ende der 1920er Jahre, nur ein halbes Jahrzehnt nach seinem inflationären Zusammenbruch, die größten Goldvorräte Europas häuften, der neuen Reichsmark enormen Rückhalt verliehen und, wenn auch überwiegend auf Leihbasis, einen neuen Wirtschaftsaufschwung beförderten.

Für die USA schien nichts sicherer, als in deutsche Kriegsreparationen zu investieren, denn die waren durch internationale Abkommen auf Dauer gestellt; für Deutschland schien nichts sicherer, als Anleihen aus den unablässig prosperierenden USA aufzunehmen. Und dann kam, was die wenigsten für möglich gehalten hatten: der große Börsenkrach an der Wall Street. Deutschland verlor in kürzester Zeit den größten Teil seiner amerikanischen Kredite, auf die seine wirtschaftliche Erholung wesentlich gebaut war, und stürzte in eine Arbeitslosigkeit von etwa vierzig Prozent. Die USA wurden von

61 Charles Dawes war ein amerikanischer Banker, der 1924 die Reparationskommission leitete und Kompromisse aushandelte zwischen dem französischen Wunsch, Deutschland so zu schädigen, daß es nie wieder zu einer Großmacht werden könne, und dem angelsächsischen Wunsch, es sich als Handelspartner zu erhalten; cf. Eichengreen, 1996, 54

 der Großen Depression erfaßt und rissen alle Länder, mit denen sie in geregelten Handelsbeziehungen standen, in den Strudel dieser Krise hinein. Der Dollar erlitt einen sturzartigen Vertrauensverlust, von dem auch alle andern großen Währungen angesteckt wurden. Keine war imstande, den Goldstandard zu halten. Kurz nacheinander gaben Frankreich, England und die USA ihn auf, und wieder glaubten alle Beteiligten, ihn lediglich auszusetzen und ihn nach der Weltwirtschaftskrise, die diesmal von den USA ausgegangen war, erneut etablieren zu können.

Gold-Dollar-Standard

Doch die Zeit des Goldstandards war endgültig abgelaufen, sein erneutes Aufleben nach dem Ersten Weltkrieg nur noch ein Aufflackern gewesen. Schon seine Einführung in den 1870er Jahren hatte sich ja als eine anachronistische, «fundamentalistische» Maßnahme gezeigt: als Errichtung einer letzten Bastion gegen den unaufhaltsamen globalen Sieg des Papiergelds über das Münzgeld. Das allseitige inflationäre Papiergelddrucken während des Weltkriegs hatte diesem Sieg nur eine neue Offensichtlichkeit verliehen. Doch was offensichtlich ist, ist deshalb noch längst nicht akzeptiert. Um schmerzliche Ereignisse anzuerkennen, braucht es Zeit, individuell wie kollektiv – Trauerzeit. Und nach dem Ersten Weltkrieg gab es vielfältigen Anlaß zur Trauer. In deren erster Phase ist die Neigung groß, das Schmerzliche noch gar nicht an sich heranzulassen – es zu verleugnen. Deutschland etwa verleugnete seine Niederlage durch eine «Dolchstoßlegende». War man nicht «im Felde unbesiegt» geblieben und nur durch sozialistische Kräfte, vaterlandslose Gesellen, die den eigenen Truppen in den Rücken gefallen waren, genötigt worden zu kapitulieren?

Auch das Ende des Goldstandards wurde zunächst nur im Modus der Verneinung wahrgenommen. Er sei ja bloß ausgesetzt, beteuerte man ein Jahrzehnt lang in allen maßgeblichen Regierungszentralen und arbeitete emsig an seiner Wiederherstellung. Und als er Anfang der 1930er Jahre, kaum daß er wieder zu funktionieren schien, erneut zerbrach, brauchte es ein weiteres Jahrzehnt, bis die Einsicht in sein unwiderrufliches Ende so tief in den Seelenhaushalt der internationalen Hochfinanz eingedrungen war, daß sie sich in politisches Handeln umsetzte.

Nicht daß die führenden Zentralbankiers, Finanz- und Wirtschaftspolitiker dem Goldstandard nachgeweint hätten wie Angehörige einem Verstorbenen. Doch ließ sich schlecht leugnen, daß das Gold der vornehmste Identitätsstifter des modernen Geldsystems gewesen war. Wie konnte dies System ohne ihn fortbestehen?[62] Was bliebe von den nationalen Währungen, wenn ihre Deckung durch Gold, die ja immer spärlicher geworden war, ganz wegfiele? Wären sie dann nicht lediglich haltlose papierene Konstrukte – völlig unfähig, als feste Bestandteile einer internationalen Ordnung zu wirken? Solche Fragen trieben die Finanzwelt allerdings um. Gold hatte nicht aufgehört, eine eschatologische Rolle für sie zu spielen: die eines letzten Halts, einer letzten Referenz – eines Übervaters, wie man in freudianischer Terminologie sagen könnte. Sie selbst hatte diesem Übervater zwar durch die Entwicklung ihrer papierenen Währungen und Zahlungsmodi nach und nach das Leben genommen, aber indem er daran nun tatsächlich starb, verlor sie zugleich den Halt, den er all ihren Aktionen selbst noch im Zeitalter seiner Agonie gegeben hatte.

Diesen Verlust verschmerzen zu lernen, das war die internationale finanzpolitische Trauerarbeit, die nun anstand: der Abschied vom Gold. Er begann erst, als es nicht mehr anders ging – nachdem man hatte erleben müssen, wie Deutschland auf die Weltwährungskrise mit der Abkehr von allen internationalen Zahlungsverpflichtungen und einer gigantischen Aufrüstung reagierte und wie es dabei von der wahnhaften Vorstellung gelenkt wurde, die Nation zu sein, die der aus den Fugen geratenen Welt eine neue Ordnung geben werde: durch militärische Gewalt statt durch goldgestützten Austausch.[63] Erst als sich 1944 die deutsche Niederlage mit größter Deutlichkeit abzeichnete, kamen auf Einladung der USA Finanz- und Wirtschaftsexperten von 44 Ländern aus allen Kontinenten zusammen, um über die Wirtschaftsordnung der Nachkriegszeit zu beraten. Man traf sich in einem eleganten Urlaubsort in New Hampshire, der seither sprichwörtlich für eine neue Weltwirtschaftsära geworden ist: Bretton Woods.

62 Das entspricht durchaus der Frage Karls V.: Wie kann der Kaiser Kaiser bleiben, wenn er Staatsbankrott erklären muß? Da dankte er lieber ab. Siehe oben S. 233.

63 Gold – Austausch – Schacher – Juden – Unzuverlässigkeit – Weltbedrohung: das war bei den Nazis denn auch die bevorzugte Assoziationskette antisemitischer Propaganda.

Die dort Versammelten sahen ein, daß der Goldstandard nicht noch einmal wiederzubeleben war. Aber ihn mit einem Federstrich aufgeben – das vermochten sie nicht, zumal ihnen zwei Optionen dargeboten wurden, wie ihre Währungen sich weiterhin auf Gold beziehen könnten, ohne durch Gold gedeckt sein zu müssen. Da war der englische Starökonom John Maynard Keynes. Bereits als junger Mann hatte er die englische Finanzdelegation bei den Friedensverhandlungen in Versailles geleitet und sein Mandat unter Protest niedergelegt, als die Siegermächte in den Kriegsverlierern ausschließlich zu demütigende Feinde wahrnahmen und sie nicht zugleich als unvermeidliche künftige Partner in einem umfassenden europäischen Wirtschaftsraum erkennen wollten. Nun, in Bretton Woods, legte Keynes das Konzept einer *International Clearing Union* vor: einer für alle Mitgliedstaaten obligatorischen Verrechnungsstelle, über die inskünftig der gesamte Zahlungsverkehr zwischen den Zentralbanken abzuwickeln sei, und zwar in einer neuen, künstlichen, supranationalen Währung, dem *Bancor.* Er war lediglich als Buchungseinheit gedacht: definiert durch ein bestimmtes Quantum Gold. Aber die einzelnen Währungen sollten ihn nehmen, als ob er lauteres Gold wäre: als feste Basis für stabile Wechselkurse. Seine Hauptaufgabe sollte Clearing sein – Zahlungsausgleich, nicht Geschäft. Wenn die Bancor-Guthaben einer Nation ein gewisses Maß überschritten, sollte der Überhang automatisch «sozialisiert» werden – andern, in Zahlungsschwierigkeiten befindlichen Nationen zugute kommen; eine Aussicht, die den USA, dem größten Guthaben-Anwärter, gründlich mißfiel.

Das andere Konzept bot der amerikanische Ökonom und Finanzpolitiker Harry Dexter White. Keine künstliche supranationale Währung, war seine Devise, sondern reales Geld, das alle beteiligten Länder anteilig in einen internationalen Fonds einzahlen sollten, um daraus im Bedarfsfall Hilfen zur Währungsstabilität zu empfangen. Und die Rechnungseinheit dieses Fonds? Da kam für den Amerikaner White nur die weltweit stärkste Währung in Frage: der Dollar.

Gold als Materie war nie Währung gewesen; nur Gold*stücken* eines bestimmten Gewichts mit bestimmter Prägung war dieser Status zugekommen. Aber nichts hatte weltweit so geeignet geschienen, Währung zu *werden* wie Gold. Ein alter, bis in die Bronzezeit zurückreichender *consensus gentium* (Konsens der Völker) hatte es als die Materie par excellence erachtet, die durch ihre Beschaffenheit und Ausstrahlung gewährleistete, daß alle Währungen, die sich in Gold ausdrückten oder auf Gold bezogen, tatsächlich als Geld anerkannt, also gegeneinander austausch- und verrechenbar waren. Wenn die Goldmaterie nun diese einheits- und identitätsstiftende Kraft verlor, dann mußte etwas anderes an ihre Stelle treten. Das war der *consensus gentium* von Bretton Woods. Dies Andere konnte freilich nicht wiederum eine Materie sein, sondern nur noch ein Mechanismus, der wie Gold funktionierte. Allerdings, so argumentierte Keynes, sei keine einzelne nationale Währung in der Lage, diese Funktion zu übernehmen, sondern nur eine übergeordnete Instanz: eine Währung der Währungen, die das Gold vertrete wie ein mit allen erforderlichen Befugnissen versehener Statthalter – der Bancor. White setzte dagegen: *Nur* eine funktionstüchtige nationale Währung kann die Goldfunktion ausüben, und zwar nur die unbestritten stärkste. Sie allein kann die dafür unerläßliche internationale Anerkennung erlangen. Der Bancor hingegen sei lediglich wie der Statthalter eines abgedankten Königs – ohne jede Autorität.

Nun standen mit den Vorschlägen von Keynes und White nicht nur Argumente gegeneinander, sondern auch die Interessen der beiden führenden Nationen. Es blieb nicht aus, daß sich die stärkere vielfach durchsetzte. Die Beschlüsse, die die Versammlung von Bretton Woods nach zähen Verhandlungen faßte, trugen mehr amerikanische als englische Handschrift. Der Dollar wurde zur Währung der Währungen erhoben, ganz nach dem Motto von George Orwells *Animal Farm*: «All animals are equal. But some animals are more equal than others.» Auch unter den Währungen der Welt gab es von nun an eine, die «gleicher» war als alle andern. Allein der Dollar sollte weiterhin direkt ans Gold gebunden sein, alle andern Währungen aber an den Dollar. Dieser Beschluß veränderte die gesamte internationale Rücklagenpolitik. Hatten die Zentralbanken ihre Reserven bisher vorzugsweise in Gold angelegt, so konnten sie sie nun nur noch mit Dollars aufstocken. An Gold kamen sie nur noch über den Dollar und über die Federal Reserve (FED). Sie wurde zum Alphatier der Zentralbanken: zur einzigen offiziellen Goldausgabestelle auf Staatsebene. Nur ihr wurde das Privileg zuteil, aber auch die Pflicht auferlegt, weiterhin Gold herauszugeben, nämlich zum Festpreis von $ 35 pro Unze, allerdings nur an andere Zentralbanken, nicht an Privatkäufer. So blieb der Dollar weiterhin am Gold orientiert und in bestimmter Hinsicht sogar daran geknüpft, ohne aber noch durch Gold gedeckt zu sein. Der Goldstandard wich einem «Gold-Dollar-Standard» mit starker Schlagseite zum Dollar.[64]

Ein fester, durch Gold klar definierter Wechselkurs zwischen nationalen Währungen existierte nicht mehr. Aber freie Wechselkurse wie direkt nach dem Ersten Weltkrieg mit all den Turbulenzen zwischen hochinflationären und halbwegs stabilen Währungen – das wollten die nach Bretton Woods Entsandten auf keinen Fall noch einmal riskieren. Also konzipierten sie etwas Drittes: weder ganz feste noch ganz freie Wechselkurse, sondern einen eng bemessenen Freiraum von je einem Prozent nach oben und nach unten, innerhalb dessen die eigene Währung im Verhältnis zu den andern nach Bedarf auf- oder abgewertet werden durfte. *Adjustable peg* (flexible Festlegung) war das Fachwort dafür. Und wenn dabei zu große Ungleichgewichte entstünden? Dann sollten die Regierungen den Abfluß ihrer Währungen ins Ausland begrenzen dürfen. Und wenn ihre Währungen dennoch instabil würden? Dann sollte ihnen eine Institution mit Krediten helfen, die eigens hierfür ins Leben gerufen wurde: der Internationale Währungsfonds (IWF). Die Industrieländer sollten ihn mit genügend Hilfsgeldern ausstatten samt der Befugnis, deren sachgemäße Verwendung zu überwachen.

Einen Staatenbund: das hatte es in kleinerem Maßstab schon beim Wiener Kongreß gegeben und im Weltmaßstab dann nach dem Ersten Weltkrieg in Gestalt des Völkerbunds. Aber ein Weltfonds, eingerichtet von Staaten unter der Federführung ihrer Zentralbankiers und Finanzpolitiker, der nun, wo es keinen Goldstandard mehr gab, die Weltwährungsstabilität zu seiner einzigen großen Aufgabe machte – das war neu. Zwar wurde der Fonds nicht so ausgestaltet, wie Keynes es sich wünschte. Dollar statt Bancor; Stimmrecht im Verhältnis zum eingelegten Geld: das mißfiel ihm. Doch die Grundidee des IWF und der ihm zur Seite gestellten Weltbank war im wesentlichen seine, und sie kam zur rechten Zeit. Weniger denn je war darauf Verlaß, daß sich die Weltwährungsstabilität von selbst einspielen würde, wofür die Entwicklung nach dem Zweiten Weltkrieg alsbald das beste Beispiel geben sollte.

Knapp vierzig Jahre hat das Regime von Bretton Woods recht und schlecht gehalten. 1973 brach es endgültig zusammen. Es fehlt nicht an wohlfeilen Erklärungen für seinen Mißerfolg. Hatte es nicht

64 Eichengreen 2007, 10

von vornherein an widersinnigen Voraussetzungen gekrankt? Ist eine «flexible Festlegung» von Wechselkursen nicht wie ein hölzernes Eisen? Jedenfalls führte sie dazu, daß sich kaum je eine nationale Währung punktgenau an die festgelegten, durch Dollars definierten und auf Gold rückbezogenen Wechselkurse hielt. Die Abweichung von ihnen, die als Ausnahme gedacht war, wurde zur Regel. Schon dadurch kamen beträchtliche Ungleichgewichte in die internationalen Zahlungsverhältnisse. Und wie sollte ein Gold-Dollar-Standard sie ausgleichen, der selber ein hölzernes Eisen war? Er veranlaßte zwar weltweit die Zentralbanken, Dollars zu kaufen, aber nicht, weil die Marktlage ihnen das schmackhaft machte – das tat sie nur in der Anfangszeit des Nachkriegsbooms, als eine Flut von Gütern und Krediten aus den USA den europäischen Wiederaufbau anschoben –, sondern weil das Abkommen von Bretton Woods ihnen keinen andern Weg ließ, ihr Rücklagenkontingent zu sichern.

Bald lagen daraufhin in den Zentralbanksafes außerhalb der USA mehr Dollars, als im Inland umliefen oder gehortet wurden. Das Mißliche daran war, daß die im Ausland stillgelegten Dollars keine ökonomischen Aktivposten der USA mehr waren und ihnen eine «negative Zahlungsbilanz» bescherten. Sie fungierten weder als Motor noch als Ausdruck der amerikanischen Wirtschaftsleistung, so daß sich eine paradoxe Situation ergab. Die erzwungene Internationalisierung des Dollars, die ihm eine politische Autorität sondergleichen verschaffte, untergrub zugleich das Vertrauen in ihn als Marktkraft und -indikator. Dieses sogenannte «Triffin-Dilemma»[65] mußte die USA zunächst einmal nicht kümmern, solange sie ihr ungeheures Privileg, eine Währung zu haben, die zugleich Weltwährung war, schamlos zu nutzen wußten. Was mußte die FED denn tun, um ausländische Zentralbanken mit Dollardevisen zu beliefern? Gelddruckmaschinen in Gang setzen. Und die Empfängerländer dieser Devisen? Sie mußten harte Gegenleistungen erbringen: entsprechende Mengen Gebrauchsgüter in die USA liefern, amerikanische Militärbasen in ihrem Land finanzieren und amerikanischen Firmen, die sich dort niederlassen wollten, Produktionsstätten einrichten und Steuerfreiheit gewähren. Hätten die nichtamerikanischen Delegationen in Bretton Woods wirklich ermessen, was der Dollar als Weltwährung den USA alles ermöglichen würde – sie hätten über das

65 Cf. Triffin 1964

 Konzept von Keynes und andere Alternativen gewiß noch einmal scharf nachgedacht. Nun aber war der Würfel gefallen.

Dennoch nagte das «Triffin-Dilemma» schließlich auch an den USA selbst, spätestens als das internationale Vertrauen in die Wirtschaftskraft des Dollars, gleichsam an seiner politischen Autorität vorbei, so weit sank, daß der enge Auf- und Abwertungsspielraum, den Bretton Woods anderen Währungen gegenüber dem Dollar eingeräumt hatte, nicht mehr ausreichte, um sie stabil zu halten, nicht zu reden von den Einlagen in den IWF, die von Anfang an so bescheiden gewesen waren, daß sie eine echte Weltwährungskrise nicht aufhalten konnten. Die entscheidende Probe für das Weltvertrauen in den Dollar aber war, ob dessen Verhältnis zum Gold stabil bleiben würde. Würde sich der Goldpreis bei den in Bretton Woods vereinbarten $ 35 pro Unze halten? Zu diesem Preis war ja die FED offiziell verpflichtet, allen Zentralbanken, die es wünschten, Gold zu verkaufen. Aber die Minen in Südafrika, der Sowjetunion und in Australien, die weiterhin emsig Gold förderten, waren ihrerseits keineswegs verpflichtet, ausschließlich die FED zu beliefern. Und es gab noch eine ähnlich interessante Adresse: den Goldmarkt, der sich in London seit den Zeiten der gigantischen Goldeinfuhr aus Ouro Preto etabliert hatte. Selbst die USA konnten ihn nicht einfach unterbinden, ja nicht einmal verhindern, daß die Zentralbanken aller Länder sich auf ihm umtaten. Nun reichte das in London angebotene Gold zwar nicht entfernt mehr aus, um den weltweit sprunghaft gestiegenen Bedarf an Zentralbankrücklagen zu decken, wohl aber, um den Goldpreis ins Wanken zu bringen; zählt auf dem Markt doch reale Kaufkraft, nicht ein politisch festgelegter Preis. Als 1960 der Marktpreis für die Unze Gold in London auf $ 40 stieg, läuteten in Washington die Alarmglocken. Die USA nötigten ihre zahlungskräftigsten Verbündeten (England, Frankreich, Deutschland, Italien, Schweiz, Belgien, Niederlande) zu einem gemeinsamen Goldpool. Die Einlagen in diesen Pool hatten nur einen Zweck: durch gezielte Goldkäufe zu $ 35 pro Unze den Goldpreis stabil zu halten und der FED neue Goldreserven verfügbar zu machen.

Der Goldpool war das letzte Aufgebot zur Erhaltung des Gold-Dollar-Standards. Er glich einer Aktiengesellschaft, die die eigenen Aktien kauft, um deren Preisniveau zu halten. Das schien anfangs zu gelingen, zumal ausgerechnet die Sowjetunion in diesen Jahren zur Aufbesserung ihrer Wirtschaftslage große Mengen Goldes verkaufte und so dem Klassenfeind den Goldpreis senken half. Aber ab 1966 stieg er wieder. Um ihn zu drosseln, bedurfte der Goldpool höherer Einlagen. Doch Frankreich war es leid, zur Versorgung der FED und Stützung des Dollars ständig Gold zu kaufen, verließ den Pool und ließ 1968 sämtliche seiner in den USA gelagerten Goldvorräte in U-Booten nach Frankreich bringen. Aber auch andere Zentralbanken bemerkten, wie die Kaufkraft ihrer Dollarreserven nachließ, während der Goldpreis auf dem Londoner Markt trotz Goldpool erneut stieg. Wer wollte ihnen verwehren, Gold bei der FED für $ 35 zu kaufen und es teurer in London wieder zu verkaufen? 1968 begann ein Run auf die amerikanischen Goldreserven. Die FED mußte ihre Einlösepflicht von Dollars in Gold vorübergehend aussetzen. Der Londoner Goldmarkt wurde kurzfristig geschlossen.

Nach seiner Wiedereröffnung probierten es die USA noch einmal mit einer Doppelstrategie: den Marktpreis des Goldes freigeben, aber die im Goldpool verbliebenen Zentralbanken auf die alten $ 35 pro Unze vereidigen. Doch alle Zentralbankiers wußten: $ 35 hatten längst nicht mehr die Kaufkraft für eine volle Unze. Solange die FED freilich noch verpflichtet war, ihnen zu diesem Preis Gold herauszurücken, fühlten sie sich geradezu eingeladen, diese Gelegenheit im wohlverstandenen nationalen Interesse bis zur Neige zu nutzen. Ein zweiter Run auf die amerikanischen Goldreserven setzte ein. 1971 kapitulierte die FED und kündigte ihre Einlösepflicht von Dollars in Gold auf. Der Gold-Dollar-Standard war am Ende und mit ihm die flexible Festlegung der Wechselkurse, deren Rückgrat er gewesen war. 1973 wurde das Abkommen von Bretton Woods für ungültig erklärt.

Pyrrhussieg des Papiergelds

Nicht, daß das Gold damit verschwunden war. Es lagerte nach wie vor tonnenweise in Zentralbanksafes, es wurde weiterhin in den großen Minen der Welt gewonnen und nun, nach dem Wegfall der Restriktionen von Bretton Woods, mit neuem Schwung in London und anderswo gehandelt. Doch es hatte aufgehört, letzte Referenz allen Papiergelds zu sein. Erstmals in der Menschheitsgeschichte war Papiergeld auf sich selbst gestellt. Statt einen Rückhalt in Gold zu haben, war es nun selbst letzte Instanz: die einzig verbliebene Definitionsmacht für das, was Waren kosten sollen. Edelmetalle waren nicht mehr länger die maßgebliche Geldmaterie, sondern bloß noch Waren – wie Flugzeuge, Computer oder Brötchen. Nicht sie definierten mehr die Kaufkraft von Papiergeld, sondern wurden durch papierene Kaufkraft definiert. Was für ein epochaler Umschwung das war, fiel den führenden Geld- und Finanzpolitikern in der Hektik des Alltagsgeschäfts kaum auf. Sie hatten alle Hände voll zu tun, um die Lücke zu füllen, die der «Übervater» Gold hinterließ. Und wie in der Steinzeit, wenn mächtige Väter zur letzten Ruhe gebettet und in den Rang von Ahnen erhöht wurden, die im Gedächtnis ihres Volkes fortlebten und über dessen Geschicke wachten, galt auch hier zweierlei: Der Verblichene war unersetzlich – und er war ersetzbar. Das hatte Bretton Woods ja vorexerziert: den Goldstandard feierlich verabschiedet und pietätvoll einen Gold-Dollar-Standard an seine Stelle gesetzt, der seinen Vorgänger nicht ersetzen konnte und es dennoch tun mußte. Nun wiederum war der Gold-Dollar-Standard zu ersetzen. Die Lücke, die er nur unzulänglich gefüllt hatte, war ja durch sein Verschwinden nicht kleiner geworden. Zwar hatte er die Konsistenz eines hölzernes Eisens und insofern wenig Eignung als Lückenfüller. Aber wer oder was sollte denn überhaupt besagte Lücke füllen? Papiergeld? Das ist die bohrende Frage, die der Goldstandard postum dem gesamten Weltwährungskrisenmanagement seit Bretton Woods stellt. Er lebt darin weiter als Ahne – als unwillkürliches, gleichsam prozedurales Gedächtnis.

Der Goldstandard ist das schlechte Gewissen des Weltwährungsmanagements, das auf ihn folgte. Alle Maßnahmen, die seither ergriffen wurden, um die kapitalistische Weltwirtschaft nicht zum Spielball völlig ungezähmter Wechselkurse werden zu lassen – etwa die Vereinigung von Nachbarländern zu regionalen Wirtschaftsräumen wie Europäische Union, Mercosur oder Association of Southeast Asian Nations – beschwören unweigerlich, ob implizit oder explizit, bewußt oder unbewußt, den Vergleich mit dem Goldstandard herauf. Wie tauglich sind sie, gemessen an ihm? Was ersetzt die identitäts- und einheitsstiftende Kraft, die von der Goldmaterie einst ausging? Papier schwerlich. Und doch ist es als Adoptivkind des Goldes dessen einziger Erbe. Es ist die Endstation eines langen und, wie sich nun zeigt, paradoxen historischen Prozesses. Eigentlich war schon im Spätmittelalter, als italienische Bankhäuser Wechsel auszustellen begannen, absehbar, daß Edelmetallmünzen jener neuen Art dezentralen Handels, die sich in Europa anbahnte, über kurz oder lang nicht mehr gewachsen sein würden. Und je mehr dieser Handel auch auf andere Kontinente überging, um so offensichtlicher wurde das Ungenügen der Münzen und um so unaufhaltsamer der Sieg des Papiergelds. Dennoch wurde Edelmetall als Geld keineswegs einfach fallengelassen. Vielmehr klammerte sich eine internationale Gemeinschaft auf fundamentalistische Weise ans Gold und versuchte selbst nach den Verwerfungen des Ersten Weltkriegs noch einmal, den Goldstandard wiederherzustellen. Erst als es wirklich nicht mehr anders ging, wurde «das Goldfenster geschlossen»[66].

Warum hat dieser widerwillige Abschied alle Insignien eines kollektiven Trauerprozesses? Weil das, was danach zurückbleiben würde, offenbar mehr gefürchtet als ersehnt wurde: bloßes ungedecktes Papier. Das Papiergeld hatte zwar auf seinem Siegeszug das Ungenügen von Gold- und Silbermünzen immer offenkundiger zu machen vermocht. Nun aber, wo es ganz von deren Vormundschaft befreit und nur noch durch sich selbst definiert war, trat um so mehr sein eigenes Ungenügen zutage. Es hatte an nichts anderem mehr Halt. Sobald Papierwährungen irgend Instabilität zeigen, regt sich denn auch ihre unbewältigte Vorgeschichte. Die unwillkürliche Erinnerung an den «Ahnen» steigt auf. Wie auf Knopfdruck ist seither in jeder größeren Finanzkrise der Vorschlag wiedergekehrt, die großen Währungen der Welt erneut ans Gold zu binden.[67]

Intermezzo 5: Kunstgeld

Das Goldfenster war noch nicht geschlossen, da eröffnete die Art Basel, die erste weltweite Messe zeitgenössischer Kunst. Das geschah 1970. Ihre Initiatoren konnten nicht wissen, daß sie Vorboten einer neuen ökonomischen Ära waren. Wohl aber spürten sie deutlich, daß die moderne bildende Kunst an einem Wendepunkt stand. Die Zeit, wo sie das kollektive ästhetische Empfinden beleidigt, moralische und politische Standards frontal angegriffen und öffentliche Irritation und Empörung hervorgerufen hatte, war vorüber. Die

66 Eichengreen 2007, 18

67 «Weltbankpräsident schlägt neuen Goldstandard vor», titelte der Wirtschaftsteil der Frankfurter Allgemeinen Zeitung am 9. 11. 2010. «Robert Zoellick will Dollar, Euro, Yen, Pfund und Remnibi zusammenbinden – mit Gold als Referenzpunkt.» (11)

 Kunst war im Begriff, ihren avantgardistischen Stachel zu verlieren. Sie wurde reif für den internationalen Kunstmarkt und der wiederum reif für eine neue globale Rolle. In der Art Basel, so läßt sich rückblickend sagen, warf der Sieg des Papiergelds seinen Schatten voraus, als hätten ihre Gründer geahnt, daß sich zwei Jahre später in Chicago der International Money Market auftun würde, wo sich alsbald eine Unmenge anlagebereiter Dollars ansammeln sollte, die durch Gold nicht mehr gedeckt waren.[68] Freilich hatte Gold seine Handlichkeit, seine Beständigkeit und seinen spezifischen Glanz, all das, was einst zu seiner astralreligiösen Aufladung geführt hatte, nicht verloren. Wenn es als Währung auch abgewirtschaftet hatte; als Schmuck war es weiterhin attraktiv. In dieser Eigenschaft freilich konkurrierte es mit anderen Edelmetallen, mit Diamanten – und mit Kunstwerken.

Das Bedürfnis, sich zu schmücken, ist uralt. Seinen Ursprung hat es in der Bewältigung des Naturschreckens. Die ältesten Schmuckstücke bestanden aus den Angriffswaffen wilder Tiere. Reißzähne erlegter Löwen, Panther oder Wölfe durchlöchern, auf eine Schnur reihen und sich um den Hals hängen; Büffelhörner in Trinkhörner verwandeln; Stoßzähne von Mammuts oder Elefanten zerkleinern und zu handlichen Tierfiguren formen: konnte man drastischer zeigen, daß man über ihre Bedrohung Herr geworden war? Das triumphale, siegestrunkene Zurschaustellen der überwundenen Übermacht ist nach allem, was sich rekonstruieren läßt, die Urform des Festes gewesen. Die in Triumphzeichen verwandelten Überreste wilder Tiere waren Festzubehör, und sich festlich zurechtmachen heißt sich schmücken. Schmuckstücke sind ursprünglich Trophäen. Der Schrecken ist darin unschädlich, handlich, zierlich geworden – schön. Rainer Maria Rilke hat es erfaßt: «Denn das Schöne ist nichts / als des Schrecklichen Anfang, den wir noch gerade ertragen.»[69] Nur daß es sich historisch genau umgekehrt verhält. Das Urschöne war des Schrecklichen Ende. Man konnte anfangen, es zu genießen, weil es nicht mehr bedrohte, sondern nur noch prickelte – zum Bestandteil des Hochgefühls seiner Überwindung geworden war. Edelmetalle wurden freilich erst auf höheren Kulturstufen zu Schmuckmaterial: als man sie als irdische Reflektoren von Gestirnen zu erachten begann und die Überzeugung gewann, ein mit Gold oder Silber geschmückter menschlicher Körper sei in den Schutz himmlischer Mächte gestellt. Edelmetallgebilde fungierten zunächst als Amulette. Ihr Glanz wurde als Abwehrkraft feindlicher Mächte wahrgenommen.

68 Siehe unten, S. 330 ff.
69 Rilke 1997 [1923], 7

Mit der Entfesselung ungedeckten Papiergeldes hat das archaische Schmuckbedürfnis eine überraschende Wiederkehr gefeiert. Geld war banal geworden wie nie zuvor – eben bloß noch Papier mit nichts dahinter. Damit wurde nicht nur das Schuldenmachen leichter. Es entstand auch ein neuer Drang, Geld zu reauratisieren, es in Dingen mit hoher Ausstrahlungskraft darzustellen, die etwas hermachen und die Banalität bloßen Papiers dementieren. Dabei kehrte sich das Verhältnis von Papier und Gold um. Es ist etwas grundsätzlich anderes, ob Gold Papier deckt oder ob Papier sich mit Gold schmückt. Gold war allerdings in dem historischen Moment, wo es seinen Währungsstatus endgültig verlor, zunächst einmal ein degradiertes Material und als Schmuck nur eine Option unter vielen. Gab es nicht Interessanteres?

Da war zum Beispiel die bildende Kunst. Sie wurde zum Goldäquivalent – nicht mehr in dem Sinne, daß sie mit Goldmünzen bezahlt wurde, sondern daß sie wie Gold als Schmuck zu rangieren begann, nur als ein attraktiverer. Einen Kunstmarkt gab es zwar schon seit Jahrhunderten. Seit sich das Geldsystem etabliert hatte, war er integraler Bestandteil des Gebrauchsgütermarkts. Reiche schmückten ihre repräsentativen Gebäude nicht nur mit Porträts ihrer selbst und mit Bildern ihrer Liegenschaften, die sie eigens in Auftrag gegeben hatten; sie kauften ästhetische Gebilde auch auf dem Markt: Bilder, Skulpturen, Porzellan, ja ganze Innenausstattungen. Und länger schon waren es Auktionshäuser, die den Kauf erleichterten, verbürgten sie sich doch für Authentizität und Erstklassigkeit der von ihnen angebotenen Objekte. Freilich trieben sie damit zugleich die Kaufpreise in die Höhe und ermunterten Kunstsammler, mit ihren Objekten zu spekulieren. Doch nun kamen zwei weitere Faktoren ins Spiel, für die die Namen Chicago und Basel stehen. Ein Riesenhaufen von Geldpapieren und Papiergeldern drängte danach, sich in auratischen Objekten zu verkörpern; und die Gegenwartskunst drängte in den internationalen Kunstmarkt. Chicago und Basel waren wie füreinander geschaffen; ihr Zusammentreffen erzeugte den neoliberalen Kunstboom.

Solange man mit traditioneller Kunst handelte, war man auf einigermaßen sicherem Boden. Trotz aller subjektiven Vorlieben für diesen oder jenen Künstler gab es weithin anerkannte Kriterien für handwerkliche und technische Meisterschaft, die auch dann ein bestimmtes Preisniveau rechtfertigten, wenn einem das Produkt nicht sonderlich zusagte. Mit der Avantgarde wurde das anders. Wenn eine monochrome Leinwand, ein auf den Kopf gestelltes Pissoir oder eine Fettecke Kunst sein konnten, wo gab es da noch plausible Qualitätskriterien? Sie brachen weg. Nachdem die Meßmethoden neuzeitlicher Wissenschaft die Wertschätzung (*timē*) immer mehr zu einem reinen Taxierungsvorgang ohne nennenswerte emotionale Besetzung hatten tendieren lassen, kehrte die Avantgardekunst das Verhältnis um und versetzte die *timē* wieder zurück in ihr Anfangsstadium, wo sie wesentlich emotionale Besetzung war und die Taxierung ein dürftiges Anhängsel. Mit dieser Schlagseite war die *timē* ja im archaischen Opferkult entstanden: als emotionale Höchstbesetzung von Lebewesen, für deren Hingabe man sich stümperhaft ein Äquivalent an Verschonung ausrechnete.

Wenn die Avantgarde das archaische Mißverhältnis von emotionaler Besetzung und Taxierung wiederbelebte, so war sie dabei freilich von einem kritischen Impuls getrieben. Ihre Umkehrung herrschender *timē*-Proportionen war ein Angriff auf den bürgerlichen Vermessungsbetrieb. Sie wollte ihm nicht zugehören. Sie wollte nicht taxiert werden. Aber nun, wo der Angriff seinen Schwung verloren hatte, wo auch Avantgardekunst und ihre Ausläufer bloß noch Kunst waren und Eingang in den internationalen Kunstmarkt fanden, da zeigte sich, daß gerade ihre Auflehnung gegen Maß und Meßbarkeit sie besonders interessant für den Markt machte. Eine sich gegen Taxierbarkeit sträubende Kunst ist eine besonders willfährige Spekulationsmasse. Hinter Aktien und Finanzpapieren stehen, wie versteckt auch immer, taxierbare Wirtschaftsleistungen. Sie mögen nur wenigen Insidern zugänglich sein, man mag sich bei ihrer Schätzung furchtbar verkalkulieren, aber es gibt sie. Was hingegen steht hinter einem Werk zeitgenössischer Kunst? Eine prinzipiell nicht taxierbare Tätigkeit. Alles «Wirtschaftliche» daran – Material- und Transportkosten, Arbeitsaufwand, technische Meisterschaft, Nützlichkeit – ist für seine Wertschätzung nicht ausschlaggebend. «Leder wird durch die Arbeit des Schusters in Schuhe verwandelt. Je nachdem, wieviel Arbeit reinfließt, wieviel Kennertum, wieviel Fachmannschaft, ist der Schuh dann entsprechend teuer. Und nur bei der Kunst gibt's ja dieses absurde Moment, dass im Prinzip eben aus drei Bleistiftgekrickelstrichen auf billigem Papier etwas wird, was teurer ist als alles andere. [...] Das wird vom Markt berührt, und dann verwandelt sich das in Gold.»[70]

So Daniel Richter, der Anfang der 1990er Jahre noch in einer schlecht isolierten Dachkammer vor sich hinmalte, ehe die Galerie *Contemporary Fine Arts* ihn entdeckte. Die erste Einzelausstellung seiner – damals noch abstrakten – Gemälde im Jahre 1995 erzielte bereits vierstellige Preise. Nach seiner Wende zur figurativen Malerei (um 2000) wurden seine Bilder für fünfstellige Beträge gehandelt, inzwischen sind es sechsstellige. Er selbst weiß nicht, wie ihm geschah. Natürlich hält er sich für einen hochkarätigen Maler, aber daß die Preise seiner Bilder dazu in einem erkenn-

70 Albinus 2008, 2. Weitere Zitate: 5, 9 f.

baren Verhältnis stehen, sieht er nicht. Und die Betreiber seiner Galerie? Irgend etwas Erfolgsträchtiges müssen sie ja erspürt haben, als er ihnen «sechs fantastische abstrakte Bilder» vorstellte. Aber in Worte fassen sie es nicht. Der renommierte Museumsdirektor, der Richter schon früh ganz hoch veranschlagte, sieht hinter der Entscheidung für bestimmte Gegenwartskünstler lediglich «ein Empfinden, das zwar intellektuell begründbar sein mag, aber doch eigentlich auch sehr viel mit dem Bauch zu tun hat»; «und die Bilder von Daniel Richter haben eigentlich immer so eine gewisse Hitze, haben etwas Beunruhigendes» und zeugen davon, daß er «eigentlich keine Lösungen hat, sondern immer auf der Suche nach Lösungen ist. Das finde ich aufregend.» Doch was hat diese höchst subjektive Aufregung mit sechsstelligen Preisen zu tun? Das verraten weder die Galeristen, die gleichsam die Trendscouts der Gegenwartskunst sind, noch die Experten in Museen und Auktionshäusern. Weil sie ihr Geheimnis für sich behalten wollen? Oder weil es da gar nichts zu verraten gibt, weil mehr als ein aus viel Umgang mit Kunst und Geld erwachsenes Gespür für Trends, das sich festen Regeln nicht fügt, gar nicht vorhanden ist?

Es spricht alles für letzteres. Die schwindelerregenden Kunstpreise der Gegenwart haben kaum eine solidere Grundlage als einst die holländische Tulpenmanie. Daß gerade Tulpen so magnetisch wirkten, war, wie oben gezeigt, nicht nur Zufall.[71] Im Land der ersten großen Ostindischen Kompanie, dem sich der Ferne Osten als eine geradezu märchenhafte Quelle des Reichtums aufgetan hatte, strahlte die orientalische Farbenpracht dieser Blumen ein *ex oriente lux* aus, das die holländische Wirtschaftsblüte und ihr Erfolgsgeheimnis auf bezaubernde Weise darzustellen vermochte. Es war ihr orientalisches Potential, was den Tulpen ihre singuläre Karriere bescherte. Aber das wurde erst nachträglich klar. Niemand hätte im voraus wissen können, daß die Holländer derart auf Tulpen fliegen würden. Bevor sie das taten, war das orientalische Potential lediglich ein «gewisses Etwas» für *liefhebbers*, aber nichts klar Benennbares.

Auch die Gegenwartskunst, die sechs- oder siebenstellige Beträge erreicht, hat ein «gewisses Etwas». Galeristen wittern es. Zunächst waren sie es vornehmlich, die in Kunsthochschulen, Dachkammern und Hinterhäusern junge Künstler entdeckten und ihre Werke auf den internationalen Markt brachten, ehe die Ankaufspolitik der Museen und die Versteigerungspolitik der Auktionshäuser dann die anfänglichen Galeriepreise potenzierten. Inzwischen machen sich Auktionshäuser selbst auf die Jagd nach dem ganz

71 Siehe oben, S. 244 f.

 besonderen Thrill. Sie schicken ihre eigenen Trendscouts aus, versuchen die Galerien zu umgehen und die millionenschweren Kunstinvestoren auf direktem Wege für neue Stars und Trends zu gewinnen. In jedem einzelnen Fall bleibt ungewiß, ob die Werke, an denen sie ein «gewisses Etwas» auszumachen glauben, tatsächlich zu Höchstpreisen aufsteigen werden. Aber eine Bedingung müssen sie allesamt erfüllen: Sie müssen sich in markanter Weise als Trophäen des entfesselten Papier- und Digitalgeldes eignen.

Trophäen, so wurde gezeigt, sind Überbleibsel überwundener Feinde. Woran aber konnte der neoliberale Kapitalismus, der seit den 1970er Jahren global expandiert, seinen Triumph besser demonstrieren als an jener sperrigen modernen Kunst, die mit der Avantgarde in die Welt gekommen ist? Sie war in der ersten Hälfte des zwanzigsten Jahrhunderts die letzte große ästhetische Widerstandsbewegung: der vergebliche Versuch, sich den Parametern von Taxierung, Vermessung und Verkauf zu entziehen und statt dessen direkt von Seele zu Seele zu sprechen. Ihr kritischer Stachel ist stumpf geworden, aber ihre spezifische Kriterienlosigkeit ist auch ihren Abkömmlingen geblieben – bis in die Gegenwartskunst hinein. Wenn ihre Werke Höchstpreise erzielen, wenn sie als Eigentum von Banken oder als Leihgaben von Großinvestoren die Wände von Ausstellungshallen zieren, so nur, weil sie das einzige Kunstkriterium, das der Markt noch übrigließ, erfüllt haben: das Trophäenkriterium. Sie strahlen eine ähnliche Botschaft aus wie einst Reißzähne, wenn sie sich, zur zierlichen Kette gefügt, um den Hals eines Häuptlings wanden. Der Kunstgenuß kehrt in sein Frühstadium zurück: zum Triumphgenuß.

Vorbei die Zeiten, in denen die Bewahrer der herrschenden Ordnung figürliche Kunst favorisierten («wo man noch erkennen kann, was dargestellt ist»), während die Kritiker dieser Ordnung mit der abstrakten Kunst im Bunde waren. Die Entgegensetzung von affirmativer und subversiver Kunst greift nicht mehr. Auch wenn manche Künstler und Kunsttheoretiker ihr noch anhängen mögen – der Kunstmarkt neutralisiert sie sofort. Je potenter die Investoren, desto größer ihre Neigung, sich mit widerborstigen Objekten zu schmücken und zu zeigen, daß sie gerade für die radikalsten Tendenzen der Gegenwartskunst offen sind. Ihre Bereitschaft, für das «gewisse Etwas» einiger Formaldehydpräparate oder «Bleistiftgekrickelstriche» Unsummen zu zahlen, wirkt zudem auf den Handel mit traditioneller Kunst zurück. Auch hier steigen die Auktionspreise in Höhen, die immer weniger im Kaufobjekt selbst fundiert sind – und immer mehr zu Potenzerweisen des Käufers werden. «Das Wesen muß erscheinen», heißt es bei Hegel.[72] Bezogen auf den

72 Hegel 1970 [1835], 124

neoliberalen Kunstmarkt: Die papierene und digitale Macht des Geldes hält es bei ihrer eigenen Banalität und Abstraktheit nicht aus. Sie muß sich in Trophäen verkörpern, die ihr die Gewißheit geben, daß sie überhaupt existiert. Gerade in schweren Zeiten muß sie das. Im September 2008, als der Zusammenbruch des Bankhauses Lehman Brothers die größte Finanzkrise der letzten achtzig Jahre auslöste,[73] erzielte das Auktionshaus Sotheby's für eine Werksammlung des Künstlers Damien Hirst den Weltrekorderlös von 172 Millionen Dollar. Während die Banken in Panik waren, gab es in ihrer Hinterwelt, jenem deregulierten Reich der Schattenbanken und Fonds, das man «die Finanzmärkte» nennt, durchaus Leute, die solche Summen bequem aufbringen konnten und nun den Drang verspürten, das besonders demonstrativ zu tun. Das Spitzensegment des internationalen Kunstmarkts wurde in die globale Krise bisher nicht ernstlich hineingerissen. Hier werden weiterhin Millionenbeträge gezahlt und Rekorde gebrochen. Nach wie vor sind die erworbenen Werke für ihre Käufer unentbehrliche Mittel der Selbstvergewisserung – wie Edelkosmetika für Filmdiven.

Mysterium der Kaufkrafterschaffung

«Die Geschichte des Goldes ist eine Geschichte der Illusionen.» «Dabei handelte es sich doch nur um gelbes Metall.»[74] «Erst mit der Abkehr vom Gold haben die Staaten des Westens das Herz des Kapitalismus – das Geldwesen – unter demokratische Kontrolle gestellt», es von den Förderungsraten der Goldminen unabhängig gemacht und sich in die Lage versetzt, die erforderliche Geldmenge ganz nach Bedarf und ökonomischem Sachverstand festzulegen. Ist es da nicht widersinnig, daß die Zentralbanken immer noch Gold lagern? Es ist geldpolitisch völlig irrelevant geworden und hält bloß den irrationalen Wunsch nach Wiedereinführung des Goldstandards wach. Man sollte ein Zeichen setzen und die in New York geballt gelagerten internationalen Goldreserven kurzerhand «im Atlantik versenken». So lautet ein vielleicht nicht ganz ernst gemeinter Vorschlag, hinter dem aber ein ganz ernster Glaube steht: Papiergeld suggeriere keine höheren Eigenschaften mehr; es sei das erste rationale Zahlungsmittel.

Das ist freilich ein Märchen. Daß Magie im Spiel war, als Edelme-

73 Siehe unten, S. 365 ff.

74 Schieritz 2012, 1. Dort auch die beiden folgenden Zitate.

 talle mit astralreligiöser Aura aufgeladen wurden, steht ja außer Zweifel. Aber wenn man Papier mit Kaufkraft auflädt, geht es da irgend rationaler zu? Im Gegenteil. Edelmetalle haben immerhin eine bestimmte Konsistenz und Ausstrahlung, also real existierende Natureigenschaften, die einst dazu einluden, schuldtilgende Kraft – und das heißt ja ursprünglich Kaufkraft – in sie hineinzuprojizieren. Profanes Papier hat solche Eigenschaften nicht.[75] Es ist lediglich geduldig, empfänglich für Zeichen aller Art und damit auch geeignet, Kaufkraft von etwas anderem geliehen zu bekommen. Wechsel waren nur glaubwürdig, sofern sie die Kaufkraft von Gold oder Silber darstellten, Banknoten nur, sofern sie Hartgeld repräsentierten. Kaufkraft hatten sie nur stellvertretend für Edelmetall, nicht von sich aus. Daran wurde allerdings immer weniger gedacht, je mehr das Drukken von Geldscheinen zur Alltagsroutine von Zentralbanken wurde und die Edelmetallbestände zunehmend aus dem öffentlichen Umlauf verschwanden, um, zurückgedrängt in Tresore und Safes, nur noch ein Kellerdasein zu fristen.

Nur Zentralbanken dürfen, was sonst niemand darf: Papierscheinen Kaufkraft verleihen. Indem sie Ende des siebzehnten Jahrhunderts damit anfingen, setzten sie etwas in die Welt, was vorher noch nicht da war; genauer gesagt, was *so* noch nicht da war. Denn bei Lichte besehen übertrugen sie lediglich schon vorhandene, in Gold und Silber steckende Kaufkraft auf Papier. Allerdings nicht eins zu eins, nicht so, daß jeder Schein durch Edelmetall voll gedeckt gewesen wäre. Teildeckung hieß ihr Kunstgriff: mehr Kaufkraft in Papier hineinlegen, als die Edelmetallvorräte hergaben. Und wo kam dieser Überschuß her? Aus nichts. Er ging, wie ein blinder Passagier, bei der Kaufkraftübertragung mit ins Papier ein. Den einzelnen Geldscheinen sah man das nicht an, wie sie ja überhaupt nur wenig darüber verraten, in welchem Maße sie gedeckt oder ungedeckt sind. Solange es nur recht wenige Papiergeldinhaber waren, die Edelmetall für ihre Scheine forderten, bekamen sie stets das volle Quantum ausbezahlt, so als wären *alle* Scheine gedeckt.

Von Anfang an haben sich Zentralbanken darin geübt, in Papierscheine eine Kaufkraft hineinzulegen, die nirgendwoher kam. Aber die war eben bloß ein Überschuß, der gleichsam mittransportiert

75 Das sakrale Papiergeld, das im alten China umlief, hat natürlich einen andern Status; siehe oben, S. 255 ff.

wurde, wenn die Kaufkraft von Gold und Silber auf Papier überging.
Philosophisch gesprochen: Der Überschuß aus nichts war ein Hinzukommendes (Akzidens); die Sache selbst (das Wesen) hingegen war die Übertragung schon existierender Kaufkraft auf einen Repräsentanten, der sie lediglich darstellte. Nun waltet zwischen Wesen und Akzidens stets eine eigene Dynamik, und im Falle der Zentralbanken läßt sich deren Richtung klar angeben. Je größer das Papiergeldvolumen, je geringer seine Deckung durch Edelmetall, desto größer wurde beim Gelddrucken auch der Überschuß aus nichts. Sein Anschwellen führte zwar dazu, daß die Edelmetalle immer mehr aus dem Geldumlauf verschwanden und gleichsam aufs Altenteil im Keller gedrängt wurden. Dennoch blieben sie die Alten, von denen die Papierscheine bloß die adoptierten Abkömmlinge waren. Nur in bezug auf diese «Alten» hatte das Papiergeld überhaupt eine eigene Identität. Nur sofern es übertragene, stellvertretende Kaufkraft hatte, konnte ihm ein Überschuß aus nichts hinzuwachsen.

Papiergeld war nur verständlich als *ens per aliud* (seiend durch ein Anderes), und selbst die gewiegtesten Finanzakrobaten, die keine Hemmungen hatten, mit ungedeckten Papieren zu hantieren, waren unfähig, es anders zu verstehen. Nur vom Gold her erschloß sich ihnen, was Papiergeld ist, und nur aus der Differenz zwischen beiden zogen sie ihre mehr oder weniger seriösen Geschäftsideen. Deshalb der Goldfundamentalismus im neunzehnten Jahrhundert und der lange Abschied vom Goldstandard im zwanzigsten. Eben das ist ja Trauer: von etwas ablassen zu müssen, was man sich gar nicht anders vorstellen kann, seien es geliebte Menschen, vertraute Umgebungen oder Halt gebende Überzeugungen. Und Geld konnte man sich schlechterdings nicht anders als goldbezogen vorstellen, ähnlich wie Schatten nicht anders als lichtbezogen. Darin war kein Unterschied zwischen Straßenkehrern und Finanzmagnaten. Wieviel Halt das Gold selbst noch dem vollentwickelten modernen Geldsystem gegeben hat, zeigte sich erst, als der Halt dermaßen zur Fessel wurde, daß das System selbst seine Hüter dazu nötigte, die Goldreferenz aufzugeben.

Aus Sicht der Zentralbanken ist dieser Verzicht freilich nur folgerichtig. Seit sie Geld drucken, erschaffen sie Kaufkraft aus nichts. Nur konnten sie das, solange sie im Kraftfeld der Edelmetalle standen, bloß beiläufig tun. Nun aber, seit «das Goldfenster geschlossen» wurde, müssen sie sich nicht mehr nach ihren Goldvorräten richten. Sie drucken so viel Geld, wie sie für richtig halten. Die Erschaffung von Kaufkraft wird zu ihrem Hauptgeschäft, das Akzidens zum Wesen. Was mit der erschaffenen Kaufkraft dann geschieht – ob sie gehortet oder investiert wird, versickert oder die Konjunktur belebt, durch Inflation schwindet oder dank günstiger Wechselkurse erstarkt –, das bestimmt zwar weiterhin der Markt, nicht die Zentralbank. Doch welch eine Karriere hat letztere gemacht: von der Gehilfin einer uralten mythischen, in Metall gebannten Kaufkraft, die sie auf Papier übertrug, zur einzigen Instanz, die Kaufkraft in die Welt setzen darf! Ausgerechnet auf dem Gipfel ihrer Emanzipation aber steht die Zentralbank in gewisser Hinsicht auch wieder dort, wo sie vor Jahrtausenden schon einmal war: am Bankenanfang.

Wir erinnern uns: Die ersten Banken waren Tempel, in denen sich Edelmetallschätze häuften: Gebilde aus Gold und Silber, die man den Göttern statt lebendiger Wesen dargebracht hatte. Nur Edelmetalle hatten als irdische Reflektoren der Gestirne genügend sakrale Ausstrahlung, um als Ersatz für Blutopfer überhaupt in Frage zu kommen, und nur Priester waren durch ihr rituelles Know-how in der Lage, der Gottheit unverzehrbares Metall als dennoch genießbar anzudienen, es ihr also auf übertragene Weise schmackhaft zu machen und ihm so *medha* zu verschaffen: schuldtilgende Kraft, Kaufkraft. Das geschah nicht ohne Orientierung an der Kaufkraft, die Rinder, Pferde, Schafe etc. empfingen, wenn sie einer Gottheit geweiht, also geschlachtet wurden. Und wenn Göttern Metallgebilde dargebracht wurden, als ob sie Vieh wären (*pecunia* = das Viehmäßige), so wurde dabei in ähnlicher Weise die Kaufkraft von Vieh auf Metall übertragen wie später bei der Gründung der neuzeitlichen Zentralbank die Kaufkraft von Gold auf Papier. Aber diese Kaufkraft selbst: Wo kam sie her, woraus bestand sie? Das läßt sich nicht angeben. Sie entstand immer erst in dem Moment, wo sie den Lebewesen oder Metallgebilden, die dargebracht werden sollten, angezaubert, angedichtet wurde: durch Weihung – einen in höchstem Maße kreativen Akt, der etwas hervorruft, was vorher nirgends war, gerade so wie in Genesis 1 Gott das Naturelement ins Dasein ruft: «Und Gott sprach: Es werde Licht! Und es ward Licht.»

Kaufkraft ist ein Realfall von *creatio ex nihilo*. Sie entsteht durch Weihung aus nichts. Das war so, als Edelmetallgebilde, zu Opfergaben geweiht, in den Tempel eingingen, und das ist immer noch so, wenn moderne Zentralbanken Kaufkraft in die Welt setzen. Sie weihen Papier. Zum Teil nicht einmal mehr das; gelegentlich genügt das

Drücken einer Computertaste, und schon erscheint auf den Bildschirmen einer Geschäftsbank ein Millionenbetrag, der in diesem Moment eigens für sie erschaffen wurde und von ihr als Kredit an Privatunternehmen mit entsprechenden Zinsaufschlägen weitergegeben werden kann. Die Weihung ist, seit sie sich nicht mehr an der Kaufkraft von Gold orientieren muß, mysteriöser denn je: dem «reinen Akt» (*actus purus*), als den die biblische Theologie Gottes Schöpfertätigkeit imaginierte, so nahegekommen wie nichts zuvor. Sie ist ganz ins Ermessen der Zentralbanken gestellt. Niemand als deren Sachverstand erschafft Geld, und er ist dabei niemand anderem verantwortlich als sich selbst. Er ist in wörtlichem Sinne *absolut*, nämlich losgelöst, von allen Naturschranken ebenso wie von jeglicher höheren Aufsicht. Er richtet sich nach keinem festen Maßstab mehr, nur noch nach Indizien für wahrscheinlichen Geldbedarf.

Wie verschieden man Geldbedarf allerdings veranschlagen kann, zeigen allein schon die drei Geldmengen, mit denen die Ökonomen behelfsweise operieren. Als Geldmenge M_1 gilt das Bargeld und Girokontenguthaben, über das die Bürger eines Währungsbereichs aktuell verfügen. Geldmenge M_2 ergibt sich, wenn man zu M_1 das kurzfristig auf Spar- oder Terminkonten angelegte Geld hinzurechnet. Bezieht man darüber hinaus weitere, mittelfristig fällige Vermögenstitel wie Geldmarktpapiere und Bankschuldverschreibungen ein, so gelangt man zur Geldmenge M_3.[76] Je mehr geldwerte Titel man einkalkuliert, desto größer werden aber auch die Unwägbarkeiten bei ihrer Berechnung. Und dann kommt erst die Hauptfrage: Wie stehen Geldmenge und Wirtschaftsleistung zueinander? Wie repräsentativ ist für letztere das sogenannte «Bruttoinlandsprodukt» (BIP)[77], wie ist dessen weitere Entwicklung einzuschätzen und die Geldmenge darauf einzustellen?

Gerade das absolute Ermessen der Zentralbanken wird also durch

76 Cf. Wagener, 2012, 41 ff.

77 Darüber entsteht in Deutschland gerade eine neue Debatte. Die «nicht marktvermittelte Produktion», also alles, wofür kein Geld fließt, wie «Hausarbeit oder Ehrenamt», taucht «im BIP nicht auf». «Und dort, wo Geld fließt [...], enthält sich das BIP des Urteils darüber, ob diese Ausgaben tatsächlich produktiv sind. Ein nagelneues Auto, das nach einem Totalschaden durch ein identisches nagelneues Auto ersetzt wird, steigert das BIP [...]. Die Produktion der Industrie leistet ihren positiven Beitrag zum BIP, die Umweltschäden [...] werden hingegen nicht abgezogen.» (Steinkopf 2014, N 5)

 eine Vielzahl sich ständig verändernder und gelegentlich recht willkürlich angenommener Indikatoren andauernd hin- und hergestupst. Wozu die Börsenspekulation seit langem schon gezwungen ist, nämlich mit unablässig schwankenden Daten von Aktienkursen und Geschäftsbilanzen zu jonglieren, dazu werden zunehmend auch die Zentralbanken genötigt. Auch die Geldmengenregulierung nimmt zusehends den Charakter von Jongleurskunst an; auch in den Zentralbanken greift das angespannte Beobachten kleinster Trendveränderungen um sich, das schnelle Reagieren auf sie samt der Dauersorge, ob auch alle relevanten Randbedingungen mitberücksichtigt sind, also jene Art von Hektik, die auf dem Börsenparkett schon seit Jahrhunderten gang und gäbe ist. Die Zwecke sind zwar konträr. Spekulanten sind auf maximalen privaten Gewinn aus, Zentralbankiers auf maximale allgemeine Geldstabilität. Aber je ähnlicher sie einander in ihrem Berufsverhalten werden, desto mehr tritt zutage, daß das Konträre auch komplementär zusammenwirkt. Zentralbanken erstreben allgemeine Geldstabilität nicht, um der privaten Gewinnmaximierung Einhalt zu gebieten, sondern um ihr stabile Bedingungen zu verschaffen.

Zentralbankiers lassen sich ihre Tätigkeit zwar üppig bezahlen, aber sie sind gewöhnlich nicht die Reichsten im Lande, und wo es auch nur halbwegs mit rechten Dingen zugeht, fließt das von ihnen erschaffene Geld auch nicht direkt in ihre privaten Taschen. Es gibt für sie Besseres, als maximalem Geldgewinn nachzujagen: den Lustgewinn, den die Macht gewährt, Kaufkraft aus nichts zu erschaffen. Auch wenn diese Macht, seit sie absolut ist, mehr denn je mit selbstgemachten Fesseln, nämlich der Eigendynamik des Geldsystems, zu kämpfen hat, hört sie dennoch nicht auf, eine priesterliche, um nicht zu sagen, gottähnliche Macht zu sein. *The Secrets of the Temple* heißt denn auch William Greiders Geschichte der Federal Reserve. Die Bank, so sagt dort einer ihrer Mitarbeiter, sei «wie die Kirche [...] Es gibt einen Papst, das heißt den Vorsitzenden, und ein Kardinalskollegium, also die Gouverneure und Bankpräsidenten. Dann ist da die Kurie, die aus den hochrangigen Managern besteht. Die Geschäftsbanken entsprechen dem Laienstand [...] Wir haben sogar Orden mit verschiedenen religiösen Vorstellungen wie die Jesuiten, Franziskaner und Dominikaner, nur dass sie bei uns Pragmatiker, Monetaristen und Neokeynesianer heißen.»[78]

78 Greider 1989, 54

Auf dem Niveau der Phänomenbeschreibung ergibt das bloß eine Analogie. Die FED ist natürlich nur *wie* eine Kirche, aber sie *ist* keine. Ihr Chef *ist* nicht der Papst, sondern allenfalls in mancher Hinsicht *wie* er. Daß das Erschaffen von Kaufkraft jedoch tatsächlich Priestertätigkeit *ist*, das erschließt sich erst durch historische Rückbesinnung – indem man sich vergegenwärtigt, daß die modernen Zentralbanken mit neuesten Mitteln elektronischer Datenverarbeitung etwas tun, was schon die ältesten Banken getan haben. Ursprünglich war nämlich jede Bank Zentralbank: ein Tempel, der seine eigene Edelmetallwährung ausgab und einnahm – zu Schuldtilgungszwecken. Nicht länger lebendige Wesen zur Schuldtilgung hergeben, will sagen, opfern zu müssen: das war, wie im ersten Teil dieses Buches ausführlich dargetan, einst das Motiv dafür gewesen, Gold- und Silbergebilde zu weihen.[79] Weil diese Gebilde aber nach ihrer Darbringung so unversehrt waren wie davor, weil sie lediglich in den Tempel, aber nicht in die Gottheit eingegangen waren, weil ihre Opferung also Schein war und die Gottheit um den ihr zustehenden Verzehr von Lebendigem betrog, war ihre Weihung zugleich ein Sakrileg. Sie belud die Edelmetalle nicht nur mit Schuldtilgungskraft, sondern auch mit Schuld. Deshalb das Ungenügen, das an dieser Kaufkraft empfunden wurde, der Wunsch, es bei ihrem Erlöschen nicht zu belassen, sie wiederzubeleben, schon dargebrachte Metallgaben erneut zu nutzen, sie aus dem Tempel hinauszubefördern, wieder zu weihen und, durch Beigaben angereichert, ein weiteres Mal darzubringen, wodurch zwar die Schuld nicht zu tilgen war, wohl aber die «ursprüngliche Akkumulation» des Tempelschatzes in Gang kam: die Bildung von *capital*, was in diesem Fall am besten mit «schuldhafter Ansammlung von Metall zur Schuldbegleichung» zu übersetzen wäre.

Diese paradoxe Schuldbefindlichkeit gegenüber imaginären höheren Mächten ist die reale Hypothek, die der Kaufkraft von Gold und Silber von Anfang an anhaftet. Ohne sie hätten Edelmetalle nie Kaufkraft erlangt. Heutige Zentralbankiers wissen von dieser Anfangshypothek nichts. In ihren Datenbanken ist sie nicht zu finden; deshalb halten sie sie für inexistent. Doch was tun sie selbst, wenn sie Kaufkraft aus nichts erschaffen? Sie setzen Schuld in die Welt. Die Europäische Zentralbank (EZB) etwa tut das einmal pro Woche auf einer regelrechten Auktion. Dort wetteifern die Geschäftsbanken darum, zu

79 Siehe oben, S. 75 ff.

 möglichst günstigen Konditionen ihre Schuldner werden zu dürfen, und hinterlegen dafür entsprechende Sicherheiten. Das Geld, das die Zentralbank in elektronischer oder Papierform zu einem bestimmten Leitzins an Geschäftsbanken dann ausgibt, ist ein Kredit oder Kreditrahmen, der erst durch seine Bewilligung entsteht. Dieser Kredit kommt dann durch die Geschäftsbanken als «Geld» in allgemeinen Umlauf, aber ausgereicht wird es mit der Maßgabe, daß es schließlich wieder samt allen Zinsen, die sein Umlauf erbringt, in die Zentralbank zurückfließt[80] – was, solange der Bankrott integraler Bestandteil des Geschäftslebens ist, freilich nie geschehen wird.

Alle Kaufkraft jedoch, die tatsächlich in die Zentralbank zurückkehrt, erlischt darin wie einst die der Metallgaben durch Darbringung im Tempel. Nur daß das dargebrachte Metall sich im Tempel aufhäufte, während die in die Zentralbank zurückkehrende Kaufkraft allenfalls geschreddertes Papier hinterläßt und ansonsten, wenn sie aus dem elektronischen Datenbestand durch eine Löschtaste entfernt wird, buchstäblich in das Nichts zergeht, aus dem sie erschaffen wurde. Freilich gab es nie eine Stunde Null bei dieser Erschaffung. Es kursierte ja bereits eine gigantische Papiergeldmenge, als die Zentralbanken beschlossen, nicht länger auf den Kredit von Gold, sondern ganz auf eigene Rechnung Geld zu machen, so daß selbstverständlich auch nie das ganze Geldvolumen auf einmal aus der Zentralbank hervorging oder in ihr zu verschwinden droht, sondern lediglich dem jeweils kursierenden Bestand kleinere Mengen zugeschossen oder entzogen werden – vergleichbar der Frischblutzufuhr und Blutentnahme beim Blutkreislauf. Dennoch ist es nicht übertrieben, die Schuld, die durch Tastendruck entsteht und vergeht, absolut zu nennen. Sie ist keinen imaginären höheren Mächten mehr geschuldet, aber auch keinem realen Edelmetallvorkommen mehr, nur noch dem Ratschluß einer priesterlichen Instanz. Die Zentralbank macht alle, die das von ihr Erschaffene in die Hand bekommen, zu ihren Schuldnern. Auch alle Guthaben sind ihr Kredit, lediglich einer ohne konkretes Fälligkeitsdatum, aber wie alles Geld generell dazu bestimmt, irgendwann im großen Zentralbankschlund wieder zu verschwinden.

Etwas zum Schuldtilgungsmittel weihen: das ist priesterliches Handeln par excellence. Und die Zentralbanken sind dabei nicht mehr, wie ihre Vorgänger, auf bestimmte weihungsfähige Lebewesen oder

80 Cf. Nienhaus 2014, 27 f.

Materialien fixiert, sondern bringen das, was sie weihen, durch Weihung erst hervor: Kaufkraft an sich. Das Papier oder die Pixel, in denen diese Kaufkraft erscheint, sind sozusagen ihr letzter flüchtiger Erdenrest; in irgend etwas muß sie ja gespeichert werden, um lesbar und transportabel zu sein. Erst mit dem Ende des Goldstandards und dem Beginn der elektronischen Speicherung reiner Kaufkraft – zwei nahezu gleichzeitigen Ereignissen – sind die Zentralbanken ganz in ihr Priestertum eingetreten. Und das Priestertum hat dabei seinen Welthöchststand erreicht; nicht nur wegen der ihm zu Gebote stehenden Hochtechnologie, vor allem wegen seiner neuen, kaum mehr überbietbaren Potenz. Etwas weihen und es dabei überhaupt erst erschaffen, und zwar per Knopfdruck in der kaum mehr vorstellbaren Menge von Millionen und Milliarden: das vermögen erst die vom Goldstandard emanzipierten Zentralbanken. Gerade sie aber kehren dabei an den wahren Ursprung des Goldstandards zurück: den historischen Punkt, wo es «Standard» wurde, mit Edelmetall statt mit Lebewesen zu bezahlen. Sie setzen noch einmal neu dort an, wo die Tempelschatzbildung begann. «Sie wissen das nicht, aber sie tun es.»[81] Ihre Priestertätigkeit erneuert nämlich die alte Hypothek, die sich einst aufs Gold legte, als es Kaufkraft bekam: als Schuldtilgungsmittel selber mit Schuld belastet zu sein.

Diese Last haben die High-Tech-Zentralbanken nicht etwa abgeworfen; sie geben ihr vielmehr eine neue, überaus kühne Wendung. An den traditionellen Schuldtilgungsmitteln – den sakralen Opfergaben – war die Schuld nämlich der Makel, der ihnen verwehrte, was sie sehnlich erstrebten: das Ende des Naturschreckens, die Befriedung der Natur, die Versöhnung. Die neue Schöpfungskraft der Zentralbanken kehrt die Verhältnisse hingegen um. Sie erschafft nicht Schuldtilgungsmittel, an denen auch Schuld klebt, sondern Schuld, an der auch Schuldtilgungskraft haftet. Die Schuld ist nicht etwa der Makel der Kaufkraft, sondern ihr Wesen – dasjenige, was bleiben soll. Die Schuldtilgung hingegen ist lediglich Akzidens – ein Hinzukommendes, das die Schuld moderieren und dämpfen, aber nicht aus der Welt schaffen soll. Denn für Zentralbanken wäre eine Welt ohne Schuld nicht eine gerettete, befriedete, versöhnte, sondern lediglich eine Welt ohne Geld, also eine Katastrophe. Aus der Perspektive des

81 Hier trifft der berühmte Marxsche Satz wirklich ins Schwarze, im Unterschied zu dem Fall, auf den er zielte; siehe oben, S. 111; 118

 Geldsystems kann sich das auch gar nicht anders darstellen. Und diese Perspektive ist die einzige, die sich Zentralbanken eröffnet. Sie sind die ganz unmetaphorische Priesterschaft dieses Systems.

Das Geldsystem ist eine höhere Macht, aber keine imaginäre, sondern eine reale. Es besteht zwar nur durch die Menschen, die es am Laufen halten, aber es wird von ihnen zugleich als höhere Gewalt erlebt: als «Sachzwang», wie die Soziologen sagen. Einerseits besteht das System lediglich im Ablauf einer bewußtlosen, banalen Zwangsmechanik; es ist völlig profan. Andrerseits beschäftigt es eine echte Priesterschaft und übt wortlos die Wirkung einer ganzen Schuldtheologie aus. Das Geldsystem nötigt jeden, der in es verwickelt ist, Geld anzunehmen, und macht ihn damit schuldig. Man hat keine Alternative und hat doch Schuld, ganz wie in der christlichen Erbsündenlehre. Nur ist, anders als dort, hier die Schuld keineswegs das größte Übel; schlimmer ist, keine Schuld zu haben, was im Geldsystem soviel heißt, wie nicht dazuzugehören. Die Schuldigen hingegen sind recht und schlecht integriert, je nach dem Quantum ihrer Schuld. Die Bestintegrierten sind die Reichsten. Sie hören allerdings nicht auf, Schuldner zu sein; immer wieder müssen auch sie irgendwelche Rechnungen begleichen. Das Höchste, was das System in Aussicht stellt, ist, so komfortabel wie möglich schuldig zu sein, sich durch den Erwerb von immer mehr Geld und Eigentum – durch «Plusmacherei», wie Marx gesagt hätte – das Gefühl zu verschaffen, als wäre man über das Schuldnerdasein eigentlich schon hinaus und schleppte nur noch die letzten Schlacken davon mit sich herum.

Echte Schuldlosigkeit hingegen kann das System nicht ertragen.[82]

82 Vielleicht ist es das, was Walter Benjamin in einer frühen, nicht ganz ausgegorenen und inzwischen von einem ganzen exegetischen Diskurs umrankten Notiz hat sagen wollen: «Der Kapitalismus ist vermutlich der erste Fall eines nicht entsühnenden, sondern verschuldenden Kultus. […] Ein ungeheures Schuldbewußtsein, das sich nicht zu entsühnen weiß, greift zum Kultus, um in ihm diese Schuld nicht zu sühnen, sondern universal zu machen, dem Bewußtsein sie einzuhämmern und endlich und vor allem den Gott selbst in diese Schuld einzubegreifen, um endlich ihn selbst an der Entsühnung zu interessieren.» (Benjamin 1985, 100 f.) Gleichwohl ist die Entgegensetzung von ent- und verschuldendem Kultus irreführend. Ein Kultus will immer entschulden – jedenfalls diejenigen, die ihn vollziehen. Das ist auch in diesem Fall so. Indem der Kapitalismus alle zu Schuldnern macht, gibt er zugleich zu verstehen, daß nur Schuldner Daseinsrecht haben – so wie der lutherische Gott nur die Sünder rechtfertigt. Der lutherische Kultus erstrebt erst gar nicht mehr die Tilgung der

Wo kein Geld umläuft, geht es ihm wie Süchtigen, denen der Suchtstoff entzogen ist. Es sträubt und windet sich. Sein Drang ist, weiterzulaufen. Sein höchstes Gut ist die Hochkonjunktur. Seine ständige Drohung aber ist sein Zusammenbruch. Seit dem Ende des Goldstandards hat sich nicht nur der Steuerungsspielraum der Zentralbanken vergrößert, sondern mehr noch die Labilität des Geldsystems. Es verlangt mehr denn je nach der Balancierkunst der Zentralbankiers, nach wohldosierter Ausgabe und Rücknahme von Kaufkraft, kurzum nach Geldstabilität, wie sie selbst ihr vornehmstes Ziel nennen. Aber jede Maßnahme, die diesem Ziel dient, wirkt nicht nur krisendämpfend, sondern stabilisiert immer auch das Geldsystem als ganzes, bekräftigt dessen Alternativlosigkeit und macht die Welt auswegloser.

Elektronisches Geld

Für zwei Jahrtausende hatte die Münze als Geld schlechthin gegolten. Dann genügte sie nicht mehr, um den expandierenden europäischen Handel zu regulieren. Wechsel und Papiere kamen ihr zu Hilfe. Der Siegeszug des Papiergelds begann: ein folgerichtiger, geradliniger, unausweichlicher Prozeß, der das Ungenügen von Edelmetallmünzen immer offensichtlicher machte. Schließlich stieß das Papiergeld das Gold vom Thron und setzte sich selbst an dessen Stelle. Von nun an aber war Währung tatsächlich nur noch Papier. Das Blatt wendete sich. Das Ungenügen des Papiergelds trat unbarmherzig hervor. Solange es wie ein Schleier die Blöße des Goldes bedeckte und durchscheinen ließ, hatte es die Eleganz und Plausibilität von Kleidung. Aber ein Schleier an sich, der nichts umhüllt und durchscheinen läßt und nun selbst dasjenige sein soll, was er zuvor bloß umgeben hatte, gewinnt den Charakter des Unheimlichen. Papiergeld nach Ende des Goldstandards ist wie die Kleidung eines Verstorbenen: nicht mehr durch ihn ausgefüllt und dennoch ein ständiger Verweis auf ihn.

Schuld, sondern nur noch ihre Nichtanrechnung: die Gerechtsprechung des Sünders (*simul iustus, simul peccator*; zugleich gerecht, zugleich Sünder). In diesen kultischen Fußstapfen bewegt sich die kapitalistische Alltagspraxis unbewußt fort. Sie nimmt nur Schuldner an. Daß sie «eine reine Kultreligion» sei und «keine spezielle Dogmatik, keine Theologie» (100) kenne, folgt daraus freilich keineswegs. So etwas kann nur behaupten, wer die Existenz der politischen Ökonomie ignoriert.

 Nicht von ungefähr hat das verdrängte Gold seither nicht aufgehört, als schlechtes Gewissen des Papiergelds fortzuwirken. Wie um die Unheimlichkeit bloßen Papiergelds zu beschwichtigen, lassen die meisten Zentralbanken weiterhin Münzen aus billigem Metall als Kleingeld umlaufen. Deren Herstellung kostet vergleichsweise wenig. Aber man kann sie nicht einfach zerknüllen und verbrennen wie Papier. Sie kursieren als Alltagszeugen für die Stabilität der Papierwährung, halten dabei zugleich die Erinnerung an die verbannten Gold- und Silbermünzen wach und suggerieren, die Münzepoche sei noch gar nicht wirklich vorüber. So ist das fortexistierende Münzkleingeld in erster Linie Beruhigungsmittel – eine Prise Opium fürs Volk, die die Zentralbanken mit dem Gestus priesterlicher Überlegenheit ausgeben. Und doch geht die Überlegenheit nicht so weit, daß die Zentralbanken selbst dem Kraftfeld des Goldes ganz entronnen wären. Seit sie den Goldstandard hinter sich ließen, bewegen sie sich unmerklich auch wieder auf ihn zu. Nicht, daß es ihnen an Fortschrittselan mangelte. Sie stehen im Begriff, den erweiterten Aktionsraum, den ihnen der Abschied vom Goldstandard eröffnete, mit einer neuen Rolle auszufüllen – einer Priesterrolle, wie sie die Welt noch nicht erlebt hat. Gerade beim Ausprobieren ihres neuen Wirkungskreises aber treten die heutigen Währungshüter in die Fußstapfen derer, die einst die ältesten Tempelschätze hüteten und Gold zum Zahlungsmittel standardisierten. Der Vorwärtsgang der Zentralbanken ist auch «Rückgang in den Grund». Hegels berühmte Formel bewährt sich einmal mehr als geschichtsphilosophischer Schlüssel.

Noch in einem andern Sinne aber zeigt sich das Ungenügen des Papiergelds. Genau zu der Zeit seines endgültigen Triumphs über das Gold fand auch der große Durchbruch der Mikroelektronik statt. Kaum hatte das Papier gesiegt, da war es auch schon nicht mehr das fortgeschrittenste Medium. Was das Papiergeld an den Münzen demonstriert hatte – daß sie vergleichsweise umständlich zu transportieren und aufzubewahren sind –, das führte die digitale Speicherungs- und Kommunikationstechnik nun am Papiergeld vor. Geldmengen, die in Papierform einen ganzen Tresor ausfüllten, passen in eine einzige Datei und sind buchstäblich im Handumdrehen in alle Welt versendbar. Allerdings ist dabei ein wesentlicher Unterschied zu beachten. Münzen waren einst durch ein gestiegenes Handelsaufkommen unzulänglich geworden, und Papiergeld half ihnen erst einmal aus, ehe es selbst ihre Funktion übernahm. Papiergeld hingegen war durchaus hinreichend, bevor die Mikroelektronik kam. Erst durch sie wurde es unzulänglich, also allein durch jenen kapitalistischen Innovationsmechanismus, der jedes Medium oder Gerät, so gut es auch funktionieren mag, schlagartig veralten läßt, sobald ein schnelleres und handlicheres auf den Markt kommt. Elektronisches Geld half nicht einem schon bestehenden Mangel ab, sondern erzeugte erst einmal den Mangel, zu dessen Abhilfe es sich dann großzügig anbot. Es verhält sich anders zu Papier als Papier zu Gold. Mit dem Ende des Goldstandards ging eine bis in die Bronzezeit zurückreichende Epoche zu Ende, nicht nur das halbe Jahrhundert, das die Ökonomie unter Goldstandard versteht. Mit den elektronischen Medien aber geht keineswegs die Epoche des Papiergelds zu Ende. Elektronische Speicher sind zwar noch weniger greifbar als Papier, aber als Aufbewahrungsmedien und Anzeiger von Kaufkraft genauso indifferent. Sie transportieren Kaufkraft nur ungleich schneller. Daher haben sie das Papiergeld in wenigen Jahren so weit zurückgedrängt wie das Papiergeld die Edelmetalle in Jahrhunderten.

Der weitaus größte Teil des heute kursierenden Geldes nimmt gar nicht mehr erst Papierform an. Dennoch ist der elektronische Geldumlauf lediglich ein vielfach beschleunigter papierener. Digitales Geld ist sozusagen verflüchtigtes Papiergeld, lediglich ein anderer Aggregatzustand davon wie Dampf von Wasser, aber es bedarf keiner Deckung durch Papiergeld. Absurd die Vorstellung, für alle Geldbeträge, die auf Bildschirmen erscheinen, müsse irgendwo ein Papieräquivalent hinterlegt sein. Umgekehrt: Die verflüchtigte elektronische Daseinsweise ist zum Standard der Geldexistenz geworden. Und wie man generell im Internetverkehr, allein schon um Papier zu sparen, nicht alle Dateien und Mails ausdruckt, so druckt man auch nur noch die für den Handumlauf unerläßlichen Mengen Papiergeld; ungefähr zehn Prozent des gesamten Geldvolumens. Papiergeld wird nicht verschwinden, aber es ist bloß noch sporadisch kondensiertes Digitalgeld und hat keinen anderen ontologischen Status als dieses. Selbst in Lichtgeschwindigkeit umlaufendes Geld wirft nur wieder die zwei Fragen neu auf, die das Geldsystem seit seiner Etablierung begleiten: Wird sich dies System je stabilisieren lassen? Und wenn nein: Ist sein Zusammenbruch eher zu fürchten oder zu wünschen? Diesen beiden Fragen gelten die nächsten Kapitel.

2. Gleichgewichtsphantasien

Financial Future

«Der Stein, den die Bauleute verworfen haben, ist zum Eckstein geworden», heißt es in Psalm 118,22. Das war eine Anspielung auf den Jerusalemer Tempel. Die Babylonier hatten ihn zerstört und das Volk Israel in die Verbannung geführt, aber nun stand er wiederaufgerichtet da. Das verworfene Israel war zum Eckstein einer neuen Weltarchitektur geworden. Prominent wurde dieser Psalmvers allerdings erst ein knappes halbes Jahrtausend später durch seine christliche Lesart. Laut Apostelgeschichte 4,10 f. war Jesus von Nazareth durch «die Bauleute», nämlich die Priester dieses Tempels, «verworfen», das heißt gefangengenommen und zur Kreuzigung ausgeliefert, von Gott aber auferweckt und zum «Eckstein» seines ewigen Reichs gemacht worden. Anders gesagt: Was die Jünger Jesu zunächst als Katastrophe erlebten, stellte sich ihnen nach einer gewissen Inkubationszeit als das schlechterdings Haltgebende dar, der Gekreuzigte als Retter. Als seine Gefolgsleute hatten sie ihn schmählich im Stich gelassen. Als seine postumen Gewährsleute waren sie bereit, das Heil, das sie nun in ihm verkörpert sahen, aller Welt zu verkünden und ihr Leben dafür aufs Spiel zu setzen.

Welthistorische Neuanfänge verdanken sich nicht selten einem solchen Umschwung. Mohammeds Umzug von Mekka nach Medina etwa, die *Hidschra*, war zunächst lediglich die Flucht eines deprimierten Sonderlings, der beim Versuch, die Menschen seiner Heimatstadt auf seine Visionen einzuschwören, auf immer schärfere Ablehnung gestoßen war. Im Exil von Medina aber wurden seine verworfenen Visionen zum Angelpunkt einer mentalen, sozialen und militärischen Sammlungsbewegung, die es ihm schließlich ermöglichte, im Triumph nach Mekka zurückzukehren, die Stadt nach seinen Vorstellungen zu formen und zum Ausgangspunkt eines atemberaubenden islamischen Siegeszugs zu machen. Auch am Beginn der Reformation stand eine Depression. Luther fühlte sich rundum verworfen. Keiner Bußübung, keinem Ablaß, keiner Anhäufung barmherziger Taten traute er mehr zu, seine Sündenschuld zu tilgen. Erst als er sich ihr ganz auslieferte und sich auch noch zu ihrer Untilgbarkeit bekannte, war er mürbe genug, um glauben zu können, er sei reif für Gottes Erbarmen. Der Tiefpunkt der Depression verwandelte sich in den Eckpunkt der Gnade. Und war nicht auch schon die altsteinzeitliche Konstitution des Opferkults nach diesem Muster verlaufen? Der Naturschrecken war katastrophal. Seine rituelle Wiederholung jedoch, die ihn sowohl noch einmal bekräftigte als auch in die Regie von Hominidenkollektiven nahm, wurde zur Zuflucht vor der Katastrophe …

Solche welthistorischen Umschwünge können freilich auch stattfinden, ohne daß irgendeine sakrale Terminologie im Spiel ist. Es muß nur eine bestimmte Art von Erfahrung gemacht werden. Etwas, was als Scheitern erlebt wurde, muß sich zeitnah als dessen Gegenteil darstellen, oder noch nüchterner gesagt: Das Problem muß das Ansehen bekommen, die Lösung zu sein. Letzteres geschah auf der Weltwährungsbühne der 1970er Jahre. Das Abkommen von Bretton Woods war gescheitert, das «Goldfenster geschlossen»; man schien wieder dort zu stehen, wo man am Ende des Ersten Weltkriegs schon einmal gestanden hatte. Zu Beginn dieses Krieges hatten alle Beteiligten den Goldstandard ausgesetzt; zwischen den einander bekriegenden Nationen war nahezu jeglicher Handel versiegt, und als er nach Kriegsende zaghaft wieder in Gang kam, hatten sich die jeweiligen Landeswährungen, je nach dem Tempo ihrer Inflation, so verschieden entwickelt, daß es höchst mühsam war, sie aufeinander zu beziehen. Die unreglementierten Wechselkurse waren ein schweres Handelshindernis, weshalb die internationalen Konferenzen nichts dringlicher propagierten als die Wiederherstellung des Goldstandards.

Und nun, gut fünfzig Jahre später, nach vergeblichem Experimentieren mit einem erneuten Goldstandard, einem Gold-Dollar-Standard und schließlich einem Goldpool, war genau das zurückgekehrt, was die «Bauleute» der internationalen Finanzarchitektur um 1920 «verworfen» hatten: flexible Wechselkurse. Die kehrten allerdings in eine veränderte Welt zurück. Inzwischen hatte sich zu den Konditionen von Bretton Woods der internationale Handel vier Jahrzehnte lang mit nie gekannter Intensität entwickelt und ein Netz gewoben, das ungleich dichter war als je vor den Weltkriegen. Dieses Netz bewies nun ein unerwartetes Maß an Eigenständigkeit. Als keine internationalen Währungsabkommen es mehr stützten, zeigte sich, daß es auch ohne sie auskam. Das Problem der flexiblen Wechselkurse empfahl sich unversehens als – die Lösung.

Wie fängt man Wechselkursschwankungen auf? Indem man massenhaft mit Wechselkursen handelt, lautete nun die verblüffende Antwort. Eigentlich war dieser Handel ein alter Hut. Nicht von ungefähr hatte er einen französischen Namen, der noch von den mittelalterlichen Messen in der Champagne herrührte: Arbitrage. So nannte sich der Gewinn, den Geldhändler auf diesen Messen machten, wenn sie verschiedene lokale Währungen gegeneinander tauschten, und so nannte sich später der Gewinn, den Aktien abwarfen, wenn man sie in einer günstigeren Währung kaufte und in einer teureren schnell wieder verkaufte. Und diese alte Geschäftsform sollte den internationalen Geldverkehr neu gestalten? Das tat sie weder absichtlich noch allein; vielmehr traf es sich, daß sie in einen neuen Zusammenhang mit einem andern alten Bekannten geriet: dem Terminhandel. An der Amsterdamer Börse war er im 17. Jahrhundert bereits gang und gäbe gewesen. Der Termin, auf den anfangs alle Aktionäre starrten, war der Rückkehrtag der von ihnen ausgestatteten Handelsflotte aus Indien oder Südamerika. Welche Güter würden die Schiffe mitbringen, welche Mengen davon, und was würde zur Ankunftszeit der Marktpreis dafür sein? Über all dies noch nicht Bekannte schlossen die Aktionäre mit Käufern Verträge ab. Sie tätigten Leerverkäufe – verkauften, worüber sie noch gar nicht verfügten. Das geschah zunächst allerdings nur wenige Male im Jahr. Termingeschäfte waren an jene seltenen Tage gebunden, an denen große Güterladungen mit langen Transportzeiten eintrafen. Je effizienter die Handelsgesellschaften jedoch verfuhren, je häufiger sie Warenladungen zum Weiterverkauf anboten, desto zahlreicher wurden auch die Termine, an die sich im voraus Geschäfte knüpfen ließen, und um sie übersichtlich zu halten, wurde es allenthalben üblich, sie dem Zahlenwerk des Kalenders zu integrieren und sie auf einen bestimmten Stichtag am Anfang oder Ende eines Monats oder Vierteljahres festzulegen.

Termingeschäfte gab es überall, wo es Aktien gab, aber exklusive Terminbörsen entstanden erst Mitte des 19. Jahrhunderts. Die älteste und bis heute wichtigste wurde 1848 gegründet: der Chicago Board of Trade (CBOT). Chicago entwickelte sich zum Weltzentrum der Termingeschäfte. Dort war es denn auch, wo sich 1972 der International Money Market (IMM) formierte: «die erste Terminbörse für den Handel mit Finanzkontrakten (Financial Futures)». Sie war zunächst nichts als «die ‹Financial Division› der Chicago Mercantil

Exchange (CME), der weltweit zweitgrößten Warenterminbörse»,[1]
also lediglich eine neue Unterabteilung, der man nicht sogleich ansah, daß sie eine Lawine lostrat. Auch war «Financial Future» nicht gerade ein spektakulärer Begriff. Mit «Future» (Zukunft) hatten es die Termingeschäfte immer schon zu tun. Nur hieß zunächst noch keines von ihnen so. Aber sie trafen allesamt Vereinbarungen über etwas, was niemand vorauswissen kann: das Verhältnis von Waren und Preisen an einem zukünftigen Tag X.

Von Anfang an nahmen sie sich etwas heraus, was menschliche Kapazitäten übersteigt: über die Zukunft zu verfügen. Das war genau jene Art von Selbstüberhebung, für die das griechische Wort «Hybris» steht. Allerdings handelte es sich um eine durch Kalkül gebremste Hybris. Denn die Vertragspartner wußten ja, daß sie nicht wußten, wie es am Tag X wirklich kommen würde. Es war ihnen durchaus klar, daß der Tag, über den sie da im Vorgriff verfügten, der Jüngste Tag ihres Termingeschäfts war. Er würde Gericht über ihre Absprachen halten und offenbaren, wie solide sie gewesen waren. Das kalkulierten die Termingeschäfte mit ein. Sie waren Selbstüberhebung, aber eine sich selbst moderierende. Sie gingen ein Risiko ein und verteilten es zugleich auf mehrere Parteien. Sie waren Wette auf die Zukunft und zugleich Versicherung gegen die Folgeschäden dieser Wette. Die Hybris war gleichsam durch Demut abgefedert. Sollte sie zum Sturz führen, so wollte man so weich wie möglich fallen.

Diese Grundhaltung ist mit dem Financial Future keine andere geworden. Was sich geändert hat, sind die Handelsobjekte. Die Amsterdamer Aktionäre handelten alles, was Ost- und Westindische Kompanie in ihrem Auftrag herbeischafften: Pfeffer, Muskat, Safran, Zucker, Kakao, Seide, Juwelen, Edelmetalle und vieles mehr. Weil es materielle Güter waren, die von weit her kamen, deren Erwerb und Transport von zahlreichen Unwägbarkeiten abhing, von Klima und Epidemien, Kriegen und Meutereien, Saat- und Erntezeiten, war ihr Ankunftstermin ein wahrer Stichtag. Erst wenn die Güterladung tatsächlich da war und ihr aktueller Marktpreis bekannt, konnten die Beteiligten ermessen, was der im voraus geschlossene Vertrag ihnen beschert hatte. Nur um Naturalien hatte sich der Terminhandel zunächst drehen können, auch wenn an der Börse nicht die Naturalien selbst, sondern lediglich die papierenen Anteile an ihnen die Hand

1 Fiebach 1994, 8

wechselten. Aber wenn der Terminhandel eine fest eingespielte Instanz war und wie von selbst lief, dann konnte er sich eines Tages auch von den Naturalien ablösen.

Das war das Neue am International Money Market. Er bot nicht mehr Wetten auf den künftigen Marktpreis von Weizen, Rohöl, Orangensaft etc. an, sondern auf den sogenannter «Finanzprodukte». In denen stand nicht mehr die Zukunft bestimmter Naturalienmengen zur Verhandlung, sondern nur noch die von Geldmengen, und deren Fälligkeitstermine hatten nichts mehr mit jahreszeitlich bedingten Naturnotwendigkeiten zu tun, sondern waren willkürliche Festsetzungen und nur noch um der Übersichtlichkeit willen am Kalender orientiert. Erst für diese Finanzprodukte kam der Terminus «Future» in Umlauf und suggerierte: Zukunft schlechthin ist die von Geld.[2] Erst nachträglich wurde dann zwischen Financial Future und Commodity Future unterschieden, denn der Terminhandel mit Naturalien hörte ja nicht auf. Aber er schrumpfte drastisch. «So ist beispielsweise der Anteil der Financial Futures an der CBOT von 0,76% (1976) über 33,3% (1981) auf 73,2% (1990) kontinuierlich gestiegen.»[3] Und warum war die Ablösung von den Naturalien nicht schon viel eher erfolgt; warum hatte der Chicagoer Terminmarkt mehr als ein Jahrhundert gebraucht, um darauf zu kommen? Weil alle Währungen bis 1970 noch im Bann der Goldreferenz standen. Erst als das «Goldfenster geschlossen» war, hörte Geld definitiv auf, Naturalie zu sein. Nun erst, wo es aus nichts geschaffen wurde, war auch ein Markt für nichts als Geld an der Zeit: für referenzlos erscheinende «Finanzprodukte». 1971 schloß sich das Goldfenster. 1972 eröffnete der International Money Market und bot erste Futures an.

Futures sind Kontrakte. Sie bezogen sich anfangs auf Staatsanleihen, Schuldscheine (Bonds) der US-Regierung. Ein Currency-

2 Trotzdem wird auf dem Finanzmarkt natürlich nicht mit «Zukunft schlechthin» gehandelt, sondern mit der schwer kalkulierbaren Zukunft von Finanzprodukten. Hinter denen stehen Währungen, hinter den Währungen käufliche Dinge, auch wenn nicht mehr erkennbar ist, welche. Sowenig Finanzprodukte reine Zahlen sind, so wenig sind sie «Risiken als solche». Riskant ist immer *etwas*. Platon glaubte, weil es viele schöne und gute Dinge gibt, gebe es auch das Schöne und Gute selbst. Die Neuplatoniker des Finanzmarkts glauben: «Auf Derivatemärkten wird mit Risiken als solchen gehandelt, [...] die alle unterschiedlichen Formen von Risiken in sich vereinen» (Esposito 2010, 182).

3 Fiebach 1994, 10

Future war definiert als Wette auf den Währungskurs des Dollars am Tag X, ein Interest-Future als Wette auf den Zins, den diese Währung am Tag X abwerfen wird. Händler A verpflichtet sich, am Tag X eine gewisse Bondmenge an Händler B zu einem bestimmten vereinbarten Kurs oder Zinssatz zu liefern, und wenn B auf Draht ist, so hat er längst vor dem Liefertermin den aus dieser Bondmenge erwarteten Erlös gewinnbringend weiterverkauft: sein Kaufgeschäft durch ein Verkaufsgeschäft «glattgestellt». Wer den Kursschwankungen mißtraut, kann aber auch statt eines Future eine Option vereinbaren, einen Kauf auf Widerruf, der außer den üblichen Vertragsgebühren zunächst nichts kostet als eine Rücktrittsversicherung. Droht beim Kauf ein Verlust, der höher ist als die Versicherungsprämie, zahlt man lieber diese, statt zu kaufen. Bald waren es nicht mehr nur Staatsanleihen, sondern auch private Zertifikate mit staatlicher Garantie, auf die man Futures eröffnen oder Optionen erwerben konnte. 1982 kam der erste Future «auf einen Aktienindex am Kansas City Board of Trade»[4] hinzu. Damit begann der Geldverschnitt. Ein Aktien*index* ist keine Aktie mehr, sondern bloß noch der Durchschnitt aller an einer Börse gehandelten Aktien – ausgedrückt in einer Punktzahl, die nicht mehr erkennen läßt, von welcher Qualität die einzelnen darin enthaltenen Aktien sind. Wer Anteile an einem Aktienindex kauft, kauft ein Paket, das nach dem Prinzip der Mischkalkulation zusammengesetzt ist, wie sie auch jeder Supermarkt praktiziert: die Kundschaft mit ein paar Sonderangeboten anlocken und hoffen, daß sie auch die teureren Produkte mitnimmt. Nur ist die Mischung im Supermarkt offen ausgebreitet. Der Aktienindex hingegen läßt sie in einer Punktzahl verschwinden.

Die Index-Futures eröffneten den Reigen jener Finanzprodukte, die ihren Inhalt gezielt verschlüsseln, möglichst so, daß ihn nur noch Experten durchschauen und die Laien sich ganz ihrer Führung anvertrauen müssen. Je verschlüsselter, desto dubioser? Das mag fürs gewöhnliche Geschäftsleben gelten. Finanzprodukte folgen einer höheren Maxime: Je verschlüsselter, desto verheißungsvoller. Jedenfalls entwickelte sich der Chicagoer Finanzmarkt in wenigen Jahren zu einem internationalen Erfolgsmodell. In London, Singapur, Paris, Tokio, Frankfurt und Wien eröffneten ebenfalls staatlich akkreditierte Finanzterminbörsen, und um sie herum wucherte alsbald ein

4 Fiebach 1994, 8

 Graumarkt außerbörslichen Handels, auf dem verschiedene Investmentfonds noch viel lukrativere, aber auch weit riskantere Geschäfte anboten und die beiden Basisprodukte, Future und Option, um verschiedene Arten von «Swaps» (Austauscharten) und «Warrants» (Gutscheine) anreicherten. All diese neuen Finanzprodukte heißen *Derivate*. Es sind aus Geld abgeleitete (derivierte) Anrechte auf Geld, durchaus nach der Logik des Wechsels, der gewissermaßen selbst schon ein «Finanzprodukt» war: nicht eigentlich Geld, aber einsetzbar, als wäre er welches, und, wenn am rechten Ort vorgelegt, ein Berechtigungsschein für die auf ihm verzeichnete Geldmenge.

Wirtschaftsleistung als Ding an sich

Das Bretton-Woods-Regime hatte stets unter der Sorge gestanden: Was passiert, wenn sich der Gold-Dollar-Standard nicht halten läßt und die Wechselkurse frei zu flottieren beginnen? Bricht dann ein internationales Währungschaos aus? Nun war es soweit. Geld war nur noch Papier, durch nichts Höheres mehr gedeckt, durch nichts als Zentralbankratschluß in die Welt gesetzt – und das Befürchtete blieb aus. Im Gegenteil: Das nur noch auf sich gestellte Papiergeld löste eine neue Euphorie aus. Endlich konnte jederzeit für genügend Geld gesorgt werden. Keine Edelmetallknappheit gefährdete mehr seine Liquidität. Nahezu umgehend sank die Hemmschwelle, sich Geld zu leihen, sowohl in staatlichen wie privaten Haushalten. Kaum war das Goldfenster geschlossen, stieg weltweit die Staatsverschuldung. Regierungen mußten um Kreditnachschub nicht bangen; Papier war, anders als Gold, nahezu unbegrenzt regenerierbar. Aber Papier war noch mehr: ungleich profaner als Gold. Indem sich das Geld definitiv von der Goldmaterie trennte, machte sich, wie zum Abschied, die alte ontologische Differenz zwischen Gold und Papier noch einmal geltend. Früher hatte sie so gewirkt, daß auch das beste, nämlich durch Gold vollständig gedeckte Papiergeld ungleich lieber ausgegeben wurde als die entsprechende Summe Goldes selbst. Rechnerisch mochten beide völlig identisch sein; emotional waren sie es nicht. Immer noch weste im Gefühlshaushalt der Hochkulturen ein Niederschlag des alten Astralkults fort, der vor Gold mehr Respekt als vor Papier empfinden ließ. Und nun, wo mit der Schließung des Goldfensters die astralästhetische Besetzung des Geldes ihren Gegenstand verlor, geschah etwas Umgekehrtes: Schulden wogen leichter, wenn sie bloß noch aus Papier bestanden und man in ihnen nicht auch noch dahinter befindliches Gold mitfühlen mußte, das als ein letzter Gruß aus der Sakralsphäre an die höheren Mächte erinnerte, denen gegenüber das Schuldenaufnehmen einst begonnen hatte.

In kürzester Zeit griff eine neue Leichtigkeit des Schuldenmachens um sich, ohne daß den Betroffenen irgend bewußt wurde, woher sie kam.[5] Ökonomische Gründe ließen sich ihr nachträglich leicht unterschieben. Regierungen konnten bequem das Gemeinwohl anführen, das weitere Geldaufnahme verlange. Und die Akteure an den neuen Finanzmärkten konnten vorrechnen, daß alles andere als höhere Verschuldung sich gar nicht erst lohne. Sie waren die privaten Pioniere der neuen Leichtigkeit. Das Schuldenmachen galt ihnen nicht länger als notwendiges Übel. Es bekam etwas von Chic und Eleganz. Wer nicht mit weit mehr geliehenem als eigenem Geld arbeiten wollte, war am Finanzmarkt gar nicht satisfaktionsfähig. Diese neue Schuldenmentalität war von vornherein in die neuen Finanzprodukte eingebaut. Ihre Attraktion verdanken sie allesamt der sogenannten Hebelwirkung. Eigentlich ist der Hebel ledig-

5 Der Fachökonomie entging das ohnehin; für die Macht des Unbewußten hat sie keine Begriffe. Immerhin spricht sich in den letzten Jahrzehnten auch bei Ökonomen herum, was die große Romanliteratur schon im 19. Jahrhundert nach allen Regeln der Kunst offengelegt hat: daß der Mensch beim Umgang mit Geld nicht einfach zu einer Kalkulationsmaschine namens Homo oeconomicus gefriert. Seither befassen sich nicht mehr nur Psychoanalytiker mit dem Unbewußten in der Geldwahrnehmung. Eine experimentelle Wirtschaftspsychologie ist entstanden. Ihre neuesten Forschungen untersuchen etwa, wie der Anblick von oder das bloße Denken an Geld auf Gemeinschaftsgefühl, Selbständigkeit, Urteilsvermögen oder gar Schmerzempfindlichkeit wirkt – ohne daß den Probanden das bewußt würde (cf. Beck 2014, 20). Würde sich diese Psychologie ernstlich für die Herkunft des Geldes und seinen Zusammenhang mit unbewußten Schuldgefühlen interessieren, könnte sie durchaus zu weniger flachen Ergebnissen kommen als «Wer an Geld denkt, ist eher auf Leistung und Anreize fokussiert» oder «Personen, die Geld gezählt hatten, empfanden die Heißwasser-Prozedur als weniger schmerzlich als diejenigen, die nur Papierbögen gezählt hatten» (ebenda). Als bloße Labor- und Testpsychologie macht sie das Unbewußte jedoch eher platt als verständlich. Sie erschließt nicht, was darin vorgeht, sondern reduziert es auf das, was bei schneller Assoziation im Wechselspiel von Reiz und Reaktion – ökonomisch: von Angebot und Nachfrage, von Reklame und Kaufverhalten – nicht zu Bewußtsein kommt. Das Unbewußte ist ihr kaum mehr als eine Marktlücke.

 lich eine Anzahlung aus eigener Tasche zu einem Geschäft mit fremdem Geld. Wer einen Future über 150 000 auf eine Staatsanleihe eröffnet, verpflichtet sich, sie für diesen Betrag an einem künftigen Tag X zu erwerben und heute bloß eine Anzahlung zu hinterlegen, zum Beispiel 7 %, also 10 500. Wenn der Marktpreis für diese Anleihe bis zum Tag X um 10 % gestiegen ist, also auf 165 000, so daß er sie sogleich um 15 000 teurer verkaufen kann, als er sie kaufte, so hat seine Anzahlung von 10 500 ihm 4500 Gewinn gebracht. Ist der Preis der Anleihe am Tag X aber um 10 % gesunken, so ist der Käufer die hinterlegten 10 500 los plus weitere 4500. Er hat 15 000 verloren. Hätte er bloß 1 % angezahlt, hätte er im ersten Fall 13 500 gewonnen, im zweiten ebenfalls 15 000 verloren, nur daß der Nachzahlungsbetrag nun 13 500 wäre, nicht 4500. Je geringer der Eigenanteil, desto größer die Hebelwirkung, desto mehr fremdes Geld wird mit eigenem bewegt, desto höhere Gewinne winken, desto größere Verluste drohen aber auch.

Eine besondere Sparte des Terminhandels verspricht dessen ungeachtet kontinuierliche Gewinnerzielung – unabhängig davon, ob die Preise steigen oder fallen. Das sind die Hedgefonds. Ihr Programm ist das «Einzäunen» (Hedging) von Gewinnen. Dazu siedeln sie sich vorzugsweise in Steuerparadiesen mit einem Minimum von staatlicher Regulierung ihrer Geschäftspraktiken an. Die Grundidee des Hedging hatte Alfred Winslow Jones. 1949 lieh er sich Aktien, die er als fallend einschätzte, und verkaufte sie, um sie noch vor Ende der Leihfrist billiger zurückzukaufen. Auch von fallenden, nicht nur von steigenden Aktien zu profitieren, die Risiken des einen Geschäfts mit den Gewinnwahrscheinlichkeiten des andern abzusichern und beide so zu kombinieren, daß man immer auf Gewinnkurs bleibt: das war von nun an seine Strategie. Daß sie keineswegs immer funktioniert, weil Gewinnwahrscheinlichkeiten ungefangene Fische sind und sich als sehr windige Sicherheiten erweisen können, ist auch ohne Mathematik offenkundig. Vielfach haben Hedgefonds ihre Anleger und auch sich selbst ruiniert, aber nicht nur wegen ihres besonders riskanten Umgangs mit Zukunftserwartungen.

Jedes Wetten auf die Zukunft, egal, ob von Hedgefonds oder an akkreditierten Börsenplätzen, enthält spezifische Unwägbarkeiten, von denen die Arbitrage frei ist. Sie reagiert ja lediglich auf Vorhandenes. Dabei übt sie zweifellos ausgleichende Wirkung aus. Wer bestimmte Währungen oder Aktien, die an diesem Markt billiger zu haben sind als an jenem, hier blitzschnell aufkauft und dort wieder verkauft, macht einen Gewinn, der die Preisdifferenzen zwischen den Märkten zugleich verringert, denn der billigere Markt wird aufgrund der steigenden Nachfrage seinen Preis erhöhen und selbst den Gewinn einstreichen wollen, den die Arbitrage abschöpfte. Wo sie nichts mehr abzuschöpfen hätte, da wäre sie am Ziel; alle Preise auf allen Märkten wären einander angeglichen. Nur kommt es nie dazu. Zum Leben des Marktes gehört, daß Preise sich bewegen – unterschiedlich schnell und in unterschiedliche Richtungen. «Volatilität» ist das Fachwort dafür. Solange der Markt andauert, werden Arbitrageure nie ganz arbeitslos.

Auch der Finanzterminhandel hat ausgleichende Wirkung, aber nicht einfach zwischen bestehenden Preisen an verschiedenen Märkten. Vielmehr prognostiziert er erst einmal Preise. Und Preisprognosen haben die Eigenschaft, die Preise in die prognostizierte Richtung zu treiben. Wer einen Future auf einen bestimmten Währungskurs abschließt, gibt ein Wahrscheinlichkeitsvotum dafür ab, daß besagte Währung sich am Tag X auf diesem Kurs befinden wird. Und wenn viele durch ihr Geschäftsverhalten ein ähnliches Votum abgeben, ist es wahrscheinlich, daß sich weitere anschließen und alle gemeinsam den Preis auf besagten Kurs hinlenken. Ein Herdentrieb (Herding) macht sich geltend. Wohin viele wollen, dahin wollen noch mehr, und niemand weiß im voraus, wann es zu viele sind. Manche springen zu früh ab, andere zu spät hinzu. Aus diesen Schwankungen setzt sich zusammen, was de la Vega so schön «Börsenmeinung» genannt hat.[6] Sie fällt einerseits mit dem Börsenkurs zusammen – und ist andrerseits von ihm auch unterschieden. Der Kurs von Währungen, Zinssätzen, Aktien etc. objektiviert sich in Zahlen. Aussagekräftig sind die jedoch nicht für sich genommen, sondern nur als Indikatoren einer bestimmten Wirtschaftsleistung.

Diese Leistung ist kein Phantom; sie wird durch ein Zusammenwirken vieler Personen und Faktoren tatsächlich erbracht. Aber sie ist nicht direkt erfaßbar. Es gibt für sie meßbare Parameter wie Bruttoinlandsprodukt, Staatsverschuldung, Jahresbilanzen, Fusionen, Neuinvestitionen etc., aber sie geht in diesen Meßwerten, die sich zudem permanent ändern und als bloße Zahlen wenig über ihren Gesamttrend besagen, nicht auf. Die Wirtschaftsleistung eines Staates,

6 Siehe oben, S. 237; 240

 einer Region, einer Firma kann also nur geschätzt werden, und das wird sie permanent durch eine Vielzahl einander bestärkender oder bekämpfender Einzelentscheidungen – durch ein Kräfteparallelogramm von Wertschätzungen mit den beiden altbekannten Bedeutungsnuancen des griechischen Wortes *timē*: Taxierung und emotionale Besetzung. An der Taxierungsanstalt Börse bleibt von der emotionalen Besetzung freilich nur noch eine flüchtige Schwundform: eine momentane Vorliebe für diese statt für jene Aktie oder Währung, die sich aber im nächsten Moment schon anders orientieren kann und nur noch wie ein auswechselbarer Haken funktioniert, an den die Taxierung jeweils ihre Berechnungen hängt. Aber ganz ohne Haken geht es nicht. Keine Taxierung ohne emotionale Besetzung, wie dürftig sie auch sei.[7]

Das Kräfteparallelogramm von Wertschätzungen: das ist die «Börsenmeinung». Sie zeigt den Börsenkurs an; mehr noch: Sie legt ihn fest. Allerdings nicht nach Belieben. Naturkatastrophen, Kriege, Streiks, Massenentlassungen, Konkurse entstehen nicht durch Börsenmeinung, sondern setzen ihr heftig zu, nötigen sie zu erheblichen Korrekturen und rufen in Erinnerung, daß es keine Kurse ohne real-

7 Wie wenig ökonomische Vorlieben ökonomischem Kalkül entspringen, haben die «Finanzforscher Heiko Jacobs und Alexander Hillert von der Universität Mannheim» in einer Studie über «die Entwicklung von Aktien im Zeitraum von Januar 1995 bis Dezember 2009 untersucht. Das Ergebnis: Aktien von Unternehmen, deren Namen am Beginn des Alphabets stehen, werden von Investoren auffallend besser wahrgenommen und haben bessere Chancen am Aktienmarkt.» «Auch auf die Unternehmensbewertung sowie auf die Berichterstattung durch Analysten und die lokale Presse wirkt sich eine vordere Position im ABC positiv aus.» Auch «verzeichnen Fonds im vorderen Teil des Alphabets [...] höhere monatliche Zuflüsse». «Für ihre Beobachtungen haben die Forscher eine einfache Erklärung: Kulturell bedingt beginnen wir eine Liste von oben nach unten zu lesen. Viele Kursteile, Internetseiten oder Datenbanken, mit denen Anleger nach geeigneten Aktien suchen können, stellen die Titel in alphabetischer Reihenfolge dar. Aus Zeitmangel und Ungeduld nehmen die potentiellen Anleger die zuerst genannten Aktien stärker wahr»; «haben sie auf dem Weg schon etwas Passendes gefunden, kommen sie selten bis zum letzten Buchstaben». «Doch der Name einer Aktie muss, abgesehen von der Stellung im Alphabet, noch weitere Kriterien erfüllen, um bei den Anlegern beliebt zu sein: Wie frühere Studien bereits gezeigt haben, sind Unternehmen und die zu ihnen gehörenden Anteile dann besonders begehrt, wenn ihre Namen kurz, einfach auszusprechen und leicht zu merken sind.» (*A wie Apple läuft besser als V wie Volkswagen*, in: Frankfurter Allgemeine Zeitung, 24. 4. 2014, 23)

wirtschaftliche Grundlage gibt. Immer sind sie Exponenten eines konkreten Gemeinwesens mit bestimmter geographischer Lage und sozialer Zusammensetzung samt kulturellen und technischen Standards, unter denen Güter hergestellt und verteilt werden. Alle erfaßbaren Wirtschaftsfaktoren basieren auf einer solchen Grundlage, aber sie selbst läßt sich nicht direkt erfassen. Sie hat, in der Terminologie Immanuel Kants ausgedrückt, den Status eines «Dinges an sich selbst».

Wir können, so Kants epochaler Gedanke, auch die eindrücklichsten und wirkmächtigsten Dinge nie so erfassen, wie sie an sich sind, sondern nur so, wie sie uns erscheinen.[8] Aber Erscheinungen unterscheiden sich von Hirngespinsten dadurch, daß sie Erscheinungen *von etwas* sind – sozusagen eine Rückseite haben, die selbst nie erscheint. Diese Rückseite hat viele erkenntnistheoretische Erben Kants geärgert. Was sollen wir mit einem An sich, von dem sich nur erkennen läßt, daß es jenseits unserer Erkennbarkeit liegt, von dem sich nur sagen läßt, daß es sich hinter oder unter allem befindet, worüber sich etwas sagen läßt? In der Tat, das Kantische An sich ist ein schwaches abstraktes Jenseits – gleichsam der leere Hinterhof der empirischen Realität, in den niemand Einblick hat. «Hinterweltler» hatte Nietzsche diejenigen genannt, die an so etwas festhalten.[9]

Doch alle Versuche, diese Hinterwelt loszuwerden und sich ganz aufs faßbare Diesseits zu beschränken, sind regelmäßig auf Verschlimmbesserungen hinausgelaufen. Erscheinungen mit nichts dahinter sind nämlich Erscheinungen von nichts, also *keine* Erscheinungen: entweder die Dinge selbst oder bloß noch Schein. Beider Lösungen wird man nicht froh. Die erste suggeriert, daß alles Erscheinende tatsächlich so sei, wie es erscheint, zumindest wenn man es unter kontrollierten experimentellen Bedingungen beobachtet. Die zweite verflüchtigt die Erscheinungswelt zur Scheinwelt. Sie ist von einem Hirngespinst nicht mehr unterscheidbar – nichts als eine Hervorbringung menschlicher Subjektivität. Die erste Option ist die eines naiven Wissenschaftspositivismus; wenn er «eindeutige Korrelationen zwischen meßbaren Größen» in «sachhaltige Aussagen» faßt, glaubt er die Sache selbst zu erfassen. Die zweite Option ist die von prominenten Neukantianern wie Heinrich Rickert, Paul Natorp und Hermann Cohen, denen Kant nicht konsequent genug erschien.

8 Kant 1968 [1781], 277 ff. (B 307 ff.)

9 Nietzsche 1988 [1886], 35

 Hatte nicht *er* gerade meisterlich gezeigt, daß erst die raumzeitlichen und kategorialen Strukturen, die immer schon im Inneren des Menschen liegen, dafür sorgen, daß ihm eine konkrete Außenwelt erscheint? Warum dann diese Erscheinungswelt, die doch sein Werk ist, auch noch auf ein An sich zurückführen? Der Neukantianismus schlug sich ganz auf die Seite des Subjekts: «aufzuheben sei die alte metaphysische Unterscheidung von Ansichsein und Erscheinung der Dinge zugunsten der alleinigen Realität begrifflich fixierbarer Bewußtseinsinhalte».[10]

Es ist verblüffend, wie im Verhältnis von Wirtschaftsleistung und Börsenmeinung das Kantische Verhältnis von An sich und Erscheinung wiederkehrt. Wie die Neukantianer sich an einem nicht näher bestimmbaren An sich geärgert haben, so stoßen sich die Neubörsianer an einer nicht direkt erfaßbaren Wirtschaftsleistung, die in der Börsenmeinung lediglich erscheint. Nicht ein abstraktes Jenseits zählt, sondern das faßbare Diesseits, sagen sie. Und nichts ist faßbarer als das, was menschliche Subjektivität selbst hervorbringt. Was gibt denn verläßlicher Auskunft als das Meinungsspiel der Preisbildung, wenn wir wissen wollen, was Wirtschaftsleistung ist? Und wo findet dieses Spiel so authentisch und verdichtet statt wie im Finanzterminhandel? Entstehen hier nicht die Preise, die wie nichts sonst abbilden, was wirtschaftlich konkret geleistet wird; die Preise, an denen sich die Lebensmittelpreise im Supermarkt um die Ecke genauso orientieren wie der von der Zentralbank festgesetzte Leitzins? Ist der Terminhandel nicht weit mehr als bloß ein Barometer für Wirtschaftsleistung, nämlich das Medium, worin die Preise zuerst prognostiziert, dann festgesetzt und obendrein noch ausgeglichen werden? Ist die Wirtschaftsleistung folglich nicht das, wozu der Terminhandel sie durch Preisbildung macht?

Das klingt wie eine neukantianische Tirade gegen das Kantische An sich – in Börsensprache. Sie läßt den Terminhandel als Retter in der Not erscheinen. Wer könnte der Arbitrage dabei helfen, die weltweit frei flottierenden Wechselkurse so aufeinander zu beziehen, daß sie nicht außer Rand und Band geraten, wenn nicht er? So stellt der Terminhandel sich dar, als wäre er eigentlich bloß das *back office* der Arbitrage, als betriebe er ihre segensreiche Arbeit des Preisausgleichs lediglich auf etwas weniger konventionelle Weise. Doch er tut auf

10 Haag 1983, 135 und 129

täuschend ähnliche Weise etwas qualitativ anderes als sie. Sie erkennt bestehende Preisunterschiede und zieht hier und jetzt Gewinn daraus. Er spekuliert auf Preise, die erst am Tag X Gewinn abwerfen sollen. Er gleicht nicht faktische Preise aus, sondern gleicht prognostizierte Preise faktischen Preisen an. Die faktischen muten dabei wie eine unbestechliche Realitätsprüfungsinstanz an; alle prognostizierten, die nicht mit ihr übereinstimmen, läßt sie platzen. Nur bilden sich die faktischen Preise nicht jenseits der Spekulation. Spekulative Preisprognosen wirken intensiv an der Bildung eben jener Preise mit, die dann ihrerseits über die Preisprognosen richten. Die faktischen Preise richten zwar über die Spekulation, aber zu deren Konditionen. Während die Arbitrage lediglich vorgefundene Preisschwankungen ausgleicht, ist der Terminhandel an der Entstehung der Schwankungen, auf die er mäßigend einwirkt, aktiv beteiligt. Er mäßigt immer auch seine eigene Preistreiberei – betreibt Schadensbegrenzung, aber von selbst (mit)verursachten Schäden.

Wer während der holländischen Tulpenmanie ein Paket Zwiebeln auf den nächsten Liefertermin für 6000 Gulden kaufte, das zu diesem Termin jedoch bloß 3000 kostete, der hatte 3000 vertan und damit die mäßigende Wirkung des faktischen Preises zu spüren bekommen. Der faktische Preis hatte die Blase von 6000 platzen lassen, aber er war immer noch Blase genug; auch 3000 waren für ein Paket Zwiebeln völlig überteuert. Faktische Preise sind realitätstüchtige Prüfsteine für prognostizierte Preise, aber nicht für die Wirtschaftsleistung, die in ihnen erscheint. Die kann sich in realen Preisen nämlich auf völlig verzerrte Weise manifestieren. Spekulationsblasen sind nichts als starke Verzerrungen – ein starkes Spannungsverhältnis zwischen Wirtschaftsleistung und Preisen, wie eben ein Luftballon durch Aufblasen – lateinisch: Inflation – auseinandergezerrt wird und unter Spannung gerät. Nur ist die Wirtschaftsleistung eben ein An sich – nicht direkt erfaßbar. Nirgends stehen ihre «authentischen» Preise verzeichnet, von denen aus die bestehenden beurteilt werden könnten. Blasen werden nicht kenntlich durch einfachen Vergleich zwischen «echten» und «falschen» Preisen. Ihre Diagnose ergibt sich aus einer Mehrzahl von Indikatoren, die gemeinsam auf starke Verzerrung hindeuten, ohne deren Grad je objektiv meßbar machen zu können. Deswegen ist es so schwer, Spekulanten für falsche Preise verantwortlich zu machen; wo sind denn die richtigen, von denen aus sich das bestimmen läßt? Eine Spur von Verzerrung läßt sich noch in jedem Preis finden, wie denn auch jedes Bild vom Abgebildeten in irgendeiner Weise abweicht.[11]

11 Nicht alles, was wie eine Spekulationsblase aussieht, ist auch eine, und nicht jede Blase ist sogleich bedrohlich, wie der Wirtschaftshistoriker Hans-Joachim Voth im Jahr 2005 an einem prominenten Beispiel deutscher Geschichte zeigte. «Schon kurz nach dem Ende der Hyperinflation 1923 zogen die Aktienkurse kräftig an. Eine große Hausse an den deutschen Wertpapierbörsen begann von Ende 1925 an. Zwischen Dezember 1925 und April 1927 [...] stiegen die Kurse um 150 Prozent. Da [...] kamen Beobachter schnell zu dem Schluss, die großen Kurssteigerungen seien vor allem durch Spekulationen entstanden.» Doch die vermeintliche Spekulationsblase «war nur die Korrektur einer drastischen Unterbewertung». Das verkannte Reichsbankpräsident Schacht und zwang die Kreditbanken zur «Verringerung der Wertpapierkredite um ein Viertel». Am nächsten Tag, «Freitag, dem 13. Mai 1927, fielen die Kurse auf breiter Front». «Bei Tagesende zeigte der Index ein Minus von elf Prozent. Die Schärfe des Einbruchs ist in etwa mit dem Kurssturz am Schwarzen Dienstag an der Wall Street zwei Jahre später vergleichbar.» Wie aufschlußreich dieser Rückblick auf den «Schwarzen Freitag» ist, ermißt man allerdings erst, wenn man sein Entstehungsjahr, 2005, und seine eigene Fragestellung einbezieht: «Hätte Alan Greenspan das Platzen der Technologieblase Anfang des Jahrtausends verhindern können? Immerhin hatte der amerikanische Notenbank-Präsident den Anstieg der Aktienkurse bereits 1996 als ‹irrationalen Überschwang› bezeichnet.» Hat er «dem größten Aktiencrash seit den dreißiger Jahren [...] untätig entgegengesehen»? Voth ist nicht dieser Meinung. «Seit die Debatte um das ‹rechtzeitige Anpiken› geführt wird, entdecken Analysten und Ökonomen allerorten Blasen. An den Immobilienmärkten, an den Rentenmärkten oder an den Märkten für hochriskante Anleihen. Und immer wieder heißt es, die Notenbanken sollten etwas dagegen unternehmen. Dabei gerät fast in Vergessenheit, dass sie ihre eigentliche Aufgabe, die Inflation einzudämmen, so erfolgreich wie schon lange nicht erfüllen.» Auch das ist eine dankenswerte Erinnerung – aus heutiger Sicht. Warnungen vor einem neuen Crash gehörten um 2005 nämlich durchaus zum ökonomischen Alltag. Nouriel Roubini, Max Otte und Wolfgang Münchau waren keineswegs die einsamen Rufer in der Wüste, als die sie nach dem Crash von 2008 erschienen. Sie hatten ihre Warnungen lediglich ausführlicher und nachdrücklicher veröffentlicht als andere. Das Vertrackte ist nur: Während Voth an seinem verdienstvollen Rückblick auf den «Schwarzen Freitag» schrieb, baute sich ohne nennenswerte Inflation am amerikanischen Immobilienmarkt gerade jene Blase auf, die 2008 platzte. Voth hat die Lage um 2005 ähnlich verkannt wie Schacht 1927. Die Schlußpointe seines Artikels trifft auch ihn. «Der Fehlgriff des Jahres 1927 zeigt, dass auch die besten verfügbaren statistischen und ökonomischen Analysen massiv danebenliegen können – mit brisanten Folgen für Wachstum und Beschäftigung.» (Voth 2005, 39)

Zauberformel

Als in den 1970er Jahren die Wechselkurse freigegeben wurden, setzte eine internationale Arbitrageoffensive ein. Es war nicht voraussehbar, in welchem Maße sie die anfänglichen Devisenturbulenzen auffangen und in relative Stabilität überführen würde. Es war nicht voraussehbar, daß der International Money Market ihr dabei zunächst behilflich sein würde, als wäre er tatsächlich als ihr *back office* eröffnet worden; daß er in der Phase seiner Entstehung und seiner ersten Expansionsschübe die Preisausgleichsarbeit der Arbitrage mehr unterfüttern als sie schon durch die Erzeugung von Spekulationsblasen hintertreiben würde. Und noch etwas war nicht voraussehbar: daß genau in jenen Jahren, als sich das Goldfenster definitiv schloß und an flexiblen Wechselkursen kein Weg mehr vorbeiführte, die Computertechnologie marktfähig zu werden begann. Die Informatiker hatten gewiß nicht primär an die Wechselkurse gedacht, als sie an neuen digitalen Speicher- und Übertragungstechniken tüftelten. Dennoch ermöglichte die neue Technologie nun unversehens eine globale Datenerhebung, die mit nie gekannter Direktheit und Effizienz auf Wechselkurse einzuwirken vermochte. Nur computergestützt konnte die internationale Arbitrageoffensive so erfolgreich werden. Kein IWF, keine Weltbank, keine internationale politische Versammlung hatte sie organisieren müssen. Sie kam wie von selbst in Gang – durch pures Eigeninteresse.

Banken, Fonds, Versicherungen – wer immer technologisch die Nase vorn hatte und sich Zugang zu den einschlägigen Marktdaten verschaffen konnte, nutzte die Gewinnspannen, die in schwankenden Wechselkursen steckten, und trug so dazu bei, diese Schwankungen zu einem allgemeinen Vibrieren zu dämpfen. An jenem historischen Wendepunkt, wo flexible Wechselkurse den haltlos gewordenen Weltmarkt in ein neues Währungschaos zu stürzen drohten, griffen Arbitrage, Finanzterminhandel und Mikroelektronik auf unvorhersehbare Weise, wie von «unsichtbarer Hand» gefügt, ineinander und sorgten gemeinsam für eine Stabilisierung der Wechselkurse und Erhöhung des Welthandelsvolumens, die alle vorangegangenen politischen Abkommen im Rahmen des Bretton-Woods-Regimes nie zustande gebracht hatten. Staatsinterventionismus? Die Zeiten waren vorbei. Der haltlose Markt war selbst der Halt, der ersehnte «Eckstein» – ein robuster Selbstregulierungsmechanismus.

 So schien es. Der Glaube daran empfing nahezu umgehend den höheren Segen der Wissenschaft. 1973, nur ein Jahr nach Eröffnung des International Money Market, wurde die Black-Scholes-Formel veröffentlicht, die bisher Unberechenbares berechenbar zu machen verhieß, nämlich die Volatilität, will sagen, die ständige Bewegung von Preisen in unterschiedliche Richtung mit unterschiedlicher Geschwindigkeit. In der Physik hatte man sich mit etwas Ähnlichem schon längst befaßt. «Wenn man den unteren Teil eines geschlossenen Glasgefäßes mit Wasserdampf, der aus winzigen Tröpfchen besteht, füllt, wird man sehen, daß die Obergrenze des Dampfes allmählich mit einer ganz bestimmten [...] Geschwindigkeit sinkt. Betrachtet man aber eines der Tröpfchen unter dem Mikroskop, so beobachtet man, wie es nicht dauernd mit konstanter Geschwindigkeit sinkt, sondern eine sehr unregelmäßige Bewegung, die sogenannte Brownsche Bewegung ausführt, die nur im Durchschnitt einem regelmäßigen Absinken entspricht.»[12] Wie, wenn der Markt von einem Wasserdampfaggregat gar nicht prinzipiell verschieden wäre und Marktpreise sich wie Tröpfchen bewegten – jedes einzelne zwar völlig unberechenbar, viele zusammen aber mit einer ähnlichen Regelmäßigkeit wie die Brownsche Bewegung? Das war der zündende Analogieschluß der Finanzmathematiker Fischer Black und Myron Scholes. Sie traten dabei in die Fußstapfen des Informatikers Norbert Wiener, der die physikalische Bewegungstheorie nachrichtentheoretisch verallgemeinert hatte: Wo immer sich etwas meßbar bewegt – egal, ob ein Molekül oder ein Flugzeug –, sendet es auch eine Nachricht über den wahrscheinlichen Fortgang seiner Bewegung. Wenn sich solche «Nachrichtensendungen» statistisch erfassen lassen, gestatten sie ziemlich exakte Vorausberechnungen von Bewegungsverläufen. Bei der informationstheoretischen Steuerung von Flugabwehrraketen zum Beispiel hatte Wiener im Zweiten Weltkrieg eine sehr hohe Abschußquote erreicht. Warum sollte seine Bewegungstheorie nicht auch für Preisbewegungen eine hohe Trefferquote erzielen – zumindest unter gewissen idealtypischen Voraussetzungen, etwa wenn der Markt ähnlich homogen wie eine Dampfwolke gedacht wird, also als ein Medium ohne jegliche Handelsbeschränkungen, mit freier Fahrt für Leerverkäufe, Arbitrage und jede Art von Transaktionskosten? Dafür entwickelten Black und Scholes nun ihre eigene Formel – in

12 Schrödinger 1989, 44 f.

einem Insider-Diskurs, mit dessen mathematischen Ausführungen der Leser hier verschont bleibt.[13] Seine Grundannahme läßt sich so pointieren: «Risiko (d. h. die Unvorhersehbarkeit der Märkte) hat eine Ordnung, und viele Risiken lassen sich neutralisieren, wenn sie gegeneinander kompensiert werden.» «Bei dieser Operation bleibt ein Restrisiko zurück, [...], das nicht abgeschafft werden kann, das aber auf dem Markt eine Aufwertung erfährt, da hier die riskantesten Aktien weniger und die weniger riskanten mehr kosten. Ein umsichtiger [...] Unternehmer wird so in die Lage versetzt, sein Investitionsrisiko zu steuern, ohne sich je von überraschenden Marktentwicklungen überraschen zu lassen.»[14]

Wie bei der Brownschen Bewegung gilt auch hier: Die Masse macht's. Einzelne Marktbewegungen sind unvorhersehbar, aber die Zusammenschau von vielen Einzelbewegungen läßt gewisse immer wiederkehrende operationalisierbare Verlaufsformen erkennen. Ist dafür erst einmal eine taugliche Grundformel gefunden, so werden mit entsprechenden Zusatzannahmen auch Fälle erfaßbar, die von der idealtypischen Homogenität eines wasserdampfähnlichen Markts abweichen. Dem trägt die Black-Scholes-Formel Rechnung. Sie ist Singular und Plural zugleich, besteht aus einem Stamm und seinen Verzweigungen. Die Finanzfachleute stürzten sich auf sie wie auf eine Zauberformel. Einzelne Preise genau voraussagen oder verhindern, daß einzelne Voraussagen weit danebengehen – das kann zwar selbst sie nicht und hat es auch nie beansprucht. Wohl aber verheißt sie, den Durchschnitt aller Preisprognosen in maximale Nähe zu den faktischen Preisen zu lenken. Mit andern Worten, sie verspricht ein perfektes Hedging. Wenn die Gewinnwahrscheinlichkeiten, mit denen Hedgefonds ihre Verluste «einhegen», durch die Formel ermittelt werden, dann sollen sie den Zuverlässigkeitsgrad von Gewinnbürgschaften erreichen. Ungefangene Fische mutieren rechnerisch zu eigentlich schon gefangenen. So «hat die Formel zu einer riesigen Expansion des Marktes für Optionen und allgemein zu einer großen Verbreitung der Finanzoperationen geführt, weil sie das daran gekoppelte Element des Glücksspiels scheinbar abschaffte».[15]

Daß sich dieser Schein ein bis zwei Jahrzehnte lang halten und

13 Black/Scholes 1973, 637 ff.

14 Esposito 2010, 190

15 Esposito 2010, 199

 die Black-Scholes-Formel gar mit dem Nobelpreis gekrönt werden konnte, war eine Art *beginner's luck*. Der neue Finanzterminhandel war ja erst am Anfang. Bis er soweit war, daß er selber Turbulenzen stiftete, statt sie abzudämpfen, mußte er erst einmal ein paar Jahre heißlaufen, und weil in diesen Jahren die ganze Crème der Finanzwelt mit der Black-Scholes-Formel arbeitete, durch sie ihre Risiken standardisierte, zu ihren Konditionen Geschäfte machte und in ihrem Lichte den gesamten Weltmarkt wahrzunehmen begann, entstand tatsächlich so etwas wie eine «Black-Scholes-Welt». Die bestand freilich nie in «einer Anpassung ökonomischer Wirklichkeit an Wirtschaftstheorie», in der «Einrichtung von Protokollen, nach denen dann die Märkte selbst operieren».[16] Die Marktrealität fügt sich nicht einfach einer Formel, nur weil alle Beteiligten sie anwenden. Wenn das so wäre, hätte die Finanzmathematik die Anfangserfolge der Formel mühelos auf Dauer stellen und durch sie den Weltmarkt bis heute im Griff halten können.

Es war aber umgekehrt. Die Formel traf anfangs auf extrem günstige Bedingungen; deshalb war sie so erfolgreich – ähnlich wie eine Schere sich zunächst an einem Papierstapel bestens bewähren kann, aber wenn darunter Pappe und Holz zum Vorschein kommen, gleichwohl versagt. Als «Papierschere» hatte die Black-Scholes-Formel ihre Meriten; als «Schere überhaupt» machte sie ihre Rechnung ohne den Eigensinn des Markts. Preise sind nun einmal etwas anderes als Tröpfchen. Der Markt hat nicht entfernt die Homogenität von Wasserdampf. Es ist nicht falsch, ihn als Medium des Ausgleichs von Preisen zu erachten, aber fatal, ihn darauf zu reduzieren. Er ist weit mehr: *agora* – das Forum, wo die Wünsche und Interessen einer antagonistischen Gesellschaft aufeinandertreffen und ebenso zur Befriedung wie zur Entladung gelangen können. Die *agora* kommt in der Black-Scholes-Welt jedoch überhaupt nicht vor. Ihr Markt ist eine völlig depolitisierte, auf Preise eingedampfte Sphäre. Bis heute sind ihre Protagonisten überzeugt, daß alle Verluste, Pleiten und Krisen, die bei Anwendung ihrer Zauberformel entstehen, einzig falscher Handhabung geschuldet sind und weder gegen die Selbstregulierungsfähigkeit der Marktes noch gegen die Formel selbst das geringste besagen.

16 Vogl 2010, 104

Das Wort «Marktfundamentalismus» trifft hier in genauem Sinne zu. Fundamentalismus ist ein Sich-Versteifen auf Fundamente, die man wegbrechen fühlt. Das Unfehlbarkeitsdogma wurde verkündet, als der katholische Glaube seinen Dogmen nicht mehr traute. Der Goldfundamentalismus kam, als der Sieg des Papiergelds über das Goldgeld nicht mehr aufzuhalten war. Der Marktfundamentalismus entstand, nachdem ein jahrhundertelanger Diskurs immer wieder von verschiedenen Seiten dargetan hatte, daß Märkte sich keineswegs selbst regulieren. Doch während der Goldfundamentalismus von vornherein ein Abwehrkampf auf Rückzugsposten war, wirkt der Marktfundamentalismus bemerkenswert offensiv und triumphal. Ein Umschwung hat ihn entbunden. Plötzlich hatte sich der Wind der Geschichte gedreht, der lange schwer darnieder liegenden Lehre von der Selbstregulierung des Markts neue Lebensgeister zugeblasen und sie etwas erleben lassen, was einer Wiederauferstehung gleichkommt. Was war geschehen?

Die Antwort ist einfach: die mikroelektronische Revolution. Einen ersten Vorgeschmack davon, wie sie die Gesellschaft durchdringen würde, hatte der Siegeszug des Fernsehens gegeben. Er war insofern «mikro», als er große Leinwände durch kleine Bildschirme ersetzte, den Kinosaal durchs Wohnzimmer. Fernsehprogramme konnten ungleich mehr Menschen gleichzeitig verfolgen als Kinofilme, allerdings getrennt voneinander, je in den eigenen vier Wänden oder, wie Günther Anders sagte, als «Massen-Eremiten»[17]. Dies Wort trifft den Nerv; es enthält das ganze Betriebsgeheimnis der Mikroelektronik: ihre spezifische Fähigkeit, gleichzeitig zu vereinen und zu vereinzeln. Das Fernsehpräludium war noch vergleichsweise harmlos. Ein paar große Sendeanstalten mit nationaler Reichweite füllten die Freizeit der werktätigen Bevölkerung und boten ihr einen gut verdaulichen Verschnitt von allem, was Zeitungen, Filme, Theater und Sportstadien bisher separat geboten hatten – gepolstert durch eine neue Bequemlichkeit. Die Welt ist bei mir zu Gast, sie dreht sich um mich: dieses Gefühl wurde dem Zuschauer mit jeder Sendung mitgeliefert, und ohne diese Dauerschmeichelei hätte das

17 Anders 1956, 102

 Fernsehen schwerlich so schnell eine so überwältigende Akzeptanz gefunden.

Dann gingen die Computer in Serie, verwandelten sich aus Riesenungetümen, die an wenigen strategischen Knotenpunkten des Militärs und der Großindustrie postiert waren, in marktfähige Kleingeräte, die sich jede Firma, ja nahezu jede Privatperson leisten konnte – und damit über kurz oder lang sich leisten mußte, weil sie zu ähnlich unverzichtbaren Speichern wie Kühlschränke wurden. Und wieder diese Schmeichelei: Der Nutzer ist der Souverän seines Geräts, klickt sich seine Welt herbei, läßt Programme kommen und gehen. Nur sind «Programme» jetzt nicht mehr Sendefolgen, die ein Fernsehmanagement ausheckt, sondern «Software», das heißt digitale Speicher, in die man bestimmte Daten und Befehle eingibt. Der Personal Computer (PC) ist die universalisierte Bildmaschine. Man kann ihn ganz traditionell als Fernsehgerät oder als Schreibmaschine nutzen, aber seine Programme gestatten ebenso, umfassende, sich über mehrere Kontinente erstreckende Planungs-, Verwaltungs- und Produktionsvorgänge zu steuern, für die früher eine Menge an menschlicher Aufmerksamkeit, Vorbildung und Geschicklichkeit notwendig war. Jedes Programm enthält den Ansporn, noch leistungsfähigere zu entwickeln, und jedes Programm ist auch eine Chiffre für die Arbeitsvorgänge, die es überflüssig macht. Scharen von Fließbandarbeitern, Sekretärinnen, Telefonisten, Setzern, Druckern, Ingenieuren, Sachbearbeitern bis zum mittleren Management sind durch Software ersetzt worden, in prekäre Beschäftigungsverhältnisse abgesunken oder zu den «Selbständigen» der New Economy mutiert, die subalterne computergestützte Dienstleistungen erbringen und sich dafür selbst versichern müssen.

Der Anschein, daß der Markt sich selbst reguliert, hätte ohne die Regulierungskraft der Mikroelektronik gar nicht entstehen können. Sie ermöglichte etwas, was der Kapitalismus bisher nicht kannte: *jobless growth*. Bis in die 1970er Jahre war klar: Firmen, die Personal entlassen, laborieren an schlechter Auftragslage. Ihre Aktien sinken. Dann wendete sich das Blatt. Großkonzerne wie IBM und General Motors entließen Tausende – und ihre Aktien stiegen. Die Unternehmen hatten sich «verschlankt»: eine Menge Lohnkosten zugunsten ungleich leistungsfähigerer Softwareprogramme eingespart. Jene Technologie, die jedem ihrer Nutzer die Welt in Bildschirmformat serviert und sie darin nach seinen Befehlen tanzen läßt, demonstriert auch jedem seine potentielle Nichtigkeit, sobald seine Arbeitsleistung in Software übersetzbar ist. Sie stiftet in weiten Bevölkerungsschichten, die früher fest in die industriellen Arbeitsabläufe eingebunden waren, eine neue Unsicherheit, Arbeitslosigkeit und Armut. Man muß bei der Verführungskraft der Mikroelektronik ansetzen, wenn man ihre demoralisierende Tiefenwirkung verstehen will. Wer kann denn der Verlockung jener kleinen Wundergeräte widerstehen, die sich in der Akten- oder gar Hosentasche umhertragen lassen, ihrem Eigner auf Knopfdruck eine ungeheure Datenfülle zur beliebigen Verwendung unterbreiten und ihm damit eine Verfügungskraft, eine Potenz verschaffen, die er im direkten Kontakt zu Mitmenschen schwerlich je entfalten kann?

Diese Verlockung ähnelt durchaus einer sehr viel älteren. Sie trat im siebten vorchristlichen Jahrhundert in die Welt, als griechische Tyrannen kleine silberne und goldene Scheibchen, aufgeladen mit profaner Kaufkraft, an ihre Gefolgschaft verteilten.[18] Diese smarten Scheibchen, in denen sich die Gestirne reflektierten, machten von den Lebensmittelzuwendungen des Tyrannen unabhängig. Wer sie in Händen hielt, konnte sich sein eigenes Gütersortiment bei Lieferanten seiner Wahl besorgen. Die Scheibchen verschafften ihm einen Verfügungsraum, in dem niemand bestimmte als er selbst. Das Münzwesen, so zeigt sich nun im Rückblick, war selbst schon eine Art Mikrotechnologie. Es machte die Münzempfänger zu Mikrosouveränen, die im Kleinen eine Verfügungsmacht über Dinge ausübten wie im Großen die «Hausherren» über ihr «Haus» (*oikos*). Die Münzausgabe verwandelte einen Kriegshaufen in eine Vielzahl distinkter Personen. Jeder von ihnen wurde ein Verfügungspotential in die Hand gedrückt. Die kleinen glänzenden Scheibchen werteten ihre Empfänger auf, trennten sie aber auch voneinander. Sie zogen eine scharfe Linie zwischen Mein und Dein und ließen die Gemeinsamkeit des Haufens nur noch so weit reichen, wie die neu errungene Souveränität es zuließ.

Seit der Erfindung der Münze ist nicht wieder eine solch durchdringende Mikrotechnologie in Gang gesetzt worden wie die der mikroelektronischen Revolution. Nicht, daß der PC nun die neue Münze wäre. Er ist überhaupt kein Geld. Man bekommt die Welt durch ihn geliefert, ohne daß man ihn dafür veräußern muß. Aller-

18 Siehe oben, S. 100 ff.

 dings bekommt man sie nur virtuell geliefert: als Datenmasse, von der niemand satt wird. Gar nicht virtuell hingegen ist die Trennungs- und Vereinzelungswirkung der neuen Geräte. Ihre Nutzer arbeiten tatsächlich als Masseneremiten, man darf sogar sagen, als Globaleremiten – ein jeder an seinem Gerät. Noch im gleichen Büro schicken sie sich E-Mails, die um die halbe Welt flitzen, um auf dem benachbarten Bildschirm zu erscheinen. Teamkonferenzen? Nur für Fragen, die sich per E-Mail nicht klären lassen. «Gemeinsam sind wir stark»: diese alte politische Parole gilt nur noch zu den Konditionen der neuen Eremitensouveränität. Und wer will sich diese Souveränität, wenn er sie einmal erlangt hat, wieder nehmen lassen? In wenigen Jahren ist sie zu einem Notanker geworden. Wer sie aufgibt, verliert den entscheidenden Zugang zu den sozialen und wirtschaftlichen Verteilungsmechanismen. Er wird abgehängt.

Es fehlte nicht an Vorschußlorbeeren für das kommunikative Potential der neuen Technologie. «Heute haben wir sogar das Zentralnervensystem zu einem weltumspannenden Netz ausgeweitet und damit, soweit es unseren Planeten betrifft, Raum und Zeit aufgehoben», schwärmte Marshall McLuhan bereits 1964.[19] In Telefon, Radio, Film und Fernsehen sah er ausschließlich verbindende Kräfte. Wie aber kommt diese Verbindung zustande? Durch Trennung. Isolierte Sinnesorgane, vornehmlich Auge und Ohr, werden an Geräte und Leitungen angeschlossen, und die Tonfolgen und Bildgestalten, die sie empfangen, sind zuvor nach mechanischen Gesetzmäßigkeiten in Impulse zerlegt und übertragungskonform wieder zusammengesetzt worden. Nur so entstehen die hochgelobten neuen Verbindungen, etwa die globalen audiovisuellen Konferenzschaltungen, die die Beteiligten ohne Umschweife auf strikt begrenzte Verhandlungspunkte lenken und bestimmte Willensbildungs- und Entscheidungsprozesse, für die zuvor aufwendige Recherchen und Reisen nötig waren, drastisch abkürzen; die Chatrooms, in denen man über Kontinente hinweg plaudern kann; die Facebook-Freundschaften, die im Austausch darüber bestehen, was man «mag» und «nicht mag».

Dabei wird keineswegs «das Zentralnervensystem zu einem weltumspannenden Netz ausgeweitet». Es werden lediglich Nervenleistungen *gefiltert* – durch Leitungen gezwängt. Die Nähe, die

19 McLuhan 1992 [1964], 11

so entsteht, besteht lediglich in Überbrückung raumzeitlicher Ferne, in Abkürzung und Beschleunigung von isolierten Kommunikationsprozessen – und ist nicht zu verwechseln mit umfassender «menschlicher Nähe» samt all der wechselseitigen Teilnahme und Einfühlung, die sich nur allmählich in längerem Zusammenleben und -erleben bilden kann. Dazu bedarf es nämlich am dringendsten, was die neue Technologie am meisten einsparen will: Zeit.

Daran kranken auch die neuesten Formen politischer Willensbildung. Wie hat die «Arabellion» des Jahres 2012 doch die Weltöffentlichkeit euphorisiert. In wenigen Stunden ließen sich über Facebook, Twitter und Mobiltelefon Massenkundgebungen auf dem Kairoer Tahirplatz organisieren. Aber was so schnell zusammenkommt, zerbröselt auch schnell wieder, wenn keine gemeinsame Dauererfahrung es festigt, und dazu haben die wenigen Sternstunden der Solidarität im Kairoer Zentrum offenbar nicht ausgereicht. Das Internet stieß hier schnell an seine Grenzen. Es ist zwar in der Lage, Kommunikationsprozesse, die früher über Buch, Zeitung, Telefon nebeneinander herliefen, synergetisch zu bündeln und damit punktuell zu beschleunigen und intensivieren. Aber es macht sie kaum dauerhafter. Solange man per Mausklick kommen und gehen kann, wann man will, ohne all die Reibeflächen und Verbindlichkeiten zu verspüren, die ein persönliches Zusammentreffen oder Zusammenleben mit sich bringen, bleibt der Kontakt der ewige Anfang einer Annäherung, zu der es nicht kommt. Die Gemeinschaft bleibt virtuell im ursprünglichen Sinn des Wortes.[20]

Technische Medien können nie etwas anderes sein als Kanäle, Leitungen, Frequenzen zwischen einzelnen Punkten, Stationen, Individuen. Und indem solche Punkte verbunden werden, wird zugleich anderes von der Verbindung ausgeschlossen. Verbindung von allem mit allem geht nicht. Auch das engmaschigste Netz ist dazu nicht in der Lage. Es mag aus noch so vielen Fäden und Knoten bestehen; dazwischen ist reichlich unverbundener Raum. McLuhan hingegen suggerierte die Totalverbindung – das globale Dorf, worin die gesamte Menschheit dank ihrer neuesten Medien auf Hochkul-

20 Das wird auch das Schicksal der elektronischen Dauerkonferenz sein, die die Basis der Piratenpartei verlangt. Vor lauter Willenskundgebungen, die da 24 Stunden am Tag zu erwarten sind, wird sich ein einigermaßen gefestigter, klar konturierter Parteiwille gar nicht mehr erst herauskristallisieren.

 turniveau zur Nähe und Vertraulichkeit der primitiven Stammesgemeinschaft zusammenrücken würde. Doch Totalverbindung durch technische Medien ist wie Quadratur des Kreises. Medien sind Leitungen, nicht die Sache selbst. «Das Medium ist die Botschaft», jener Satz, der McLuhan berühmt gemacht hat, ist Unfug. Ein Medium ist nur so lange Medium, wie es *etwas* mitteilt: einen Inhalt, so dürftig und belanglos er auch sei. Wo es gar keinen Inhalt mehr hat, ist es Medium von nichts, also kein Medium mehr. Das wollte McLuhan nicht in den Kopf. Sein prominenter Ausspruch war durchaus nicht als kritische Tendenzanzeige gemeint, als Warnung vor der Neigung elektronischer Medien, sich zum Selbstzweck aufzuspreizen und ihre Inhalte zum Schmiermittel herabzusetzen; nein, er war platte Behauptung: Medien *sind* das Eigentliche. Unter dem überwältigenden Eindruck, den sie auf McLuhan machten, hat er sie regelrecht ontologisiert: zur Sache selbst überhöht.

Damit gehört er zu den Vordenkern des Marktfundamentalismus. Dessen Dogma, die Selbstregulierung des Markts, stuft das ökonomische Medium, welches weltweit Waren, Preise und Geld miteinander vermittelt, genauso ein wie McLuhan die elektronischen Medien. Es suggeriert: Der Markt ist die Sache selbst; Produktion und Transport von Gütern sind nur seine Lieferanten. Er ist es, der sie in Regie nimmt und sich dabei selbst organisiert. Man muß nur die Wechselkurse freigeben; dann balancieren sie sich selbst aus. Den Eindruck, daß sie das langfristig tun, hat erst das mikroelektronische Marktmanagement entstehen lassen. Die Markteuphorie der 1970er Jahre hat ihre technische und mentale Basis in einer Medieneuphorie, die nach vier Jahrzehnten zwar etwas abgeflaut, aber keineswegs erloschen ist. Lag McLuhan mit seiner Vision von der elektronischen Aufhebung von Raum und Zeit denn so falsch? Kommt ihr der Hochfrequenzhandel nicht täglich näher, wenn er die Durchführung der Arbitrage an immer schnellere Computer delegiert und sie weltweit in Millisekunden Preise vergleichen, kaufen und verkaufen läßt?

Vielen ist der Hochfrequenzhandel unheimlich, auch aus den Reihen der Finanzhändler. Doch niemand würde deswegen auf seinen PC verzichten. Das Medium ist zwar nicht die Botschaft; aber jeder PC strahlt die Botschaft seiner Unverzichtbarkeit aus. Und jeder PC-Nutzer bestätigt diese Botschaft durch die Tat; er hat teil an der Technologie des Marktfundamentalismus, des *jobless growth*, der Erhöhung des Arbeitsmarktdrucks, der Vereinzelung der User, der Schwächung von Gewerkschaften und sozialen Widerstandsgruppen. Die mikroelektronische Revolution ist doppelt codiert. Zum einen hat sie eine epochale Zäsur gesetzt wie zuvor nur die Münze; zum andern führt sie lediglich mit etwas anderen Mitteln fort, was bereits seit einigen Jahrhunderten besteht: das kapitalistische Geldsystem. Deshalb ist sie so grundstürzend und unscheinbar zugleich. Sie ermöglicht zwar neue Formen massenmedialer Spektakel, aber sie selbst verläuft nicht spektakulär. Sie bedarf keiner Massenaufläufe, keiner Militäraktionen, keiner Absetzung von Autokraten, keiner Proklamation neuer Verfassungen. Sie vollzieht sich vergleichsweise geräuschlos dezentral und global an allen nationalen Verfassungen vorbei; sie verringert, verkleinert, verlagert Produktionsstätten, wenn sie sie nicht gar ganz in Heimarbeitsplätze auflöst; desto mehr vergrößert sie den Finanzsektor, die Zahl der Arbeitslosen und Migrantenströme und schafft Fakten, mit denen sich dann nationale Parlamente, Regierungen und Gerichte befassen.

Das war ja gerade der Trumpf des Marktfundamentalismus. Kein Staat bringt mehr fertig, was internationale computergestützte Arbitrage ohne jede Staatshilfe leistet: den globalen Ausgleich flexibler Wechselkurse. Hier von einer «neoliberalen Revolution», «einer politischen Entmachtung der Massendemokratie» zugunsten «eines dauerhaften Primats des Markts über die Politik» zu sprechen ist völlig berechtigt, wenn man die Tiefenwirkung der Mikroelektronik dabei stets mitdenkt und den «bemerkenswert schwachen Widerstand» gegen diesen Umschwung nicht bloß auf «hohe Sockelarbeitslosigkeit», die «Verwandlung von Zuteilungs- in Kundenmärkte und die sich entfaltenden Künste des Marketing»[21] zurückführt, als wäre da lediglich eine einigermaßen arg- und hilflose Bevölkerung von einer raffinierten Machtclique im Handstreich übertölpelt worden. Ihren unerhörten Erfolg dankt die neoliberale Revolution der Tatsache, daß sie in doppeltem Sinn *Kampagne* war: zum einen ein Feldzug international agierender Konzerne und Banken gegen die eigenen Völker unter tätiger Mithilfe der nationalen Regierungen; zum andern eine Werbe- und Verlockungsaktion ohnegleichen: die Eröffnung eines neuen medialen Verfügungs- und Spielraums für alle sozialen Schichten und Altersklassen.

21 Streeck 2013, 84, 96 und 58

 Je weniger die einzelnen in diesem Raum wirklich zu melden haben, desto mehr spielen sie darin. Das Herumspielen an PCs und Smartphones nimmt einen drastisch wachsenden Teil der Tagesaktivitäten ein. Das Mantra der Hundebesitzer «Der tut nichts, der will nur spielen» trifft auf Zeitgenossen, die an ihren Displays hängen, weit öfter zu als auf Hunde. Die geradezu betörende Anziehungskraft, die von der Mikroelektronik ausgeht, erfaßt besonders intensiv diejenigen, die sich in das mikroelektronisch beschleunigte neoliberale Arbeitsleben nicht wunschgemäß einfügen können. Gerade sie sind besonders anfällig für die Verheißungen der Datenwelt. Der Marktfundamentalismus reicht viel weiter als der Aktionsradius seiner ausdrücklichen Befürworter und Nutznießer; er hat in der allgemeinen Akzeptanz der Mikroelektronik einen gesamtgesellschaftlichen Resonanzboden.[22]

22 Marx sah in «der Industrie das aufgeschlagne Buch der menschlichen Wesenskräfte» (Marx 1974 [1844], 542) und meinte damit: Maschinen sind eigentlich segensreiche Hilfsmittel zur Verringerung der täglichen Mühsal, zur Erhöhung der Produktivität und des allgemeinen Lebensstandards; nur dienen sie im kapitalistischen System der Gewinnmaximierung einiger weniger. Deshalb steht hier alles kopf. Die Arbeiter sind «lebendige Anhängsel» (Marx 1979 [^{2}1872], 445) der Maschinerie, statt sie als freie Menschen zu Zwecken allgemeinen Wohlstands und Wohlbefindens zu lenken. Nach der Revolution, wenn sie die «Expropriateurs [...] expropriiert» (Marx 1979 [^{2}1872], 791) hätten, würden «die assoziierten Produzenten» allerdings «ihren Stoffwechsel mit der Natur rationell regeln, unter ihre gemeinschaftliche Kontrolle bringen, statt von ihm als von einer blinden Macht beherrscht zu werden; ihn mit dem geringsten Kraftaufwand und unter [...] würdigsten und adäquatesten Bedingungen vollziehn» (Marx 1977 [1894], 828). Das heißt, sie würden lernen, schnaufende und fauchende Großgeräte mit ähnlicher Souveränität zu handhaben wie Handwerker und Bauern Hammer und Sichel. Doch Maschinen werden nicht wieder zu Werkzeugen. Sie sind Automaten. Sie bewegen sich immer wieder nach einer Regel, die Menschen zwar ausgeheckt haben, der sie aber selber folgen müssen, wann immer ihnen die Maschine nutzbar sein soll. Zwar eröffnen Maschinen gewisse Nutzungsfreiräume. Softwareentwickler und Medienkünstler können anders mit Computern umgehen als Sachbearbeiter. Aber Maschinen behalten stets einen Eigensinn und gewinnen auch unter günstigsten gesellschaftlichen Bedingungen nicht die Gefügigkeit von Hammer und Sichel zurück. Sie gehen zwar nicht darin auf, den Zwecken zu dienen, zu denen sie ursprünglich gebaut wurden. Aber die ursprünglichen Zwecke haften ihnen wie Muttermale an. Computer können noch so intelligent werden; ihre Intelligenz wird immer eine des Rechnens sein, denn dazu sind sie erfunden worden, nie eine der Mimesis oder der Empathie. Die Mikroelektronik wird immer ein Gefälle zum Neoliberalismus behalten, selbst wenn sie einmal – wonach es gegenwärtig nicht aussieht – weit über ihn hinauswachsen sollte.

Laissez faire

Es war Ende des siebzehnten Jahrhunderts, als Jean-Baptiste Colbert, der Finanzminister Ludwigs XIV. und Begründer des französischen Merkantilismus, den reichen Kaufmann Legendre gefragt haben soll: «Was sollen wir tun, um Ihnen zu helfen?» «Nous laissez faire (Lassen Sie uns machen)», war die berühmte Antwort.[23] Sie wurde zur Devise des Marktliberalismus. Heute ist sie das Credo des Marktfundamentalismus. Daß sein Fundament schon brüchig war, als es gelegt wurde, nicht erst im zwanzigsten Jahrhundert, als er sich mit neuem Elan darauf versteifte: das macht ihn in eminentem Maße fundamentalistisch. Denn die scheinbar so prägnante Formel «Laissez faire» läßt ja das Entscheidende offen: Soll der Staat den Handel einfach bloß sich selbst überlassen oder ihm erst einmal Rahmenbedingungen verschaffen, unter denen er sich dann wunschgemäß entfalten kann? Letzteres läuft auf aktive staatliche Wirtschaftsförderung hinaus, und in der Tat hätte sich das neuzeitliche Handelsnetz ohne große Aufträge und Anleihen absolutistischer Herrscher bei Großkaufleuten überhaupt nicht bilden können.[24] Die Herrscher hatten zwar weit weniger «die Wirtschaft» im Blick als ihren eigenen Glanz und Ruhm. Um seinetwillen betrieben oder verpfändeten sie Bergwerke, bestellten sie Feuerwaffen, ließen sie Edelmetalle, Gewürze und Stoffe aus ihren Kolonien (die ja zunächst einmal Eigentum der Krone waren) auf den europäischen Markt schaffen und unglaublich verschwenderische Feste zur Beweihräucherung ihrer selbst und ihrer Höflinge veranstalten. Sie verschuldeten sich dabei bis zum Staatsbankrott, aber gerade dadurch förderten sie eine neue Wirtschaftsweise und öffneten dem Handel nie gekannte Freiräume.

«Private Laster, öffentliche Vorteile» heißt die berühmte Formel dafür. Ihr Erfinder, Bernard Mandeville, rechnete zum Laster allerdings auch noch die Armut als unerläßlich hinzu und sorgte sich um ihren Bestand. «Das Gefüge der Gesellschaft hat Schaden gelitten, und die Hauptmasse der Nation, die überall aus arbeitenden Armen, die nichts kennen als ihre Arbeit, zu bestehen hat, ist gegen die an-

23 Keynes 2011, 27

24 Siehe oben, S. 230 ff.

 dere zu klein.»[25] Dadurch werden die «öffentlichen Vorteile» gefährdet. Mandeville war ein Vorläufer der politischen Ökonomie; aber von deren offiziellen Begründern hat keiner so offen wie er die Unabdingbarkeit von Armut und Laster für das Geldsystem ausgesprochen. Dabei ist «Private Laster, öffentliche Vorteile» durchaus eine Ausgleichsformel, nur eben eine antagonistische. So wie Heraklit sich einst das Seiende als ein Zusammenwirken von Gegensätzlichem, «Tag Nacht, Winter Sommer, Krieg Frieden, Sattheit Hunger»[26] erklärte, so denkt sich Mandeville die Gesellschaft. Bestand gewinnt sie seiner Ansicht nach nicht durch die Einigkeit ihrer Mitglieder, sondern dadurch, daß Laster und Armut öffentliche Vorteile hervorbringen und öffentliche Vorteile wiederum Laster und Armut, die für weitere öffentliche Vorteile sorgen. Dieses Wechselspiel allerdings soll *der Staat* gewährleisten, und dazu muß er es zurechtrücken, wann immer es in Schieflage gerät.

Daß es sich aus eigener Kraft ausgleicht und reguliert, wenn man es nur läßt: diesen Glauben hat erst eine Generation später David Hume programmatisch artikuliert.[27] Wenn Gold international als Geld schlechthin anerkannt würde, könnten Waren und Geld ungehindert über alle Staatsgrenzen hinweg fließen und sich von selbst gleichmäßig unter die handeltreibenden Nationen verteilen; der Markt begänne sich von selbst zu regulieren. Auch das war ein Modell sozialen Ausgleichs, aber kein antagonistisches wie bei Mandeville, sondern ein harmonisches. Es denkt den Markt kaum anders als das Black-Scholes-Modell: als ein Medium, worin Waren und Geld sich ähnlich gleichmäßig verteilen wie Partikel in einer Flüssigkeit – wenn man es ihnen nur gestattet. Dann balancieren sich soziale und ökonomische Ungleichgewichte zugunsten eines gesamtgesellschaftlichen Einvernehmens von selbst aus.

Alle Vorstellungen eines sich selbst regulierenden Markts, die seither umgingen, fußen auf Humes Modell. Armut, Elend, soziale Spannungen und Verwerfungen firmieren lediglich als unvermeidliche Kinderkrankheiten, Durststrecken und Stimuli auf dem Weg zum harmonischen Ausgleich, der, wenn er nur beharrlich genug beschritten wird, unweigerlich ans Ziel führt. Humes Freund Adam

25 Mandeville 1980, 133 und 333
26 Heraklit 1976, 23
27 Siehe oben, S. 285 ff.

Smith hat diesem Ausgleichsmodell den berühmten metaphysischen I-Punkt aufgesetzt. Wer «es vorzieht, die nationale Wirtschaft anstatt die ausländische zu unterstützen, denkt [...] eigentlich nur an die eigene Sicherheit und wenn er dadurch die Erwerbstätigkeit so fördert, daß ihr Ertrag den höchsten Wert erzielen kann, strebt er lediglich nach eigenem Gewinn. Und er wird in diesem wie auch in vielen anderen Fällen von einer unsichtbaren Hand geleitet, um einen Zweck zu fördern, den zu erfüllen er in keiner Weise beabsichtigt hat.»[28]

Seither ist die «unsichtbare Hand» ein geflügeltes Wort. Atheisten denken sie genauso mit wie Gottesfürchtige, wenn sie die Selbstregulierungskräfte des Marktes beschwören. Doch «freie Märkte wären niemals bloß dadurch entstanden, daß man den Dingen ihren Lauf ließ. So wie die Baumwollfabriken – die führende Freihandelsindustrie – mit Hilfe von Schutzzöllen, Exportprämien und indirekten Lohnsubventionen geschaffen wurden, wurde sogar der Grundsatz des *Laissez-faire* selbst vom Staat durchgesetzt.»[29] Das hat Karl Polanyi am Beispiel Englands akribisch nachgewiesen. Freier wurde der Handel stets durch rechtliche Neudefinitionen der Handelssphäre, nicht etwa durch Rückzug des Staates aus einem nunmehr sich selbst überlassenen rechtsfreien Raum. Hier wurde erstmals vorexerziert, was Deregulierung ist. In den 1980er Jahren erlebte sie lediglich ihre mikroelektronische Reprise. Doch schon bei ihrer Premiere in den 1820er Jahren zeigte sich: Deregulierung ist Reregulierung; sie reguliert neu und – komplizierter. Starre Vorschriften in liberalere zu überführen bedeutet unweigerlich, die Grenzen von erlaubt und verboten zu flexibilisieren. Wie eine Fläche, die durch scharf mit dem Lineal gezogene Geraden umgeben ist, sich ungleich leichter berechnen läßt als eine mit locker geschlängelten Grenzlinien, so ist auch ein Verbot, das einen Handlungsraum scharf begrenzt, viel leichter in stichhaltige Gesetzesform übersetzbar als ein durch diverse Klauseln und Konditionen gelockertes. Deregulierung geht nie ohne erhöhte juristische Feinjustierung und zusätzlichen Verwaltungsaufwand – nicht erst im zwanzigsten Jahrhundert.

Als Kostprobe genüge eine kleine Liste staatlicher Maßnahmen, die in England ergriffen wurden, nachdem die erste Euphorie, der

28 Smith, 1978 [1776], 371
29 Polanyi, 1978 [1944], 192 f.

 Freihandel werde in Kürze auch die Lage der Armen deutlich verbessern, in den 1850er Jahren merklich abgeflaut war. «Im Jahre 1860 erfolgte die Ermächtigung zur Anstellung von ‹aus örtlichen Abgaben zu bezahlenden Lebensmittel- und Getränkeprüfern›; dann kam ein Gesetz, das ‹die Inspektion von Gaswerken› vorsah; ein Zusatz zum Bergwerksgesetz ‹machte die Beschäftigung von Knaben strafbar, die unter zwölf Jahre alt waren, keine Schulen besuchten und nicht lesen oder schreiben konnten›. Im Jahre 1861 wurden die ‹Armenrechtsverwalter ermächtigt, die Impfung zu erzwingen›; lokale Aufsichtsbehörden erhielten das Recht, ‹Mietgebühren für Transportmittel festzusetzen›, und ‹[...] Ortsabgaben für Entwässerungs- und Bewässerungsarbeiten sowie für die Wasserversorgung von Vieh einzuheben›. 1862 wurde ein Gesetz verabschiedet, das ‹Kohlenminen mit nur einem Schacht› für ungesetzlich erklärte, sowie ein weiteres, das dem Rat für medizinische Ausbildung das ausschließliche Recht gab, ‹ein amtliches Arzneibuch zu erstellen, dessen Preis vom Schatzamt festzusetzen war›.»[30]

Der Witz an dieser Liste ist, daß Herbert Spencer, der Begründer des Sozialdarwinismus, sie erstellt hat, um zu beweisen, daß in England eine antiliberale Verschwörung umgehe. Dabei handelte es sich lediglich um eine wenig koordinierte Serie von Maßnahmen, die verhindern sollten, daß der Freihandel sich selbst das Wasser abgräbt. Der Gedanke dahinter war: Wenn niemand Kinderarbeit eindämmt, Seuchen vorbeugt, für eine Mindestsicherheit von Arbeitsbedingungen und Mindestqualität von Grundnahrungsmitteln sorgt, dann beraubt sich der Freihandel ebenso seiner Arbeitskräfte wie seiner Kundschaft. Und wenn Industrielle und Kaufleute um kurzfristiger Vorteile willen die Illusion hegen, dies alles regele sich über Angebot und Nachfrage von selbst, dann müssen eben staatliche Stellen die langfristigen Interessen des Freihandels wahrnehmen und ihm den Rahmen verschaffen, der für seine dauerhafte Entfaltung unerläßlich ist, aber nicht von selbst entsteht.

30 Polanyi, 1978 [1944], 202

Derivate

Der Markt hat ohne ständige staatliche Interventionen keinen Bestand; er reguliert sich nicht selbst, auch nicht zu den Konditionen des neuzeitlichen Geldsystems. Das liegt spätestens seit der zweiten Hälfte des neunzehnten Jahrhunderts offen zutage, als überall in den Industrieländern eine Sozialgesetzgebung vordrang, die wenigstens die härtesten Auswirkungen des neuen Systems abzufedern versuchte, und sich Arbeiterparteien formierten, um bessere Arbeitsbedingungen zu erstreiten. Die radikalen Freihandelsapostel vom Schlage Spencers wurden in dieser Zeit kleinlauter, aber sie starben nicht aus. Wie die christliche Kirche dafür, daß die Welt partout nicht besser werden wollte, obwohl doch der Erlöser gekommen war und ganz Europa in seinem Namen Gottesdienst hielt, stets Zweifler, Ungläubige, Ketzer und Heiden verantwortlich zu machen wußte, die nicht aufhörten, die gute Saat des Evangeliums wie Unkraut zu ersticken, so schob auch der gläubige Marktliberalismus alles Ungemach den Ungläubigen zu. Sie hätten die freie Entfaltung des Marktes stets vorzeitig erstickt und hintertrieben, ehe seine segensreichen Wirkungen sich überhaupt geltend machen konnten.

Das war schon im neunzehnten Jahrhundert eine argumentationsresistente Position mit allen Anzeichen geistiger Erstarrung. Um so bemerkenswerter ihr mikroelektronisches Revival, das schlagartig zeigt, welch normierende Kraft der neuen Technologie innewohnt. Sie wirkt wie ein höheres Argument. Auffassungen, die nach allen Regeln der Kunst widerlegt sind, feiern unversehens Wiederauferstehung, wenn sie in der Mikroelektronik eine Stütze finden. So war das mit den flexiblen Wechselkursen. Sie pendelten sich, computergestützt, weit besser ein als erwartet, und schon wurde das freie globale Spiel der Währungen und Preise, vor dem sich mehrere Generationen von Finanzmagnaten und -politikern nicht ganz grundlos gefürchtet hatten, als Generallösung für den Weltmarkt ausgeboten. Er werde sich von selbst regeln, wenn man ihn nur lasse.

Die Mikroelektronik kümmert sich nicht um Geschichte. Aber sie setzt Altes neu frei, wenn es auf ihrer Linie liegt – als wäre es jetzt überhaupt erst entstanden. War die Eröffnung des International Money Market in Chicago nicht ein epochaler Schritt in finanzökonomisches Neuland: weg vom Handel mit Naturalien und hin zu

 Finanzprodukten wie Futures, Options, Swaps und Warrants, von denen bis anhin nicht einmal die Namen bekannt waren? So muß sich das jedem darstellen, der nicht weiß, wie die Börse ein halbes Jahrtausend zuvor in den Hafenstädten Brügge und Antwerpen angefangen hat. Dort waren es zunächst «Finanzprodukte», nämlich indossierte Wechsel, mit denen sich «die Lombarden», will sagen die ausländischen, vorwiegend italienischen Kaufleute, untereinander aushalfen, um im Geschäft mit den großen Schiffsladungen zahlungsfähig zu bleiben. Die ersten Börsenpapiere repräsentierten Geldbeträge, nicht Naturalien. Erst in der zweiten Börsenphase, in Amsterdam, wo erstmals eine Ost- und eine Westindische Kompanie entstanden, zeigte sich, daß man genauso wie mit Wechseln auch mit Anteilsscheinen an Überseeunternehmungen handeln konnte: mit Aktien an Schiffsladungen. Diese Naturalienaktien sind nach dem Vorbild des Wechsels konzipiert. Mit andern Worten: Sie sind seine Derivate.

Es ist also einigermaßen geschichtsvergessen, den International Money Market für die Erfindungsstätte der Derivate zu halten. Erfunden wurde dort nur ein Sondersortiment von ihnen: bestimmte aus Papiergeld abgeleitete Schuld- oder Anrechtsscheine (oder ihre digitalen Notierungen), in denen Geldmengen auf eine neue Weise gebündelt und dargestellt sind. Das war nicht etwa der Anfang der Derivate; es war ihr Eintritt in ihre vorerst späteste Phase. Denn was ist eigentlich Papiergeld? Ein Derivat von Münzen. Und Münzen sind profane Derivate von sakralen Metallopfern, wie Metallopfer wiederum Derivate von lebendigen Opfergaben. Und selbst die Tiere, die die Menschheit seit dem Neolithikum zu opfern gelernt hat, sind noch Derivate; sie lösten die rituelle Schlachtung von eigenen Stammesgenossen ab. Nur das Urgeld, das Menschenopfer, war kein Derivat. Aber weil seine Zahlung nicht auszuhalten war, drängte die werdende Menschheit zu andern Geld- und Zahlungsformen. Die Geschichte des Geldes, so darf man ohne Übertreibung sagen, ist eine Geschichte von Derivaten.

Unversehens ruft das Wort «Derivat» gerade dasjenige wieder hervor, wovon es sich absetzen will: die lange Vorzeit der modernen Geldformen. Geldderivate haben als Substitute begonnen. Sie wollten das, wovon sie sich herleiten, ersetzen – und vergessen machen. Das Tieropfer sollte die Erinnerung ans Menschenopfer löschen, das Metallopfer die Erinnerung an die Zusammengehörigkeit von Opfern und Blutvergießen, die profane Münze die Erinnerung an das sakrale Metallopfer. Und selbst beim Papiergeld ist die Tendenz nicht prinzipiell anders. Es hat als Gehilfe der Münze begonnen, um sich schließlich an ihre Stelle zu setzen. Ob es die Münze vollständig in Vergessenheit bringen wird, muß seine weitere Entwicklung im Digitalzeitalter zeigen. Jetzt schon aber hat es die Erinnerung daran, warum Edelmetalle jahrtausendelang als Geldmaterie so geeignet erschienen, stark getrübt. Mit dem Ende des Goldstandards verliert sich auch die letzte Schicht von dessen astralästhetischem Empfindungsboden. Statt dessen nimmt jene flache Geldtheorie überhand, die die Tatsache, daß bedrucktes Papier oder Pixel Geld sein können, als Beweis dafür erachtet, daß nahezu jedes beliebige Material als Geldmaterie herhalten kann, und folgert: Geld ist das, was zu Geld erklärt wird – und seine stoffliche Beschaffenheit eigentlich egal.

Hier verallgemeinert ein geschichtsblinder Nominalismus seine beschränkten Erfahrungen mit Papier- und Digitalgeld zu einer Pauschalaussage über Geld an sich. Er hat keine Ahnung von der Derivatelogik des Geldes, fügt sich ihrem Spätstadium aber durchaus gedankenlos ein. Jedes Gelddderivat hat sich nämlich nur im Zeichen größerer Einfachheit gegen seinen Vorgänger durchsetzen können. Es war einfacher, Tiere statt Menschen rituell zu schlachten, will sagen, leichter erträglich. Es war einfacher, wiederverwendbares Metall darzubringen statt jedesmal von neuem tierische Einweggaben. Es war einfacher, die eigene Gefolgschaft mit Edelmetallscheibchen abzuspeisen, statt für ihren Lebensunterhalt aus dem eigenen Beuteaufkommen zu sorgen. Es war einfacher, Papiergeld zu transportieren und aufzubewahren als Münzen. Es ist einfacher, große Summen nur noch digital zu notieren und lediglich kleinere als Geldscheine auszudrucken. Jede neue Geldform war weniger beschwerlich, besser handhabbar, «rationaler» als ihre Vorläufer. Nur deswegen vermochte sie sie «wegzurationalisieren»: sich an ihre Stelle zu setzen und sie ins Vergessen zu tauchen. Maximale Einfachheit, Klarheit, Transparenz ausstrahlen und dabei gerade die eigene Herkunft verdunkeln; nie als Derivat daherkommen, sondern stets als die Sache selbst, als die eigentliche Geldform, zu der sich die vorangegangenen nur als Vorformen verhalten: das ist seit dem Tieropfer die Rationalisierungslogik in der Abfolge der Derivate gewesen.

Bis sich mit der Eröffnung des International Money Market diese Logik umkehrte. Die neuen Finanzprodukte sind die ersten, die ausdrücklich Derivate heißen. Sie bekennen sich nachgerade zu ihrer Herkunft aus der papierenen Dollarwährung. Hingegen sind sie ganz und gar nicht darauf aus, Einfachheit auszustrahlen. Es sind kompliziert geschnürte Pakete von Geldmengen, deren Zusammensetzung nur Insidern durchsichtig ist. Sie verdunkeln nicht ihre Herkunft, sondern ihren Inhalt. Die Futures, Options, Swaps etc. treten einerseits, ohne daß ihre Erfinder das wissen, in eine lange Derivatgeschichte ein. Andrerseits setzen sie diese Geschichte nicht geradlinig fort. Derivate, die von vornherein auf Undurchsichtigkeit angelegt sind, um die Laien den Experten auszuliefern und letzteren eine Schlüsselrolle im Börsen- und Finanzmarktgeschäft zu sichern, verhalten sich anders als etwa Papiergeld zu Münzen. Sie kommen als neue Währung erst gar nicht in Betracht. Mehr als kompliziert geschnürte Pakete und schräge Verschnitte bestehender Währungen, die sich morgen schon anders schnüren oder zurechtschneiden lassen, können sie nicht werden. Und damit nähern sie sich wieder dem alten Wechsel an, der je nach Bedarf auf eine bestimmte Summe in einer bestimmten Währung an einen bestimmten Adressaten ausgestellt sein konnte und, wenn er indossiert war, zwar *wie* Geld umlaufen konnte, aber letztlich doch in Geld einzulösen war.

Es ist wie einst bei der Münze. Erst im «zweiten Anlauf» durchdrang sie die gesamte Sphäre des Handels und der Produktion. Nun zeigt sich so etwas wie ein «zweiter Start» der Börse. Noch einmal hat sie, wie schon in Brügge und Antwerpen, mit Finanztiteln angefangen. Damals brauchte sie Jahrzehnte, bis sie auf den Gebrauchsgütermarkt übergriff und ihn in ihre Dynamik hineinzog. Seit 1972 vollzieht sie diesen Prozeß noch einmal im Zeitraffer. Mit mikroelektronischer Sogkraft hat sie ihren zweiten welthistorischen, nunmehr wirklich globalen Durchgang angetreten. Das blitzschnelle Kaufen und Verkaufen von Finanztiteln hat eine atemberaubende Eigendynamik mit kaum mehr vorstellbarer Hochgeschwindigkeit angenommen. Aber gerade die läßt Produktionssphäre und Gebrauchsgütermarkt nicht unberührt, sondern reißt sie – wie ein Fahrtwind die Passanten – in sich hinein. Und wie schon damals die aufs Wechselgeschäft Spezialisierten sich um die Warenstapel im Hafen nicht kümmern mußten, die ihrer ganzen Geschäftemacherei zugrunde lagen, und indirekt doch erheblichen Einfluß darauf nahmen, zu welchen Konditionen diese Stapel die Eigentümer wechselten, so können die heutigen Derivatspezialisten getrost vom Gebrauchsgütermarkt absehen, solange er nicht aufhört, ihnen Lebensmittel zu liefern, und dennoch gewiß sein, daß ihr Tun Auswirkungen auf seine Preise hat. Er ist zwar die materielle Grundlage aller Derivate – ohne Gebrauchsgüter verhungern auch Finanzhaie –, aber er befindet sich gleichwohl im Kraftfeld des Finanzmarkts. Dessen Preisbewegungen sind der Strudel aller Weltmarktpreise. Und gerissene Finanzjongleure handeln ohnehin mit beidem: mit Gebrauchsgütertiteln ebenso wie mit Finanztiteln – je nachdem, wo mehr zu holen ist.

Fast möchte man wünschen, der Finanzmarkt hätte sich tatsächlich vom Gebrauchsgütermarkt abgekoppelt. Dann wäre er bloß ein globales Casino, worin eine Schar Besessener und Gieriger riesige Summen gewinnt oder verspielt, aber für den Rest der Welt ohne Belang. Daß dem nicht so ist, liegt auf der Hand. Dennoch gibt es in der Fachökonomie Abkoppelungstheoretiker. Sie sagen: Wenn «die den realen Außenhandel begleitenden Währungsumtäusche eine marginale Bedeutung im Vergleich zu Devisentransaktionen haben, die [...] durch rein finanzwirtschaftliche Motive begründet sind», dann sei tatsächlich der Punkt erreicht, wo «sich der Finanzsektor von der Realwirtschaft abgekoppelt» habe. Die Vertreter der Finanzmärkte entgegnen, daß «die hohen Umsätze für enorme Liquidität sorgen und somit die Verarbeitung aller für Währungen relevanten Informationen [...] ermöglichen. Indem also die Wechselkurse die Fundamentalsituation von Volkswirtschaften widerspiegeln und nicht allein Handelsströme, ist zum einen ihr Informationsgehalt umfassender und zum zweiten – wegen verschiedener Verzögerungen im Außenhandel – ihr Aktualitätswert größer. In diesem Sinne ermöglicht erst die scheinbare Abkoppelung eine überlegene Preisbildung.»[31]

Die Abkopplungstheorie meint es gut und hat den Widerwillen einer großen Bevölkerungsmehrheit gegen das skrupellose Gebaren von Finanzhaien auf ihrer Seite. Doch argumentativ sitzt sie am kürzeren Hebel. Sie bezichtigt den Finanzsektor, durch übermäßige Expansion die Gesamtwirtschaft aus dem Lot gebracht zu haben – als ob es einmal eine Zeit gegeben hätte, wo die Verhältnisse noch im Lot waren, wo der Finanzsektor hübsch an der Leine der Realwirtschaft lag und Banken vornehmlich im Sinn hatten, ihr Geld in einträgliche Unternehmen zu stecken, die ihrerseits in erster Linie darauf bedacht waren, Menschen in Lohn und Brot zu bringen und das Gesamtwohl

31 Menkhoff/Tolksdorf 1999, 11 f.

 ihres Landes zu fördern. Diese Zeit gab es nie. Nicht einmal Adam Smith unterstellt sie. Für ihn ist es ja gerade das rücksichtslose Gewinnstreben der einzelnen Wirtschaftssubjekte, das durch eine unsichtbare Hand zum größten Wohl aller gelenkt wird. Und daß rücksichtslose, um jegliche Realwirtschaft unbekümmerte Expansion geradezu das strukturelle Muttermal des Finanzmarkts ist, zeigte sich bereits an der Antwerpener Börse.[32]

Eine Kritik am Finanzmarkt, die von dessen Ursprüngen nichts mehr weiß und sich nur noch im Horizont des Abkoppelungstheorems zu artikulieren vermag, macht ihren Gegnern leichtes Spiel. Abkopplung? Es geschieht doch das Gegenteil: Der Finanzmarkt umgreift die Realwirtschaft. Die «Fundamentalsituation von Volkswirtschaften» bildet sich in Wechselkursen ab. *Sie* zeigen an, wie lukrativ Investitionen in Produktion und Handel sind. Das stimmt leider. Schon die «reinen» Finanzprodukte, mit denen der International Money Market eröffnete, waren nie aseptisch rein. Sie stellten zwar nur noch Geld dar, nicht mehr Waren, aber dieses Geld ist auch für Finanzspekulanten nur so lange interessant, wie es einer gültigen Währung angehört, allgemein anerkanntes Äquivalent für Gebrauchsgüter bleibt, für das man Brötchen, Anzüge, Autos, Luxusvillen erwerben kann. Auch die kompliziertesten Geldderivate bleiben, wie Geld selbst, realwirtschaftlich infiziert. Nur wird immer undurchsichtiger, wie sie mit Produktion, Handel und Konsum zusammenhängen. Wer Aktien einer Firma hält, kann deren Wirtschaftsleistung anhand ihrer Bilanzen vielleicht noch einigermaßen ermessen. Wer Futures auf einen Aktienindex abschließt, in dem die Bewertung von dreißig oder fünfzig Firmen zu einer Durchschnittszahl zusammengezogen wird, kann die Einschätzungen, Erwartungen, Befürchtungen, die sich in dieser Zahl neutralisieren, beim besten Willen nicht mehr rekonstruieren, und er muß es auch nicht. Die Zahl, zu der ein ganzes Kräfteparallelogramm von Arbeitsleistungen und ihren Marktbewertungen sich verflüchtigt hat, genügt vollauf. Was sich hinter dieser Art von Zahlen verbirgt, kann man getrost ignorieren – und gleichwohl erfolgreich mit ihnen jonglieren. Nur folgt daraus nicht, daß das Geldgeschäft von der Realwirtschaft abgekoppelt ist.

32 Siehe oben, S. 228 f.

In den Zahlen, die in Gestalt von Futures, Options und ihren Ablegern daherkommen, sind stets umfassende realwirtschaftliche Prozesse «aufgehoben», und zwar im Hegelschen Doppelsinn:[33] Sie sind darin enthalten – und verschwunden. Gewöhnlich bleiben sie verschwunden. Gelegentlich aber geschieht etwas Ungewöhnliches. Es kann recht unscheinbar anfangen. Etwa so:[34] Die Pleite der Kölner Herstatt-Bank im Jahr 1974 hatte zu internationalen Bestrebungen geführt, Banken strengere Regeln der Kreditvergabe aufzuerlegen: gründlichere Prüfung der Glaubwürdigkeit der Kreditnehmer, Kreditobergrenzen und, vor allem, die Erhöhung des Anteils an Eigenkapital, mit dem inskünftig all ihre Kreditgeschäfte zu unterfüttern seien. 1988 legte die Bank für internationalen Zahlungsausgleich (BIZ) mit Sitz in Basel, die man auch Notenbank der Notenbanken nennt, das Eigenkapitalminimum auf acht Prozent fest. Das ist zwar immer noch verschwindend wenig, aber immerhin gut das Doppelte des vorher üblichen Eigenanteils. Die BIZ erließ dazu verbindliche Regeln, die im Fachjargon «Basel I» heißen und durchaus als ein Fortschritt in der internationalen Bankenregulierung gelten dürfen. Nur wo steht geschrieben, so fragten sich die betroffenen Bankiers, daß alle Kredite, die eine Bank vergibt, auch in ihren Bilanzen auftauchen müssen? Es stand nirgends geschrieben. Konnte man solche Kredite nicht auch Dritten in Obhut geben? Aber ja. Banken durften ganz legal eigene Firmen gründen, die genau diese «Obhut» übernahmen und dabei etwas taten, was den Banken selbst verboten war: besagte Kredite in «besicherte Wertpapiere» zu verwandeln und auf den Geldmarkt zu schleusen. Zunächst stand hinter diesen Wertpapieren lediglich die schriftliche Zusicherung des Kreditnehmers, seine Schuld zurückzuzahlen. Aber wenn allgemein anerkannte Experten, nämlich Ratingagenturen, finanzmathematisch errechneten,

33 «*Aufheben* hat in der Sprache den gedoppelten Sinn, daß es soviel als aufbewahren, *erhalten* bedeutet und zugleich soviel als aufhören lassen, *ein Ende machen*. [...] So ist das Aufgehobene ein zugleich Aufbewahrtes, das nur seine Unmittelbarkeit verloren hat, aber darum nicht vernichtet ist.» Hegel, 1970 [1834], 114

34 Die Darstellung der folgenden Krisengeschichte orientiert sich an Münchau 2008, einer höchst erhellenden Zusammenfassung.

 daß auf diese Zusicherung Verlaß sei, dann bekamen die Wertpapiere das Gütesiegel «sicher», und mit diesem Vorschußlorbeer wurden sie, ohne irgendeine Bewährungsprobe abgelegt zu haben, auf dem Markt eingeführt.

Eigentlich gingen hier wieder nur zwei altbekannte Finanzinstrumente eine neue Allianz ein: Kredit und Wechsel. Kredite vergeben Banken seit ihren mittelalterlichen Anfängen, und zwar verliehen sie schon damals zum weitaus größeren Teil Geld, das ihnen nicht gehörte, sondern nur zur Verwahrung anvertraut war. Und für das verliehene Geld hielten sie nichts in Händen als Schuldscheine, auf denen der Betrag und die Rückzahlungsmodalitäten verzeichnet waren. Auch Wechsel waren Schuldscheine, auf denen ein Betrag und die Auszahlungsmodalitäten standen, und in der unreglementierten Frühzeit der Geldgeschäfte konnten Kreditpapiere durchaus als indossierte Wechsel umlaufen. Nun kam es zu einer spezifischen Wiederbelebung dieser Praktik mit mikroelektronischer Technik, zu den Konditionen der neuen Finanzmärkte und in der besonderen konjunkturellen Lage der USA zu Beginn des neuen Jahrtausends.

Das ergab ein hochexplosives Gemisch. Die Inflation war zu dieser Zeit extrem niedrig. Die FED senkte die Zinsen noch unter das Niveau der Inflationsrate. Sparen lohnte sich kaum noch. Um so attraktiver wurde Geldaufnahme; sie kostete kaum mehr Zinsen. Das war die Stunde der neuen Bankenstrategie: reichlich Kredite vergeben, weit über die von «Basel I» vorgesehene Obergrenze hinaus; diese Kredite in den eigenen Bilanzen nicht verzeichnen; sie durch eigene Unterfirmen in «besicherte Wertpapiere» verwandeln lassen (vornehmlich sogenannte Asset-Backed Securities [ABS] oder Mortgage-Backed Securities [MBS]) und auf dem Wertpapiermarkt verkaufen; das Geld dafür einstreichen und dem Käufer die Sorge überlassen, ob der Kredit auch vereinbarungsgemäß bedient wird (beziehungsweise den Schuldner dem Zahlungsreglement von Gläubigern unterwerfen, mit denen er nie eine Kreditvereinbarung geschlossen hat). Und es war die Stunde für einen neuen amerikanischen Traum. Einst hatten Ford und General Motors jedem sein eigenes Auto versprochen und in großen Städten wie Los Angeles die Zerschlagung des öffentlichen Verkehrssystems durchgesetzt. Nun lautete die Parole «Jedem sein Eigenheim».

Kreditangebote gab es genug. Prompt stiegen die Immobilienpreise – in den Jahren 2000 bis 2006 etwa um 170 Prozent. Damit, so sollte man meinen, rückte das Eigenheim für kleine Leute sogleich wieder in unerreichbare Ferne. Aber das Gegenteil trat ein. Wenn die Immobilienpreise konstant stiegen, dann stieg ja auch der Preis jeder schon gekauften Immobilie. Der Käufer wurde ständig «reicher». Und wenn er seinen Kredit- oder Hypothekenvertrag in einen günstigeren umwandelte, der seinem gewachsenen «Reichtum» entsprach, und dann den günstigeren in einen noch günstigeren und auch den wieder in einen günstigeren: Konnte er dann nicht in relativ kurzer Zeit durch eine Folge von Umfinanzierungen seine Schulden loswerden – allein dadurch, daß der Preis seiner Immobilie stieg? So wurde es den Eigenheimkandidaten vorgerechnet. Und die Banken gingen dazu über, Kredite, die sie für Immobilienkauf gewährten, als per se sicher zu erachten, denn die Immobilienpreise stiegen ja. Also wurden die Einkommensverhältnisse der Kreditaspiranten immer unsorgfältiger geprüft und schließlich massenweise sogenannte Subprime-Kredite vergeben, also an Leute, von denen vorab klar war, daß sie in absehbarer Zeit zur Rückzahlung aus eigener Kraft nicht in der Lage sein würden – alles auf die Rechnung steigender Immobilienpreise.

Auf diese Weise gelangte eine Unmenge «besicherter Wertpapiere» auf den Finanzmarkt, die durch nichts gedeckt waren als die Sicherheit, daß die Immobilienpreise steigen – Papiere, mit denen gar nicht so sehr die risikofreudigen Institute wie Hedgefonds handelten, sondern vor allem staatsnahe Banken und Sparkassen in Deutschland, Irland, Island etc.; denn Immobilien waren ja eine sichere Sache. Es herrschte eine Glaubensbereitschaft wie zur Zeit der holländischen Tulpenmanie. Egal, mit welchen Mitteln man Tulpen kauft, es kann nur richtig sein, denn aufs Steigen der Tulpenpreise ist Verlaß. So hieß es damals. Und nun: Aufs Steigen der Immobilienpreise ist Verlaß; darauf läßt sich bedenkenlos bauen. Die großen Ratingagenturen halfen mit und gaben Wertpapieren, hinter denen nichts stand als ungeprüfte Rückzahlungsversprechen, ihre Gütesiegel.

Niemand überblickte, welche Mengen amerikanischer Immobilienkredite, verwandelt in besicherte Wertpapiere, auf den internationalen Finanzmarkt gelangt waren. Niemand erfaßte, in welchem Maße Banken und Sparkassen, bei denen große Unternehmen Kredite aufgenommen hatten und viele kleine Kunden Giro- und Sparkonten hielten, in den Handel mit diesen Papieren eingestiegen waren. In aller Stille hatte sich, um «Basel I» zu umgehen, ein regelrechter Durchbruch vom Bankensektor zum freien Finanzmarkt vollzogen, oder umgekehrt gesagt: Der Finanzmarkt hatte seine volle Sogkraft auf den Bankensektor entfaltet. Heraus kam das alles erst, als die Immobilienpreise fielen. Über Nacht saßen Zehntausende von Immobilienkäufern in der Klemme. Sie konnten ihre Kredite nicht mehr bedienen; ebensowenig aber wurden sie ihre Immobilien wieder los. Und wer immer diese Kredite gewährt oder gekauft hatte, saß ebenfalls in der Klemme; er verfügte über Papiere, deren Einlösung nicht mehr zu erwarten war.

Anfangs schien nur der amerikanische Immobilienmarkt betroffen. Die beiden großen Baufinanzierungsinstitute Fannie Mae und Freddie Mac saßen im September 2008 «auf Wertpapieren und Krediten im Wert von 5000 Milliarden Dollar, knapp der Hälfte des jährlichen Bruttosozialprodukts der USA. Ein unbestimmter Teil dieser Summe war durch die Immobilienkrise akut gefährdet.» Da «entschied die US-Regierung, die Hypothekenfirmen offiziell unter staatliche Obhut zu stellen», und «versprach eine Finanzspritze von insgesamt 200 Milliarden Dollar».[35] Wenige Tage später griff sie mit 85 Milliarden ein, als bei der American International Group, der größten amerikanischen Versicherung, der Aktienkurs um dreißig Prozent einbrach, während sie Lehman Brothers, eine der großen Investmentbanken, deren Kurs zeitgleich ähnlich tief stürzte, pleite gehen ließ. Indessen arbeitete der US-Finanzminister Hank Paulson, vormals Chef von JP Morgan, schon an einem 700 Milliarden Dollar schweren staatlichen Rettungsprogramm für den gesamten Bankensektor. Es wurde über Stock und Stein, gegen heftigen Widerstand und mit erheblichen Korrekturen, durchs Parlament gepaukt. «Während eines kritischen Momentes in den Verhandlungen [...] fiel Hank Paulson vor der demokratischen Führerin im US-Kongress auf die Knie und flehte sie an, den Plan nicht zu blockieren.»

Ob mit Kniefall oder ohne: Gefleht wurde reichlich in jenem September und Oktober 2008, als die Ereignisse sich überstürzten – nicht nur in den USA. Wenige Tage später erreichte die Krise Europa. Die niederländisch-belgische Bank Fortis, die Münchner Hypo Real Estate samt ihrer irischen Tochtergesellschaft Depfa, die belgisch-französische Dexia meldeten akute Liquiditätsausfälle, und «besicherte Wertpapiere», die niemand mehr kaufen oder einlösen wollte, lagen

35 Münchau, 2008, 44 f.; weitere Zitate: 53, 66 f., 68

auch reichlich bei den Banken, die sich vorerst noch halten konnten. Auch sie waren von Illiquidität bedroht, weswegen sie einander kein Geld mehr liehen – und sich gerade dadurch wechselseitig illiquide zu machen drohten. Vor ein paar Tagen noch waren die Milliarden nur so hin und her geflossen. Nun trocknete fast über Nacht der Geldfluß aus, der gesamte Bankensektor stand vor der Lähmung, und es gab nur noch eine Instanz, die helfen konnte: der Staat.

Im Falle Europas war das eine Staatengemeinschaft mit divergierenden nationalen Interessen. Deren Regierungschefs rauften sich in wenigen Tagen und Nächten widerwillig zusammen. Am 11. Oktober beschlossen sie einen Rahmen, innerhalb dessen ihre nationalen Bankenrettungspläne umgesetzt werden sollten. «Erstens würde man eine zeitlich begrenzte, aber volle Garantie bieten für alle Wertpapieremissionen der Banken. Das heißt, die Banken konnten sich am Kapitalmarkt mittelfristig neu verschulden, und die Regierungen würden die Rückzahlungen für fünf Jahre garantieren. [...] Zweitens würde man Banken rekapitalisieren, da die Kapitaldecke in der Regel zu niedrig ist. [...] Drittens würde man die Buchhaltungsregeln ändern, so dass Banken und Versicherungen ihre Anlagen zwischenzeitlich nicht mehr nach Marktwert verbuchen.» «Am nächsten Morgen folgte dann die Veröffentlichung der nationalen Pläne. In Deutschland gab es ein 500 Milliarden Euro schweres Paket, von dem 100 Milliarden sofort für die Rekapitalisierung und die Bankgarantien zur Verfügung standen.» Das war das dickste und großzügigste Paket, aber die andern waren ähnlich. Die Märkte reagierten geradezu euphorisch. Die Zahlen schnellten nach oben. Das half den Regierungen enorm, die nächste Klippe zu überwinden. Denn sie brauchten ja die Zustimmung ihrer Parlamente. Das Muster war überall gleich. Zuerst flehten die Banken die Regierungen an: Helft uns, sonst sind wir verloren. Dann legten die Regierungen Rettungsprogramme auf und flehten die Volksvertreter an: Stimmt zu, sonst bricht das Bankensystem zusammen.

Flehen ist eine *ultima ratio*. Glaubensgemeinschaften flehten ihre Götter an, sie möchten die Überschwemmung, die Dürre oder die Pest abwenden. Verurteilte flehten ihre Richter um Gnade an. Wer fleht, hält nicht mehr auf eigene Würde. Er breitet seine ganze Ausweglosigkeit und Ohnmacht vor Mächtigen aus und appelliert nur noch an eines: deren Mitgefühl und Erbarmen. Im September und Oktober 2008 hingegen erhob sich eine historisch neue Art von

 Flehen: eines, hinter dem der ganze Druck des Geldsystems stand; eines, das von Erpressung nicht zu unterscheiden war. Einerseits waren die Flehenden in dem Moment, wo sie bei der höheren Macht vorstellig wurden, tatsächlich ohnmächtig. Hätten die Regierungen kein Rettungsprogramm aufgelegt, wären die Banken am Ende gewesen. Hätten die Parlamente nicht zugestimmt, wären die Rettungsprogramme gescheitert. Andererseits hatte das «Herr, erhöre uns» zugleich den ganzen Nachdruck eines kategorischen Imperativs, und zu dem gehört, schon in seiner Originalform bei Kant, daß seine Nichtbefolgung vernünftigerweise niemand wollen kann. Lüge, Veruntreuung, Diebstahl, Mord und Totschlag sind, so Kant, strikt verboten, weil nicht verallgemeinerbar. Niemand kann wollen, daß alle das täten; keine menschliche Gemeinschaft hätte dann irgend Bestand.[36]

Etwas Ähnliches gilt fürs Geldsystem. Wo sich dieses System so weit durchgesetzt hat, daß alle zu seinen Konditionen leben, kann da noch irgend jemand wollen, daß der Geldfluß stagniert? Solche Stagnation aber hätten die Parlamente riskiert, wenn sie die Rettungspakete abgelehnt hätten. Das Zauberwort dieser Tage war «systemrelevant». Und das hieß: Wenn Hedgefonds zugrunde gehen, in denen vereinzelte Großinvestoren hohe Summen riskant angelegt hatten, so verkraftet das das Geldsystem; nicht aber, wenn Geldinstitute zahlungsunfähig werden, die Industrieunternehmen mit Krediten versorgen und Löhne, Gehälter, Spareinlagen eines großen Bevölkerungsteils verwalten. Dann droht die Gefahr, daß die Produktion ganzer Branchen brachliegt und kleine Bankkunden nicht mehr an ihr Geld fürs Lebensnotwendige kommen. Und das kann doch keiner wollen. Also stimmt dem Rettungspaket zu! Im Deutschen Bundestag votierten nur die Grünen und die Linkspartei dagegen, allerdings in der sicheren Erwartung, überstimmt zu werden. Wie aber, wenn ihr Votum ausschlaggebend gewesen wäre? Niemand konnte damals absehen, wie weit kleine Lohnempfänger und Sparer dadurch mittellos geworden wären.

36 Cf. Kant 1968 [1785], 49 ff. (B 49 ff.)

Keynes

So hatten die Rettungsprogramme die fatale Plausibilität des kleineren Übels. Als der Markt keinerlei Anstalten machte, die Krise durch seine gelobten Selbstregulierungskräfte zu lösen, riefen auch die Marktfundamentalisten nach dem Staat. Anders gesagt: Sie griffen nach einem «Stein», den die neoliberalen Bauleute Anfang der 1970er Jahre einmütig verworfen hatten. Sein Name: John Maynard Keynes. Als einer der maßgeblichen Regisseure von Bretton Woods ist uns Keynes bereits begegnet. Nun ist es an der Zeit, ihn als Gegenfigur zum Marktliberalismus wahrzunehmen. Dabei war er als umfassend gebildeter, kunstaffiner Gentleman aus dem englischen Großbürgertum auf das Profil einer Gegenfigur gar nicht sonderlich erpicht. Er war lediglich «der Ansicht, daß ein klug geleiteter Kapitalismus die wirtschaftlichen Aufgaben wahrscheinlich besser erfüllen wird als irgendein anderes, vorläufig in Sicht befindliches System», und er sah die Gründerväter der politischen Ökonomie dieser Auffassung gar nicht so fernstehen. «Der Ausdruck *laissez-faire* findet sich weder bei *Adam Smith* noch bei *Ricardo* oder *Malthus*. Selbst die Idee an sich ist in dogmatischer Form bei keinem dieser Schriftsteller vorhanden. *Adam Smith* war natürlich Freihändler und Gegner vieler im achtzehnten Jahrhundert dem Handel auferlegten Beschränkungen. Aber seine Haltung gegenüber der Navigationsakte[37] und den Wuchergesetzen beweist, daß er nicht dogmatisch war.»[38] Diesen undogmatischen Weg mit Mitteln fortzusetzen, die den Kapitalismus «klug leiten»: das schwebte Keynes vor.

Unversehens setzte er dabei aber neue Prioritäten. *Allgemeine Theorie der Beschäftigung, des Zinses und des Geldes* heißt sein Hauptwerk von 1936. Man beachte die Reihenfolge. Zuerst kommt die Beschäftigung. Ihr haben Zins und Geld zu dienen. Und Beschäftigung «klug leiten» heißt dafür sorgen, daß möglichst alle bezahlte Arbeit haben. Das Wahrzeichen einer guten Wirtschaft ist Vollbeschäftigung. Sie ist keineswegs etwas Nachgeordnetes, das sich ganz

37 Ein Erlaß Oliver Cromwells, der verfügte, daß die englische Einfuhr nur auf englischen Schiffen erfolgen und aus englischen Kolonien nur nach England geliefert werden dürfe.

38 Keynes, 2011, 52, 28 f.

 von selbst ergäbe, wenn nur alle Arbeitsfähigen auch tatsächlich bereit wären zu arbeiten. So hat der klassische Marktliberalismus ja durchaus argumentiert: Vollbeschäftigung wird einzig durch Arbeiterrenitenz verhindert. Viele arbeiten lieber gar nicht als zu den angebotenen Löhnen. Unfreiwillige Arbeitslosigkeit gibt es nicht. Daß diese Behauptung zum Haareraufen ist und allem hohnspricht, was Friedrich Engels schon 1845 *Zur Lage der arbeitenden Klasse in England* zusammengetragen hat,[39] übergeht Keynes vornehm und hält lediglich einen statistischen Befund dagegen. «Personen sind unfreiwillig arbeitslos, wenn im Falle einer geringen Preissteigerung von Lohngütern im Verhältnis zum Nominallohn sowohl das aggregierte Arbeitsangebot, bei dem laufenden Nominallohn zu arbeiten, als auch die aggregierte Arbeitsnachfrage bei diesem Lohn größer wäre als die bestehende Beschäftigungsmenge», lautet seine unnötig komplizierte Auskunft.[40] Einfacher gesagt: Es kommt nachweislich vor, daß die Zahl Arbeitssuchender konstant bleibt oder gar steigt, obwohl die Lebensmittelpreise steigen, die Kaufkraft des angebotenen Arbeitslohns also sinkt. Nach liberaler Theorie müßte in diesem Fall auch die Zahl der Arbeitssuchenden abnehmen. Bleibt sie aber gleich oder wächst gar, so ist unzweifelhaft unfreiwillige Arbeitslosigkeit im Spiel. Arbeitswille allein schafft also keine Vollbeschäftigung. Es gibt ständig ein Angebot an Arbeitskraft, das durch keine Nachfrage ganz aufgesogen wird, beziehungsweise eine Nachfrage nach Beschäftigung, die durch das bestehende Angebot nicht befriedigt wird.

Am entscheidenden Punkt der kapitalistischen Wirtschaftsweise, dem Ineinandergreifen von Kapital und Arbeit, besteht ein strukturelles Mißverhältnis von Angebot und Nachfrage. Es gleicht sich ebensowenig von selbst aus, wie erwirtschaftete Einkünfte von selbst wieder produktiv werden und als Ausgaben für Konsum oder als Investitionen Angebot und Nachfrage auf höherem Niveau neu miteinander ins Benehmen setzen. Ein Irrglaube, «daß eine Verknüpfung zwischen Entschlüssen, sich des gegenwärtigen Verbrauchs zu enthal-

39 Etwa «daß zu allen Zeiten [...] die englische Industrie eine unbeschäftigte Reserve von Arbeitern haben muß, um eben während der am meisten belebten Monate die im Markte verlangten Massen von Waren produzieren zu können» (Engels 1976 [1845], 314 f.)

40 Keynes 2006 [1936], 13

ten, und Entschlüssen, für einen zukünftigen Verbrauch vorzusorgen, besteht».[41] So rational sind Wirtschaftssubjekte nicht. Es ist eher umgekehrt: Je mehr eine Wirtschaft wächst, desto weniger geht von ihren Einkünften direkt wieder in Ausgaben über. Je mehr jemand hat, desto mehr davon legt er zurück. Je reicher jemand wird, desto geringer der Anteil, den er von seinem Reichtum in Investitionen zurückübersetzt.

Es kommt da ein psychologischer Faktor ins Spiel, den Keynes «Liquiditätspräferenz»[42] nennt. Wer Geld hat, muß auch sehen, daß es im richtigen Moment zur Stelle ist. Es ist gut, liquide zu sein, wenn Kosten anfallen, obwohl die zu ihrer Begleichung vorgesehenen Einkünfte noch nicht eingegangen sind. Es ist gut, eine Liquiditätsrücklage für alles Unvorhergesehene zu haben und erst recht für den Fall, daß man sich auf Spekulationsgeschäfte einläßt. Und dieser Liquiditätsposten, die «Kasse»,[43] deren Inhalt weder investiert noch konsumiert wird, sondern lediglich im Bereitschaftsdienst verharrt, wächst mit wachsender Wirtschaft, ohne aber dem Wirtschaftswachstum direkt zugute zu kommen. Es liegt im Kapitalismus also nicht nur Arbeitskraft brach; wirtschaftliches Florieren legt auch zunehmend Einkünfte brach. Mag auch die private Konsumneigung, die Nachfrage nach hochwertigen Lebensmitteln, eleganten Wohnungen, schnittigen Autos und aufwendigen Urlaubsreisen bis zu einem bestimmten Sättigungsgrad erst einmal steigen, so sinkt die Gesamtnachfrage nach Arbeitskräften, Rohstoffen und Maschinen, gemessen an den steigenden Einkünften, auch schon bevor dieser Sättigungsgrad erreicht ist. Daß steigende Unternehmensgewinne automatisch für steigende Neuinvestitionen und damit für wirtschaftliches Wachstum sorgen, ist ein marktliberaler Trugschluß.

Von diesem Befund aus hat Keynes die politische Ökonomie noch einmal neu aufgerollt, und zwar unter dem Gesichtspunkt der Nachfrage, die er so umfassend wie möglich zu definieren trachtet. Konsumenten geht es gut, wenn ihre Nachfrage nach Gebrauchsgütern befriedigt wird, Unternehmen, wenn ihre Nachfrage nach Maschinen, Rohstoffen und Arbeitskräften bedient wird. Arbeitern geht es gut, wenn ihre Arbeitskraft nachgefragt wird, Staaten, wenn Nach-

41 Keynes 2006 [1936], 18

42 Keynes 2006 [1936], 142

43 Keynes 2006 [1936], 145

 frage nach ihren Exporten besteht. An ihrem optimalen Punkt befindet sich eine Wirtschaft, wenn sie nicht nur reichlich Gewinn erzielt, sondern ihn in einer ökonomischen und sozialen Umgebung erwirtschaftet, die dazu anreizt, die Investitionen zu erhöhen, also mehr Arbeitskräfte, Produktionsmittel und Rohstoffe nachzufragen. Das ist der Punkt der «effektiven Nachfrage»[44] – für Keynes so etwas wie der archimedische Punkt, auf den sich die Wirtschaft ständig zubewegen oder an dem sie sich, falls schon dort angelangt, möglichst halten soll. Nur daß sie das nie einfach von selbst tut. Sie muß «klug geleitet» werden. Und das Mittel dazu ist Geld.

Wo Geld herkommt, was seinen Wert oder gar sein Wesen ausmacht: das waren für Keynes unergiebige Fragen, obwohl er für die Zeitdimensionen des Geldes durchaus Gespür bewies. «Seine Ursprünge verlieren sich in die Nebelzeiten des schmelzenden Eises.»[45] Münzen sind schon eine Spätform und als Geld völlig überschätzt; ihre Prägung war «ein Akt der Eitelkeit, des lokalen Patriotismus oder der Reklame, ohne weitereichende Bedeutung». «Die Wahl des Goldes als Wertmaßstab gründet sich in der Hauptsache auf Überlieferung.» «Die magischen Eigenschaften, mit denen ägyptische Pfaffenlist in alten Zeiten das gelbe Metall durchtränkte, hat es niemals ganz verloren.» Noch der Goldstandard hat daran teil. Er beläßt die Geldmenge in Abhängigkeit von der Goldgewinnung und hindert Staaten daran, so viel Geld in Umlauf zu bringen wie wirtschaftlich nötig. Dagegen setzt Keynes demonstrative Nüchternheit. «Wir gehen aus von dem Begriff der Rechnungseinheit, also jener Einheit, in der Schulden, Preise und allgemeine Kaufkraft *ausgedrückt* werden.» So lapidar beginnt sein großes Geld-Buch. Aber rechnen allein genügt nicht; man muß auch zahlen. Dazu ist ein allgemein anerkanntes «Ding» nötig, das zur Erfüllung von Verträgen in der besagten Rechnungseinheit dient. Niemand als die Autorität des Gemeinwesens, modern gesagt, der Staat, kann es in Umlauf bringen. Was er als Rechnungs- und Transaktionseinheit festlegt, ist Geld.

Viel weiter reicht Keynes' Gelddefinition kaum. Sie wäre rein funktional, gäbe es da nicht die «Liquiditätspräferenz», jenen psychologischen Faktor, den er ökonomisch umschleicht wie die Katze den

44 Keynes 2006 [1936], 22. «Effektiv» heißt ebenso «wirklich, tatsächlich» wie «wirksam, wirkungsvoll».

45 Keynes 1955 [1930] 11, 10, 531 f. und 3

heißen Brei, ohne ihn psychologisch je gründlich zu durchleuchten.
Aber verständlich wird er nur von der Geldpotenz aus. Wenn Geld in die Lage versetzt, alle verfügbaren Waren, die seinem Quantum entsprechen, zu erwerben, so ist es *potentielles* Eigentum dieser Waren, und diese seine Potenz macht auch seinen Eigentümer potent – nicht nur wirtschaftlich. Wer zahlen kann, kann auch mehr als zahlen. Vorstellungen von Macht, Ansehen und Sex-Appeal assoziieren sich in diffuser Weise mit der Geldpotenz und geben ihr die Aura einer schwer faßbaren Identitätsrelevanz. Liquidität ist der paradoxe Zustand aktueller Potenz. Darin steckt immer auch ein *point d'honneur*, ein Ehren- und Verwundbarkeitspunkt. Denn sich von Liquidität zu trennen bedeutet aktuellen Potenzverlust. Das kostet stets Selbstüberwindung – den einen so wenig, daß er es selbst kaum merkt, den andern so viel, daß es auch andere merken; je nachdem, wie er charakterlich gestrickt ist.

Niemand jedoch vermag ein rein neutral-funktionales Verhältnis zur Liquidität zu gewinnen. Wem sie wenig bedeutet, der kann sich leicht von ihr trennen, neigt aber auch zu ihrer achtlosen Ausgabe und riskanter Investition. Wem sie viel bedeutet, der trennt sich entsprechend ungern von ihr, ist aber auch anfällig für die Aufnahme hoher Konsumkredite und oft nicht maximal investitionsbereit. Wer Geld nicht loslassen kann, kann es auch nicht optimal anlegen. Daher ist Geldgier immer im Konflikt zwischen dem Wunsch, die volle aktuelle Liquidität zu genießen – darin zu baden wie Dagobert Duck – oder sie zeitweise zu verringern, um sie weiter zu vergrößern. Die Liquiditätspräferenz ist der Faktor individueller Freiheit und Willkür, der nie ganz berechenbar wird, immer Sand im wirtschaftlichen Getriebe bleibt und dafür sorgt, daß der Kapitalismus nicht von selbst funktioniert.[46]

46 Dazu hätte Keynes reichlich Material in Georg Simmels *Philosophie des Geldes* gefunden. «Die bloße Möglichkeit unbegrenzter Verwendung, die das Geld wegen des absoluten Mangels an eigenem Inhalt nicht sowohl hat als ist, spricht sich positiv darin aus, daß es nicht ruhen mag, sondern wie von sich aus fortwährend zum Verwendetwerden drängt.» «Alle diese Möglichkeiten, von denen freilich nur ein ganz geringer Teil Wirklichkeit werden kann, werden dennoch psychologisch saldiert, sie gerinnen zu dem Eindruck einer nicht genau bestimmbaren, jede Festlegung ihres erreichbaren Erfolges ablehnenden Macht.» «Die reine Potentialität, die das Geld darstellt, insofern es bloß Mittel ist, verdichtet sich zu einer einheitlichen Macht- und Bedeutungsvorstellung, die auch

Den Kapitalismus klug leiten heißt daher in erster Linie die Liquiditätspräferenz steuern, und zwar durch Zinsen. Zins ist, so Keynes, die Belohnung dafür, daß jemand sich von Liquidität trennt, und nur ein Staat, der diese Trennungsbereitschaft fördert, kann der Tendenz des wirtschaftlichen Wachstums, immer mehr Einkünfte brachzulegen, entgegenwirken. Das bloße Horten von Geld ist unfruchtbar und nicht auch noch durch Zins zu belohnen. Investitionen in industrielle und administrative Beschäftigung hingegen sind zu fördern: durch Zinssätze oder Steuervergünstigungen, die dazu anreizen. In einer prosperierenden Wirtschaft ist die ökonomische Hauptaufgabe des Staats, ein Maximum privater Einkünfte in Richtung «effektiver Nachfrage» zu lenken. Was aber tun, wenn die Wirtschaft darnieder liegt und es an solchen Einkünften gerade gebricht? Dann müssen alle den Gürtel enger schnallen, hatte der Marktliberalismus gesagt. Wo die Gewinne ausbleiben, verringern sich auch die privaten Investitionsrücklagen und die staatlichen Steuereinnahmen. Also müssen Arbeitsplätze abgebaut und öffentliche Ausgaben gesenkt werden, bis sich die Wirtschaft gesundgeschrumpft hat und zu einem neuen Aufschwung ansetzen kann.

Genau falsch, sagt Keynes. Ökonomische «Gesundschrumpfung» ist nicht nur eine Chiffre für eine Menge sozialen Elends; es ist auch keineswegs gesagt, daß Schrumpfung zur Gesundung führt. Konjunkturzyklen sind keine organischen Prozesse; irreführend die Vorstellung, im Aufschwung setze lediglich ein sozialer Organismus so lange Fett an, bis er reif ist für die wohltuende Schlankheitskur des Abschwungs, die ihn auf ein Untergewicht herunterbringt, von dem aus er wieder ein gesundes Normalgewicht ansteuern kann. Die Eigenbewegung kapitalistischer Volkswirtschaften folgt nach Keynes eher einer inneren Schwerkraft. Sie steckt in jedem Aufschwung. Nie ist er ein Selbstläufer. Er untergräbt sich selbst, wenn man ihn sich selbst überläßt, denn er legt wachsende Einkünfte in wachsendem

als konkrete Macht und Bedeutung zugunsten des Geldbesitzers wirksam wird – ungefähr wie dem Reize eines Kunstwerkes nicht nur sein Inhalt und die mit sachlicher Notwendigkeit damit verbundenen seelischen Reaktionen zugerechnet werden, sondern all die zufälligen, individuellen, indirekten Gefühlskombinationen, die es, hier so und dort anders, anklingen läßt und deren unbestimmte Summe doch erst das Ganze seines Wertes und seiner Bedeutsamkeit für uns umschreibt.» (Simmel 1989 [1900], 267 und 276 f., sowie das ganze Kapitel «Das Geld in den Zweckreihen», 254 ff.)

Maße brach. Der Abschwung hingegen verstärkt sich selbst. Wie soll die Konjunktur wieder anspringen, wenn die Einkünfte und Rücklagen für Neuinvestitionen fehlen?

Diese Frage hat Keynes 1933 in einem offenen Brief an den amerikanischen Präsidenten Roosevelt erörtert. Seine These: Die große Depression der USA ist allein «durch Steigerung der nationalen Kaufkraft» zu überwinden. Die aber kommt nur in Gang, wenn die Regierung «den Anfangsimpuls» setzt und Kredite aufnimmt, aus denen sie dem Gemeinwesen die fehlenden Investitionsmittel gleichsam vorschießt.[47] *Deficit spending* ist die spätere Formel dafür. Sie gilt als der Hebel der «keynesianischen Revolution». Und revolutionär gedacht hat Keynes in diesem Punkt durchaus. Daß in Phasen knapper oder gar ausbleibender Einkünfte, wo die Individuen an allen Ecken und Enden sparen müssen, die Staatsmacht gerade umgekehrt verfahren und auf Kredit die «effektive Nachfrage» schaffen müsse, zu der den privaten Haushalten die Mittel fehlen – in der Hoffnung, daß daraus Einnahmen entspringen, die die Kredite mehr als begleichen: darauf war vor ihm noch niemand gekommen. Und siehe da: Das *deficit spending* schlug an. Ebenso wie es die große Depression in den USA überwinden half, war es dem europäischen Wiederaufbau nach dem Zweiten Weltkrieg höchst zuträglich. Investieren, Nachfrage schaffen und so zerstörte Landschaften und Wirtschaften wieder in Gang bringen: das war das Gebot der Stunde. Keynes' Lehre wurde in den westlichen Industrieländern zur Grundlage einer Wirtschaftspolitik, die sich «antizyklisch» nannte. Damit war gemeint: Wenn der Konjunkturzyklus sich zum Abschwung neigt und die privaten Haushalte zum Sparen nötigt, muß der Staat gegensteuern und – notfalls auf Kredit – nachfragewirksame Ausgaben machen, die den Abschwung bremsen. Und umgekehrt: In Phasen der Hochkonjunktur muß der Staat sich zurücknehmen. Er soll zwar weiterhin die privatwirtschaftlichen Einkünfte in die Richtung einer umfassenden «effektiven Nachfrage» lenken, aber sie nicht zusätzlich stimulieren, vielmehr die reicher fließenden Steuern für die Bildung von Rücklagen nutzen, um für das erneute Gegensteuern im nächsten Abschwung gerüstet zu sein. Im Zeichen dieser Politik bauten die führenden westlichen Länder ihre Industrie neu auf – am nachhaltigsten das völlig zerstörte Deutschland – und näherten sich dem

47 Keynes 1933, Punkt 8 und Punkt 5

 von Keynes gesteckten Ziel: der Vollbeschäftigung. Die expansive Metall- und Elektroindustrie benötigte dringend Arbeitskräfte, zeitweise weit mehr, als das Inland bot. Deutschland, Frankreich und England warben im ganzen Mittelmeerraum Gastarbeiter an. Die Gewerkschaften waren Repräsentanten einer unverzichtbaren Arbeiterschaft, konnten beträchtliche Lohnzuwächse und Arbeitszeitverkürzungen durchsetzen und sogar ein gewisses Maß an Mitbestimmung in den großen Unternehmen erwirken. Der integrative, «klug geleitete», alle sozialen Gruppen an einem wachsenden Wohlstand beteiligende Kapitalismus schien kurz vor der Verwirklichung zu stehen.

Schuldenfalle

Und dann kam die Wende. Das Goldfenster schloß sich, der International Money Market tat sich auf, die Mikroelektronik nahm ihren Lauf und mit ihr das *jobless growth*. Wie soll man die Wirtschaftsleistung bei drastischer Senkung der Beschäftigtenzahlen deutlich erhöhen können? Keynes hätte das für eine Quadratur des Kreises gehalten. Nun zeigte sich: Es war machbar. Mehr noch: Es war das neue wirtschaftliche Erfolgsmodell. Unversehens kehrten sich die Verhältnisse um. Als Quadratur des Kreises stellte sich nun die Vereinigung von Kapitalismus und Vollbeschäftigung heraus. Wohin aber sollte die Staatsmacht den Kapitalismus «klug leiten», wenn *nicht* zur Vollbeschäftigung? Etwa zur Regulierung der internationalen Wechselkurse? Dazu erwies sie sich ja gerade als ebenso unfähig wie überflüssig. Die neuen Finanzmärkte machten das auf ihre Weise viel wirkungsvoller. Deshalb expandierten sie so ungemein. So wurde in kürzester Zeit die Rede vom «klug geleiteten Kapitalismus» buchstäblich gegenstandslos.

Die neoliberale Revolution hebelte die Keynes-Welt einfach aus – fast lautlos und in gewisser Weise nahezu unbemerkt. Bestimmte keynesianische Praktiken, die längst ins Repertoire internationaler Politik eingegangen waren, setzten sich nämlich durchaus fort. Die Staatsverschuldung etwa, die Keynes als Mittel aktiver Wirtschaftspolitik ausdrücklich gutgeheißen hatte, begann nun überhaupt erst groß aufzuschwellen. Aber aus gänzlich anderen Motiven. Es ging nicht mehr darum, mit geliehenem Geld einen

Abschwung aufzufangen und die «effektive Nachfrage» zu fördern.
Vielmehr ließ das *jobless growth* den Staaten in nie gekanntem Maße die Steuereinnahmen wegbrechen. Indessen wurden die neuen «schlanken», will sagen beschäftigungsarmen Hochtechnologieunternehmen mobiler denn je und konnten so leicht wie noch nie ihre Steuerpflicht oder gar ihre Produktion in Länder verlegen, die ihnen extrem geringe Ab- und Ausgaben abverlangten, während zugleich die staatlichen Kosten für Arbeitslosigkeit sowie für medizinische, militärische und ökologische Hochtechnologie rasant stiegen. Das sozialstaatliche Kerngeschäft, die Gewährleistung von Energie-, Verkehrs- und Kommunikationsnetzen, von Bildung, Arbeitslosen-, Kranken- und Altersversorgung war durch öffentliche Einnahmen allein nicht mehr zu leisten, jedenfalls nicht, solange den Nutznießern dieser Entwicklung in Industrie, Banken und Finanzwirtschaft, deren Gewinne exponentiell in die Höhe schnellten, nicht drastisch höhere Steuern auferlegt wurden.[48] Wenn die Regierungen das aber nicht wagten, wenn sie statt dessen bei eben diesen Nutznießern Kredite aufnahmen, um ihr soziales Kerngeschäft auch nur annähernd auf dem erreichten Niveau zu halten, so begaben sie sich wissentlich in eine Schuldenfalle. Denn der Anstieg des öffentlichen Ausgabenbedarfs war zu einer technologisch-systemischen Unvermeidlichkeit geworden, und nirgends, nicht einmal an einem fernen Horizont, winkten Anzeichen dafür, daß die Steuereinnahmen eines schönen Tages wieder an sozialstaatlich konzipierte Staatsausgaben heranreichen würden.

Wie oben gezeigt,[49] gehörten Staatsschulden und Staatsbankrott zur Funktionsweise absolutistischer Staaten in der frühen Neuzeit wie der Schatten zum Licht. Das erste profane Papiergeld bestand sogar aus nichts als Schulden des englischen Königs bei seinem Volk. Doch der Umlauf dieser Schulden hatte zugleich die Drift zur Selbstverminderung. Die Noten der Bank von England entfalteten sich zum Medium einer neuen ökonomischen Prosperität. Ihr Umlauf hat die Königsschuld zwar nie getilgt, aber im wirtschaftlichen Auf und Ab allmählich untergehen lassen. Nach wie vor nahmen Regierun-

48 Das lag in den 1970er Jahren bereits klar zutage. Nun, wo Thomas Piketty es mit vielen Zahlen unterfüttert erneut vorträgt, wird es wie eine grundstürzend neue Idee aufgenommen. Cf. Piketty 2014, 697 ff.

49 Siehe oben, S. 231

 gen Schulden auf. Aber sie reklamierten sie stets als unvermeidliche Sonderanleihen für Unvorhergesehenes. Der nächste Krieg, der Eisenbahn- und Schiffsbau mußte finanziert werden. Die laufenden Kosten für Infrastruktur und Grundversorgung wurden hingegen aus den laufenden Steuereinnahmen bestritten. Schuldenfreie Staaten hat es in der Neuzeit nie gegeben. Aber gewöhnlich erweckten ihre Schulden zumindest den Anschein, im Prinzip tilgbar zu sein. Dieser Anschein verflog mit der neoliberalen Wende. Es begann die Zeit eines strukturell bedingten Staatsschuldenwachstums, für das kein Ende mehr absehbar war. Wenn ein Finanzminister im ersten Jahr X Milliarden Schulden aufnahm, so konnte er wissen, daß er im zweiten Jahr X + n Milliarden würde aufnehmen müssen. Und im zweiten Jahr stand er vor der gleichen Situation fürs dritte, wobei jedes neue «n», um das er die Schulden erhöhte, einen größeren Anteil an Schuldzinsen enthielt und einen geringeren fürs Kerngeschäft. Wenn die Finanzminister diesen Weg gleichwohl fortsetzten, so waren sie weder ahnungslos noch arglos, wohl aber fatal sorglos gegenüber der Tücke der schiefen Ebene (*slippery slope*), die sich am Anfang noch ganz undramatisch anfühlt – und dramatisch erst, wenn es zu spät zur Rückkehr ist.

Im letzten Viertel des zwanzigsten Jahrhunderts sind fast alle westlichen Industriestaaten auf die schiefe Ebene geraten und haben die Staatsverschuldung verdoppelt bis verdreifacht.[50] Die «Schuldenbremse», die sich die EU nachträglich verordnet hat, kann auch bei gewissenhaftester Befolgung nicht aus der Falle hinausführen; günstigstenfalls führt sie nicht weiter hinein, aber nur dann, wenn das staatliche Kerngeschäft weiter abgebaut wird. Längst nämlich werden «immer mehr Staatsfunktionen an die Gesellschaft, insbesondere an die Marktwirtschaft, ganz oder teilweise rückübertragen [...] – von der Alterssicherung über die Gesundheitsversorgung und Ausbildung bis hin zur Verantwortung für das Beschäftigungsniveau», wofür «man den privaten Haushalten zugleich neue Spielräume zur Verschuldung auf eigene Rechnung eröffnete».[51] Deswegen ging mit der erhöhten Staatsverschuldung alsbald eine entsprechende private einher – stark begünstigt durch die neue ökonomische wie psychologische Leichtigkeit, die das Schuldenmachen mit der Schließung des

50 Nachweise bei Streeck, 2013, 97 ff.
51 Streeck, 2013, 110

Goldfensters bekam. Es war ja bloß noch Papiergeld ohne jede Golddeckung, was man sich lieh.

Erst in dieser Situation wurden die USA reif für den neuen amerikanischen Traum vom Eigenheim für jeden, der offenkundig alte Siedlerphantasien aus der Gründerzeit wiederbelebte und jeden, der einen Baukredit aufnahm, mit «den Vätern» assoziierte, die einst zu echten Amerikanern wurden, als sie ihre eigenen Blockhütten gegen die Widrigkeiten der Prärie errichteten. Die amerikanische Immobilienblase des letzten Jahrzehnts konnte nur in einer Umgebung gedeihen, in der sich eine Umwertung des privaten Schuldenmachens vollzog: von einer Unannehmlichkeit in ein verheißungsvolles Zubehör eines zeitgemäßen *way of life* – der übrigens nicht nur zur Aufnahme windiger Immobilienkredite führt. Auch die ganz normale Karriereplanung in der gehobenen Mittelschicht gerät immer mehr in sein Fahrwasser. In den USA ist ein akademischer Bildungsgang, der zu realistischen Aussichten auf einen angemessenen Job berechtigt, kaum mehr erfolgreich abzuschließen, ohne daß der Absolvent einen fünfstelligen Schuldenbetrag auf den Arbeitsmarkt mitnimmt. Und dieses Karrieremodell wird überall, wo Staaten über eine Kürzung des Bildungsetats nachdenken, mit Interesse wahrgenommen.

Und noch ein Wahrzeichen der Keynes-Welt kam erst in der neoliberalen Ära voll zum Zuge: das Gespann von IWF und Weltbank. Keynes hatte bei dessen Gründung vornehmlich die Staaten auf den Trümmerfeldern Europas im Visier gehabt. Der IWF sollte ihnen beim Wiederaufbau mit Krediten zur Stabilisierung ihrer Zahlungsbilanz helfen, die Weltbank mit Vorschüssen für hoffnungsvolle Binnenwirtschaftsprojekte. Beides geschah jedoch nur in geringem Maße. Die USA nahmen den Wiederaufbau bei ihren wichtigsten Verbündeten gegen den Ostblock lieber in eigene Hände. Ihr Außenminister George Marshall legte ein großes Wirtschaftsprogramm dafür auf. Namentlich Westdeutschland gewann durch den Marshallplan in wenigen Jahren verblüffend große Wirtschaftskraft zurück. IWF und Weltbank blieben während der ganze Bretton-Woods-Ära Stiefkinder der USA. Sie waren eben doch Keynes' Geschöpfe, auch wenn er sie nicht wunschgemäß hatte ausstatten können, weder mit dem Bancor, der von ihm erdachten neutralen Papiergoldwährung zur internationalen Verrechnung, noch mit dem von ihm vorgeschlagenen Verhältnis von Rechten und Pflichten, das den USA abverlangt hätte, ihren Anteil an den Überschüssen des IWF hübsch im Fonds zu belassen und dessen weiteren Projekten zur Verfügung zu stellen. IWF und Weltbank kamen sozusagen schon amerikanisiert zur Welt, mit Dollarwährung und überwältigendem Stimmgewicht der USA. Denen aber redeten dort immer noch zu viele mit. Sie hielten die beiden Fonds klein.

Pünktlich mit der Schließung des Goldfensters änderte sich das. An jenem historischen Angelpunkt, wo die Wechselkurse flexibel wurden, mußten auch die Zentralbanken nicht mehr darüber wachen, wieviel Dollardevisen ins Land kamen. Das regelte nun der Markt. Und just zu dieser Zeit beschloß die Vereinigung erdölexportierender Länder (OPEC), den großen Ölkonzernen nicht länger Rohöl zu Dumpingpreisen zu überlassen – und erhöhte die Preise ums Drei- bis Vierfache. Nach kurzem Ölembargo gingen die Konzerne darauf ein und erhöhten ihrerseits die Benzinpreise. Derweil akkumulierten die OPEC-Länder immense Dollarvermögen, am meisten die Golfstaaten, deren Regierungen nur wenig davon in die Industrialisierung ihrer Länder steckten, vergleichsweise viel für Prestige- und Luxusprojekte ausgaben – und das allermeiste bei amerikanischen Großbanken anlegten. Dort sammelten sich übrigens nicht nur Petrodollars, sondern Kapitalien aus aller Herren Länder, seit nicht mehr zu befürchten war, daß die FED die Devisenmenge kontrollierte. Und was machten die Banken mit der Geldschwemme? Sie suchten händeringend Anlagemöglichkeiten dafür. Zu diesem Behufe traten sie vorzugsweise an Länder Lateinamerikas und Afrikas heran, die gerade Anstalten machten, sich politisch oder ökonomisch auf eigene Füße zu stellen, und boten ihnen Milliardenkredite zu sehr günstigen Zinssätzen an – ohne jegliche wirtschaftspolitische Auflagen. Wer mochte da widerstehen? Diktatoren, die dieses Geld in Waffen, Söldner und Prachtbauten steckten, wurden genauso bedient wie Regierungen, die es ernsthaft für Armutsbekämpfung einsetzen wollten. In den meisten kreditnehmenden Ländern gab es Mischkalkulationen; sie waren, mit verschiedener Gewichtung, sowohl auf Prestigeerhöhung wie auf wirtschaftliche Verbesserung aus.

In einem Punkt freilich waren die Konditionen überall gleich. War die Anfangslaufzeit des Kredits vorüber, innerhalb derer natürlich kein Schuldnerland auch nur entfernt in der Lage war, das Geliehene mit Zinsen zurückzuzahlen, so wurde die verbliebene

Schuld nach Marktlage neu verhandelt. An die Stelle der niedrigen
Anfangszinsen, mit denen die Banken den Schuldnern die Kredite angedient hatten, traten höhere, gingen die USA doch gerade zu ihrer berühmten Hochzinspolitik über, um den Petrodollars und ihren Trabanten weiterhin optimale Anlagemöglichkeiten zu bieten – zum Beispiel in den kreditbedürftigen Ländern der Südhemisphäre. Allen Beteiligten war klar, daß die Schuldnerländer ihre Kredite nur langfristig und durch eine blühende Exportwirtschaft würden begleichen können und daß ihnen dafür wenig mehr zur Verfügung stand als ihre Rohstoffvorkommen, deren Preise von der Nachfrage aus den Industrieländern abhängig waren und deren Ausfuhr zur Verbesserung der inneren Versorgungslage des jeweiligen Landes allenfalls mittelbar beitragen würde. Trotzdem wurden in den 1970er Jahren geradezu flächendeckend solche Kreditabkommen geschlossen, praktisch mit ganz Lateinamerika, aber auch mit vielen rohstoffrelevanten Ländern Afrikas. Es waren Abkommen von beidseitiger Fahrlässigkeit. Kein Bankier, der wirklich Treuhänder des bei ihm angelegten Geldes ist, hätte sie abschließen dürfen, aber auch kein auf das Wohl seines Landes bedachter Staatsmann.

Es kam wie vorprogrammiert. Die Schuldzinsen stiegen, die Rohstoffpreise sanken. Länder, die sich durch hohe Verschuldung selbst unter strukturellen Rohstoffexportzwang gesetzt hatten, mußten stets nachgeben, wenn die Abnehmer die Preise drückten. Und so schnappte zu, was man «die Schuldenfalle» nennt. Im politisch-ökonomischen Diskurs versteht man darunter die Situation, in die sich viele Länder der sogenannten Dritten Welt in den 1970er Jahren manövrieren ließen, und nicht etwa den viel unspektakuläreren ersten Schritt in einen sich erst allmählich aufbauenden Staatsschuldensog, den die vergleichsweise reichen Länder – Nordamerika, Westeuropa und Japan – zeitgleich taten. Beides gehört jedoch zusammen; in beiden Fällen handelte es sich um den Eintritt in eine strukturell bedingte Schuldenschraube ohne irgend erkennbares Ende. Nur war die Klemme der Dritte-Welt-Länder ungleich dramatischer. Bald schon meldeten die ersten ihre Zahlungsunfähigkeit. Den reichen Ländern lag es indessen fern, darin ein Menetekel ihrer eigenen Zukunft wahrzunehmen.

Nun begann die große Zeit des IWF. Er übernahm die Verwaltung der Staatsverschuldung der Dritten Welt – eine politische Aufgabe, die den USA sehr zupaß kam. Die Verschuldung von Staaten bei – meist privaten – Banken wurde auf das internationale Regime eines Fonds umgeschuldet, der nur zu zahlen bereit war, wenn bestimmte wirtschaftspolitische Kriterien strikt erfüllt wurden. Das waren die gleichen, nach denen die Verschuldung zustande gekommen war. Erst die neoliberale Wende, das freie Spiel der Wechselkurse, die globale Entgrenzung des Kapitalflusses hatte jene Dollarschwemme ermöglicht, deren Versuchung die betroffenen Länder erlegen waren. Und nur durch Entgrenzung des Kapitalflusses sollten sie wieder genesen. Das bedeutete: freie Fahrt für internationalen Wettbewerb; keinerlei Schutzmaßnahmen für einheimische Unternehmen und Industrien; keinerlei garantierte Mindestlöhne; strikte Minderung der Staatsausgaben; Bekämpfung jeglicher Inflation; Maßnahmen zur Gewinnung ausländischer Großinvestoren.

Trickle down

Kommt uns das nicht bekannt vor? Ist das nicht bis heute der Generalbaß des IWF? Doch erst gegen Ende der 1970er Jahre fing er an, ihn anzustimmen – und ignorierte dabei etwas Entscheidendes. «Die meisten entwickelten Industriestaaten einschließlich der Vereinigten Staaten und Japans hatten ihre Volkswirtschaften aufgebaut, indem sie selektiv und umsichtig einige ihrer Wirtschaftszweige abschirmten, bis diese stark genug waren, um sich dem internationalen Wettbewerb zu stellen.» Aber hochverschuldete kleine Entwicklungsländer sollten sich ihm sofort und ohne jede Abfederung stellen. Joseph Stiglitz hielt es schlicht für verantwortungslos, «wenn ein Entwicklungsland dazu genötigt wird, seine Märkte für Importgüter zu öffnen, […] bevor der industrielle und der landwirtschaftliche Sektor der Länder eine gewisse Robustheit erlangt hat». «Arbeitsplätze werden systematisch vernichtet.»[52] Stiglitz war 1997 bis 2000 Chefvolkswirt der Weltbank und während dieser Zeit in ständigem Konflikt – sowohl mit seiner eigenen Institution als auch mit deren «Zwilling» IWF. Er fühlte sich noch deren keynesianischer Gründungsidee verpflichtet, während die Weltbank immer mehr von Armutsbekämpfung auf Wachstumsförderung

52 Stiglitz 2002, 31 f.

umschwenkte und der komplett neoliberal gewendete IWF Armut und Arbeitslosigkeit nicht einmal mehr als eigenständige Themen erachtete. «Keynes würde sich im Grab umdrehen, könnte er sehen, was aus seinem Kind geworden ist», nämlich eine Institution, die allen Ernstes «die volkswirtschaftliche *Trickle-down*-Theorie (Theorie vom ‹Durchsickern› von Einkommens- und Wachstumseffekten von oben nach unten)» vertritt. Sie besagt: Wenn nur kontinuierlich für wenig Inflation, hohes Wachstum und niedrige Löhne gesorgt wird, «*sickern* die Nutzeffekte dieses Wachstums schließlich zu den Armen *durch*».[53] Und wenn es nicht dazu kommt? Dann werden marktfeindliche Kräfte beschuldigt, die dem Sickern nicht lange genug Zeit lassen oder es durch staatliche Eingriffe verhindern und die segensreiche Selbstregulierung des Marktes sabotieren wie einst die Häretiker das Christlichwerden des Abendlandes.

Der Neoliberalismus ist ein umgekrempelter Keynesianismus. Er hat Keynes' Idee des Weltfonds – der als ökonomisches Seitenstück zur UNO gedacht war – aufgegriffen und marktfundamentalistisch gewendet, genauso wie er die von Keynes befürwortete Staatsverschuldung zu neuen Höhen trieb, nur eben nicht zur Förderung «effektiver Nachfrage», sondern zur Kompensation ausgefallener Steuern. Den neuen Finanzmärkten wuchs dabei unversehens der Status eines globalen Hoffnungsträgers zu. Sie sorgten für internationale Währungsstabilität, halfen den Großunternehmen, ihren immer größer werdenden Technologiebedarf vorzufinanzieren, den Staaten, ihre immer weiter klaffenden Steuerlöcher zu stopfen. Ihre stets anlagebereiten Geldmengen waren erhaben über alle Überproduktions- und Absatzkrisen, über Gewerkschaften, Streiks und Lohnverhandlungen, mit denen sich die Realwirtschaft herumärgern muß. Sie bildeten ein Reich, worin sich das Geld allein durch seinen rasanten, nur digital überhaupt noch dingfest zu machenden Umlauf gleichsam auf eigene Faust zu vermehren schien. An diese Adresse konnte man sich in der Not immer wenden. Ein neuer informeller, aber ungemein effizienter *lender of last resort* stand bereit. Und dann die giftigen Baukredite. Sie hatten die neuen Finanzmärkte auf fatale Weise realwirtschaftlich infiziert, liefen dort zunächst wie geschmiert um, bis von einem Tag auf den andern niemand mehr sie einlösen wollte. Der gesamte Finanzsektor stockte. Prompt schrie der ganze

53 Stiglitz, 2002, 99

 Chor, der das Lied der Selbstregulierung des Marktes gesungen und sich jede staatliche Maßnahme über die Gewährleistung dieser Selbstregulierung hinaus strikt verbeten hatte, wie auf Kommando nach staatlicher Hilfe. Der umgekrempelte Keynesianismus griff auf Keynes zurück.

Waren die Marktfundamentalisten zu Kreuze gekrochen? Keineswegs. Ihr Flehen um staatliche Rettung war kein Bußgang, sondern kategorischer Imperativ. Der Staat sollte ihnen lediglich aus der Patsche helfen. Börsenkräche und Rettung großer Industrieunternehmen oder Banken durch Steuergelder hatte es auch vorher längst gegeben. Aber daß die reichsten Staaten innerhalb weniger Tage gemeinsam einen Billionenbetrag an Schulden aufnahmen, um ihren Großbanken unter die Arme zu greifen und so die Lähmung des gesamten internationalen Bankensystems zu verhindern, das war neu – gewissermaßen ein umgekrempelter Keynesianismus zweiten Grades. Keynes' Idee einer sporadischen Staatsverschuldung zur Ankurbelung beschäftigungswirksamer industrieller Nachfrage nimmt sich im Vergleich dazu nachgerade rührend aus. Längst war sie durch eine stetig steigende Staatsverschuldung zur Stopfung exponentiell wachsender Steuerlöcher neoliberal pervertiert worden. Aber Staatsverschuldung nicht *bei* Banken, sondern *für* Banken, und zwar um das von ihnen verspielte Vertrauen wiederherzustellen – wohlgemerkt nicht etwa das verlorene Vertrauen ihrer Kundschaft, sondern *ihr* Vertrauen zueinander, ohne das kein Geld zwischen ihnen fließt: das war noch eine ganze Umdrehung perverser.

Und wo kamen die Milliarden für die Banken her? Die Regierungen haben sie ja nicht aus der eigenen Tasche gezogen. Nur über eigens zur staatlichen Geldaufnahme gegründete Finanzagenturen sind sie an dies Geld gekommen, und nur weil es offenbar private Geldinstitute gab, die in der Lage und willens waren, es ihnen bereitzustellen. Anlagebereites Geld existierte also weiterhin in Fülle – vornehmlich auf dem deregulierten Finanzmarkt der großen Versicherungen, Pensions- und Investmentfonds, die man auch «Schattenbanken» nennt, weil sie dem internationalen Bankenregime von Basel nicht unterworfen sind. Rettung von Banken durch den Staat mit Geld vom Finanzmarkt: das war die neue Schleife, in die sich die Akteure nun begaben. Direkt hätten die Schattenbanken den Banken das Geld nicht vorgestreckt. Nur über den Staat waren sie dazu bereit, denn der hatte einen Rückhalt, den keine Privatbank bieten kann: den Steuerzahler. Zu dessen Lasten gingen nun Milliarden an «notleidende Banken», teils als Zahlungen, teils als Bürgschaften. Die Konditionen waren von Land zu Land verschieden. Aber überall durften die Banken faule Wertpapiere in hohem Maße aus ihren Bilanzen herausrechnen und in eine Bad Bank auslagern, wo sie – wie die Gebeine auf die Wiederkehr Christi – auf eine Konjunktur warten, die sie wieder handelbar macht.

Nur wenige Banken wurden in Europa abgewickelt, in den USA immerhin an die vierhundertfünfzig. In wenigen Monaten liefen die Geschäfte wieder. «New York, 16. Oktober 2009: Die amerikanische Investmentbank Goldman Sachs gibt für die Monate Juli bis September einen Gewinn von 3,2 Milliarden Dollar bekannt, viermal mehr als im Jahr zuvor. Tokyo, 29. Oktober 2009: Das größte japanische Wertpapierhaus Nomura, das Teile der Pleitebank Lehman übernommen hatte, schreibt [...] wieder schwarze Zahlen. London, 11. November 2009: Die britische Großbank Barclays verkündet, ihr Gewinn habe sich im dritten Quartal 2009 im Vergleich zum Vorjahr auf 4,4 Milliarden Pfund verdoppelt. Frankfurt, 15. Dezember 2009: Die Deutsche Bank stellt ihren Aktionären für das Jahr 2011 einen Rekordgewinn von zehn Milliarden Euro in Aussicht.» Und: «Es gibt in den Bankentürmen wieder hohe Boni zu kassieren.» Laut «Wall Street Journal zahlen allein die 23 größten amerikanischen Banken ihren Mitarbeitern in diesem Jahr [...] über 20 Milliarden Dollar mehr als im Krisenjahr 2008.»[54] Als wäre nichts geschehen.

Neoliberaler Staatsbankrott

Und doch waren Retter und Gerettete auf eine noch kaum faßbare Weise kompromittiert. Banken, die die Hilfe annahmen, offenbarten sich damit zugleich als angeschlagen und waren darauf bedacht, diesen Makel möglichst schnell wieder loszuwerden. Einige zahlten das geliehene Geld schon vor Fristablauf zurück. Andere, wie die Deutsche Bank, legten Wert darauf, ohne staatliche Hilfe durchzukommen, und rechneten sich Reputationsvorteile dafür aus. Und die Staaten? Alle, die am großen Bankenrettungsschirm beteiligt waren, hatten ihn bloß auf Kredit aufgespannt – und dabei eine

54 Kohlenberg u. a. 2010, 15

 historische Glaubwürdigkeitsmarke überschritten. Wenn auch im August 2008 niemand ernstlich glaubte, der deutsche Staat werde seine Schulden von 1,5 Billionen jemals auf Euro und Cent abtragen, so war dieser Staat als Schuldner aufgrund seiner Wirtschaftsleistung und seiner Schuldenabbaupolitik dennoch über alle Zweifel erhaben. Als jedoch ein Jahr später die Schuldenuhr etwa auf 1,7 Billionen stand statt, wie versprochen, unterhalb von 1,5 – da geriet auch der seriöseste Schuldenstaat unter Verdacht. Stand nicht auch er im Begriff, unter der Schuldenlast in die Knie zu gehen? Die andern waren ohnehin verdächtig. In Griechenland, Irland, Portugal und Spanien stand die Staatsschuldenerhöhung in eklatantem Mißverhältnis zur Wirtschaftsleistung.

Nun kam die Rache des Markts. Wer hatte denn nach Staatshilfe gerufen? Ein öffentlichkeitswirksamer Chor bedrohter Banken und Bankkunden, Finanzexperten und -politiker. Und die Regierungen? Die hatten den Ruf nur zähneknirschend erhört. Wir intervenieren, um nie wieder intervenieren zu müssen, war ihre Devise; der Rettungsschirm muß die absolute Ausnahme sein, die die Regel wiederherstellt: ein Marktgleichgewicht, das gewährleistet, daß es nie wieder zu solchen Turbulenzen kommt. Wer hingegen gar nicht gerufen hatte, das waren die Armen und Arbeitslosen, die so gut wie nichts zu verlieren hatten. Und noch jemand: jene Finanzinstitute, die über das Geld verfügten, nach dem da gerufen wurde. Sie ließen vielmehr den jeweiligen Staat hübsch kommen und bitten und legten ihm dafür, daß sie ihm so großzügig aushalfen, hohe Zinssätze auf. Dabei waren sie nicht gerade unbeteiligt an der Misere. Das Fremdgehen der Geschäftsbanken im Reich der Schattenbanken, will sagen, die Verwandlung von Immobilienkrediten in Wertpapiere und ihre Einschleusung in den deregulierten Finanzmarkt hatte die Immobilienblase in Gang gesetzt und das gesamte Bankenwesen infiziert. Und nun war eben jener Finanzmarkt, der die Keime dieser Infektion weltweit gestreut hatte, der Bankenretter. Rudolf Otto hätte gesagt: «Vor dem mir graut, zu dem michs drängt.»[55] Und in der Tat: Den Staaten graute vor jenem undurchsichtigen Reich der Schattenbanken und ihrer Trabanten, das sie selbst mit entfesselt hatten, als sie einst gute Miene zur Eröffnung des International Money Market machten, und es drängte sie zugleich zu diesen ungeliebten Rettern.

55 Otto 1963 [1917], 42

Sie waren der eigentliche *lender of last resort*, die Staaten nur ihre Kreditnehmer. War es da nicht mehr als recht, daß die Kreditgeber nun diejenigen, denen sie geholfen hatten, darauf ansahen, ob sie dieser Hilfe auch würdig waren? Marktökonomisch gesehen war es ja Unsinn, daß Staaten sich für ihre Banken derart krummlegten, statt einfach den Markt das Problem lösen zu lassen.

Nun mußten die Staaten für diesen Unsinn büßen, allen voran die der Eurozone, die in *einer* Währung sehr unterschiedliche nationale Rettungsprogramme aufgelegt hatten. Griechenland und Irland hatten sich dabei derart überschuldet, daß der Finanzmarkt sie alsbald nicht mehr refinanzieren wollte. Der *lender of last resort* verweigerte sich, wenn ihm die Konditionen nicht paßten. Und so drohten plötzlich Staatsbankrotte, die die ganze Eurozone in Mitleidenschaft zogen. Einst war die gemeinsame Währung dem Wahlvolk der reichen Länder damit schmackhaft gemacht worden, daß jedes Euroland ökonomisch für sich selbst verantwortlich bleibe und keines dem andern aus der Patsche helfen müsse (No-bail-out-Klausel). Nun befürchteten die Regierungen, der Euro selbst sei am Ende, wenn einzelne Euroländer bankrott gingen. Der Finanzmarkt schürte diese Angst. Statt Griechenland weitere Kredite zu gewähren, war er Schauplatz großer Wetten auf den Bankrott Griechenlands und seinen Austritt aus dem Euro. Wieder war Alarmstufe eins. Niemand überblickte, auf wieviel griechischen Verbindlichkeiten die systemrelevanten Geschäftsbanken der Eurozone sitzenbleiben würden.

Es ist bekannt, zu welchen Weichenstellungen diese erneute Bankenkrise, die nun zugleich eine Staats- und Eurokrise war, geführt hat. Nachdem diverse Rettungspakete für Griechenland nicht zum gewünschten Erfolg führten, strichen die EU-Staaten im Mai 2010 kurzerhand die No-bail-out-Klausel aus ihrem Vertragswerk; sie spannten einen neuen Rettungsschirm auf, diesmal über notleidenden Staaten; sie stellten Griechenland, zeit- und teilweise auch Irland, Portugal und Spanien, unter diesen Schirm, gingen zusätzlich den IWF um Hilfe an, um besagte Staaten um jeden Preis im Euro-Verbund zu halten, und arbeiteten unterdessen nach dem Vorbild des IWF an einem europäischen Währungsfonds: dem Europäischen Stabilitätsmechanismus (ESM). Er trat im Oktober 2012 in Kraft. Wer immer seine Mittel in Anspruch nimmt, wird jenen neoliberalen Grundsätzen unterworfen, die der IWF seit den 1980er Jahren wie eine Monstranz vor sich herträgt: strikte Minderung der Staatsausgaben; keinerlei Schutzmaßnahmen für einheimische Unternehmen und Industrien; keinerlei garantierte Mindestlöhne; Bekämpfung jeglicher Inflation; Maßnahmen zur Gewinnung ausländischer Großinvestoren. Wie der IWF damals im Kraftfeld der USA die Verwaltung der Schuldenkrise der Dritten Welt übernahm, so tut es nun der ESM im Kraftfeld Deutschlands und Frankreichs mit der Schuldenkrise Europas.

Und so kommt das Konzept des Weltfonds, das Keynes gegen Ende des Zweiten Weltkriegs ausheckte, auf einigen Umwegen siebzig Jahre später doch noch dort an, wo es ursprünglich ansetzen sollte: auf den Trümmerfelder Europas. Nur sind die Trümmer nicht die physischen, die vom Zweiten Weltkrieg zurückblieben, sondern die finanziellen einer globalen Schuldenkrise. Sie sind weniger blutgetränkt, weniger handgreiflich, haben aber den Nachteil, daß sie sich nicht einfach wegräumen lassen. Sie lassen sich lediglich verwalten. Die Institutionen, die das tun, haben Keynes vollständig umgekrempelt. Aber er lebt in ihnen auf bizarre Weise fort. Es geht nicht ohne Staatsschulden zur Stimulierung der Wirtschaft, war seine These, und die Staatsschulden zur Wachstumsförderung wachsen ins Unermeßliche. Es geht nicht ohne Staatsinterventionismus, sagte er, und die Regierungen intervenierten zähneknirschend. Ihr Eingriff zur Bankenrettung von 2008 war als absolute Ausnahme gedacht – einzig zu dem Zweck, danach einen funktionierenden Finanzsektor sich selbst überlassen zu können. Aber aus der Ausnahme ist ein Dauerzustand geworden. Permanent beraten die europäischen Finanzminister oder Regierungschefs seither über die Krise und ergreifen Maßnahmen zu ihrer Überwindung. Der Europäische Rat, die Ministerräte, die Europäische Kommission, die Eurogruppe sind ebenfalls mit einander überlappenden Kompetenzen involviert. Doch selbst die Akteure behaupten nicht, daß die ergriffenen Maßnahmen bereits den Rahmen für ein freies globales Marktgleichgewicht darstellen. Sie sollen Zeit schaffen für das Sägen der Bretter, aus denen dieser Rahmen herzustellen wäre. In Anlehnung an Kant könnte man sie «Prolegomena zu einer jeden künftigen Marktwirtschaft, die sich interventionsfrei im Gleichgewicht wird halten können», nennen.[56] Aber diese Prolegomena sind dauerhafter Staatsinterventionismus,

56 Cf. Kant 1968 [1783]

und wann sie jemals aufhören sollen, ist nicht absehbar. Keynes geistert in ihnen umher wie der Fliegende Holländer.

Neoliberaler Investiturstreit

Haben wir nicht noch einen der Akteure vergessen? Richtig. Als 1890 die größte englische Geschäftsbank zusammenbrach, übernahm die Bank von England erstmals die Rolle eines *lender of last resort.* Sie lieh sich mehrere Millionen Pfund Gold aus dem Ausland und verhinderte den Konkurs. Moderne Zentralbanken müssen nicht mehr leihen gehen, um Verleiher letzter Instanz zu sein. Sie erschaffen das nötige Geld selbst. Das ist ungleich bequemer, aber auch tückischer. Wenn sie in einer Bankenkrise zuviel Geld in Umlauf bringen, droht Inflation. Deshalb hielt sich die FED zurück, als sich 2008 die Immobilienkrise zuspitzte. Ebenso wie die EZB sah sie keinerlei Anlaß, größere Mengen Frischgeld über die Geschäftsbanken in allgemeinen Umlauf zu bringen. Es war doch genug Geld da. Und so überließen die Zentralbanken die Rolle des *lender of last resort* dem deregulierten Finanzmarkt, auf dem sich ja tatsächlich Billionen gesammelt hatten.

Damit hatten sie freilich für einen historischen Augenblick das Heft aus der Hand gegeben. *Lender of last resort*: waren das nicht *sie*? Besagter Finanzmarkt könnte ohne das Geld, das sie erschaffen und in Umlauf bringen, überhaupt nicht existieren. Mehr noch: Erst als die Erschaffung von Geld aus nichts zu ihrem Wesensmerkmal wurde, eröffnete sich der International Money Market. Er wurde gleichsam mit erschaffen, und der Staat war der Pate der neuen Kreatur, der alles tat, was ihrem Gedeihen zuträglich war. Und nun waren es ausgerechnet Auswüchse dieser Kreatur, nämlich schwerreiche Schattenbanken mit hochporöser Grenze zum Geschäftsbankensektor, die den Staaten das Geld zur Bankenrettung vorschossen. Damit machten sie den Zentralbanken ihre Rolle als *lender of last resort* streitig. Sie gaben ihnen zu verstehen: Wir können *auch*, was eigentlich euer Job ist, aber im Unterschied zu euch müssen wir es nicht.

Das bekam nun vor allem die Eurozone zu spüren. Staaten das Geld zur Bankenrettung leihen? Das hatte der Finanzmarkt gütigst getan. Aber Eurostaaten, die dadurch an den Rand der Zahlungsunfähigkeit geraten waren, mit Krediten wieder aufhelfen? Das kam nicht in Frage, es sei denn, die andern Eurostaaten beteiligten sich durch Verkauf eigener Anleihen oder durch Bürgschaften und holten weitere Geldgeber hinzu wie den IWF. Nur so kam 2010 in letzter Minute der Rettungsschirm über Griechenland zustande, ehe es zahlungsunfähig wurde. Weit weniger als um Griechenland selbst ging es um seine Gläubiger. Unter ihnen befanden sich gewiß Geschäftsbanken und sogar kleine und mittlere Sparer; aber diejenigen, die wirklich zählten, waren einmal mehr die Großgläubiger vom deregulierten Finanzmarkt. *Deren* Kredite waren vornehmlich zu retten, damit sie ja nicht aufhören möchten, neue Kreditgesuche zur Staatsrefinanzierung wohlwollend zu prüfen. Nur waren nun nicht mehr bloß einzelne Staaten Bittsteller auf dem deregulierten Finanzmarkt; eine ganze Staatengemeinschaft wurde bei seinen Geldinstituten vorstellig. Sie mußte die No-bail-out-Klausel, einen Pfeiler des europäischen Vertragswerks, umstoßen; sonst wären die gewünschten Kredite nicht mehr geflossen und nicht nur einzelne Staaten bankrott gewesen; die ganze Architektur der EU hätte zur Disposition gestanden. Kann ein *lender of last resort* eine stärkere Stellung gewinnen als hier der internationale Finanzmarkt?

In dieser Situation hat die EZB beschlossen, den Fehdehandschuh aufzunehmen, den der Finanzmarkt den Zentralbanken hingeworfen hat. Wer ist *lender of last resort*, er oder sie? Das ist die Frage, die in den ungeheuren Summen, die seither weltweit bewegt werden, zur Entscheidung steht. Wenn die Staaten derart abhängig von den Finanzmärkten geworden sind, wer bleibt dann noch als Gegengewicht, wenn nicht die Zentralbank? In der Tat, ihre Unabhängigkeit ist nach wie vor einzigartig. Nur ihr steht zu, über die Stabilität der staatlichen Währung zu wachen; aber um das unabhängig tun zu können, darf sie nicht direkt in Staatsgeschäfte verwickelt sein. Nur sie vermag Geld aus nichts zu machen; aber sie darf es nicht direkt dem Finanzministerium überweisen. Nur über die Geschäftsbanken geht das von ihr geschaffene Geld in den allgemeinen Zahlungsverkehr, in die Industrie, die Finanzmärkte, die Staatskasse. Die Unabhängigkeit der Zentralbank vom Staat ist dadurch erkauft, daß zwischen ihr und dem Staat der Markt steht. Der Markt ist einerseits ganz von ihr abhängig. Ohne daß sie ihm wohldosiert Geld zuführt und entzieht, bräche er in kürzester Zeit zusammen. Aber welche Wege dieses Geld auf dem Markt nimmt, steht nicht in ihrer Macht. Es sei denn – und hier ist die EZB im September 2011, als die Griechenlandkrise auch Italien und Spanien zu ergreifen drohte, auf einen Kunstgriff verfallen, durch den sie ihre Rolle noch einmal neu definiert hat.[57]

Geld erschaffen und es direkt den Staaten zuleiten, um ihre Abhängigkeit vom Finanzmarkt zu verringern: das ist ihr per Gesetz strikt verboten. Aber wie, wenn es umgekehrt verläuft; wenn sich Staaten auf dem Markt Geld leihen, und die Zentralbank diese Anleihen dann aufkauft? Selbstredend zu ungleich günstigeren Konditionen für den Staat, als er sie auf dem Markt je bekäme. Dann wird die Staatsanleihe nicht direkt vom Staat aufgenommen, sondern von privaten Firmen, und die Zentralbank kann treuherzig behaupten, ganz nach Recht und Gesetz zu handeln, auch wenn offensichtlich ist, daß besagte Firmen faktisch Staatsdienste leisten – und die EZB keinen Hehl daraus macht, daß sie nur von Staaten Anleihen kauft, die ihre Vorgaben befolgen: Verringerung der Staatsausgaben; keinerlei Schutzmaßnahmen für einheimische Unternehmen und Industrien; keinerlei garantierte Mindestlöhne; Bekämpfung jeglicher Inflation – also alles das, was auch IWF und ESM verlangen. Damit hat sich die EZB hinter dem ESM als *lender of last resort* aufgebaut. Die Mittel des ESM kommen vom Finanzmarkt. Sie sind hoch, aber begrenzt. Die Mittel der EZB kommen hingegen aus dem Nichts und sind unbegrenzt. «No ex ante quantitative limits are set on the size», verkündete Mario Draghi auf der EZB-Sitzung vom September 2012.[58] Mit andern Worten: Wir behalten uns den unbegrenzten Ankauf von Staatsanleihen vor und nehmen dem Finanzmarkt damit den Wind aus den Segeln. *Lender of last resort* sind *wir.*

So versucht die EZB, das Heft wieder in die Hand zu bekommen. Die Regierungen profitieren davon und nehmen den Machtzuwachs der Zentralbank dafür ebenso in Kauf wie ihre fadenscheinige Gesetzestreue. Um so bemerkenswerter sind Überzeugungstäter aus dem innersten Kreis der EZB selbst, die nicht bereit waren, die Neupositionierung ihrer Institution mitzumachen; Axel Weber etwa, der als Präsident der deutschen Bundesbank lieber darauf verzichtete, EZB-Präsident zu werden, oder Jürgen Stark, der lieber vom Posten des Chefvolkswirts der EZB zurücktrat. Warum war für sie hier der *status confessionis* eingetreten? Weil der Schwenk der EZB grundsätzlicher war als auf den ersten Blick ersichtlich. Zum Begriff der Zen-

57 Cf. Schieritz 2011
58 Nienhaus 2012, 32

 tralbank gehört, daß alle Angehörigen des Geldsystems ihre Schuldner sind. Sie schafft das Geld, nicht der Markt. Sie gibt und nimmt ihm nach ihrem Gutdünken; sie erhöht oder senkt den Leitzins, ohne irgend mit Marktteilnehmern darüber zu verhandeln. «Der Herr hat's gegeben, der Herr hat's genommen; der Name des Herrn sei gelobt.»[59]

Was aber wird aus ihrer priesterlichen Erhabenheit über den Markt, wenn sie selbst auf dem Markt als Käufer auftritt? Die Antwort läßt sich am besten theologisch formulieren: Sie profaniert ihr Priestertum. Sie macht sich mit der weltlichen Macht gemein. Zwar tut sie das, um dieser Macht überlegen zu bleiben; aber gerade dabei verwickelt sie sich in deren Fäden – ganz wie es im Mittelalter das Papsttum tat, als es sich auf das Niveau von Avignon begab und mit den weltlichen Mächten in einen profanen Wettkampf um Einnahmen trat. Die theologischen Druckmittel, die nur dem Papst zustanden, wurden für kurzfristige Geldvorteile eingesetzt. Die Kurie kompromittierte sich. Was sie von den weltlichen Mächten abheben sollte, bewirkte, daß sie ihnen immer ähnlicher wurde. Im sechzehnten Jahrhundert gehörte auch sie schließlich zum Kreis der Kriegführenden und Kreditbedürftigen, auch wenn sie nicht so hoch verschuldet war wie die Herrscherhäuser Spaniens, Frankreichs oder Englands.

Die Schuldenfalle, in der letztere zu Beginn der Neuzeit saßen, ähnelt verteufelt derjenigen, in die sich die neoliberale Staatenwelt hineinmanövriert hat. Schon damals wußten die Regierenden nicht, wie sie da je wieder herauskommen würden. Sie halfen sich mit Zahlungsverweigerung, Sondersteuern und Kriegsgewinnen. Auch einen deregulierten Finanzmarkt gab es schon. Keine Bankenaufsicht wachte über die Geschäfte der Fugger und Welser, von deren Krediten Spanien und Frankreich zeitweise nicht minder abhängig waren, als es die Euroländer vom heutigen Finanzmarkt sind. Nur die Zentralbank fehlte. Ihre Zeit begann erst mit der Bank von England, und erst die neoliberale Wende hat ihr Priestertum in eine globale Dimension gehoben. Ihre Verlautbarungen kommen daher wie päpstliche Enzykliken. Die Öffentlichkeit klebt an den Lippen ihrer Präsidenten, wenn sie ihre Beschlüsse zu Zinssätzen und Geldmenge bekanntgeben. Jedes Räuspern, jedes Zögern, jede Betonung wird

59 Hiob 1,21

interpretiert wie früher bei Orakelsprüchen. Und seit die EZB den Investiturstreit mit dem Finanzmarkt aufgenommen hat, scheint ihr Zenit erreicht. In Worten der Frankfurter Allgemeinen Zeitung: «Der EZB-Präsident hat seine Notenbank in eine neue Ära katapultiert. Sie ist nun oberster Euro-Retter.»[60]

Doch ihre Rettung ist kaum mehr als erste Hilfe. Sie lindert den Druck, den der Finanzmarkt auf überschuldete Staaten ausübt, wenn sie Staatsanleihen von ihnen aufkauft. Aber sie kann ihn nicht entfernt beseitigen. Und was kommt nach der ersten Hilfe? Erste Hilfe. Gegenwärtig tut die EZB vornehmlich zweierlei: Zum einen kauft sie Staatsanleihen. Das kann sie nur, indem sie sich selbst auf den Markt begibt und sich dort vom Wohlwollen anderer Marktakteure abhängig macht, nämlich von privaten Geldinstituten, die die Staatsanleihen, die sie zu erwerben wünscht, ja erst einmal selbst kaufen und ihr dann anbieten müssen. Indem sie also Marktdruck von verschuldeten Staaten nimmt, gerät sie selbst unter Marktdruck. Zum andern pumpt sie dreistellige Milliardenbeträge zu minimalen Zinsen in den Markt. So versucht sie Druck auf den Finanzmarkt auszuüben, bitte endlich seinen Beitrag zur Ankurbelung wirtschaftlichen Wachstums zu leisten. Ein Teil des von ihr ausgereichten Frischgeldes ist eigens an die Bedingung geknüpft, in die Realwirtschaft investiert zu werden. Banken, die diese Beträge nicht als Kredite weiterreichen, sondern lieber bei ihr, der EZB, lagern, müssen dafür Zinsen *zahlen*, statt daß sie welche erhalten.[61] So beginnt die EZB Weltwirtschaftspolitik zu betreiben.

Doch den Finanzmarkt interessiert nicht volkswirtschaftliches Gesamtwohl, sondern die Rendite, und die ist ihm im Produktionssektor bei derart niedrigen Zinsen nicht hoch genug. Einmal mehr bewahrheitet sich Keynes' Einsicht: Je reicher eine Wirtschaft wird, desto mehr von ihrem Reichtum legt sie brach – wenn nicht gegengesteuert wird. Und gerade die ungeheuren Geldmengen, die die Zentralbank ins System einspeist, steuern wenig gegen. Sie sollen einer neuen globalen Bankenkrise vorbeugen und für genügend Liquidität sorgen. Aber wohin mit dem ganzen Geld, wenn attraktive Anlagemöglichkeiten rar sind? Geld, das nach Anlage drängt, drängt zum Risiko. Aufstrebende mittelständische Betriebe sind für Großanleger

60 Nienhaus, 2012, 32
61 Cf. Plickert 2014, 17

 Peanuts. Anders ist das mit großen, aber hochverschuldeten Firmen. Deren Schulden übernehmen, sie mit weiteren Krediten versorgen, keine Teilrückzahlungen verlangen, dafür hohe Zinsen verbuchen und auf ein paar Jahre später einen Gesamtzahltag festlegen, an dem sie sich entweder durch hohe Gewinne saniert haben oder in die Hand des Gläubigers fallen: das ist eines der neuen Milliardenspiele, die immer mehr brachliegendes Kapital anziehen. Verschuldete Firmen werden ähnlich gehandelt wie vor einem Jahrzehnt faule Immobilienkredite, als gäbe es aus der Immobilienkrise des letzten Jahrzehnts nichts zu lernen. «‹Bemerkenswert ist, dass auch Unternehmen geringer Bonität zunehmend Zugang zu den Unternehmenskreditmärkten erhalten›, schreibt die Bundesbank.»[62] Doch keine Zentralbank der Welt kann Einhalt gebieten, wenn ganze Firmen in «besicherte Wertpapiere» verpackt und auf dem deregulierten Finanzmarkt weitergereicht werden wie ein Jahrzehnt zuvor Immobilienkredite.

Die «neue Ära», in die sich die Zentralbank «katapultiert» hat, ist die Ära ihrer beginnenden Selbstentzauberung. Sie hat sich kompromittiert, als sie sich direkt auf den Markt begab. Dort ist sie bloß ein Marktakteur unter vielen, selbst wenn all das Geld, das dort kursiert, ihre Schöpfung ist. Durch ihren Entschluß, Staatsanleihen zu kaufen und aktive Weltwirtschaftspolitik zu machen, hat sie den Titel des *lender of last resort* zwar in gewisser Weise zurückgewonnen. Aber er ist längst nicht mehr soviel wert wie zuvor. In den Jahren der neoliberalen Wende zeichnete er die priesterliche Instanz aus, in deren Schuld sich das gesamte Geldsystem befindet; in der «neuen Ära» bezeichnet er vornehmlich einen Dauernotdienst, der an allen Ecken und Enden Schuldenlöcher stopft. Nichts deutet darauf hin, daß Zentralbanken, die direkt ins Marktgeschehen eingreifen, irgendwann einmal mehr leisten könnten als erste Hilfe.

Die letzten Jahre haben die Selbstregulierung des Markts noch einmal mit neuer Brisanz als das erwiesen, was sie immer schon war: eine fromme Gleichgewichtsphantasie. Deswegen sagte Keynes, der kapitalistische Markt werde nur dann ein gutes Gemeinwesen stiften und alle seine Mitglieder auf würdige Weise in Lohn und Brot bringen, wenn er «klug geleitet» werde – vom Staat. Und dann kam eine

62 Storn 2014, 22

bittere Ernüchterung: Seit der mikroelektronischen Revolution sind Kapitalismus und Vollbeschäftigung strukturell unvereinbar geworden. Dagegen hilft keine noch so kluge staatliche Leitung. Die Keynes-Welt war am Ende. Und doch lebt Keynes nach der neoliberalen Wende auf unfreiwillige und verkehrte Weise fort. Ständig muß der Staat intervenieren, aber nicht um den globalisierten Markt klug zu leiten, sondern nur um seinen Zusammenbruch zu verhindern und Krisen notdürftig abzumildern. Von diesem Befund aus zeigt sich im Rückblick, daß selbstverständlich auch Keynes eine Gleichgewichtsphantasie hegte. Von selbst würde der Kapitalismus nie ins Gleichgewicht kommen, aber wenn er klug geleitet würde, dann durchaus. Keynes geht sogar so weit, seine eigene Gleichgewichtsvorstellung als eine Variante der marktliberalen darzustellen. «Wenn es aber unserer zentralen Steuerung gelingt, eine Gesamtmenge der Erzeugung durchzusetzen, die mit Vollbeschäftigung so nah als durchführbar übereinstimmt, wird die klassische Theorie von diesem Punkt an wieder zu ihrem Recht kommen.» Denn «es wird immer noch ein weites Feld für die Ausübung der privaten Initiative und Verantwortung bleiben».[63] Doch die kapitalistische Realität macht keinerlei Anstalten, sich diesen Gleichgewichtsphantasien anzunähern. Globaler Kapitalismus ohne ständige Intervention von Staaten und Notenbanken ist ein Unding geworden. Nur daß die Intervention nicht lenkt; sie verhindert immer nur das Schlimmste. Damit weckt sie erneut einen alten Verdacht, der im neunzehnten Jahrhundert schon einmal ein mächtiges weltweites Echo hatte: daß das kapitalistische Geldsystem sich aus eigener Kraft gar nicht halten kann und nur durch permanenten Eingriff seiner Profiteure und Agenten vor dem Zusammenbruch bewahrt wird. Ist nicht endlich die Zeit reif, es zusammenbrechen zu lassen und sich von ihm zu befreien?

63 Keynes, 2006 [1936], 319 f.

3. Zusammenbruchsphantasien

Ewiges Wachstum

Modernen Menschen erscheint der Markt wie eine Naturgegebenheit. Alles, was sie weder besitzen noch selbst herstellen können, aber brauchen oder wünschen, müssen sie sich dort beschaffen. Nicht alles, was sie wünschen, ist auf dem Markt zu haben, und nicht alles, was er bereithält, bietet er ihnen zu annehmbaren Konditionen. Jeder muß seine Besitz- und Konsumwünsche mit der Realität des Marktes abgleichen, wie alle andern auch, die dort feilbieten, was sie haben, und suchen, was ihnen fehlt. Wo immer aber Verkäufer und Käufer handelseinig werden, gleichen sich Angebot und Nachfrage aus. Gemeinwesen, in denen dieser Ausgleich zum alltäglichen Normalfall tendiert, sind auf gutem Wege. Soweit das kleine Einmaleins der politischen Ökonomie. Sie ist die Wissenschaft vom Marktgleichgewicht. Doch sie stellt es nicht einfach fest wie ein Physiker die Fallgeschwindigkeit. Das Marktgleichgewicht läßt stets zu wünschen übrig. Es existiert immer nur annäherungsweise oder punktuell. Es ist weniger der Gegenstand der politischen Ökonomie als ihr Ziel. All ihre Fachvertreter wollen, daß es erreicht wird. Um so heftiger streiten sie darüber, wie es zustande kommen soll: ob eher durch Fernhalten aller äußeren Einflüsse, die seine Selbstherstellung stören könnten, ob eher durch homöopathische Korrekturen oder durch operative Eingriffe.

Der wichtigste Ökonom des neunzehnten Jahrhunderts beteiligte sich nicht an diesem Streit. Er war ein strikter Gegner der politischen Ökonomie: Karl Marx. Der Ausgleich von Angebot und Nachfrage, so sein dringender Verdacht, ist auf dem kapitalistischen Markt nur eine Fassade, die notdürftig verbirgt, was hinter ihr vorgeht: Unterdrückung, Ausbeutung und Kampf. Davon aber handelt die politische Ökonomie nicht. Sie blendet ihre eigenen politischen Grundlagen aus. Von denen aber ist zuallererst zu reden, wenn die modernen Marktverhältnisse begriffen werden sollen. Genau so war der junge Friedrich Engels vorgegangen, als er *Die Lage der arbeitenden Klasse in England* verfaßte, die Schrift, die seine Freundschaft mit Marx begründete und der dieser mehr entnahm, als gemeinhin angenommen wird. England, das Musterland der industriellen Revolution, zeigte damals am deutlichsten, wohin sich eine Gesellschaft entwickelt, die ihre gesamte Produktion an Maschinen knüpft. Wer genötigt ist, seinen Lebensunterhalt an solchen Maschinen zu verdienen; wer in dem Takt, den sie vorgeben, zehn Stunden und mehr immer gleiche Handgriffe machen muß, für einen Lohn, der ihm knapp sein Überleben ermöglicht, ohne ihm für Krankheit oder Alter irgendwelche Absicherung zu bieten, wie soll der seine Existenz aushalten? Und doch ist er mit dem Käufer seiner Arbeitskraft handelseinig geworden, zu solchen Konditionen zu arbeiten; Angebot und Nachfrage haben sich, marktökonomisch gesehen, bestens ausgeglichen.

Das waren ja bloß die Kinderkrankheiten der kapitalistischen Produktionsweise, lautet der gängige Bescheid, wenn heute auf diese Zeit zurückgeblickt wird. Längst ist eine umfassende Sozialversicherung da, Kinderarbeit verboten, der Arbeitstag auf acht Stunden gesenkt; sogar über Mindestlöhne wird verhandelt. Urlaubsreisen, Autos und Eigenheime sind auch für Industriearbeiter nicht vorab unerschwinglich. Doch ändert das viel an der Grundstruktur? Nach wie vor muß die große Mehrzahl der Bevölkerung ihre Arbeitskraft verkaufen – zu Zwecken und Konditionen, die ihre Käufer vorgeben, und zwar unter allgemeinen Konkurrenzbedingungen. Wer immer Produkte verkauft, ob Gebrauchsgüter oder Finanzprodukte, muß das günstiger tun als andere, wenn er auf dem Markt bestehen will. Er muß effizienter produzieren als andere, mit optimalen Maschinen und einem Minimum von maximal genutzten Arbeitskräften. Und wer seine Arbeitskraft verkaufen muß, muß besser erscheinen als andere und sich allen Selbstoptimierungstechniken unterziehen, die das Effizienzgebot des Markts von ihnen verlangt, zumal im Zeitalter der Schuldenfalle staatliche Verwaltungs-, Versorgungs- und Bildungseinrichtungen unter ähnlichem Effizienzdruck stehen wie private Firmen. Zur Vermeidung von Krisen gibt es nur ein probates Mittel: mehr erwirtschaften, als da ist. Die erreichten Standards der Alters- und Krankenversicherung, des Lohnniveaus, der Länge des Arbeitstages oder des Rentenalters sind immer nur so weit gesichert, wie wirtschaftliches Wachstum hinter ihnen steht. Sobald es nachläßt, stehen sie zur Disposition. Ihre Rückentwicklung ist jederzeit möglich – und seit der neoliberalen Wende auch in den reichsten Ländern offensichtlich.

Und das Wachstum selbst, soll das immer weitergehen? Nicht nur nächstes Jahr mehr als dieses, sondern auch in den nächsten dreihundert, fünfhundert, tausend Jahren jährlich mehr als im Vorjahr: wo soll das hinführen? Absurd der Glaube, der Markt werde unter solchem Wachstumszwang bis zum Jüngsten Tag nichts tun, als ständig sich selbst zu regulieren, wenn man ihn nur läßt oder ihm kundig hilft, und dabei den menschlichen Bedürfnissen täglich dienstbarer werden.[1] Diese Absurdität haben Marx und Engels schon Mitte des neunzehnten Jahrhunderts gespürt. «In schneidenden Widersprüchen, Krisen, Krämpfen drückt sich die wachsende Unangemessenheit der produktiven Entwicklung der Gesellschaft zu ihren bisherigen Produktionsverhältnissen aus. Gewaltsame Vernichtung von Kapital, nicht durch ihm äußre Verhältnisse, sondern als Bedingung seiner Selbsterhaltung, ist die schlagendste Form, worin ihm advice gegeben wird to be gone and to give room to a higher state of social production.»[2]

Ist das ein Statement von 1858 oder von 2008? «Nach Schätzung der Bank von England haben die Finanzinstitute der Welt schon jetzt 2,8 Billionen Dollar verloren», schrieb DIE ZEIT am 27. November 2008, gut zwei Monate nach Ausbruch der Finanzkrise.[3] Die Bad Banks, die die Staaten in kürzester Zeit zur Lagerung wertlos gewordener Wertpapiere eröffneten, verwalten die Überbleibsel einer bisher unübertroffenen globalen Kapitalvernichtung. Vernichtet wurde Kapital freilich längst schon, nur noch nicht in solchem Maße. Doch schon Marx rechnet die Kapitalvernichtung zu den systemischen Gestehungskosten der Kapitalexpansion. «Schöpferische Selbstzerstörung» hat Schumpeter diesen Vorgang später genannt – allerdings unterstellt, er sei ein Selbstregulierungsmechanismus und könne ewig weiterlaufen. Immer wieder gehe das Kapital aus seinen eigenen Zerstörungen hervor wie Phönix aus der Asche.

Diesen Optimismus hegten Marx und Engels nicht. Die Neuanfänge geschehen ja nicht wieder bei Null, sondern jeweils auf immer

1 Meinhard Miegel hat diese Absurdität in dankenswerter Weise offengelegt (Miegel 2011). Allerdings kommt man aus der Wachstumsschraube nicht so einfach per Entschluß heraus, wie es ihm vorschwebt. Ausstieg ist ein Privileg. Wohlhabende Privatpersonen und Kleinunternehmen können gelegentlich vielleicht zurückstecken und trotzdem noch lange von ihren Rücklagen zehren. Großunternehmen, die das Effizienzgebot ignorieren, gefährden sich alsbald. Solange sie ihm aber gehorchen, drehen sie auch an der Wachstumsschraube weiter.

2 Marx, 1974 [1858], 635 f.

3 Kohlenberg/Uchatius 2008, 17

höheren Wachstumsniveaus. Selbstregulierung ist ein selbstbezüglicher, zirkulärer, auf Beharrlichkeit und Statik angelegter Vorgang. Wachstum ist ein prozessualer, auf eine Maximalgröße ausgerichteter Vorgang. Wachstum ohne Ende: das ist ein Unding. Nichts wächst unendlich. Irgendwann kommt der Punkt, wo das Wachsende aus der Fassung gerät, seine Gestalt, seine Konsistenz, seinen Zusammenhalt verliert. Und wenn Marx und Engels die Gesellschaft ihrer Zeit auf diesen Punkt vorbereiten wollten: was taten sie dann anderes als Vorsorge treffen? Sie mögen sich im Zeitpunkt vertan, die kapitalistischen Beharrungskräfte unterschätzt und die Gestaltungskräfte der sozialen Klasse, von der sie sich «a higher state of social production» erhofften, überschätzt haben. Aber was spricht dagegen, dem fatalen Wachstumszwang an die Wurzel zu gehen? Genau das hatten sie vor. Ihr Name für die Wurzel des Übels hört übrigens nicht auf umzugehen, sosehr man ihn auch aus den wissenschaftlichen Diskursen der Ökonomie zu verbannen sucht: Exploitation – Ausbeutung.

Ausbeutung

Ausbeutung ist uralt und widerfährt nicht nur Menschen. Die Erde ausbeuten heißt: ihr Bodenschätze entnehmen, sie auslaugen, Raubbau an ihr treiben, bis ihre Vorräte erschöpft sind. So ist seit alters die Metallgewinnung verlaufen, vor allem der Umgang mit Gold- und Silberminen. Menschen ausbeuten heißt: auch ihnen bestimmte «Schätze», nämlich ihre Arbeitsprodukte, wegnehmen – und sie nötigen, diese Schätze bis zur Erschöpfung immer wieder hervorzubringen. Sklaven etwa verfügen nicht über ihre eigene Person. Nichts von dem, was sie erzeugen – seien es Arbeitsprodukte oder Nachkommen –, gehört ihnen. Sklavenhalter zwingen sie mit Waffengewalt, bis zur Erschöpfung zu arbeiten, lassen ihnen nur das Existenzminimum und nehmen ihnen alles übrige, um sich selbst ein wohlgefälliges Leben davon zu machen. Leibeigene haben einen gewissen eigenen Verfügungsraum über ihre Nachkommen und Arbeitszeit, müssen aber ihren Feudalherren einen beträchtlichen Teil ihrer Erzeugnisse aus Ackerbau und Viehzucht abliefern. In beiden Fällen ist der Ausbeutungstatbestand offensichtlich.

In den kapitalistischen Industriedistrikten ist das anders. Da lebt eine Bevölkerung, die, obwohl sie zehn und mehr Stunden pro Tag eine anstrengende, zermürbende Arbeit verrichtet, gerade genug verdient, um sich karg und ungesund zu ernähren, in feuchten, kalten Behausungen zu wohnen, sich mit Schnaps und Opium ein wenig zu betäuben – und keine Perspektive hat als die Fortsetzung dieser jämmerlichen Existenz. Und doch bringt niemand sie in Ketten an ihren Arbeitsplatz. Sie gehen selbst dorthin und sind zuvor mit dem Käufer ihrer Arbeitskraft um einen bestimmten Lohn handelseinig geworden. Sie mögen diesen Lohn als zu gering empfinden. Aber sie können kein Kriterium für angemessenen Lohn vorweisen. Die Ökonomen reden indessen von angemessener Wirtschaftsführung, bei der die Ausgaben für Geräte und Lohn ein bestimmtes Limit nicht überschreiten dürfen, wenn ein Unternehmen auf dem Markt bestehen soll. Angemessen können Preise nur an dem Markt sein. Löhne, die dort üblich sind, sind angemessen. Ein anderes Kriterium kennt die politische Ökonomie nicht.

Diese Ignoranz hat Marx und Engels ebenso empört wie als Wissenschaftler herausgefordert. Lohn als zu gering *empfinden* genügt nicht. Erst der Beweis, wofür kapitalistischer Arbeitslohn tatsächlich gegeben wird und was er vorenthält, werde den Proletariern Klarheit über ihre gesellschaftliche Stellung verschaffen und anzeigen, was zu tun ist, um «a higher state of social production» herzustellen. Im *Kapital* wollte Marx diesen Beweis ein für allemal führen und zeigen, daß der gesamte kapitalistische Wirtschaftsprozeß nichts anderes ist als die Erzeugung, Systematisierung und Verkomplizierung eines im Grunde ganz einfachen Ausbeutungstatbestands, der im Geld erscheint, sich darin aber auch versteckt. Deshalb muß hinter die Fassade des Geldes geschaut werden, und die erste Frage, die sich da stellt, ist auch schon die gewichtigste. Wie kann es sein, daß man mit einem physischen Ding ein anderes kaufen kann? Woher bekommt das eine seine Kaufkraft, das andere seine Käuflichkeit? Das interessierte die Ökonomie nicht. Es genügte ihr zu sehen, daß Tausch allenthalben stattfand. Marx hingegen witterte hier ein Geheimnis, das die gesamte Ökonomie blind gegen ihr eigenes Tun macht. Wie soll man vernünftig von Tausch handeln, wenn man nichts von der Kraft weiß, die ihn ermöglicht? Kaufkraft haftet Dingen ja nicht von Natur aus an. Menschen haben sie ihnen verschafft – freilich nicht, indem sie sich irgendwann einmal zusammensetzten und bestimmte ihrer Gebrauchsgegenstände als Tauschmittel definierten, sondern durch gemeinsame Tätigkeit. Auch darin lag Marx richtig. Nur der

Art dieser Tätigkeit und ihrer spezifischen «Gesellschaftlichkeit» konnte er nicht auf die Schliche kommen, weil er die sakrale Ursprungsdimension der Ökonomie genauso ignorierte wie seine Gegner, die politischen Ökonomen.

Erst der Rückblick in die Altsteinzeit hätte ihm verraten, woher die Kaufkraft kommt und was das Gesellschaftliche darin ist. Frühmenschen waren Jäger und Sammler. Früchte sammeln konnte zur Not jeder für sich, obwohl es gewiß nicht üblich war. Jagen konnten sie nur gemeinsam, zumindest Großtiere. Jagd ist die Urform gesellschaftlicher Arbeit. Sie verschaffte unentbehrliche Lebensmittel, aber sie verlieh ihnen keine Kaufkraft. Das vermochte nur ein zweiter Urtypus gesellschaftlicher Arbeit: die gemeinsame Zurichtung der Opfer. Dazu gehört ihre Erwählung (etwa durch Loswerfen), ihre Versetzung in einen wehrlosen Zustand (etwa durch Steinigung), die Selbstversetzung des ganzen Kollektivs in einen ekstatischen Zustand (etwa durch Selbstverletzung, durch Wiederholung immer gleicher rhythmischer Bewegungen und Laute, durch daraus entstehende kollektive sexuelle Erregung, durch Rauschmittel), der den Ausführenden den Opfervollzug erträglich machen sollte; schließlich die Schlachtung der Erwählten und die Bettung ihrer Überreste zur Ruhe. Die Gesellschaftlichkeit dieser Arbeit ergab sich nicht bloß naturwüchsig; sie war geradezu kategorischer Imperativ. Niemand durfte sich davon ausnehmen. Nur wenn alle seinen Tod mitverursacht hatten, wenn alle *schuld* waren, gewann das auserkorene Opfer *medha*: Schmackhaftigkeit für die Gottheit, der es zubestimmt war, oder moderner gesagt: Kaufkraft. Und wenn die Darbringung störungsfrei verlief, die Gottheit das Opfer also «annahm», dann wurde dafür ein Äquivalent an Schutz und Verschonung erwartet.[4]

Kaufkrafterzeugung war eine Gemeinschaftsleistung von größter Intensität und Erregung. Sie lag für alle Beteiligten offen zutage. Erst durch einen langwierigen historischen Verdrängungsprozeß ist sie zu einem Geheimnis geworden. Die Menschheit hatte allen Anlaß, sich an ihre Urszenen nicht mehr zu erinnern. Daß also auch Marx davon keine Kenntnis hatte, ist weder verwunderlich noch ehrenrührig. Allerdings hat er sich, obwohl der politischen Ökonomie seiner Zeit an historischen Kenntnissen und philosophischem Geschichtsbewußtsein weit überlegen, methodisch so eingestellt,

4 Siehe oben, S. 26 ff.

 daß historische Nachrichten dieser Art in seine Konzeption gar nicht erst eingehen können. «In der Anatomie des Menschen ist ein Schlüssel zur Anatomie des Affen. Die Andeutungen auf Höhres in den untergeordnetren Tierarten können dagegen nur verstanden werden, wenn das Höhere selbst schon bekannt ist. Die bürgerliche Ökonomie liefert so den Schlüssel zur antiken etc.»[5] Das Umgekehrte, nämlich daß gegenwärtige Einsichten in frühere Epochen gelegentlich auch einmal die Gegenwart in ein neues Licht rücken könnten, ist nicht vorgesehen. Genealogie ist Marx fremd. Nicht von ungefähr fungieren seine stupenden historischen Kenntnisse immer nur als Nachträge und Illustrationen zu etwas, was sich aus der Gegenwart schon ergeben haben soll. Marx erspürt zwar, daß es sich bei der Kaufkrafterzeugung um ein Menschheitsgeheimnis handelt, sucht den Schlüssel dazu aber von vornherein nur in der Gegenwart, will sagen, in der «entwickeltsten» Form menschlicher Arbeit: der kapitalistischen Lohnarbeit.

Sie ist nicht nur zermürbend und schlecht bezahlt, sondern obendrein erniedrigend dadurch, daß sie dequalifiziertes Handwerk ist. Man muß nicht erst schneidern, tischlern, schmieden lernen, um sie auszuüben. Jedem Kind, dessen Motorik sich einigermaßen normal entwickelt hat, kann man die wenigen dafür erforderlichen Handgriffe in kürzester Zeit beibringen, und sie laufen am Webstuhl nicht sehr viel anders ab als an der Spinnmaschine, weswegen man ja mit Vorliebe Kinder beschäftigte. Im dequalifizierten, auf einige wenige, weitgehend austauschbare Handgriffe geschrumpften Handwerk sieht Marx die menschliche Arbeit an ihrem historischen Tiefpunkt anlangen, damit zugleich aber auch an einem epochalen Wendepunkt – hin zur Emanzipation vom einzelnen, beschränkten Handwerk, hin zu Arbeitsformen, in denen die Individuen sich allseitig entwickeln können. «Die Gleichgültigkeit gegen die bestimmte Arbeit entspricht einer Gesellschaftsform, worin die Individuen mit Leichtigkeit aus einer Arbeit in die andre übergehn und die bestimmte Art der Arbeit ihnen zufällig, daher gleichgültig ist. Die Arbeit ist hier nicht nur in der Kategorie, sondern in der Wirklichkeit als Mittel zum Schaffen des Reichtums überhaupt geworden […] Hier also wird die Abstraktion der Kategorie ‹Arbeit›, ‹Arbeit überhaupt›, Arbeit sans phrase, der Ausgangspunkt der modernen Ökono-

5 Marx, 1974 [1858], 26

mie, erst praktisch wahr.»[6] Erst die moderne Lohnarbeit bringe ans Licht, was jene «Arbeit überhaupt» sei, die unerkannt auch schon in allen früheren Arbeitsformationen gesteckt habe – und einzig verständlich mache, was Geld ist.

Arbeit ist allerdings nie nur «überhaupt», sondern zunächst einmal konkrete materielle Tätigkeit, die Gebrauchswerte produziert: Betten zum Schlafen, Röcke zum Anziehen, Brote zum Verzehr etc. Aber daß das Brot gut nährt, hat nichts damit zu tun, daß der Rock gut wärmt oder das Bett schön weich ist. Auch ihre Herstellungsprozesse laufen separat; jeder von ihnen bedarf sehr unterschiedlicher Werkzeuge, Handgriffe und Geschicklichkeit. «Arbeit überhaupt» sind sie nur, sofern man von all ihren Besonderheiten absieht, so daß von ihnen bloß noch die «Verausgabung von menschlichem Hirn, Nerv, Muskel, Sinnesorgan usw.»[7] übrigbleibt: ein qualitätsloses Abstraktum. Dies Abstraktum ist ein Denkfilterprodukt. Marx jedoch stellt es dar, als wäre es die treibende gesellschaftliche Kraft im Arbeitsprozeß, die alle einzelnen Arbeiten miteinander verbindet, aufeinander bezieht, ihnen Käuflichkeit («Wertform») bzw. Kaufkraft («Äquivalentform») verschafft und sie *einander* wert macht. Ein Bett ist x Röcke, y Brote oder z Taler wert, sofern das gleiche Quantum gesellschaftlicher (= abstrakter) Arbeit in ihnen steckt. Marx nennt es gelegentlich eine «Gallerte»[8]. Sie – und nur sie – macht für ihn den Wert aus. Er ist ausschließlich quantitativ bestimmbar – als verausgabte Arbeitszeit. Das gilt auch für Münzen. Wert haben sie nicht, weil Edelmetall eine an sich wertvolle Materie wäre, sondern wegen der Arbeitszeit, die ihre Gewinnung aus Silber- und Goldminen kostet. Und Banknoten? Die haben nur Wert, sofern sie die Arbeitsmenge repräsentieren, die den Wert von Edelmetallmünzen ausmacht. «Ein spezifisches Gesetz der Papierzirkulation kann nur aus ihrem Repräsentationsverhältnis zum Gold entspringen.»[9] Von Münzen ungedecktes Papiergeld hielt Marx für unmöglich.

Geldwert ist für ihn immer nur verkappter Arbeitswert, und Arbeitswert ist Arbeitsmenge. Im Geld steckt Wert, denn Geldform bekommt seine Gold- oder Silbermaterie nur durch Arbeit. Im Geld

6 Marx, 1974 [1858], 25
7 Marx, 1979 [²1872], 85
8 Marx, 1979 [²1872], 72 und öfter
9 Marx, 1979 [²1872], 141

 drückt sich ferner Wert aus. Und im Geld versteckt sich der Wert. Wer die Arbeitszeit kennt, die ein Produkt gekostet hat, kennt noch keineswegs automatisch seinen Wert. Nicht die faktisch verausgabte Arbeitszeit macht seinen Wert aus, sondern die «gesellschaftlich notwendige»[10] – die man braucht, wenn man die übliche Geschicklichkeit dafür mitbringt, den durchschnittlichen Werkzeugstandard zur Verfügung hat und nicht bummelt. Freilich sorgt der technische Fortschritt permanent für bessere Geräte; er verlangt neue Geschicklichkeiten, kürzt Herstellungszeiten ab, so daß die für die Herstellung erforderliche Arbeitsmenge nie genau fixierbar ist. Sie ist lediglich ein in stetiger Veränderung befindliches Durchschnittsquantum. Nie läßt sich eindeutig feststellen, ob die hier und jetzt für ein Produkt verausgabte Arbeitszeit exakt dem Durchschnittsquantum entspricht. Sie kann es ebenso über- wie unterschreiten. Geld drückt also nicht nur den Wert aus, sondern auch, daß es ihn nie genau auszudrücken vermag. Gehandelt werden Dinge immer nur annähernd zu ihrem Wert. Er wird immer bloß geschätzt, und der aktuelle Bedarf, der jeweils nach einem Produkt besteht, kann die Abweichung der Wertschätzung vom Wert noch beträchtlich vergrößern. Das vom Wert abweichende Quantum, für das faktisch verkauft wird: das ist der Preis. Man braucht Geld, um Preise zu artikulieren und zu zahlen, sonst wechselt kein Ding den Eigentümer. Geld ist einerseits überdeterminiert; es drückt ebenso den Wert aus wie die Gesamtheit der Faktoren, die zur Abweichung des Preises vom Wert geführt haben. Geld ist andrerseits unterdeterminiert; es vermag all das, was es ausdrückt, nicht klar auseinanderzuhalten. Geld ist ein konfuses Medium – ein ideales Versteck für die lichtscheue Praxis der Ausbeutung.

Mehrwert

Marx hat die Differenz von Wert und Preis als offene Stelle für jegliche Art von Desorientierung und Betrug erachtet. Für die gute alte Zeit des einfachen Naturalientauschs, wo man den Arbeitsaufwand für die wenigen feilgebotenen Gebrauchsgüter noch bequem überblicken konnte, veranschlagt er noch gar keine separaten Preise.

10 Marx, 1979 [²1872], 53

Da setzte man, so scheint ihm, die verschiedenen Produkte noch «instinktartig» gleich und war lediglich bestrebt, den eigenen Arbeitsaufwand im Tausch entgolten zu bekommen.[11] Wert war so gut wie Preis. Wo Preise nennenswert vom Wert abzuweichen beginnen, da herrschen schon komplexere Verhältnisse, da kann niemand mehr ohne weiteres ermessen, wieviel Arbeitszeit in allen zum Verkauf stehenden Waren steckt. Der ursprüngliche Tauschinstinkt ist getrübt. Warenbesitzer werden anfällig für unangemessene Preise und alle damit verbundenen Täuschungsversuche – aktiv wie passiv. Das Zeitalter der wechselseitigen Übervorteilung beginnt. Auf dem kapitalistischen Markt schließlich bekommen die Preise ein regelrechtes Eigenleben. Der Vergleich mit anderen Preisen beginnt sie stärker zu bestimmen als der Wert, die «gesellschaftlich notwendige Arbeitszeit», die sich in ihnen doch ausdrücken soll. Die Marktkonkurrenz erzwingt Durchschnittspreise, die sich zu den Werten verhalten wie flügge gewordene Kinder zu ihren Eltern. Sie zeigen noch an, woher sie stammen, aber sie gehen ihrer eigenen Wege.[12] Seinen Hauptbetrug aber veranstaltet der kapitalistische Markt nicht durch Preismanipulationen. Die kommen noch erschwerend hinzu, aber sein Trick ist viel grundlegender und wird am besten unter jenen einfachen Bedingungen erfaßbar, wo Waren noch annähernd zu ihrem Wert verkauft werden. Es gibt da nämlich eine Ware, die besonders hervorsticht: die menschliche Arbeitskraft. Alle anderen Waren verhalten sich passiv, während sie verzehrt oder vernutzt werden. Diese aber wird vernutzt und ist dabei aktiv. Sie bekommt Lohn dafür, daß sie verausgabt wird. Und dieser Umstand ermöglicht nach Marx ein epochales Täuschungsmanöver. Gekauft wird die Arbeitskraft, wie jede andere Ware auch, im Durchschnitt zu ihrem Wert, und der umfaßt den Aufwand, durch den ein Mensch arbeitsfähig wird und bleibt. Aber während die Arbeitskraft zu dem Wert gekauft wird, den sie *hat*, nutzt ihr Käufer den Wert, den sie durch Arbeit *erzeugt*, und der ist mehr als der Wert, den sie hat: Mehrwert.

11 Siehe oben, S. 111

12 Cf. Marx, 1977 [1894], 151 ff. Je mehr sich Marx der Eigendynamik der «Produktionspreise» (167 ff.) widmet, desto hohler wird seine Behauptung, daß bei allen Waren weiterhin «ihr Wert der Gravitationspunkt ist, um den ihre Preise sich drehn» (187).

Am besten, so Marx, erklärt man Mehrwert an einem ideal einfachen, durch keine Zusatzfaktoren verdunkelten Modell, zum Beispiel einem normalen Arbeitstag in der Fabrik. Wenn die Arbeitskraft neun Stunden tätig sein muß, um ihren Lohn aufzuwiegen, faktisch aber einen Arbeitstag von zwölf Stunden hat, dann fällt ein Viertel ihres Arbeitsquantums als unbezahlte Mehrarbeit, auch «absoluter Mehrwert»[13] genannt, dem Kapitalisten zu. Setzt dieser überdies funktionstüchtigere Maschinen ein, dann wird auch die Arbeit an ihnen produktiver. In gleicher Zeit geht die verausgabte Arbeitsmenge dank der besseren Maschinerie in mehr Produkte ein als zuvor, senkt die Herstellungskosten und bringt dem Kapitalisten mehr ein. Zum «absoluten Mehrwert» tritt ein «relativer Mehrwert» hinzu. Und dieser «Extramehrwert»[14], das ist der eigentliche Kitzel. Er stellt sich nur ein, solange man produktiver produziert als die Konkurrenz, also ständig die eigene Maschinerie verbessert. Maschinen, die allgemeiner Standard geworden sind, werfen keinen Extramehrwert mehr ab, und wer gar unterhalb dieses Standards produziert, kann von vornherein nicht mithalten. Sein absoluter Mehrwert schrumpft; seine unternehmerische Existenz ist bedroht. Nur Unternehmen, die sich ständiger Betriebsinnovation unterziehen und immer die Nase vorn haben wollen, bleiben im Rennen. Was die endlose Schraube der Produktion von erhöhter Produktivität in Gang hält, ist die zum strukturellen Zwang gewordene Jagd nach Extramehrwert. Marx nannte sie «Plusmacherei». «Wirtschaftliches Wachstum» ist ein verharmlosendes Etikett dafür. Es verschweigt, wer davon profitiert und wer dabei ausgebeutet wird.

Profitkrise

Doch die Plusmacherei, so Marx, untergräbt sich selbst. Gewiß, je besser die Maschinerie, desto produktiver das Unternehmen. Doch je mehr Maschinerie ein Unternehmen anschafft, desto weniger entfällt von seinen Gesamtkosten auf Arbeitslohn. Einzig aus lebendiger Arbeit aber quillt nach Marx der Mehrwert. Bei gleichbleibender Mehrwertauspressung macht der Kapitalist unterm

13 Marx, 1979 [²1872], 192 ff.
14 Marx, 1979 [²1872], 331 ff., 336

Strich in dem Maße weniger Profit, wie seine Kosten für Maschinen steigen. Das ist das berühmte «Gesetz des tendenziellen Falls der Profitrate».[15] Um ihm nicht zu erliegen, lassen sich die Kapitalisten das einfallen, was Marx «entgegenwirkende Ursachen»[16] nennt: «Erhöhung des Exploitationsgrads der Arbeit», «Herunterdrücken des Arbeitslohns unter seinen Wert», «Verwohlfeilerung der Elemente des konstanten Kapitals», das heißt der Arbeitsmittel und Rohstoffe etc. Diese Maßnahmen bremsen den Fall der Profitrate und mögen ihn temporär sogar zum Stillstand bringen. Aber auf die Dauer kommen sie nicht gegen ihn auf. Er ist für Marx ein unaufhaltsamer, untrüglicher Künder vom Zusammenbruch der kapitalistischen Produktionsweise.

Der Maschinerie ist hier die Rolle eines Totengräbers zugedacht. Nach Marx' Rechnung ist für den Kapitalisten allein die Arbeitskraft fruchtbar. Nur ihre Verausgabung schafft Wert; die Maschinerie hilft lediglich, das Wertquantum zu erhöhen. Wie aber kann sie das, wenn sie selbst doch wertunfruchtbar ist? Nur dadurch, daß sie automatisierte Geschicklichkeit ist – automatisiertes Know-how. Womit sich allerdings die Frage stellt, wer da eigentlich wessen Hilfsmittel ist. Wenn Marx die Industriearbeit konkret beschreibt, nennt er die Arbeiter «lebendige Anhängsel»[17] der Maschinerie. Sie müssen sich dem Maschinentakt anpassen. Ihre Tätigkeit reduziert sich darauf, die weit produktivere der Maschine zu entfesseln und in Gang zu halten. Sie sind deren Hilfsmittel. Ausbeutungstheoretisch argumentiert Marx gerade umgekehrt. Da sind die Maschinen das Hilfsmittel der Mehrwertproduktion. Der Akteur ist die Arbeitskraft. Sie liefert den Mehrwert, indem sie länger arbeitet, als es dem Arbeitslohn entspricht; sie produziert Extramehrwert, wenn produktivere Maschinen hinzukommen, wird dadurch also noch mehr ausgebeutet – ohne daß sich allerdings ihre materielle Lage verschlechtern muß. Ihr Lohn kann zum Beispiel konstant bleiben; er ist dann lediglich im Verhältnis zur maschinell gesteigerten Produktivität der Arbeitskraft gesunken. Er kann sogar absolut steigen und dabei relativ sinken. Die effizienteren Maschinen können zudem leichter zu bedienen sein, weniger Lärm, Staub, Gestank erzeugen, also angenehmere Arbeits-

15 Marx, 1977 [1894], 221 ff.
16 Marx, 1977 [1894], 242 ff.
17 Marx, 1979 [²1872], 445

 verhältnisse herstellen, während sie Extramehrwert aus der Arbeitskraft herauskitzeln. Ausbeutung und Lebensqualität steigen dann gleichzeitig. Umgekehrt beginnt die Ausbeutung nach diesem Rechenmodell erst in dem Moment des Arbeitstages, wo die unbezahlte Mehrarbeit einsetzt. Vorher, solange die Arbeitskraft nur ihren Lohn abarbeitet, wird sie nicht ausgebeutet. Daß sie auch in dieser Zeit Anhängsel der Maschine ist und stupide, zermürbende, fremdbestimmte Handgriffe machen muß, die Raubbau an ihrer Konstitution treiben, bleibt ausbeutungstheoretisch unbeanstandet. Die erlebte Ausbeutung verschwindet hinter der errechneten, und beide kommen nicht überein.

In der Tat ist der Ausbeutungsbegriff, den Marx im *Kapital* entwickelt, eher rationalistisch als materialistisch zu nennen. Sein Ausgangspunkt ist zwar der Raubbau an «Hirn, Nerv, Muskel, Sinnesorgan», den das Proletariat in den Industriedistrikten erlitt. Die Empörung darüber hatte Marx in jungen Jahren aus den spekulativen Höhen der Hegelschen Philosophie in die Niederungen der Ökonomie getrieben. Aber sein Ehrgeiz, dem Proletariat mit der Kritik der politischen Ökonomie eine wissenschaftliche Waffe in die Hand zu geben, ihm die gefühlte Ausbeutung als eine tatsächliche zu beweisen, als einen unzweifelhaft objektiven Tatbestand, der ebenso unzweifelhaft abgeschafft gehört, hat ihn der Versuchung erliegen lassen, die Ausbeutung gewissermaßen rechnerisch vorzuführen. Seine Grundrechenart ist dabei die feudale. «Nehmen wir einen Fronbauer. Er arbeitet mit seinen eignen Produktionsmitteln auf seinem eignen Acker z. B. 3 Tage in der Woche. Die drei andren Wochentage verrichtet er Fronarbeit auf dem herrschaftlichen Gut. [...] Wenn morgen der Gutsherr den Acker, das Zugvieh, die Samen, kurz die Produktionsmittel des Fronbauern sich selbst aneignet, so hat dieser von nun an seine Arbeitskraft an den Fronherrn zu verkaufen. Unter sonst gleichbleibenden Umständen wird er nach wie vor 6 Tage in der Woche arbeiten, 3 Tage für sich selbst, 3 für den Exfronherrn, der jetzt in einen Lohnherrn verwandelt ist.»[18] Wenn das stimmt, dauert das feudale Ausbeutungsverhältnis zwischen Arbeitern und Kapitalisten munter fort, lediglich in einer durch Geld verschleierten Form. Der vertraglich vereinbarte Arbeitslohn stellt sich als Entgelt für geleistete Arbeit dar, deckt faktisch aber bloß die

18 Marx, 1979 [[2]1872], 593

Aufwendungen für die Herstellung und den Erhalt der Arbeitskraft ab. Und weil man dem Lohn nicht ansieht, wofür er bezahlt wird und was er vorenthält, macht er die Arbeiter hilflos. Sie empfinden die Ausbeutung, die ihnen widerfährt, aber sie vermögen sie nicht offenzulegen.

Dazu soll ihnen nun kritische Wissenschaft verhelfen. Sie operationalisiert Ausbeutung zu etwas wesentlich Quantitativem; der qualitative Raubbau an «Hirn, Nerv, Muskel, Sinnesorgan» firmiert bloß noch als dessen Zubehör. Das Mißliche am Ausbeutungsquantum ist freilich, daß es sich nie in konkreten Zahlen fixieren läßt. Wie der Wert ist auch der Mehrwert als eine ständigem Wandel unterworfene Durchschnittsgröße konzipiert, als eine spekulative Zahl, die selbst nie faßbar wird, als ein quantitatives «Ding an sich», das in konkreten Zahlen lediglich «erscheint». Gleichwohl zieht es Folgerechnungen nach sich, die Marx sehr unbequem waren. Was begleicht der Arbeitslohn denn nun genau? Die Kapitalisten haben sich darüber wenig Gedanken gemacht, gerade so viel gezahlt, daß ihre Arbeiter arbeitsfähig blieben – und behauptet, mehr gebe ihr Gesamtbudget nicht her. Wenn man hingegen darauf besteht, die Arbeitskraft werde im Durchschnitt «zu ihrem Wert» gekauft, dann muß man auch angeben, welche Kostenfaktoren in diesen «Wert» eingehen. Marx nennt zum einen die Kosten für «Nahrung, Kleidung, Heizung, Wohnung», um die Arbeitskraft in einem «normalen Lebenszustand zu erhalten», wobei es sehr von den «klimatischen und andren natürlichen Eigentümlichkeiten» sowie «der Kulturstufe eines Landes»[19] abhängt, was jeweils als normal gilt. Zum andern veranschlagt er die Kosten für die erforderliche «Bildung und Erziehung», um «die allgemein menschliche Natur so zu modifizieren, daß sie Geschick in einem bestimmten Arbeitszweig erlangt, entwickelte und spezifische Arbeitskraft wird».[20]

Nicht ansatzweise hat Marx freilich versucht, diese Kosten auszurechnen, im sicheren Gespür dafür, daß dabei Ergebnisse herauskommen, die immer und nie stimmen, weil sie großen Spielraum dafür lassen, welche Güter und Bedürfnisse man noch zum «normalen Lebenszustand» zählen möchte und welche Mengen an Erziehungs- und Bildungsarbeit zu den Kostenfaktoren: auch die in Elternhaus und Elementarschule aufgewendeten, nur die durch bezahlte Lehr-

19 Marx, 1979 [²1872], 185
20 Marx, 1979 [²1872], 186

 kräfte verausgabten, nur die zur Herstellung einer bestimmten Geschicklichkeit? Gerade die Geschicklichkeit wird zur ständigen Irritation des rein quantitativen Wertbegriffs. Wie kommt es zum Beispiel, daß ein Goldschmied in gleicher Zeit das Dreifache eines ungelernten Arbeiters verdient? Marx behilft sich da mit einem Grundmaß «einfacher Arbeitskraft, die im Durchschnitt jeder gewöhnliche Mensch, ohne besondere Entwicklung, in seinem leiblichen Organismus besitzt». Komplizierte Arbeit sei bloß «*multiplizierte* einfache Arbeit».[21] Doch der Goldschmied macht keineswegs dreimal mehr Handgriffe als sein ungelernter Kollege, sondern nur geschicktere und wissendere, und wer damit anfängt, Geschicklichkeitsgrade in einfache Arbeitsmengen umzurechnen, öffnet der Beliebigkeit Tür und Tor.

Geschicklichkeit und Know-how, ob von Handwerkern, Verwaltern, Lehrern oder Forschern, fügen sich der Marxschen Wertrechnung nicht; und schon gar nicht jene automatisierten und beliebig oft wiederholbar gemachten Formen von Geschicklichkeit und Know-how, die in Maschinen stecken und ihnen eine von Menschen nicht erreichbare Arbeitsproduktivität verschaffen. Es ist Marx nicht anzulasten, daß er die mikroelektronische Revolution nicht voraussah. Zu seiner Zeit war nur zu beobachten, wie Maschinen und Fabriken immer größer wurden und Fabrikschlote Häuser und Menschen um sich scharten wie früher Kirchtürme. Daß sich diese Tendenz zur Zentralisierung einmal umkehren könnte; daß eines Tages die große Mehrzahl von Arbeitsprozessen durch kleine, dezentral verteilte Maschinen gesteuert oder gestützt würde, lag außerhalb seines Horizonts; ein *jobless growth* war von seiner Werttheorie aus undenkbar.

Doch dies für unmöglich Gehaltene ist eingetreten und hat eine der größten Zäsuren in der bisherigen Geschichte des Kapitalismus gesetzt. Besonders markant in der Bildtechnologie. Da ist zum Beispiel Kodak, einst ein Weltunternehmen für Kameras und Filmmaterial. «Zu seiner Glanzzeit beschäftigte Kodak fast 150 000 Menschen. Heute existiert das Unternehmen zwar noch, aber es ist nur ein Schatten seiner selbst.» Indes steigt ein neuer Unternehmenstyp auf. «Im Jahre 2010 präsentierten zwei IT-Fachleute in Kalifornien Instagram, eine App, mit der Nutzer Fotos und Videos erstellen und über das Internet anderen Menschen zukommen lassen können. Nur rund

21 Marx, 1979 [^{2}1872], 59

zwei Jahre später kündigte Facebook an, Instagram für eine Milliarde Dollar zu übernehmen. Zu dieser Zeit zählte Instagram zwölf Mitarbeiter. Rund zwei Jahre später griff Facebook noch viel tiefer in die Tasche und zahlte für das rund fünf Jahre alte Unternehmen Whatsapp fast 20 Milliarden Dollar. Whatsapp zählte zu diesem Zeitpunkt nur rund 60 Mitarbeiter, aber fast eine halbe Milliarde Kunden.» Kleinfirmen mit Riesenradius werden zu Marktführern. «Sie bringen ihren wenigen Eigentümern innerhalb kurzer Zeit Verkaufserlöse, die manche unter ihnen reicher machen dürften, als es die Kodak-Gründer Eastmans jemals waren. Aber anders als die Eastmans bieten die Instagrams und Whatsapps der Mittelschicht keine fünf- oder sechsstellige Zahl Arbeitsplätze, die oft viele Jahre existieren. Sie betreiben keine großflächigen Fabriken und füttern keine Logistikunternehmen mit regelmäßigen Großaufträgen.»[22]

Angesichts von Firmen wie Whatsapp wird die Behauptung, daß der Profit einzig aus menschlicher Arbeitskraft quillt und der Zuwachs an Maschinen notwendig die Profitrate senkt, einigermaßen absurd. Sie ist aber nicht erst im Zeitalter der Mikroelektronik falsch geworden. Sie war es von Anfang an. Schon die «einfache» Arbeitskraft konnte Marx nie *nur* quantitativ bestimmen. Immer mußte sie bei ihrer «Verausgabung von Hirn, Nerv, Muskel, Sinnesorgan» auch ein Mindestmaß an Aufmerksamkeit und motorischer Koordination, also an Geschicklichkeit, walten lassen. Selbst nach Marxschen Vorgaben setzt eine Arbeitskraft, die zehn Stunden pro Tag Ausschuß produziert, den von ihr vermurksten Rohstoffen keinen «Wert» zu. Maschinerie aber ist automatisierte und potenzierte Geschicklichkeit. Sie muß zwar stets von Menschen gehandhabt werden, ist ihnen aber an Produktivität überlegen; sonst wäre ihr Einsatz uninteressant. Keine Statistik der Welt – und käme sie auch an hundertmal mehr Daten als Thomas Piketty – wird je beweisen können, daß die Profitrate seit den 1850er Jahren weltweit tendenziell gesunken ist.[23] Wäre ihr tendenzieller Fall aber tatsächlich ein «Gesetz», müßte er sich in Zahlen und Grafiken abbilden lassen. Er ist aber lediglich eine spekulative Konstruktion – durchaus in sich schlüssig, aber nur von

22 Braunberger 2014, 19
23 Cf. Piketty 2014. Profit läßt sich ohnehin nicht direkt in Zahlen darstellen. Ermittelbar sind Einkommen, Umsätze, Renditen. Daraus müßte er erst herausdestilliert werden.

 einer sehr zweifelhaften Voraussetzung aus: der allein aus lebendiger Arbeit geschöpften reinen Quantität des Werts.

Was hingegen empirisch überprüfbar und nicht nur tendenziell gesunken ist, ist die Produktivität menschlicher Arbeitskraft im Verhältnis zu der der Maschinen. Schon am dampfgetriebenen Webstuhl war die menschliche Produktivität geringer als die maschinelle. Bei Whatsapp ist sie zu einem verschwindenden Bruchteil geworden. Die Produktivität der Maschinerie ist in eine neue Dimension gestiegen – und mit ihr der Profit des Unternehmens. Statt «tendenziellem Fall» zeigt sich hier exponentieller Anstieg. Und dennoch untergräbt der Zuwachs an maschineller Produktivität, der sich in der mikroelektronischen Revolution potenziert hat, langfristig die Profite, die er erzeugt. Das *jobless growth* macht die Plusmacherei auf eine selbstzerstörerische Weise asozial. Je weniger Verwendung für lebendige Arbeitskraft, desto weniger Lohnkosten. Aus den Löhnen aber fließt der Löwenanteil der Steuern. Ohne Steuern keine staatliche Infrastruktur. Die Infrastruktur wiederum – das Ensemble gemeinschaftlicher Transport-, Kommunikations-, Versorgungs- und Bildungsleistungen – ist der soziale Boden, auf dem die Plusmacherei einzig gedeihen kann. Zu diesem Boden trug das Kapital vor allem mittelbar bei; weit weniger durch seine eigenen Steuern, die es stets kleinzurechnen und durch Tricks zu verringern wußte, als durch flächendeckende Lohnzahlungen. Seit Beginn des *jobless growth* bricht dieser Lohnboden zunehmend weg. Maschinen zahlen keine Steuern, genausowenig wie sie die von ihnen erzeugten Produkte kaufen. Insofern sind sie durchaus sozial unfruchtbar – aber nicht, weil sie keinen «Wert» produzieren. Es gibt zwar keinen gesetzmäßigen Dauerschwund der Profitrate, wohl aber eine ständige Bedrohung der Profite durch die Mittel und Methoden ihrer Erzeugung. Die Plusmacherei sägt am eigenen Ast.

Zwangslustprinzip

Firmen wie Whatsapp vergeben sich nichts, wenn sie ihre Mitarbeiter großzügig entlohnen. Aber selbst wenn sie attraktive Gehälter zahlen, sind ihre Lohnkosten, gemessen am Gewinn, immer noch verschwindend gering. Nach Marxscher Rechenweise müßte man sich das so zurechtlegen, daß aus den sechzig Mitarbeitern, die dank einer neuen Firmentechnologie für eine halbe Milliarde Kunden produktive Leistungen erbringen, ein gigantischer Extramehrwert herausgepreßt wird – ohne daß sie es recht merken. Daß sich der Geschäftserfolg der Firma so nicht erklären läßt, liegt auf der Hand. Wenn das Wert-Mehrwert-Modell aber bei neuen IT-Firmen nicht greift, stellt sich die Frage, ob es überhaupt jemals das Spezifische kapitalistischer Profitgenerierung erfaßt hat. Wie gezeigt, handelt es sich ja um ein Modell aus der Agrarwirtschaft des europäischen Mittelalters. Bei abhängigen Bauern, die die Hälfte ihrer Produkte dem Feudalherrn abliefern mußten, war klar: Eine Hälfte ihrer Tagesarbeit war erpreßte Mehrarbeit, die andere diente dem Erwerb des eigenen Lebensunterhalts. Es herrschten hier ebenso profane wie statische Tributgepflogenheiten. Solange die Herrschaftsverhältnisse stabil blieben, konnte das immer so weitergehen, ohne daß sich die Lage der Ausgebeuteten irgend verbesserte, aber auch ohne daß die Nutznießer nach einem Extramehrwert schielten.

Erst ein gewisses «Extra» hat jedoch der kapitalistischen Ausbeutung ihre spezifische Dynamik gegeben, und die *Genealogie des Geldes* hat gezeigt, wo es herkommt: aus der Sakralsphäre. Die «ursprüngliche Akkumulation», die diesen Namen wirklich verdient, war die bronzezeitliche Tempelschatzbildung. In ihr entdeckten wir das Urmotiv der Plusmacherei. Den Göttern Edelmetall statt Fleisch und Blut darzubringen war ein Sakrileg, das durch die Anhäufung von Edelmetall aus der Welt geschafft werden sollte und sich mit jedem Eingang neuer Edelmetallgebilde in den Tempel doch nur reproduzierte. Im vierzehnten Jahrhundert, als der Zerfall des christlichen Abendlands begann, war die Zeit reif für einen «zweiten Anlauf» der Plusmacherei. Und wie bei der Münze, so auch hier; erst der zweite Anlauf führte zum vollen Durchbruch. Diesmal war das Sakrileg die schamlose Ämterversteigerung in Avignon. Die dabei zusammengerafften Geldmengen sollten den Stellvertreter Christi verherrlichen und sich dadurch über alle Schuld erheben. Durch Ämterverkauf die Käufer theologisch wie ökonomisch verschulden; das eigene Sakrileg also von Abhängigen begleichen lassen, die ihre Verschuldung wiederum von ihren Abhängigen abarbeiten lassen, an denen sie gnadenlos Raubbau betreiben, um über die eigenen aufgenommenen Schulden zu triumphieren: das ist der spezifische Stimulus, sozusagen der Kick zum Extra, der am Anfang der neuzeitlichen Kapitalbildung stand.

 Im Rückblick darf man sagen: Avignon hat es vermocht, das perverse Zwangslustprinzip des Kapitalismus herauszupräparieren: die Verschuldung, die zur Umwendung der Schuld in Gewinn antreibt. Die Umwendung, das ist der Lustpunkt. Lust ist im Moment der Unlustüberwindung am intensivsten. Um diesen Punkt dreht sich die ganze Plusmacherei. Er ist das Faszinosum des Kapitalismus. Er schlägt diejenigen in Bann, die sich um seinetwillen verschulden. Er zieht aber auch jene Mittellosen in seinen Bann, die «Hirn, Nerv, Muskel, Sinnesorgan» bis zur völligen Auslaugung dafür hergeben müssen, fremde Schuld in fremden Gewinn zu wenden. Der Wendepunkt ist auch deswegen so faszinierend, weil er in doppeltem Sinn ein Glückspunkt ist. Es beglückt ungemein, ihn zu erleben; man muß aber auch Glück haben, um ihn zu erreichen. Die Umwendung von Schuld in Gewinn vollzieht sich nie automatisch. Kriege, Naturkatastrophen, Konjunktureinbrüche etc. können dafür sorgen, daß sie ausbleibt. Dann bleibt der Schuldner Schuldner. Daß er im Fall des Konkurses oft besser wegkommt als die von ihm Beschäftigten, ändert nichts daran, daß er es ist, der für seine Verschuldung haftet. Nur wenige persönlich Haftende können sich für ein Unternehmen voll verantwortlich fühlen. Wo alle Beteiligten haften, haftet niemand ernstlich.

In Avignon ließ das Zwangslustprinzip der Plusmacherei seine theologische Herkunft noch erkennen. Zugleich aber empfahl es sich als profanes Geschäftsmodell. Ein letztes Mal hatte die Kurie die Nase vorn. Sie exerzierte der Welt einen ökonomischen Kunstgriff vor, an dem sie bis heute laboriert. Denn der Triumph über die eigene Schuld war nur punktuell – eben ein Lust*punkt*. Er überblendete die Schuld, aber er tilgte sie nicht. Er verlangte nach neuem Triumph und damit nach neuer Schuld, um neu über sie triumphieren zu können.[24] Niemand konnte damals sogleich erkennen, welch ungeheure Spirale damit in Gang gesetzt war. Und die wenigsten dürften jenen delikaten psychotheologischen Umwendungsprozeß, der sich

24 Florierende Unternehmen können ihre Neuinvestitionen womöglich aus eigenen Gewinnen bestreiten und müssen sich dafür nicht eigens neu verschulden. Aber im Saldo erscheint die Investition als Minus, das in Plus erst noch zu wenden ist. Ein Unternehmen «schuldet» seinen Investitionen, daß sie gewinnbringende Anlagen sind und nicht hinausgeworfenes Geld. Psychologisch sind Investitionen aus Eigenkapital also genauso Schulden wie Kredite, nur ohne Zinsen.

in Avignon vollzog, jene raffiniert diabolische Verhöhnung der eigenen Theologie mit theologischen Mitteln, aus der der neue Zwangslustgewinn gezogen wurde, voll ermessen haben. Die weltlichen Machthaber sahen darin vor allem das erfolgreiche Geschäftsmodell. *Capital* war für sie weniger die Geldanhäufung, in der sich ein Sakrileg ebenso dreist darstellte wie verleugnete, als der Haufen Geld, den sie aufnehmen mußten; weniger eine Freudsche Verneinung von Schuld als ganz profane Schulden.

Man vergesse nicht, daß die Zeit des Papsttums in Avignon auch die Zeit der Erfindung der Feuerwaffen war. Sie eröffnete eine neue Epoche der Schulden. Herrscher konnten den Krieg von nun an grundsätzlich nicht mehr aus eigenen Mitteln bestreiten. Wer ihn führen wollte, mußte sich verschulden und alles daransetzen, militärisch *und* ökonomisch zu siegen, über Feinde *und* Kriegsschulden zu triumphieren. *Pecunia nervus belli* (Geld ist der Nerv des Krieges): Diese alte lateinische Sentenz bekam im vierzehnten Jahrhundert eine neue Bedeutung. Krieg wurde zum ersten Großformat profaner Plusmacherei, mit der nahezu gesetzmäßigen Folge, daß jedem militärischen Triumph neue Verschuldung folgte. Neuzeitliche Großbetriebe sind nicht zufällig vornehmlich im Kraftfeld des Krieges entstanden: Bergwerke, Gießereien, Manufakturen arbeiteten in erster Linie zur Ausstattung des Militärs. Ihre Inhaber konnten nicht darauf rechnen, daß die verschuldeten Herrscher ihnen die Produktionskosten vorschossen. Sie mußten sich gewöhnlich selbst dafür verschulden und sehen, daß sie ihre Schulden in Gewinn umwendeten. So ging das Zwangslustprinzip der Plusmacherei vom Krieg allmählich auf die ganze Produktionssphäre über, bis es schließlich in der maschinellen Industrie zu der Produktionsweise fand, die ihm am besten entsprach.

Wer als Lohnarbeiter in die Frühzeit der neuen Produktionsweise hineingeriet, wußte oft nicht, wie ihm geschah. Es wurde ihm nämlich keineswegs Mehrwert abgepreßt wie dem feudalen Bauern, lediglich um einen Extramehrwert erhöht und das Ganze verschleiert durch Geld. Es erging ihm eher wie Söldnern, die dafür angeheuert wurden, daß sie für die Umwendung fremder Verschuldung in fremden Triumph und Gewinn all ihre Kräfte, Gesundheit und Leben aufopferten – für einen Lohn, der zu alledem in keinem Verhältnis stand und für diesen Gesamteinsatz der Person keinerlei Respekt erkennen ließ. Frühindustrieller Arbeitseinsatz war pazifizierter Söldnereinsatz. Den Arbeitern wurden «Hirn, Nerv, Muskel, Sinnesorgan» zur Vollstreckung einer neuen, ihnen fremden Zwangslust ausgesogen – im Kraftfeld einer Schuld und eines Gewinns, an denen sie keinerlei Anteil hatte.

In diesem Kraftfeld wurden menschliche Fähigkeiten aus ihrem gewachsenen Zusammenhang herausgebrochen, an isolierte Arbeitsaufträge geheftet, dem Takt maschineller Abläufe angeglichen und so eine Umrüstung des gesamten menschlichen Organismus in Gang gesetzt. Die Zerlegung des Arbeitsprozesses und der Beschäftigten in Einzelfunktionen hat gewaltsam und tief in alle Bewegungs-, allmählich auch Wahrnehmungs- und Denkabläufe eingegriffen, und erst aus diesem Eingriff sind jene maschinellen Segnungen – Waschmaschinen, Kochgeräte, Verkehrs- und Kommunikationsmittel etc. – hervorgegangen, die den modernen Alltag so ungemein erleichtert und beschleunigt haben. Je intelligenter und raffinierter die Maschinerie aber wird, desto sublimer auch ihre Art, Menschen auszulaugen. Immer weniger tritt die Muskelkraft des ganzen Körpers in den Dienst von Maschinenkolossen; immer mehr geraten Fingerspitzen und Augenbewegungen feinmotorisch in den Bann von mikroelektronischen Bildmaschinen. Das ruckartige «Achtung; aufgemerkt; hierhergesehen», das diese Maschinen bei jeder Bildeinstellung ausstrahlen, stimuliert die Aufmerksamkeit, um sie durch ständig neue Aufmerksamkeitskicks allmählich zu zermürben. Maschinell angefachte Konzentration schlägt in «konzentrierte Zerstreuung» um. Die in langen Jahrtausenden errungene Fähigkeit, Gefühle, Vorstellungen und Gedanken seßhaft werden zu lassen, bei etwas zu verweilen, sich in etwas zu versenken, wird durch eine mikroelektronische Kultur untergraben, die durch ständige ruckartige Unterbrechung ein systematisches Aufmerksamkeitsdefizit erzeugt.[25]

Das ist durchaus ein Ausbeutungsvorgang. Nicht von ungefähr hat mit der Mikroelektronik auch ein neues Krankheitsphänomen um sich gegriffen: das Burnout. Wenn der mikroelektronische Maschinentakt, dessen spezifische Aufmerksamkeits- und Tempoimperative das Arbeitsleben auch dort durchdringen, wo nicht vornehmlich an mikroelektronischen Geräten gearbeitet wird, menschliche Organismen so auslaugt, daß sie sich nicht mehr aus eigenen Kräften regenerieren können, dann empfinden sie sich als «ausgebrannt» – ähnlich zermürbt wie Industriearbeiter des neunzehnten Jahrhunderts, obwohl die

25 Cf. Türcke 2012

neuen «Ausgebrannten» vorwiegend im Lehrberuf und im Management zu finden sind und passable bis hohe Gehälter empfangen. Das entspricht durchaus der Entwicklungslogik der Plusmacherei. Gerade weil sie sich eigentlich bloß um den Lustpunkt der Wendung von Schuld in Gewinn dreht, hat sie alle sozialen Kräfte in diese Drehung hineingezogen und aus der Ausbeutung einen unscharfen Sachverhalt gemacht, der sich weder auf eine soziale Klasse beschränken läßt noch auf das Merkmal der Produktivität.

Wie bei der Nutzung der Bildmaschinen Berufs- und Privatleben, Arbeit und Freizeit ineinander verschwimmen, so auch produktives und unproduktives Ausgelaugtwerden. Arbeitslose setzen sich oft den ganzen Tag dem Regime der konzentrierten Zerstreuung aus. Auch Börsenhändler lassen sich ruckartig von den Aufmerksamkeitsimperativen ihrer Bildmaschinen hin- und herwerfen und sind abends ähnlich zermürbt. Nur daß die einen dabei zur Umwendung von Schuld in Gewinn nicht das geringste beitragen, während die andern Millionen scheffeln. Es ist keineswegs so, daß jede Ausbeutungsattacke, die dem einen widerfährt, einem anderen den Kontostand erhöht. Oft sind es gerade Profiteure der Plusmacherei, die den Raubbau an «Hirn, Nerv, Muskel, Sinnesorgan» durch den Takt ihrer Bildmaschinen oder Terminkalender bis zum Burnout zu spüren bekommen. Und dennoch ist es ein entscheidender Unterschied, ob man diesen Raubbau im Genuß von Macht und Reichtum erlebt oder in der Sorge ums Existenzminimum. Zudem gibt es «altertümliche» Produktionssektoren wie Kleidung und Bergbau, die sich (noch) nicht mikroelektronisch durchorganisieren lassen und weiterhin erheblicher Handarbeit bedürfen. Da halten sich am ehesten Ausbeutungsverhältnisse wie aus der industriellen Frühzeit, denen man förmlich ansieht, wie Menschen der Umwendung von Schuld in Gewinn aufgeopfert werden: etwa wenn in Bangladesh kasernierte Näherinnen für westliche Firmen immer wieder dieselbe beschwerliche Fummelarbeit vollziehen oder in Südafrika Bergleute in Minen und Gruben ihre Gesundheit aufs Spiel setzen – beides zu Hungerlöhnen. Die Mikroelektronik hat sich zwar global durchgesetzt, aber noch keineswegs jeden Weltwinkel durchdrungen. Wo nicht zu ihren Standards produziert wird, ist Billiglohngebiet. Ausbeutung und Profit sind zwar nicht keimfrei voneinander zu trennen, aber immer noch skandalös ungleich verteilt. Nach wie vor ist es angemessener, von Plusmacherei zu reden statt von wirtschaftlichem Wachstum.

Doch wo gibt es den unzweifelhaft gerechten Lohn, an dem wir unsere Löhne orientieren könnten? fragen die Marktliberalen. Niemand vermag ihn vorzuweisen. Daher folgern sie: Was gerecht ist, bestimmt der Markt. Wann immer zwei handelseinig werden, erklären sie ihren Tausch zu einem Akt, der ihren Bedürfnissen gerecht wird. Freilich wird dabei etwas Entscheidendes ausgeblendet. Es gibt reichlich erzwungene Freiwilligkeit auf dem Markt. Tausch geschieht oft genug aus Not. Mehr noch: Not hat ihn in Gang gebracht, nicht eine Ansammlung von Überschüssen. Der einfache Naturalientausch (ein Scheffel Korn gegen ein paar Felle, ein Quantum Horn gegen ein Quantum Fleisch etc.), jene angebliche Ursprungsform des Tauschs, bei der es noch mit rechten Dingen zugegangen sei, weil da die Produkte gleicher Arbeitsmengen die Hand wechselten und beiden Seiten Gerechtigkeit widerfuhr, ist nie mehr gewesen als eine Ökonomenfiktion. Der Tausch entstammt der Sakralsphäre und hat in ungeheurer Schieflage begonnen. Die Gegenleistung für die dargebrachten Opfer war ja bloß imaginär. Die höheren Mächte, die Schutz und Verschonung gewähren sollten, waren lediglich phantasiert. Die ersten Zahlungen wurden von realitätsuntüchtigen Gleichgewichtsphantasien überwölbt. Erst der Geiseltausch war Realtausch: Mensch gegen Mensch. Er bot ein überprüfbares Äquivalent für das, was ein Kollektiv hergab. Und dennoch bedurfte es enormer Selbstüberwindung, um einen Vertrauten für einen Fremden herzugeben und den Fremden aufzunehmen, als ob er den Verlust des Eigenen aufwöge. Diese Selbstüberwindung war die Bedingung des Realtauschs: das gemeinsame innere Opfer, das einem gemeinsamen höheren Zweck dargebracht wurde: dem Frieden. Wer das Fremde annahm, als ob es das Eigene wäre, tat das um des lieben Friedens willen. Ohne Friedensimpuls keine Gleichsetzung des Ungleichen.

Wer diesen Impuls im Tausch nicht wahrnimmt, kann auch nicht begreifen, was gerechter Tausch ist. Der ist nämlich kein plattes Faktum; unergiebig, nach eindeutigen historischen Musterbeispielen für ihn zu suchen. Der Alltag des Tauschs ist stets von kleinen oder größeren Notlagen durchsetzt. Man tauscht gewöhnlich, weil man etwas braucht. Und je bedürftiger ein Tauschpartner ist, desto besser lassen sich ihm die Tauschbedingungen diktieren. Tauschakte sind von Gewaltakten wohl zu unterscheiden. Aber dennoch ragt Gewalt tief in die Sphäre des Tauschs hinein. Tauschdiktate sind erpreßtes Einverständnis. Nirgends ist gerechter Tausch voll verwirklicht, und doch drängt in jedem Tausch etwas zu ihm hin: der Friedensimpuls, ohne den kein Tausch zustande kommt. Das Tauschdiktat verleugnet diesen Impuls, aber es eliminiert ihn nicht; es lebt vielmehr widerwillig auf seine Kosten. Der Alltagsbetrieb des Tauschs macht blind für diesen Impuls. Das griechische Wort für Tausch hat ihn hingegen aufbewahrt: *katallage* – Versöhnung, Friedensschluß. Rundum gerecht wäre der Tausch erst, wo die Selbstüberwindung, die ihn einst ermöglichte, sich in Wohlgefallen aufgelöst hätte; wo die Tauschenden ganz bekämen, was sie wünschten, ohne durch das, was sie geben, irgend etwas zu entbehren.

Der Friedensimpuls ist die utopische Dimension im realen Tausch, und nur wo sie in der alltäglichen Lohnzahlungspraxis mitschwingt, kann es zu annähernd humanen Löhnen kommen. Angemessene Löhne gäbe es nur, wenn die «Verausgabung an menschlichem Hirn, Nerv, Muskel, Sinnesorgan» tatsächlich nichts wäre als ein reines Quantum. Sie ist aber immer auch ein Akt der Intensität, Aufmerksamkeit und Beteiligung. So gering diese auch sein mag – ein Tröpfchen Herzblut steckt noch in jeder Arbeitsleistung. Herzblut kann man freilich nicht entgelten; man kann ihm mit Geld lediglich Respekt erweisen. Daher kann es keine angemessenen Löhne geben, nur anständige, die gegeben und genommen werden, *als ob* sie verausgabtes Herzblut ausglichen, ganz so, wie man im archaischen Geiseltausch den Fremden annahm, als ob er die Hingabe des Eigenen aufwöge. Im Arbeitslohn wird sinnfällig, was Geld ursprünglich ist: Schmerzensgeld. Kein Schmerzensgeld wird heute erstritten, ohne daß das Gericht betont, wie wenig es dem erlittenen Schmerz angemessen ist. Und doch befriedet es Streit. So sind auch Lohnzahlungen, die das Prädikat «human» verdienen, nie nur rechnerischer Ausgleich für Aufwendungsquanten, sondern immer auch soziale Befriedungsakte: Respekterweise gegenüber etwas, was sich nicht quantifizieren läßt. Nie wird solche Befriedung stets allen Beteiligten in jeder Hinsicht gerecht werden können. Auch unter günstigsten sozialen Bedingungen wird sie Spuren subjektiver Schätzung (*timē*), persönlichen Ermessens und damit auch der Willkür behalten. Dennoch wären durchaus andere Prioritäten setzbar als die herrschenden, unter denen Geld viel weniger Respekt vor Herzblut ausdrückt als vor leistungsfähigen Maschinen. Je mehr ein Lohnempfänger auf die Maschinen Einfluß hat, die die systemrelevante Umwendung von Schuld in Gewinn ausführen, desto höher ist in der Regel sein Lohn. Erik Brynjolfsson und Andrew McAfee sagen sogar nur noch jenen Hochqualifizierten, die in der Lage sind, «durch die neue Technologie Wert zu schaffen oder zu erlangen», eine gute Zukunft voraus. Die durchschnittlich Qualifizierten würden in rasant steigendem Maße von immer qualifizierteren Maschinen ersetzt. Die neue Arbeitsteilung laufe auf zwei Arten von Beschäftigten hinaus: «die den Computern sagen, was sie zu tun haben», und «denen die Computer sagen, was sie zu tun haben».[26] Wer diesen Maschinen bloß dient, wird eben auch nur wie ein Anhängsel respektiert, und wer in relativ maschinenfernen Berufen wie Pflege, Erziehung und Bildung arbeitet, wird ähnlich honoriert wie in «altertümlichen» Produktionszweigen. Er empfängt den Lohn sozial Zurückgebliebener. Selbst Hochschullehrer geraten zunehmend unter die Zurückgebliebenen, auch wenn sie vorerst deren privilegierteste Schicht bilden. Aber ihre Grundgehälter nehmen empfindlich ab und lassen sich nur nennenswert aufstocken, wenn sie «Drittmittel» aus Industrie- und Bankenfonds beschaffen. Die Fähigkeit hierzu gehört inzwischen längst zu den entscheidenden Berufungskriterien, und die Scheidung zwischen den Professoren, die den Drittmittelgebern die Mittelverteilungsmodi vorschlagen, und den Professoren, denen die Drittmittelgeber «sagen, was sie zu tun haben», nimmt zu.

Intermezzo 6: Schwundgeld

Eines der bleibenden Verdienste von Marx und Engels ist, daß sie die Ausbeutung zum Hauptreferenten der Ökonomie gemacht haben. Nur taten sie das auf eine nicht haltbare Weise und erzeugten damit einen bis heute andauernden Nachbesserungsbedarf. Zu dessen Deckung steuerte schon Keynes eine kühne Vision bei. «Ich glaube, daß die Zukunft mehr vom Geiste Gesells als von jenem von Marx lernen wird», behauptete er und führte «den seltsamen, zu Unrecht übersehenen Propheten Silvio Gesell (1862–1930)»[27] in den Kreis der ernst zu nehmenden Ökonomen ein: einen deutschen Kaufmann, der in Argentinien ein großes Vermögen erworben hatte,

26 Brynjolfsson/McAfee 2014, 10 ff.
27 Keynes, 2006 [1936], 300 und 298

sich damit in die Schweiz zurückzog und dort auf der Basis seines Geschäftserfolgs eine Wirtschaftstheorie entwarf, in der er Ausbeutung nicht minder heftig bekämpft als Marx – nur ganz anders. Die spezifische Differenz zwischen beiden wird am besten von ihrer gemeinsamen aristotelischen Basis aus deutlich. Wenn «die Menschen von den notwendigen Gütern hier zu viel und dort zu wenig haben», sagt Aristoteles, dann kommt es zum Tausch. Er war aber immer «nur so weit notwendig, wie man etwas bedurfte». Und «als die Hilfe der Einfuhr von Entbehrtem und Ausfuhr von Überschüssigem sich zu fremden Völkern ausdehnte, da ergab sich folgerichtig der Gebrauch der Münze». Gegen die Münze selbst ist nichts einzuwenden, denn sie entstand «um des Tausches willen»; «der Zins [*tokos*] aber macht mehr daraus». Er «ist Geld, das durch Geld entsteht. Daher ist er am meisten gegen die Natur von allen Erwerbsarten.»[28]

Diese Erwerbsart kam Marx zufolge in der Antike allerdings nur gelegentlich vor, etwa wenn Kaufleute, die ohnehin von Berufs wegen beim Warentausch sehr auf ihren Vorteil bedacht waren, zusätzlich die Notlage von Geldbedürftigen ausnutzten und ihnen nur gegen Zins Kredit gaben, während erst in der Neuzeit der Zins zum Bestandteil einer umfassenden Wirtschaftsweise geworden ist, die generell nichts anderes betreibt, als aus Geld mehr Geld zu machen. Falsch, sagt Gesell; die Erwerbsart des Zinsnehmens hat von Anfang an Methode gehabt und eine soziale Klasse charakterisiert: die Bezieher «arbeitslosen Einkommens», also Wucherer und Rentiers. Dafür mußte nicht erst eine besondere Produktionsweise sorgen; dafür sorgte bereits die besondere physische Beschaffenheit der Gold- und Silbermünzen. Gebrauchsgüter sind in der Regel verderblich; sie lassen sich nicht sehr lange lagern. Selbst Eisen kann rosten, Edelmetall hingegen nicht. Wer über Metall- oder Papiergeld verfügt, kann es «unbegrenzt und ohne nennenswerte Lagerkosten vom Markte zurückhalten, während die auf das Geld als Tauschvermittler unbedingt angewiesenen Warenerzeuger [Arbeiter] durch die ständig wachsenden Verluste, die mit dem Aufbewahren der Waren verbunden sind, eine Zwangsnachfrage nach Geld halten». Infolgedessen «vermag der Kaufmann von den Warenbesitzern eine besondere Vergütung dafür zu erzwingen, daß er darauf verzichtet, den Austausch der Waren durch Festhalten des Geldes willkürlich hinauszuziehen, d. h. zu verschleppen und nötigenfalls gänzlich zu verhindern».[29] Das ist der widernatürliche Gebrauch des Geldes, zu dem das Geld selbst einlädt.

28 Aristoteles, *Politik*, 1257 a und b, 1258 b
29 Gesell 1920, 3 und 326

 Gesell weiß zwar noch weit weniger von der sakralen Herkunft des Geldes als Marx, hat eines aber instinktsicher erspürt: Erst mit der Darbringung von Edelmetallgaben ist der Zins in die Welt gekommen, und er heftete sich genau an die Eigenschaft, die auch Gesell als Spezifikum am Edelmetall hervorhebt: die Unverderblichkeit. Zudem bildeten die Zinsprofiteure tatsächlich eine soziale Klasse: die Priesterschaft. Nur waren Priester keine Rentiers. Kraft ihres höheren Know-how brachten sie fürs Kollektiv oder einzelne seiner Sippen oder Häuptlinge Opfer dar, entlasteten sie von der Opferschuld und nahmen ein Honorar dafür. Und wenn die Opfergabe ein Metallgebilde war, das zuvor schon einmal dargebracht, im Tempel deponiert und wieder daraus entwendet worden war, um erneut geweiht und dargebracht werden zu können, so schlugen sie noch etwas drauf: die Entwendungskosten. Die Priester hatten das Metallstück für andere entwendet; sie hatten sich für Opferbedürftige verschuldet – und wälzten diese Schuld auf letztere ab. Die Begleichung von Priesterschuld durch Opferbedürftige, das war der Urzins: ein Zuschlag zum Priesterhonorar, zunächst ohne jede Eigenständigkeit und vom Honorar selbst nicht klar unterscheidbar.[30] Bis der Zins auf eigene profane Füße kam, ist weit mehr als ein Jahrtausend verflossen. Und doch enthielt schon sein erster sakraler Keim einen Stimulus, der sich durch unzählige historische Wendungen, Windungen und Zufälle hindurch schließlich zum Motor einer gesamtgesellschaftlichen Produktionsweise auswuchs: andere die eigene Schuld gewinnträchtig begleichen zu lassen. Der Urzins, der diesen Namen verdient, ist in der Tat bloß ein weit vorauseilender Vorbote von etwas viel Späterem.

Für diese Unzeitigkeit hatte Marx das ungleich bessere Gespür als Gesell. Was letzterer für den Urzins hält, ist bloß ein profaner Abkömmling davon. Auf den aber trifft zu, was Marx sagt: Die ersten profanen Zinsnehmer waren alles andere als eine homogene soziale Klasse. «Hausherren» liehen anderen Hausherren Saatgut, Zuchttiere etc., Kaufleute gaben Münzbedürftigen Vorschüsse. Sie taten das möglicherweise zu erpresserischen Konditionen, aber nicht hauptberuflich. Dafür hätte sich noch gar nicht genügend Kundschaft gefunden. Es gab überhaupt noch keine scharf konturierten Berufsbilder in der Handelssphäre. Prosperierende Hausherren einer griechischen Polis konnten zugleich Kaufleute, Politiker, Naturkundler und «Weise» sein. Noch in den großen mittelalterlichen Handelshäusern waren Gebrauchsgüter- und Geldhandel keine streng getrennten Geschäfte, genausowenig wie im Geldhandel selbst das Wechseln, Aufbewahren und

30 Siehe oben, S. 91 ff.

Investieren. Jede Geschäftsbank war auch eine Investmentbank. Geldverleih und Wucher als ausschließliche Profession betrieben am ehesten Leute, die nichts anderes tun *durften*: Juden. Aus der Not sozialer Stigmatisierung versuchten sie die Tugend einer geldgestützten Anerkennung zu machen. Ihre Habgier war in erster Linie Triumphbedürfnis über erlittene Demütigungen. Oft genug jagten Bürger oder Herrscher sie fort, wenn sie unangenehm hoch bei ihnen verschuldet waren. Ihr Erpressungspotential hielt sich in Grenzen. Schmarotzer waren sie schon gar nicht, sondern Leute, die *nolens volens* taten, wovon Christen in der Not gern profitieren, womit sie sich aber die Finger nicht schmutzig machen wollten.

Dennoch gibt es zweifellos Sozialschmarotzer. Ein heruntergekommener Adel zum Beispiel, der keinerlei militärische Funktionen mehr ausübte, aber an allen Privilegien, die sich einmal auf diese Funktionen gegründet hatten, zäh festhielt, weiterhin die ihm hörige Bauernschaft aussog und jede eigene Erwerbsarbeit als unstandesgemäß strikt ablehnte: er ist zu Beginn der Neuzeit eine ernste soziale Last gewesen – sowohl für die absolutistischen Herrscher, denen er keine militärischen und steuerlichen Leistungen erbrachte, wohl aber Einkünfte streitig machte, als auch für das kapitalbildende Bürgertum, dessen wirtschaftlicher Entfaltung er sich in den Weg stellte. Daß dieser Adel sich darauf verlegte, Grund und Boden teuer zu verpachten, zusätzlich die Zinsen einkassierte, die die in Geldinstituten angelegten Pachtbeträge abwarfen – und so jahrhundertelang von «arbeitslosem Einkommen» gut weiterleben konnte, ist unbestreitbar, ändert aber nichts daran, daß er ein soziales Auslaufmodell war, ähnlich wie die reichen bürgerlichen Erben, die von den Zinsen eines Vermögens, das sie nicht erwirtschaftet haben, ihren Neigungen leben und vor allem darauf aus sind, die Steuern dafür zu vermeiden, zwar ein soziales Ärgernis darstellen, aber nicht die Wurzel aller sozialen Übel.

Doch erst die Gleichsetzung von «arbeitslosem Einkommen» mit Geldgeschäften überhaupt senkt Gesells Theorie unter ein diskutables Niveau – seine Unterstellung, daß «der Bankmann und die Sparkasse» im Prinzip genauso leben wie der Rentier, nämlich von Zinsen statt von ihrer Hände Arbeit, wie überhaupt «[a]lle Bummler, Sonnenbrüder, Zigeuner» nichts lieber tun als dies, sobald sie zu Geld kommen. Gesell uniformiert sie alle zu Varianten eines sozialen Typus, den er «Kapitalist» oder «Geldgeber» nennt. «Der Fuhrmann füttert die Pferde, schmiert die Achsen, schwitzt und flucht. Es ist nicht mehr als recht, daß er dafür bezahlt werde. Der Kaufmann hütet den Laden, bezahlt die Miete, rechnet und grübelt. Er soll etwas dafür bekommen. Aber der Bankmann, die Sparkasse, der Geldgeber – was tun *sie*? Der König steht am Schlagbaum; er sperrt die Grenze und sagt: der Zehnte ist mein! Der Geldgeber steht vor dem Geldschrank; er sperrt den Austausch der Waren, die auf den Inhalt des Geldschrankes als Tauschmittel angewiesen sind und sagt wie der König: der Urzins ist mein! Der König wie der Geldgeber tun im Grunde nichts, sie *sperren nur* und erheben einen Zins. Der Urzins ist also, wie der Grenzzoll, eine Abgabe, nur mit dem Unterschied, daß der König mit dem Zoll die Staatsausgaben bestreitet, während der Geldgeber den Urzins für sich verwendet.»[31]

Das sind Klischees wie aus einer Fibel für Zehnjährige. Vor allem aber hinkt der Vergleich zwischen Zinsnahme und Grenzzoll, als wäre Zins eine «Abgabe», wie sie «die Raubritter im Mittelalter erpreßten», wenn «der Kaufmann» an ihrer Burg vorbeizog.[32] Solche Zwangsabgaben haben einen grundsätzlich anderen Status. Wo sie nicht sporadischer Raub waren, sondern auf Dauer gestellt wurden, waren sie Tribute, nicht Zinsen. Volksstämme, die durch stärkere besiegt wurden, wurden den Siegern tributpflichtig, ebenso wie es Bauern waren, die ihren Feudalherren den Zehnten oder mehr zu entrichten hatten. Sie lieferten das Produkt erpreßter Mehrarbeit ab. Zins hingegen ist ein Aufschlag auf Abzulieferndes. Schon der wirkliche Urzins, der nicht an Schlagbäumen oder Geldschränken, sondern am Rande von Tempeln erhoben wurde, war Aufschlag auf ein Honorar, und dieser Charakter ist ihm geblieben wie ein Muttermal. Er wird immer *auf etwas* aufgeschlagen, ist stets Hinzukommendes, nie die Sache selbst, wie auch das Horten von Edelmetall, für sich genommen, völlig unschädlich ist und niemandem etwas zuleide tut. Erpresserisch kann es nur wirken, wo schon eine Notlage besteht. Der Zins erzeugt sie nicht; er findet sie vor. In der Not- und Haftungsgemeinschaft des archaischen Stammesverbands half man einander ohne Zins aus. Zins entsteht erst zwischen Privateigentümern: wenn einer in Not ist, ein anderer ihm etwas aus seinem privaten Bestand ausleiht und dafür einen Respektserweis verlangt. Dies Verlangen ist nicht unsittlicher als das Privateigentum selbst. Solange zur Individualität die Schutzschicht einer Privatsphäre gehört und zu dieser wiederum ein Bestand von Dingen, über den nur dem jeweiligen Individuum selbst die Verfügung zusteht, ist der Respektserweis für Entliehenes ein Zeichen humanen Umgangs miteinander. Der Empfänger der Leihgabe verletzt diese Umgangsform, wenn er den Respektserweis verweigert. Der Geber verletzt sie, wenn er sich nicht mit einer Respektsgeste begnügt, einem

31 Gesell, 1920, 334, 70 und 334
32 Gesell 1920, 328

symbolischen Betrag, der ihm die Genugtuung des Dankes verschafft, sondern einen Respektserweis verlangt, an dem er sich bereichert. Dann nutzt er die Not des Bittstellers aus, dann ist Zinsnahme Erpressung, aber sie ist es nicht grundsätzlich und unter allen Umständen. Und wie unterscheidet man respektablen Zins von respektlosem? Ähnlich wie gerechten Lohn von ausbeuterischem – immer nur annäherungsweise und nie ohne beiderseitiges subjektives Ermessen: indem ein bestimmter Respektserweis gegeben und genommen wird, als wäre er tatsächlich jene minimale, Genugtuung verschaffende, den zwischenmenschlichen Umgang humanisierende Respektsgeste.

Auf dem realen Markt ist diese Geste die Ausnahme, die Regel hingegen der geschäftsmäßige Zinsmißbrauch, der die Zinsnehmer bereichert. Trotzdem ist der Zins nicht der soziale Sündenfall; ein Märchen die These, daß urwüchsige intakte Gemeinwesen einst durch ihn aus dem Gleichgewicht geraten wären. Umgekehrt: Erst das Ungleichgewicht in einer bestimmten Art von Gemeinwesen führte zum Zins. Auch für die Neuzeit gilt: Der Zins hat die Misere nicht gemacht; er hat sie verschärft. Zu Schuldnern wurden absolutistische Herrscher und bürgerliche Unternehmer durch Kreditaufnahme, nicht durch Zinsen; die Zinsen kamen hinzu. In die Schuldenfalle tappte die neoliberale Staatenwelt, weil die Kredite, die sie aufnahm, ihre Rückzahlungsfähigkeit überstiegen. Daß Banken, Börsen und Finanzmärkte öffentliche und private Verschuldungs- und Notlagen durch ihre Zinsnahmepraxis skrupellos ausnutzen, kommt hinzu. Die Senkung des Zinses auf sein Respektsminimum würde viel Not lindern und ist auch deswegen eine vernünftige Forderung, weil sie das Bewußtsein dafür schärft, was Zins überhaupt ist. Dennoch würde ihre Durchsetzung das globale Verschuldungsproblem nicht lösen und erst recht nicht das perverse Zwangslustprinzip der Plusmacherei entkräften, das von der Gier der Finanzmärkte zwar auf widerwärtige Weise angefacht wird, aber nicht durch Zinsnahme in die Welt gekommen ist.

Äußerste Skepsis ist daher geboten, wo die Abschaffung des Zinses als Königsweg zur «natürlichen Wirtschaftsordnung» angepriesen wird, die «man auch als ‹Manchestertum› bezeichnen» könne und die «nur dem freien Spiel der Kräfte überlassen zu werden braucht, um alles das, was durch amtliche Eingriffe, durch Staatssozialismus und behördliche Kurzsichtigkeit verdorben wurde, wieder ins richtige Lot zu bringen». Im Lot aber ist für Gesell alles, wenn «jedem, der vom Ertrag seiner Arbeit lebt», «der volle Arbeitsertrag» zukommt – ohne jede Zinseinbuße. «Bauern, Handwerker, Lohnarbeiter, Künstler, Geistliche, Soldaten, Offiziere, Könige sind Arbeiter in unserem Sinne.»[33] Das wahre Manchester kennt nur Arbeiter. Es ist frei von allen Kapitalisten, will sagen, von der Klasse der Geld hortenden und verleihenden Nichtstuer. Hier gilt nur noch: freie Bahn dem Tüchtigen. Zinsfreier Unternehmergewinn ist ebenso «voller Arbeitsertrag» wie zinsfreier proletarischer Hungerlohn, nur auf verschiedenen Tüchtigkeitsniveaus. Die natürliche Ordnung hindert Proletarier nicht, tüchtiger zu werden und sich zum «vollen Arbeitsertrag» von Unternehmern hochzuarbeiten. Für höhere Löhne zu streiken ist hingegen widernatürlich.

Das wäre einfach nur ganz gemeiner Sozialdarwinismus, gäbe Gesell der Sache nicht noch eine originelle Wendung: Zur natürlichen Wirtschaftsordnung gehört auch natürliches Geld. Geld ist lediglich dazu da, uns die nötigen Konsumgüter zu verschaffen – lauter vergängliche Dinge. Es selbst aber ist aus unvergänglichem Edelmetall; daher sein widernatürlicher Gebrauch. Müßiggänger horten es, entziehen es dem Markt und verteuern künstlich seinen Verleih. Dies alles würde aufhören, wenn Geld «wie eine Zeitung veraltet, wie Kartoffeln fault, wie Eisen rostet, wie Äther sich verflüchtigt». «Denn solches Geld wird weder vom Käufer noch vom Verkäufer den Waren vorgezogen. Man gibt dann nur noch die eigene Ware gegen Geld her, weil man das Geld als Tauschmittel braucht, nicht, weil man vom *Besitz* des Geldes einen Vorteil erwartet.» Und wie kommt man zu solch einem Geld? Man produziert «Freigeld»[34] – Geldscheine, die durch amtliche Marken ebenso «frei»zumachen sind wie Briefe durch Briefmarken. Ein Hundertmarkschein zum Beispiel ist nur noch ein Jahresschein, enthält 52 Felder, für jede Woche eines, und muß zu Beginn jeder neuen Woche mit einer Marke «frei»gemacht werden, die ihm ein Tausendstel seines Nennwerts nimmt. Für das nächste Jahr gibt es dann neue Scheine, deren Anfangsnennwert um 52 Tausendstel geringer ist als der des Vorjahres, und das gleiche Spiel setzt sich fort. Geld wird Schwundgeld. Es tritt zurück in den Kreis der Konsumgüter, bekommt natürliche Vergänglichkeit wie alle andern Waren auch, reguliert nur noch deren Austausch, und läßt den Kapitalisten jegliche Lust auf jenes widernatürliche Horten vergehen, das einst die Zinserpressung ermöglichte. Die Rentiers und Wucherer verlieren den Nährboden ihrer Existenz. Der «sanfte Tod des Rentiers», der Keynes vorschwebte, kann Wirklichkeit werden.

So Gesells große Vision. Tatsächlich ist schon bald nach seinem Tod in der österreichischen Gemeinde Wörgl mit Schwundgeld experimentiert worden. Es erhöhte die Bereitschaft der Geschäftsleute zur Investition,

33 Gesell 1920, XV, XII, 10, XVIII
34 Gesell 1920, 240 und 242

sorgte für neue Arbeitsplätze und eine örtliche Wirtschaftsblüte.[35] Ähnliche Blüten treiben Tauschringe, die sich in Süddeutschland und der Schweiz gebildet haben. Man tritt einem regionalen Freigeldverbund bei, kauft wechselseitig beieinander ein, vergibt Aufträge aneinander, Arbeitsplätze untereinander. Doch über Eigeninitiativen zur regionalen Mittelstandsförderung gehen solche Zusammenschlüsse selten hinaus. Ihr begrenzter Erfolg zehrt zudem von Infrastrukturleistungen, die sie nicht selbst erbringen müssen, und ist nicht der geringste Tauglichkeitsbeweis für ihre Fähigkeit, ein gesamtgesellschaftliches Tauschsystem zu regulieren, zumal unter mikroelektronischen Bedingungen. Wie Freigeld in großen Wirtschaftsräumen Altersrücklagen sichern, Versorgungs- und Versicherungssysteme stabil halten oder eine allgemein akzeptierte digitale Schwundform annehmen soll, haben seine Verfechter nicht ansatzweise zeigen können.

Gesell ist nicht dafür verantwortlich, wie der Nationalsozialismus seine Gedanken fortschrieb. Er selbst war ethnisch wie kulturell zu sehr ein Mischling, um sich offen völkisch oder antisemitisch gebärden zu mögen. Seine Vorstellung vom «Freiland», das nur noch zinsfrei an die Meistbietenden aller Länder verpachtet werden und die Menschheit von der Bodenrente erlösen soll, ist der Blut-und-Boden-Ideologie sogar konträr. Aber seine Stereotypen vom guten Arbeiter, dem sein «Ertrag» als unschuldige Frucht redlicher Anstrengung zufällt, und dem bösen Zinsnehmer, der nichtstuerisch seine Mitmenschen aussaugt, trägt deutliche Züge paranoider Verengung. Das unstillbare Bedürfnis, seinen eigenen Lebensweg als Selfmademan samt aller Kaufmannskniffe, die ihn zu Reichtum gebracht hatten, als untadelig zu

35 Lietaer 2000, 34. Lietaer, früher belgischer Zentralbanker und an der Vorbereitung des Euro aktiv beteiligt, ehe er zum Euroskeptiker wurde, arbeitet an der Vernetzung von Regionalwährungsmodellen, die es inzwischen auf fast allen Kontinenten gibt. Nicht alle basieren auf Schwundgeld. Manche sind wirklich originell, wie etwa das japanische «Hurreai Kippu (wörtlich: Pflege-Beziehungs-Tickets)», wo die Währung «eine Stunde Dienst» in der Altenpflege ist, mit der man selber Anrechte auf Pflegeleistungen erwirbt. (34) Man umgeht dabei all die Gebühren, die die Inanspruchnahme solcher Leistungen gewöhnlich kostet, und lernt durch die «Währung» zudem hilfsbedürftige Gleichgesinnte kennen. Das kann temporär für alle Beteiligten vorteilhaft sein. Wie stabil solche Übereinkünfte sind, ist eine andere Frage, und vor allem sind sie begrenzt. «Komplementärwährungssysteme sind kein Allheilmittel für die vielschichtigen gesellschaftlichen Probleme des Informationszeitalters. Man muss wissen, wofür sie taugen.» (36) Gesell hingegen hatte sein Freigeld durchaus als Allheilmittel und keineswegs als Komplementärwährung konzipiert. Wieweit die Tauschringe, die sich auf ihn berufen, in seinem Sinne sind, steht dahin.

 rechtfertigen, trieb ihn zu einer Wirtschaftstheorie, die das eigene Erfolgsmodell als Weltmodell anpreist. Ihr Charme ist ihre unakademische, autodidaktische Frische und Unbekümmertheit. Ihr ausbeutungskritischer Grundimpuls entspringt freilich einem tiefen Ressentiment gegen alle, die Gesells eigenem zwanghaften mitteleuropäischen Arbeitsethos nicht entsprechen. Bummler, Sonnenbrüder, Zigeuner, Rentiers, Wucherer – sie alle rechnete er zu jenem «kapitalistischen» Stamm, dem er durch Freiland und Freigeld die Wurzeln kappen wollte. Sein Ressentiment mußten die Nazis nur wenig umcodieren, den Zigeunern die Juden hinzufügen, die Tüchtigen mit der arischen Rasse gleichsetzen, um dann ihre Version der «Brechung der Zinsknechtschaft» ins Werk zu setzen. Vor einer «Zukunft», die «mehr vom Geiste Gesells als von jenem von Marx lernen wird», kann einem nur grausen.

Soziale Geburtswehen

Marx' mißglückter Versuch, Ausbeutung als Mehrwert errechenbar zu machen, entkräftet nicht im mindesten die spezifische Art von Plusmacherei, die er als treibende Kraft des Kapitalismus erkannt hat. Auch sein Verdacht, daß diese Plusmacherei nicht ewig so weitergehen kann und an ihrer eigenen Dynamik zugrunde gehen wird, ist keineswegs widerlegt. Daß sich der entfaltete Kapitalismus zwei Jahrhunderte lang gehalten hat – was beweist das schon für seine weitere Beständigkeit? Ungefähr so viel wie das aktuelle Steigen von Immobilienpreisen beweist, daß sie weiter steigen werden. Hingegen zeigte die kapitalistische Produktionsweise schon in ihrer Frühzeit eine fatale Neigung, ihre eigene Naturbasis bis zur Zerstörung auszubeuten. Arbeitskräfte, namentlich Frauen und Kinder, wurden in manchen englischen Industriedistrikten derart vernutzt, daß sie nach kurzer Zeit gar nicht mehr gewinnträchtig arbeiten konnten. Die ersten staatlichen Eingriffe zur Beschränkung der Frauen- und Kinderarbeit, des Arbeitstages, der Willkür innerbetrieblicher Disziplinierungsmaßnahmen geschahen denn auch nicht, wie Marx bemerkt, aus menschlicher Anteilnahme, sondern aus ökonomischem Kalkül – aus der Einsicht, daß die neue Produktionsweise nur durch gesetzliche Zügelung daran gehindert werden könne, ihre Arbeitskräfte und damit sich selbst zugrunde zu richten.[36]

36 Cf. Marx, 1979 [²1872], 416 ff.

Inzwischen hat sich herausgestellt, daß nicht nur die menschliche Arbeitskraft, sondern auch sämtliche Rohstoffquellen und Klimabedingungen zu der Naturbasis gehören, die vor der Zerstörungskraft der herrschenden Produktionsweise durch Gesetze und Abkommen zu schützen ist. Zudem untergräbt sich die Plusmacherei noch durch die Expansion ihrer Maschinerie. Maschinen sind zwar großartige Hilfsmittel zur Lebenserleichterung. Man kann durch sie vieles bequemer, schneller und besser tun als ohne sie, und man kann sie vieles erledigen lassen, was man selbst nicht tun möchte. Als Helfershelfer der Plusmacherei setzen sie jedoch diejenigen, die an ihnen arbeiten, insgesamt mehr unter Druck, als daß sie ihnen behilflich sind. Dieser Druck hat mit dem mikroelektronischen *jobless growth* eine neue Intensität bekommen. Die Plusmacherei bedroht nicht mehr nur ihre eigene Naturbasis, sondern auch ihre eigene Infrastruktur – all die Transport- und Verkehrs-, Versorgungs- und Bildungsleistungen, die das Gemeinwesen erbringt, damit profitabel gewirtschaftet wird. Aus Steuermitteln sind diese Leistungen immer weniger finanzierbar, seit deren Hauptquelle zunehmend versiegt: der konstante und flächendeckende Arbeitslohn. Die Lohneinsparungen durch Hochtechnologie sind ungeheuer. *Sie* sind der wirkliche «Extraprofit» des mikroelektronischen Zeitalters, nicht vermeintliche zusätzliche Arbeitskraftauspressung. Und von eingespartem Lohn ist weit mehr direkt in die Finanzmärkte geflossen als zuvor über den Umweg von Löhnen in das Steueraufkommen.[37]

Nirgends auf der Welt aber haben Staaten dieser gigantischen Profitumleitung Einhalt geboten und von den Profiteuren wenigstens den Teil des Umgeleiteten als Steuern erhoben, der früher in eben jene Infrastruktur floß, von der die Plusmacherei zehrt. Im Ge-

37 Der aktuelle ökonomische Diskurs tickt ähnlich wie im Neuen Testament der ungläubige Thomas. Auch das Offensichtliche glaubt er erst, wenn er es anfassen kann. Und der Thomas oeconomicus von heute kann nur noch erfassen, was sich ihm in Zahlen darbietet. Daß das Ganze stets größer ist als sein Teil und ein runder Saal nie Ecken hat – wer weiß? Man muß es durch empirische Erhebung validieren. Daß das Geld, über das der Fiskus nicht mehr verfügt, nicht einfach verschwunden ist; daß zwischen den drastischen Steuerschrumpfungen und dem ungeheuren Aufschwellen der Finanzmärkte ein Zusammenhang besteht – auch das wird erst geglaubt, wenn eine ganze Datenbank es mit Zahlen unterlegt. Deshalb die durchschlagende Wirkung von Thomas Piketty. Er hat für vieles Offenkundige endlich Zahlen nachgetragen, und Zahlen sind das einzige, was Ökonomen noch existentiell erregt.

 genteil, sie haben ausgerechnet bei jenen Finanzmärkten, auf die sich dieser Extraprofit verteilt hat, Schulden aufgenommen, um die Steuerlöcher, die die mikroelektronische Plusmacherei gerissen hat, notdürftig zu stopfen – und sich in jene Schuldenfalle begeben, in der die Staaten, auch die reichsten, weltweit sitzen. Es ist nicht nur nicht ersichtlich, wie sie da je wieder herauskommen sollen (wenn der deutsche Finanzminister von «ausgeglichenem Haushalt» spricht, meint er lediglich, daß er keine *neuen* Schulden aufnehmen will, aber er spricht nicht von den 1,7 Billionen bereits vorhandenen); es ist nicht einmal abzusehen, wie die Verschuldung stabil gehalten werden soll, ohne daß die Infrastrukturleistungen sinken. Die Rede vom «ausgeglichenen Haushalt» ist eines der dreistesten Täuschungsmanöver der Gegenwart – als ob zusätzliche staatliche Haushaltsdisziplin in Kürze wieder ausgeglichene Marktverhältnisse bescheren könnte.

Marx und Engels haben das Marktgleichgewicht schon vor mehr als 150 Jahren als doppelten Trug erachtet. Zum einen, so ihre gut begründete Überzeugung, ist die kapitalistische Produktionsweise strukturell unfähig, dies Gleichgewicht umfassend und stabil herzustellen; zum andern verschleiert sie in seinem Namen Unterdrückung und Ausbeutung. Deshalb wollten sie den Markttrug beenden, statt an einem sich doch nie einstellenden Gleichgewicht herumzulaborieren. Was spricht gegen dieses Vorhaben? Hegten sie es vielleicht nur zur falschen Zeit? War der Sturm, zu dem sie bliesen, nur deswegen erfolglos, weil die kapitalistische Produktionsweise im neunzehnten Jahrhundert noch gar nicht sturmreif war?

Wo freies Denken noch erlaubt ist, wird man solche Fragen zumindest stellen und in ihrem Licht das gescheiterte Vorhaben noch einmal Revue passieren lassen dürfen. Marx hatte den Ehrgeiz, von der Analyse des elementaren Tauschakts an Schritt für Schritt den langwierigen komplizierten Prozeß der Errichtung der Marktfassade zu verfolgen, aufzudecken, was sich dahinter abspielt, und so «das ökonomische Bewegungsgesetz der modernen Gesellschaft zu enthüllen» – mit besonderem Augenmerk auf die «gesellschaftlichen Antagonismen, welche aus den Naturgesetzen der kapitalistischen Produktion entspringen». Es ging «um diese Gesetze selbst, um diese mit eherner Notwendigkeit wirkenden und sich durchsetzenden Tendenzen»,[38] und die sah Marx gerade nicht zum Gleichgewicht

38 Marx, 1979 [^{2}1872], 15 und 12

führen. Vielmehr wähnte er «[d]ie Zentralisierung der Produktionsmittel und die Vergesellschaftung der Arbeit» kurz vor dem «Punkt, wo sie unverträglich werden mit ihrer kapitalistischen Hülle. Sie wird gesprengt.» «[D]ie kapitalistische Produktion erzeugt mit der Notwendigkeit eines Naturprozesses ihre eigne Negation.»[39] Und zwar tut sie das, ob die Beteiligten wollen oder nicht, ob sie es sich bewußt machen oder es bleiben lassen. «Auch wenn eine Gesellschaft dem Naturgesetz ihrer Bewegung auf die Spur gekommen ist [...], kann sie naturgemäße Entwicklungsphasen weder überspringen noch wegdekretieren. Aber sie kann die Geburtswehen abkürzen und mildern.»[40] Und genau dazu sollte *Das Kapital* anleiten: zu einer sozialen Geburtshilfe, wie es sie in der Geschichte noch nicht gegeben hat.

Vorbild hierfür war nicht etwa die philosophische Hebammentätigkeit des Sokrates, die durch geschicktes Fragen Einsichten zu entbinden suchte, welche der Gesprächspartner schon in sich trug. Marx nimmt vielmehr einen ebenso verzweifelten wie kühnen Umwendungskunstgriff auf, den erstmals die jüdische Apokalyptik um die Entstehungszeit des Christentums angewendet hat und der auch im Neuen Testament vorkommt: in den Spannungen, Verwerfungen und Katastrophen, an denen der bestehende Weltzustand leidet, die Geburtswehen der Rettung zu erkennen. «Denn erheben wird sich Volk wider Volk und Reich wider Reich; es werden da und dort Erdbeben kommen, es werden Hungersnöte kommen. Dies ist der Anfang der Wehen.»[41] Die «Naturgesetze der kapitalistischen Produktion», um die sich endlose marxistische Debatten gerankt haben, werden erst von diesen eschatologischen Wehen aus verständlich. Es sind keine Verlaufsformen des Immergleichen wie die Gesetze der Physik und Chemie, sondern die Übergangsgesetze, nach denen ein singulärer historischer Schwangerschaftsprozeß sich vollzieht. Sie sind von «eherner Notwendigkeit», solange er im Gang ist, aber gegenstandslos, sobald er endet. Mit der Entbindung erübrigen sie sich.

Als rettende Entbindungskräfte kamen für die Apokalyptiker nur fiktive übermenschliche in Frage: Gott, himmlische Heerscharen, der Messias. Für Marx kommen nur reale menschliche Kräfte in Frage, die freilich allesamt den Nachteil haben, in den bestehenden

39 Marx, 1979 [^{2}1872], 791
40 Marx, 1979 [^{2}1872], 15 f.
41 Markus 13,8

 Weltzustand verwickelt zu sein, ihn «weder überspringen noch wegdekretieren» zu können. Doch sind sie unterschiedlich tief in ihn verwickelt; am tiefsten diejenigen, die am meisten an ihm leiden. «Der kapitalistische Produktionsprozeß reproduziert [...] durch seinen eignen Vorgang die Scheidung zwischen Arbeitskraft und Arbeitsbedingungen. Er reproduziert und verewigt damit die Exploitationsbedingungen des Arbeiters. Er zwingt beständig den Arbeiter zum Verkauf seiner Arbeitskraft, um zu leben, und befähigt beständig den Kapitalisten zu ihrem Verkauf, um sich zu bereichern.»[42] Die am meisten gezwungen sind, dies Spiel fortzusetzen, sind am wenigsten an seiner Fortsetzung interessiert. Wenn jemand die Geburtswehen, in denen die kapitalistische Gesellschaft sich windet, abkürzen und mildern kann, dann sie. Wenn sich die Arbeiter gegen ihre Arbeits- und Lebensbedingungen erheben, dann kürzen sie nicht nur die Passionszeit ihrer sozialen Klasse ab, sondern das gesamte kapitalistische Regime – und machen allein schon dadurch seine verbleibende Restzeit erträglicher. Das Proletariat ist der Stein, den die kapitalistischen Bauleute verworfen haben, und die Kritik der politischen Ökonomie soll ihm dabei helfen, zum Eckstein zu werden. Wie Keynes ein vom Staat klug geleiteter Kapitalismus vorschwebte, so Marx ein vom Proletariat klug geleiteter Zusammenbruch des Kapitalismus.

Hatten die Kapitalisten durch ihre besinnungslose Plusmacherei diesen Zusammenbruch nicht selbst schon eingeleitet? «Je ein Kapitalist schlägt viele tot.» Der kapitalistische Konkurrenzkampf ist eine Art von Krieg. Die Sieger kaufen die Unternehmen der Verlierer auf, sie enteignen ihre Konkurrenten, stoßen sie in die Masse der Lohnabhängigen hinab, erhöhen damit das Elend und die sozialen Spannungen bis zur Unerträglichkeit. Der Höhepunkt dieser eschatologischen Wehen der kapitalistischen Epoche ist Marx zufolge aber auch der Wendepunkt zur Geburt einer neuen, besseren; «to a higher state of social production». Die Enteignung von Privateigentum, die die Kapitalistenklasse im Zuge ihrer raffgierigen Monopolbildung schon bis zum Exzeß getrieben hat, wendet sich schließlich gegen die Kapitalisten selbst. «Die Stunde des kapitalistischen Privateigentums schlägt. Die Expropriateurs werden expropriiert.» Dieser Umschwung «stellt nicht das Privateigentum wieder her, wohl aber das individuelle Eigentum auf Grundlage der Errungenschaft der kapitalistischen

42 Marx, 1979 [²1872], 603

Ära: der Kooperation und des Gemeinbesitzes der Erde und der durch die Arbeit selbst produzierten Produktionsmittel».[43]

Muttermale

Und dann? Dann sollte alles besser werden. Die alte Gesellschaft hatte ja bereits Entscheidendes erreicht, als sie zur Produktivität großer Maschinen und zur gemeinschaftlichen Arbeitsweise in großen Fabriken gelangt war. Nun war die epochale Errungenschaft gemeinschaftlicher Produktivität nur noch aus dem Dienst eigennütziger privater Profitinteressen zu befreien und in den Dienst der ganzen Gesellschaft zu stellen. Die gemeinschaftliche Produktion auch gemeinschaftlich planen, das Produzierte auch gemeinschaftlich nutzen und genießen: das war mit Kommunismus gemeint. Aber die wenigen Überlegungen, die Marx zu dessen Funktionsweise angestellt hat, sind bereits von der Einsicht beschwert, daß es dauern wird, bis er die ersehnten Früchte trägt. Am Anfang steht nämlich «eine kommunistische Gesellschaft», die «aus der kapitalistischen Gesellschaft *hervorgeht*, also in jeder Beziehung, ökonomisch, sittlich, geistig, noch behaftet ist mit den Muttermalen der alten Gesellschaft, aus deren Schoß sie herkommt».[44] Weder sind die Menschen dieser Gesellschaft sogleich untadelig, noch sind sie sogleich alle ökonomischen Zwänge los. Nur eines steht nicht mehr zwischen ihnen: der kapitalistische Markt, auf dem sie bisher ihre Lebensmittel kaufen mußten. Und mit diesem Markt verschwindet auch das Geld. Sie bekommen keines mehr für ihre Arbeit, aber sie brauchen auch keines mehr. Sie kommen auch ohne Geld an ihre Lebensmittel. Aber wie? Indem sich jeder nimmt, was er braucht?

Darauf soll der Kommunismus zu guter Letzt tatsächlich hinauslaufen, aber in seiner Anfangsphase ist er noch nicht so weit. Da muß erst einmal eine Gebrauchsgüterproduktion aufgebaut werden, die wirklich allen zugute kommt, und zudem ein Fonds mit gemeinschaftlichen Rücklagen: «zum Ersatz der verbrauchten Produktionsmittel»; «für Ausdehnung der Produktion»; «gegen Mißfälle, Störungen durch Naturereignisse etc.»; für «Schulen, Gesundheitsvorrichtungen etc.»; «für Armenpflege». Deswegen wendet sich Marx strikt gegen

43 Marx, 1979 [²1872], 790 f.

44 Marx 1976 [1875], l. c., 1976, S. 20. Weitere Zitate S. 19 und 20.

 die Verteilung des «unverkürzten Arbeitsertrags» unter die Produzenten, wie Ferdinand Lassalle sie gefordert hatte, und schlägt bemerkenswert nüchterne Töne an. Es «erhält der einzelne Produzent – nach den Abzügen – exakt zurück, was er ihr [sc. der Gesellschaft] gibt. Was er ihr gegeben hat, ist sein individuelles Arbeitsquantum. [...] Die individuelle Arbeitszeit des einzelnen Produzenten ist der von ihm gelieferte Teil des gesellschaftlichen Arbeitstags [...]. Er erhält von der Gesellschaft einen Schein, daß er soundso viel Arbeit geliefert (nach Abzug seiner Arbeit für die gemeinschaftlichen Fonds), und zieht mit diesem Schein aus dem gesellschaftlichen Vorrat von Konsumtionsmitteln soviel heraus, als gleich viel Arbeit kostet. [...] Es herrscht hier offenbar dasselbe Prinzip, das den Warenaustausch regelt, soweit er Austausch Gleichwertiger ist. Inhalt und Form sind verändert, weil unter den veränderten Umständen niemand etwas geben kann außer seiner Arbeit und weil andrerseits nichts in das Eigentum der einzelnen übergehen kann außer individuellen Konsumtionsmitteln.» Aber «es wird gleich viel Arbeit in einer Form gegen gleich viel Arbeit in einer andern ausgetauscht».

Mit diesen wenigen Sätzen hat Marx das ganze Problem des Kommunismus auf einen einzigen Punkt zusammengezogen. Was werden die Arbeiter nach der geglückten Vergesellschaftung der Produktionsmittel tun, wenn sie Lebensmittel benötigten? Das, was sie auch schon vorher taten: etwas geben, was sie durch Arbeit erworben haben, und dafür ein entsprechendes Quantum Gebrauchsgüter erhalten. Nur wird das, was sie geben, nun kein Geld mehr sein, sondern ein Berechtigungsschein und ihr Gegenüber nicht mehr ein Privateigentümer von Waren, sondern das Gebrauchsgüterdepot der ganzen Gesellschaft, aus dem jeder die Gütermenge bekommt, die seiner tatsächlich verausgabten Arbeitszeit entspricht, egal, ob diese Zeit für die hergestellten Produkte auch wirklich gesellschaftlich notwendig war. Das Geben und Nehmen folgt zwar dem «Prinzip» des Warentauschs, ja es kehrt sogar an dessen authentischen Ausgangspunkt zurück, wo die getauschten Dinge tatsächlich gleiche Arbeitsmengen enthielten («20 Ellen Leinwand = 1 Rock») und der Tausch noch nicht durch die Übervorteilungen und Erpressungen des Markts getrübt war. Aber es *ist* kein Warentausch mehr, es sieht nur noch so aus, genauso wie Brot und Wein, nachdem die Wandlungsworte des christlichen Abendmahls über ihnen gesprochen wurden, zwar immer noch wie Brot und Wein aussehen, auch so riechen und schmecken und doch etwas ganz anderes geworden sind: Leib und Blut Christi.

Nach der Wandlung ist wie nach der Revolution; es ist alles anders, auch wenn es immer noch so aussieht wie vorher. Deshalb mag Marx, wenn er von nachrevolutionären Verhältnissen spricht, sich nicht der schneidenden Kritik erinnern, die er selber an einem Vorschlag Pierre-Joseph Proudhons geübt hat. Proudhon schwebte vor, den freien Markt durch eine Volksbank zu ersetzen, bei der alle produzierten Waren abzuliefern seien, und das Geld durch «Stundenzettel», auf denen die verausgabte Arbeitszeit vermerkt werde. Durch Vorlage der Stundenzettel erhalte jeder Produzent das seiner Arbeitsleistung entsprechende Quantum Gebrauchsgüter und sei nicht länger der Marktwillkür ausgeliefert. Für Marx eine Augenwischerei. «Die Bank, die die Stundenzettel ausgibt, kauft die Ware zu ihren Produktionskosten, [...] und zwar kostet ihr das Kaufen nichts, als die Produktion von Papierschnitzeln, und gibt dem Verkäufer anstatt des Tauschwerts, den er in einer bestimmten substantiellen Form besitzt, den symbolischen Tauschwert der Ware.» «Ich habe meine Ware a gegen den Stundenzettel b ausgetauscht, der ihren Tauschwert vorstellt; aber nur, damit ich dies b nun beliebig wieder in allen wirklichen Waren c, d, e, etc. metamorphosieren kann.» «Also die Bank gibt für die Ware Geld.»[45] Markt und Geld werden gar nicht wirklich angetastet. Der Markt hört dadurch, daß er Bank wird, nicht auf, Markt zu sein, genauso wie Geld dadurch, daß ihm «seine metallne Form entzogen» wird, nicht aufhört, Geld zu sein. «Der Kommunismus muß sich vor allem dieses ‹falschen Bruders› entledigen», «der die Privatproduktion bestehn lassen, aber den Austausch der Privatprodukte organisieren, der die Ware will, aber das Geld nicht will».[46]

Das nachrevolutionäre Geben und Nehmen sieht seinem «falschen Bruder» freilich verflixt ähnlich. Nur daß das Depot, in das die gesamte gesellschaftliche Produktion gelangt, keine Bank mehr ist. Es kauft die Produkte nicht; sie werden dort abgeliefert. Und dann auch wieder in der Weise ausgeliefert, wie sie eingeliefert wurden? Wie jeder nach seinen Fähigkeiten gab, bekommt nun auch jeder nach seinen Bedürfnissen? Keineswegs. Die Ausgabe erfolgt hübsch portioniert: Äquivalent gegen Äquivalent. Allerdings sieht der «Schein»,

45 Marx, 1974 [1858], 73 und 151 f.
46 Marx 1963 [1859], 573

 der «soundso viel Arbeit» bescheinigt und dazu berechtigt, ein entsprechendes Quantum «von Konsumtionsmitteln» «aus dem gesellschaftlichen Vorrat» zu «ziehen», nun nur noch so aus wie Geld. «Das Geldkapital fällt bei gesellschaftlicher Produktion weg. Die Gesellschaft verteilt Arbeitskraft und Produktionsmittel in die verschiednen Geschäftszweige. Die Produzenten mögen meinetwegen papierne Anweisungen erhalten, wofür sie den gesellschaftlichen Konsumtionsvorräten ein ihrer Arbeitszeit entsprechendes Quantum entziehn. Diese Anweisungen sind kein Geld. Sie zirkulieren nicht.»[47]

Zirkuliert haben die Zahlungsmittel freilich den größten Teil der Menschheitsgeschichte nicht. Opfer waren Einmalzahlungen und trotzdem Geld (*gilt* = Geschuldetes). Zudem wären Marx' «papierne Anweisungen» in einem Kommunismus, der «ökonomisch, sittlich, geistig, noch behaftet ist mit den Muttermalen der alten Gesellschaft», keineswegs zirkulationsimmun. Denn dort wäre die Geschäftemacherei ebensowenig schon ganz ausgestorben wie etwa der Bedarf nach unguten Substanzen, zum Beispiel Drogen, die schwerlich als Produkte gemeinschaftlicher Arbeit ans allgemeine Gebrauchsgüterdepot geliefert würden. Was läge da näher, als sie privat herzustellen, gegen Arbeitsscheine zu verkaufen und damit das eigene Anrecht auf Konsumtionsmittel aus dem Depot zu vergrößern, ohne zu seinem Bestand selbst beigetragen zu haben? Die Zirkulations- und Schwarzmarktfähigkeit der Marxschen «Scheine» liegt auf der Hand.[48] Eine papierene Anweisung auf Lebensmittel ohne jeden Geldcharakter ist wie ein Kreis ohne Rundung.

Vergesellschaftung

Nirgends hat die «Expropriation der Expropriateurs» je zur Geldlosigkeit geführt – ebensowenig wie zur Vergesellschaftung der Produktionsmittel. Nicht nur, weil in Rußland, wo zuerst eine bäuerlich-proletarische Revolution stattfand, jene hochindustriellen Produktionsmittel, um deren Vergesellschaftung es Marx ging, noch gar nicht existierten und in «nachholender Modernisierung», wie

47 Marx 1977 [1893], 358

48 Dieses Beispiel und einige weitere Anregungen verdanke ich der Dissertation von Hannes Gießler (Gießler 2014)

Robert Kurz es genannt hat,[49] erst einmal mühsam entwickelt werden mußten. Sondern weil sich Produktionsmittel grundsätzlich nicht vergesellschaften lassen. Sie lassen sich zwar der Verfügung von Privateigentümern entwinden, aber nicht jeder besonderen Verfügung entrücken. Wenn sie funktionieren und dem Gemeinwesen tatsächlich zugute kommen sollen, so muß stets *jemand* für sie zuständig und verantwortlich sein. Wer das am besten auf welche Weise tut, ob einzelne Experten, eine Genossenschaft, ein Kontrollgremium, hängt von den Umständen ab. Transportmittel zum Beispiel läßt man tunlichst nicht genossenschaftlich steuern, sondern durch gut dafür ausgebildete Fachkräfte, während landwirtschaftliche oder energieerzeugende Betriebe durchaus als Genossenschaften funktionsfähig sind, wenn die Kompetenzen klug abgesteckt sind.

Aber die Gemeinschaftlichkeit hat Grenzen, für Marx übrigens sehr enge. «[I]n allen Arbeiten, worin viele Individuen kooperieren, stellt sich notwendig der Zusammenhang und die Einheit des Prozesses in einem kommandierenden Willen dar, und in Funktionen, die nicht die Teilarbeiten, sondern die Gesamttätigkeit der Werkstatt betreffen, wie bei dem Direktor eines Orchesters. Es ist dies eine produktive Arbeit, die verrichtet werden muß in jeder kombinierten Produktionsweise.»[50] Also nach der Revolution genauso wie davor, danach nur ohne allen zusätzlichen klassenherrschaftlichen Druck, aber weiterhin «kommandierend», was mit einem «Verein freier Menschen», «die mit gemeinschaftlichen Produktionsmitteln arbeiten und ihre vielen individuellen Arbeitskräfte selbstbewußt als eine gesellschaftliche Arbeitskraft verausgaben»,[51] schwerlich vereinbar ist.

Nie haben sozialistische Revolutionen denn auch die Produktionsmittel wirklich «vergesellschaftet», immer nur die Verfügung darüber und Zuständigkeit dafür umverteilt. Mehr ging nicht – nicht nur wegen «der Muttermale der alten Gesellschaft», sondern weil «Vergesellschaftung der Produktionsmittel» eine sakramentale Formel ist. Sie unterstellt der realen Gesellschaft, einem Aggregat von vernunftbegabten Triebwesen, einem Kräfteparallelogramm von Wünschen, Interessen und Verantwortlichkeiten, die Verwandelbarkeit in einen Gesamtorganismus, dessen Glieder ähnlich zusammenstimmen sollen

49 Kurz 1991, 203
50 Marx, 1977 [1894], 397
51 Marx, 1979 [²1872], 92

 wie nach dem Wunsch des Apostels Paulus die Glieder der christlichen Gemeinde zum «Leib Christi»[52]. Jedes Gemeindeglied, so Paulus, hat sein «Charisma»[53], will sagen, seine je besondere Begabung und Energie, die es zum «Leib» beiträgt. Es ist Organ, nicht bloß Funktion, und zwischen Organen eines Leibes besteht unmittelbare vitale Verbundenheit. «Es kann das Auge nicht sagen zur Hand: Ich bedarf deiner nicht; oder wiederum das Haupt zu den Füßen: Ich bedarf euer nicht.» In der Tat: Ein Auge sieht, ein Ohr hört, ein Finger greift nur, sofern ein lebendiger Organismus durch dieses Organ sieht, hört, greift. «Und wenn ein Glied leidet, so leiden alle Glieder mit; und wenn ein Glied geehrt wird, so freuen sich alle Glieder mit.»[54] Denn es ist der Gesamtorganismus, der leidet und tut. *Mir* tut die verletzte Hand weh, die Hand für sich genommen empfindet keinen Schmerz; *mir* schmeckt das Essen, nicht meinem Gaumen als isoliertem Bestandteil. Und was für die Organe selbst gilt, läßt sich auch auf deren Hilfsmittel ausdehnen. Das Werkzeug des einen Organs ist das Werkzeug aller. Der Löffel wird von der Hand geführt, aber es ist der ganze Organismus, dem er das Essen erleichtert. Die Brille sitzt am Auge, aber der ganze Organismus sieht besser durch sie. Insofern gehört sie allen Organen gemeinschaftlich.

Paulus' fragmentarische Assoziationen zum «Leib Christi» haben durchaus Züge eines kommunistischen Projekts. Die rituelle Tischgemeinschaft, zu der sich die urchristlichen Grüppchen versammelten, um gemeinsam das Brot zu brechen und den Kelch kreisen zu lassen, wie Jesus es einst getan hatte, schwebte ihm als die Keimzelle einer gemeinschaftlichen, den ganzen Alltag umfassenden Lebensweise vor. Die frühchristlichen Gemeinden dürften zwar von dem Ansinnen, den irdischen Leib Christi darzustellen, hoffnungslos überfordert gewesen sein. In Korinth herrschte nicht einmal während der Tischgemeinschaft Konsumgütergemeinschaft. Mit dem urchristlichen Kommunismus, an den aufrechte Marxisten nur allzugern glaubten, war es nicht weit her.[55] Aber wenigstens waren christ-

52 1. Korinther 12,27

53 1. Korinther 12,4

54 1. Korinther 12,21 und 26

55 Die Wahrheit über ihn sagt weit eher 1. Korinther 11,18–22 als Apostelgeschichte 2,44–46, deren beschönigende Darstellung etwa Rosa Luxemburg kritiklos übernahm; cf. Luxemburg 1982

liche Gemeinden klein und überschaubar genug, um sich gegenseitig mit ihrer Habe aushelfen zu können, wenn sie es denn wollten.

Wie hingegen soll das bei einem Aggregat von Millionen von Menschen funktionieren: gemeinsame Produktion und gemeinsamer Verzehr ohne Verteilungsprobleme? Und genau dafür steht ja das Zauberwort «Vergesellschaftung». Marx spricht zwar nicht vom Leib Christi. Aber er tut etwas verblüffend Ähnliches. Er nimmt sich die literarische Lieblingsfigur der politischen Ökonomie, den Allrounder Robinson Crusoe, vor, der für seinen Lebensunterhalt «verschiedene Bedürfnisse zu befriedigen» hat, «daher nützliche Arbeiten verschiedener Art verrichten» muß, «Werkzeuge machen, Möbel fabrizieren, Lama zähmen, fischen, jagen usw.» und «[t]rotz der Verschiedenheit seiner produktiven Funktionen weiß», «daß sie nur verschiedne Betätigungsformen desselben Robinson sind» – um dann dem Solisten Robinson ein Ensemble gegenüberzustellen: «einen Verein freier Menschen». «Alle Bestimmungen von Robinsons Arbeit wiederholen sich hier, nur gesellschaftlich statt individuell. Alle Produkte Robinsons waren ausschließlich sein persönliches Produkt und daher unmittelbar Gebrauchsgegenstände für ihn. Das Gesamtprodukt des Vereins ist ein gesellschaftliches Produkt.»[56]

Mit andern Worten: Der Verein ist ein Gesamt-Robinson, ein Großorganismus, dem die Individuen nicht anders angehören als Robinsons einzelne Organe und Tätigkeiten seinem Leibe. «Dies ist mein Leib», sagt die Abendmahlsliturgie, während dem Gläubigen ein Stück Brot dargereicht wird – und suggeriert, daß ihn dessen Verzehr mit Christus eins werden läßt: zu einem Glied an dessen Leibe. «Vergesellschaftung der Produktionsmittel», sagt die kommunistische Liturgie und suggeriert, daß mit der «Expropriation der Expropriateurs» die Maschinerie der ganzen Gesellschaft ebenso angehört wie ein Löffel oder eine Brille einer einzelnen Person. Der kommunistische Gesamt-Robinson ist ein säkularisierter Leib Christi. Und wie im Urchristentum das Heilswerk unter den Widrigkeiten der realen Geschichte zweideutig wurde – Christus war bereits gekommen und «für unsere Sünden» gestorben, andrerseits war seine Rettungstat im historischen Prozeß erst noch zu bewähren und ihrem guten Ende entgegenzubringen – so auch bei Marx: Mit der «Expropriation der Expropriateurs» vollzieht sich zwar die Vergesell-

56 Marx, 1979 [²1872], 90 f. und 92 f.

 schaftung der Produktionsmittel. Dennoch muß sie erst noch werden, was sie an sich schon ist. Sie ist – wie die urchristliche Existenz in der Erwartung der nahen Wiederkehr Christi – in der Schwebe zwischen «Schon jetzt» und «Noch nicht».

Schon jetzt hat die Vergesellschaftung das Verteilungsproblem gelöst, aber *noch nicht* endgültig. Daher brauchen die arbeitenden Individuen «Scheine». Und wer gibt die aus? «Die Gesellschaft», sagt Marx.[57] Das könnte sie freilich erst tun, wenn sie tatsächlich zum Gesamt-Robinson geworden wäre: einem handlungsfähigen Leib. Solange sie aber bloß Aggregat ist, hat sie selbst keine Hände. Scheine ausgeben können nur bestimmte Individuen, allgemein anerkannte Repräsentanten der Gesellschaft, die in ihrem Namen handeln: Staatsbedienstete. Womit der Staat, der nach der Vergesellschaftung eigentlich keine Funktion mehr haben und so schnell wie möglich absterben sollte, neu involviert wäre: als die einzige zur Ausgabe der Scheine befugte Instanz, die zudem darüber wachen muß, daß kein Schwarzarbeitsmißbrauch mit ihnen getrieben wird, daß die auf ihnen vermerkte Arbeitsleistung auch wirklich erbracht wurde, daß die Produkte auch tatsächlich vollständig ins Güterdepot wandern und daß dort ein Güterangebot lagert, das die Bedürfnisse der Gesellschaft angemessen zu befriedigen vermag.

Kurzum, es drängt sich dem Staat ein ganzes Bündel von Kontroll- und Verwaltungsaufgaben auf, die zuvor der Markt auf seine Weise übernommen hatte, und es ist schlechterdings unerfindlich, wie der «mit den Muttermalen der alten Gesellschaft» behaftete Kommunismus, der sich mit der Eliminierung des Marktes lauter neue Staatsaufgaben einbrockt, aus eigener Kraft jenes höhere Niveau erreichen soll, das Marx in die berühmten Worte gefaßt hat: «In einer höheren Phase der kommunistischen Gesellschaft, nachdem die knechtende Unterordnung der Individuen unter die Teilung der Arbeit, damit auch der Gegensatz geistiger und körperlicher Arbeit verschwunden ist; nachdem die Arbeit nicht nur Mittel zum Leben, sondern selbst das erste Lebensbedürfnis geworden ist; nachdem mit der allseitigen Entwicklung der Individuen auch ihre Produktivkräfte gewachsen und alle Springquellen des genossenschaftlichen Reichtums voller fließen – erst dann kann der enge bürgerliche

57 Der Arbeiter «erhält von der Gesellschaft einen Schein, daß er soundso viel Arbeit geliefert» hat (Marx 1976 [1875], 20).

Rechtshorizont ganz überschritten werden und die Gesellschaft auf ihre Fahne schreiben: Jeder nach seinen Fähigkeiten, jedem nach seinen Bedürfnissen!»[58]

Jeglicher anfängliche Kommunismus würde davon allerdings weit entfernt sein, weswegen Marx erst einmal bei dessen grauem Alltag anhebt: den Arbeitsscheinen. Er verleugnet zwar, daß sie Geld sind, wie er auch verleugnet, daß nur ein Staat sie ausgeben kann, aber unter der Tarnkappe dieser Verleugnung läßt er den Kommunismus, wie er ihn sich vorstellt, gleichsam noch einmal an jenem Geldnullpunkt beginnen, an dem zweieinhalb Jahrtausende zuvor schon einmal die Münzprägung angesetzt hatte.[59] Warum teilten griechische Tyrannen an ihre Leibgarde Münzen aus? Um für deren Lebensunterhalt nicht länger zuständig sein zu müssen. Modern ausgedrückt: Sie waren die Planwirtschaft leid. Sie betrieben *Outsourcing.* Sollte die Garde sich ihre Lebensmittel doch selbst besorgen. Der Tyrann kündigte die Konsumgemeinschaft mit ihr auf. Er entzog ihr den Genuß der direkten Teilhabe an seiner Macht. Die Münzen, die er ihr aushändigte, waren Wundmale der Trennung und Herabsetzung. Aber der Münzempfang durchtrennte gewissermaßen auch eine Nabelschnur. Er eröffnete den Empfängern einen neuen Freiraum, über den nur sie bestimmten. Sie waren keine Hausherren, aber über ihre Münzen konnten sie genauso verfügen wie Hausherren über Grund und Boden, Sklaven und Familie. Auch wenn der Güterbestand, der für Münzen erhältlich war, zunächst sehr beschränkt gewesen sein dürfte – Münzen waren Eigentum, und ihre Eigentümer konnten sich wie kleine Hausherren fühlen.

Die Tragweite dieser Empfindung für das Verständnis von Individuum, Person, Subjekt war zunächst überhaupt noch nicht absehbar. Erst im Rückblick kann man sagen: Jener spezifische Freiraum, den erst Münzen eröffneten, hat sich im Laufe von Jahrhunderten als der Minimalraum bürgerlicher Freiheit etabliert. Wer nicht über Münzen (oder ihre Abkömmlinge) verfügen darf, ist kein Rechtssubjekt. Asylanten und Drogenabhängige, denen Lebensmittel statt Geld ausgehändigt werden, werden damit auch entmündigt. In einem Geldsystem ist Geld der Nerv der Mündigkeit. Dennoch verliert es dadurch seine trennende Kälte nicht. Wer Angehörigen oder Freun-

58 Marx 1976 [1875], 21
59 Siehe oben, S. 102 f.

 den Geld zum Geburtstag schenkt, gibt damit zu verstehen, daß ihm die Wahrnehmungsfähigkeit dafür fehlt, was den Jubilar erfreuen könnte. Soll er doch selber sehen, was ihm Freude macht.

Marx hat für das Trennende am Geld ein überfeines Gespür gehabt. Und er hat recht gespürt: Es ist ein Ersatz für direkte menschliche Zuwendung. Deswegen hat er sich und anderen eingeredet, Arbeitsscheine seien eigentlich kein Geld. Aber unter dieser Tarnkappe macht er der deutschen Arbeiterpartei das Geld geradezu schmackhaft. Gewiß, es ist bloß Ersatz für direkte Zuwendung; aber es ist immer noch Zuwendung – und in einer Umgebung, wo es unpersönlich zugeht, womöglich sogar die bessere, weil zuverlässiger und weniger aufdringlich. In einer Gesellschaft, die noch viel zu sehr unpersönliches Aggregat ist, als daß alle Bedürfnisse schon durch persönliche Zuwendung zu befriedigen wären, sind Arbeitsscheine hilfreiche Orientierungsmarken. Sie werden dem konkreten Individuum zwar nicht voll gerecht. «Ein Arbeiter ist verheiratet, der andre nicht; einer hat mehr Kinder als der andre etc. etc. Bei gleicher Arbeitsleistung und daher gleichem Anteil an dem gesellschaftlichen Konsumtionsfonds erhält also der eine faktisch mehr als der andre, ist der eine reicher als der andre etc.»[60] Aber solange sich nicht zuverlässig ermitteln läßt, welches Güterquantum welchem Individuum ganz entspräche, sind Arbeitsscheine gleichsam die zweitbesten Bedarfsermittler. Sie überlassen ihrem Inhaber, die Schwerpunkte seiner Bedürfnisbefriedigung unter Mangelbedingungen selbst zu setzen. Weiß er doch am besten, was ihm am dringendsten fehlt.

Man glaubt fast den Ultraliberalen Friedrich August von Hayek zu hören. Geld, so sagt dieser, trägt wie nichts anderes einer Besonderheit des Wirtschaftsprozesses Rechnung: daß nur die jeweils Betroffenen ihren Bedarf an Gebrauchsgütern ermessen können. Nur sie wissen, was ihnen fehlt und wovon sie genug haben. Dies Alltagswissen ist beschränkt, ändert sich ständig, läßt sich durch keine Statistik oder Theorie zuverlässig vorausberechnen – und ist für Wirtschaftsentscheidungen dennoch unerläßlich. Es nützt nichts, es einer zentralen Planungsbehörde zu übermitteln, «die, nachdem sie *alles* Wissen zusammengefaßt hat, ihre Anordnungen trifft». Denn wenn diese Behörde auf alle Informationen wartet, die sie zum Handeln braucht, kann sie immer nur weiter warten, nie handeln, und

60 Marx 1976 [1875], 21

wann immer sie handelt, hat sie nicht alle nötigen Informationen. Daher ist die «Leitung des ganzen Wirtschaftssystems nach einem einheitlichen Plan» unmöglich. Nur dezentral kann das wirtschaftliche Alltagswissen koordiniert werden: durch Geld. Wenn etwa ein Rohstoff wie Zinn auf einem lokalen Markt knapp wird, so teilt Geld das durch Preisanstieg mit; «und wenn die Menschen, die von der neuen Lücke [...] wissen, sie ihrerseits aus anderen Quellen füllen, wird die Wirkung sich rasch durch das ganze Wirtschaftssystem ausbreiten und nicht nur alle Verwendungen von Zinn beeinflussen, sondern auch jene ihrer Ersatzmaterialien und den Ersatz vom Ersatz»; «und all dies, ohne daß die große Mehrheit derer, die bei diesen Ersetzungen mitwirken, irgend etwas über die eigentliche Ursache der Veränderungen wissen. Das ganze funktioniert als *ein* Markt, nicht weil irgend eines seiner Mitglieder das ganze Feld überblickt, sondern weil der begrenzte Gesichtskreis des Einzelnen den des anderen genügend überschneidet, daß durch viele Zwischenglieder die relevante Information allen übermittelt wird. Die bloße Tatsache, daß es für jedes Gut einen Preis gibt [...] bringt die Lösung zustande, zu der (was gerade denkbar, aber nicht praktisch möglich ist) ein Einzelner gekommen wäre, der all die Informationen besessen hätte, die in Wirklichkeit unter alle an diesem Prozeß beteiligten Menschen verteilt sind.»[61]

Wie überheblich Hayek seinen Glauben, daß der Markt «die Lösung» sei, auch vorträgt – den durch nichts anderes ersetzbaren Informationscharakter von Preisen hat er scharf erkannt. Viel interessanter ist freilich, daß schon Marx ihm Rechnung trug. Nicht einmal die Verteilung aus einem gesamtgesellschaftlichen Güterdepot würde ohne die Preisinformationen funktionieren, die in Arbeitsscheinen stecken. Deshalb setzte Marx auf solche Scheine. Der Gedanke einer zentralen Planungsbehörde lag ihm fern. Überdies aber nahm er am Geld noch etwas wahr, was den Horizont jedes Wirtschaftsliberalismus übersteigt: Auch wenn es als Informations- und Tauschmittel wie geschmiert läuft – es hört nicht auf, Wundmal der Trennung zu sein. Wo Geld nötig ist, mangelt es an Humanität. Daher sollte es im Kommunismus aufhören. Aus diesem tiefen Wunsch heraus hat Marx das Geld schon für die «erste Phase» nach der Enteignung der Enteigner verleugnet. Nur indem er ihm die Tarnkappe von Arbeits-

61 Hayek 1976, 112, 105, 114 f.

 scheinen überstülpte, war er fähig, die Fortdauer seiner unentbehrlichen Qualitäten einzuräumen und der Arbeiterbewegung die bittere Pille zu verabreichen, daß selbst nach gelungener Revolution die neue Gesellschaft «mit den Muttermalen der alten Gesellschaft, aus deren Schoß sie herkommt», noch lange behaftet sein würde.

Kriegskommunismus

Geld ist ein solches Muttermal. Es soll aufhören, und es kann nicht aufhören. Das ist der innere Konflikt der *Kritik des Gothaer Programms*. Das kommunistische Projekt der Sowjetunion hat diesen Konflikt ins Große übertragen. Marx hat zwar mit Lenin und Stalin ungefähr so viel zu tun wie Jesus von Nazareth mit Kaiser Konstantin und der Inquisition. Dennoch setzte sich die Verleugnung des Geldes, die in der *Kritik des Gothaer Programms* noch die subtile Form einer Freudschen Verneinung hat, im Sowjetmarxismus durchaus fort, wenn auch mit anderen Mitteln und Intentionen: in Gestalt brutaler Verdrängung. Man vergesse freilich nicht, daß die Oktoberrevolution nicht in einem großen sozialen Versuchslabor stattfand, sondern unter widrigsten Kriegsbedingungen. Während die Bolschewiki die große soziale Umwälzung ins Werk setzten, zu der sie Arbeiter und Bauern 1917 mobilisiert hatten, mußten sie sie zugleich gegen diverse Freischararmeen, die im Kampf für die alte Ordnung durchs Land marodierten und von den Alliierten materiell, personell und finanziell unterstützt wurden, verteidigen. Daß ihre «Rote Armee» sich schließlich militärisch durchsetzte, grenzt an ein Wunder und wäre ohne ihr Getriebensein von ungeheuren revolutionären Hoffnungen gänzlich unerklärlich.

Die erste große «Enteignung der Enteigner», die indessen im November 1917 stattfand, war die von Grund und Boden. «Der Rat der Volkskommissare ruft die Bauern selbst auf, die gesamte Macht vor Ort in ihre Hände zu nehmen. Die Arbeiter in ihrer Gesamtheit unterstützen die Bauern voll und ganz, bringen die Produktion von Maschinen und Geräten in Gang und bitten ihrerseits die Bauern, mit der Lieferung von Getreide zu helfen.»[62] «Die Bauern», das waren

62 Altrichter/Haumann 1987, 32. Alle weiteren Seitenzahlen dieser Dokumentensammlung im Text.

die vielen Kleinbauern, die darauf aus waren, sich bei der Enteignung der Feudalherren eine eigene Parzelle zu sichern. «Die Arbeiter», das waren diejenigen, die in den Städten zum Aufbau der dringend benötigten Großindustrie angeheuert wurden. Arbeiter und Bauern hatten bisher wenig miteinander zu tun gehabt. Nun setzte sie eine neue Art des Naturalientauschs miteinander ins Benehmen: Industriegüter gegen Lebensmittel war die Devise, und zwar nicht nach Maß, sondern nach Bedarf. Bauern brauchten dringend Landmaschinen, also mußten Arbeiter sie bringen und installieren. Arbeiter brauchten währenddessen Lebensmittel, also mußten Bauern sie ihnen zur Verfügung stellen. In großer Not wie bei erster Hilfe fragt niemand nach Äquivalenz. Da gilt vielmehr «Jeder nach seinen Fähigkeiten, jedem nach seinen Bedürfnissen», ganz wie dort, wo alle Not beseitigt ist und die «höhere Phase des Kommunismus» beginnt. Die Extreme berühren sich.[63]

Allerdings ließ sich durch Erste-Hilfe-Mentalität die landwirtschaftliche Versorgung der Bevölkerung nicht auf Dauer stellen. Im Mai 1918 wurde «jeder Getreidebesitzer verpflichtet, alle Überschüsse – über das hinaus, was für die Aussaat und den persönlichen Konsum entsprechend den festgesetzten Normen bis zur neuen Ernte unverzichtbar ist – innerhalb von Wochenfrist nach Veröffentlichung

63 «Ich definiere Kommunismus [...] als jede menschliche Beziehung, die nach dem Prinzip funktioniert ‹jeder nach seinen Fähigkeiten, jedem nach seinen Bedürfnissen›», sagt David Graeber. «Fast alle, die bei einem beliebigen Projekt zusammenarbeiten, folgen diesem Prinzip. Wenn jemand beim Reparieren eines kaputten Wasserrohrs sagt: ‹Gib mir den Schraubenschlüssel›, wird sein Kollege in der Regel nicht antworten: ‹Und was bekomme ich dafür?› [...] Der Grund ist schlicht die Effizienz (und das ist reichlich ironisch, wenn man bedenkt, dass nach allgemeiner Auffassung ‹Kommunismus einfach nicht funktioniert›): Wenn Sie wollen, dass etwas wirklich erledigt wird, besteht die effizienteste Methode darin, die Aufgaben nach Fähigkeiten zu verteilen und den Menschen zu geben, was sie brauchen, um diese Aufgaben zu erledigen.» (Graeber, 2012, 100 und 102) Und wer verteilt und gibt, was gebraucht wird? Bei Kleinprojekten wie einer Wasserrohrreparatur mögen die Handwerker das unter sich regeln. Der Bau eines Flughafens hingegen ist ohne eine koordinierende und anordnende Leitungsebene, also das, was Marx dem «kommandierenden Willen» des Orchesterdirektors vergleicht, nicht möglich. Es gilt *beides*: Gemeinsame Aufgabenbewältigung funktioniert weder ohne gelegentlichen Kommunismus noch ohne gelegentliches Kommando. Graeber freilich folgert: «Kommunismus ist das Fundament des menschlichen Zusammenlebens.» (102) Doch das trifft allenfalls auf Kleingruppen zu.

 dieser Verordnung [...] zur Ablieferung zu melden» (57). Im Januar 1919 erging das Dekret: «Die Gesamtmenge an Brot- und Futtergetreide, die zur Befriedigung der staatlichen Bedürfnisse nötig ist, wird durch Beschlagnahmung bei der Bevölkerung der getreideproduzierenden Gouvernements aufgebracht.» (86) Abzuliefern war also nicht mehr nur alles, was über das Existenzminimum der Bauern hinausging, sondern alles, was das «Volkskommissariat für Versorgung» «entsprechend den Ernteergebnissen, den Vorräten und den Verbrauchsnormen» einforderte – egal, ob es für die Bauern entbehrlich war oder nicht. Statt Tausch Beschlagnahmung – so hatte sich Marx die neue Form direkter Zuwendung, die die bäuerliche Bevölkerung nun erlebte, schwerlich vorgestellt. Auch dies eine Berührung der Extreme; «direkte Zuwendung» kann ebenso barbarisch wie human sein.

Die Produzenten der Lebensmittel selbst in den Hunger treiben – nichts hätte demütigender und kontraproduktiver wirken können. Die bäuerliche Arbeitsmotivation war alsbald gelähmt. Die Ersetzung der Tauschverhältnisse durch direkte Ablieferung und Verteilung der Produkte verschlechterte die Versorgungslage dramatisch. Den Februar 1921 in Petrograd erlebte ein meschewistischer Sozialdemokrat so: «Die Arbeiter hungerten. Es hungerten auch die Rotarmisten. Ich mußte bei meinem Gang zum Dienst an einer Kaserne vorbei. Und jedes Mal wurde ich auf den angrenzenden Straßen zehnfach von Rotarmisten angehalten, die buchstäblich um ein ‹Stückchen Brot› bettelten oder im Austausch gegen Brot ein paar Zuckerstücke aus ihrer bescheidenen Lebensmittelration anboten. In Fabriken und Betrieben erhob sich dumpfe Unruhe. Die Arbeiter versammelten sich zur Besprechung der Lage, und alle ihre Forderungen drehten sich um die Frage einer Aufhebung der Sperrketten und die Zulassung des freien Handels mit Mundvorräten.» (125) Das war denn auch eine der zentralen Forderungen der Kronstädter Matrosen im März 1921: «Unverzüglich alle Kontrollabteilungen abzuschaffen» (127), womit die Sperrketten gegen Schleich- und Schwarzhandel gemeint waren.

1921 war das Jahr der kommunistischen Entscheidung. Lenin und die Seinen wußten sehr gut, daß die neue Gesellschaft, die sich nur noch direkt versorgt, nämlich durch Ablieferung und Verteilung der Lebensmittel, erst dann gesiegt haben würde, wenn Tausch und Geld, die beiden resistentesten Muttermale der alten Gesellschaft, vollständig eliminiert wären. Daher der Versuch, durch ein großes

Aufgebot von Kontrolleuren jeglichen Schwarzhandel im Keim zu ersticken. Wehret den Anfängen. Wer den Handel mit Mundvorräten zuläßt, läßt die schleichende Wiederkehr des Kapitalismus zu. Daher ließ Lenin den Aufstand der Kronstädter Matrosen brutal niederschlagen. Aber das war nur noch ein Akt der Staatsraison. Gleichzeitig wurde im Kampf gegen die kapitalistischen Muttermale der Rückzug angetreten und noch im März 1921 per «Dekret des Allrussischen Zentralen Exekutivkomitees» «die Beschaffung (*razverstka*), als staatliches Mittel zur Aufbringung und Verteilung von Lebensmitteln, Rohstoffen und Futtermitteln, durch die Naturalsteuer ersetzt. [...] Alle Vorräte an Lebensmitteln, Rohstoffen und Futtermitteln, die bei den Landwirten nach Ableistung ihrer Steuerpflicht verbleiben, stehen ihnen in vollem Umfang zur Verfügung [...] Landwirte, die die ihnen nach Erfüllung der Steuerpflicht verbleibenden Überschüsse an den Staat abgeben wollen, müssen im Austausch [...] Massengebrauchsartikel und landwirtschaftliches Inventar erhalten», «sowohl an Produkten heimischer Erzeugung wie an Produkten, die im Ausland gekauft werden. Für den letztgenannten Zweck wird ein Teil des staatlichen Goldfonds und ein Teil der bereitgestellten Rohstoffe verwendet.» (136–138)

Das nannte sich *Neue Ökonomische Politik* (NEP). Faktisch war es die Kapitulation. Kleinbetriebe, Privateigentum, Tausch, Geld wurden wieder zugelassen. Die Staatsmacht selber nahm Handel mit dem kapitalistischen Ausland auf und tastete dafür die Goldvorräte an, die sie vom Zarenregime übernommen hatte und wie einen Augapfel hütete. Aufbau des Kommunismus allein aus eigenen Kräften, ohne Geldwirtschaft und ohne jegliche Verbindlichkeiten gegenüber Kapitalisten? Das war passé. Die Wiederkehr des Verdrängten begann. Es kam genau so, wie die Hardliner des Kriegskommunismus befürchtet hatten, ehe sie selbst weich wurden. Lew Kopelew beschrieb es 1928 so: «NEP bedeutete private Kaufhäuser und Läden, die erheblich mehr anzubieten hatten und schmucker aussahen als die tristen Zentralen Arbeiter-Genossenschaftsläden; bedeutete stutzerhaft gekleidete Männer und elegante Frauen in Restaurants, in denen abends Tanzkapellen spielten, Kasinos, in denen sich die Rouletts drehten»; «schicke Mädchen in kurzen Kleidern, die langsam über die abendlichen Straßen promenierten»; «das waren die Märkte, die überquollen von schmutzigen bunten Menschenmengen, das waren die mit gut gefütterten Pferden bespannten Kulakenwagen, kreischende Marktweiber, einschmeichelnde Zwischenhändler». «Die Witzblätter [...] machten sich über die NEP-Leute lustig. Majakovskij aber scherzte nicht [...]: ‹Dreht den Kanarienvögeln schleunigst die Hälse um, sonst besiegen die Kanarienvögel den Kommunismus!›» (216)

Diese Aufforderung erging gerade zu der Zeit, als Stalin seinen ersten Fünfjahresplan präsentierte. Im Rückblick erscheint sie wie ein Initial des Stalinismus. Das Regime der Fünfjahrespläne hat zwar nicht nur «Kanarienvögeln» den Hals gekostet, sondern allen, die sich Stalin irgend in den Weg stellten (auch Majakowski) – und vielen, die überhaupt nicht wußten, warum es gerade sie traf. Der Terror dieses Regimes gründete sich auf perfektionierte Willkür und Unberechenbarkeit. Gleichwohl hatte es eine klar angebbare ökonomische Methode: die großangelegte Verdrängung der NEP. Der Kriegskommunismus hatte durch unbarmherzige Erntevorgaben, durch Beschlagnahmung und Direktverteilung der Lebensmittel sämtliche kapitalistische Überbleibsel überwinden wollen. Und was war dabei herausgekommen? Zunächst Hunger und dann die NEP, die machtvolle Wiederkehr des Verdrängten. Die Fünfjahrespläne betrieben die Verdrängung des Wiedergekehrten. Die Verdrängung nahm einen zweiten, nunmehr generalstabsmäßigen Anlauf.

Aber die NEP, der sie «den Hals umdrehen» wollte, war ihre Geschäftsgrundlage. Nur weil das große sozialistische Vaterland von Kleinbetrieben, Handel und Geldumlauf durchsetzt war, Banken und Sparkassen nicht verschmähte, konnte das Regime der Bevölkerung für den Aufbau der Großindustrie nun «Industrialisierungsanleihen» abpressen. «Es ist eine hundertprozentige Erfassung aller Arbeitenden zu erreichen; es ist ein Wettbewerb zur Zeichnung der Anleihe unter den einzelnen Gruppen der Werktätigen zu organisieren.» Es ist «die Notwendigkeit zu erklären, die früheren Anleihen zu behalten, da vor dem Staat die Aufgaben des grandiosen Aufbaus stehen, für dessen Verwirklichung er längerfristig die Mittel benötigt, die er durch die Anleihen erhalten hat. Es ist eine entschiedene Agitation für die Übergabe der erworbenen Obligationen an die Banken und Sparkassen zur Aufbewahrung durchzuführen.» «Die Erfüllung der Aufgabe, die Dritte Industrialisierungsanleihe zu 100 Prozent zu placieren, sichert, zusammen mit der gesamten übrigen Arbeit der Gewerkschaften, die erfolgreiche Erfüllung des Fünfjahresplans des sozialistischen Aufbaus und stärkt die Macht unseres Landes.» (266) Was Banken und Sparkassen während der kapitalistischen Industrialisierung getan hatten, das sollten sie nun auch während der sozialistischen tun. Dort war das Geld, das sie in den Aufbau der Schwerindustrie steckten, vornehmlich aus dem Profit gekommen, den Unternehmer den Werktätigen abgepreßt hatten; hier kam es direkt aus den Taschen der Werktätigen. Ersteres nannte man Ausbeutung, letzteres sozialistischen Aufbau.

Die vom Kriegskommunismus betriebene Verdrängung hatte immerhin in dem Glauben begonnen, ein landesweites System direkter Ablieferung und Verteilung der Lebensmittel werde eine neue, von Tausch und Geld befreite Gesellschaft begründen. Dem Regime der Fünfjahrespläne waren solche Ambitionen von Anfang an fremd. Die Überwindung kapitalistischer Grundübel wie Geld und Handel kam nicht einmal mehr als Fernziel vor. Das Regime glaubte nicht mehr an den Kommunismus, zu dem es hinzuführen vorgab, und reagierte um so heftiger gegen alles, was an dieses Ziel erinnerte. Es war anstrengend, den eigenen Unglauben ständig zu überschreien; es war kräftezehrend, das ganze Land immer wieder von neuem zur erfolglosen Verdrängung der NEP anzutreiben. Die Nichterfüllung der Planziele und deren Vertuschung, die Hemmung der eigenen Wirtschaftskräfte durch eine Zentralbürokratie, die weder zu umfassender Planung noch zur Verhinderung von Markt und Schwarzmarkt fähig war – dies alles wurde auch nach Stalin nicht viel anders, wenngleich sich mit seinem Tod zumindest der Alpdruck einer von ihm persönlich zusammengehaltenen Terrorapparatur löste.

Computerkommunismus

Ein letztes Aufflammen des alten kriegskommunistischen Verdrängungsimpulses gab es dann noch einmal in den 1960er Jahren – in technokratisch verwandelter Form. Der Kybernetiker Viktor Gluschkow erfand OGAS, das «automatisierte System der Informationserfassung und -verarbeitung», das er 1962 dem stellvertretenden Ministerpräsidenten Kosygin vorstellte: ein Netz von Computern, die sämtliche Daten erfassen, verarbeiten und sich wechselseitig zuspielen sollten, die zur vollständigen Leitung einer Volkswirtschaft erforderlich sind.[64] Die Erfassung der tatsächlichen Produktionskapazitäten

64 Ausführlich hierzu Gießler 2014

 und des wirklichen Konsumgüterbedarfs, die Abstimmung des gesamtgesellschaftlichen Angebots auf die gesamtgesellschaftliche Nachfrage und eine ihr angemessene Verteilungsprozedur, all das also, was der Kriegskommunismus so unaussprechlich stümperhaft und roh ins Werk gesetzt hatte: könnte das nicht durch eine umfassende kybernetische Apparatur endlich realisiert werden?

Immerhin ließ Kosygin die Aussichten von OGAS ernstlich prüfen. Eine Kommission unter dem Vorsitz von Gluschkow ermittelte den voraussichtlichen technischen, organisatorischen und finanziellen Aufwand und kam zu dem erschreckenden Resultat, daß die Entwicklung von OGAS eine ganze kybernetische Industrie erfordern würde und sich ungefähr auf Kosten beliefe wie das Atomwaffen- und Raumfahrtprogramm zusammen. Für Gluschkow eine absolut lohnende Investition. Er stellte eine hundertprozentige Steigerung der Wirtschaftsleistung in Aussicht. Erst innerhalb sozialistischer Zentralplanungsstrukturen könne die Datenverarbeitung ihre volle kybernetische Potenz entfalten; im Kapitalismus hemme sie der Privatcharakter der Produktion. Die Vision vom kybernetischen Sozialismus griff um sich. «Allmählich werden wir uns jenem Ideal des Kommunismus nähern, von dem Marx und Engels bereits im vorigen Jahrhundert träumten: Jeder nach seinen Fähigkeiten, jedem nach seinen Bedürfnissen. Nur die umfassende Automatisierung vermag dieses Ziel herbeizuführen und schließlich das Grundprinzip des Sozialismus – jeder nach seinen Fähigkeiten, jedem nach seiner Leistung – abzulösen.»[65]

OGAS beschwor noch einmal den kommunistischen Wunsch nach direkter Vergesellschaftung herauf, der einst die Oktoberrevolution beflügelt hatte. Nicht auszudenken, wenn sich dieser Wunsch durch das Wundermittel einer die ganze Gesellschaft vereinenden Planungsmaschinerie doch noch erfüllen ließe. Dieser Verheißung konnte sich auch die politische Führung nicht ganz entziehen. Andrerseits war ihr OGAS nicht geheuer; riesig der Aufwand, viel zu vage die Erfolgsaussicht. So hielt sie das Projekt unschlüssig in der Schwebe, bis es sich in den 1980er Jahren schließlich von selbst erledigte – durch eine Technologie übrigens, deren Anfänge mit denen von OGAS exakt koinzidierten. Genau zu der Zeit nämlich, als Gluschkow im Kreml mit seiner kybernetischen Vision vorstellig

65 Klaus/Liebscher 1974, 124

wurde, entstand in den USA das ARPANET: eine Verbindung zwischen den wenigen großen Computerstationen im Lande, die mit allen entscheidenden militärischen Informationen und Plänen gefüttert waren. Um sich den Bau weiterer Großcomputer zu ersparen, hatte man die vorhandenen miteinander kompatibel gemacht. Aber sobald das Netz zwischen ihnen geknüpft war, zeigte sich sein strategischer Wert. Jede Station war mit der andern verbunden. Keine war zentral. Fiel eine aus, so liefen die Nachrichten über die anderen weiter, womit es der Sowjetunion unmöglich wurde, bei einem Atomangriff mit einem Schlag die gesamte Informationszentrale der USA lahmzulegen.[66]

Den befürchteten Atomangriff hat das ARPANET nie auffangen müssen. Statt dessen wurde es für den Publikumsverkehr geöffnet. Aus dem ARPANET wurde das Internet, aus der militärischen Defensive eine zivile Offensive, die ihresgleichen sucht. Die Computer wurden immer kleiner, die Verbindungen zwischen ihnen immer vielfältiger, aber das Grundprinzip blieb: die Dezentralität. Sie war das Erfolgsgeheimnis der mikroelektronischen Revolution, mit der sich der technologische Vorsprung des Westens bis zur Uneinholbarkeit vergrößerte. Während die neue Technologie im amerikanischen *Silicon Valley* ihre Gründerzeit erlebte, trat die Sowjetunion in die Phase ihrer finalen Erosion. Unter dem Druck der neoliberalen Wende brach der Realsozialismus, in dessen Ländern der Sozialismus über Ansätze nie hinausgelangt ist, innerhalb von zwei Jahrzehnten zusammen.

Das hat einige Verwegene nicht gehindert, gerade in der Mikroelektronik einen unfreiwilligen neuen Hoffnungsträger des Kommunismus zu sehen. In der Tat dankt sie ihren neoliberalen Siegeszug nicht unerheblich einem Kunstgriff, den man «kommunistisch» nennen könnte: Alles, was sich digital konfigurieren läßt, läßt sich mit einem Mausklick auch kopieren. Jeder kann komplexe Schrift-, Bild- oder Hördateien mit einem einzigen Tastendruck von seinem Gerät auf beliebig viele andere Geräte übertragen, ohne sie dadurch selbst zu verlieren oder abzunutzen. Dateien, die «ins Netz gestellt» sind, befinden sich im Zustand universaler Kopierbarkeit. Sie sind allen, die sie sich «herunterladen», gemeinsam, ohne daß sich zwischen Original und Kopie, zwischen Mein und Dein noch unterscheiden

66 Cf. Hafner/Lyon 1997

 ließe. Furore machte 1999 die Musikbörse Napster. Sie übertrug die Datensätze ganzer CDs ins Internet – zum kostenlosen Herunterladen. Die Musikkonservenindustrie blieb auf ihren CDs sitzen. Kaum war der Kommunismus weltweit verworfen, bekam die Idee der Vergesellschaftung der Produktionsmittel die technologische Basis nachgeliefert, auf der sie überhaupt erst realitätstüchtig werden könnte. War das nicht der historische Moment, wo der verworfene Stein zum Eckstein mutierte?

So jedenfalls stellte es sich Michael Hardt und Antonio Negri dar. Erst die Mikroelektronik ermöglicht den von Marx konzipierten Gesamtrobinson. Datenströme haben nicht mehr, wie traditionelle Maschinen, einen separaten Standort und Output. Sie stiften eine neue Art globaler Mitteilung und Teilhabe, aber sie nötigen auch zu ihr. Und wenn die unbegrenzte Kopierbar- und Mitteilbarkeit von Daten zur allgemeinen Lebensbedingung wird, wenn also «menschliche Macht unmittelbar als eine autonome, kooperative kollektive Kraft auftritt, ist die kapitalistische Vorgeschichte zu Ende». Das Stadium einer neuen «Produktion kooperativer Subjektivität» beginnt; es «besteht in einem Akt der Verschmelzung und Hybridisierung mit den Maschinen», «und zwar in dem Sinne, dass das Subjekt in eine Maschine verwandelt wird (und die Kooperation, die es konstituiert, in dieser Maschine vervielfacht findet)».[67] Das klingt fast wie bei Paulus. Verschmolzen mit dem globalen Maschinenwerk einer nie gekannten wechselseitigen Teilhabe, wachsen die Individuen zusammen wie die Organe im Leib Christi; was einem geschieht, erleben allen anderen mit.

In ihrem Überschwang vergessen Hardt und Negri freilich, daß die unbegrenzt kopierbaren Datenströme immer nur in Gehäusen fließen, die aus physischen, keineswegs unbegrenzt kopierbaren Bestandteilen zusammengesetzt sind, Strom brauchen, der sich ebenfalls nicht per Knopfdruck vervielfältigt – und von endlichen Wesen gelenkt werden, die sich immer noch mehrheitlich durch Zeugung vermehren und vom kostenlosen Ins-Netz-Stellen von Datensätzen nicht leben können. Ihre Lebensmittel sind genausowenig kopierbar wie ihre Gefühle. Empathie, die Fähigkeit, Sorgen und Hoffnungen, Leiden und Freuden mit anderen zu teilen, bildet sich in jahrelangem direkten menschlichen Kontakt, den Displays und Telefonleitungen

67 Hardt/Negri 2003, 374

bei dosiertem Gebrauch unterstützen, aber nicht ersetzen können.
Die rasant wachsende Vergemeinschaftung von Datensätzen hingegen sorgt für eine Datenfülle, auf die sich niemand mehr gründlich einlassen kann. Die Kommunikationsraster von Facebook reduzieren das Gefühlsleben auf «like» und «dislike». Die inflationären Freundschaften, die das Netzwerk stiftet, erschweren jede tiefere Erfahrung von Freundschaft. Der Facebook-Kommunismus kompensiert schwindende Empathie und ist nicht etwa ihre globale Ausweitung. Ein Kommunismus ohne Empathie aber ist wie ein Engelsgesang ohne Liebe; «ein tönend Erz oder eine klingende Schelle», hätte Paulus gesagt.[68]

Man darf Napster durchaus als ein kommunistisches Projekt erachten. Es tastete das Privateigentum anderer an. Deshalb rief die Musikindustrie auch sogleich nach dem Gesetzgeber. Allerdings hatten die jugendlichen Betreiber der Musikbörse kaum mehr im Sinn, als der Industrie ein Schnippchen zu schlagen und zu zeigen, daß das Internet ein wunderbares Medium ist, um anderen gratis etwas mitzuteilen. Warum denn für jede Leistung eine Gebühr erheben? In einer Umgebung, wo sogar CO_2-Ausstöße kommerzialisiert statt verboten werden und der Handel mit transplantierbaren Organen blüht, hat Napster ein Zeichen gesetzt, daß es auch anders geht. Napster selbst hielt sich nicht, brachte aber eine Bewegung von Peer-to-Peer-Netzwerken in Gang, die seither kostenlos Daten austauschen und ähnlich wie Tauschringe mit lokaler Schwundgeldwährung funktionieren – nur um einiges solidarischer, weil nicht beschränkt auf Leute, die Geld haben. Doch wer immer kostenlosen Datenaustausch betreibt – das Geld für seinen Lebensunterhalt muß er aus andern Quellen beziehen.

Kein Zweifel, die digitale Kopierfunktion stellt das Privateigentum in Frage und bringt etwas fertig, was so zuvor nicht möglich war: daß vielen zugleich ein Gemeinschaftliches gehört und jeder von ihnen damit dennoch individuell verfahren kann. Insofern realisiert sie die Vergesellschaftung – den kommunistischen Traum. Doch nur in der Sphäre der Datensätze. Dort aber ist seine Realisierung von seinem Ausverkauf untrennbar. Die Kopierfunktion stellt nämlich mit dem Privateigentum zugleich die gesamte Privatsphäre in Frage. Sowenig sich das Internet als ganzes planen und steuern

68 1. Korinther 13,1

 läßt, so gewiß läßt es sich in schwindelerregender Weise überwachen. Dafür hat niemand so wie Edward Snowden die Augen geöffnet. Vergesellschaftung impliziert eben auch, daß der gesamte private Datenverkehr gesellschaftlich wird: ebenso zur Beute für Geheimdienste wie für Firmen, die ihre Verkaufsstrategie auf digital registrierbare Käuferprofile abstellen. Das Medium der kostenfreien direkten Teilhabe ist auch das Medium extremer Kommerzialisierung und Überwachung. Peer-to-Peer-Netzwerke sind kostbare Nischen im Computerkommunismus. Insgesamt aber fungiert er als Laufwerk einer dezentralen neoliberalen Welt. Seine Wahrzeichen sind Gebilde wie Facebook.

Ist der Kapitalismus also unbesieglich? Keineswegs. Er kann nicht sein, ohne zu wachsen, aber er kann nicht ewig weiterwachsen. Er läuft auf seinen Zusammenbruch hinaus. Ob der sich aufhalten oder abfedern läßt; und wenn nicht, ob er als *big bang* kommt oder in Etappen und was danach sein wird: das weiß niemand im voraus. Gewiß ist nur: Das Geld sitzt tiefer in der Menschheit als der Kapitalismus. Das hat die Sowjetwirtschaft gezeigt. Auch dort, wo sie das Privateigentum an Produktionsmitteln abschaffte, hörte sie nicht auf, Geldwirtschaft zu sein. Nur einmal, in ihrer frühen kriegskommunistischen Phase, machte sie einen großangelegten Geldverdrängungsversuch und scheiterte auf ganzer Linie. Zu dieser Tragödie bietet der Computerkommunismus die Farce.[69] Da wird die Ersetzung von Geld durch elektronische Direktverbindungen zwar in Aussicht gestellt, allerdings von einer Technologie, die zwischenmenschliche Direktheit immer nur suggerieren und simulieren, aber nie wirklich herstellen kann. Computerkommunismus bleibt Gaukelwerk. Für den Fortbestand des Kapitalismus besagt das freilich wenig. Sein haarsträubendes Ungleichgewicht, seine Tendenz zur Selbstzerstörung hat sich seit der Zeit, als Marx und Engels sie feststellten, lediglich verwandelt, nicht aufgelöst, und daß die beiden den Zusammenbruch dieses Systems zugunsten eines «higher state of social production» befördern wollten, war alles andere als abwegig. Nur daß es danach ohne Geld ginge – das ist das schlechterdings Utopische in ihrer Zusammenbruchsphantasie.

69 Siehe oben, S. 129

Schluß: Utopie des Geldes

Das Geld hat eine lange Verflüchtigungsgeschichte durchlaufen: vom kostbarsten Material, dem menschlichen Körper, zum gleichgültigsten, den elektronischen Impulsen. In physischer Hinsicht hat es damit sein Endstadium erreicht. Flüchtiger als in Pixeln kann es sich nicht darstellen; schneller als im elektronischen Hochfrequenzhandel kann es nicht zirkulieren. Alle Verflüchtigung und Beschleunigung hat das Geldsystem jedoch im Entscheidenden keinen Schritt vorangebracht. Es macht keinerlei Anstalten, sich auf einen Gleichgewichtszustand zuzubewegen, und es eröffnet trotz seiner hohen Anfälligkeit für Erschütterungen keinerlei Aussicht auf einen finalen Zusammenbruch. Selbst wenn Kriegs- oder Naturkatastrophen die Überlebenden wieder zu Naturalientausch nötigen würden, wäre damit die Zahlung nicht aus der Welt, sondern nur auf ein primitives Stadium zurückgeworfen. Was hingegen zusammenbrach, war ein Sozialismus, dessen Initiatoren tatsächlich gehofft hatten, das Geldsystem, das sie mit dem Kapitalismus gleichsetzten, könne einer höheren Form menschlichen Zusammenlebens weichen.

Nachdem diese Hoffnung getrogen hatte, war im siegreichen Westen allenthalben vom «Ende der Utopie» die Rede. Ein gedankenloserer Slogan ist selten umgelaufen. Als ob die marktliberalen Gleichgewichtsphantasien auch nur einen Deut weniger utopisch wären als kommunistische Zusammenbruchsphantasien. Daß der Markt von selbst ins Gleichgewicht geriete, wenn man nur endlich einmal seine Gesetze respektierte und ihn sich selbst überließe; daß die enormen Gewinne, die er wenigen beschert, von allein bis in die Mittel- und Unterschichten der Gesellschaft durchsickern würden, wenn man dem Sickerungsprozeß nur die erforderliche Zeit einräumte und ihn nicht ständig durch vorschnelle Subventions- und Umverteilungsmaßnahmen abdrosselte: das ist nicht minder verbohrt als der Glaube, der Messias werde ganz bestimmt kommen, wenn die Gläubigen nur endlich einmal einen Tag lang die Gesetze der Thora einhielten. Und daß die Marktliberalen so dogmatisch doch gar nicht mehr sind; daß ihre Mehrheit heutzutage selber nach Staat und Zentralbank ruft, damit der Markt durch ihre Unterstützung endlich seine

 Schieflage loswerde und wieder auf eigene Beine komme? Eben das ähnelt sie der Sowjetunion an. Dort sollte der Staat absterben und die Gesellschaft ihren eigenen Fähigkeiten und Bedürfnissen überlassen. Aber um sie dazu zu befähigen, mußte er ständig an den «Muttermalen der alten Gesellschaft» herumoperieren und schädliche Einflüsse abwehren, und indem er nichts tat, als sein eigenes Absterben und die höhere Phase des Kommunismus vorzubereiten, blähte er sich zu einem kaum überbietbaren Kommando- und Überwachungsstaat auf. Der aktuelle Dauerinterventionismus von Staaten und Zentralbanken zur Rettung maroder Banken oder Staaten hat genau die gleiche Eschatologie. Er findet immer nur statt, um so bald wie irgend möglich aufzuhören. Er leistet dem globalen Finanzsystem immer nur Hilfe zur Selbsthilfe. Er arbeitet ständig an seinem eigenen Überflüssigwerden, bereitet nichts vor als die Selbstregulierung des Finanzsystems und bläht dabei seine Administration immer mehr auf.

Das Gelobte Land des höheren Kommunismus und das der Selbstregulierung des Markts sind beide gleichermaßen utopisch. Keines von beiden ist der Realität näher als das andere. Daß die Utopie des selbstregulierten Markts zwar unerreichbar, aber doch so etwas wie der nächste Anrainerstaat der Realität sei, die kommunistische Utopie hingegen ein völlig verblasenes Jenseits, gehört zu den zentralen ideologischen Verblendungen der Gegenwart. Beide Utopien gleichen einander auch darin, daß sie durchaus etwas Realitätstüchtiges enthalten, nämlich ein schlagendes Argument gegen die jeweils andere. Es geht hier zu wie bei den Kantischen Antinomien. Eine Antinomie, so Kant, ist ein Widerstreit der Vernunft mit sich selbst, in den sie angesichts von unlösbaren Grundsatzfragen gerät. Zum Beispiel in der Kosmologie. Hat die Welt einen Anfang, oder ist sie ewig? Ein erster, absoluter Anfang ist ein Unding, sagen die einen, denn jeder Anfang verweist auf ein Davor. Also muß die Welt ewig sein. Eine ewige Welt ist ein Unding, sagen die anderen, denn in ihr wäre zu jedem Zeitpunkt schon das Zeitmaximum verstrichen, eben die Ewigkeit. Ewigkeit kennt kein Danach. Also muß die Welt einen Anfang haben.[1] Beide Positionen sind schwach, und jede ist stark gegen die andere.

Wie einen Widerstreit der Vernunft gibt es auch einen Widerstreit des Geldes mit sich selbst. Er hat mehr als nur eine Front, aber

1 Kant 1968 [1781], 412 ff. (B 452 ff.)

Schwäche und Stärke sind darin ähnlich verteilt wie in Kantischen Antinomien. Keynes etwa war stark, als er dem wirtschaftlichen Laissez-faire seine Blauäugigkeit vorhielt und darlegte, daß ein komplexes globales Wirtschaftssystem sich unmöglich jemals von selbst regulieren werde. Er war schwach, als er den Staaten die Fähigkeit zutraute, den globalen Kapitalismus «klug zu leiten» und stetig wachsen zu lassen. «Wenn das Kapital um etwa 2 % im Jahr wächst, wird sich die Kapitalausrüstung der Welt in 20 Jahren um die Hälfte vergrößert haben, und siebeneinhalbmal in hundert Jahren», so «daß es immer größere und größere Klassen und Gruppen von Menschen geben wird, für die Fragen der wirtschaftlichen Notwendigkeit praktisch aufgehoben sind», und Vollbeschäftigung nur noch eine Sache der gerechten Verteilung der Restarbeit und der Verhinderung eines untätigen leeren Daseins sein werde – etwa durch «Drei-Stunden-Schichten oder eine 15-Stunden-Woche».[2]

Im Handstreich fegte die neoliberale Wende diese Keynessche Utopie hinweg und erwies die stabile Vereinigung von Kapitalismus und Vollbeschäftigung als strukturelle Unmöglichkeit, ohne daß dadurch die marktliberale Gleichgewichtsphantasie irgend realitätstüchtiger wurde. Vielmehr geht Keynes wie ein Untoter in einem Wirtschaftsliberalismus um, der gleichsam staatsinterventionistische Anleihen aufnehmen muß, um seine Selbstregulierungsutopie aufrechtzuerhalten. Marx schließlich glaubte weder an einen sich selbst regulierenden noch an einen staatlich regulierbaren Kapitalismus. Ein halbes Jahrhundert vor Keynes wies er die Unhaltbarkeit des Gleichgewichtstheorems nach, ein ganzes Jahrhundert vor dem Neoliberalismus die Unmöglichkeit kapitalistischer Vollbeschäftigungsprosperität. Diese Kritik sticht bis heute. Nur kann ihre argumentative Stärke nicht über die Schwäche ihrer utopischen Kehrseite hinwegtrösten: den Glauben, die Enteignung der Privateigentümer gesellschaftlicher Produktionsmittel werde mittelfristig auch Geld, Ware und Staat erübrigen und sie nach einer gewissen Übergangszeit zugunsten einer unmittelbaren Gesellschaftlichkeit, einer allseitigen zwischenmenschlichen Direktzuwendung verschwinden lassen. Gegen diesen Glauben hat wiederum der Marktliberalismus recht behalten. Die zentrale staatliche Leitbarkeit aller wirtschaftlichen Prozesse ist ein Unding; Marktregionen sind unverzichtbar.

2 Keynes 1956, 266 und 272

 Alles, was derzeit von Theoretikern und Praktikern zur Behebung oder Milderung der globalen Geldmisere erwogen wird, steht vorab im Kraftfeld dieser antinomischen Konstellation. Wer sie nicht mitdenkt, verfährt wie eine Mathematik, die nur die Stellen hinter dem Komma rechnet, weil ihr die davor zu groß sind. Und in der Tat bewegen sich alle ernst zu nehmenden Vorschläge, die gegenwärtig auf dem Tisch liegen, sozusagen im weltpolitischen Dezimalbereich. Ihre Schwäche ist, daß sie ans Große, Grundsätzliche, will sagen, an die «Stellen vor dem Komma», nicht heranreichen. Aber es wäre fatal, sie mit diesem Einwand mundtot zu machen. Er wird oft als faule Ausrede angeführt – von Leuten, denen es zuallerletzt um Grundsätzliches und zuerst um den eigenen Vorteil geht. Da gibt es die endlose Diskussion um die «Tobin-Steuer», eine Abgabe auf jede Transaktion an allen Finanzmärkten. Es liegt auf der Hand, daß sich damit ein Teil jener Gelder, die seit der neoliberalen Wende den Staaten systematisch entzogen werden und die Finanzmärkte aufblähen, in Steuereinkünfte verwandeln und zur Dämpfung der Staatsverschuldung nutzen ließe. Doch regelmäßig wird gegen diesen Vorschlag vorgebracht, er werde lediglich dazu führen, daß sich die betroffenen Geldinstitute ins Ausland absetzen oder die Abgabe auf ihre Kunden abwälzen. Die Leidtragenden seien der nationale Fiskus und die Kunden. Der Vorschlag reiche an die Wurzel des Übels nicht heran.

O vielstimmig gemischter Heuchlerchor. Er singt das Lied einer Rechtspraxis, wie sie der Mafia gegenüber lange Zeit üblich war und gelegentlich noch ist: Lieber auf die Strafverfolgung reicher und mächtiger Verbrecher verzichten als riskieren, daß sie sich ihr entziehen und obendrein kredit- und spendenunwillig werden. Es ist schlichter Mangel an Wille zu bürgerlichem Recht, wenn nationale Parlamente und Regierungen es vorziehen, reiche Geldinstitute im eigenen Land zu halten, als internationale Abkommen zu ihrer angemessenen Besteuerung durchzusetzen. Solange Nationen gegeneinander um die Standorte von Banken und Fonds buhlen, statt ihnen gemeinsam die Schlupflöcher zu verstopfen; solange sie die Staatsverschuldung eher durch Anleihen auf den Finanzmärkten zu dämpfen suchen als durch steuerliche Abschöpfung der auf diesen Märkten umlaufenden Billionen, machen sie faktisch mehr gemeinsame Sache mit der neoliberalen Finanzwelt als mit den Bürgern, in deren Namen sie zu handeln vorgeben.

Freilich stimmt es, daß die Tobin-Steuer auch bei optimaler Durchsetzung nur einen geringen Teil der Geldmengen, die auf asoziale Weise auf die Finanzmärkte gelangen, in die Staatskassen brächte, in die sie gehören; daß sie die Staaten nicht aus der Schuldenfalle hinausmanövrieren würde und schon gar nicht an die Wurzel der Plusmacherei reicht. Aber welcher Hohn, wenn das diejenigen sagen, die sich dieser Steuer einfach bloß entziehen wollen; wenn ausgerechnet bei ihnen ein Denkmuster fortlebt, das in der Russischen Revolution die Bolschewiki vertraten. Nur eine revolutionäre Radikalkur, so sagten sie, sei in der Lage, das Übel der alten Ordnung bei der Wurzel zu packen; reformistische Maßnahmen hingegen, also jene allmählichen parlamentarische Konsens- und Mehrheitsbildungsprozesse, auf die die Menschewiki setzten, würden unterwegs steckenbleiben, nie ans Ziel führen und daher *nolens volens* dem Fortbestand der alten Ordnung dienen.[3] Diese Art von Reformismuskritik ist keineswegs passé. Nur überwintert sie heutzutage mit Vorliebe bei Leuten, die alles verhindern möchten, was den eigenen Gewinn schmälern könnte: im Finanzsektor. Dort hört man am häufigsten, die zur Debatte stehenden Finanzreformen würden doch bloß an der Oberfläche kratzen und sie lediglich häßlicher machen, zum Entscheidenden jedoch nicht vordringen.

Oft ist diese Einschätzung richtig. *Occupy Wall Street* drang nicht vor zu den Finanztransaktionen, die kugelsicher hinter den Hochhausfassaden stattfinden, vor denen sich die Demonstranten aufbauten. *Jubilee 2000* drang nicht vor zur Entschuldung der ärmsten Länder, für die sich diese große internationale Kampagne um die Jahrtausendwende einsetzte. Ihre Anknüpfung an die biblische Idee des Jubel- oder Halljahrs – «da soll ein jeglicher bei euch wieder zu seiner Habe und seinem Geschlecht kommen; denn das fünfzigste Jahr ist euer Halljahr»[4] – hat gleichwohl einen Stachel in das internationale Schuldenbewußtsein getrieben. Zwar ist zweifelhaft, ob das Halljahr im alten Israel auch nur ein einziges Mal praktiziert wurde. Und wie das gehen soll, «jedermann wieder zu dem Seinen» zu bringen, verrät der biblische Text nicht ansatzweise. Er umschleicht die Frage, wie man verlorene Habe nach Jahrzehnten zurückerstatten

3 Cf. Altrichter 1986, 29 ff. (*Dekret über die Auflösung der konstituierenden Versammlung, 19. Januar 1918*)

4 Leviticus 25,10 f. und 13

 kann, ohne neue Härten zu schaffen; ein Problem, mit dem Deutschland unlängst konfrontiert war, als Latifundien- und Immobilieneigentum der Sowjetisch Besetzten Zone, das nach dem Zweiten Weltkrieg enteignet worden war, nach der Wiedervereinigung von den ehemaligen Eigentümern zurückverlangt wurde. Daß auch alte Guts- und Fabrikherren «das Ihre» zurückhaben sollen – so war das mit dem Halljahr nicht gemeint. Da war an das Ende jeglicher Lohnknechtschaft und die Wiederherstellung von ausgewogenen Sippenverbänden gedacht, die von den Schuld- und Zinsverhältnissen, wie sie das Privateigentum an Grund und Boden mit sich führt, noch nicht durchtrieben waren.

Die Idee des Halljahrs imaginiert eine gute alte Zeit beschränkten agrarischen Sippenlebens. Sie ist eine regressive Utopie. Dennoch enthält sie einen humanen Grundimpuls, der nicht von ungefähr im Zeitalter der globalen Schuldenfalle eine neue Brisanz entfaltet: daß es nicht nur Kreditverträge gibt, die einfach zu unsittlich sind, als daß sie eingehalten werden müssen, sondern daß Schulden selbst eine Vergänglichkeitsdimension haben. Wenn Schuld verjähren kann, weil die Wunden, die sie schlug, mit der Zeit vernarben, dann muß auch über Schulden Gras wachsen können. Wie Individuen sollen auch Ethnien und Völker noch einmal neu miteinander anfangen dürfen.[5]

Den Aktivisten von *Occupy* und *Jubilee* muß man freilich nicht erst erklären, daß sie bis zum Entscheidenden nicht vorgedrungen sind; das wissen sie selbst. Ihre Aktionen sind Gesten, die auf die Wurzel des Übels lediglich verweisen – in dem Bewußtsein, sie nicht selbst ausreißen zu können. Auch darin lebt die alte Differenz von Revolution und Reform fort, aber gänzlich verwandelt – ohne bolschewistischen Vorposten, der nur zweierlei kennt: entweder revolutionäre Aktion, die die bestehende Ordnung radikal aushebelt, oder Reformen, die sie lediglich dämpfen, verkleistern und dadurch haltbarer machen. Es gibt ein Drittes: Aktionen und Reformen, die nicht wie Trostpflaster das Übel überkleben, sondern wie Wundbalsam wirken, der die Wunde, der er lindernd aufgetragen wird, zugleich als etwas sichtbar macht, was er selbst nicht zu schließen vermag. Reformen, die in diesem Sinne sowohl helfen als auch ständig an das erin-

5 David Graebers großes Anti-Schulden-Buch kann durchaus als Übersetzung der Halljahr-Idee in eine generelle Theorie gelesen werden.

nern, was über ihre Kräfte geht, sind vom Vorwurf des Reformismus durchaus freizusprechen. Globale Finanztransaktionssteuern; globale Abkommen gegen Kapitalflucht und Steuerschlupflöcher; Trennung von Geschäfts- und Investmentbanken; Schuldenschnitte, bei denen die Finanzmärkte verlieren, nicht die kleinen Sparer und Steuerzahler: sie alle sind keine Alibireformen, sondern machen Appetit auf tiefere Eingriffe. Deswegen werden sie von den Betroffenen so gefürchtet. Wehret den Anfängen.

Eingriffe dieser Art sind keine Lösungen, aber sie helfen. Gegen die aktuelle Knebelung der finanzschwachen Euroländer, denen der Ausstieg aus der Gemeinschaftswährung verbaut und das Sparregime des europäischen Währungsfonds aufgenötigt wird, hilft womöglich sogar «ein europäisches Bretton Woods»: «eine lockere Koppelung nationaler Währungen, zur Sicherung [...] demokratischer Entwicklungsmöglichkeiten durch nationale Souveränität, anstelle einer Einheitswährung für alle», wobei der Euro «als denationalisierte Leit- und Ankerwährung neben den nationalen Währungen weiterbestehen» könnte «in der Rolle der von Keynes vorgeschlagenen, Bancor genannten Kunstwährung, die die Vereinigten Staaten am Ende nicht akzeptieren wollten, weil sie die für sie vorgesehene Funktion für ihren Dollar beanspruchten».[6] Auch ein Euro-Bancor brächte zwar keine Lösung, den Ärmeren aber eher Vorteile als den Reicheren. Daß Bretton Woods passé ist, heißt nicht, daß nichts von dem, was dort zur Debatte stand, wieder aktuell werden könnte. Optionen, die an bestimmten historischen Knotenpunkten verworfen wurden, können in neuen Weltkonstellationen unversehens zu Ecksteinen werden. Das gilt auch für die Ostblockwirtschaft. Ob alles daran Schrott war, ist noch längst nicht ausgemacht. Erste Rückbesinnungen lassen aufmerken. «Das deutsche Handwerk will seine Strategie zur Rekrutierung von Nachwuchskräften radikal umkrempeln», «Gymnasiasten schon in der Mittelstufe gezielt umwerben und ihnen ein ‹duales Abitur› anbieten – so dass sie nach der Schule nicht nur eine Hochschulzugangsberechtigung haben, sondern auch einen ersten Berufsabschluss. Als Vorbild sieht der Zentralverband des Deutschen Handwerks die Berufsmaturität in der Schweiz, aber durchaus auch die Berufsschulen in der ehemaligen DDR.» «Die bislang übliche und für das Handwerk relevante Berufsorientierung in den

6 Streeck 2013, 253

 Real- und Hauptschulen reicht nicht mehr, um genügend Nachwuchskräfte zu gewinnen.»[7] Damit nicht genug. Was wird denn überhaupt noch reichen, um stabile Arbeitsstrukturen zu gewährleisten, wenn sich die Flexibilisierung der Beschäftigungsverhältnisse weiterhin so rasant fortsetzt? Vielleicht erinnert man sich schon bald daran, daß es einmal anderes gab, um Mitarbeiter langfristig an die eigene Firma zu binden, als Aktien und Corporate Design. Totgesagte Mitbestimmungs- und Selbstverwaltungsmodelle aus der Zeit nach dem Zweiten Weltkrieg könnten unversehens zu Ratgebern bei der Restabilisierung von Arbeitsverhältnissen werden. In der Geschichte des Geldes gärt wie in aller Geschichte viel Unerledigtes. Sie ist noch für manche Überraschung gut.

Wenn auch keiner der hier erwähnten Vorschläge an die Wurzeln des Geldsystems heranreicht, so bewegen sie sich doch alle in jenem antinomischen Kraftfeld, das durch die Namen Marktliberalismus, Keynes und Marx bezeichnet ist. Aus ihm gibt es kein Entrinnen. Man kann nur lernen, sich darin vernünftig zu bewegen. Und dazu gehört, bei jeder ergriffenen Maßnahme mitzubedenken, daß sie über kurz oder lang nach Maßnahmen zur Gegensteuerung verlangen wird. Kritisches Verhalten zum Geld erfordert eine antizyklische Mentalität, aber nicht bloß jene vordergründig keynesianische, die lediglich «Im Aufschwung sparen, im Abschwung investieren» skandiert, sondern eine mit dem Biß, den Karl Kraus 1920 in seinem berühmten Statement zum Kommunismus demonstriert hat: «– der Teufel hole seine Praxis, aber Gott erhalte ihn uns als konstante Drohung über den Häuptern jener, so da Güter besitzen und alle andern zu deren Bewahrung und mit dem Trost, daß das Leben der Güter höchstes nicht sei, an die Fronten des Hungers und der vaterländischen Ehre treiben möchten».[8] Das ist heute weit aktueller als sein Gegenstück, das ungefähr so lauten könnte: «Der Teufel hole den Marktliberalismus, aber Gott erhalte ihn uns als *Neue Ökonomische Politik*, wann immer ein zentraler Planungswahn den Markt zu ersetzen trachtet und keine Opfer scheut, um eine direkte Vergesellschaftung zu erzwingen.» Es sieht gegenwärtig nicht danach aus, daß ein solcher Planungswahn wiederkehrt, aber erst recht nicht danach, daß den Marktliberalismus der Teufel holt. Seine Vertreter reklamieren

7 Roßbach 2014, 19
8 Kraus 1920, 8

nach wie vor allen ökonomischen Realitätssinn für sich. Sie geben die neoliberale Welt für alternativlos aus, weil sie gesiegt hat.

Daß ihre Gleichgewichtsphantasien dadurch nicht stichhaltiger werden, wurde gezeigt. Die marktliberale Utopie ist genauso unerfüllbar wie die kommunistische. Darin sind sie gleich. Dennoch können Utopien sehr unterschiedliches Humanitätsniveau haben. Je tiefer Individuen und Gruppen in der Hierarchie der Gesellschaft und Völker stehen, je tiefer sie in Leiden und Elend verstrickt sind, desto tiefer sind gewöhnlich auch ihre Wünsche. Sicher kein Zufall, daß die Menschheit einem kleinen, von Niederlagen und Demütigungen schwer heimgesuchten und durch sie auf singuläre Weise ausdrucksfähig gewordenen Volk ihre tiefsten Utopien verdankt: dem antiken Israel. Die bekannteste ist die vom «Land, wo Milch und Honig fließt»[9], wo nichts mehr erkämpft, erarbeitet, beglichen werden muß, wo ein rundum befriedeter, schuld- und geldloser Zustand erreicht ist, der ungetrübt genossen werden kann, weil die Natur jegliche Feindseligkeit verloren hat.[10] Diese Vorstellung vom Frieden ist keine bloße Laune. Sie hat einen Extrakt traumatischer Kollektiverfahrungen im Modus der Verneinung kanonisiert und dabei weit mehr und Älteres aufbewahrt als nur die Erfahrungen Israels. In dem inständigen Wunsch, jeglicher Naturschrecken möge aufhören, zittert die altsteinzeitliche Gewalt dieses Schreckens noch einmal nach – samt allen Versuchen, ihn durch Äquivalente aus der Welt zu schaffen. Die blutige Zahlungspraxis der frühen Menschheit ist darin präsent – als etwas, was spurlos verschwinden soll. Nur noch Milch und Honig sollen fließen, kein Blut mehr.

In solche Gedächtnistiefe reichen die Friedensvorstellungen anderer Kulturkreise kaum. Daß erst dort, wo nichts mehr zu begleichen ist, Friede waltet – darauf wären Griechen schwerlich gekommen.

9 Exodus 3,17

10 Die utopischen Zustände, die die fernöstlichen Religionen imaginieren, etwa das Nirwana, kann man strenggenommen gar nicht genießen. Sie suggerieren die Empfindungslosigkeit als Maximum. Aber so tickt das menschliche Triebleben nicht. Es drängt durchaus nicht geradewegs zum Nirwana. Es will zwar vollkommenen Spannungsabbau, aber es will dessen Maximum zugleich als höchsten Glücksmoment erleben und festhalten. «Lust will Ewigkeit» (Nietzsche 1988 [1886], 404). Der menschliche Triebdrang hat eine utopische Drift, die sich am ehesten in den utopischen Visionen des Alten Testament abbildet. Ausführlich hierzu Türcke 2008, 103 ff.

 Das friedliche Zusammenleben in der Polis ist lediglich als *synoikia*, als Zusammensein von «Häusern», gedacht, die alle nach Gutdünken ihre eigene Hauswirtschaft (*oikonomia*) betreiben dürfen und deren Hausherren das *agorazein* vergönnt ist: «das aus Geschäft, Gespräch und holdem Müßiggang gemischte Zusammenstehen und Schlendern» auf der Agora.[11] *Agorazein* darf durchaus als Keimzelle der Marktutopie gelten. Erst als griechische Tyrannen ihre Leibgarde von ihrem Tisch entfernten, ihr Münzen in die Hand drückten und sie in einen historisch neuen Freiraum der Bedürfnisbefriedigung entließen, wurde aus der Agora, der kultischen Versammlungsstätte, jene profane, von Münzgeld durchsetzte Verhandlungsstätte, die wir Markt nennen. Sie war zwar stets ein Ort des Friedens; nur wo die Waffen schweigen, ist Handel möglich. Aber der Marktfriede war nie mehr als der Rahmen eines vorteilsorientierten Wettstreits, bei dem jeder sich frei entfalten kann und jedem das Seine zufällt. Jeder nach seinen Fähigkeiten, jedem nach seiner Leistung, das ist die Kernbotschaft der Marktutopie. Kinder, Schwache, Kranke, Alte sind nie mehr als ihre Zaungäste. Sie ist eine Utopie für Privilegierte, Gesunde, Durchsetzungsfähige. Sie schätzt Geld als profanes Mittel der Selbstentfaltung und Selbstregulierung, aber von der tiefen Not und Verletzung, aus der es einst aufgestiegen ist, hat sie keine Ahnung mehr. Sie ist vergleichsweise flach und gedächtnisarm.

Auch Marx wußte nicht mehr, woher das Geld kommt. Aber seine Verwobenheit in die jüdische Kultur, der er sich entwachsen glaubte, war tief genug, um ihn an der unwillkürlichen kollektiven Erinnerung ans Urgeld teilhaben zu lassen, die den alttestamentlichen Utopien als Subtext eingeschrieben ist. Sie sprechen nicht aus, aber sie innervieren, daß Zahlung als Begleichung des Schreckens begonnen hat – und nicht aufhören wird, solange Schrecken, Elend, Schuld andauern. Eine Gesellschaft, in der schlechterdings nichts mehr zu begleichen wäre, ist zwar nirgends in Sicht. Aber sie ist genau das, was das Geld ursprünglich erstrebt: ein Zustand, in dem sich alle Zahlung erübrigt und statt dessen gilt: «Jeder nach seinen Fähigkeiten, jedem nach seinen Bedürfnissen!»

Hinter diese Formel fällt die Vorstellung vom Jubeljahr, das «jedermann wieder zu dem Seinen» bringen soll, weit zurück. Sie ist regressiv utopisch; man könnte auch sagen, nostalgisch. Die Marx-

11 Siehe oben, S. 122

sche Formel hingegen weist vorwärts – dorthin, wo noch niemand war. Sie gibt der alten Utopie vom Land, wo Milch und Honig fließt, eine ebenbürtige neuzeitliche Fassung. Zwar hat Marx viele falsche Vorstellungen über das Geld gehegt, aber dessen utopischen Urimpuls tiefer erspürt als alle andern Schwergewichtler der Wirtschaftstheorie. Das Triebleben des Geldes drängt in der Tat zum «höheren Kommunismus». Fatal war nur der Glaube, dieser Kommunismus liege im Bereich des Machbaren. Er ist lediglich die Utopie, in der der tiefste Drang des Geldes seine stärksten Worte fand. Solche Worte vergessen sich nicht so leicht wieder. Sie haben den Realsozialismus bequem überlebt und hören nicht auf, im Geldsystem umherzuspuken. Das «Gespenst des Kommunismus»[12] lebt – zwar nicht als Vorbote des wirklichen Kommunismus, wie Marx hoffte, wohl aber als *pain in the neck*, den kein Geldsystem je wird abschütteln können. Es wird ebensowenig gelingen, die Utopie des geldlosen Kommunismus aus dem kollektiven Wunschleben zu entfernen, wie es dem Kriegskommunismus gelang, das Geld loszuwerden.

Die Urzahlung beschwor den Schrecken, er möge aufhören. Seither hat alle Zahlung einen utopischen Überschuß. Wer immer Geld begehrt, begehrt etwas anderes als Geld: Trost, Genugtuung, Geborgenheit, Genuß, Potenz. Daher kann das Geldsystem ohne einen Überbau unerfüllter und unerfüllbarer Phantasien gar nicht existieren. Geld ist ja bloß Ersatz. Sich mit Ersatz begnügen ist oft unvermeidlich und besser als gar nichts. Den Ersatz für die Sache selbst nehmen ist hingegen pervers. Auf diese Perversion stellt das globale System der Plusmacherei das kollektive Triebleben zunehmend ein. Um so dringlicher ist die Rückbesinnung aufs Urgeld. Geld entstand nicht, um gehortet, verschwendet, rentabel angelegt oder für mildtätige Zwecke ausgegeben zu werden, sosehr es sich dazu auch gelegentlich empfiehlt. Geld kam in die Welt, um seine Anlässe zu beseitigen und damit sich selbst überflüssig zu machen. Das ist und bleibt seine Grundbestimmung, auch wenn sie sich niemals erfüllt.

12 Marx/Engels 1977 [1848], 461

Dank

Detlef Felken hatte die Idee zu diesem Buch. Stefan Bollmann begleitete die Ausarbeitung mit großer Teilnahme und vielen hilfreichen Vorschlägen. Jonathan Beck gab sachkundige Hinweise.

Literaturverzeichnis

Abraham 1969 [1916]: Karl Abraham, *Über Ejaculatio praecox*, in: derselbe, Psychoanalytische Studien, Band I, Fischer, Frankfurt am Main

Abraham 1969 [1920]: Karl Abraham, *Äußerungsformen des weiblichen Kastrationskomplexes*, in: derselbe, Psychoanalytische Studien, Band II, Fischer, Frankfurt am Main

Adorno 1976 [1951]: Theodor W. Adorno, *Minima Moralia*, Suhrkamp, Frankfurt am Main

Adorno 1973: Theodor W. Adorno, *Negative Dialektik*, Gesammelte Schriften, Band 6, Suhrkamp, Frankfurt am Main

Adorno/Horkheimer 2003: Theodor W. Adorno/Max Horkheimer, *Briefwechsel*, Band I, Suhrkamp, Frankfurt am Main

Adorno/Sohn-Rethel 1991: Theodor W. Adorno/Alfred Sohn-Rethel, *Briefwechsel*, Suhrkamp, Frankfurt am Main

Albinus 2008: Katrin Albinus, *Der Midas-Effekt. Wie Kunst zu Geld wird*, Feature, Deutschlandfunk, 4. 7. 2008

Altrichter 1986: *Die Sowjetunion*, Band 1: *Staat und Politik*, herausgegeben von Helmut Altrichter, Deutscher Taschenbuch Verlag, München

Altrichter/Haumann 1987: *Die Sowjetunion*, Band 2: *Wirtschaft und Gesellschaft*, herausgegeben von Helmut Altrichter und Heiko Haumann, Deutscher Taschenbuch Verlag, München

Anders 1956: Günther Anders, *Die Antiquiertheit des Menschen*, Band I, C. H. Beck, München

Arnim 1921–23: Hans von Arnim (Hg.), *Stoicorum veterum fragmenta*, Teubner, Stuttgart

Bacon 1974 [1620]: Francis Bacon, *Neues Organ der Wissenschaften*, übersetzt und herausgegeben von Anton Theobald Brück, Wissenschaftliche Buchgesellschaft, Darmstadt

Bataille 1975: Georges Bataille, *Die Aufhebung der Ökonomie*, in: derselbe, Das theoretische Werk, Band I, Rogner und Bernhard, München

Beck 2014: Hanno Beck, *Wenn Geld wie eine Droge wirkt*, Frankfurter Allgemeine Zeitung, 22. 4. 2014

Benedict 2006: Ruth Benedict, *Chrysantheme und Schwert. Formen der japanischen Kultur*, Suhrkamp, Frankfurt am Main

Benjamin 1974 [1936]: Walter Benjamin, *Das Kunstwerk im Zeitalter seiner technischen Reproduzierbarkeit*, Zweite Fassung, Gesammelte Schriften, herausgegeben von Rolf Tiedemann und Hermann Schweppenhäuser, Band I. 2, Suhrkamp, Frankfurt am Main

Benjamin 1985: Walter Benjamin, *Kapitalismus als Religion*, Gesammelte Schriften, Band VI

Black/Scholes 1973: Fischer Black/Myron Scholes, *The Pricing of Options and Corporate Liabilities*, in: Journal of Political Economy, 81, 3

Böhl 1957: Franz Marius Theodor De Liagre Böhl, *Babylonische und assyrische Religion*, in: Religion in Geschichte und Gegenwart (RGG), Band I, J. C. B. Mohr, Tübingen

Borneman 1975: Ernest Borneman, *Das Patriarchat*, Fischer, Frankfurt am Main

Borneman 1977: Ernest Borneman, *Psychoanalyse des Geldes*, Suhrkamp, Frankfurt am Main

Braunberger 2014: Gerald Braunberger, *Macht der Maschinen*, Frankfurter Allgemeine Zeitung, 26. 4. 2014

Braunfels 1978: Wolfgang Braunfels, *Abendländische Klosterbaukunst*, DuMont, Köln

Brynjolfsson/McAfee 2014: Erik Brynjolfsson/Andrew McAfee, *The Second Machine Age*, Norton & Company, New York

Büchner 1958 [1837]: Georg Büchner, *Woyzeck*, in: derselbe, Werke und Briefe, Gesamtausgabe, Insel, Wiesbaden

Burckhardt 1977: Jacob Burckhardt, *Griechische Kulturgeschichte*, Band I, Deutscher Taschenbuch Verlag, München

Burkert ²1997: Walter Burkert, *Homo Necans. Interpretationen altgriechischer Opferriten und Mythen*, de Gruyter, Berlin

Calvin 1963 [1536]: Johannes Calvin, *Unterricht in der christlichen Religion (Institutio Religionis Christianae)*, übersetzt von Otto Weber, Neukirchener Verlag, Neukirchen

Canterbury 1962: Anselm von Canterbury, *Proslogion*, herausgegeben von Franciscus Salesius Schmitt, Frommann-Holboog, Stuttgart

Clairvaux 1970: Bernhard von Clairvaux, *Sermo 66*, zitiert nach: Herbert Grundmann, *Religiöse Bewegungen im Mittelalter*, Wissenschaftliche Buchgesellschaft, Darmstadt

Colombo 1986: Cristóvão Colombo, *Diários da Descoberta da América. As quatro viagens e o testamento*, L&PM Editores, Porto Alegre

Columbus 1980: Christoph Columbus, *Schiffstagebuch*, Reclam, Leipzig

Cusa 1994 [1440]: Nicolai de Cusa, *De docta ignorantia. Die belehrte Unwissenheit*, lateinisch-deutsch, Meiner, Hamburg

Daly 1986: Mary Daly, *Reine Lust. Elemental-feministische Philosophie*, Frauenoffensive, München

Decker 2011: Oliver Decker, *Der Warenkörper*, zu Klampen, Springe

Diogenes Laertius 1967: Diogenes Laertius, *Leben und Meinungen berühmter Philosophen*, Philosophische Bibliothek Meiner, Band 53/54, Hamburg

Duby 1980 [1966]: Georges Duby, *Die Zeit der Kathedralen*, Suhrkamp, Frankfurt am Main

Durkheim 1981 [1912]: Emile Durkheim, *Die elementaren Formen des religiösen Lebens*, Suhrkamp, Frankfurt am Main

Ehrenberg 1896 a: Richard Ehrenberg, *Das Zeitalter der Fugger. Geldkapital und Creditwirthschaft im 16. Jahrhundert*, Band I: *Die Geldmächte des 16. Jahrhunderts,* Fischer, Jena

Ehrenberg 1896 b: Richard Ehrenberg, *Das Zeitalter der Fugger. Geldkapital und Creditwirthschaft im 16. Jahrhundert*, Band II: *Die Weltbörsen und Finanzkrisen des 16. Jahrhunderts*, Fischer, Jena

Eichengreen 1996: Barry Eichengreen, *Globalizing Capital. A History of the International Monetary System*, Princeton University Press, Princeton

Eichengreen 2007: Barry Eichengreen, *Global Imbalances and the Lessons of Bretton Woods*, The MIT Press, Cambridge (Massachusetts), London

Engels 1976 [1845]: Friedrich Engels, *Die Lage der arbeitenden Klasse in England*, 1845, Marx-Engels-Werke (MEW), Band 2, Dietz, Berlin

Engels 1965 [1851]: Engels an Marx, 3. Dezember 1851, in: *Briefe von Marx und Engels*, MEW 27

Esposito 2010: Elena Esposito, *Die Zukunft der Futures. Die Zeit des Geldes in Finanzwelt und Gesellschaft*, Heidelberg

Feder 2013 [1941]: Gottfried Feder, *Das Manifest zur Brechung der Zinsknechtschaft*, Arnshaugk, Neustadt an der Orla

Ferenzi 1970 [1914]: Sandor Ferenczi, *Zur Ontogenie des Geldinteresses*, in: derselbe, Schriften zur Psychoanalyse, Band I, Fischer, Frankfurt am Main

Fiebach 1994: Günter Fiebach, *Risikomanagement mit Zins-Futures und Futures-Optionen*, Paul Haupt, Bern

Freud 1969 [1933]: Sigmund Freud, *Neue Folge der Vorlesungen zur Einführung in die Psychoanalyse*, Studienausgabe, Band I

Freud 1972 [1919]: Sigmund Freud, *Das Unheimliche*, Studienausgabe, Band IV, Fischer, Frankfurt am Main

Freud 1973 [1908]: Sigmund Freud, *Charakter und Analerotik*, Studienausgabe, Band VII

Freud 1975 [1917]: Sigmund Freud, *Trauer und Melancholie*, Studienausgabe, Band III

Freud 1975 [1920]: Sigmund Freud, *Jenseits des Lustprinzips*, Studienausgabe, Band III

Freud 1975 [1925]: Sigmund Freud, *Die Verneinung*, 1925, Studienausgabe, Band III

Fulcher 1998: Fulcher von Chartres, zitiert nach: Friedhelm Winkelmann, *Die Kirchen im Zeitalter der Kreuzzüge (11.–13. Jahrhundert)*, Evangelische Verlagsanstalt, Leipzig

Gerhardt o. J.: Paul Gerhardt, *Geh aus, mein Herz*, Evangelisches Kirchengesangbuch, Ausgabe für die evangelisch-lutherischen Kirchen Niedersachsens, Schlütersche Verlagsanstalt und Buchdruckerei Hannover und Vandenhoeck & Ruprecht, Göttingen

Gesell 1920: Silvio Gesell, *Die natürliche Wirtschaftsordnung durch Freiland und Freigeld*, Freiland-Freigeldverlag, Rehbrücke bei Berlin

Gießler 2014: Hannes Gießler, *Die Aufhebung des Marktes. Sozialistische Utopie und Praxis*, Manuskript

Girard 1987 [1972]: René Girard, *Das Heilige und die Gewalt*, Benziger, Zürich

Goes 2004: André van der Goes (Hg.), *Tulpomanie. Die Tulpe in der Kunst des 16. und 17. Jahrhunderts*, Uitgeverij Waanders, Zwolle

Goethe 1950: Johann Wolfgang Goethe, *Aphorismen und Fragmente*, in: derselbe, Naturwissenschaftliche Schriften, Zweiter Teil, Sämtliche Werke, Artemis-Ausgabe, Band 17, Artemis, Zürich

Goldgar 2007: Anne Goldgar, *Tulipmania. Money, Honor and Knowledge in the Dutch Golden Age*, The University of Chicago Press, Chicago

Göttner-Abendroth 1980: Heide Göttner-Abendroth, *Die Göttin und ihr Heros*, Frauenoffensive, München

Graeber 2012: David Graeber, *Schulden. Die ersten 5000 Jahre*, Klett-Cotta, Stuttgart

Greider 1989: William Greider, *The Secrets of the Temple. How the Federal Reserve Runs the Country*, Simon & Schuster, New York

Haag 1983: Karl Heinz Haag, *Der Fortschritt in der Philosophie*, Suhrkamp, Frankfurt am Main

Hafner/Lyon 1997: Katie Hafner/Matthew Lyon, *Arpa Kadabra. Die Geschichte des Internet*, Heidelberg

Hardt/Negri 2003: Michael Hardt/Antonio Negri, *Empire. Die neue Weltordnung*, Campus, Frankfurt am Main

Harnack 1964: Adolf von Harnack, *Lehrbuch der Dogmengeschichte*, Band I, Wissenschaftliche Buchgesellschaft, Darmstadt

Harsch 1995: Wolfgang Harsch, *Die psychoanalytische Geldtheorie*, Fischer, Frankfurt am Main

Hayek 1976: Friedrich August von Hayek, *Die Verwertung des Wissens in der Gesellschaft*, in: derselbe, *Individualismus und wirtschaftliche Ordnung*, Wolfgang Neugebauer, Salzburg

Hegel 1970 [1807]: Georg Wilhelm Friedrich Hegel, *Phänomenologie des Geistes*, Werke (herausgegeben von Eva Moldenhauer und Karl Markus Michel), Band 3, Suhrkamp, Frankfurt am Main

Hegel 1970 [1834]: Georg Wilhelm Friedrich Hegel, *Wissenschaft der Logik I*, Werke, Band 5

Hegel 1970 [1835]: Georg Wilhelm Friedrich Hegel, *Wissenschaft der Logik II*, Werke, Band 6

Hegel 1970 [1820]: Georg Wilhelm Friedrich Hegel, *Grundlinien der Philosophie des Rechts*, Werke, Band 7

Hegel 1970 [1840]: Georg Wilhelm Friedrich Hegel, *Vorlesungen über die Philosophie der Geschichte*, Werke, Band 12

Heinsohn/Steiger 1981: Gunnar Heinsohn/Otto Steiger, *Geld, Produktivität und Unsicherheit im Kapitalismus und Sozialismus. Oder: Von den Lollarden Wat Tylors zur Solidarität Lech Walesas*, in: Leviathan, Nr. 2

Heinsohn/Steiger [7]2010: Gunnar Heinsohn/Otto Steiger, *Eigentum, Zins und Geld. Ungelöste Rätsel der Wirtschaftswissenschaft*, Metropolis, Marburg

Heraklit 1976: Heraklit, *Fragmente*, herausgegeben von Bruno Snell, Wissenschaftliche Buchgesellschaft, Darmstadt

Hesiod 1970: Hesiod, *Sämtliche Gedichte*, herausgegeben und übersetzt von Walter Marg, Artemis, Zürich und München

Homer 1976: Homer, *Ilias* und *Odyssee*, in der Übertragung von Johann Heinrich Voß, Winkler, München

Horkheimer 1987 [1933]: Max Horkheimer, *Dämmerung. Notizen in Deutschland*, Gesammelte Schriften, Bd. 2, herausgegeben von Gunzelin Schmid Noerr, Fischer, Frankfurt am Main

Hudson 2002: Michael Hudson, *Reconstructing the Origins of Interest-Bearing Debt an the Logic of Clean Slates*, in: Michael Hudson und Marc Van de Mieroop (Hg.), *Debt and Economic Renewal in the Ancient Near East*, CDL Press, Bethesda

Hume 1988 [1752]: David Hume, *Über die Handelsbilanz*, in: derselbe, *Politische und ökonomische Essays*, Meiner, Hamburg

Janz 1981: Curt Paul Janz, *Friedrich Nietzsche. Biographie*, Band 1, Deutscher Taschenbuch Verlag, München

Joest [3]1962: Wilfried Joest, *Synergismus*, in: Religion in Geschichte und Gegenwart (RGG), Band 6, J. C. B. Mohr (Paul Siebeck), Tübingen

Kant 1968 [1781]: Immanuel Kant, *Kritik der reinen Vernunft*, Werke (herausgegeben von Wilhelm Weischedel), Band III, Suhrkamp, Frankfurt am Main

Kant 1968 [1783]: Immanuel Kant, *Prolegomena zu einer jeden künftigen Metaphysik, die als Wissenschaft wird auftreten können*, Werke, Band V

Kant 1968 [1785]: Immanuel Kant, *Grundlegung zur Metaphysik der Sitten*, Werke, Band VII

Kant 1968 [1790]: Immanuel Kant, *Kritik der Urteilskraft*, Werke, Band X

Kenyon 1967: Kathleen M. Kenyon, *Archäologie im Heiligen Land*, Neukirchener Verlag, Neukirchen

Keynes 1933: John Maynard Keynes, *An Open Letter to President Roosevelt*, New York Times, 31. 12. 1933

Keynes 1955 [1930]: John Maynard Keynes, *Vom Gelde*, 1930, Duncker & Humblot, Berlin

Keynes 1956: John Maynard Keynes, *Wirtschaftliche Möglichkeiten für unsere Enkelkinder*, in: Eduard Rosenbaum, *Politik und Wirtschaft*. Ausgewählte Abhandlungen von John Maynard Keynes, J. C. B. Mohr (Paul Siebeck), Tübingen

Keynes 2006 [1936]: John Maynard Keynes, *Allgemeine Theorie der Beschäftigung, des Zinses und des Geldes*, 1936, Duncker & Humblot, Berlin

Keynes 2011: John Maynard Keynes, *Das Ende des Laissez-Faire*, Duncker & Humblot, Berlin

Klaus/Liebscher 1974: Georg Klaus/Heinz Liebscher, *Was ist, was soll Kybernetik?*, Urania, Leipzig

Koenen 1843: Hendrik Jacob Koenen, *Geschiedenis der Joden in Nederland*, van der Post, Utrecht 1843

Kohlenberg/Uchatius 2008: Kerstin Kohlenberg/Wolfgang Uchatius, *Wo ist das Geld geblieben?*, DIE ZEIT, Nr. 49

Kohlenberg u. a. 2010: Kerstin Kohlenberg, Mark Schieritz, Wolfgang Uchatius, *Als das Geld vom Himmel fiel*, DIE ZEIT, Nr. 3

Kraus 1920: Karl Kraus, *Antwort an Rosa Luxemburg von einer Unsentimentalen*, Die Fackel, Nr. 554–556, Wien

Kulischer 1988 a: Josef Kulischer, *Allgemeine Wirtschaftsgeschichte des Mittelalters und der Neuzeit*, Band I: *Das Mittelalter*, R. Oldenbourg, München

Kulischer 1988 b: Josef Kulischer, *Allgemeine Wirtschaftsgeschichte des Mittelalters und der Neuzeit*, Band II: *Die Neuzeit*, R. Oldenbourg, München

Kurnitzky 1974: Horst Kurnitzky, *Triebstruktur des Geldes*, Wagenbach, Berlin

Kurz 1991: Robert Kurz, *Der Kollaps der Modernisierung*, Eichborn, Frankfurt am Main

Laum 1924: Bernhard Laum, *Heiliges Geld*, J. C. B. Mohr (Paul Siebeck), Tübingen

Le Goff 2011: Jacques Le Goff, *Geld im Mittelalter*, Klett Cotta, Stuttgart

Lehmann-Haupt 1918: Carl Lehmann-Haupt, *Gewichte*, in: Pauly-Wissowa-Kroll, Realenzyklopädie der klassischen Altertumswissenschaft, Supplementband III, Metzler, Stuttgart

Lévi-Strauss 1981 [1947]: Claude Lévi-Strauss, *Die elementaren Strukturen der Verwandtschaft*, Suhrkamp, Frankfurt am Main

Lietaer 2000: Bernard Lietaer, *Geld regiert die Welt – oder?* in: Der blaue Reiter, Journal für Philosophie, Heft 11, Stuttgart

Lindner 2008, 12: Roland Lindner, *Banker auf der Couch*, Frankfurter Allgemeine Zeitung, 25. 10. 2008

Locke 1974 [1690]: John Locke, *Über die Regierung*, Reclam, Stuttgart

Lorenzer 1976: Alfred Lorenzer, *Die Wahrheit der psychoanalytischen Erkenntnis*, Suhrkamp, Frankfurt am Main

Löwenthal 1980 [1933]: Leo Löwenthal, *Zugtier und Sklaverei*, Zeitschrift für Sozialforschung, herausgegeben von Max Horkheimer, II. Jahrgang, Deutscher Taschenbuch Verlag, München

Luhmann 1987: Niklas Luhmann, *Soziale Systeme*, Suhrkamp, Frankfurt am Main

Luhmann 2000: Niklas Luhmann, *Die Religion der Gesellschaft*, Suhrkamp, Frankfurt am Main

Luther 1916 [1517]: Martin Luther, *Die 95 Thesen*, Nr. 40, in: derselbe, Martin Luthers ausgewählte Schriften, Askanischer Verlag, Berlin

Luther 1977 [1520]: Martin Luther, *Sermon von den guten Werken*, Calwer Lutherausgabe, Band 3, Calwer Verlag, Stuttgart

Luxemburg 1982: Rosa Luxemburg, *Kirche und Sozialismus*, Stimme-Verlag, Frankfurt am Main

Macaulay 1998 [1848]: Thomas B. Macaulay, *Die Glorreiche Revolution*, herausgegeben und übersetzt von Robert Schneebeli, Manesse, Zürich

Mandeville 1980: Bernard Mandeville, *Die Bienenfabel oder Private Laster, öffentliche Vorteile*, Suhrkamp, Frankfurt am Main

Marx 1974[1844]: Karl Marx, *Ökonomisch-philosophische Manuskripte*, Marx-Engels-Werke (MEW), Ergänzungsband, 1. Teil, Dietz, Berlin

Marx 1977[1844]: Karl Marx, *Zur Kritik der Hegelschen Rechtsphilosophie. Einleitung*, Marx-Engels-Werke (MEW), Band 1, Dietz, Berlin

Marx 1975 [1852]: Karl Marx, *Der achtzehnte Brumaire des Louis Bonaparte*, MEW 8

Marx 1974 [1858]: Karl Marx, *Grundrisse der Kritik der Politischen Ökonomie*, Dietz, Berlin

Marx 1963 [1859]: Karl Marx, *Brief an Joseph Weydemeyer, 1. Februar 1859*, MEW 29

Marx 1985 [1859]: Karl Marx, *Zur Kritik der Politischen Ökonomie*, MEW 13

Marx 1976 [1875]: Karl Marx, *Kritik des Gothaer Programms*, MEW 19

Marx 1983 [[1]1867]: Karl Marx, *Das Kapital I*, Marx-Engels-Gesamtausgabe, Band 5, 1, Dietz, Berlin

Marx 1979 [[2]1872]: Karl Marx, *Das Kapital I*, MEW 23

Marx 1977 [1893]: Karl Marx, *Das Kapital II*, MEW 24

Marx 1977 [1894]: Karl Marx, *Das Kapital III*, MEW 25

Marx/Engels 1977 [1848]: Karl Marx/Friedrich Engels, *Manifest der Kommunistischen Partei*, MEW 4

Maturana/Varela 1987 [1984]: Humberto Maturana/Francisco Varela, *Der Baum der Erkenntnis*, Scherz, Bern und München

Mauss 1968 [1950]: Marcel Mauss, *Die Gabe*, Suhrkamp, Frankfurt am Main

Mayr 2000: Markus Mayr, *Geld, Macht und Reliquien*, Studien Verlag Innsbruck/Wien/München

McLuhan 1992 [1964]: Herbert Marshall McLuhan, *Die magischen Kanäle*, Econ, Düsseldorf und Wien

Menkhoff/Tolksdorf 1999: Lukas Menkhoff/Norbert Tolksdorf, *Finanzmärkte in der Krise? Zur Abkoppelung des Finanzsektors von der Realwirtschaft*, Deutscher Sparkassen Verlag, Stuttgart

Miegel 2011: Meinhard Miegel, *EXIT.* Wohlstand ohne Wachstum, List, Berlin

Monod 1975 [1970]: Jacques Monod, *Zufall und Notwendigkeit. Philosophische Fragen der modernen Biologie*, Deutscher Taschenbuch Verlag, München

Münchau 2008: Wolfgang Münchau, *Kernschmelze im Finanzsystem*, Hanser, München

Münke 1976: Wolfgang Münke, *Die klassische chinesische Mythologie*, Klett, Stuttgart

Nienhaus 2012: Lisa Nienhaus, *Die Macht des Mario Draghi*, Frankfurter Allgemeine Sonntagszeitung, Nr. 36

Nienhaus 2014: Lisa Nienhaus, *Wie kommt das Geld in die Welt?*, Frankfurter Allgemeine Sonntagszeitung, Nr. 19

Nietzsche 1988 [1882]: Friedrich Nietzsche, *Die fröhliche Wissenschaft*, Kritische Studienausgabe (KSA), herausgegeben von Giorgio Colli und Mazzino Montinari, Band 3, Deutscher Taschenbuch Verlag, München

Nietzsche 1988 [1886]: Friedrich Nietzsche, *Also sprach Zarathustra*, KSA 4

Nietzsche 1988 [1887]: Friedrich Nietzsche, *Zur Genealogie der Moral*, KSA 5

Nietzsche 1988 [1889 a]: Friedrich Nietzsche, *Götzen-Dämmerung*, KSA 6

Nietzsche 1988 [1889 b]: Friedrich Nietzsche, *Der Antichrist*, KSA 6

North 2009: Michael North, *Kleine Geschichte des Geldes. Vom Mittelalter bis heute*, C. H. Beck, München

Oldenberg o. J.: Hermann Oldenberg, *Die Religion des Veda*, Magnus-Verlag, o. O.

Otto 1963 [1917]: Rudolf Otto, *Das Heilige*, C. H. Beck, München

Panofsky 1996: Erwin Panosky, *Abt Suger von St.-Denis*, in: derselbe, *Sinn und Deutung in der bildenden Kunst*, DuMont, Köln

Parmenides 1983: *Die Vorsokratiker I*, herausgegeben von Jaap Mansfeld, Reclam, Stuttgart

Pelé u. a. 2009: Marie Pelé, Valérie Dufour, Bernard Thierry, Josep Call, *Token Transfer Among Great Apes* (Gorilla gorilla, Pongo pygmaeus, Pan paniscus, *and* Pan Troglodytes): *Species Differences, Gestural Request, and Reciprocal Exchange*, in: Journal of Comparative Psychology 2009, Vol. 123, No. 4

Piketty 2014: Thomas Piketty, *Das Kapital im 21. Jahrhundert*, C. H. Beck, München

Piper 1978: Ernst Piper, *Der Aufstand der Ciompi. Über den «Tumult», den die Wollarbeiter im Florenz der Frührenaissance anzettelten*, Wagenbach, Berlin

Platon 1990: Platon, *Symposion*, Werke in acht Bänden, übersetzt von Friedrich Schleiermacher, 3. Band, Wissenschaftliche Buchgesellschaft Darmstadt

Plickert 2014: Philipp Plickert, *Eine neue Kreditkanone*, Frankfurter Allgemeine Zeitung, 6. 6. 2014

Polanyi 1978 [1944]: Karl Polanyi, *The Great Transformation. Politische und ökonomische Ursprünge von Gesellschaften und Wirtschaftssystemen*, Suhrkamp, Frankfurt am Main

Polo 2008: Marco Polo, *Die Beschreibung der Welt, 1271–1295*, herausgegeben von Detlef Brennecke, Frederking und Thaler, München

Rauterberg 1999: Hanno Rauterberg, *Glaube, Liebe, Auspuff*, in: DIE ZEIT, Nr. 36

Redak/Weber 2000: Vanessa Redak/Beat Weber, *Börse*, Europäische Verlagsanstalt/Rotbuch, Hamburg

Rilke 1997 [1923]: Rainer Maria Rilke, *Duineser Elegien*, Reclam Stuttgart

Rittmann 1982: Herbert Rittmann, *Hammurabi und sein Gesetzbuch*, Verlag der Gesellschaft für Kulturhistorische Dokumentation, Karlsruhe

Roheim 1977 [1923]: Geza Roheim, *Heiliges Geld in Melanesien*, zitiert nach: Ernest Borneman, *Psychoanalyse des Geldes*, Suhrkamp, Frankfurt am Main

Roscher 1969: Helmut Roscher, *Papst Innocenz III. und die Kreuzzüge*, Vandenhoeck & Ruprecht, Göttingen

Roßbach 2014: Henrike Roßbach, *Das Handwerk buhlt um Gymnasiasten*, Frankfurter Allgemeine Zeitung, 19. 12. 2014

Rousseau 1978 [1755]: Jean-Jacques Rousseau, *Abhandlung über den Ursprung und die Grundlagen der Ungleichheit unter den Menschen*, Schriften, Band I, Hanser, München 1978

Schieritz 2011: Mark Schieritz, *Der heimliche Chef von Europa*, DIE ZEIT, Nr. 38

Schieritz 2012: Mark Schieritz, *Gold, das nicht glänzt. Warum es keine irre Idee wäre, die Reserven der Bundesbank in New York einfach ins Meer zu werfen*, DIE ZEIT, Nr. 45

Schmidt 2006: Klaus Schmidt, *Sie bauten die ersten Tempel. Das rätselhafte Heiligtum der Steinzeitjäger*, C. H. Beck, München

Schrödinger 1989: Erwin Schrödinger, *Was ist Leben?*, Piper, München

Schumpeter 1926: Joseph Schumpeter, *Theorie der wirtschaftlichen Entwicklung*, Dunkker & Humblot, München

Shakespeare o. J., 167: William Shakespeare, *Timon von Athen*, IV 3, in: derselbe, *Sämtliche dramatische Werke*, übersetzt von August Wilhelm Schlegel und Ludwig Tieck, Band 9, Bibliographische Anstalt, Berlin

Simmel, 1989 [1900]: Georg Simmel, *Philosophie des Geldes*, Gesamtausgabe, Band 6, herausgegeben von David F. Frisby und Klaus Christian Köhnke, Suhrkamp, Frankfurt am Main

Smith 1978 [1776]: Adam Smith, *Der Wohlstand der Nationen*, übersetzt von Horst Claus Recktenwald, Deutscher Taschenbuch Verlag, München

Soboul 1988 [1962]: Albert Soboul, *Die Große Französische Revolution*, Athenäum, Frankfurt am Main

Sophokles 1843: *Des Sophokles Antigone*, herausgegeben von August Böckh, Berlin

Sohn-Rethel 1989: Alfred Sohn-Rethel, *Geistige und körperliche Arbeit.* Revidierte und ergänzte Neuauflage, VCH, Weinheim

Spinoza 1978 [1677]: Baruch Spinoza, *Ethik*, in: derselbe, *Werke*, Band II, Wissenschaftliche Buchgesellschaft, Darmstadt

Steinkopf 2014: Leander Steinkopf, *So genau wollen sie es auch nicht wissen*, Frankfurter Allgemeine Zeitung, 26. 2. 2014

Stiglitz 2002: Joseph Stiglitz, *Die Schatten der Globalisierung*, Siedler, Berlin

Storn 2014: Arne Storn, *Als gäbe es kein morgen*, DIE ZEIT, Nr. 3

Streeck 2013: Wolfgang Streeck, *Gekaufte Zeit. Die vertagte Krise des demokratischen Kapitalismus*, Suhrkamp, Berlin

Thukydides 2002: Thukydides, *Der Peloponnesische Krieg*, herausgegeben und übersetzt von Georg Peter Landmann, Artemis und Winkler, Düsseldorf/Zürich

Todorov 1985: Tzvetan Todorov, *Die Eroberung Amerikas. Das Problem des Anderen*, Suhrkamp, Frankfurt am Main

Triffin 1964: Robert Triffin, *The Evolution of the International Monetary System*, Princeton University, Princeton

Türcke 2003: Christoph Türcke, *Fundamentalismus – maskierter Nihilismus*, zu Klampen, Springe

Türcke 2005: Christoph Türcke, *Vom Kainszeichen zum genetischen Code. Kritische Theorie der Schrift*, C. H. Beck, München

Türcke, 2008: Christoph Türcke, *Philosophie des Traums*, C. H. Beck, München

Türcke 2009: Christoph Türcke, *Jesu Traum. Psychoanalyse des Neuen Testaments*, zu Klampen, Springe

Türcke 2012: Christoph Türcke, *Hyperaktiv! Kritik der Aufmerksamkeitsdefizitkultur*, C. H. Beck, München

Vega 2010 [1688]: Joseph de la Vega, *Die Verwirrung der Verwirrungen*, übersetzt und eingeleitet von Otto Pringsheim, Nikol-Verlag, Hamburg

Vogl 2010: Joseph Vogl, *Das Gespenst des Kapitals*, Diaphanes, Zürich

Voth 2005: Hans-Joachim Voth, *Anpiken verboten*, DIE ZEIT, Nr. 21

Wagemann 1932: Ernst Wagemann, *Was ist Geld?*, Stalling, Oldenburg

Wagener 2012: Hans-Jürgen Wagener, *Geld und Finanzmärkte*, C. H. Beck, München

Warburg 1988: Aby Warburg, *Schlangenritual. Ein Reisebericht*, Wagenbach, Berlin

Weber 1983 [1868]: Albrecht Weber, *Indische Streifen*, Band I, Biblio Verlag Osnabrück

Weber 1920: Max Weber, *Die protestantische Ethik und der Geist des Kapitalismus*, in: derselbe, *Gesammelte Aufsätze zur Religionssoziologie* I, J. C. B. Mohr (Paul Siebeck), Tübingen

Weber ²1988 [1896]: Max Weber, *Die sozialen Gründe des Untergangs der antiken Kultur*, 1896, in: derselbe, *Gesammelte Aufsätze zur Sozial- und Wirtschaftsgeschichte*, J. C. B. Mohr (Paul Siebeck), Tübingen

Personenregister